KB120487

譯註 禮記集說大全
喪服小記

編　陳澔(元)

附　正義・訓纂・集解

譯註 禮記集說大全

喪服小記

編　陳澔（元）

附　正義·訓纂·集解

鄭秉燮 譯

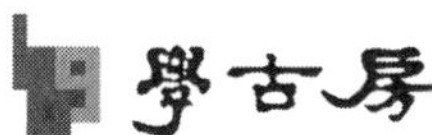

學古房

역자서문

「상복소기(喪服小記)」편은 상례(喪禮) 중에서도 상복 관련 제도를 수록하고 있는 문헌이다. 『의례』의 「상복(喪服)」편에도 관련 제도들이 수록되어 있는데, 「상복소기」편은 「상복」편의 내용을 보충하는 성격의 문헌이다. 따라서 「상복」편에 기록된 전문(傳文) 내용과 연관된 것이 많다. 다만 간혹 「상복」편의 규정과 위배되는 내용들도 수록되어 있다. 또 「상복소기」편의 내용들을 살펴보면, 『예기』「증자문(曾子問)」편과 관련이 깊다. 「증자문」편은 기존 정규 예법으로 판결하기 어려운 각종 변칙 상황을 기술하고, 그에 맞는 변례(變禮)들을 기술한 문헌이다. 「상복소기」편 또한 각종 변칙 상황을 기술하고, 그에 맞는 상복과 상례 규정을 제시하고 있다.

아마도 『의례』가 최초 전수되었을 때, 경사(經師) 및 그의 제자들은 『의례』의 경문 속에 기술되어 있지 않은 실생활의 문제와 각종 상황에 따른 규범 적용에 대해서 토론을 했을 것이다. 그 결과물로 수록된 것이 『의례』에 기록된 '전문(傳文)'들이다. 『예기』를 『기(記)』라고 부르는 이유 또한 『의례』의 내용을 해설하거나 보충하는 형식이기 때문이다. 따라서 「상복소기」편의 내용은 『의례』의 전문으로도 해결하지 못하는 각종 상황에 대해서, 당시의 학자들이 논의했던 결과물이라고 할 수 있다. 「증자문」편의 기록 또한 이러한 논의의 결과물이라고 할 수 있는데, 「증자문」편이 주로 공자

(孔子)와 증자(曾子)라는 구체적 인물들의 문답을 통해 기술되어 있는 반면, 「상복소기」편은 문답형식이 아닌 설명문 형태로 기록되어 있다는 차이점이 있다.

「상복소기」편의 체제는 『예기』의 대다수 편들과 마찬가지로 단편적 기술들이 무질서하게 나열되어 있다. 따라서 본래부터 독립된 문헌으로 존재했었다고 보기는 어렵고, 『예기』의 편찬 무렵에 각종 기록 중에서 상복 제도와 관련된 특수한 기술들을 모아서 하나의 문헌으로 편집했을 것으로 추정된다. 그러나 이 문헌은 고대의 상례(喪禮) 제도를 확인할 수 있는 중요한 기록이며, 고대에 이미 상례 제도가 매우 복잡한 형식으로 발달되어 있었다는 점을 나타내고 있다.

고대의 제도가 모두 이해하기 어렵지만, 특히 상례와 관련된 제도는 도통 제대로 이해했는지 확신이 서지 않는다. 『예기』에 대한 번역서를 많이 펴냈으면서도, 아직까지 번역 결과에 자신이 생기지 않는다. 이것은 역자의 미숙함과 노력의 부족 때문이다. 이쯤하면 되겠지라는 안이한 생각에, 몸도 마음도 나태해져서, 충실하지 못한 것이다. 『예기』의 첫 번역서를 출판하기 이전에는 가장 완벽한 번역서를 내놓겠다는 야심찬 포부도 있었는데, 어정쩡한 노력과 실력으로 인해, 문자공해를 세상에 내놓고 있는 꼴이 되었다. 종이로 만든 책에, 내 미숙한 번역들이 올라간다는 점에서, 심지어 나무에게까지 미안한 생각이 든다. 이 책에 나온 오역은 전적으로 역자의 실력이 부족하기 때문이다. 혹여 역자의 부족함에 일갈을 해주실 분들이 있다면, bbaja@nate.com으로 연락을 주시거나 출판사에 제 연락처를 문의하셔서 가르침을 주신다면, 부족한 실력이지만 가르침을 받도록 최선을 다할 것이다. 부족한 실력이며, 보잘것없는 결과물이지만, 이 책을 통해 더 완벽한 번역서가 세상에 나왔으면 하는 것이 역자의 바람이다.

역자는 성균관 대학교에서 유교철학(儒教哲學)을 전공했으며, 예악학(禮樂學) 전공으로 박사논문을 작성했다. 이 자리를 통해, 대학원에 진학하여 경학사상(經學思想)을 전공할 수 있도록 지도해주신 서경요 선생님과

논문을 지도해주신 오석원 선생님, 이기동 선생님, 이상은 선생님, 조남욱 선생님께 감사를 드린다. 또 경서연구회(經書硏究會)를 만들어 후배들에게 경전에 대한 이해를 넓혀주신 임옥균 선생님, 경서연구회 역대 회장님인 김동민, 원용준, 김종석, 길훈섭 선배님께도 감사를 드리고, 함께 『예기』를 공부하고 있는 김회숙, 손정민, 김동숙, 임용균 회원님들께도 감사를 드린다. 끝으로 「상복소기」편을 출판할 수 있도록 허락해주신 학고방의 하운근 사장님께도 감사를 전한다.

일러두기 ⋙

1. 본 책은 역주서(譯註書)로써, 『예기집설대전(禮記集說大全)』의 「상복소기(喪服小記)」편을 완역하고, 자세한 주석을 첨부했다. 송대(宋代) 이전의 주석을 포함하고자 하여, 『예기정의(禮記正義)』를 함께 수록하였다. 그리고 송대 이후의 주석인 청대(淸代)의 주석을 포함하고자 하여 『예기훈찬(禮記訓纂)』과 『예기집해(禮記集解)』를 함께 수록하였다.

2. 『예기』 경문(經文)의 경우, 의역으로만 번역하면 문장을 번역한 방식을 확인하기 어렵고, 보충 설명 없이 직역으로만 번역하면 내용을 이해하기 힘들다. 따라서 경문에 한하여 직역과 의역을 함께 수록하였다. 나머지 주석들에 대해서는 의역을 위주로 번역하였다.

3. 『예기』 경문에 대한 해석은 진호의 『예기집설』 주석에 근거하였다. 경문 해석에 있어서, 『예기정의』, 『예기훈찬』, 『예기집해』마다 이견(異見)이 많다. 『예기집섭대전』의 소주(小註) 또한 진호의 주장과 이견을 보이는 곳이 있고, 소주 사이에도 이견이 많다. 따라서 『예기』 경문 해석의 표준은 진호의 『예기집설』 주석에 근거했으며, 진호가 설명하지 않은 부분들은 『대전』의 소주를 참고하였다. 또한 경문 해석에 있어서 『예기정의』, 『예기훈찬』, 『예기집해』에 나타나는 이견들은 특별한 경우를 제외하고는 각각의 문장을 읽어보면, 경문에 대한 이견을 알 수 있기 때문에, 이러한 경우에는 주석처리를 하지 않았다.

4. 본 역서가 저본으로 삼은 책은 다음과 같다.
   - 『禮記』, 서울 : 保景文化社, 초판 1984 (5판 1995)
   - 『禮記正義』 1~4(전4권, 『十三經注疏 整理本』 12~15), 北京 : 北京大學出版社, 초판 2000
   - 朱彬 撰, 『禮記訓纂』 上 · 下(전2권), 北京 : 中華書局, 초판 1996 (2쇄 1998)
   - 孫希旦 撰, 『禮記集解』 上 · 中 · 下(전3권), 北京 : 中華書局, 초판 1989 (4쇄 2007)

5. 본 책은 『예기』의 경문, 진호의 『집설』, 호광 등이 찬정한 『대전』의 세주, 정현의 주, 육덕명의 『경전석문』, 공영달의 소, 주빈(朱彬)의 『훈찬』, 손희단(孫希旦)의 『집해』 순으로 번역하였다.

6. 본래 『예기』「상복소기」편은 목차가 없으며, 내용 구분에 있어서도 학자들마다 의견차이가 있다. 또한 내용의 연관성으로 인하여, 장과 절을 나누기가 애매한 부분이 많다. 본 책의 목차는 역자가 임의대로 나눈 것이며, 세세하게 분절하여, 독자들이 관련내용들을 찾아보기 쉽게 하였다.

7. 본 책의 뒷부분에는 ≪喪服小記 人名 및 用語 辭典≫을 수록하였다. 본문에 처음으로 등장하는 용어 및 인명에 대해서는 주석처리를 하였다. 이후에 같은 용어가 등장할 때마다 동일한 주석처리를 할 수 없어서, 뒷부분에 사전으로 수록한 것이다. 가나다순으로 기록하여, 번역문을 읽는 도중 앞부분에서 설명했던 고유명사나 인명 등에 대해서 쉽게 찾아볼 수 있도록 하였다.

【407a】

斬衰括髮以麻. 爲母括髮以麻, 免而以布.

【407a】 등과 같이 【 】 안에 숫자가 기입되어 있는 것은 『예기』의 '경문'을 뜻한다. '407'은 보경문화사(保景文化社)판본의 페이지를 말한다. 'a'는 a단에 기록되어 있다는 표시이다. 밑의 그림은 보경문화사판본의 한 페이지 단락을 구분한 표시이다.

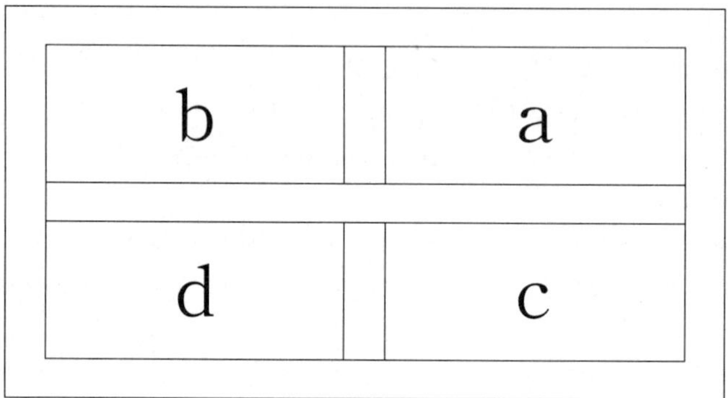

◆ 集說 斬衰, 主人爲父之服也.

"集說"로 표시된 것은 진호(陳澔)의 『예기집설(禮記集說)』 주석을 뜻한다.

◆ 大全 朱子曰: 括髮, 是束髮爲髻.

"大全"으로 표시된 것은 호광(胡廣) 등이 찬정(撰定)한 『예기집설대전』의 세주(細註)를 뜻한다.

◆ **鄭注** 母服輕, 至免可以布代麻也.

"**鄭注**"로 표시된 것은 『예기정의(禮記正義)』에 수록된 정현(鄭玄)의 주(注)를 뜻한다.

◆ **釋文** 衰, 七雷反, 下並同.

"**釋文**"으로 표시된 것은 『예기정의』에 수록된 육덕명(陸德明)의 『경전석문(經典釋文)』을 뜻한다. 『경전석문』의 내용은 글자들의 음을 설명하고, 간략한 풀이를 한 것인데, 육덕명 당시의 음가로 기록이 되었기 때문에, 현재의 음과는 맞지 않는 부분이 많다. 단순히 참고만 하기 바란다.

◆ **孔疏** ●"斬衰"至"則髽". ○正義曰: 此一節論斬衰齊衰之喪.

"**孔疏**"로 표시된 것은 『예기정의』에 수록된 공영달(孔穎達)의 소(疏)를 뜻한다. 공영달의 주석은 경문과 정현의 주에 대해서 세분화하여 기록되어 있다. 따라서 '●'으로 표시된 부분은 공영달이 경문에 대해 주석을 한 부분이고, '◎'으로 표시된 부분은 정현의 주에 대해 주석을 한 부분이다. 한편 '○'으로 표시된 부분은 공영달의 주석 부분이다.

◆ **訓纂** 外傳曰: 凡言斬衰者, 以六寸之布.

"**訓纂**"으로 표시된 것은 『예기훈찬(禮記訓纂)』에 수록된 주석이다. 『예기훈찬』 또한 기존 주석들을 종합한 책이므로, 『예기집설대전』 및 『예기정의』와 중복되는 부분은 생략하였다.

◆ **集解** 斬衰者, 主人爲父之服也.

"**集解**"로 표시된 것은 『예기집해(禮記集解)』에 수록된 주석이다. 『예기집해』 또한 기존 주석들을 종합한 책이므로, 『예기집설대전』 및 『예기정의』와 중복되는 부분은 생략하였다.

◆ 원문 및 번역문 중 '▼'로 표시된 부분은 한글로 표기할 수 없는 한자를 기록한 부분이다. 예를 들어 '▼(囧/皿)'의 경우 맹(盟)자의 이체자인데, '明'자 대신 '囧'자가 들어간 한자를 프로그램상 삽입할 수가 없어서, '▼(囧/皿)'으로 표시한 것이다. 즉 '▼(A/B)'의 형식으로 기록된 경우, A에 해당하는 글자가 한 글자의 상단 부분에 해당하고, B에 해당하는 글자가 한 글자의 하단 부분에 해당한다는 표시이다. 또한 '▼(A+B)'의 형식으로 기록된 경우, A에 해당하는 글자가 한 글자의 좌측 부분에 해당하고, B에 해당하는 글자가 한 글자의 우측 부분에 해당한다는 표시이다. 또한 '▼((A-B)/C)'의 형식으로 기록된 경우, A에 해당하는 글자에서 B 부분을 뺀 글자가 한 글자의 상단 부분에 해당하고, C에 해당하는 글자가 한 글자의 하단 부분에 해당한다는 표시이다.

목차

그림목차

경문목차

【407a】

禮記集說大全卷之十二 / 『예기집설대전』 제15권
喪服小記 第十五 / 「상복소기」 제15편

集說 朱子曰: 小記是解喪服傳.

번역 주자가 말하길, 「상복소기」편은 『의례』「상복(喪服)」편의 전문(傳文)을 풀이한 편이다.

孔疏 陸曰: 鄭云: "以其記喪服之小義."

번역 육덕명[1]이 말하길, 정현[2]은 "이 편은 상복(喪服)에 대한 소의(小義)를 기록했기 때문에, '상복소기(喪服小記)'라고 정한 것이다."라고 했다.

孔疏 正義曰: 按鄭目錄云: "喪服小記者, 以其記喪服之小義也. 此於別錄屬喪服."

번역 『정의』[3]에서 말하길, 정현의 『목록』[4]을 살펴보면, "'상복소기(喪

---

1) 육덕명(陸德明, A.D.550~A.D.630) : =육원랑(陸元朗). 당대(唐代)의 경학자이다. 이름은 원랑(元朗)이고, 자(字)는 덕명(德明)이다. 훈고학에 뛰어났으며, 『경전석문(經典釋文)』 등을 남겼다.

2) 정현(鄭玄, A.D.127~A.D.200) : =정강성(鄭康成)·정씨(鄭氏). 한대(漢代)의 유학자이다. 자(字)는 강성(康成)이다. 『주역(周易)』, 『상서(尙書)』, 『모시(毛詩)』, 『주례(周禮)』, 『의례(儀禮)』, 『예기(禮記)』, 『논어(論語)』, 『효경(孝經)』 등에 주석을 하였다.

3) 『정의(正義)』는 『예기정의(禮記正義)』 또는 『예기주소(禮記注疏)』를 뜻한다. 당(唐)나라 때에는 태종(太宗)이 공영달(孔穎達) 등을 시켜서 『오경정의(五經正義)』를 편찬하였는데, 이때 『예기정의』에는 정현(鄭玄)의 주(注)와 공영달의 소(疏)가 수록되었다. 송대(宋代)에는 『오경정의』와 다른 경전(經典)에 대한 주석서를 포함한 『십삼경주소(十三經注疏)』가 편찬되어, 『예기주소』라는 명칭이 되었다.

服小記)'라고 편명을 정한 이유는 이 편이 상복(喪服)에 대한 소의(小義)를 기록했기 때문이다. 이 편을 『별록』[5]에서는 '상복(喪服)' 항목에 포함시켰다."라고 했다.

集解 朱子曰: 儀禮喪服, 子夏作傳, 此篇是解傳中之曲折.

번역 주자가 말하길, 『의례』「상복(喪服)」편은 자하(子夏)가 그 전문(傳文)을 지었는데, 「상복소기」편은 전문에 나오는 자세한 부분을 풀이한 편이다.

集解 吳氏澄曰: 喪服經後有記, 蓋以補經之所未備. 此篇記喪服各章, 又以補喪服經後記之所未備, 又廣記喪禮雜事, 其事瑣碎, 故名小記, 所以別於經後之記也.

번역 오징[6]이 말하길, 『의례』「상복(喪服)」편에는 경문(經文) 뒤에 기문(記文)이 기록되어 있는데, 아마도 경문의 설명 중 미진했던 부분을 보완한 기록인 것 같다. 「상복소기」편은 「상복」편의 각 장에 대해서 기록을 하고 있으며, 또 「상복」편의 경문 뒤에 기록된 기문 중에서 설명이 미진했던 부분을 보완하고 있고, 또 상례(喪禮)와 관련된 이런저런 사안에 대해서 폭넓게 설명하고 있는데, 그 사안들이 자질구레한 것들이기 때문에, '소기(小記)'라는 말을 덧붙여서, 경문 뒤에 기록된 기문과는 구별을 지은 것이다.

---

4) 『목록(目錄)』은 정현이 찬술했다고 전해지는 『삼례목록(三禮目錄)』을 가리킨다. 『십삼경주소(十三經注疏)』에서 인용되고 있지만, 이 책은 『수서(隋書)』가 편찬될 당시에 이미 일실되어 존재하지 않았다. 『수서』「경적지(經籍志)」편에는 "三禮目錄一卷, 鄭玄撰, 梁有陶弘景注一卷, 亡."이라는 기록이 있다.

5) 『별록(別錄)』은 후한(後漢) 때 유향(劉向)이 찬(撰)했다고 전해지는 책이다. 현재는 일실되어 존재하지 않으며, 『한서(漢書)』「예문지(藝文志)」편을 통해서 대략적인 내용만을 추측해볼 수 있다.

6) 오징(吳澄, A.D.1249~A.D.1333) : =임천오씨(臨川吳氏)·오유청(吳幼淸). 송원대(宋元代)의 유학자이다. 이름은 징(澄)이다. 자(字)는 유청(幼淸)이다. 저서로 『예기해(禮記解)』가 있다.

• 제 1 절 •

상복(喪服) 규정-머리방식

【407a】

斬衰括髮以麻. 爲母括髮以麻, 免而以布.

직역 斬衰는 髮을 括하길 麻로써 한다. 母를 爲하여 髮을 括하길 麻로써 한다, 免하면 布로써 한다.

의역 돌아가신 부친을 위해 참최복(斬衰服)을 착용할 때에는 머리를 묶을 때 마(麻)를 사용한다. 돌아가신 모친을 위해서도 머리를 묶을 때 마(麻)를 사용하고, 면(免)[1]을 하면 포(布)를 사용한다.

集說 斬衰, 主人爲父之服也. 親始死, 子服布深衣, 去吉冠而猶有笄纚, 徒跣扱深衣前衽於帶. 將小斂, 乃去笄纚, 著素冠. 斂訖, 去素冠, 而以麻自項而前交於額上, 卻而繞於紒, 如著幓頭然. 幓頭, 今人名掠髮, 此謂括髮以麻也. 母死亦然, 故云爲母括髮以麻. 言此禮與喪父同也. 免而以布, 專言爲母也. 蓋父喪小斂後, 拜賓竟, 子卽堂下之位, 猶括髮而踊, 母喪則此時不復括髮, 而著布免以踊, 故云免而以布也. 笄纚, 說見內則. 免, 見檀弓.

번역 '참최(斬衰)'는 상주(喪主)가 돌아가신 부친을 위해 착용하는 상복이다. 부친이 이제 막 돌아가셨을 때, 자식은 포(布)로 된 심의(深衣)[2]를

---

1) 면(免)은 면포(免布)나 면복(免服)과 같은 뜻이다.

2) 심의(深衣)는 일반적으로 상의와 하의가 서로 연결된 옷을 뜻한다. 제후, 대부(大夫), 사(士)들이 평상시 집안에 거처할 때 착용하던 복장이기도 하며, 서인(庶人)에게는 길복(吉服)에 해당하기도 한다. 순색에 채색을 가미

착용하고, 길관(吉冠)[3]을 제거하지만, 여전히 비녀와 머리를 묶는 쇄(縰)는 놔두고, 맨발을 하고 심의의 앞자락을 걷어서 대(帶)에 꼽는다. 소렴(小斂)[4]을 치르게 되면,. 비녀와 쇄(縰)를 제거하고, 소관(素冠)[5]을 착용한다. 소렴이 끝나면, 소관을 제거하고, 마(麻)로 된 천을 이용해서 목덜미로부터 앞으로 빼서 이마에서 교차를 시키며, 상투에 두르게 되니, 마치 망건을 착용한 것처럼 두르는 것이다. '삼두(幓頭)'에 대해서 오늘날의 사람들은 '약발(掠髮)'이라고 부르니, 이곳에서 "마(麻)를 이용해서 머리를 묶는다."고 한 말에 해당한다. 모친이 돌아가셨을 때에도 또한 이처럼 한다. 그렇기 때문에 "돌아가신 모친을 위해서는 마(麻)를 이용해서 머리를 묶는다."라고 말한 것이다. 즉 이러한 경우의 예법은 돌아가신 부친의 상례를 치르는 것과 동일하다는 뜻이다. "면(免)을 하면 포(布)를 이용한다."는 말은 전적으로 돌아가신 모친을 위해 상을 치르는 경우만을 언급한 것이다. 아마도 부친의 상례에서는 소렴을 끝낸 뒤에, 빈객에게 절하는 절차를 마치면, 자식은 당하(堂下)의 자리로 나아가는데, 여전히 머리를 묶은 상태에서 용(踊)[6]을 하게 되고, 모친의 상례를 치르는 경우라면, 이 시기에 재차 머리를 묶지 않고, 포(布)로 된 천을 착용하고 면(免)을 하여 용(踊)을 한다. 그렇기 때문에 "면(免)을 하면 포(布)를 이용한다."라고 말한 것이다. '계(笄)'

하기도 했다.

3) 길관(吉冠)은 길복(吉服)을 착용할 때 쓰는 관(冠)이다. '길복'은 제례(祭禮)나 의례(儀禮)를 시행할 때 착용하는 제복(祭服)과 예복(禮服)을 가리킨다. 신분의 등급 및 제사의 종류의 따라서 '길복'이 변화되는데, '길관' 또한 각 길복에 따라 변화된다. 한편 일상적으로 쓰는 '관' 또한 '길관'이라고 부른다. 길흉(吉凶)에 의해 각 시기를 구분하게 되면, 상사(喪事)나 재앙 등을 당했을 때에는 흉(凶)에 해당하고, 그 나머지 시기는 길(吉)한 시기에 해당하기 때문이다.

4) 소렴(小斂)은 상례(喪禮) 절차 중 하나이다. 죽은 자의 시신을 목욕시키고, 의복을 착용시키며, 그 위에 이불 등으로 감싸는 절차를 뜻한다.

5) 소관(素冠)은 상사(喪事)나 흉사(凶事)의 일을 접했을 때 쓰게 되는 흰색 관(冠)이다.

6) 용(踊)은 상중(喪中)에 취하는 행동으로, 곡(哭)에 맞춰서 발을 구르는 행위이다.

와 '쇄(縰)'에 대해서는 그 설명이 『예기』「내칙(內則)」편에 나온다.[7] '면(免)'에 대해서는 그 설명이 『예기』「단궁(檀弓)」편에 나온다.[8]

大全 朱子曰: 括髮, 是束髮爲髻. 鄭氏儀禮註及疏以男子括髮與免及婦人髽, 皆云如著幓頭然. 所謂幓頭, 卽如今之掠頭編子, 自項而前交於額上, 却繞髻也.

번역 주자가 말하길, '괄발(括髮)'은 머리카락을 묶어서 상투를 튼다는 뜻이다. 『의례』에 대한 정현의 주 및 가공언[9]의 소(疏)에서는 남자의 괄발 및 면(免)과 부인들의 머리모양인 좌(髽)에 대해서, 모두 삼두(幓頭)를 착용한 것과 같다고 했다.[10] 이른바 '삼두(幓頭)'라는 것은 마치 오늘날의 약두편자(掠頭編子)의 머리 방식과 동일한 것이니, 천을 이용해서 목덜미로부터 앞으로 돌려 이마에서 교차하여, 상투에 감는 것을 뜻한다.

---

7) 『예기』「내칙(內則)」【345b】에서는 "子事父母, 鷄初鳴, 咸盥漱, 櫛縰笄總, 拂髦, 冠緌纓, 端韠紳, 搢笏."이라고 했고, 이에 대한 진호(陳澔)의 『집설(集說)』에서는 "縰, 黑繒韜髮者, 以縰韜髮作髻訖, 卽橫揷笄以固髻."라고 했다. 즉 "'쇄(縰)'자는 검은색의 비단으로 머리카락을 감싸는 것으로, 쇄(縰)를 이용하여 머리카락을 감싸서, 머리다발을 묶는 일이 끝나면, 곧 가로로 비녀를 꼽아서, 머리다발을 고정시킨다."라는 뜻이다.

8) 『예기』「단궁상(檀弓上)」【68a】에서는 "公儀仲子之喪, 檀弓免焉. 仲子舍其孫而立其子, 檀弓曰, 何居? 我未之前聞也. 趨而就子服伯子於門右."라고 했고, 이에 대한 진호(陳澔)의 『집설(集說)』에서는 "袒免, 本五世之服, 而朋友之死於他邦而無主者, 亦爲之免, 其制以布, 廣一寸, 從項中而前交於額, 又却向後而繞於髻也."라고 했다. 즉 "'단면(袒免)'은 본래 자신과의 관계가 5세대가 넘은 친족이 죽었을 때, 그를 위해 입는 상복(喪服)이고, 친구가 다른 나라에 머물러 있다가 죽었을 때, 그의 상(喪)을 치를 상주(喪主)가 없는 경우에도 또한 그를 위해서도 면(免)을 하게 되니, 머리를 묶는 끈은 베로 만들며, 너비는 1촌(寸)으로 하고, 목 있는 곳으로부터 묶어서 이마 앞쪽에서 교차를 하며, 또한 뒤쪽으로 틀어서 머리를 두르게 된다."라는 뜻이다.

9) 가공언(賈公彦, ?~?) : 당(唐)나라 때의 유학자이다. 정현(鄭玄)을 존승하였다. 예학(禮學)에 조예가 깊었다. 『주례소(周禮疏)』, 『의례소(儀禮疏)』 등의 저서를 남겼으며, 이 저서들은 『십삼경주소(十三經注疏)』에 포함되었다.

10) 이 문장은 『의례』「사상례(士喪禮)」편의 "婦人髽于室."이라는 기록에 대한 정현의 주와 가공언의 소이다.

大全 山陰陸氏曰: 士喪禮主人括髮袒, 衆主人免于房, 婦人髽于室, 則袒括髮一人而已, 諸子皆免.

번역 산음육씨[11]가 말하길, 『의례』「사상례(士喪禮)」편에서 상주(喪主)는 괄발(括髮)과 단(袒)[12]을 하며, 나머지 형제들은 방(房)에서 면(免)을 하며, 부인들은 실(室)에서 좌(髽)의 머리방식을 한다고 했으니,[13] 단(袒)과 괄발을 하는 자는 한 사람일 뿐이며, 나머지 자식들은 모두 면(免)을 한다.

鄭注 母服輕, 至免可以布代麻也. 爲母, 又哭而免.

번역 모친에 대한 상복은 상대적으로 수위가 낮으니, 면(免)을 하게 되면, 포(布)로 마(麻)를 대신할 수 있다. 돌아가신 모친을 위해서는 또한 곡(哭)을 하고 면(免)을 한다.

釋文 衰, 七雷反, 下並同. 括, 古活反. 爲, 于僞反, 注及下注同. 免音汶, 篇內同.

번역 '衰'자는 '七(칠)'자와 '雷(뢰)'자의 반절음이며, 아래문장에 나오는 글자도 그 음이 모두 이와 같다. '括'자는 '古(고)'자와 '活(활)'자의 반절음이다. '爲'자는 '于(우)'자와 '僞(위)'자의 반절음이고, 정현의 주 및 아래문장에 나오는 주의 글자들도 모두 그 음이 이와 같다. '免'자의 음은 '汶(문)'이며,

11) 산음육씨(山陰陸氏, A.D.1042~A.D.1102) : =육농사(陸農師) · 육전(陸佃). 북송(北宋) 때의 유학자이다. 자(字)는 농사(農師)이며, 호(號)는 도산(陶山)이다. 어려서 집안이 매우 가난했다고 전해지며, 왕안석(王安石)에게 수학하였으나 왕안석의 신법에 대해서는 반대하였다. 저서로는 『비아(埤雅)』, 『춘추후전(春秋後傳)』, 『도산집(陶山集)』 등이 있다.

12) 단(袒)은 상중(喪中)에 남자들이 취하는 복장 방식이다. 상의 중 좌측 어깨쪽을 드러내는 방법이다. 한편 일반적인 의례절차에서도 단(袒)의 복장 방식을 취하는 경우가 있다.

13) 『의례』「사상례(士喪禮)」 : 主人髻髮袒, 衆主人免于房. 婦人髽于室.

이 편에 나오는 이 글자는 모두 그 음이 이와 같다.

孔疏 ●"斬衰"至"則髽". ○正義曰: 此一節論斬衰齊衰之喪, 男女括髮免髽之異.

번역 ●經文: "斬衰"~"則髽". ○이곳 문단은 참최복(斬衰服)과 자최복(齊衰服)을 입고 치르는 상(喪)에서, 남녀가 괄발(括髮)을 하고 면(免)을 하며 좌(髽)를 하는 차이점에 대해서 논의하고 있다.

孔疏 ●"斬衰"者, 主人爲父之服也. "括髮"者, 爲父未成服之前所服也. 禮: 親始死, 子布深衣去冠, 而猶有笄纚, 徒跣扱上衽, 至將小斂, 去笄纚, 著素冠, 視斂, 斂訖, 投冠而括髮. "括髮"者, 鄭注喪服云: "括髮以麻者, 自項以前, 交於額上, 卻繞紒, 如著幓頭焉."

번역 ●經文: "斬衰". ○상주(喪主)가 돌아가신 부친을 위해서 착용하는 상복이다. 경문의 "括髮"에 대하여. 돌아가신 부친을 위해서 아직 성복(成服)[14]을 하기 이전에 하는 복장방식이다. 예법에 따르면, 부친이 이제 막 돌아가셨을 때, 자식은 포(布)로 된 심의(深衣)를 착용하고, 관(冠)을 제거하지만, 여전히 비녀와 머리를 묶는 쇄(纚)는 하고 있으며, 맨발을 하고, 앞섶을 걷으며, 소렴(小斂)을 치르게 되면, 비녀와 쇄(纚)를 제거하며, 소관(素冠)을 착용하고, 소렴에 참관하며, 소렴이 끝나면, 소관을 벗고 괄발을 한다. '괄발(括髮)'에 대해서, 『의례』「상복(喪服)」편에 대한 정현의 주에서는 "머리를 묶을 때 마(麻)를 이용하는 것으로, 목덜미로부터 앞으로 돌려서, 이마에서 교차를 하며, 상투에 두르게 되니, 마치 삼두(幓頭)를 착용한 것과 같다."[15]라고 했다.

---

14) 성복(成服)은 상례(喪禮)에서 대렴(大斂) 이후, 죽은 자와의 관계에 따라, 각각 규정에 맞는 상복(喪服)을 갖춰 입는다는 뜻이다.

15) 이 문장은 『의례』「상복(喪服)」편의 "布總, 箭笄, 髽, 衰, 三年."이라는 기록에 대한 정현의 주이다.

孔疏 ●"爲母括髮以麻"者, 爲母初喪, 至小斂後括髮, 與父禮同. 故亦云"括髮以麻"也.

번역 ●經文: "爲母括髮以麻". ○돌아가신 모친을 위해서 초상(初喪)을 치를 때, 소렴(小斂)이 끝나게 되면 괄발(括髮)을 하는데, 이것은 부친을 위한 상례(喪禮)와 동일하다. 그렇기 때문에 "마(麻)를 이용해서 괄발을 한다."라고 말한 것이다.

孔疏 ●"免而以布"者, 此謂爲母與父異者也, 亦自小斂後而括髮, 至尸出堂, 子拜賓之時, 猶與爲父不異. 至拜賓竟後, 子往卽堂下之位時則異也. 若爲父, 此時猶括髮而踊, 襲絰帶, 以至大斂而成服. 若母喪, 於此時則不復括髮, 乃著布免踊而襲絰帶, 以至成服, 故云"免而以布"也.

번역 ●經文: "免而以布". ○이 내용은 돌아가신 모친을 위한 상례(喪禮) 중 부친의 경우와 다른 점에 대한 것이니, 이 경우에도 또한 소렴 이후로부터는 괄발(括髮)을 하게 되고, 시신이 당(堂)으로 나오게 되어, 자식이 빈객에게 절을 하는 시기까지는 여전히 부친을 위해 치르는 상례 절차와 차이가 없다. 그러나 빈객에게 절을 하는 절차를 끝내면, 자식은 당하(堂下)의 자리로 나아가게 되는데, 이 시기가 되면 부친의 상례 절차와 달라진다. 만약 부친을 위해 상례를 치르는 경우라면, 이 시기에 여전히 괄발을 하고 용(踊)을 하며, 습(襲)[16]을 하고 질대(絰帶)[17]를 하며, 이러한 복장으로 대렴(大斂)[18]에 이르면 성복(成服)을 한다. 만약 모친의 상례를 치르는

16) 습(襲)은 고대에 의례를 시행할 때 하는 복장 방식 중 하나이다. 겉옷으로 안에 입고 있던 옷들을 완전히 가리는 방식이다. 한편 '습'은 비교적 성대한 의식 때 시행하는 복장 방식으로도 사용되어, 안에 있고 있는 옷을 드러내지 않음으로써, 공경의 뜻을 표하기도 했다.

17) 질(絰)은 질대(絰帶)를 뜻한다. 마(麻)로 제작한 일종의 끈으로, 머리에 쓰는 수질(首絰)과 허리에 차는 요질(腰絰)이 있다.

18) 대렴(大斂)은 상례(喪禮) 절차 중 하나이다. 소렴(小斂)을 끝낸 뒤에, 시신을 관에 안치하는 절차이다.

경우라면, 이 시기에 다시 괄발을 하지 않고, 곧 포(布)로 된 천을 둘러서 면(免)을 하고 용(踊)을 하며, 습(襲)을 하고 질대를 하며, 이러한 복장으로 지내다가 성복을 하게 된다. 그렇기 때문에 "면(免)을 하면 포(布)를 이용한다."라고 말한 것이다.

孔疏 ◎注"母服[19]"至"而免". ○正義曰: "又哭", 是小斂拜賓竟後, 卽堂下位哭踊時也. 故士喪禮云: "卒小斂, 主人髻髮袒." 此是初括髮哭踊之時也. 又云: "男女奉尸俠于堂訖, 主人降自西階, 東卽位. 主人拜賓, 卽位踊, 襲絰于序東, 復位." 此是"又哭"之節. 若爲父, 於此時猶括髮, 若爲母, 於此時以免代括髮, 故云"爲母, 又哭而免".

번역 ◎鄭注: "母服"~"而免". ○정현이 "또한 곡(哭)을 한다."라고 했는데, 소렴(小斂)을 하고 빈객에게 절을 하는 절차가 끝난 후, 곧 당하(堂下)에 있는 자리로 나아가서 곡(哭)과 용(踊)을 하는 시기를 뜻한다. 그렇기 때문에 『의례』「사상례(士喪禮)」편에서는 "소렴을 끝내면, 주인은 상투를 틀고 단(袒)을 한다."[20]라고 한 것이니, 최초 괄발을 하고 곡(哭)과 용(踊)을 하는 시기를 뜻한다. 또 "남녀는 시신을 받들어서 당(堂)으로 인도하며, 그 일이 끝나면 상주는 서쪽 계단을 통해 내려가고, 동쪽으로 이동하여 자신의 자리로 나아간다. 상주는 빈객에게 절을 하고, 곧 자리로 나아가서 용(踊)을 하며, 서(序)의 동쪽에서 습(襲)과 질(絰)을 차며, 재차 자신의 자리로 돌아온다."[21]라고 했다. 이 말은 "또한 곡(哭)을 한다."는 절차에 해당한다. 만약 부친의 상례를 치르는 경우라면, 이 시기에도 여전히 괄발(括

---

19) '복(服)'자에 대하여. '복'자는 본래 없던 글자인데, 완원(阮元)의 『교감기(校勘記)』에서는 "고문(考文)에서 인용하고 있는 송(宋)나라 때의 판본에는 '복'자가 기록되어 있다."라고 했다.

20) 『의례』「사상례(士喪禮)」: 卒斂, 徹帷. 主人西面馮尸, 踊無筭. 主婦東面馮, 亦如之. 主人髻髮袒, 衆主人免于房.

21) 『의례』「사상례(士喪禮)」: 士擧, 男女奉尸, 俠于堂, 幠用夷衾. 男女如室位, 踊無筭. 主人出于足, 降自西階. 衆主人東卽位. 婦人阼階上, 西面. 主人拜賓, 大夫特拜, 士旅之. 卽位踊, 襲絰于序東, 復位.

髮)을 하고 있고, 모친의 상례를 치르는 경우라면, 이 시기에 면(免)으로 괄발을 대체하게 된다. 그렇기 때문에 "돌아가신 모친을 위해서는 또한 곡(哭)을 하고 면(免)을 한다."라고 말한 것이다.

訓纂 外傳曰: 凡言斬衰者, 以六寸之布, 廣四寸爲衰, 帖於心前, 翦而不緝也.

번역 『외전』에서 말하길, 무릇 '참최(斬衰)'라고 말한 것들은 6촌(寸)의 포(布)에 폭 4촌(寸)으로 상복을 만드는데, 가슴 앞쪽에서 늘어뜨리고, 자르되 꿰매지 않는다.

集解 斬衰者, 主人爲父之服也. 括髮以麻者, 以麻自項中前交於額, 又却繞於後, 以約束其髮, 爲父小斂以後未成服以前之所服也. 蓋親始死笄纚, 既小斂後, 則去笄纚, 而其髮下垂, 恐其散亂, 故以麻約之, 而因以爲飾也. 爲母括髮以麻者, 母喪, 至小斂後亦括髮以麻, 與父禮同也. 免者, 亦去笄纚, 而其髮不垂, 以布約之, 如括髮之爲也. 免而以布, 此言其與父異者也. 爲父自小斂後, 括髮以至成服, 爲母則自奉尸俠於堂之後, 主人降自西階東, 卽阼階下之位而踊, 襲絰於序東, 於此時改括髮而免焉. 蓋齊·斬之服不同, 故未成服之前, 其服亦異. 然父母之喪, 其哀痛迫切之情初無降殺, 唯以家無二尊, 而母之服殺而爲齊衰, 故其始亦爲之括髮, 至序東襲絰而後改而免焉. 所以明其服之本同於父, 而其降特有所爲焉爾.

번역 '참최(斬衰)'는 상주(喪主)가 돌아가신 부친을 위해서 착용하는 상복(喪服)이다. "마(麻)로 괄발(括髮)을 한다."는 말은 마(麻)로 된 천을 이용해서 목덜미 중앙에서 앞으로 돌려 이마에서 교차하고, 다시 뒤로 돌려서 감아, 머리를 묶는 것이니, 돌아가신 부친을 위해 소렴(小斂)을 한 이후로부터 아직 성복(成服)을 하기 이전에 하는 복장방식이다. 무릇 부친이 이제 막 돌아가셨을 때에는 비녀와 머리끈인 리(纚)를 싸매고 있는데, 소렴을 끝냈다면, 비녀와 리(纚)를 제거하고, 머리카락을 밑으로 늘어트리는데, 정신없이 흐트러질 것을 염려하였기 때문에, 마(麻)로 된 천으로 묶고, 이것을 통해서 상례 때 하는 장식으로 삼은 것이다. "돌아가신 모친을 위해서는 마(麻)로 괄발을 한다."라고 했는데, 모친의 상(喪)에서는 소렴을 끝낸 이후에도 또한 마(麻)로 된 천으로 괄발을 하니, 부친에 대한 상례와 동일하다. '면(免)'이라는 것 또한 비녀와 리(纚)를 제거하고, 머리카락을 늘어트리지 않으며, 포(布)로 된 천으로 묶는 것이니, 괄발을 하는 것처럼 한다. "면(免)을 하면 포(布)를 사용한다."라고 했는데, 이것은 부친에 대한 경우와 다른 점을 뜻한다. 돌아가신 부친을 위해서는 소렴으로부터 그 이후로 괄발을 하고 성복을 하게 되는데, 돌아가신 모친을 위해서라면, 시신을 받들어서 당(堂)으로 인도한 이후, 상주는 서쪽 계단을 통해 내려가서 동쪽으로 나아가 동쪽 계단 밑에 있는 상주의 자리로 가서 용(踊)을 하며, 서(序)의 동쪽에서 습(襲)과 질(絰)을 차는데, 이 시기에는 괄발한 것을 고쳐서 면(免)을 하게 된다. 아마도 자최복(齊衰服)과 참최복(斬衰服)을 하는 경우가 달랐기 때문에, 아직 성복을 하기 이전에 하는 복장방식 또한 달랐던 것이다. 그러나 부모의 상(喪)에서, 애통하고 절박한 감정은 애초부터 줄어드는 점이 없는데, 다만 한 집안에는 두 명의 존귀한 자가 있을 수 없어서, 모친에 대한 상복을 낮춰서 자최복을 착용하는 것이다. 그렇기 때문에 초상(初喪)에 있어서는 또한 괄발을 하고, 서(序)의 동쪽에서 습(襲)과 질(絰)을 한 이후에야 고쳐서 면(免)을 하는 것이다. 이것은 본래의 복장방식은 부친에 대한 경우와 동일하지만, 낮추는 부분에 있어서는 다만 행위의 차이가 있었다는 점을 밝히기 위한 것이다.

그림 1-1 ▣ 참최복(斬衰服) 착용 모습

※ **출처:** 『삼재도회(三才圖會)』「의복(衣服)」 3권

그림 1-2 ▣ 참최복(斬衰服) 각부 명칭

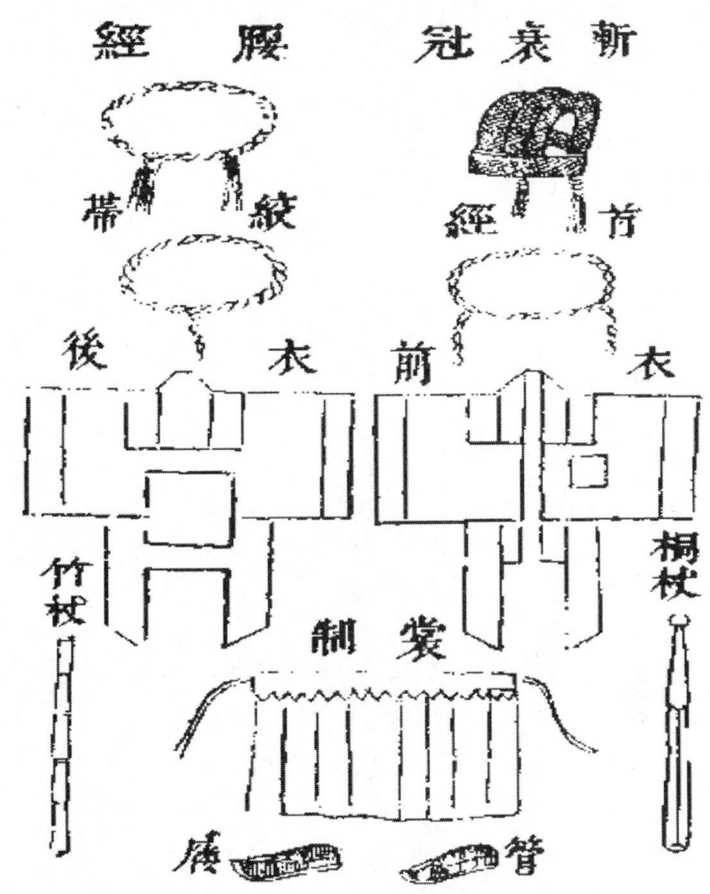

※ **출처:** 『삼재도회(三才圖會)』「의복(衣服)」 3권

그림 1-3 ▣ 자최복(齊衰服) 착용 모습

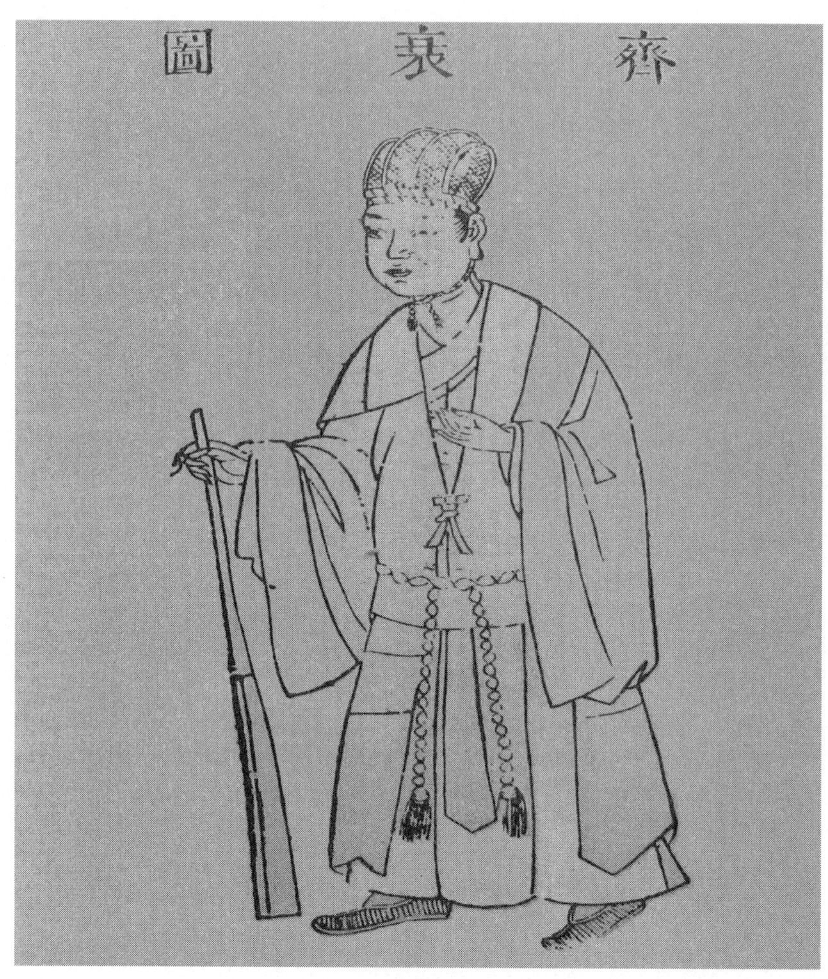

※ **출처:** 『삼재도회(三才圖會)』「의복(衣服)」 3권

그림 1-4 ▣ 자최복(齊衰服) 각부 명칭

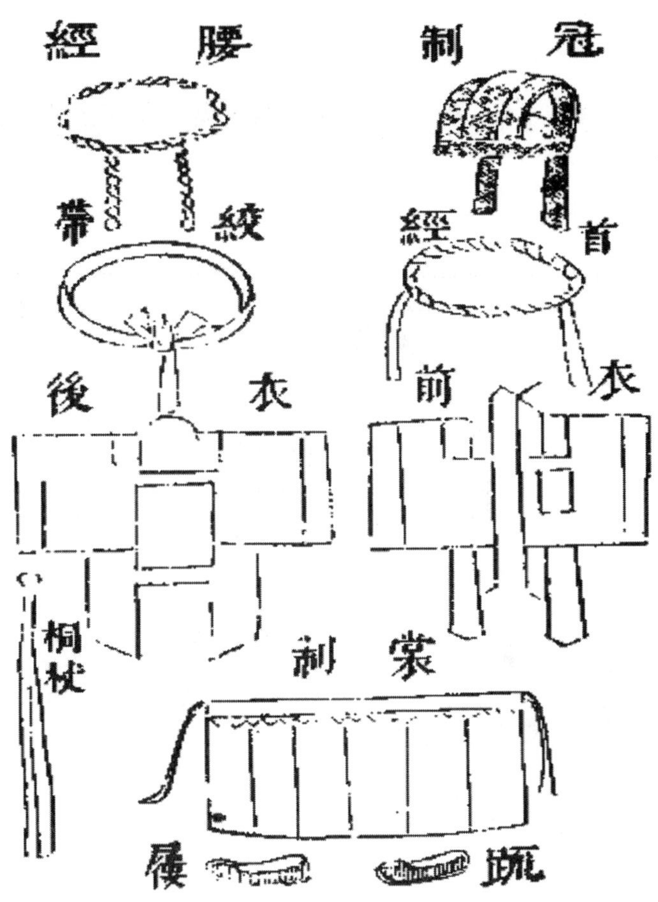

※ **출처:** 『삼재도회(三才圖會)』「의복(衣服)」 3권

그림 1-5 ▣ 심의(深衣)

深衣即中衣麻衣長衣註見本章

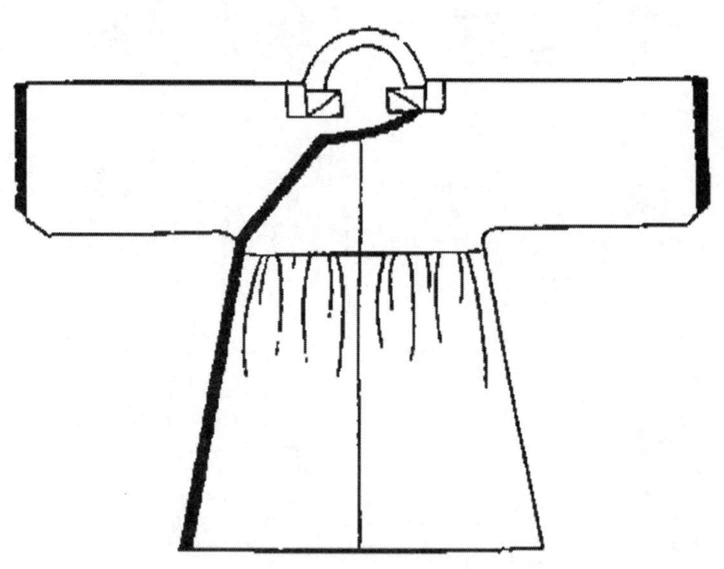

※ **출처:**『삼례도집주(三禮圖集注)』3권

그림 1-6 ▣ 계(笄)와 리(纚)

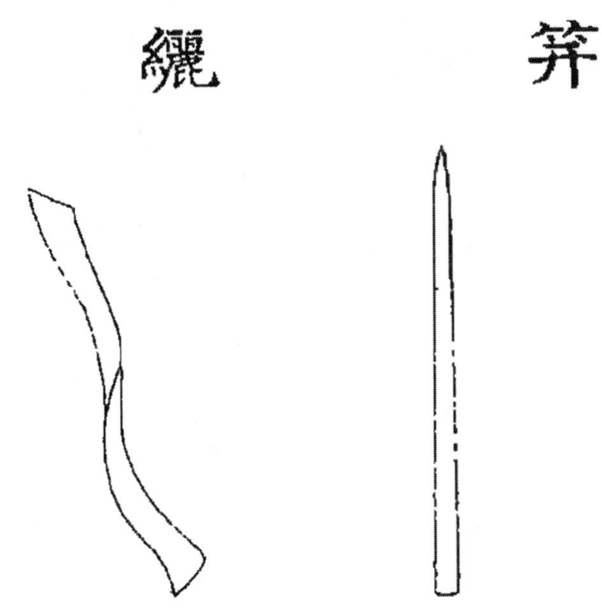

※ **출처:** 『삼례도집주(三禮圖集注)』 3권

그림 1-7 ■ 쇄(縰)와 총(總)

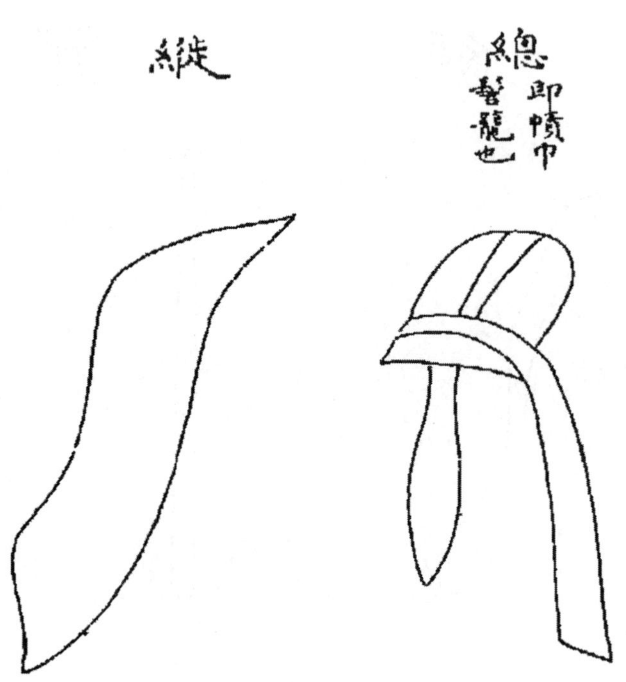

※ **출처:**『삼례도(三禮圖)』 2권

그림 1-8 ▣ 면(免)과 괄발(括髮)

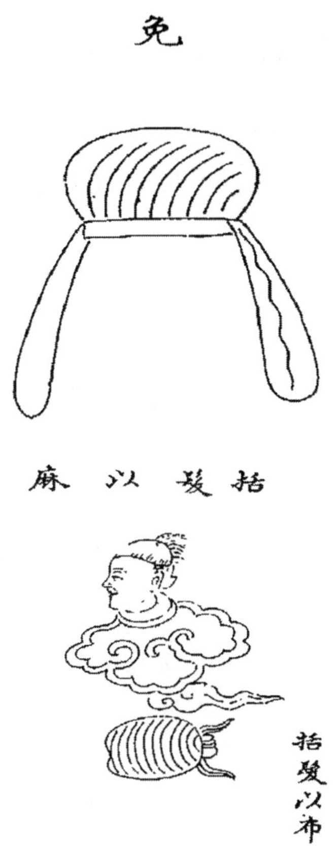

※ **출처:**『삼례도(三禮圖)』3권

【407b】

齊衰, 惡笄以終喪[22].

직역 齊衰는 惡笄하여 喪을 終한다.

의역 부인은 자최복(齊衰服)을 입고 치르는 상(喪)에서, 조악한 비녀로 머리를 틀고, 중간에 복장방식을 바꾸지 않으며, 이 상태로 상을 끝낸다.

集說 婦人居齊衰之喪, 以榛木爲笄以卷髮, 謂之惡笄. 以終喪者, 謂中間更無變易, 至服竟則一幷除之也.

번역 부인은 자최복(齊衰服)을 입고 치르는 상(喪)에서, 개암나무[榛]로 만든 비녀로 머리를 트는데, 이 비녀를 '조악한 비녀[惡笄]'라고 부른다. '이종상(以終喪)'이라는 말은 상(喪)을 치르는 중간에 다시금 복장 방식을 바꾸지 않으며, 상을 끝내게 되면, 일괄적으로 제거한다는 뜻이다.

鄭注 笄所以卷髮, 帶所以持身也. 婦人質, 於喪所以自卷持者, 有除無變.

---

22) '자최악계이종상(齊衰惡笄以終喪)'에 대하여. 『십삼경주소(十三經注疏)』 북경대 출판본에서는 "『민본(閩本)』·『감본(監本)』·『모본(毛本)』·『석경(石經)』·『악본(岳本)』·『가정본(嘉靖本)』 및 위씨(衛氏)의 『집설(集說)』에는 동일하게 기록되어 있다. 완원(阮元)의 『교감기(校勘記)』에서는 '고문(考文)』에서 인용하고 있는 『고본(古本)』·『족리본(足利本)』에는 자최(齊衰)라는 글자 뒤에 대(帶)자가 기록되어 있다. 단옥재의 교감본에서는 악계(惡笄) 뒤에 대(帶)자가 있어야 한다고 했다. 정현의 주를 살펴보니, 계소이권발대소이지신야(笄所以卷髮, 帶所以持身也)라고 기록하여, 먼저 비녀를 풀이하고, 이후에 대(帶)를 풀이했으니, 이곳 기록은 대(帶)자가 누락된 것이지만, 그 위치는 악계(惡笄) 앞이 아니다. 『정의』에서도 먼저 비녀를 언급하고, 이후에 대(帶)를 언급했으니, 이러한 기록들에서는 모두 악계(惡笄) 뒤에 대(帶)자가 있어야 함을 증명하고 있다. 따라서 단옥재의 교감이 옳다."라고 했다.

번역 비녀는 머리를 트는 도구이고, 대(帶)는 몸을 두르는 도구이다. 부인은 남자에 비해 상대적으로 질박하므로, 상(喪)에서 자신의 머리를 틀고 몸을 두르는 것들에 대해, 제거하는 방법만 있고, 바꾸는 방법이 없다.

釋文 齊音咨, 又作齋. 笄, 古兮反. 卷, 俱免反, 下皆同.

번역 '齊'자의 음은 '咨(자)'이며, 또한 '齋'자로도 기록한다. '笄'자는 '古(고)'자와 '兮(혜)'자의 반절음이다. '卷'자는 '俱(구)'자와 '免(면)'자의 반절음이며, 아래문장에 나오는 글자들도 모두 그 음이 이와 같다.

孔疏 ●"齊衰惡笄以終喪". ○此一經明齊衰, 婦人笄帶終喪無變之制.

번역 ●經文: "齊衰惡笄以終喪". ○이곳 경문은 자최복(齊衰服)을 입고 치르는 상(喪)에서, 부인들이 하는 비녀와 대(帶)는 상을 끝낼 때까지 바꾸는 제도가 없음을 나타내고 있다.

孔疏 ●"惡笄"者, 榛木爲笄也. 婦人質, 笄以卷髮, 帶以持身, 於其自卷持者, 有除無變, 故要絰及笄, 不須更易. 至服竟一除, 故云"惡笄, 帶以終喪".

번역 ●經文: "惡笄". ○개암나무[榛]로 만든 비녀이다. 부인은 상대적으로 질박하고, 비녀로는 머리를 틀며, 대(帶)로는 몸을 두르는데, 자신의 머리를 틀고 몸을 두르는 것들에 대해서는 제거하는 방법만 있고, 변경하는 방법이 없다. 그렇기 때문에 요질(要絰) 및 비녀에 대해서 다시금 고칠 필요가 없는 것이다. 상복 기간이 끝나게 되면, 일괄적으로 제거를 한다. 그렇기 때문에 "조악한 비녀를 하고, 대(帶)를 차고 상을 끝낸다."라고 한 것이다.

訓纂 考文引古本 · 足利本"惡笄"上皆有"帶"字.

번역 『고문(考文)』에서 인용하고 있는 『고본(古本)』 · 『족리본(足利本)』

에서는 '악계(惡笄)'라는 글자 앞에 모두 '대(帶)'자가 기록되어 있다.

訓纂 段氏玉裁曰: 按注先釋笄, 後釋帶, 是脫帶字, 不當在"惡笄"上. 儀禮喪服疏引帶字在"惡笄"上, 是各本不同也.

번역 단옥재[23]가 말하길, 정현의 주를 살펴보니, 앞서 비녀를 풀이했고, 그 뒤에 대(帶)를 풀이했으니, 이것은 대(帶)자가 누락되어 있지만, 그 위치는 '악계(惡笄)' 앞이 아니라는 사실을 나타낸다. 『의례』「상복(喪服)」편의 소(疏)에서는 이 기록을 인용하며, '대(帶)'자를 '악계(惡笄)' 앞에 기록했는데, 이것은 각각의 판본이 달랐다는 사실을 나타낸다.

訓纂 王氏念孫曰: 笄在首, 帶在要, 故注及正義皆先笄而後帶, 若經文則不然. 故正義述之云"要絰及笄, 不須更易", 則經文之先帶後笄明矣. 喪服及士虞禮疏兩引此文, 皆作"帶·惡笄以終喪", 是孔·賈所見本同.

번역 왕념손[24]이 말하길, 비녀는 머리에 꼽는 것이고, 대(帶)는 허리에 차는 것이다. 그렇기 때문에 정현의 주 및 공영달의 『정의』에서는 먼저 비녀를 풀이하고 이후에 대(帶)를 풀이한 것인데, 경문의 경우라면 그렇지 않다. 그렇기 때문에 『정의』에서는 그 내용을 조술하며, "요질(要絰)과 비녀를 다시금 고칠 필요가 없다."라고 한 것이니, 경문에서는 먼저 대(帶)를 기록하고, 이후에 비녀를 기록한 것이 분명하다. 『의례』「상복(喪服)」편 및 「사우례(士虞禮)」편에 대한 소(疏)에서는 모두 이곳 문장을 인용하고 있는데, 그 기록들에서는 '대악계이종상(帶·惡笄以終喪)'이라고 했으니, 이것

---

23) 단옥재(段玉裁, A.D.1735~A.D.1815) : 청(淸)나라 때의 학자이다. 자(字)는 약응(若膺)이고, 호(號)는 무당(懋堂)이다. 저서로는 『설문해자주(說文解字注)』, 『육서음균표(六書音均表)』, 『고문상서찬이(古文尙書撰異)』 등이 있다.

24) 왕념손(王念孫, A.D.1744~A.D.1832) : 청(淸)나라 때의 학자이다. 자(字)는 회조(懷祖)이고, 호(號)는 석구(石臞)이다. 부친은 왕안국(王安國)이고, 아들은 왕인지(王引之)이다. 대진(戴震)에게 학문을 배웠다. 저서로는 『독서잡지(讀書雜志)』 등이 있다.

은 공영달과 가공언이 참고했던 판본이 동일했음을 나타낸다.

그림 1-9 ▣ 길계(吉笄)와 악계(惡笄)

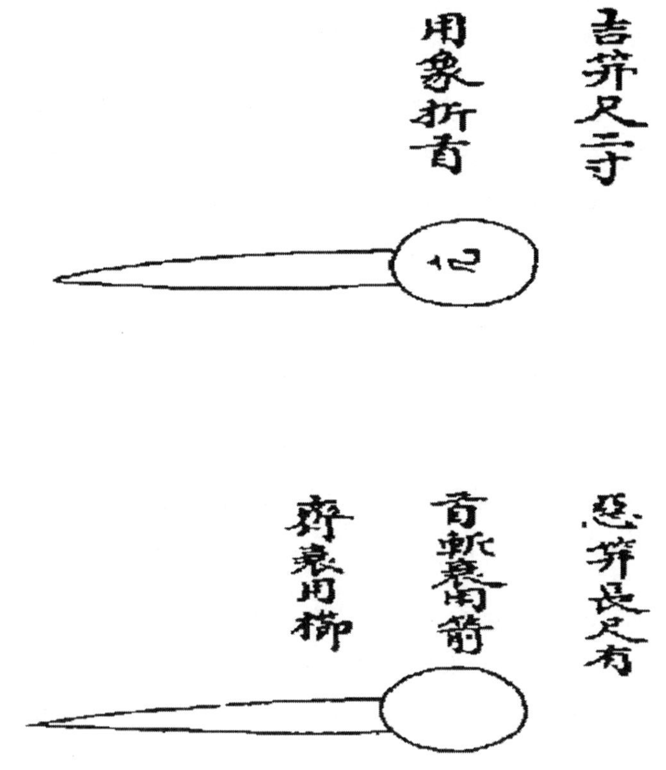

※ 출처: 『삼례도(三禮圖)』 3권

【407c】

男子冠而婦人笄, 男子免而婦人髽. 其義爲男子則免, 爲婦人則髽.

직역 男子는 冠하고 婦人은 笄하며, 男子는 免하고 婦人은 髽한다. 그 義는 男子가 爲하면 免을 하고, 婦人이 爲하면 髽를 한다.

의역 남자는 길(吉)한 때나 상(喪)을 당했을 때, 관(冠)을 쓰지만 부인은 비녀를 꼽는다. 상중(喪中)에 남자가 면(免)을 하게 되면, 부인은 좌(髽)의 방식으로 머리를 튼다. 이처럼 하는 의미는 남자의 경우에는 면(免)을 하고, 부인의 경우에는 좌(髽)의 방식으로 머리를 틀게 하여, 남녀를 구별한 것이다.

集說 吉時男子首有吉冠, 婦人首有吉笄. 若親始死, 男去冠, 女則去笄. 父喪成服也, 男以六升布爲冠, 女則箭篠爲笄. 若喪母, 男則七升布爲冠, 女則榛木爲笄, 故云男子冠而婦人笄也. 男子免而婦人髽者, 言今遭齊衰之喪, 當男子著免之時, 婦人則髽其首也. 髽有二, 斬衰則麻髽, 齊衰則布髽, 皆名露紒. 其義爲男子則免爲婦人則髽者, 言其義不過以此免與髽分別男女而已.

번역 길(吉)한 시기라면 남자는 머리에 길한 때 쓰는 관(冠)을 착용하고, 부인은 머리에 길한 때 꼽는 비녀를 착용한다. 만약 부모가 이제 막 돌아가신 때라면, 남자는 관(冠)을 제거하고, 여자는 비녀를 제거한다. 부친의 상(喪)에서 성복(成服)을 했다면, 남자는 6승(升)[25]의 포(布)로 관(冠)을 만들어 착용하고, 여자는 전소(箭篠) 나무로 비녀를 만들어서 꼽는다. 만약 모친의 상(喪)이라면, 남자는 7승(升)의 포로 관(冠)을 만들어 착용하고, 여자는 개암나무[榛]로 비녀를 만들어서 꼽는다. 그렇기 때문에 "남자는 관

---

25) 승(升)은 옷감과 관련된 단위이다. 고대에는 포(布) 80가닥[縷]을 1승(升)으로 여겼다. 『의례』「상복(喪服)」편에서는 "冠六升, 外畢."이라는 기록이 있는데, 이에 대한 정현의 주에서는 "布八十縷爲升."이라고 풀이했다.

(冠)을 쓰고 부인은 비녀를 꼽는다."라고 말한 것이다. "남자는 면(免)을 하고 부인은 좌(髽)를 한다."는 말은 자최복(齊衰服)의 상(喪)을 당하게 되어, 남자가 면(免)을 해야 할 때가 되면, 부인은 머리를 좌(髽)의 방법으로 튼다는 뜻이다. 좌(髽)의 방식에는 두 종류가 있으니, 참최복(斬衰服)을 착용하는 경우라면, 마(麻)를 이용해서 좌(髽)의 방식으로 머리를 틀고, 자최복을 착용하는 경우라면, 포(布)를 이용해서 좌(髽)의 방식으로 머리를 트는데, 이 모두를 '노계(露紒)'라고 부른다. '기의위남자즉면위부인즉좌(其義爲男子則免爲婦人則髽)'라는 말은 그 의미는 이러한 면(免)과 좌(髽)의 방법으로 남녀를 구별하는데 불과하다는 뜻일 뿐이다.

鄭注 別男女也.

번역 남녀를 구별하기 때문이다.

釋文 冠, 古亂反, 下同. 髽, 側巴反. 別, 彼列反, 下文"有別"·注"不服別"·"卑別"皆同.

번역 '冠'자는 '古(고)'자와 '亂(란)'자의 반절음이며, 아래문장에 나오는 글자도 그 음이 이와 같다. '髽'자는 '側(측)'자와 '巴(파)'자의 반절음이다. '別'자는 '彼(피)'자와 '列(렬)'자의 반절음이며, 아래문장에 나오는 '有別'이나 정현의 주에 나오는 '不服別' 및 '卑別'에서의 '別'자도 모두 그 음이 이와 같다.

孔疏 ●"男子"至"則髽". ○此明男子婦人冠笄髽免相對之節, 但吉時男子首有吉冠, 則女首有吉笄, 是明男女首飾之異, 故云"男子冠而婦人笄"也. 若親始死, 男去冠, 女則去笄. 若成服爲父, 男則六升布爲冠, 女則箭篠爲笄. 爲母, 男則七升布爲冠, 女則榛木爲笄. 故云"男子冠而婦人笄"也.

번역 ●經文: "男子"~"則髽". ○이 문장은 남자와 부인이 관(冠)과 비녀를 착용하고, 좌(髽)를 하고 면(免)을 하는 등 서로 대비가 되는 규범을 나타내고 있다. 다만 길(吉)한 시기에 남자가 머리에 길관(吉冠)을 쓴다면, 여자는 머리에 길한 때 꼽는 비녀를 하니, 이것은 남자와 여자의 머리 장식이 다르다는 사실을 나타낸다. 그렇기 때문에 "남자는 관(冠)을 쓰고 여자는 비녀를 꼽는다."라고 말한 것이다. 만약 부모가 이제 막 돌아가셨을 때라면, 남자는 관(冠)을 제거하니, 여자의 경우라면 비녀를 제거한다. 만약 돌아가신 부친을 위해 성복(成服)을 하는 경우라면, 남자는 6승(升)의 포(布)로 관(冠)을 만들어서 착용하니, 여자의 경우라면 전소(箭篠)나무로 비녀를 만들어서 꼽는다. 돌아가신 모친을 위한 경우라면, 남자는 7승(升)의 포(布)로 관(冠)을 만들어서 착용하고, 여자는 개암나무[榛木]로 비녀를 만들어서 꼽는다. 그렇기 때문에 "남자는 관(冠)을 쓰고 여자는 비녀를 꼽는다."라고 말한 것이다.

孔疏 ●"男子免而婦人髽"者, 吉時首飾旣異, 今遭齊衰之喪, 首飾亦別, 當襲斂之節, 男子著免, 婦人著髽, 故云"男子免而婦人髽免"者, 鄭注士喪禮云: "以布廣一寸, 自項中而前, 交於額上, 却繞紒也, 如著幓頭矣." "髽"者, 形有多種, 有麻·有布·有露紒也, 其形有異, 同謂之"髽"也. 今辨男女, 並何時應著此免·髽之服. 男子之免, 乃有兩時, 而唯一種. 婦人之髽, 則有三, 別其麻髽之形, 與括髮如一, 其著之以對男子括髮時也. 前云"斬衰括髮以麻", 則婦人于時髽亦用麻也. 何以知然? 按喪服: "女子子在室, 爲父髽衰三年." 鄭玄云: "髽, 露紒也, 猶男子之括髮. 斬衰, 括髮以麻, 則髽亦用麻. 以麻者, 自項而前, 交於額上, 卻繞紒, 如著幓頭焉." 依如彼注, 旣云猶男子括髮, 男子括髮先去冠縰用麻, 婦人亦去笄縰用麻, 故云"猶"也. 又同云"用麻", 不辨括髮形異, 則知其形如一也. 以此證據, 則知有麻髽以對男括髮時也. 又知有布髽者, 按此云"男子免"對"婦人髽", 男免旣用布, 則婦人髽不容用麻也. 是知男子爲母免時, 則婦人布髽也. 又若成服後, 男或對賓必踊免, 則婦人理自布髽對之. 知有露紒髽者, 喪服傳云: "布總·箭笄·髽·衰, 三年." 明知此服並以三年, 三年之內, 男不恒免, 則婦人不用布髽, 故知恒露紒也. 故鄭注喪服云: "髽, 露紒也.” 且喪服所明, 皆是成服後, 不論未成服痲布髽也. 何以然? 喪服旣不論男子之括免, 則不容說女服之未成義也. 旣言髽衰三年, 益知恒髽是露紒也. 又就齊衰輕期, 髽無痲布, 何以知然? 按檀弓: “南宮縚之妻之姑之喪, 夫子誨之髽曰: ‘爾無總總爾, 爾無扈扈爾.’” 是但戒其高大, 不云有痲布別物, 是知露紒悉名髽也. 又按奔喪云: “婦人奔喪, 東髽.” 鄭云: “謂姑·姊·妹女子子也. 去纚大紒曰髽.” 若如鄭旨, 旣謂是“姑·姊·妹女子子”等, 還爲本親父母等, 唯云“去纚大紒”, 不言“布痲”, 當知期以下無痲布也. 然露紒恒居之髽, 則有笄, 何以知之? 按笄以對冠, 男在喪恒冠, 婦則恒笄也. 故喪服: “婦爲舅姑, 惡笄有首以髽.” 鄭云: “言以髽, 則髽有著笄者明矣.” 以兼此經注, 又知恒居笄而露紒髽也. 此三髽之殊, 是皇氏之說. 今考校以爲止[26]有二髽, 一是斬衰痲髽, 二是齊衰布髽, 皆名露紒. 必知然者, 以喪服“女子子在室爲父箭笄·髽·衰”, 是斬衰之髽用痲. 鄭注以爲露紒, 明齊衰髽用布, 亦謂之露紒髽也.

번역 ●經文: “男子免而婦人髽”. ○남녀는 길(吉)한 때 머리에 하는 장식이 이미 다른데, 현재 자최복(齊衰服)을 착용해야 하는 상(喪)을 당했다면, 머리의 장식 또한 구별이 되어야 하니, 습(襲)과 염(斂)을 하는 절차에서 남자는 면(免)을 해야 하고, 부인은 좌(髽)의 방식으로 머리를 틀어야 한다. 그렇기 때문에 “남자는 면(免)을 하고 부인은 좌(髽)의 방식으로 머리를 튼다.”라고 말한 것인데, 『의례』「사상례(士喪禮)」편에 대한 정현의 주에서는 “너비 1촌(寸)이 되는 포(布)를 이용해서, 목에서부터 앞으로 둘러서 이마 앞에서 교차를 시키고, 상투에 둘러서 결속을 하니, 삼두(幓頭)를 착용하는 경우와 같다.”[27]라고 했다. ‘좌(髽)’라는 것은 그 형태가 여러 종류이며, 마(痲)·포(布)·노계(露紒) 등을 이용하게 되는데, 그 형태에는 차이점이 있지만, 모두 ‘좌(髽)’라고 부른다. 현재 남녀를 분별할 때에는 어떤

---

26) ‘지(止)’자에 대하여. 『십삼경주소(十三經注疏)』 북경대 출판본에서는 “‘지’자는 본래 ‘정(正)’자로 기록되어 있었는데, 『예기훈찬(禮記訓纂)』의 기록에 따라 글자를 수정하였다.”라고 했다.

27) 이 문장은 『의례』「사상례(士喪禮)」편의 “主人髻髮, 袒, 衆主人免于房.”이라는 기록에 대한 정현의 주이다.

경우에 이러한 면(免)과 좌(髽)의 방식을 따르느냐로 구별한다. 남자가 면(免)을 할 때에는 두 시기가 있지만, 한 종류일 뿐이다. 부인이 좌(髽)를 하는 경우에는 세 가지가 있고, 마(麻)로 좌(髽)를 트는 형태와 구별이 되는데, 머리를 묶어서 튼다는 점에서는 동일하니, 이러한 머리 방식으로 틀어서, 남자가 머리를 묶을 때와 대비를 시킨다. 앞에서는 "참최복(斬衰服)을 착용하면, 머리를 묶으며 마(麻)를 이용한다."라고 했으니, 부인은 이러한 경우 좌(髽)를 틀면서 또한 마(麻)를 이용한다. 어떻게 이러한 사실을 알 수 있는가? 『의례』「상복(喪服)」편을 살펴보면, "딸자식이 아직 시집을 가지 않은 상태라면, 돌아가신 부친을 위해서 좌(髽)를 하고 상복을 입고서 3년 동안 복상한다."[28]라고 했고, 정현은 "좌(髽)는 노계(露紒)이니, 남자가 머리를 묶는 방식과 같다. 참최복을 착용하면, 머리를 묶으며 마(麻)를 이용하니, 좌(髽)를 할 때에도 또한 마(麻)를 이용한다. 마(麻)를 이용해서 묶을 때에는 목에서부터 앞으로 돌려서, 이마 앞에서 교차를 하고, 상투에 둘러서 묶으니, 삼두(幓頭)를 착용하는 경우와 같다."라고 했다. 이러한 정현의 주에 따른다면, 이미 남자가 머리를 묶는 방식과 같다고 했는데, 남자가 머리를 묶을 때에는 우선 관(冠)을 제거하고, 머리싸개인 쇄(縰)를 착용할 때 마(麻)로 된 것을 사용하니, 부인 또한 비녀를 제거하고 쇄(縰)를 착용할 때 마(麻)로 된 것을 사용한다. 그렇기 때문에 "같다[猶]."라고 말한 것이다. 또한 동일하게 "마(麻)를 사용한다."라고 했고, 머리를 묶는 형태의 차이점은 구별하지 않았으니, 그 형태가 동일했음을 알 수 있다. 이러한 사실에 따라 증명을 해보면, 마(麻)로 좌(髽)를 하여, 남자가 머리를 묶을 때와 대비를 시키게 됨을 알 수 있다. 또 포(布)로 좌(髽)를 하는 경우도 있는데, 이곳 문장을 살펴보면, "남자는 면(免)을 한다."라는 구문을 "부인은 좌(髽)를 한다."라고 한 구문과 대비를 시켰는데, 남자가 면(免)을 할 때 이미 포(布)를 사용한다면, 부인은 좌(髽)를 할 때 마(麻)로 된 것을 사용할 수 없다. 이러한 기록을 통해서 남자가 돌아가신 모친을 위해 면(免)을 할 때라면, 부인은 포(布)로 좌(髽)를 하게 됨을 알 수 있다. 만약 성복(成

---

28) 『의례』「상복(喪服)」: 女子子在室爲父, 布總, 箭笄, 髽, 衰, 三年.

服)을 한 이후라면, 남자는 간혹 빈객을 대하며, 반드시 용(踊)을 하며 면(免)을 해야 하니, 부인은 제 스스로 포(布)로 좌(髽)를 하여 상대가 되도록 한다. 노계(露紒)로 좌(髽)를 하는 경우도 있다는 사실을 알 수 있는 이유는 「상복」편의 전문(傳文)에서 "포(布)로 총(總)을 하고, 전(箭)으로 만든 비녀를 꼽으며, 좌(髽)를 하고 상복을 착용하여, 3년간 복상한다."라고 했으니, 이러한 복장방식은 3년 동안 착용하게 된다는 사실을 명확히 알 수 있는데, 3년이라는 기간 동안 남자는 항상 면(免)을 하지 않으니, 부인도 포(布)로 좌(髽)를 하는 방식만 고수하지 않게 된다. 그렇기 때문에 항상 노계(露紒)를 사용하게 된다. 그래서 「상복」편에 대한 정현의 주에서는 "좌(髽)는 노계(露紒)이다."라고 한 것이다. 또 「상복」편에서 언급하는 내용들은 모두 성복을 한 이후의 상황이므로, 아직 성복을 하지 않았을 때 마(麻)나 포(布)를 이용한 좌(髽)에 대해서는 논의하지 않았다. 어째서 그러한가? 「상복」편에서는 남자가 머리를 묶고 면(免)을 하는 것을 논의하지 않았으니, 여자가 아직 성복을 하지 않았을 때의 절차를 논의할 수 없는 것이다. 이미 좌(髽)를 하고 상복을 착용하여 3년을 복상한다고 했으니, 항상 틀게 되는 좌(髽)에서는 노계(露紒)를 사용한다는 사실을 더더욱 알 수 있다. 또 자최복(齊衰服)을 착용할 때에는 상복의 수위가 낮아서 기년상(期年喪)을 치르니, 좌(髽)를 할 때 마(麻)나 포(布)를 이용하지 않는다. 어떻게 이러한 사실을 알 수 있는가? 『예기』「단궁(檀弓)」편에서는 "남궁도(南宮縚)의 아내가 시어머니 상(喪)을 당했는데, 공자는 그녀에게 좌(髽)를 트는 방법에 대해서 가르쳐주며, '너는 좌(髽)를 틀 때, 너무 높게 틀지 말고, 너무 넓게 틀지도 말아야 한다!'"[29]라고 했으니, 이 기록에서는 단지 높고 넓게 트는 것에 대해서만 주의를 주었고, 마(麻)나 포(布) 외의 다른 사물을 사용하는 것에 대해서는 언급하지 않았다. 따라서 이 기록을 통해 노계(露紒)로 트는 방식을 모두 좌(髽)라고 부른다는 사실을 알 수 있다. 또 『예기』「분상(奔喪)」편을 살펴보면, "부인이 분상을 하면, 동쪽 서(序)에서 좌(髽)를 한다."[30]라고

---

29) 『예기』「단궁상(檀弓上)」【77a】: 南宮縚之妻之姑之喪, 夫子誨之髽, 曰: "爾毋從從爾! 爾毋扈扈爾! 蓋榛以爲笄, 長尺而總八寸."

했고, 정현은 "고모 · 자 · 매 · 딸자식에 대한 내용이다. 리(纚)를 제거하고, 크게 상투를 트는 것을 '좌(髽)'라고 부른다."라고 했다. 이와 같은 정현의 뜻대로라면, 이미 이 내용은 '고모 · 자 · 매 · 딸자식' 등에 대한 내용을 뜻하고, 다시금 본가의 친부모 등을 위해서 상을 치를 때에는 단지 "리(纚)를 제거하고, 크게 상투를 튼다."라고만 했으며, 포(布)나 마(麻) 등을 언급하지 않았으니, 기년상 이하의 경우에는 마(麻)나 포(布)를 이용하는 방법이 없었음을 알 수 있다. 그런데 노계(露紒)를 이용하는 방법이 항시 거처할 때의 좌(髽)라고 한다면, 비녀가 포함되는데, 어떻게 이러한 사실을 알 수 있는가? 살펴보니, 여자가 비녀를 꼽는 것은 남자가 관(冠)을 쓰는 것과 대비가 되고, 남자는 상(喪)을 치르는 중에 항상 관(冠)을 쓰고 있으니, 부인의 경우라면 항상 비녀를 꼽게 된다. 그렇기 때문에 『의례』「상복(喪服)」편에서는 "부인은 돌아가신 시부모를 위해서 상을 치를 때에는 조악한 비녀를 머리에 꼽아서 좌(髽)를 튼다."[31]라고 한 것이고, 정현은 "이로써 좌(髽)를 튼다고 했다면, 좌(髽)를 할 때에는 비녀를 꼽게 됨이 분명하다."라고 한 것이다. 이것을 통해 이곳에 나온 경문과 주석의 내용을 포괄해보면, 또한 평상시 거처할 때 비녀를 꼽고 노계로 좌(髽)를 튼다는 사실을 알 수 있다. 이곳에 나온 세 가지 좌(髽)의 차이점은 황간[32]의 주장이다. 현재 기록들을 고찰하여 교정을 해보니, 단지 두 가지 좌(髽)만 있다고 여겨진다. 첫 번째는 참최복에 하는 마(麻)의 좌(髽)이고, 두 번째는 자최복에 하는 포(布)의 좌(髽)이며, 이 모두는 '노계(露紒)'라고 부른다. 이러한 사실을 분명히 알 수 있는 이유는 「상복」편에서 "딸자식 중 아직 시집을 가지 않은 여자는 돌아가신 부친을 위해서 전계(箭笄)를 꼽고, 좌(髽)를 틀며, 상복을

---

30) 『예기』「분상(奔喪)」【653d】: 婦人奔喪, 升自東階, 殯東, 西面坐, 哭盡哀, 東髽, 卽位, 與主人拾踊.

31) 『의례』「상복(喪服)」: 女子子適人者爲其父母, 婦爲舅姑, 惡笄有首以髽.

32) 황간(皇侃, A.D.488~A.D.545): =황씨(皇氏). 남조(南朝) 때 양(梁)나라의 경학자이다. 『주례(周禮)』, 『의례(儀禮)』, 『예기(禮記)』 등에 해박하여, 『상복문구의소(喪服文句義疏)』, 『예기의소(禮記義疏)』, 『예기강소(禮記講疏)』 등을 지었지만, 현재는 전해지지 않는다. 그 일부가 마국한(馬國翰)의 『옥함산방집일서(玉函山房輯佚書)』에 수록되어 있다.

입는다."라고 했으니, 이것은 참최복에 하는 좌(髽)에서 마(麻)를 사용한다는 사실을 나타낸다. 그리고 정현의 주에서는 이것을 노계라고 여겼으니, 자최복에 하는 좌(髽)에서는 포(布)를 사용하게 되며, 이 또한 노계의 좌(髽)라고 부를 수 있음을 나타낸다.

孔疏 ●"其義: 爲男子則免, 爲婦人則髽"者, 庾蔚云: "喪服往往寄異以明義, 或疑免·髽亦有其旨, 故解之以其義. 言[33]於男子則免, 婦人則髽, 獨以別男女而已, 非別有義也." 賀瑒云: "男去冠, 猶婦人去笄, 義盡於此, 無復別義, 故云其義也." 此經旣論括髮·免髽之異, 須顯所著之時. 崔氏云: "立義旣載五服變除, 今要擧變除之旨. 凡親始死, 將三年者, 皆去冠笄纚如故, 十五升白布深衣, 扱上衽, 徒跣, 交手而哭." 故禮記·問喪云: "親始死, 雞斯徒跣, 扱上衽." 又鄭注士喪禮云: "始死將斬衰者, 雞斯", 是也. 其婦人則去纚, 衣與男子同, 不徒跣, 不扱衽. 知"不徒跣, 不扱衽"者, 問喪文. 知"去纚"者, 鄭注士喪禮云: "始死, 婦人將斬衰者, 去纚." 知"著白布深衣"者, 曾子問云: "女改服布深衣, 縞總以趨喪." 鄭注云: "婦人始喪未成服之服." 其齊衰以下, 男子著素冠, 齊衰以下, 婦人骨笄而纚. 知者, 鄭注士喪禮文. 男子婦人皆吉屨無約, 其服皆白布深衣. 知者, 鄭注喪服變除文. 至死之明日, 士則死日襲, 明日小斂, 故士喪禮云: "小斂, 主人髻髮." 若大夫死之明日, 襲而括髮. 故鄭注喪服變除云: "尸襲, 去纚括髮, 在二日小斂之前." 是據大夫也. 大夫與士括髮, 於死者皆俱二日. 故鄭注問喪云: "二日去笄纚括髮, 通明大夫士也." 始死以後, 小斂之前, 大夫與士皆加素冠於笄纚之上, 故檀弓云: "叔孫武叔之母死, 旣小斂, 擧者出戶, 出戶袒, 且投其冠括髮." 是素冠也. 以其始死哀甚, 未暇分別尊卑, 故大夫與士其冠皆同也. 至小斂投冠括髮之後, 大夫加素弁. 士加素委貌. 故喪大記云: "君大夫之喪, 子弁絰." 又喪服變除云: "小斂之後, 大夫以上冠素弁, 士則

---

33) '언(言)'자에 대하여. '언'자는 본래 '이상(以上)'으로 기록되어 있었는데, 완원(阮元)의 『교감기(校勘記)』에서는 "노문초(盧文弨)는 '이상(以上)의 이(以)자는 아마도 연문으로 잘못 들어간 것 같고, 상(上)자는 마땅히 지(止)자로 기록해야 한다'고 했다. 위씨(衛氏)의 『집설(集說)』을 살펴보니, '이상'을 '언'자로 기록했다."라고 했다.

素委貌.” 其素弁素冠, 皆加環絰. 故雜記云: “小斂環絰, 君大夫士一也.” 鄭注云“大夫以上素爵弁, 士素委貌”, 是也. 凡括髮之後, 至大斂成服以來, 括髮不改, 故鄭注[34)]士喪禮云: “自小斂以至大斂, 括髮不改, 但死之三日, 說髦之時, 以括髮因而壞損, 更正其括髮.” 故士喪禮既殯說髦. 喪大記云: “小斂說髦”, 括髮是正其故括髮也, 非更爲之. 但士之既殯, 諸侯小斂, 於死者皆三日說髦同也. 其齊衰以下, 男子於主人括髮之時則著免, 故士喪禮: “小斂主人髺髮, 衆主人免”, 是也. 而喪服變除“不杖齊衰”條云“襲尸之時云括髮”者, 誤也. 其婦人將斬衰者, 於男子括髮之時, 則以麻爲髽. 故士喪禮云: “主人髺髮, 婦人髽于室.” 其齊衰者, 於男子免時, 婦人則以布爲髽, 故此經云“男子免而婦人髽”, 是也. 其大功以下無髽也, 其服斂畢, 至成服以來, 白布深衣不改. 士死後二日, 襲帶絰, 故士喪禮小斂之前, 陳苴絰大鬲, 下本在左, 要絰小焉. 散帶垂, 長三尺. 牡麻絰, 亦散垂. 斂訖, 主人拜賓, 乃襲絰于序東. 既夕禮: “三日絞垂.” 鄭注云: “成服日絞要絰之散垂者.” 是主人及衆主人皆絞散垂, 此襲帶絰絞垂日數, 皆士之禮也. 其大夫以上成服, 與士不同, 其襲帶絰之屬, 或與士同, 或與士異, 無文以言之. 其斬衰, 男子括髮, 齊衰, 男子免, 皆謂喪之大事斂殯之時, 若其不當斂殯, 則大夫以上加素弁, 士加素冠, 皆於括髮之上. 天子七日成服, 諸侯五日成服, 大夫士三日成服. 服之精麤, 及日月多少, 及葬之時節, 皆具在喪服及禮文, 不能繁說. 其葬之時, 大夫及士男子散帶, 婦人髽, 與未成服時同, 其服則如喪服, 故既夕禮云: “丈夫髽, 散帶垂.” 鄭注云: “爲將啓變也.” 此互文以相見耳. 諸文言髽, 見婦人也. 若天子諸侯, 則首服素弁, 以葛爲環絰, 大夫則素弁加環絰, 士則素委貌加環絰. 故下檀弓云: “弁絰葛而葬.” 鄭注云: “接神不可以純凶, 天子諸侯變服而葬, 冠素弁, 以葛爲環絰.” 是王侯與卿大夫士異也. 至既虞卒哭之時, 乃服變服, 故鄭注喪服云: “天子諸侯卿大夫既虞, 士卒哭而受服.” 其受服之時, 首絰要帶, 男子皆以葛易之, 齊斬之婦人則易首絰, 不易要帶. 大功小功婦人, 則易要帶爲葛. 雖受變麻爲葛, 卒哭時

34) ‘주(注)’자에 대하여. ‘주’자 뒤에는 본래 ‘운(云)’자가 기록되어 있었는데, 완원(阮元)의 『교감기(校勘記)』에서는 “혜동(惠棟)의 『교송본(校宋本)』에는 ‘주’자 뒤에 ‘운’자가 없다.”라고 했다.

亦未說麻, 至祔乃說麻服葛. 故士虞禮云: "婦人說首絰, 不說帶." 鄭云: "不說帶, 齊斬婦人也. 婦人少變而重帶." 大功小功者, 葛帶, 時亦不說者, 未可以輕文變於主婦之質也, 至祔, 葛帶以卽位. 按文直云婦人不辨輕重, 故鄭爲此解. 其斬衰, 至十三月, 練而除首絰. 練冠素纓, 中衣黃里, 縓爲領袖緣, 布帶, 繩屨無絇. 若母三年者小祥, 亦然. 斬衰二十五月大祥, 朝服縞冠, 故雜記云: "祥, 主人之除也, 於夕爲期, 朝服." 又喪服小記云: "除成喪者, 其祭也朝服縞冠." 旣祥, 乃服十五升布, 深衣領緣皆以布, 縞冠素紕, 故間傳云"大祥, 素縞麻衣". 二十七月而禫, 服玄冠玄衣黃裳而祭, 祭畢服朝服, 以黑經白緯爲冠, 所謂纖冠. 而練纓吉屨, 踰月服吉. 間傳所謂"禫而纖", 父沒爲母與父同. 父在, 爲母十一月而練, 十三月而大祥, 十五月而禫, 其服變除, 與父沒爲母同. 其不杖齊衰及大功以下服畢, 皆初服朝服素冠, 踰月服吉也. 此皆崔氏準約禮經及記而爲此說, 其有乖僻者, 今所不取.

번역 ●經文: "其義: 爲男子則免, 爲婦人則髽". ○유울[35]은 "『의례』「상복(喪服)」편은 종종 차이점에 따라서 그 뜻을 나타내기도 하는데, 혹여 면(免)과 좌(髽)를 하는 것에도 그 뜻이 내포되어 있다고 의심되기 때문에, 그 뜻에 따라 풀이를 한 것이다. 남자에게 있어서 면(免)을 한다고 했으니, 부인의 경우에는 좌(髽)를 하는데, 이것은 단지 남자와 여자에 대한 구별일 따름이며, 별다른 의미가 있다는 뜻은 아니다."라고 했다. 하창[36]은 "남자가 관(冠)을 벗는 것은 부인이 비녀를 빼는 것과 같고, 그 뜻은 이러한 의미일 뿐이며, 별도의 의미는 없다. 그렇기 때문에 그 뜻이라고 했다."고 했다. 이곳 경문에서는 머리를 묶고 면(免)을 하거나 좌(髽)를 하는 차이점에 대해서 논의하고 있으니, 이러한 방식을 취하는 때에 대해서 나타내야만 한다. 최영은[37]은 "그 의미를 확립하며, 이미 오복(五服)[38]에 대해서 복장방

---

35) 유울(庾蔚, ?~?) : =유씨(庾氏). 남조(南朝) 때 송(宋)나라 학자이다. 저서로는 『예기약해(禮記略解)』, 『예론초(禮論鈔)』, 『상복(喪服)』, 『상복세요(喪服世要)』, 『상복요기주(喪服要記注)』 등을 남겼다.

36) 하창(賀瑒, A.D.452~A.D.510) : 남조(南朝) 때의 학자이다. 남조의 제(齊)나라와 양(梁)나라에서 각각 활동하였다. 자(字)는 덕연(德璉)이다. 『예기신의소(禮記新義疏)』 등을 찬술하였다.

식을 바꾸고 제거하는 뜻을 수록하였는데, 현재는 복장방식을 바꾸거나 제거하는 뜻을 요약한 것이다. 부모님이 이제 막 돌아가셨을 경우, 앞으로 3년 동안 상을 치르게 되는 자들은 모두 흉사가 있을 때처럼 관(冠)을 제거하고 비녀와 리(纚)를 하며, 15승(升)으로 된 백색의 포(布)로 만든 심의(深衣)를 착용하고, 옷자락을 앞으로 올려 허리에 끼고, 맨발을 한 상태에서, 손을 교차하고서 곡(哭)을 한다."라고 했다. 그래서 『예기』「문상(問喪)」편에서는 "부모가 이제 막 돌아가셨을 때에는 비녀와 리(纚)를 하고, 맨발을 하며, 옷자락을 앞으로 올려 허리에 낀다."[39]라고 한 것이고, 또 『의례』「사상례(士喪禮)」편에 대한 정현의 주에서는 "이제 막 돌아가셔서 앞으로 참최복(斬衰服)을 착용해야 하는 자들은 비녀와 리(纚)를 한다."[40]고 한 말이 바로 이러한 사실을 나타낸다. 부인의 경우라면 리(纚)를 제거하지만, 복장은 남자와 동일하다. 다만 맨발을 하지 않고, 옷자락을 앞으로 올리지 않는다. "맨발을 하지 않고, 옷자락을 앞으로 올리지 않는다."는 말이 사실임을 알 수 있는 이유는 이 내용이 「문상」편의 기록이기 때문이다. "리(纚)를

37) 최영은(崔靈恩, ?~?) : =최씨(崔氏). 남북조(南北朝) 때의 학자이다. 오경(五經)에 능통하였고, 다른 경전에도 두루 해박하였다고 전해진다. 『모시(毛詩)』, 『주례(周禮)』 등에 주석을 달았고, 『삼례의종(三禮義宗)』, 『좌씨경전의(左氏經傳義)』 등을 지었다.

38) 오복(五服) : '오복'은 죽은 자와 친하고 소원한 관계에 따라 입게 되는 다섯 가지 상복(喪服)을 뜻한다. 참최복(斬衰服), 자최복(齊衰服), 대공복(大功服), 소공복(小功服), 시마복(緦麻服)을 가리킨다. 『예기』「학기(學記)」편에는 "師無當於五服, 五服弗得不親."이라는 기록이 있는데, 이에 대한 공영달(孔穎達)의 소(疏)에서는 "五服, 斬衰也, 齊衰也, 大功也, 小功也, 緦麻也."라고 풀이했다. 또한 '오복'에 있어서는 죽은 자와 가까운 관계일수록 중대한 상복을 입고, 복상(服喪) 기간도 늘어난다. 위의 '오복' 중 참최복이 가장 중대한 상복에 속하며, 그 다음은 자최복이고, 대공복, 소공복, 시마복 순으로 내려간다.

39) 『예기』「문상(問喪)」【657d】 : 親始死, 雞斯, 徒跣, 扱上衽, 交手哭. 惻怛之心, 痛疾之意, 傷腎, 乾肝, 焦肺, 水漿不入口, 三日不擧火, 故鄰里爲之糜粥以飮食之. 夫悲哀在中, 故形變於外也. 痛疾在心, 故口不甘味, 身不安美也.

40) 이 문장은 『의례』「사상례(士喪禮)」편의 "主人髺髮, 袒, 衆主人免于房."이라는 기록에 대한 정현의 주이다.

제거한다."는 말이 사실임을 알 수 있는 이유는 「사상례」편에 대한 정현의 주에서 "이제 막 돌아가셨을 때, 부인 중 장차 참최복을 입게 되는 자라면, 리(纚)를 제거한다."[41]라고 했기 때문이다. "백색의 포(布)로 만든 심의(深衣)를 착용한다."라고 했는데, 이 말이 사실임을 알 수 있는 이유는 『예기』「증자문(曾子問)」편에서 "여자는 혼례를 치르면서 입었던 화려한 복장을 바꿔 입으니, 거친 베로 만든 심의(深衣)로 갈아입고, 하얀 명주실로 머리를 묶고서, 상(喪)을 치르기 위해 분주히 달려간다."[42]라고 했고, 정현의 주에서는 "부인이 처음 상(喪)을 당하게 되었는데, 아직 상복(喪服)을 다 갖춰 입지 못했을 때의 복장 방식이다."라고 했기 때문이다. 자최복(齊衰服) 이하의 복장을 착용하는 경우라면, 남자는 소관(素冠)을 착용하고, 자최복 이하의 경우에서 부인은 뼈로 만든 비녀와 리(纚)를 하게 된다. 이러한 사실을 알 수 있는 이유는 「사상례」편에 대한 정현의 주에 나오기 때문이다.[43] 남자와 부인의 경우, 둘 모두 길(吉)한 때 신는 신발에서 신코 장식이 없는 것을 신고, 복장은 모두 백색의 포(布)로 만든 심의를 착용한다. 이러한 사실을 알 수 있는 이유는 『상복변제(喪服變除)』에 대한 정현의 주에 나오기 때문이다. 돌아가신 다음 날이 되면, 사(士)의 경우에는 돌아가신 날 습(襲)을 하고, 그 다음날 소렴(小斂)을 하기 때문에, 「사상례」편에서는 "소렴을 하게 되면, 상주는 상투를 튼다."라고 한 것이다. 만약 대부(大夫)의 경우라면, 돌아가신 다음날이 되어야 습(襲)을 하고, 머리카락을 묶게 된다. 그렇기 때문에 『상복변제』에 대한 정현의 주에서는 "시신에 대해서 습(襲)을 하면, 리(纚)를 제거하고 머리카락을 묶는데, 이것은 2일째 소렴을 하기 이전에 해당한다."라고 한 것이니, 이 말은 대부에 대한 경우에 기준을 둔 내용이다. 대부와 사가 머리카락을 묶는 것은 죽은 자에 대해서, 모두 2일

---

41) 이 문장은 『의례』「사상례(士喪禮)」편의 "婦人髽于室."이라는 기록에 대한 정현의 주이다.

42) 『예기』「증자문(曾子問)」【232a】: 曾子問曰: 親迎, 女在塗, 而壻之父母死, 如之何. 孔子曰: <u>女改服, 布深衣, 縞總, 以趨喪</u>. 女在塗, 而女之父母死, 則女反.

43) 『의례』「사상례(士喪禮)」편의 "婦人髽于室."이라는 기록에 대한 정현의 주에 나온다.

째에 시행하게 된다. 그렇기 때문에 「문상」편에 대한 정현의 주에서는 "2일째에 비녀와 리(纚)를 제거하고 머리를 묶으니, 대부와 사에 대한 경우를 통괄적으로 나타낸 것이다."라고 한 것이다. 이제 막 돌아가신 이후로부터 소렴을 하기 이전까지, 대부와 사는 모두 비녀와 리(纚)를 한 것 위에 소관(素冠)을 착용한다. 그렇기 때문에 『예기』「단궁(檀弓)」편에서는 "숙손무숙(叔孫武叔)의 모친이 돌아가셨는데, 소렴(小斂)을 끝내고, 시신을 들고서 밖으로 나왔다. 시신이 호(戶)를 빠져나오자 숙손무숙은 서둘러 단(袒)을 했고, 또 그 관(冠)을 내던진 다음에 머리카락을 틀어 올렸다."[44]라고 한 것이니, 여기에 나오는 관은 곧 소관에 해당한다. 부모가 이제 막 돌아가셨을 때에는 슬픈 감정이 커서, 아직까지 상하의 신분을 구별할 겨를이 없기 때문에, 대부와 사는 모두 관(冠)을 동일하게 썼던 것이다. 소렴을 하여 관을 벗고 머리를 묶은 이후가 되면, 대부는 소변(素弁)을 착용한다. 사의 경우에는 흰색으로 된 위모(委貌)를 착용한다. 그렇기 때문에 『예기』「상대기(喪大記)」편에서는 "군주와 대부의 상(喪)에서, 자식은 변(弁)을 쓰고 질(絰)을 두른다."[45]라고 한 것이며, 『상복변제』에서는 "소렴을 치른 이후 대부로부터 그 이상의 계급은 소변을 착용하고, 사의 경우라면 흰색의 위모를 착용한다."라고 한 것이다. 소변과 소관에는 모두 환질(環絰)을 두르게 되어 있다. 그렇기 때문에 『예기』「잡기(雜記)」편에서는 "소렴에 환질을 하는 것은 군주·대부·사가 모두 동일하다."[46]라고 한 것이고, 정현의 주에서는 "대부로부터 그 이상의 계급은 흰색의 작변(爵弁)을 착용하고, 사는 흰색의 위모를 착용한다."라고 한 것이다. 무릇 머리를 묶은 이후로부터 대렴을 하여 성복을 한 뒤로, 머리를 묶은 것을 고치지 않는다. 그렇기 때문

---

44) 『예기』「단궁상(檀弓上)」【92c】: 叔孫武叔之母死, 旣小斂, 擧者出, 尸出戶, 袒, 且投其冠, 括髮. 子游曰: "知禮."

45) 『예기』「상대기(喪大記)」【537a~b】: 君將大斂, 子弁絰卽位于序端. 卿大夫卽位于堂廉, 楹西, 北面, 東上. 父兄堂下北面. 夫人命婦尸西東面. 外宗房中南面. 小臣鋪席, 商祝鋪絞紟衾衣, 士盥于盤上. 士擧遷尸于斂上. 卒斂, 宰告, 子馮之踊, 夫人東面亦如之.

46) 『예기』「잡기상(雜記上)」【503b】: 小斂環絰, 公大夫士一也.

에 「사상례」편에 대한 정현의 주에서는 “소렴으로부터 그 이후로 대렴에 이르기까지 머리 묶은 것을 고치지 않는데, 다만 돌아가신 지 3일째가 되는 날, 머리카락을 풀 때가 되면, 머리를 묶은 것으로 인해 용모가 헝클어졌으므로, 다시금 머리 묶은 것을 정돈한다.”라고 한 것이다. 그래서 「사상례」편에서는 빈소를 차린 뒤에는 묶은 머리카락을 푼다고 했다.[47] 「상대기」편에서는 “소렴을 하며 머리카락을 푼다.”[48]라고 했는데, 이때 머리를 묶는다고 한 것은 예전에 묶었던 머리를 바르게 정돈한다는 뜻이지, 다시금 새롭게 머리를 틀어 올린다는 뜻이 아니다. 다만 사의 경우에는 빈소를 차린 이후에 시행하고, 제후는 소렴을 할 때 시행하여, 죽은 자에 대해서, 3일째에 머리카락을 푼다는 점에서 동일하다. 자최복 이하의 상복을 착용하는 경우, 남자는 상주가 머리를 묶을 때, 면(免)을 한다. 그렇기 때문에 「사상례」편에서는 “소렴을 하면 상주는 상투를 틀고, 나머지 형제들은 면(免)을 한다.”[49]라고 한 것이다. 그런데 『상복변제』에서는 “지팡이를 잡지 않는 자최복의 상이다.”라고 했고, 그 조목에서 “시신에게 습(襲)을 하는 시기에 대해서 머리를 묶는다고 말한다.”라고 했는데, 이것은 잘못된 기록이다. 부인 중에 참최복을 착용하는 여자들은 남자가 머리를 묶을 때, 마(麻)를 이용해서 좌(髽)를 튼다. 그렇기 때문에 「사상례」편에서는 “상주가 상투를 틀면, 부인은 실(室)에서 좌(髽)를 튼다.”[50]라고 한 것이다. 자최복을 착용하는 여자들은 남자들이 면(免)을 할 때, 부인은 포(布)를 이용해서 좌(髽)를 튼다. 그렇기 때문에 이곳 경문에서 “남자가 면(免)을 하고 부인이 좌(髽)를 한다.”라고 한 것이다. 대공복(大功服)으로부터 그 이하의 상복인 경우, 좌(髽)를 트는 경우가 없으니, 그 복장은 염(斂)을 끝내고, 성복을 한 이후에는 백색의 포(布)로 된 심의를 착용하며, 복장을 고치지 않는다. 사의 경우 돌아가신 이후 2일째가 되면, 습(襲)을 하고 대(帶)와 질(絰)을 찬다. 그렇

---

47) 『의례』「기석례(既夕禮)」: 既殯, 主人說髦.

48) 『예기』「상대기(喪大記)」【529b】: 小斂, 主人即位于戶內, 主婦東面, 乃斂. 卒斂, 主人馮之踊, 主婦亦如之. 主人袒, 說髦, 括髮以麻, 婦人髽, 帶麻于房中.

49) 『의례』「사상례(士喪禮)」: 主人髺髮袒, 衆主人免于房.

50) 『의례』「사상례(士喪禮)」: 主人髺髮袒, 衆主人免于房. 婦人髽于室.

기 때문에 「사상례」편에서는 다음과 같이 말한 것이다. 소렴 이전에 저질(苴絰)과 대격(大鬲)을 진열하고, 하본(下本)은 좌측에 두며, 요질(要絰)은 작은 것으로 한다. 대(帶)의 늘어뜨리는 끈은 풀어두니, 그 길이는 3척(尺)이다. 모마(牡麻)로 만든 질(絰) 또한 끈을 풀어둔다. 염(斂)을 끝내면, 상주는 빈객에게 절을 하니, 서(序)의 동쪽에서 습(襲)과 질(絰)을 찬다고 했다. 『의례』「기석례(旣夕禮)」편에서는 "3일째에 늘어뜨리는 끈을 묶는다."[51]라고 했고, 정현의 주에서는 "성복을 하는 날 요질의 늘어뜨리는 끈을 묶는다."라고 했다. 이 말은 상주 및 나머지 형제들도 모두 늘어뜨리는 끈을 묶는다는 뜻으로, 이처럼 습(襲)을 하고, 대(帶)를 하며, 질(絰)을 차고, 늘어트리는 끈을 묶는 등의 여러 시기들은 모두 사 계급의 예법에 해당함을 나타낸다. 대부로부터 그 이상의 계급이 성복을 하는 절차는 사와 다르니, 습(襲)을 하고 대(帶)와 질(絰)을 차는 등의 절차에서는 간혹 사 계급의 절차와 동일한 것도 있지만, 어떤 것은 사 계급과 차이를 보이는데, 명확한 기록이 남아있지 않아서, 기록에 따라 설명할 수는 없다. 참최복을 착용하는 경우, 남자는 머리를 묶고, 자최복을 착용하는 경우, 남자는 면(免)을 하는데, 이것들은 모두 상(喪)을 치르는 중 중대한 절차인 염(斂)과 빈소를 차리는 시기를 뜻하니, 만약 염(斂)이나 빈소를 차리는 시기가 아니라면, 대부로부터 그 이상의 계급은 소변을 착용하고, 사는 소관을 착용하며, 둘 모두 머리를 묶은 것 위에 쓴다. 천자는 7일이 지난 뒤에 성복을 하고, 제후는 5일이 지난 뒤에 성복을 하며, 대부와 사는 3일이 지난 뒤에 성복을 한다. 상복의 거칠고 조밀한 차이, 날수와 개월 수의 차이, 장례를 치르는 시기와 절차들은 모두 「상복」편 및 『의례』 등의 문장에 기록되어 있으므로, 다른 말을 붙일 수 없다. 장례를 치르는 시기에, 대부와 사들 중 남자는 대(帶)의 늘어트리는 끈은 풀어두고, 부인은 좌(髽)를 하여, 아직 성복을 하지 않았을 시기와 동일하게 하는데, 복장의 경우에는 「상복」편의 기록처럼 착용한다. 그렇기 때문에 「기석례」편에서는 "장부가 좌(髽)를 하고, 허리띠의 늘어트리는 끈을 풀어둔다."라고 하고, 정현의 주에서는 "빈소를 열

51) 『의례』「기석례(旣夕禮)」: 旣殯, 主人說髦. 三日絞垂.

어서 복장을 바꾸고자 하기 때문이다."라고 한 것이니, 이 기록들은 상호 호환이 되도록 기록하여, 그 의미를 상호 나타내고 있을 따름이다. 여러 기록들에 나오는 좌(髽)라는 말은 부인에 대한 경우를 나타낸다. 만약 천자와 제후의 경우라면, 머리에 소변을 착용하고, 갈(葛)로 환질을 만들며, 대부의 경우에는 소변에 환질을 두르고, 사는 흰색의 위모에 환질을 두른다. 그렇기 때문에 「단궁하」편에서는 "흰색의 명주로 만든 변(弁)을 쓰고, 그 위에 갈(葛)로 엮은 환질(環絰)을 두른다."[52]라고 한 것이고, 정현의 주에서는 "신(神)과 교감하는 도리에서는 순전히 흉례(凶禮)에만 따를 수 없기 때문이다. 천자(天子)와 제후(諸侯)는 복식을 바꿔서 장례(葬禮)를 치르니, 관(冠)은 흰색의 변(弁)을 쓰고, 갈(葛)로 환질(環絰)을 만든다."라고 한 것이니, 이 기록은 천자 · 제후는 경 · 대부 · 사와 차이가 났음을 나타낸다. 우제(虞祭)[53]와 졸곡(卒哭)[54]을 치르는 시기가 되면, 곧 바뀐 복장을 착용한다. 그렇기 때문에 「상복」편에 대한 정현의 주에서는 "천자 · 제후 · 경 · 대부는 우제를 끝내고 하며, 사는 졸곡을 하고 복장을 받는다."[55]라고 했다. 복장을 받는 시기, 머리에 쓰는 질(絰)과 허리에 차는 대(帶)의 경우, 남자들은 모두 갈(葛)로 만든 것으로 바꾸고, 자최복을 착용하는 부인들은 머리에 쓴 질(絰)만을 바꾸며, 허리에 찬 대(帶)는 바꾸지 않는다. 대공복(大功服)과 소공복(小功服)을 착용하는 부인이라면, 허리에 차는 대(帶)를 갈(葛)로 만든 것으로 바꾼다. 비록 마(麻)로 된 것을 바꿔 갈(葛)로 된 것을 받더라도, 졸곡을 치를 때에는 또한 마(麻)로 된 것을 벗지 않고, 부제(祔祭)[56]를 치르는 시기가 되면, 마(麻)로 된 것을 벗고 갈(葛)로 된 것을 착용

---

52) 『예기』「단궁하(檀弓下)」【114c】: <u>弁絰葛而葬</u>, 與神交之道也, 有敬心焉. 周人弁而葬, 殷人冔而葬.

53) 우제(虞祭)는 장례(葬禮)를 치르고 난 뒤에 지내는 제사를 뜻한다.

54) 졸곡(卒哭)은 우제(虞祭)를 지낸 뒤에 지내는 제사이다. 이 제사를 지내게 되면, 수시로 곡(哭)하던 것을 멈추고, 아침과 저녁때에만 한 번씩 곡을 하게 된다. 그렇기 때문에 '졸곡'이라고 부르게 된 것이다.

55) 이 문장은 『의례』「상복(喪服)」편의 "傳曰, 大功布九升, 小功布十一升."이라는 기록에 대한 정현의 주이다.

56) 부제(祔祭)는 '부(祔)'라고도 한다. 새로이 죽은 자가 있으면, 선조(先祖)에

한다. 그렇기 때문에 『의례』「사우례(士虞禮)」편에서는 "부인은 머리에 쓴 질(絰)을 벗지만, 허리의 대(帶)는 벗지 않는다."[57]라고 한 것이고, 정현은 "대(帶)를 벗지 않는 경우는 자최복을 착용하고 있는 부인들이다. 부인은 변화를 적게 하며, 대(帶)를 중시한다."라고 한 것이다. 대공복과 소공복을 착용하는 경우, 갈(葛)로 된 대(帶)를 차는데, 이때에도 또한 벗지 않으니, 문식을 경시하여 주부의 질박함보다도 변화를 줄 수 없기 때문이며, 부제를 치르게 되면, 갈(葛)로 된 대(帶)를 차고, 자리에 서게 된다. 문장을 살펴보면, 단지 '부인(婦人)'이라고만 했고, 신분을 구별하지 않았기 때문에, 정현이 이러한 해석을 하게 되었다. 참최복을 착용하는 경우, 13개월째가 되면, 연제(練祭)[58]를 하며, 머리에 쓴 질(絰)을 제거한다. 연관(練冠)[59]에 흰색 갓끈을 달며, 중의(中衣)[60]는 황색의 안감을 대며, 분홍색 옷감으로 옷깃·소매·가선을 대고, 포(布)로 만든 대(帶)를 차며, 승구(繩屨)를 신되 신코 장식이 없다. 만약 돌아가신 모친을 위해서 삼년상을 치르는 경우라면, 소상을 치를 때 또한 이처럼 한다. 참최복을 치르며 25개월째에 대상(大祥)[61]을 하면, 조복(朝服)[62]에 호관(縞冠)[63]을 착용한다. 그렇기 때문에 「잡

게 '부제'를 올리면서, 신주(神主)를 합사(合祀)하는 것을 말한다. 『주례』「춘관(春官)·대축(大祝)」편에는 "付練祥, 掌國事."라는 기록이 있고, 이에 대한 정현의 주에서는 "付當爲祔. 祭於先王以祔後死者."라고 풀이하였다.

57) 『의례』「사우례(士虞禮)」: 婦人說首絰, 不說帶.

58) 연제(練祭)는 소상(小祥)과 같은 뜻이다.

59) 연관(練冠)은 상(喪) 중에 착용하는 관(冠)이다. 부모의 상 중에서 1주기에 지내는 제사 때 착용을 하였다.

60) 중의(中衣)는 조복(朝服)이나 제복(祭服) 등의 예복(禮服) 안에 착용하는 옷이다. '중의' 안에는 속옷 등을 착용하고, '중의' 겉에는 예복 등을 착용하므로, 중간이라는 뜻에서 '중의'라고 부르는 것이다. 『예기』「교특생(郊特牲)」편에는 "繡黼丹朱中衣."라는 기록이 있고, 이에 대한 공영달(孔穎達)의 소(疏)에서는 "中衣, 謂以素爲冕服之裏衣."라고 풀이하였다.

61) 대상(大祥)은 부모의 상(喪)에서, 부모가 죽은 지 만 2년 만에 탈상을 하며 지내는 제사이다.

62) 조복(朝服)은 군주와 신하가 조회를 열 때 착용하는 복장을 뜻한다. 중요한 의식을 치를 때 착용하는 예복(禮服)을 가리키기도 한다.

63) 호관(縞冠)은 백색의 명주로 만든 관(冠)이다. 상제(祥祭)나 흉사(凶事) 때

기」편에서는 “대상에 있어서, 주인이 복장을 제거함에, 전날 저녁에 기획을 하고, 조복을 착용한다.”[64]라고 했고, 또 「상복소기」편에서는 “성인(成人)에 대한 상을 끝낼 때, 그 제사에서는 조복과 호관을 착용한다.”[65]라고 한 것이다. 대상을 치르게 되면, 15승(升)으로 된 포(布)를 착용하며, 심의의 옷깃과 가선을 모두 포(布)로 만들고, 호관에 흰색 가선을 단 것을 착용한다. 그렇기 때문에 『예기』「간전(間傳)」편에서는 “대상에서 흰색의 호(縞)에 마(麻)로 된 옷을 착용한다.”[66]라고 한 것이다. 27개월이 되어 담제(禫祭)[67]를 치르게 되면, 현관(玄冠)[68] · 현의(玄衣) · 황상(黃裳)을 착용하고 제사를 지내고, 제사가 끝나면 조복을 착용하니, 흑색의 날실과 백색의 씨실로 관(冠)을 만들게 되니, 섬관(纖冠)이라고 부르는 관이다. 그런데 연제를 치를 때에는 영(纓)을 달고 길한 시기에 신는 신발을 착용하며, 그 달을 건너서 길복(吉服)[69]을 착용한다. 「간전」편에서 “담제를 치르고 섬(纖)을 한다.”[70]라고 했는데, 부친이 이미 돌아가신 상태에서 돌아가신 모친을 위해서 상을 치를 때에는 부친에 대한 상례 절차와 동일하게 치르기 때문이다. 부친이 생존해 계신 경우라면, 돌아가신 모친을 위해서 11개월째에 연제를 치르고, 13개월째에 대상을 치르며, 15개월째에 담제를 치르는데, 복장을 바꾸거나 제거하는 경우에는 부친이 이미 돌아가신 상태에서 돌아가

착용했다.

64) 『예기』「잡기하(雜記下)」【511a】: <u>祥, 主人之除也. 於夕爲期, 朝服</u>. 祥因其故服.

65) 『예기』「상복소기」【422c】: 除殤之喪者, 其祭也必玄. <u>除成喪者, 其祭也朝服縞冠</u>.

66) 『예기』「간전(間傳)」【668a】: 又期而<u>大祥素縞麻衣</u>. 中月而禫禫而纖, 無所不佩.

67) 담제(禫祭)는 상복(喪服)을 벗을 때 지내는 제사이다.

68) 현관(玄冠)은 흑색으로 된 관(冠)이다. 고대에는 조복(朝服)을 입을 때 착용을 하였다. 『의례』「사관례(士冠禮)」편에는 “主人<u>玄冠</u>朝服, 緇帶素韠.”이라는 기록이 있다.

69) 길복(吉服)에는 두 가지 뜻이 있다. 첫 번째는 제사 때 입는 복장인 제복(祭服)을 뜻한다. 제사(祭祀)는 길례(吉禮)에 해당하므로, 그때 착용하는 복장을 ‘길복’이라고 부르는 것이다. 두 번째는 예의를 갖출 때 입는 예복(禮服)을 범칭하는 말이다.

70) 『예기』「간전(間傳)」【668a】: 又期而大祥素縞麻衣. 中月而禫<u>禫而纖</u>, 無所不佩.

신 모친을 위해 치르는 상례 절차와 동일하다. 지팡이를 잡지 않는 자최복의 경우와 대공복으로부터 그 이하의 상복에 있어서, 상복을 입는 기간이 끝나면, 모두 최초 조복과 소관을 착용하고, 그 달을 건너서 길복을 착용한다. 이 내용들은 모두 최영은이 『예경』 및 『예기』의 기록들을 기준으로 그 내용들을 요약하여, 이러한 주장을 한 것인데, 그 중간에 잘못된 내용들에 대해서는 이곳에 기록해두지 않았다.

訓纂 王氏懋竑曰: 斬衰麻髽, 齊衰布髽, 自是未成服之時. 儀禮"布總·箭笄·髽·衰, 三年", 則別有成服之髽. 但成服之髽, 亦必有別. 若以麻布, 則同於未成服, 不以麻布, 則又同於齊衰輕喪以下, 其制蓋不可考. 豈以箭笄惡笄爲別, 而髽制則一乎?

번역 왕무횡[71]이 말하길, 참최복(斬衰服)에는 마(麻)로 좌(髽)를 틀고, 자최복(齊衰服)에는 포(布)로 좌(髽)를 트는데, 아직 성복(成服)을 하지 않은 시기에 해당한다. 『의례』에서 "포(布)로 된 총(總)을 하고, 전(箭)으로 만든 비녀를 꼽으며, 좌(髽)를 틀고, 상복을 착용하여, 삼년간 복상한다."라고 했다면, 성복을 했을 때의 좌(髽)가 별도로 있었다. 다만 성복을 할 때의 좌(髽)에도 반드시 구별되는 점이 있다. 만약 마(麻)나 포(布)를 이용하게 된다면, 아직 성복을 하기 이전의 경우와 동일하며, 마(麻)나 포(布)를 사용하지 않는다면, 또한 자최복처럼 수위가 낮은 상으로부터 그 이하의 경우와 동일하게 되는데, 그 제도에 대해서는 아마도 고찰할 수 없을 것 같다. 그런데 어찌 전계(箭笄)와 악계(惡笄)에 대한 구별을 통해서, 좌(髽)를 트는 제도에 대해서도 동일하게 취급할 수 있는가?

集解 愚謂: 男子冠而婦人笄者, 吉時男子有冠, 喪自成服之後亦有冠, 婦人吉時有笄, 喪自成服之後亦有笄, 婦人之笄與男子之冠相當也. 男子免而婦

---

71) 왕무횡(王懋竑, A.D.1668~A.D.1741) : 청(淸) 나라 때의 경학자이다. 자(字)는 여중(予中)·여중(與中)이며, 호(號)는 백전(白田)이다.

人髽者, 初喪, 男子有免, 則婦人有髽, 婦人之髽與男子之免相當也. 髽, 露紒也. 始死將斬衰, 婦人去笄而纚, 齊衰以下, 骨笄而纚. 小斂後, 男子旣免則斬衰, 婦人去纚而髽, 而以麻繞額, 齊衰以下, 去笄纚而髽, 而以布繞額, 皆如男子括髮與免之爲也. 去纚則髮露, 髽髽然, 故謂之髽. 婦人之麻髽, 所以當男子之括髮, 婦人之布髽, 所以當男子之免. 於男子但言"免", 而不言"括髮"者, 避文繁也. 又括髮散垂其髮, 而以麻約之, 免則髮不散垂, 婦人之髽, 雖有麻布之異, 而其髮皆不散垂, 與男子之免同, 故曰"男子免而婦人髽"也. 其義, 爲男子則免, 爲婦人則髽者, 言免與髽之義無他, 特以爲男女之別而已也.

번역 내가 생각하기에, "남자는 관(冠)을 쓰고, 부인은 비녀를 꼽는다."는 말은 길(吉)한 시기에, 남자는 관(冠)을 쓰게 되는데, 상(喪)을 치르며, 성복(成服)을 한 이후에도 관(冠)을 착용하고, 부인은 길한 시기에 비녀를 꼽는데, 상(喪)을 치르며, 성복을 한 이후에도 비녀를 꼽게 되어, 부인이 꼽는 비녀는 남자가 착용하는 관(冠)에 해당한다는 뜻이다. "남자는 면(免)을 하고, 부인은 좌(髽)를 한다."는 말은 초상 때 남자가 면(免)을 한다면, 부인은 좌(髽)를 하니, 부인이 하는 좌(髽)는 남자가 하는 면(免)에 해당한다는 뜻이다. '좌(髽)'는 노계(露紒)이다. 이제 막 돌아가셨을 때, 참최복(斬衰服)을 입게 되면, 부인은 비녀와 리(纚)를 제거하고, 자최복(齊衰服)으로부터 그 이하의 상복을 착용할 경우, 뼈로 만든 비녀를 꼽고 리(纚)로 머리를 감싼다. 소렴(小斂)을 치른 이후에, 남자가 이미 면(免)을 했다면, 참최복을 착용하고, 부인은 리(纚)를 제거하고 좌(髽)를 하며, 마(麻)를 이용해서 이마를 두르고, 자최복으로부터 그 이하의 상복을 입는 경우라면, 비녀와 리(纚)를 제거하고 좌(髽)를 하며, 포(布)로 이마를 두르게 되니, 이 모두는 남자가 머리를 묶고 면(免)을 하는 행위와 같다. 리(纚)를 제거한다면, 머리카락이 노출되어, 아무렇게나 튼 상투처럼 되기 때문에, '좌(髽)'라고 부른다. 부인이 마(麻)로 좌(髽)를 하는 것은 남자가 머리를 묶는 방법에 해당하고, 부인이 포(布)로 좌(髽)를 하는 것은 남자가 면(免)을 하는 방법에 해당한다. 남자에 대해서 단지 '면(免)'이라고 했고, "머리를 묶는다."는 말을 하지 않은 이유는 문장을 번잡하게 쓰는 것을 피하기 위해서이다. 또 머리를 묶고서, 남은 머리카락을 늘어트리고, 마(麻)를 이용해서 묶는데, 면(免)을 하게 되면, 머리카락을 흩트려 늘어트리지 않고, 부인이 좌(髽)를 할 때, 비록 마(麻)나 포(布)를 사용하는 차이점이 있지만, 머리카락에 대해서는 모두 흩트려 늘어트리지 않으니, 남자가 하는 면(免)과 동일하다. 그렇기 때문에 "남자는 면(免)을 하고 부인은 좌(髽)를 한다."라고 말한 것이다. "그 뜻은 남자가 면(免)을 한다면, 부인은 좌(髽)를 한다."는 말은 면(免)과 좌(髽)를 하는 의미에는 다른 이유가 없고, 단지 남자와 여자의 구별을 두기 위해서일 뿐이라는 뜻이다.

集解 愚謂: 皇氏謂"婦人之髽有麻髽·布髽·露紒髽", 爲三, 孔氏則謂"止有麻·布二髽", 皇氏之說爲是. 蓋未成服之前, 斬衰婦人有麻髽, 以對男子之括髮, 齊衰以下, 婦人有布髽, 以對男子之免, 此爲二髽. 然齊斬婦人又有成服後之髽. 喪服"妻爲夫", "妾爲君", "女子子在室爲父, 皆布總·箭笄·髽·衰, 三年", 此以髽終喪者也. 喪服記"女子子適人者爲其父母, 婦爲舅姑, 惡笄有首以髽, 卒哭, 子折笄首以笄", 此婦則以髽終喪, 子則以髽卒哭者也. 髽由露髻得名, 未成服之髽有麻·布而無笄·總, 旣成服之髽有笄·總而無麻·布, 而皆無韜髮之纚, 無纚則紒露, 故皆名爲髽. 鄭氏註喪服"髽·衰三年"云: "髽猶男子之括髮. 斬衰括髮以麻, 則髽亦以麻矣." 此以釋髽則可, 以釋三年之髽則不可. 男子括髮之麻, 免之布, 成服則除矣. 男子不以括髮終喪, 婦人豈以麻髽終喪哉? 然露紒髽唯施於成服以後, 而皇氏謂期以下無麻布爲露紒髽, 則又非是. 未成服之前, 男子自齊衰以下悉免, 則婦人自齊衰以下悉髽, 免皆用布, 則髽亦皆用布. 故婦人之布髽, 正期以下未成服時之服也, 若期以下髽無麻·布, 則布髽何所施乎?

번역 내가 생각하기에, 황간은 "부인이 좌(髽)를 하는 것에는 마(麻)를 이용한 좌(髽), 포(布)를 이용한 좌(髽), 노계(露紒)를 이용한 좌(髽)가 있다."라고 하여, 3종류라고 여겼고, 공영달은 "단지 마(麻)와 포(布)를 이용하는 두 가지 좌(髽)가 있다."라고 했는데, 황간의 주장이 옳다. 아직 성복(成服)을 하기 이전이라면, 참최복(斬衰服)을 착용하는 부인은 마(麻)로 좌

(髽)를 해서, 남자가 머리를 묶는 것과 대비가 되도록 했을 것이고, 자최복(齊衰服)으로부터 그 이하의 상복을 착용하는 경우라면, 부인은 포(布)를 이용해서 좌(髽)를 하여, 남자가 면(免)을 하는 것과 대비가 되도록 했을 것이니, 이것이 두 가지 좌(髽)가 된다. 그런데 자최복을 착용하는 부인에게는 또한 성복을 한 이후에 좌(髽)를 하는 방법이 있게 된다. 『의례』「상복(喪服)」편에서 "부인이 죽은 남편을 위한 경우이다."라고 했고, "첩이 죽은 부군을 위한 경우이다."라고 했으며, "딸자식 중 아직 시집을 가지 않은 여자가 돌아가신 부친을 위한 경우에는 모두 포(布)로 된 총(總)을 묶고, 전계(箭笄)를 꼽으며, 좌(髽)를 하고, 상복을 입고서, 3년간 복상한다."라고 했는데, 이 말은 좌(髽)를 하고 복상기간을 끝낸다는 뜻이다. 「상복」편의 기문(記文)에서는 "딸자식 중 시집을 간 여자가 돌아가신 자신의 부모를 위해 상을 치르는 경우, 며느리가 돌아가신 시부모를 위한 경우에는 조악한 비녀를 머리에 꼽고서 좌(髽)를 하며, 졸곡을 한 뒤에 자식은 꼽았던 비녀를 빼고, 다시 새로운 비녀를 꼽는다."라고 했는데, 이것은 부인의 경우 좌(髽)의 방식으로 상을 끝내고, 자식의 경우 좌(髽)를 하고서 졸곡을 한다는 뜻을 나타낸다. '좌(髽)'는 상투를 노출시킨다는 뜻에서 명칭이 정해졌는데, 아직 성복을 하기 이전의 좌(髽)에는 마(麻)나 포(布)를 이용하는 방법이 있지만, 비녀나 총(總)을 이용하는 방법이 없고, 이미 성복을 한 이후의 좌(髽)에는 비녀와 총(總)을 이용하는 방법은 있지만, 마(麻)나 포(布)를 이용하는 방법은 없으며, 이 모든 방법에 있어서, 머리카락을 감싸는 리(纚)는 없으며, 리(纚)가 없다면, 상투가 노출된다. 그렇기 때문에 이 모두에 대해서 '좌(髽)'라고 한 것이다. 「상복」편의 "좌(髽)를 틀고, 상복을 입고서 삼년 동안 복상한다."라는 기록에 대해, 정현의 주에서는 "좌(髽)는 남자가 머리를 묶는 것과 같다. 참최복을 착용하고 머리를 묶으며 마(麻)를 사용한다면, 좌(髽)를 틀 때에도 또한 마(麻)를 이용한다."라고 했다. 이 내용을 통해 좌(髽)를 풀이하는 경우는 옳지만, 이 내용을 통해 삼년 동안 하게 되는 좌(髽)를 풀이한다면, 옳지 않다. 남자는 머리를 묶으며 마(麻)를 이용하고, 면(免)을 할 때에는 포(布)를 이용하는데, 성복을 하게 되면 제거한다. 남자

는 단순히 머리를 묶는 방식으로 복상기간을 끝내지 않는데, 부인이 어찌 마(麻)를 이용한 좌(髽)의 방식으로 복상기간을 끝내겠는가? 그러므로 노계(露紒)를 하는 좌(髽)는 다만 성복을 한 이후에 실시를 한다. 그런데 황간은 기년상으로부터 그 이하의 경우에는 마(麻)나 포(布)를 이용함이 없어서, 노계의 좌(髽)를 한다고 했는데, 이 말은 또한 잘못되었다. 아직 성복을 하기 이전이라면, 남자는 자최복을 착용해야 하는 자로부터 그 이하의 계층은 모두 면(免)을 하니, 부인은 자최복을 착용해야 하는 여자로부터 그 이하의 계층은 모두 좌(髽)를 하며, 면(免)에서 모두 포(布)를 사용한다면, 좌(髽)에서도 또한 포(布)를 사용한다. 그렇기 때문에 부인이 포(布)를 사용해서 하는 좌(髽)는 바로 기년상으로부터 그 이하의 경우에, 아직 성복을 하지 않았을 때 착용하는 복장이다. 만약 기년상으로부터 그 이하의 경우, 좌(髽)를 할 때 마(麻)나 포(布)를 사용하지 않는다면, 포(布)를 이용한 좌(髽)의 방법은 언제 시행하겠는가?

그림 1-10 ▣ 주(周)나라 때의 변(弁)과 작변(爵弁)

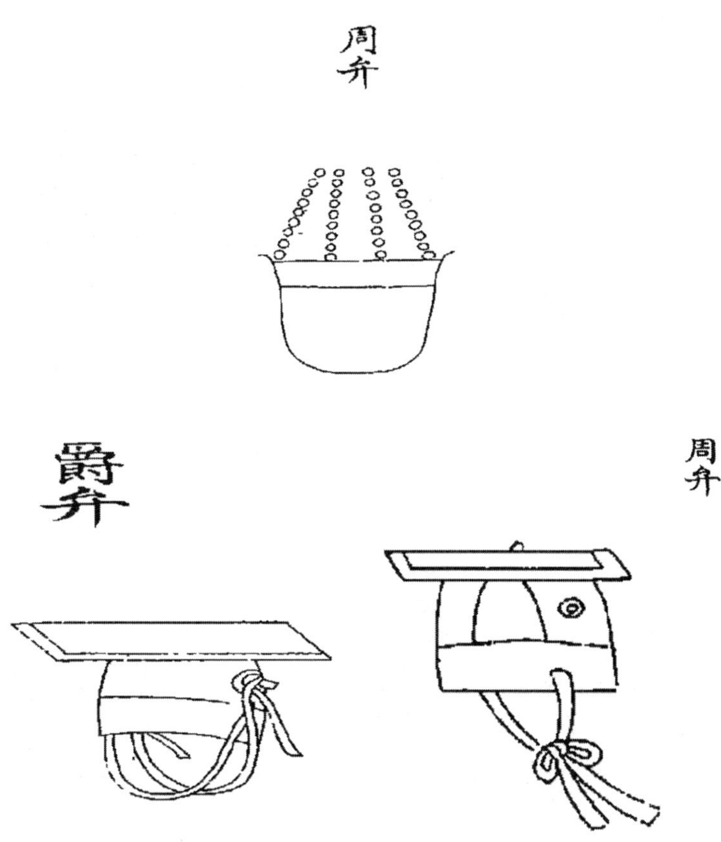

※ **출처:** 상단-『삼례도(三禮圖)』 2권
하단-『삼례도집주(三禮圖集注)』 3권

그림 1-11 ▣ 위모(委貌)

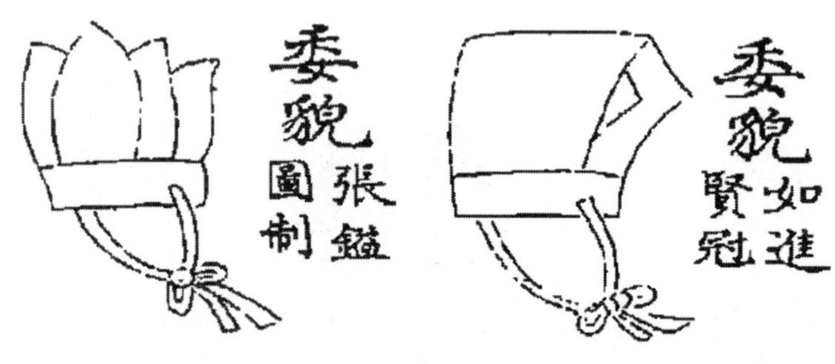

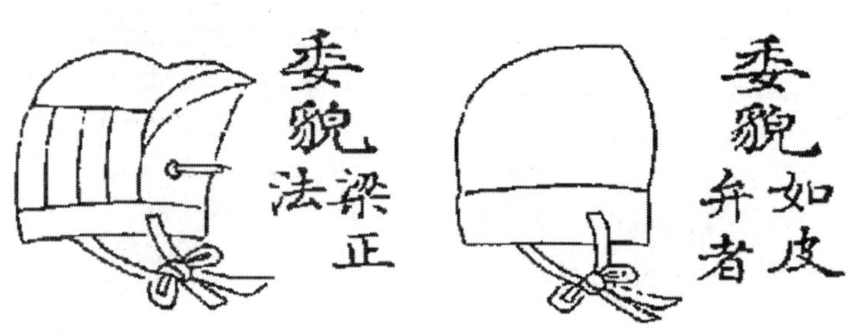

※ 출처: 『삼례도집주(三禮圖集注)』 3권

그림 1-12 ▣ 대공복(大功服) 착용 모습

※ **출처:** 『삼재도회(三才圖會)』「의복(衣服)」 3권

그림 1-13 ▣ 대공복(大功服) 각부 명칭

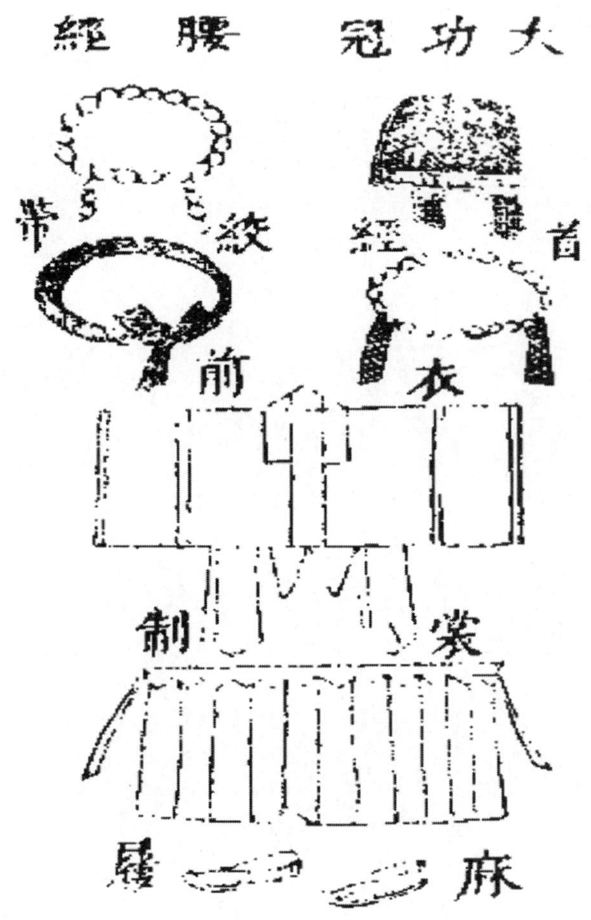

※ 출처: 『삼재도회(三才圖會)』「의복(衣服)」 3권

그림 1-14 ▣ 소공복(小功服) 착용 모습

※ **출처:** 『삼재도회(三才圖會)』「의복(衣服)」 3권

그림 1-15 ▣ 소공복(小功服) 각부 명칭

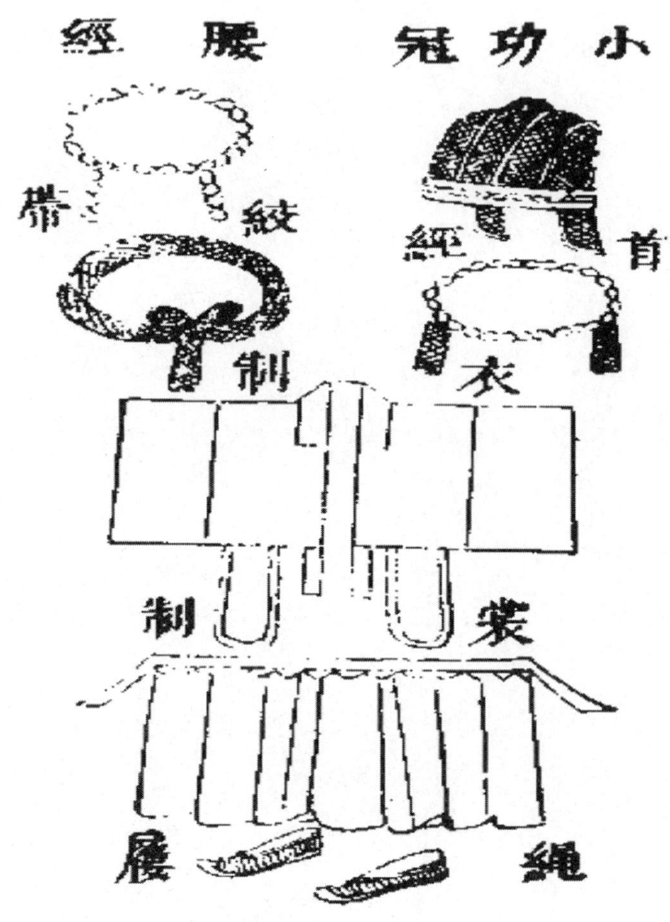

※ 출처: 『삼재도회(三才圖會)』「의복(衣服)」 3권

그림 1-16 ■ 조영(組纓)

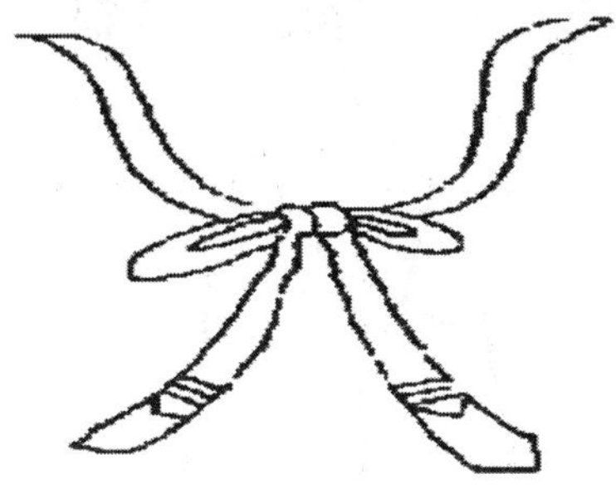

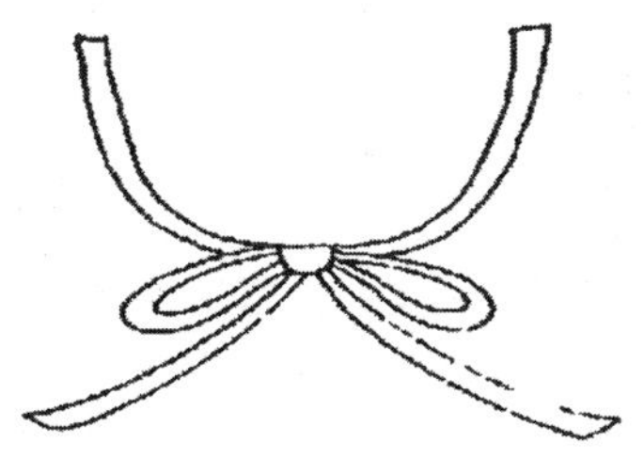

※ **출처:** 상단-『삼례도집주(三禮圖集注)』 3권
하단-『육경도(六經圖)』 8권

그림 1-17 ▣ 중단(中單) : 중의(中衣)의 일종

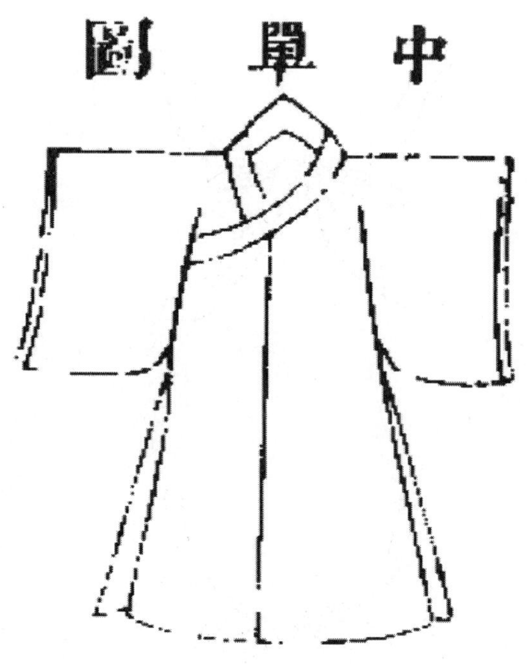

※ **출처:**『삼재도회(三才圖會)』「의복(衣服)」 1권

그림 1-18 ▣ 제후의 조복(朝服)

※ **출처:** 『삼례도집주(三禮圖集注)』 1권

그림 1-19 ■ 현관(玄冠)

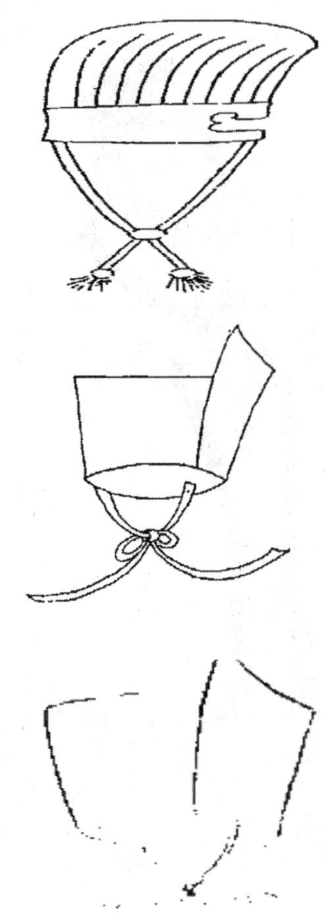

※ 출처: 상단-『삼례도(三禮圖)』 2권
중단-『육경도(六經圖)』 8권
하단-『삼재도회(三才圖會)』「의복(衣服)」 1권

• 제 2 절 •

상복(喪服) 규정-지팡이 Ⅰ

【407d】

苴杖, 竹也. 削杖, 桐也.

직역 苴杖은 竹이다. 削杖은 桐이다.

의역 저장(苴杖)은 대나무로 만든다. 삭장(削杖)은 오동나무로 만든다.

集說 竹杖圓以象天, 削杖方以象地, 父母之別也.

번역 대나무 지팡이는 원형으로 만들어서, 하늘을 형상하고, 나무를 깎아서 만든 지팡이는 네모지게 만들어서, 땅을 형상하니, 돌아가신 부친과 모친에 대한 구별로 삼는다.

集說 疏曰: 苴者, 黯也. 必用竹者, 以其體圓性貞, 四時不改, 明子爲父禮伸痛極, 自然圓足, 有終身之痛也. 削者, 殺也. 桐隨時凋落, 謂母喪外雖削殺, 服從時除, 而終身之心當與父同也.

번역 공영달의 소(疏)에서 말하길, '저(苴)'자는 "검다[黯]."는 뜻이다. 반드시 대나무를 이용해서 만드는 이유는 그 몸체가 원형으로 되어 있고, 성질이 곧으며, 사계절 동안 변하지 않으니, 자식이 부친을 위해서 의례를 펼치고 애통함을 극심히 표현하여, 자연스럽게 충족이 되지만, 종신토록 슬픔을 간직한다는 뜻을 나타내기 때문이다. '삭(削)'자는 "깎다[殺]."는 뜻이다. 오동나무는 계절에 따라 잎이 시들어 떨어지니, 모친의 상은 외적으로 비록 줄어드는 면이 있어서, 상복에 있어서도 시기에 따라 제거하는 면이 있지만, 종신토록 품게 되는 마음은 부친에 대한 경우와 동일하다는 의미이다.

釋文 苴, 七余反. 削, 思略反[1].

번역 '苴'자는 '七(칠)'자와 '余(여)'자의 반절음이다. '削'자는 '思(사)'자와 '略(략)'자의 반절음이다.

孔疏 ●"苴杖"至"桐也". ○正義曰: 此一經解喪服苴杖削杖也. 然杖有苴·削異者. 苴者, 黯也. 夫至痛內結, 必形色外章, 心如斬斫, 故貌必蒼苴, 所以衰裳絰杖, 俱備苴色也. 必用竹者, 以其體圓性貞, 履四時不改, 明子爲父禮中痛極, 自然圓足, 有終身之痛故也. 故斷而用之, 無所厭殺也.

번역 ●經文: "苴杖"~"桐也". ○이곳 경문은 상복을 착용하며 잡게 되는 저장(苴杖)과 삭장(削杖)을 풀이하였다. 그런데 경우에 따라서 사용되는 지팡이에는 저장과 삭장이라는 차이점이 있다. '저(苴)'자는 "검다[黯]."는 뜻이다. 지극한 아픔이 내적으로 뭉쳐지면, 반드시 형색을 통해 겉으로 나타나며, 마음은 베인 것과 같기 때문에, 모습은 반드시 검푸르게 변하니, 상복·질(絰)·지팡이를 모두 검푸른 색으로 갖추는 이유이다. 반드시 대나무를 이용하는 이유는 대나무의 몸체는 원형으로 되어 있고, 성질이 곧으며, 사계절을 거치더라도 변하지 않으니, 자식이 부친을 위해 상례를 치르는 도중에는 애통함을 극심히 표현하여, 자연스럽게 충족이 되지만, 종신토록 간직하는 아픔이 있기 때문이다. 그래서 대나무를 잘라서 지팡이로 사용하며, 깎아내는 공정이 없다.

孔疏 ●"削杖"者, 削, 殺也, 削奪其貌, 不使苴也. 必用桐者, 明其外雖被削, 而心本同也, 且桐隨時凋落. 此謂母喪, 示外被削殺, 服從時除, 而終身之

1) '저칠(苴七)'로부터 '략반(略反)'까지에 대하여. 『십삼경주소(十三經注疏)』 북경대 출판본에서는 "이 여덟 글자는 본래 아래 경문의 주인 '위모야(爲母也)'라는 곳에 있었는데, 문맥에 따라서 이곳으로 옮겼다."라고 했다.

心當與父同也.

번역 ●經文: "削杖". ○'삭(削)'자는 "깎다[殺]."는 뜻이니, 그 외형을 깎고 줄여서, 검푸른 색을 내지 않도록 한다. 반드시 오동나무를 사용하는 이유는 외적으로 비록 줄어드는 점이 있지만, 마음만은 본래 동일하다는 뜻을 나타내며, 또 오동나무는 계절에 따라서 잎이 시들어 떨어짐을 나타낸다. 이 말은 모친의 상에서, 외적으로 줄어드는 점이 있어서, 상복에 있어서도 계절에 따라 제거되는 점이 있지만, 종신토록 품게 되는 마음은 부친에 대한 경우와 같음을 나타낸다는 뜻이다.

訓纂 賈氏喪服傳疏: 父者子之天, 竹圓亦象天. 又外內有節, 象子爲父有外內之痛. 桐之言同, 內心同於父. 外無節, 象家無二尊, 屈於父, 經時而有變. 削之使方者, 取母象於地故也.

번역 『의례』「상복(喪服)」편의 전문(傳文)에 대한 가공언의 소(疏)에서 말하길,[2] 부친은 자식에게는 하늘과 같은 존재이고, 원형으로 된 대나무 또한 하늘을 상징한다. 또 겉과 내면에 마디가 있으니, 자식이 부친을 위해서 내외적으로 아픔을 간직한다는 사실을 상징한다. 오동나무는 "같다[同]."는 뜻이니, 내적인 마음은 부친에 대한 경우와 같다는 뜻이다. 오동나무는 겉에 마디가 없으니, 가정에 두 명의 존귀한 자가 없음을 상징하며, 부친에 대한 경우보다 굽혀서, 계절에 따라 변화가 생긴다. 그 나무를 깎아서 네모지게 만드는 것은 모친이 땅을 상징한다는 뜻에 따랐기 때문이다.

集解 杜氏預曰: 削杖, 圓削之象竹.

번역 두예[3]가 말하길, '삭장(削杖)'은 둥글게 깎아서 대나무처럼 만든

---

2) 이 문장은 『의례』「상복(喪服)」편의 "傳曰, 斬者何? 不緝也. ……… 居倚廬, 寢苫枕塊, 哭晝夜無時."라는 기록에 대한 가공언(賈公彦)의 소(疏)이다.

3) 두예(杜預, A.D.222~A.D.284) : =두원개(杜元凱). 서진(西晉) 때의 유학자이다. 경조(京兆) 두릉(杜陵) 출신이다. 자(字)는 원개(元凱)이다. 『춘추경전

지팡이이다.

集解 愚謂: 此明齊·斬之杖之所用也. 苴, 麻之有蕡者, 其色黧黑, 斬衰之喪用爲衰裳及絰. 苴杖, 斬衰之杖也. 斬衰用竹爲杖, 以配苴衰, 而其色亦相似, 故謂爲苴杖. 削杖, 齊衰之杖也, 用桐而削治之, 故謂之削杖. 杖大如絰, 絰圓則杖亦圓. 竹小而體本圓, 故斬而用之; 桐木大, 又不必皆圓, 故必削治之也. 苴杖黧黑, 削杖稍澤而晳, 故以爲齊·斬輕重之別.

번역 내가 생각하기에, 이 내용은 자최복(齊衰服)과 참최복(斬衰服)에 사용되는 지팡이의 재질을 나타낸다. '저(苴)'는 마(麻) 중에서도 씨가 있는 것으로, 그 색깔은 검은데, 참최복을 입고 치르는 상에서는 이것을 이용해서 상복과 질(絰)을 만든다. '저장(苴杖)'은 참최복에 사용하는 지팡이이다. 참최복에는 대나무를 이용해서 지팡이를 만들어, 저(苴)로 만든 상복과 짝을 이루도록 하니, 그 색깔 또한 서로 유사하기 때문에, '저장(苴杖)'이라고 부른 것이다. '삭장(削杖)'은 자최복에 사용하는 지팡이이며, 오동나무를 사용하되 그것을 깎아서 다듬기 때문에, '삭장(削杖)'이라고 부른다. 지팡이는 크기는 질(絰)과 같으니, 질(絰)이 원형으로 되어 있다면, 지팡이 또한 원형으로 만든다. 대나무는 크기가 작고, 몸체가 본래부터 원형이기 때문에, 그것을 잘라서 지팡이로 사용한다. 오동나무는 크고, 또 모두 둥글게만 되어 있지 않기 때문에, 반드시 깎아서 다듬어야 한다. 저장은 검은색으로 되어 있고, 삭장은 좀 더 윤택이 나기 때문에, 이 둘의 차이점을 이용해서 자최복과 참최복에 따른 상복 수위의 구별로 삼았다.

집해(春秋經典集解)』를 저술하였는데, 이 책은 현존하는 『춘추(春秋)』의 주석서 중 가장 오래된 것이며, 『십삼경주소(十三經注疏)』의 『춘추좌씨전정의(春秋左氏傳正義)』에도 채택되어 수록되었다.

그림 2-1 ■ 저장(苴杖: =竹杖)과 삭장(削杖: =桐杖)

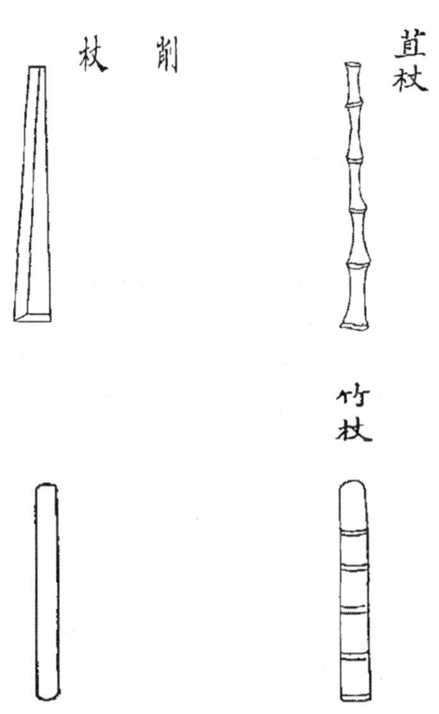

※ 출처: 상단-『삼례도집주(三禮圖集注)』 15권
하단-『삼례도(三禮圖)』 3권

• 제3절 •

상례(喪禮) 규정-적손(嫡孫)

【407d】

祖父卒, 而后爲祖母後者三年.

직역 祖父가 卒한 后에 祖母의 後가 爲한 者는 三年한다.

의역 부친이 이미 돌아가셔서, 손자인 본인이 후계자가 된 경우, 조부가 돌아가신 이후에 조모가 돌아가시면, 돌아가신 조모를 위해서는 3년 동안 복상한다.

集說 適孫無父, 旣爲祖三年矣, 今祖母又死, 亦終三年之制, 蓋祖在而喪祖母, 則如父在而爲母期也. 子死則孫爲後, 故以爲後者言之.

번역 적손(嫡孫) 중 부친이 없는 경우, 이미 돌아가신 조부를 위해서 삼년상을 치렀는데, 현재 조모 또한 돌아가셔서, 그녀에 대해서도 삼년 동안의 복상기간을 치르게 되니, 조부가 생존해 계신 경우에 조모에 대한 상을 치르게 된다면, 부친이 생존해 계실 경우 돌아가신 모친을 위해서 기년상(期年喪)을 치르는 경우처럼 한다. 자식이 죽게 되면 손자가 후사가 된다. 그렇기 때문에 후사가 된 자라고 언급하였다.

鄭注 祖父在, 則其服如父在爲母也.

번역 조부가 생존해 계시다면, 조모에 대한 복상기간은 부친이 생존해 계실 때, 돌아가신 모친에 대한 복상기간과 같다.

孔疏 ●"祖父"至"三年". ○正義曰: 此一經論適孫承重之服.

번역 ●經文: "祖父"~"三年". ○이곳 경문은 적손이 중책을 맡았을 때의 복상기간을 논의하고 있다.

孔疏 ●"祖父卒"者, 謂適孫無父而爲祖後, 祖父已卒, 今又遭祖母喪. 故云"爲祖母後"也. 事事得中, 如父卒爲母, 故三年. 若祖父卒時父已先亡, 亦爲祖父三年. 若祖卒時父在, 己雖爲祖期, 今父沒, 祖母亡時, 己亦爲祖母三年也.

번역 ●經文: "祖父卒". ○적손 중 부친이 없어서 조부의 후계자가 된 자가 있는데, 조부가 이미 돌아가셨고, 현재 조모의 상을 재차 당한 경우를 뜻한다. 그렇기 때문에 "조모의 후사가 되었다."라고 말한 것이다. 모든 사안이 절도에 맞으니, 마치 부친이 이미 돌아가셨을 때, 돌아가신 모친을 위해 상을 치르는 경우와 같다. 그렇기 때문에 3년 동안 복상한다. 만약 조부가 돌아가셨을 때, 부친 또한 이미 그보다 앞서 돌아가신 경우라면, 이러한 경우에도 돌아가신 조부를 위해서 3년 동안 복상한다. 만약 조부가 돌아가셨을 때, 부친이 생존해 계시다면, 본인은 비록 조부를 위해서 기년상을 치르지만, 현재 부친이 돌아가신 상태이고, 조모가 돌아가셨을 때, 본인은 또한 조모를 위해서 3년 동안 복상을 한다.

孔疏 ◎注"祖父"至"沒也". ○正義曰: 言亦謂無父者, 若父在則不然也.

번역 ◎鄭注: "祖父"~"沒也". ○이 경우 또한 부친이 없는 경우를 의미하니, 만약 부친이 생존해 계신 경우라면, 이처럼 하지 않는다.

• 제4절 •

상례(喪禮) 규정-계상(稽顙)

【408a】

爲父母長子稽顙. 大夫弔之, 雖緦必稽顙.

직역 父母와 長子를 爲해서는 **顙**을 稽한다. 大夫가 弔하면, 雖히 **緦**라도 必히 **顙**을 稽한다.

의역 부모와 장자를 위해 상(喪)을 치르는 경우에는 이마를 땅에 닿게 한 뒤에야 절을 한다. 대부가 사에게 조문을 왔다면, 비록 시마복(**緦**麻服)을 입고 치르는 상이라 하더라도, 반드시 이마를 땅에 닿게 한 이후에 절을 한다.

集說 服重者, 先稽顙而後拜賓; 服輕者, 先拜賓而後稽顙. 父母, 尊也; 長子, 正體也, 故從重. 大夫弔於士, 是以尊臨卑, 雖是緦服之喪, 亦必稽顙而後拜. 蓋尊大夫, 不敢以輕待之也.

번역 수위가 높은 상복을 착용한 자는 먼저 이마를 땅에 닿도록 하고, 그 이후에 빈객에게 절을 한다. 수위가 낮은 상복을 착용한 자는 먼저 빈객에게 절을 하고, 그 이후에 이마를 땅에 닿도록 한다. 부모는 존귀한 자이고, 장자는 정통을 계승한 자이다. 그렇기 때문에 수위가 높은 상복을 입었을 때의 예법에 따른다. 대부가 사에게 조문을 하면, 존귀한 자가 신분이 낮은 자를 대한 경우이므로, 비록 시마복(緦麻服)을 입고 치르는 상이라 하더라도, 또한 반드시 이마를 땅에 닿게 한 이후에 절을 한다. 대부를 존귀하게 대하여, 감히 가벼운 예법으로 대할 수 없기 때문이다.

鄭注 喪尊者及正體, 不敢不盡禮. 尊大夫, 不敢以輕待之.

번역 존귀한 자와 정통을 계승한 자를 위해 상(喪)을 치를 때에는 감히 그 예법을 다하지 않을 수 없다. 대부를 존귀하게 여겨서, 감히 가벼운 예법으로 대할 수 없다.

釋文 爲, 于僞反, 下"爲夫"·注"爲無後"並同. 長, 丁丈反, 篇內並同. 稽音啓. 顙, 素黨反.

번역 '爲'자는 '于(우)'자와 '僞(위)'자의 반절음이며, 아래문장에 나오는 '爲夫'와 정현의 주에 나오는 '爲無後'에서의 '爲'자도 모두 그 음이 이와 같다. '長'자는 '丁(정)'자와 '丈(장)'자의 반절음이며, 이 편에 나오는 이 글자들은 모두 그 음이 이와 같다. '稽'자의 음은 '啓(계)'이다. '顙'자는 '素(소)'자와 '黨(당)'자의 반절음이다.

孔疏 ●"爲父"至"則否". ○正義曰: 此一節論喪合稽顙之事, 各依文解之.

번역 ●經文: "爲父"~"則否". ○이곳 문단은 상(喪)을 치르며 이마를 땅에 닿게 해야 하는 사안을 논의하고 있으니, 각각의 문장에 따라서 풀이하겠다.

孔疏 ●"爲父母·長子稽顙"者, 謂重服先稽顙而後拜者也. 父母長子, 並重故也. 其餘期以下, 先拜後稽顙也.

번역 ●經文: "爲父母·長子稽顙". ○수위가 높은 상복을 착용한 경우, 먼저 이마를 땅에 닿게 한 이후에 절을 하는 경우를 뜻한다. 부모와 장자는 모두 그 대상이 수위가 높은 상복을 착용해야 할 자들이기 때문이다. 나머지 기년복으로부터 그 이하의 경우에는 먼저 절을 한 이후에 이마를 땅에 닿게 한다.

孔疏 ●"大夫弔之, 雖緦必稽顙", 前文"爲父母·長子稽顙", 謂平等來弔, 故先稽顙而後拜. 若爲不杖齊衰以下, 則先拜賓後稽顙. 今大夫弔士, 雖是緦麻之親, 必亦先稽顙而後拜, 故皇氏載此稽顙, 謂"先拜而後稽顙", 若平等相弔, 小功以下, 皆不先拜後稽顙; 若大夫來弔, 雖緦麻, 必爲之先拜而後稽顙. 今刪定, 云"小功以下不稽顙", 文無所出. 又此稽顙與上文稽顙是一, 何得將此爲先拜後稽顙? 其義非也.

번역 ●經文: "大夫弔之, 雖緦必稽顙". ○앞 문장에서는 "부모와 장자를 위해서는 이마를 땅에 닿게 한다."라고 했는데, 신분이 대등한 자가 찾아와서 조문을 한 경우이다. 그렇기 때문에 먼저 이마를 땅에 닿게 한 이후에 절을 한다. 만약 지팡이를 잡지 않는 자최복(齊衰服)의 상으로부터 그 이하의 수위인 경우라면, 먼저 빈객에게 절을 한 이후에 이마를 땅에 닿게 한다. 현재 대부가 사를 조문했는데, 비록 시마복(緦麻服)을 착용해야 하는 친족일지라도, 반드시 먼저 이마를 땅에 닿게 한 이후에 절을 한다. 그렇기 때문에 황간은 이곳에 나온 "이마를 땅에 닿게 한다."는 기록에 대해서, "먼저 절을 한 이후에 이마를 땅에 닿게 한다."라는 뜻이라고 했고, 만약 신분이 대등한 자가 서로에 대해서 조문을 하는 경우, 소공복(小功服)으로부터 그 이하의 상복 수위인 경우라면, 모두 먼저 절을 한 이후에 이마를 땅에 닿도록 하지 않는다. 만약 대부가 찾아와서 조문을 한다면, 비록 시마복을 착용하는 상일지라도, 반드시 그를 위해서 먼저 절을 하고 이후에 이마를 땅에 닿도록 한다고 했다. 현재 그 내용들을 산정해보면, "소공복으로부터 그 이하의 상복에서는 이마를 땅에 닿도록 하지 않는다."는 말은 근거가 없는 주장이다. 또 이곳에서 이마를 땅에 닿게 한다는 말은 앞에 나온 이마를 땅에 닿게 한다는 말과 동일한데, 어떻게 이 내용을 먼저 절을 한 이후에 이마를 땅에 닿게 하는 것으로 이해할 수 있는가? 그러므로 그 주장은 잘못되었다.

集解 愚謂: 此言爲喪主拜賓之法. 喪拜以稽顙爲重, 自期以下, 則吉拜而已.

번역 내가 생각하기에, 이 내용은 상주가 된 자가 빈객에게 절을 하는 법도를 뜻한다. 상중에 절을 할 때에는 이마를 땅에 닿도록 하는 것을 중대한 예법으로 삼고, 기년복으로부터 그 이하의 경우에는 길배(吉拜)[1]를 사용할 따름이다.

그림 4-1 ▣ 시마복(緦麻服) 착용 모습

※ 출처: 『삼재도회(三才圖會)』「의복(衣服)」 3권

1) 길배(吉拜)는 구배(九拜) 중 하나이다. 먼저 절을 한 이후에 이마를 땅에 닿게 하는 방법이다.

그림 4-2 ▣ 시마복(緦麻服) 각부 명칭

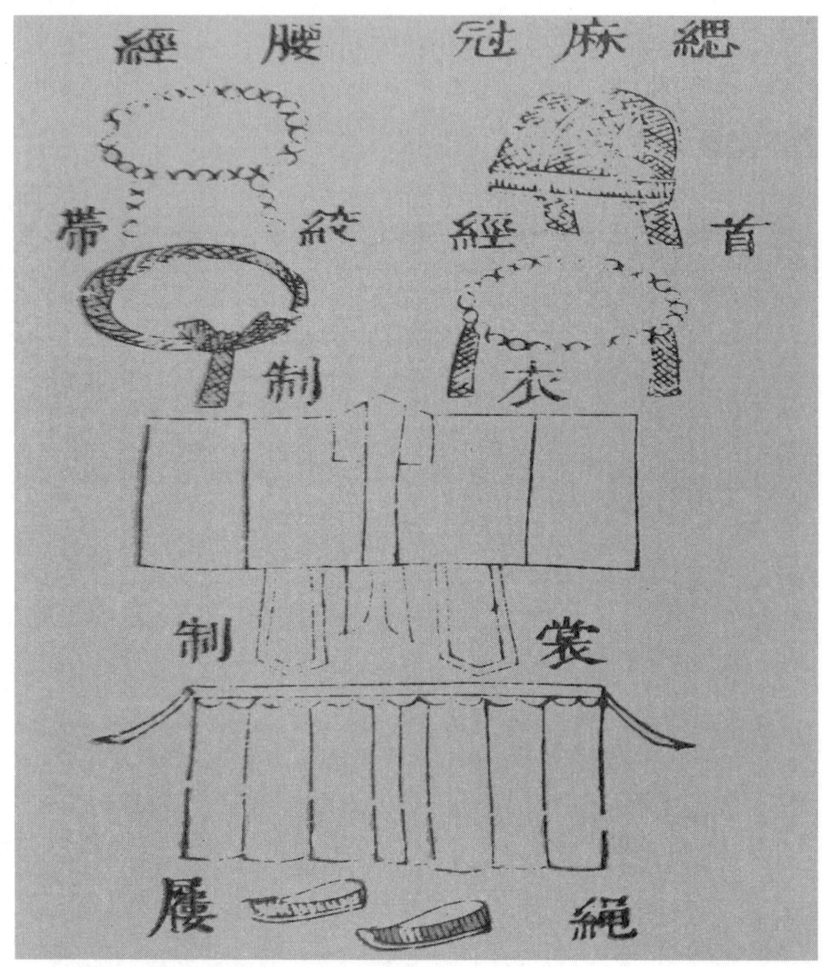

※ 출처: 『삼재도회(三才圖會)』「의복(衣服)」 3권

【408a】

婦人爲夫與長子稽顙, 其餘則否.

직역 婦人은 夫와 長子를 爲하여 顙을 稽하며, 그 餘는 否라.

의역 부인은 남편과 장자를 위한 상에서만 이마를 땅에 닿도록 절을 하며, 나머지 경우에는 이처럼 하지 않는다.

集說 婦人受重於他族, 故夫與長子之喪則稽顙. 其餘, 謂父母也. 降服移天, 其禮殺矣.

번역 부인은 다른 친족들보다 중책을 맡기 때문에, 남편과 장자의 상(喪)에 대해서라면, 이마를 땅에 닿도록 한다. 그 나머지 경우는 부모에 대한 상을 뜻한다. 강복(降服)[2]을 하고 시집을 간 경우라면, 그 예법을 줄이게 된다.

大全 長樂陳氏曰: 稽顙, 猶稽首也. 禮非至尊, 不稽首, 則喪非至重, 不稽顙矣. 然有非至重而稽顙者, 非以其至親, 則以弔者之尊也, 故爲父母長子稽顙, 以至親也, 大夫弔之, 雖緦必稽顙, 以弔者之尊也. 婦人移天於夫, 而傳重於長子, 故雖父母不稽顙, 所稽顙者夫與長子而已. 以所受於此者重, 則所報於彼者殺也.

번역 장락진씨[3]가 말하길, "이마를 땅에 닿게 한다[稽顙]."는 말은 "머

---

2) 강복(降服)은 상(喪)의 수위를 본래의 등급보다 한 등급 낮추는 일에 해당한다. 예를 들어 자식은 부모에 대해 삼년상을 치러야 하지만, 다른 집의 양자로 간 경우라면 자신의 친부모에 대해 삼년상을 치르지 않고, 한 등급 낮춰서 1년만 치르게 된다. 이것은 상(喪)의 기간에만 해당하는 것이 아니라, 상복(喪服) 및 상(喪)을 치르며 부수적으로 갖추게 되는 기물(器物)들에도 적용된다.

리를 땅에 닿도록 한다[稽首]."는 말과 같다. 예법에서는 지극히 존귀한 자에 대한 경우가 아니라면, 머리를 땅에 닿도록 하지 않으니, 상(喪)에서도 지극히 중대한 경우가 아니라면, 이마를 땅에 닿도록 하지 않는다. 그런데 지극히 중대한 경우가 아님에도 이마를 땅에 닿도록 하는 경우가 있는 이유는 지극히 가까운 친족인 경우이거나 그것이 아니라면 조문하는 자의 신분이 존귀하기 때문이다. 그래서 부모와 장자를 위한 상에서는 이마를 땅에 닿도록 하니, 그들이 지극히 가까운 친족이기 때문이며, 대부가 조문을 왔을 때, 비록 시마복(緦麻服)을 입고 있더라도, 반드시 이마를 땅에 닿도록 하니, 조문을 한 자가 존귀한 신분이기 때문이다. 부인은 남편에게 시집을 왔고, 중책을 장자에게 전수한다. 그렇기 때문에 비록 자신의 부모를 위한 경우라도 이마를 땅에 닿도록 하지 않으니, 이마를 땅에 닿도록 절을 하는 대상은 남편과 장자일 따름이다. 여기에서 받은 것이 중대하다면, 저기에 대해 보답하는 것은 줄어들기 때문이다.

鄭注 恩殺於父母.

번역 은정을 부모에 대해서 낮추기 때문이다.

釋文 殺, 所戒反, 徐所例反, 後文注同.

번역 '殺'자는 '所(소)'자와 '戒(계)'자의 반절음이며, 서음(徐音)은 '所(소)'자와 '例(례)'자의 반절음이고, 뒤에 나오는 문장 및 정현의 주에 나오는 글자도 그 음이 이와 같다.

---

3) 진상도(陳祥道, A.D.1159~A.D.1223) : =장락진씨(長樂陳氏)·진씨(陳氏)·진용지(陳用之). 북송대(北宋代)의 유학자이다. 자(字)는 용지(用之)이다. 장락(長樂) 지역 출신으로, 1067년에 과거에 급제하여 태상박사(太常博士) 등을 지냈다. 왕안석(王安石)의 제자로, 그의 학문을 전파하는데 공헌하였다. 저서에는 『예서(禮書)』, 『논어전해(論語全解)』 등이 있다.

孔疏 ●"婦人爲夫與長子稽顙, 其餘則否", 亦先稽顙而後拜, "其餘否"者, 謂父母也. 以受重他族, 其恩減殺於父母也.

번역 ●經文: "婦人爲夫與長子稽顙, 其餘則否". ○이 또한 먼저 이마를 땅에 닿게 한 이후에 절을 하는 경우이다. 경문의 "其餘否"에 대하여. 자신의 부모에 대한 경우를 뜻한다. 다른 종족으로부터 중책을 받아서, 은정에 있어서 자신의 부모에 대해서는 줄이기 때문이다.

集解 愚謂: 婦人於父母之喪, 無爲主之法, 則其不稽顙不待言矣. 其餘則否, 謂爲期喪以下爲主也. 蓋稽顙唯施於三年, 婦人所爲主而三年者, 唯夫與長子耳, 其餘期以下則手拜而已.

번역 내가 생각하기에, 부인은 자기 부모의 상에 있어서, 주부(主婦)가 되는 법도가 없으니, 이마를 땅에 닿도록 하지 않는다는 말은 할 필요가 없다. "나머지 경우에는 하지 않는다."는 말은 기년상으로부터 그 이하의 상에서 주부가 된 경우를 뜻한다. 이마를 땅에 닿도록 하는 경우는 오직 삼년상을 치를 때에만 하니, 부인이 주부가 되어 삼년상을 치르는 경우는 죽은 남편과 장자를 위한 경우일 뿐이며, 나머지 기년상으로부터 그 이하의 경우라면, 수배(手拜)[4]만 할 따름이다.

---

4) 수배(手拜)는 무릎을 꿇고서 절을 하는 방법 중 하나이다. 양쪽 선을 먼저 땅바닥에 대고, 동시에 머리를 내리되 손등 위에 도달하면 그치게 된다.

• 제5절 •

상례(喪禮) 규정-섭주(攝主)

【408b】

男主必使同姓, 婦主必使異姓.

직역 男主는 必히 同姓을 使하고, 婦主는 必히 異姓을 使한다.

의역 남자 상주(喪主)가 없어서, 다른 사람을 섭주(攝主)로 삼는다면, 반드시 동성인 남자 중에서 선별하고, 여자 상주가 없어서, 다른 사람을 섭주로 삼는다면, 반드시 이성인 여자 중에서 선별하니, 같은 종가의 아녀자들을 가리킨다.

集說 喪必有男主以接男賓, 必有女主以接女賓. 若父母之喪, 則適子爲男主, 適婦爲女主. 今無男主而使人攝主, 則必使喪家同姓之男; 無女主而使人攝主, 則必使喪家異姓之女, 謂同宗之婦也.

번역 상(喪)을 치를 때에는 반드시 남자 상주(喪主)가 있어서, 남자 빈객들을 접대해야 하며, 반드시 여자 상주가 있어서, 여자 빈객들을 접대해야 한다. 부모의 상인 경우라면, 적자가 남자 상주가 되고, 적자의 아내가 여자 상주가 된다. 현재 남자 상주가 없는 상태여서, 다른 사람을 시켜서 섭주(攝主)[1]로 삼는다면, 반드시 상을 당한 집안과 동성(同姓)인 남자를

---

1) 섭주(攝主)는 제주(祭主) 및 상주(喪主)의 일을 대신 맡아보는 자이다. 정식 제주 및 상주는 종법제(宗法制)에 따라서, 종주(宗主)가 담당을 하였는데, 그에게 사정이 생겨서, 그 일을 주관하지 못할 때, '섭주'가 대신 그 일을 담당했다. 군주의 경우에는 재상이 담당하기도 하였으며, 나머지의 경우에는 제주 및 상주와 항렬이 같은 자들 중에서 담당을 하기도 했다.

시키고, 여자 상주가 없는 상태여서, 다른 사람을 시켜서 섭주로 삼는다면, 반드시 상을 당한 집안과 이성(異姓)인 여자를 시키니, 같은 종가의 아녀자를 뜻한다.

鄭注 謂爲無主後者爲主也. 異姓, 同宗之婦也. 婦人外成.

번역 후손이 없는 자를 위해서 상주가 된다는 뜻이다. '이성(異姓)'은 같은 종가의 아녀자들을 뜻한다. 동성의 여자들은 다른 집으로 시집을 간다.

孔疏 ●"男主"至"異姓". ○正義曰: 此一經論婦人外成之事, 庾氏云: "喪有男主以接男賓, 女主以接女賓. 若父母之喪, 則適子爲男主, 適婦爲女主也." 今或無適子適婦爲正主, 遣他人攝主. 若攝男主, 必使喪家同姓之男. 若攝婦主, 必使喪家異姓之女.

번역 ●經文: "男主"~"異姓". ○이곳 경문은 부인이 출가하는 사안을 논의하고 있는데, 유울은 "상(喪)을 치를 때에는 남자 상주(喪主)가 있어서 남자 빈객을 접대하고, 여자 상주가 있어서 여자 빈객을 접대한다. 부모의 상과 같은 경우라면, 적자가 남자 상주가 되고, 적자의 부인이 여자 상주가 된다."라고 했다. 현재 적자나 적부처럼 정식 상주가 될 자가 없는 경우라면, 다른 사람을 섭주(攝主)로 삼게 된다. 만약 남자 섭주로 삼는다면, 반드시 상을 당한 집안과 동성인 남자를 시킨다. 여자 섭주로 삼는다면, 반드시 상을 당한 집안과 이성인 여자를 시킨다.

孔疏 ◎注"謂爲"至"外成". ○正義曰: 知"謂爲無主後者爲主也"者, 以經云"必使同姓", "必使異姓", 故知爲[2]無主後. 云"異姓, 同宗之婦也"者, 同宗謂喪家同宗, 其婦必與喪家異姓, 故云"異姓, 同宗之婦". 云"婦人外成"者, 解

---

2) '위(爲)'자에 대하여. '위'자는 본래 '선(先)'자로 기록되어 있었는데, 완원(阮元)의 『교감기(校勘記)』에서는 "포당(浦鏜)은 교감을 하며, '선'자는 마땅히 '위'자의 오자라고 했다."고 했다.

婦主使異姓之意. 今與死者同姓婦人, 不得與喪家爲喪主, 以其外成, 適於他族, 故不得自與己同宗爲主. 此云"異姓"者, 與夫家爲異姓.

번역 ◎鄭注: "謂爲"~"外成". ○정현이 "후손이 없는 자를 위해서 상주가 된다는 뜻이다."라고 했는데, 이 말이 사실임을 알 수 있는 이유는 경문에서 "반드시 동성인 자를 시킨다."라고 했고, "반드시 이성인 자를 시킨다."라고 했기 때문에, 정식 상주로 삼을 수 있는 후손이 없는 경우가 됨을 알 수 있다. 정현이 "'이성(異姓)'은 같은 종가의 아녀자들을 뜻한다."라고 했는데, '동종(同宗)'은 상을 당한 집과 종가가 같은 집안이며, 그 집안의 아녀자는 반드시 상을 당한 집과 이성인 자가 된다. 그렇기 때문에 "'이성(異姓)'은 같은 종가의 아녀자들을 뜻한다."고 말한 것이다. 정현이 "동성의 여자들은 다른 집으로 시집을 간다."라고 했는데, 이 말은 여자 상주를 이성인 여자로 시키는 뜻을 풀이한 말이다. 현재 죽은 자와 동성인 아녀자들은 상을 당한 집안의 상주로 참여할 수 없으니, 그들은 다른 집안으로 시집을 가서, 다른 족인들의 사람이 되었기 때문에, 자신과 종주를 같이 하는 집안의 상주가 될 수 없다. 이곳에서 '이성(異姓)'이라고 한 말은 남편 집안과 성이 다르다는 뜻이다.

集解 愚謂: 婦主必使異姓, 士虞記: "女, 女尸, 必使異姓." 古人之愼辨於族類如此.

번역 내가 생각하기에, 여자 상주는 반드시 이성(異姓)인 여자를 시키는데, 『의례』「사우례(士虞禮)」편의 기문(記文)에서는 "죽은 자가 여자라면 여자 시동을 세우니, 반드시 이성인 여자를 시킨다."[3]라고 했다. 고대에는 이처럼 동족에 대한 구분을 신중히 했다.

---

3) 『의례』「사우례(士虞禮)」 : 男, 男尸. <u>女, 女尸, 必使異姓</u>, 不使賤者.

• 제 6 절 •

상복(喪服) 규정-출모(出母) Ⅰ

【408c】

爲父後者, 爲出母無服.

직역 父의 後가 爲한 者는 出母를 爲하여 無服한다.

의역 부친의 후계자가 된 자는 출모(出母)를 위해서 상복(喪服)을 착용하지 않는다.

集說 出母, 母爲父所遣者也. 適子爲父後者不服之. 蓋尊祖敬宗, 家無二主之義也, 非爲後者服期.

번역 '출모(出母)'[1]는 생모이지만 부친에 의해서 쫓겨난 여자를 뜻한다. 적자가 부친의 후계자가 된 경우에는 그녀를 위해서 상복을 입지 않는다. 조상을 존숭하고 종가를 공경하므로, 집안에는 두 명의 주인이 없다는 뜻 때문이니, 후계자가 되지 않은 자라면, 출모를 위해서 기년복(期年服)[2]을 착용한다.

---

1) 출모(出母)는 부친에게 버림을 받은 자신의 생모(生母)를 뜻한다. 또한 부친이 죽은 이후 다른 집으로 재차 시집을 간 자신의 생모를 뜻하기도 한다.

2) 기년복(期年服)은 1년 동안 상복(喪服)을 입는다는 뜻이다. 또는 그 기간 동안 입게 되는 상복을 뜻하기도 하는데, 일반적으로 자최복(齊衰服)을 가리키는 용어로 사용된다. '기년복'이라고 할 때의 '기년(期年)'은 1년을 뜻하는데, '자최복'은 일반적으로 1년 동안 입게 되는 상복이 되기 때문이다.

鄭注 不敢以己私廢父所傳重之祭祀.

번역 감히 자신의 삿된 감정으로 부친이 중책으로 전수한 제사를 폐지할 수 없기 때문이다.

釋文 爲出, 于僞反, 下注"爲其族人"·"爲其兄弟"同. 傳, 丈專反, 下"傳重"皆同.

번역 '爲出'에서의 '爲'자는 '于(우)'자와 '僞(위)'자의 반절음이며, 아래 정현의 주에 나오는 '爲其族人'과 '爲其兄弟'에서의 '爲'자도 그 음이 이와 같다. '傳'자는 '丈(장)'자와 '專(전)'자의 반절음이며, 아래문장에 나오는 '傳重'에서의 '傳'자도 모두 그 음이 이와 같다.

孔疏 ●"爲父"至"無服". ○正義曰: 此一經論適子承重, 不得爲出母著服之事. 出母, 謂母犯七出, 爲父所遣. 而母子至親, 義不可絶. 父若猶在, 子皆爲出母期. 若父沒後, 則適子一人不復爲母服, 所以然者, 己係嗣烝嘗, 不敢以私親廢先祖之祀, 故無服.

번역 ●經文: "爲父"~"無服". ○이곳 경문은 적자가 중책을 전승하여, 출모(出母)를 위해서 상복(喪服)을 착용할 수 없는 사안을 논의하고 있다. '출모(出母)'는 모친이 칠거지악을 범해 쫓겨나서, 부친으로부터 버림을 당한 여자를 뜻한다. 그러나 모친과 자식은 지극히 친밀한 관계여서, 도의를 끊어버릴 수 없다. 부친이 만약 여전히 생존해 계신 경우라면, 자식들은 모두 출모를 위해서 기년상(期年喪)을 치른다. 만약 부친이 이미 돌아가신 이후라면, 적자 한 사람만 쫓겨난 모친을 위해서 상복을 착용할 수 없으니, 이처럼 하는 이유는 본인은 가계를 이어서 증상(烝嘗)[3]을 전수받았으므로,

---

3) 증상(烝嘗)은 종묘(宗廟)에서 지내는 가을 제사와 겨울 제사를 가리킨다. 또한 '증상'은 종묘에 대한 제사를 총칭하는 용어로도 사용된다. 사계절마다 큰 제사를 지내게 되는데, 계절별 제사 명칭이 다르며, 문헌마다 조금씩 차이를 보인다. 예를 들어 『춘추번로(春秋繁露)』「사제(四祭)」편에는 "四

사적인 친애함으로 선조의 제사를 감히 폐지할 수 없기 때문에, 상복을 착용하지 않는 것이다.

集解 朱子曰: 此尊祖敬宗, 尊無二上之意.

번역 주자가 말하길, 조상을 존숭하고 종가를 공경하여, 두 명의 존귀한 자가 없다는 뜻이다.

集解 愚謂: 喪者不祭, 而母出與廟絕, 故不敢以其喪廢宗廟之祭也.

번역 내가 생각하기에, 상(喪)을 당한 집안에서는 제사를 지내지 않고, 모친이 쫓겨나서 종묘(宗廟)와 관계가 끊어졌기 때문에, 감히 생모의 상(喪)으로 인해 종묘의 제사를 폐지할 수 없다.

祭者, 因四時之所生孰而祭其先祖父母也. 故春曰祠, 夏曰礿, 秋曰嘗, 冬曰蒸."이라고 하여, 봄 제사를 사(祠), 여름 제사를 약(礿), 가을 제사를 상(嘗), 겨울 제사를 증(蒸)이라고 설명했다. 한편 『예기』「왕제(王制)」편에는 "天子諸侯宗廟之祭, 春曰礿, 夏曰禘, 秋曰嘗, 冬曰烝."이라고 하여, 봄 제사를 약(礿), 여름 제사를 체(禘), 가을 제사를 상(嘗), 겨울 제사를 증(烝)이라고 설명했다.

• 제7절 •

상복(喪服) 규정-오복(五服)

【408c】

親親以三爲五, 以五爲九, 上殺 · 下殺 · 旁殺, 而親畢矣.

직역 親을 親함에 三으로써 五로 爲하고, 五로써 九를 爲하니, 上으로 殺하고 下로 殺하며 旁으로 殺하여, 親이 畢한다.

의역 친족을 친근하게 대함에 있어서, 3으로부터 5가 되고, 5로부터 9가 되니, 위로 줄어들고, 밑으로 줄어들며, 옆으로 줄어들어서, 그 끝에 이르면 친애하는 관계가 끝난다.

集說 由己身言之, 上有父, 下有子, 宜言以一爲三, 而不言者, 父子一體, 無可分之義, 故惟言以三爲五. 謂因此三者, 而由父以親祖, 由子以親孫, 是以三爲五也. 又不言以五爲七者, 蓋由祖以親曾 · 高二祖, 由孫而親曾孫 · 玄孫, 其恩皆已疏略, 故惟言以五爲九也. 由父而上, 殺之至高祖, 由子而下, 殺之至玄孫, 是上殺 · 下殺也. 同父則期, 同祖則大功, 同曾祖則小功, 同高祖則緦麻, 是旁殺也. 高祖外無服, 故曰畢矣.

번역 자신을 기준으로 말을 해보자면, 위로는 부친이 있고, 아래로는 자식이 있으니, 마땅히 1로써 3이 된다고 해야 하는데, 언급을 하지 않은 이유는 부친과 자식은 한 몸이므로, 구분을 할 수 없는 뜻이 있기 때문에, 단지 3으로써 5가 된다고 말한 것이니, 이러한 세 부류의 관계에 따라서, 부친으로부터 조부를 친근하게 대하고, 자식으로부터 손자를 친근하게 대한다는 뜻으로, 이것이 3으로 5가 된다는 뜻이다. 또 5로부터 7이 된다고 말하지 않은 이유는 조부로부터 증조와 고조를 친근하게 대하고, 손자로부터 증손자와 현손자를 친근하게 대함에 있어서, 그 은정은 모두 이미 옅어졌기 때문에, 단지 5로부터 9가 된다고 말한 것이다. 부친으로부터 그 위로 올라가면, 그 관계가 점점 줄어들어 고조에 이르고, 자식으로부터 밑으로 내려가면, 그 관계가 점점 줄어들어 현손자에 이르게 되니, 이것이 위로 줄어들고, 밑으로 줄어든다는 뜻이다. 부친과 동렬인 자를 위해서는 기년복(期年服)을 착용하고, 조부와 동렬인 자를 위해서는 대공복(大功服)을 착용하며, 증조와 동렬인 자를 위해서는 소공복(小功服)을 착용하고, 고조와 동렬인 자를 위해서는 시마복(緦麻服)을 착용하니, 이것이 옆으로 줄어든다는 뜻이다. 고조 이상에 대해서는 상복관계가 없기 때문에, "끝난다[畢]."라고 말했다.

鄭注 己上親父, 下親子, 三也. 以父親祖, 以子親孫, 五也. 以祖親高祖, 以孫親玄孫, 九也. 殺, 謂親益疏者, 服之則輕.

번역 본인은 위로 부친을 친근하게 대하고, 밑으로 자식을 친근하게 대하니, 이것이 3이다. 부친을 통해 조부를 친근하게 대하고, 자식을 통해 손자를 친근하게 대하니, 이것이 5이다. 조부를 통해 고조까지 친근하게 대하고, 손자를 통해 현손자까지 친근하게 대하니, 이것이 9이다. '쇄(殺)'는 친근한 관계가 점차 소원하게 된다는 뜻으로, 그를 위해 상복을 착용하게 되면 상복의 수위도 낮아진다는 의미이다.

釋文 己音紀.

번역 '己'자의 음은 '紀(기)'이다.

孔疏 ●"親親"至"畢矣". ○正義曰: 此一經廣明五服之輕重, 隨人之親疏, 著服之節.

번역 ●經文: "親親"~"畢矣". ○이곳 경문은 오복(五服)의 수위가 친소

(親疎)의 관계에 따르게 되며, 상복을 착용하는 규범 등을 광범위하게 설명하고 있다.

孔疏 ●"親親以三"者, 以上親父, 下親子, 幷己爲三, 故云"親親以三". "爲五"者, 又以父上親祖, 以子下親孫, 曏者三, 今加祖及孫, 故言五也.

번역 ●經文: "親親以三". ○위로는 부친을 친근하게 대하고, 아래로는 자식을 친근하게 대하니, 자신까지 포함하면 3이 된다. 그렇기 때문에 "친족을 친애함을 3으로써 한다."라고 말한 것이다. 경문의 "爲五"에 대하여. 또 부친을 통해 위로 조부를 친근하게 대하고, 자식을 통해 아래로 손자를 친근하게 대하니, 이전의 3에 조부와 손자를 더하기 때문에, 5라고 말한 것이다.

孔疏 ●"以五爲九"者, 己上祖下孫則是五也, 又以曾祖故親高祖, 曾孫故親玄孫, 上加曾高二祖, 下加曾玄兩孫, 以四籠五, 故爲九也. 然己上親父, 下親子, 合應云"以一爲三", 而云"以三爲五"者, 父子一體, 無可分之義, 故相親之說不須分矣. 而分祖孫, 非己一體, 故有可分之義, 而親名著也. 又以祖親曾祖, 以孫親曾孫, 應云"以五爲七", 今言"九"者, 曾祖·曾孫, 爲情已遠, 非己一體所親, 故略其相親之旨也. 庾氏云: "由祖以親曾·高二祖, 由孫以親曾·玄二孫. 服之所同, 義由於此也."

번역 ●經文: "以五爲九". ○본인이 위로 조부를 친근하게 대하고, 아래로 손자를 친근하게 대하니, 모두 5가 된다. 또 증조를 통하기 때문에 고조를 친근하게 대하고, 증손자를 통하기 때문에 현손자를 친근하게 대하니, 위로 증조와 고조를 더하고, 아래로 증손자와 현손자를 더하면, 5에 4를 더하기 때문에 9가 된다. 그런데 본인이 위로 부친을 친근하게 대하고, 아래로 자식을 친근하게 대한다면, 마땅히 "1로써 3이 된다."라고 해야 하는데, "3으로써 5가 된다."라고 말한 이유는 부친과 자식은 한 몸이므로, 구분을 할 수 없는 뜻이 있기 때문에, 매우 친근한 관계에 대해서는 구분해서 설명할 필요가 없다. 조부와 손자를 구분한 것은 자신과 한 몸이 아니기 때문이니, 구분을 할 수 있는 도의가 포함되어, 친근하게 대하는 대상을 명시한 것이다. 또 조부를 통해 증조부를 친근하게 대하고, 손자를 통해 증손자를 친근하게 대하니, 마땅히 "5로써 7이 된다."라고 해야 하는데, 현재는 "9가 된다."라고 했다. 그 이유는 증조와 증손자는 그 정감이 이미 멀어졌고, 자신과 한 몸으로 여기는 친근한 관계가 아니기 때문에, 서로 친근하게 대한다는 뜻을 생략한 것이다. 유울은 "조부로부터 증조와 고조를 친근하게 대하고, 손자로부터 증손자와 현손자를 친근하게 대한다. 상복의 수위를 동일하게 맞추는 뜻은 여기에서 비롯되었다."라고 했다.

孔疏 ●"上殺"者, 據己上服父祖而減殺, 故服父三年, 服祖減殺至期, 以次減之, 應曾祖大功, 高祖小功, 而俱齊衰三月者, 但父祖及於己, 是同體之親, 故依次減殺. 曾祖·高祖非己同體, 其恩已疏, 故略從齊衰三月, 曾·高一等, 所以喪服注云: "重其衰麻, 尊尊也. 減其日月, 恩殺也." 不可以大功小功旁親之服加至尊, 故皆服齊衰也.

번역 ●經文: "上殺". ○본인이 위로 부친과 조부를 위해 상복을 착용하지만, 점점 경감이 되기 때문에, 부친을 위해서는 3년 동안 복상을 하고, 조부를 위해 상복을 입을 때에는 경감이 되어 1년에 그치며, 순차적으로 줄어들어서, 증조를 위해서는 대공복(大功服)을 착용하며, 고조를 위해서는 소공복(小功服)을 착용해야 하는데, 둘 모두에 대해서 자최복(齊衰服)을 3개월 동안 착용하는 이유는 부친과 조부로부터 자신에 이르기까지 이들은 모두 한 몸이 되는 친근한 관계이기 때문에, 순차적으로 줄이는 것이다. 증조와 고조는 자신과 한 몸이 아니며, 그 은정도 이미 소원해졌기 때문에, 소략하게 하여 자최복으로 3개월 동안 복상하는데, 증조와 고조에 대한 상복을 동일한 수위로 맞추는 이유에 대해서, 『의례』「상복(喪服)」편에 대한 정현의 주에서는 "상복을 무거운 수위로 맞추는 것은 존귀한 자를 존귀하게 대하기 때문이다. 개월 수를 줄이는 것은 은정이 줄어들었기 때문이다."[1]라고 했다. 즉 대공복이나 소공복처럼 방계의 친족을 위해서 입는 상복은 지극히 존귀한 자를 위해서 입을 수 없기 때문에, 둘 모두에 대해서 자최복을 착용하는 것이다.

孔疏 ●"下殺"者, 謂下於子孫而減殺. 子服父三年, 父亦宜報服, 而父子首足, 不宜等衰, 故父服子期也. 若正適傳重, 便得遂情, 故喪服云"不敢降", 是也. 父服子期, 孫卑, 理不得祖報, 故爲九月. 若傳重者, 亦服期也. 爲孫旣大功, 則曾孫宜五月, 但曾孫服曾祖正三月, 故曾祖報亦一時也. 而曾祖是正尊, 自加齊衰服, 而曾孫正卑, 故正服緦麻. 曾孫旣緦麻三月, 玄孫理不容異. 且曾孫非己同體, 故服不依次, 減殺略同三月.

번역 ●經文: "下殺". ○아래로 자식과 손자에 대해서는 줄이게 된다는 뜻이다. 자식은 부친을 위해서 3년 동안 복상하니, 부친 또한 마땅히 자식에 대해서 동일하게 보답하여 상을 치러야 하지만, 부친과 자식은 머리와 발의 관계와 같아서, 상복 수위를 동일하게 맞춰서는 안 되기 때문에, 부친은 자식을 위해서 1년 동안 복상한다. 만약 자식이 적자의 신분이어서 가계의 중책을 전수받았다면, 그 정감에 따를 수 있기 때문에, 『의례』「상복(喪服)」편에서는 "감히 낮추지 않는다."라고 한 것이다. 부친이 자식을 위해 기년상을 치른다면, 손자는 더욱 낮으므로, 이치상 조부가 보답을 하는 차원에서 상복을 착용할 수 없기 때문에 9개월만 복상한다. 만약 중책을 전수한 적손인 경우라면, 이때에도 또한 기년상으로 치른다. 손자를 위해서 이미 대공복(大功服)을 입게 된다면, 증손자에 대해서는 마땅히 5개월 동안 복상해야 하지만, 증손자는 증조부를 위해서 3개월만 복상하기 때문에, 증조도 보답을 하는 차원에서 한 계절 동안만 상복을 착용한다. 그런데 증조는 존귀한 조상에 해당하며, 그를 위해서는 수위를 높여 자최복을 착용하고, 증손자는 낮은 후손에 해당하기 때문에, 그를 위해서는 본래의 시마복을 착용한다. 증손자를 위해서 이미 시마복을 3개월 동안 착용한다면, 현손

1) 이 문장은 『의례』「상복(喪服)」편의 "傳曰, 何以齊衰三月也? 小功者, 兄弟之服也, 不敢以兄弟之服服至尊也."라는 기록에 대한 정현의 주이다.

자에 대해서는 이치상 차이를 보일 수 없다. 또 증손자는 자신과 한 몸이 아니기 때문에, 상복을 착용할 때에도 순차에 따른 차등을 적용하지 않고, 줄이는 것을 간략히 하여, 동일하게 3개월 동안 복상한다.

孔疏 ●"旁殺"者, 世叔之屬是也. 父是至尊, 故以三年. 若據祖期年, 則世叔宜九月, 而世叔是父一體, 故加至期也; 從世叔旣疏, 加所不及, 據期而殺, 是以五月; 族世叔又疏一等, 故宜緦麻; 此外無服也. 此是發父而旁漸至輕也. 又祖是父一體, 故加至期, 而祖之兄弟非己一體, 故加亦不及, 據於期之斷殺, 便正五月; 族祖又疏一等, 故宜緦麻; 此外無服. 是發祖而旁漸殺也. 又曾祖據期本應五月, 曾祖之兄弟謂族曾祖, 旣疏一等, 故宜三月也. 自此以外, 及高祖之兄弟悉無服矣. 又至親期斷, 兄弟至親一體, 相爲而期; 同堂兄弟疏於一等, 故九月; 從祖兄弟又疏一等, 故小功; 族之昆弟又殺一等, 故宜三月; 此外無服. 是發兄弟而旁殺也. 又父爲子期, 而兄弟之子但宜九月, 而今亦期者, 父爲其子, 本應報以三年, 特爲尊, 是故降至期; 而兄弟之子爲世叔, 本應九月, 但言世叔與尊者一體, 而加至期, 世叔旁尊, 不得自比彼父祖之重, 無義相降, 故報兄弟子期, 且己與兄弟一體, 兄弟之子, 不宜隔異, 欲見猶子之義, 與己子等, 所以至期, 故檀弓云"兄弟之子猶子也, 蓋引而進之", 是也; 又同堂兄弟之子, 服從伯叔無加, 則從伯叔亦正報五月也; 族兄弟之子又疏, 故宜緦耳. 此發子而旁殺也. 又孫服祖期, 祖尊, 故爲孫大功; 兄弟之孫服從祖五月, 故從祖報之小功也; 同堂兄弟之孫旣疏, 爲之理自緦麻; 其外無服矣. 曾祖爲曾孫三月, 爲兄弟曾孫以無尊降之, 故亦爲三月.

번역 ●經文: "旁殺". ○숙부 등의 부류들이 여기에 해당한다. 부친은 지극히 존귀한 존재이기 때문에, 부친을 위해서는 3년 동안 복상한다. 만약 조부에 대해서 기년상(期年喪)을 치른다는 것에 기준을 둔다면, 숙부 등에 대해서는 마땅히 9개월 동안 복상해야 하는데, 숙부들은 부친과 한 몸이기 때문에, 기간을 더하여 기년상으로 치른다. 종숙부의 경우 관계가 이미 소원하므로, 기간을 더하는 규정이 소급되지 않고, 기년상에 기준을 두어 줄이기 때문에, 5개월 동안 복상한다. 족숙부의 경우에는 또한 한 등급이 소원해졌기 때문에, 마땅히 시마복(緦麻服)을 착용해야 한다. 그리고 이 관계 외에는 상복을 착용하지 않는다. 이것은 부친을 통해서 부친과 같은 항렬의 방계 친족들에 대해 점진적으로 경감되는 뜻을 나타낸다. 또 조부는 부친과 한 몸이기 때문에, 기간을 늘려서 기년상으로 치르는데, 조부의 형제들은 자신과 한 몸이 아니기 때문에, 기간을 더하는 규정이 소급되지 않고, 기년상으로 규정하여 줄이는 것에 기준을 두어, 5개월로 정한다. 족조는 또한 한 등급이 소원해진 것이기 때문에, 마땅히 시마복을 착용해야 한다. 그리고 이 관계 외에는 상복을 착용하지 않는다. 이것은 조부를 통해서 조부와 같은 항렬의 방계 친족들에 대해 점진적으로 경감되는 뜻을 나타낸다. 또 증조부에 대해서는 기년상으로 치르지만, 본래는 5개월 동안 복상하는 관계가 된다는 것에 기준을 두고, 증조부의 형제들은 족증조이며, 이미 한 등급이 소원해졌기 때문에, 마땅히 3개월 동안 복상해야 한다. 이 관계로부터 그 이외로 고조의 형제들에 이르기까지는 모두 상복을 착용하지 않는다. 또 지극히 친근한 관계에 대해서는 기년상으로 수위를 단정하며, 형제는 지극히 친근하며 한 몸이므로, 서로를 위해서는 기년상을 치른다. 조부가 같은 형제들은 한 등급이 소원해졌기 때문에, 9개월 동안 복상한다. 종조의 형제들은 한 등급이 더 소원해졌기 때문에, 소공복(小功服)을 착용한다. 족인의 곤제들 또한 한 등급이 더 소원해졌기 때문에, 마땅히 3개월 동안 복상해야 한다. 이 관계 외에는 상복을 착용하지 않는다. 이것은 형제를 통해서 형제들과 같은 항렬의 방계 친족들에 대해 경감시킨다는 뜻을 나타낸다. 또 부친은 자식을 위해서 기년상을 치르므로, 형제의 자식에 대해서는 단지 9개월 동안만 복상해야 하는데, 현재는 이러한 경우에도 기년상을 치른다고 했다. 그 이유는 부친은 형제의 자식에 대해서 본래는 보답차원에서 3년 동안 상복을 착용해야 하는 관계이지만, 존귀한 신분이 되기 때문에, 기간을 낮춰서 기년상으로 치른다. 형제의 자식들은 숙부를 위해서 본래는 9개월 동안 복상을 해야 한다. 그러나 숙부와 부친은 한 몸이 되므로, 기간을 더하여 기년상으로 치르고, 숙부는 방계의 친족 중 존귀한 자이며, 그의 부친과 조부의 중대한 관계에 대해서 비견할 수 없고, 도의상 서로 낮춤이 없기 때문에, 형제의 자식에 대해서는 기년상으로 보답을 하고, 또 본인과 형제는 한 몸이 되고, 형제의 자식은 큰 차이를 두어서는 안 되니, 자식을 대하는 것처럼 하여, 자신의 자식과 동일하게 해서, 기년상으로 치른다. 그렇기 때문에 『예기』「단궁(檀弓)」편에서는 "형제의 자식들이 죽었을 때에는 자신의 자식이 죽었을 때와 동일한 상복을 착용하니, 이처럼 하는 이유는 그와의 은정으로 인해, 그의 관계를 끌어 올려서 친밀한 관계로 포함시키기 때문이다."[2]라고 한 것이다. 또 조부가 같은 형제의 자식들에 대해서는 종백부나 종숙부를 위해서 상복을 착용할 때, 기간을 늘림이 없으니, 종백부와 종숙부 또한 5개월 동안 상복을 착용하여 보답한다. 족형제의 자식들은 더욱 소원한 관계이기 때문에, 마땅히 시마복을 착용해야할 따름이다. 이것은 자식을 통해 자식과 항렬이 같은 방계 친족들에 대해 경감시키는 뜻을 나타낸다. 또 손자는 조부를 위해서 기년상을 치르는데, 조부는 존귀하기 때문에, 손자를 위해서는 대공복을 착용하고, 형제의 손자는 종조를 위해서 5개월 동안 복상하기 때문에, 종조는 그들을 위해서 소공복을 착용한다. 조부가 같은 형제의 손자들은 관계가 이미 소원해졌으니, 그들을 위해서는 이치상 시마복을 착용해야 하며, 그 외의 관계에 대해서는 상복을 착용하지 않는다. 증조는 증손자를 위해서 3개월 동안 복상하고, 형제의 증손자를 위해서는 존귀함으로 인해 낮추는 일이 없기 때문에, 이때에도 또한 3개월 동안 복상한다.

孔疏 ●"而親畢矣"者, 結親親之義也. 始自父母, 終於族人, 故云"親畢矣." 且五屬之親, 若同父則期, 同祖則大功, 同曾祖則小功, 同高祖則緦麻, 高祖外無服, 亦是畢也.

번역 ●經文: "而親畢矣". ○친족을 친근하게 대하는 뜻을 결론 맺은 말이다. 처음에 부친과 모친으로부터 시작하여, 족인들에 대해서 끝을 맺기

---

2) 『예기』「단궁상(檀弓上)」【93d】: 喪服, 兄弟之子猶子也, 蓋引而進之也; 嫂叔之無服也, 蓋推而遠之也; 姑姊妹之薄也, 蓋有受我而厚之者也.

때문에, "친근한 관계가 끝난다."라고 말한 것이다. 또 다섯 부류의 친족들에 대해서, 부친과 동렬일 경우라면 기년복(期年服)을 착용하고, 조부와 동렬일 경우라면 대공복(大功服)을 착용하고, 증조와 동렬일 경우라면 소공복(小功服)을 착용하며, 고조와 동렬일 경우라면 시마복(緦麻服)을 착용하고, 고조 그 이상에 대해서는 상복을 착용하지 않으니, 이 또한 끝난다는 뜻이 된다.

集解 此言先王制服之義也. 先王之制服, 至親以期斷, 加隆焉則三年, 而其漸殺也, 極於三月, 由親有遠近, 故服有隆殺也. 親親以三爲五者, 己上親父, 下親子, 並己爲三. 又以父而親父之父, 則及祖, 以子而親子之子, 則及孫, 是以三爲五也. 以五爲九者, 己上親祖, 下親孫, 爲五. 又以祖而親祖之父·祖, 則及曾祖·高祖, 又以孫而親孫之子·孫, 則及曾孫·玄孫, 是以五爲九也. 上殺者, 謂服之由父而上而漸殺者也. 至親以期斷, 服父加隆, 故三年. 祖由期殺, 應大功, 加隆故期. 曾祖由期殺, 應小功, 高祖應緦麻, 而曾祖·高祖乃正尊, 不敢以大功·小功旁尊之服服之, 故曾祖則減其日月, 重其衰麻, 而服齊衰三月, 高祖從齊衰三月, 無可殺, 故與曾祖同也. 下殺者, 謂服之由子而下而漸殺者也. 子服父加隆至三年, 父尊, 自適子外, 但以本服報之, 故期. 孫爲祖加隆至期, 祖尊, 亦以本服報之, 故九月. 曾孫服曾祖齊衰三月, 曾祖報服亦三月, 而曾孫卑, 正服緦麻. 玄孫自緦麻三月無可降, 故與曾孫同也. 旁殺者, 謂由己而殺己之昆弟, 由父·祖而殺父·祖之昆弟, 由子·孫而殺子·孫之昆弟也. 昆弟至親, 故期. 從父昆弟大功, 從祖昆弟小功, 族昆弟緦麻, 此皆己之昆弟, 由己而旁殺者也. 世叔父從期殺, 宜九月, 而服父三年, 世叔父與父一體, 故加至期. 從祖父旣疎, 加所不及, 從大功而殺, 故五月. 族父又疎, 故緦麻, 此外無服也. 此皆父之昆弟由父而旁殺者也. 祖加隆, 故至期. 而從祖疎, 加亦不及, 據大功而殺, 故五月. 族祖又疎, 故緦麻. 曾祖據期殺, 本應五月, 曾祖之昆弟據五月而殺, 故三月. 此外無服. 此祖及曾祖之昆弟由祖及曾祖而殺者也. 父爲子期. 昆弟之子宜九月, 而昆弟之子爲世叔父加期, 世叔父旁尊, 不足以加尊, 故報服期. 從父昆弟之子服從祖父母無加, 故正報五月, 族兄弟之子正報緦麻. 此子之昆弟由子而漸殺者也. 祖爲孫大功. 兄弟之孫服從祖小功, 報亦小功. 從父兄弟之孫服族祖緦麻, 報亦緦麻. 族曾孫爲族曾祖緦麻, 報亦緦麻. 此外無服. 此孫及曾孫之昆弟由孫及曾孫而殺者也. 上殺極於高祖, 下殺及於玄孫, 旁殺又極於高祖之所出而止, 故曰"親盡". 蓋其由隆而遞殺, 極乎九族, 而此外無可復推也.

번역 이 내용은 선왕이 제정한 상복 규정의 뜻을 설명하고 있다. 선왕이 상복 제도를 규정할 때, 지극히 친근한 관계를 기년상(期年喪)으로 규정하고, 융성함을 더하는 경우라면 3년으로 하며, 점진적으로 낮추는 경우에는 3개월까지 낮추는데, 친근함에도 차이가 있기 때문에, 상복 규정에도 융성하게 하고 낮추는 차이가 발생한다. "친족을 친근하게 대하길 3으로써 5로 한다."는 말은 본인은 위로 부친을 친근하게 대하고, 아래로 자식을 친근하게 대하는데, 자신까지 포함하면 3이 된다는 뜻이다. 또 부친을 통해서 부친의 부친을 친근하게 대하면, 친근함이 조부까지 이르고, 자식을 통해서 자식의 자식을 친근하게 대하면, 친근함이 손자까지 이르니, 이것이 3으로써 5로 한다는 뜻이다. "5로써 9로 한다."고 했는데, 본인이 위로 조부를 친근하게 대하고, 아래로 손자를 친근하게 대함이 5이다. 또 조부를 통해서 조부의 부친 · 조부를 친근하게 대하면, 친근함이 증조와 고조까지 이르고, 또 손자를 통해서 손자의 자식 · 손자를 친근하게 대하면, 친근함이 증손자와 현손자까지 이르니, 이것이 5로써 9로 한다는 뜻이다. '상쇄(上殺)'는 상복을 착용할 때, 부친으로부터 그 위로 올라가면 점진적으로 줄어든다는 뜻이다. 지극히 친근한 자에 대해서 기년상으로 규정을 하는데, 부친에 대한 복상기간은 융성함을 더하기 때문에, 3년으로 정한다. 조부에 대해서는 기년상으로부터 줄이게 되어, 마땅히 대공복(大功服)을 착용해야 하지만, 융성함을 더하기 때문에 기년상으로 치른다. 증조에 대해서는 기년상으로부터 줄이게 되어, 마땅히 소공복(小功服)을 착용해야 하며, 고조에 대해서는 마땅히 시마복(緦麻服)을 착용해야 하는데, 증조와 고조는 곧 존귀한 조상에 해당하므로, 대공복이나 소공복처럼 방계의 조상들을 위해 착용하는 상복을 입을 수 없기 때문에, 증조의 경우에는 개월 수를 낮추지만, 상복의 수위는 무겁게 하므로, 자최복(齊衰服)을 3개월 동안 착용하고, 고조에 대해서도 그에 따라 자최복으로 3개월 동안 복상하니, 낮출 수가 없기 때문에, 증조와 동일하게 치른다. '하쇄(下殺)'는 상복을 착용할 때, 자식으로부터 밑으로 내려가면 점진적으로 줄어든다는 뜻이다. 자식이 부친을 위해 상복을 착용할 때에는 융성함을 더하여 그 기간이 3년에 이르게 되는데, 부친은 존귀한 존재이므로, 적자로부터 그 이외의 사람들에 대해서는 단지 본래의 상복 규정에 따른 복장으로 보답하는 차원에서 복상을 한다. 그렇기 때문에 기년상으로 치른다. 손자는 조부를 위해서 융성함을 더하여 기년상으로 치르는데, 조부는 존귀한 존재이므로, 이러한 경우에도 또한 본래의 상복 규정에 따라 복상한다. 그렇기 때문에 9개월 동안 상복을 착용한다. 증손자가 조부를 위해서 상복을 착용할 때에는 자최복을 3개월 동안 복상하니, 증조도 보답하는 차원에서 상복을 착용할 때에는 또한 3개월 동안 복상해야 하지만, 증손자는 신분이 낮으므로, 본래의 규정에 따라 시마복을 착용한다. 현손자에 대해서는 시마복을 3개월 동안 착용하는 것에서 더 줄일 수가 없기 때문에, 증손자에 대한 경우와 동일하게 치른다. '방쇄(旁殺)'는 자신을 통해 자신의 곤제들에 대한 경우를 줄이고, 부친과 조부를 통해서 부친과 조부의 곤제들에 대해서 줄이며, 자식과 손자를 통해 자식과 손자의 곤제들에 대해서 줄인다는 뜻이다. 곤제들은 지극히 친근한 자들이기 때문에 기년상으로 치른다. 종부의 곤제들에 대해서는 대공복을 착용하고, 종조의 곤제들에 대해서는 소공복을 착용하며, 족의 곤제들에 대해서는 시마복을 착용하니, 이들은 모두 자신의 곤제들에 해당하고, 자신을 통해서 방계 친족들에 대해서는 점차 줄이는 것이다. 세숙부에 대해서는 기년상으로부터 줄이니, 마땅히 9개월 동안 복상을 해야 하지만, 부친을 위해서 3년 동안 복상하고, 세숙부와 부친은 한 몸이기 때문에, 기간을 늘려서 기년상으로 치른다. 종조부에 대해서는 관계가 이미 소원하므로, 기간을 늘리는 규정이 소급되지 않고, 대공복으로부터 줄이기 때문에, 5개월 동안 복상한다. 족부는 더욱 소원한 관계이기 때문에, 시마복을 착용하고, 이 외의 관계에 대해서는 상복을 착용하지 않는다. 이들은 모두 부친의 곤제들이므로, 부친을 통해서 방계 친족들에 대해서는 점차 줄이는 것이다. 조부에 대해서는 기간을 늘리기 때문에, 기년상으로 치른다. 그러나 종조는 관계가 소원하고, 기간을 늘리는 규정 또한 소급되지 않으니, 대공복에 기준을 두어 줄이기 때문에, 5개월 동안 복상한다. 족조는 더욱 소원한 관계이기 때문에, 시마복을 착용한다. 증조에 대해서는 기년상에 기준을 두어 줄이는데, 본래의 복상은 5개월 동안 해야 하고, 증조의 곤제들에 대해서는 5개월에 기준을 두어 줄이기 때문에, 3개월 동안 복상한다. 이 외의 관계에 대해서는 상복을 착용하지 않는다. 이것은 조부 및 증조의 곤제들은 조부 및 증조로부터 차등적으로 줄이는 경우이다. 부친은 자식을 위해서 기년상을 치른다. 곤제의 자식에 대해서는 마땅히 9개월 동안 복상해야 하는데, 곤제의 자식들은 세숙부를 위해서 1년으로 기간을 늘리며, 세숙부는 방계의 친족 중 존귀한 존재이고, 이러한 관계에서는 존귀함으로 인해 기간을 늘리기에는 부족하기 때문에, 보답하는 차원에서 기년상으로 복상한다. 종부 곤제의 자식들은 종조부모를 위해서 복상을 하며 기간을 늘리는 일이 없기 때문에, 본래의 규정에 따라 보답하는 차원에서 5개월 동안 복상하고, 족형제의 자식들에 대해서는 본래의 규정에 따라 보답하는 차원에서 시마복을 착용한다. 이것은 자식의 곤제들에 대해서, 자식을 통해서 차등적으로 줄이는 경우이다. 조부는 손자를 위해서 대공복을 착용한다. 형제의 손자는 종조를 위해서 소공복을 착용하니, 보답하는 차원에서 상복을 입을 때에도 소공복을 착용한다. 종부 형제의 손자들은 족조를 위해서 시마복을 착용하므로, 보답하는 차원에서 상복을 입을 때에도 시마복을 착용한다. 족증손은 족증조를 위해서 시마복을 착용하므로, 보답하는 차원에서 상복을 입을 때에도 시마복을 착용한다. 이 외의 관계에서는 상복을 착용하지 않는다. 이것은 손자 및 증손자의 곤제들에 대해서, 손자 및 증손자를 통해서 차등적으로 줄이는 경우이다. 위로 줄이는 것은 고조에서 끝나고, 아래로 줄이는 것은 현손자에서 끝나며, 방계로 줄이는 것은 또한 고조로부터 파생된 자손들에게서 끝나기 때문에, "친족 관계가 다한다."라고 말한 것이다. 융성함을 통해서 점진적으로 줄이면, 구족(九族)[3]에게서 끝나니, 이 외의 관계에 대해서는 다시금 관계를 미루어서 상복을 입는 경우가 없다.

集解 沈氏括曰: 喪服但有曾祖·曾孫, 而無高祖·玄孫. 或曰: 經之所不言, 則不服. 是不然. 曾, 重也. 自祖以上, 皆曾祖也. 自孫以下, 皆曾孫也. 雖百世可也. 苟有相逮者, 則必爲服喪三月. 故成王於后稷, 亦稱曾孫. 祭禮祝辭, 無遠近皆曰"曾孫".

번역 심괄[4]이 말하길, 『의례』「상복(喪服)」편에는 단지 증조와 증손자에 대한 기록만 있고, 고조와 현손자에 대한 기록이 없다. 혹자는 경문에서 언급하지 않았다면 상복을 입지 않는다고 주장한다. 그러나 그렇지 않다. '증(曾)'자는 거듭[重]이라는 뜻이다. 조부로부터 그 이상의 조상에 대해서는 모두 '증조(曾祖)'라고 부른다. 그리고 손자로부터 그 이하의 자손들에 대해서는 모두 '증손(曾孫)'이라고 부른다. 비록 100세대가 지나더라도 이처럼 부른다. 만약 서로 단계적으로 낮추게 된다면, 분명히 상복을 착용하고 3개월 동안 복상을 하게 된다. 그렇기 때문에 성왕(成王)은 후직(后稷)[5]에 대해서, 자신을 '증손(曾孫)'이라고 지칭한 것이다. 그리고 제사를 지낼

---

3) 구족(九族)은 친족을 범칭하는 말이다. 자신을 중심으로 위로 고조부(高祖父)까지의 네 세대, 아래로 현손(玄孫)까지의 네 세대까지 포함된 친족을 지칭한다. 『서』「우서(虞書)·요전(堯典)」편에는 "克明俊德, 以親九族."이라는 기록이 있는데, 이에 대한 공안국(孔安國)의 전(傳)에서는 "以睦高祖, 玄孫之親."이라고 풀이하였다. 일설에는 '구족'을 부친쪽 친척 중 4촌, 모친쪽 친척 중 3촌, 처쪽 친척 중 2촌까지를 지칭하는 용어라고도 풀이한다.

4) 심괄(沈括, A.D.1031~A.D.1095) : 송대(宋代) 때의 과학자이자 학자이다. 자(字)는 존중(存中)이다. 천문(天文), 역법(曆法) 등에 해박하였다. 저서로는 『악론(樂論)』, 『봉원력(奉元曆)』 등이 있다.

5) 후직(后稷)은 전설상의 인물이다. 주(周)나라의 선조(先祖) 중 한 사람이다. 강원(姜嫄)이 천제(天帝)의 발자국을 밟고 회임을 하여 '후직'을 낳았는데, 불길하다고 생각하여 버렸기 때문에, 이름을 기(棄)로 지어졌다 한다. 이후 순(舜)이 '기'를 등용하여 농사를 담당하는 신하로 임명해서, 백성들에게 농사짓는 법을 가르쳤기 때문에, '후직'으로 일컬어지게 되었다. 『시』「대아(大雅)·생민(生民)」편에는 "厥初生民, 時維姜嫄. …… 載生載育, 時維<u>后稷</u>."이라는 기록이 있다. 한편 농사를 주관하는 관리를 '후직'으로 부르기도 한다.

때의 축사(祝辭)에서는 대수의 차이에 상관없이, 모두 '증손(曾孫)'이라고 부르게 된다.

集解 愚謂: 沈氏之言是也. 喪服不言高祖之服, 然族曾祖父母 · 族祖父母 · 族父母 · 族昆弟謂之四緦麻, 此皆出於高祖之親而有服, 則高祖有服可知. 是喪服"齊衰三月"章之"曾祖", 原非專謂祖之父, 而沈氏所謂"自祖以上, 苟相逮者, 必爲服喪三月", 此雖聖人復起, 不能易者也. 然則旁殺之服, 雖盡於九族, 而上殺 · 下殺之服有不盡於九族者矣, 而曰"親畢", 何也? 蓋據其本服之所殺者而言也. 至親以期斷, 則祖應九月, 曾祖宜五月, 高祖宜三月, 服之殺極於三月, 夫是以謂之"親畢".

번역 내가 생각하기에, 심괄의 주장이 옳다. 『의례』「상복(喪服)」편에서는 고조에 대한 상복 규정을 언급하지 않았지만, 족증조부모 · 족조부모 · 족부모 · 족곤제들에 대해서 모두 네 종류의 시마복(緦麻服) 규정을 언급했는데, 이들은 모두 같은 고조로부터 출생한 친족들이고, 그들에 대해서 상복을 착용하게 된다면, 고조에 대해서도 상복을 착용하게 된다는 사실을 알 수 있다. 「상복」편의 '자최삼월(齊衰三月)'장에서 말한 '증조(曾祖)'는 본래부터 조부의 부친만을 뜻하는 말이 아니고, 심괄이 "조부로부터 그 이상의 조상에 대해서, 만약 서로 단계적으로 낮추게 된다면, 반드시 상복을 착용하고 3개월 동안 복상을 한다."고 한 말은 비록 성인이 다시 나타나더라도, 바꿀 수 없는 사실이다. 그런데 방계의 친족들에 대해서 경감시켜 착용하는 상복 규정이 비록 구족(九族)에게서 끝난다고 하지만, 위로 줄이고, 밑으로 줄이는 상복 규정은 구족에게서 끝나지 않는 경우가 있다. 그런데도 "친족 관계가 끝난다."라고 말한 것은 무슨 이유인가? 본래의 상복 규정에 따라 줄이는 것에 기준을 두고 말했기 때문이다. 지극히 친근한 관계에 대해서 기년상으로 규정을 했다면, 조부에 대해서는 마땅히 9개월 동안 복상해야 하고, 증조에 대해서는 마땅히 5개월 동안 복상해야 하며, 고조에 대해서는 마땅히 3개월 동안 복상해야 하므로, 상복 규정을 줄이는 것은 3개월에서 끝나게 되므로, 이러한 까닭에서 "친족 관계가 끝난다."라고 말한 것이다.

그림 7-1 ▣ 주(周)나라 세계도(世系圖) Ⅰ : 후직(后稷)부터 강왕(康王)까지

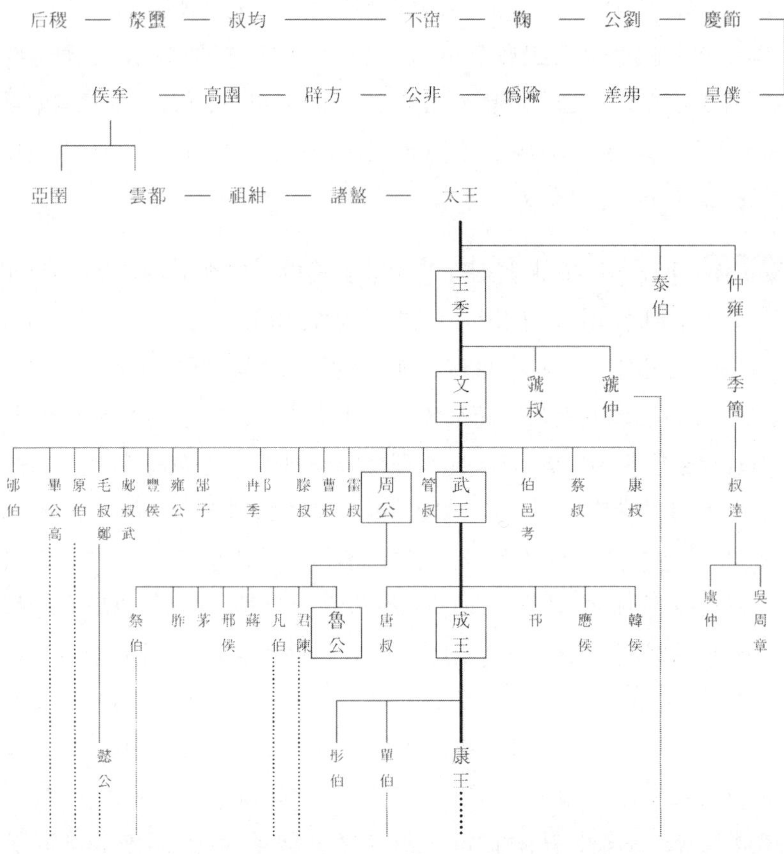

※ **출처:** 『역사(繹史)』 1권 「역사세계도(繹史世系圖)」

그림 7-2 ▣ 주(周)나라 세계도(世系圖) Ⅱ : 강왕(康王)부터 정정왕(貞定王)까지

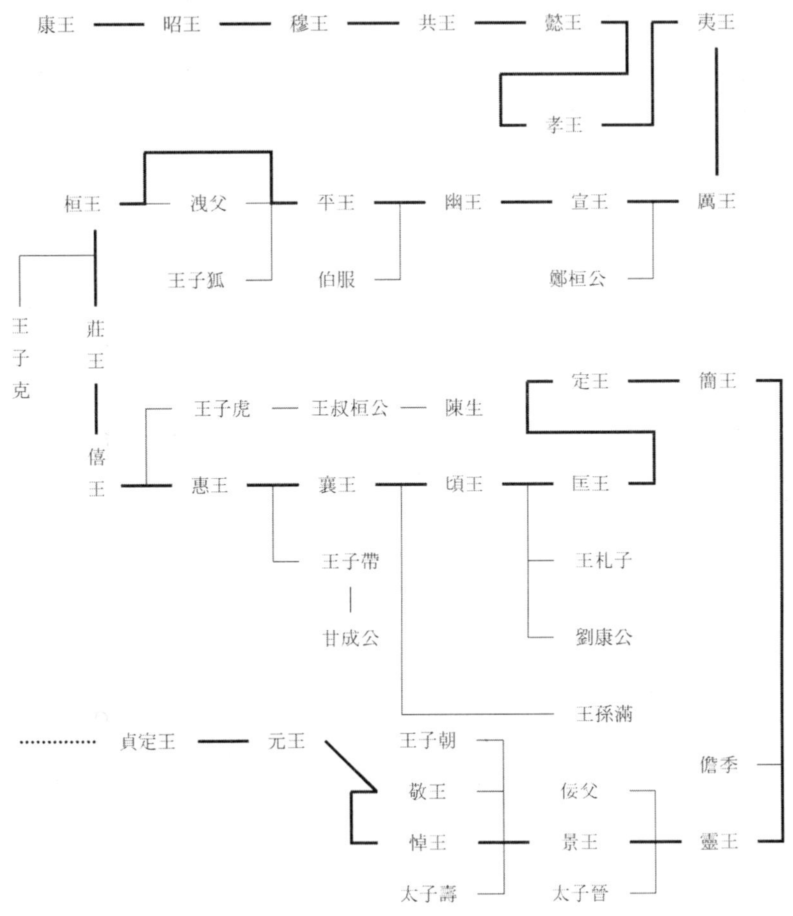

※ **출처:** 『역사(繹史)』 1권 「역사세계도(繹史世系圖)」

그림 7-3 ▣ 주(周)나라 세계도(世系圖) Ⅲ :
정정왕(貞定王)부터 난왕(赧王)까지

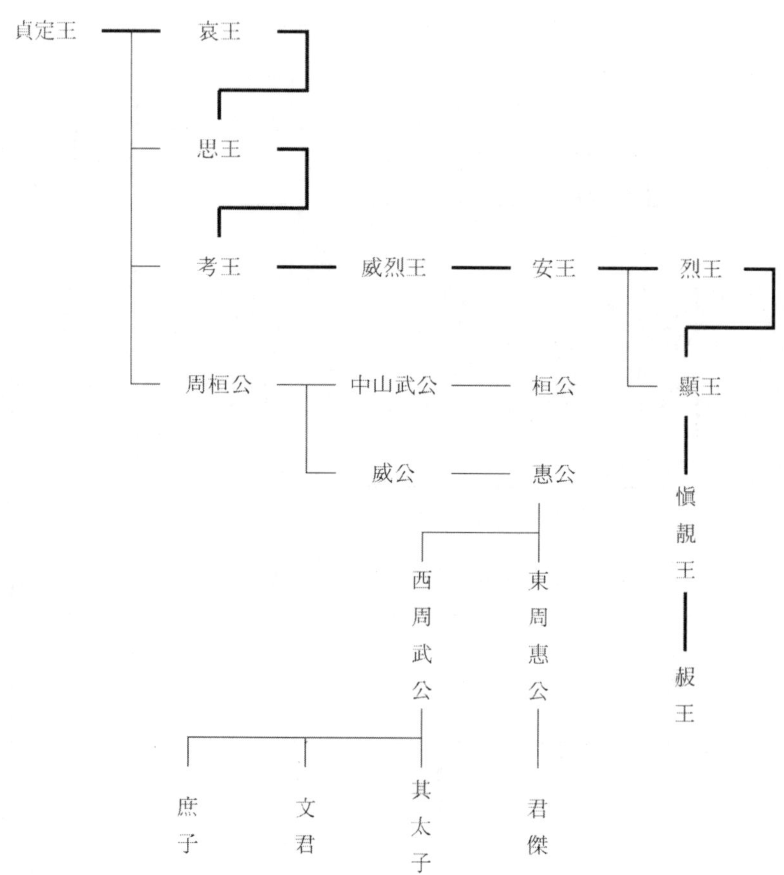

※ 출처: 『역사(繹史)』 1권 「역사세계도(繹史世系圖)」

• 제8절 •

적자(嫡子)·서자(庶子)와 대종(大宗)·소종(小宗)의 차이

【408d】

王者禘其祖之所自出, 以其祖配之, 而立四廟. 庶子王亦如之.

직역 王者는 그 祖가 自出한 所에 **禘**하고, 그 祖를 配하며, 四廟를 立한다. 庶子가 王이더라도 亦히 如한다.

의역 천자는 시조를 출생시킨 제왕에게 체(**禘**)제사를 지내서, 시조를 배향하고, 네 개의 묘(廟)를 세운다. 서자가 천자가 된 경우에도 또한 이처럼 한다.

集說 四廟, 謂高·曾·祖·禰四親廟也. 始祖居中爲五, 幷高祖之父祖爲七. 或世子有廢疾不可立, 而庶子立爲王者, 其禮制亦然.

번역 '사묘(四廟)'는 고조·증조·조부·부친의 네 조상에 대한 묘(廟)를 뜻한다. 시조의 묘(廟)는 그 중간에 위치하여 5개가 되며, 고조의 부친과 조부의 묘(廟)를 합하면 7개가 된다. 간혹 세자 중에 폐위가 되거나 질병으로 인해 등극을 하지 못하여, 서자를 천자로 세운 경우가 있다면, 그 예제 또한 이와 같다.

集說 趙氏曰: 禘, 王者之大祭也. 王者旣立始祖之廟, 又推始祖所自出之帝, 祀之於始祖之廟, 而以始祖配之也.

번역 조씨가 말하길, '체(禘)'[1]는 천자가 지내는 큰 제사이다. 천자가 시

---

1) 체제(禘祭)는 천신(天神) 및 조상신(祖上神)에게 지내는 '큰 제사[大祭]'를

조의 묘(廟)를 세웠다면, 또한 시조를 출생시킨 제왕을 추존하여, 시조의 묘에서 제사를 지내고, 시조를 배향한다.

大全 嚴陵方氏曰: 王立七廟, 三昭三穆與太祖之廟而七. 此言王者, 止立四廟者, 據月祭之親廟言之也. 蓋遠廟爲祧, 有二祧, 享嘗乃止. 旣言禘其祖之所自出, 以其祖配之, 則祭及其二祧可知矣, 此所以不言之也.

번역 엄릉방씨[2]가 말하길, 천자는 7개의 묘(廟)를 세우니, 3개의 소묘(昭廟)와 3개의 목묘(穆廟) 및 태조의 묘(廟)를 설치하여, 총 7개를 세운다. 그런데 이곳에서는 천자에 대해 언급하며, 단지 4개의 묘(廟)만 세운다고 했다. 그 이유는 매달 제사를 지내게 되는 조상의 묘(廟)에 기준을 두어 언급했기 때문이다. 대수가 먼 조상의 묘(廟)는 조묘(祧廟)[3]가 되어, 두 개

뜻한다. 『이아』「석천(釋天)」편에는 "禘, 大祭也."라는 기록이 있고, 이에 대한 곽박(郭璞)의 주에서는 "五年一大祭."라고 풀이하여, 대제(大祭)로써의 체제사는 5년마다 1번씩 지낸다고 설명한다. 그러나 『예기』「왕제(王制)」에 수록된 각종 제사들에 대한 기록을 살펴보면, 체제사는 큰 제사임에는 분명하나, 반드시 5년마다 1번씩 지내는 제사는 아니었다.

2) 엄릉방씨(嚴陵方氏, ?~?) : =방각(方慤)·방씨(方氏)·방성부(方性夫). 송대(宋代)의 유학자이다. 이름은 각(慤)이다. 자(字)는 성부(性夫)이다. 『예기집해(禮記集解)』를 지었고, 『예기집설대전(禮記集說大全)』에는 그의 주장이 많이 인용되고 있다.

3) 조묘(祧廟)는 천묘(遷廟)와 같은 뜻이다. '천묘'는 대수(代數)가 다한 신주(神主)를 모시는 묘(廟)를 뜻한다. 예를 들어 天子의 경우, 7개의 묘(廟)를 설치하는데, 가운데의 묘에는 시조(始祖) 혹은 태조(太祖)의 신주(神主)를 모시며, 이곳의 신주는 다른 곳으로 옮기지 않는 불천위(不遷位)에 해당한다. 그리고 좌우에는 각각 3개의 묘(廟)를 설치하여, 소목(昭穆)의 순서에 따라 6대(代)의 신주를 모신다. 현재의 천자가 죽게 되어, 그의 신주를 묘에 모실 때에는 소목의 순서에 따라 가장 끝 부분에 있는 묘로 신주가 들어가게 된다. 만약 소(昭) 계열의 가장 끝 묘에 새로운 신주가 들어서게 되면, 밀려나게 된 신주는 바로 위의 소 계열 묘로 들어가게 되고, 최종적으로 밀려나서 더 이상 갈 곳이 없는 신주는 '천묘'로 들어가게 된다. 또한 '천묘'는 위에서 서술한 것처럼 신구(新舊)의 신주가 옮겨지게 되는 의식 자체를 지칭하기도 하며, '천묘'된 신주 자체를 가리키기도 한다. 주(周)나라 때에는 문왕(文王)과 무왕(武王)의 묘를 '천묘'로 사용하였다.

의 조묘를 세우는데, 향상(享嘗)[4]을 하는데 그치게 된다. 이미 자신의 시조를 출생시킨 제왕에게 체(禘)제사를 지내고, 시조를 배향한다고 했다면, 제사를 지낼 때, 두 개의 조묘에 대해서도 지내게 됨을 알 수 있으니, 이것이 굳이 언급을 하지 않은 이유이다.

大全 山陰陸氏曰: 此言王者後世或更衰亂, 統序旣絶, 其子孫有特起者, 若漢光武復有天下, 旣復七廟, 則其曾祖禰當別立廟祀之, 故曰庶子王亦如之也. 若孝文繼孝惠, 雖非適子, 其承祭祀, 不言可知. 今經言此者, 正爲庶子不祭, 庶子王然後祭耳.

번역 산음육씨가 말하길, 이 내용은 천자 중에 간혹 후세에 왕권이 무너지고, 정통의 계보가 끊겼는데, 자손들 중에 특별히 일어나 왕권을 세운 경우를 뜻하니, 마치 한(漢)나라 광무제(光武帝)가 재차 천하를 소유한 경우와 같은데, 다시 7개의 묘(廟)를 세웠다면, 자신의 증조·조부·부친에 대해서는 마땅히 별도의 묘(廟)를 세워서 제사를 지내야 한다. 그렇기 때문에 "서자 중에 천자가 된 경우에도 또한 이처럼 한다."라고 말한 것이다. 효문제(孝文帝)와 같은 경우, 효혜제(孝惠帝)를 계승하였는데, 비록 적자가 아니었지만, 그가 제사를 받들었음을 언급하지 않아도 알 수 있다. 현재의 경문에서 이러한 내용을 언급했는데, 정규 규범에 따르면 서자가 된 자는 제사를 지내지 못하지만, 서자가 천자의 지위에 오른 뒤에는 제사를 지낼 수 있다는 뜻일 뿐이다.

鄭注 禘, 大祭也. 始祖感天神靈而生, 祭天則以祖配之. 自外至者, 無主不上. 高祖以下與始祖而五. 世子有廢疾不可立, 而庶子立, 其祭天立廟, 亦如世子之立也. 春秋時, 衛侯元有兄縶.

---

4) 향상(享嘗)은 계절마다 지내는 시제(時祭)를 뜻한다. 『예기』「제법(祭法)」편에는 "遠廟爲祧, 有二祧, 享嘗乃止."라는 기록이 있고, 이에 대한 정현의 주에서는 "享嘗, 謂四時之祭."라고 했다.

번역 ‘체(禘)’는 대제(大祭)[5]이다. 시조는 천신의 영기에 감응하여 태어났으니, 하늘에 대한 제사를 지내게 된다면, 시조를 배향한다. 외부로부터 온 신령에 대해서는 배향하는 조상이 없더라도 그치지 않는다. 고조로부터 그 이하의 조상은 시조와 함께 다섯이 된다. 세자에게 폐위가 되거나 질병으로 인해 등극을 할 수 없는 경우가 있어서, 서자를 등극시키면, 그가 하늘에 대한 제사를 지내고 묘(廟)를 세우는 것 또한 세자가 등극했을 때처럼 한다. 춘추시대에는 이러한 경우로 위(衛)나라 후작 원(元)에게는 형 집(縶)이 있었다.

釋文 王如字, 又于況反, 下同. 禘, 大計反. 兄縶, 知急反.

번역 ‘王’자는 글자대로 읽고, 또 ‘于(우)’자와 ‘況(황)’자의 반절음도 되며, 아래에 나오는 글자들도 모두 이와 같다. ‘禘’자는 ‘大(대)’자와 ‘計(계)’자의 반절음이다. ‘兄縶’에서의 ‘縶’자는 ‘知(지)’자와 ‘急(급)’자의 반절음이다.

孔疏 ●“王者”至“如之”. ○正義曰: 此一節論王者庶子之郊天立廟, 與適子同之義, 各依文解之.

번역 ●經文: “王者”~“如之”. ○이곳 문단은 천자 중 서자였던 자가 하늘에 대한 교(郊)제사[6]를 지내고, 묘(廟)를 세우는 것이 적자와 동일하다는

---

5) 대제(大祭)는 큰 제사라는 뜻이며, 천지(天地)에 대한 제사 및 체협(禘祫) 등을 일컫는다. 『주례』「천관(天官)·주정(酒正)」에 “凡祭祀, 以法共五齊三酒, 以實八尊. 大祭三貳, 中祭再貳, 小祭壹貳, 皆有酌數.”라는 기록이 있다. 이에 대한 정현의 주에서는 “大祭, 天地. 中祭, 宗廟. 小祭, 五祀.”라고 풀이하여, ‘대제’는 천지에 대한 제사를 뜻한다고 설명한다. 그리고 『주례』「춘관(春官)·천부(天府)」편에는 “凡國之玉鎭大寶器藏焉, 若有大祭大喪, 則出而陳之, 旣事藏之.”라는 기록이 있다. 이에 대한 정현의 주에서는 “禘祫及大喪陳之, 以華國也.”라고 풀이하여, ‘대제’를 ‘체협’으로 설명한다. 그리고 ‘체(禘)’제사와 ‘대제’의 직접적 관계에 대해서는 『이아』「석천(釋天)」편에서 “禘, 大祭也.”라고 풀이하고, 이에 대한 곽박(郭璞)의 주에서는 “五年一大祭.”라고 풀이하여, ‘대제’로써의 ‘체’제사는 5년마다 지내는 제사로 설명한다.

뜻을 논의하고 있으니, 각각의 문장에 따라서 풀이하겠다.

孔疏 ●"王者禘其祖之所自出"者, 禘, 大祭也, 謂夏正郊天. 自, 從也. 王者夏正, 禘祭其先祖所從出之天, 若周之先祖出自靈威仰也. "以其祖配之"者, 以其先祖配祭所出之天.

번역 ●經文: "王者禘其祖之所自出". ○'체(禘)'는 대제(大祭)이니, 하정(夏正)[7]에 따라 하늘에 대한 교(郊)제사를 지낸다는 뜻이다. '자(自)'자는 '~로부터[從]'라는 뜻이다. 천자는 하정이 되면, 선조를 태어나게 해준 천신에게 체제사를 지내니, 주(周)나라의 선조가 영위앙(靈威仰)[8]으로부터 나온 경우와 같다. 경문의 "以其祖配之"에 대하여. 선조를 배향하여, 선조

---

6) 교제(郊祭)는 '교사(郊祀)'라고도 부른다. 교외(郊外)에서 천지(天地)에 제사를 지냈기 때문에 붙여진 명칭이다. 음양설(陰陽說)이 성행했던 한(漢)나라 때에는 하늘에 대한 제사는 양(陽)의 뜻을 따라 남교(南郊)에서 지냈고, 땅에 대한 제사는 음(陰)의 뜻을 따라 북교(北郊)에서 지냈다. 『한서』「교사지하(郊祀志下)」편에는 "帝王之事莫大乎承天之序, 承天之序莫重於郊祀. …… 祭天於南郊, 就陽之義也. 地於北郊, 卽陰之象也."라는 기록이 있다. 한편 '교사'는 후대에 제사를 범칭하는 용어로도 사용되었다. '교사' 중의 '교(郊)'자는 규모가 큰 제사를 뜻하며, '사(祀)'는 비교적 규모가 작은 제사들을 뜻한다.

7) 하정(夏正)은 하(夏)나라의 정월(正月)을 뜻한다. 이러한 뜻에서 파생되어 하나라의 역법(曆法)을 지칭하기도 한다. 하력(夏曆)을 기준으로 두었을 때, 은(殷)나라는 12월을 정월로 삼았으며, 주(周)나라는 11월을 정월로 삼았다. 『사기(史記)』「역서(曆書)」편에서는 "秦及漢初曾一度以夏曆十月爲正月, 自漢武帝改用夏正后, 曆代沿用."이라고 하여, 진(秦)나라와 전한초기(前漢初期)에는 하력에서의 10월을 정월로 삼았다가, 한무제(漢武帝)부터는 다시 하력을 따랐다고 전해진다. 또한 '하력'은 농력(農曆)이라고도 부르는데, '하력'에 기준을 두었을 때, 농사의 시기와 가장 잘 맞았기 때문이다. 따라서 역대 왕조에서 역법을 개정할 때에는 '하력'에 기준을 두게 되었다.

8) 영위앙(靈威仰)은 참위설(讖緯說)을 주장했던 자들이 섬기던 오제(五帝) 중 하나이다. 동방(東方)의 신(神)이자, 봄을 주관하는 신이다. 『예기』「대전(大傳)」편에는 "禮, 不王不禘, 王者禘其祖之所自出, 以其祖配之."라는 기록이 있는데, 이에 대한 정현의 주에서는 "王者之先祖皆感大微五帝之精以生. 蒼則靈威仰, 赤則赤熛怒, 黃則含樞紐, 白則白招拒, 黑則汁光紀."라고 풀이하였다.

를 낳게 한 천신에게 제사를 지낸다는 뜻이다.

孔疏 ●"而立四廟"者, 旣有配天始祖之廟, 而更立高祖以下四廟, 與始祖而五也.

번역 ●經文: "而立四廟". ○하늘에 배향하는 시조의 묘(廟)가 있고, 재차 고조로부터 그 이하의 조상 묘(廟)를 4개 세우니, 시조의 묘(廟)와 함께 5개가 된다.

孔疏 ●"庶子王亦如之"者, 天位尊重, 故雖庶子而爲王者, 則郊天立祀五廟事, 事亦如適子爲王也. 嫌其不得, 故特明之.

번역 ●經文: "庶子王亦如之". ○하늘의 지위는 존귀하며 중대하기 때문에, 비록 서자가 천자가 된 경우라 하더라도, 하늘에 대한 교(郊)제사를 지내고, 5개의 묘(廟)를 세우는 일에 있어서, 그 사안은 적자가 천자가 된 경우와 동일하게 한다. 이처럼 할 수 없을 거라는 의심을 할까봐 특별히 명시를 한 것이다.

孔疏 ◎注"禘大"至"不上". ○正義曰: 禘, 大祭也, 爾雅·釋天文. 云"自外至者, 無主不上", 公羊宣三年傳文, "外至"者, 天神也, "主"者, 人祖也. 故祭以人祖配天神也.

번역 ◎鄭注: "禘大"~"不上". ○정현이 "'체(禘)'는 대제(大祭)이다."라고 했는데, 이것은 『이아』「석천(釋天)」편의 문장이다.[9] 정현이 "외부로부터 온 신령에 대해서는 배향하는 조상이 없더라도 그치지 않는다."라고 했는데, 『공양전』 선공(宣公) 3년에 기록된 전문(傳文)으로,[10] '외지(外至)'는 천신(天神)을 뜻하며, '주(主)'는 조상을 뜻한다. 그렇기 때문에 조상을 천신

---

9) 『이아』「석천(釋天)」: 禘, 大祭也.

10) 『춘추공양전』「선공(宣公) 3년」: 自內出者, 無匹不行. <u>自外至者, 無主不止</u>.

에게 배향하여 제사를 지내는 것이다.

孔疏 ◎注"世子"至"兄縶". ○正義曰: 以其庶子爲主, 明知世子有廢疾不可立也. 云"春秋時, 衛侯元有兄縶"者, 按昭七年左傳稱長子孟縶之足不良, 而立次子元, 元卽衛靈公也.

번역 ◎鄭注: "世子"~"兄縶". ○서자를 천자로 삼았다면, 세자에게 폐위될 사유가 있거나 질병이 있어서 등극을 못했다는 사실을 알 수 있다. 정현이 "춘추시대에는 이러한 경우로 위(衛)나라 후작 원(元)에게는 형 집(縶)이 있었다."라고 했는데, 소공(召公) 7년에 대한 『좌전』의 기록을 살펴보면, 장자인 맹집(孟縶)의 다리가 좋지 못하여, 다음 아들인 원(元)을 세웠다고 했는데,[11] '원(元)'은 곧 위(衛)나라 영공(靈公)을 가리킨다.

訓纂 金氏榜曰: 漢韋玄成等四十四人奏議云: "禮, 王者始受命, 諸侯始封之君, 皆爲太祖, 以下五廟而迭毁. 周之所以七廟者, 以后稷始封, 文王武王受命而王, 三廟不毁, 與親廟四而七. 然則周人祖文武, 祖之所自出, 主稷也. 稷爲太祖廟, 立文世室·武世室配之, 皆世世不毁. 又下禘其親廟四, 所謂'以其祖配之, 而立四廟'也." 王子雍傅合祭法之文, 謂有虞氏之祖出自黃帝, 以祖顓頊配黃帝而祭, 故曰"以其祖配之." 榜謂古者配祭有二, 自外至者, 無主不止, 故祭必有配. 郊祀后稷以配天, 宗祀文王于明堂以配上帝, 是也. 妻祔食于夫爲配. 少牢"以某妃配某氏", 是也. 子孫陳于祖爲合食, 不謂之配. 自子雍誤釋此記, 後學競爲異說, 至謂"周人禘嚳以稷配, 魯禘文王以周公配." 然祭法言"禘嚳"不下及稷, 明堂位言"禘周公"不上及文王, 其齟齬難通如此.

번역 금방[12]이 말하길, 한(漢)나라의 위현성(韋玄成)[13] 등 44명은 의론

---

11) 『춘추좌씨전』「소공(召公) 7년」: 晉韓宣子爲政聘于諸侯之歲, 婤姶生子, 名之曰元. 孟縶之足不良能行.

12) 금방(金榜, A.D.1735~A.D.1801) : 청(淸)나라 때의 학자이다. 자(字)는 예중(蕊中)·보지(輔之)이다. 한림원수찬(翰林院修撰) 등을 지냈으며, 외조부

을 아뢰며, "예법에 따르면, 천자 중 처음으로 천명을 받은 자와 제후 중 처음으로 분봉을 받은 자는 모두 태조가 되고, 그 이하의 5개 묘(廟)를 세우고 번갈아가며 훼철합니다. 주(周)나라에서 7개의 묘(廟)를 세웠던 것은 후직(后稷)이 처음으로 분봉을 받았고, 문왕(文王)과 무왕(武王)이 천명을 받아 천자가 되었으니, 3개의 묘(廟)는 훼철시킬 수 없고, 나머지 조상에 대한 묘(廟) 4개와 함께 7개가 됩니다. 그러므로 주나라 때에는 문왕과 무왕을 시조로 삼았지만, 시조를 도출시킨 후직을 조상으로 섬깁니다. 후직은 태조의 묘(廟)에 봉해졌고, 문세실(文世室)과 무세실(武世室)을 세워서 함께 배향을 했으며, 이 모두에 대해서는 대대로 훼철시키지 않았습니다. 또 그 이하로 나머지 4개의 묘(廟)에 있는 조상에게 체(禘)제사를 지냈는데, 이것이 이른바 '그 시조를 배향하고, 4개의 묘(廟)를 세운다.'는 뜻에 해당합니다."라고 했다. 왕자옹(王子雍)은 『예기』「제법(祭法)」편의 기록에 덧붙여서, 유우씨(有虞氏)의 시조는 황제(黃帝)[14]로부터 도출되어, 전욱(顓頊)[15]

(外祖父)가 죽자 복상(服喪)을 하고, 이후 두문불출하며 오로지 독서와 저술에만 전념하였다. 대진(戴震)과 동학(同學)했으며, 『예전(禮箋)』 등을 저술하였다.

13) 위현성(韋玄成, ?~B.C.36) : 전한(前漢) 때의 학자이자 정치가이다. 자(字)는 소옹(少翁)이다. 부친은 위현(韋賢)이다. 석거각(石渠閣) 등의 회의에 참석했다.

14) 황제(黃帝)는 헌원씨(軒轅氏), 유웅씨(有熊氏)이라고도 부른다. 전설시대에 존재했다고 전해지는 고대 제왕(帝王)이다. 소전(少典)의 아들이고, 성(姓)은 공손(公孫)이다. 헌원(軒轅)이라는 땅의 구릉 지역에 거주하였기 때문에, 그를 '헌원씨'라고도 부르는 것이다. 또한 '황제'는 희수(姬水) 지역에도 거주를 하였기 때문에, 이 지역의 이름을 따서 성(姓)을 희(姬)로 고치기도 하였다. 그리고 수도를 유웅(有熊) 땅에 마련하였기 때문에, 그를 '유웅씨'라고도 부르는 것이다. 한편 오행(五行) 관념에 따라서, 그는 토덕(土德)을 바탕으로 제왕이 되었다고 여겼는데, 흙[土]이 상징하는 색깔은 황(黃)이므로, 그를 '황제'라고 부르는 것이다. 『역』「계사하(繫辭下)」편에는 "神農氏沒, 黃帝·堯·舜氏作, 通其變, 使民不倦."이라는 기록이 있는데, 이에 대한 공영달(孔穎達)의 소(疏)에서는 "黃帝, 有熊氏少典之子, 姬姓也."라고 풀이했다. 한편 '황제'는 오제(五帝) 중 하나를 뜻한다. 오행(五行)으로 구분했을 때 토(土)를 주관하며, 계절로 따지면 중앙 계절을 주관하고, 방위로 따지면 중앙을 주관하는 신(神)이다. 『여씨춘추(呂氏春秋)』「계하기(季夏紀)」

을 시조로 삼아 황제에게 배향해서 제사를 지냈기 때문에, "그 시조를 배향한다."라고 말한 것이라고 했다. 내가 생각하기에, 고대에 배향을 해서 제사를 지내는 것에는 두 가지 방법이 있었으니, 외부로부터 온 신령에 대해서는 조상이 없더라도 그치지 않는다고 했기 때문에, 제사를 지낼 때에는 반드시 배향하는 자가 포함된다. 후직에게 교(郊)제사를 지내며 하늘에 배향하고, 명당(明堂)[16]에서 문왕을 종주로 삼아 제사를 지내어, 상제(上帝)에게 배향한 것이 바로 이러한 경우이다.[17] 다른 한 가지는 처는 남편에게 합사하여 흠향을 하도록 배향한다. 『의례』「소뢰궤식례(少牢饋食禮)」편에

편에는 "其帝黃帝, 其神后土."라는 기록이 있고, 이에 대한 고유(高誘)의 주에서는 "黃帝, 少典之子, 以土德王天下, 號軒轅氏, 死託祀爲中央之帝."라고 풀이했다.

15) 전욱(顓頊)은 고양씨(高陽氏)라고도 부른다. '전욱'은 고대 오제(五帝) 중 하나이다. 『산해경(山海經)』「해내경(海內經)」편에는 "黃帝妻雷祖, 生昌意, 昌意降處若水, 生韓流. 韓流, …… 取淖子曰阿女, 生帝顓頊."이라는 기록이 있다. 즉 황제(黃帝)의 처인 뇌조(雷祖)가 창의(昌意)를 낳았는데, 창의가 약수(若水)에 강림하여 거처하다가, 한류(韓流)를 낳았다. 다시 한류는 아녀(阿女)를 부인으로 맞이하여 '전욱'을 낳았다. 또한 『회남자(淮南子)』「천문훈(天文訓)」편에는 "北方, 水也, 其帝顓頊, 其佐玄冥, 執權而治冬."이라는 기록이 있다. 즉 북방(北方)은 오행(五行)으로 배열하면 수(水)에 속하는데, 이곳의 상제(上帝)는 '전욱'이고, 상제를 보좌하는 신(神)은 현명(玄冥)이다. 이들은 겨울을 다스린다. 또한 '전욱'과 관련하여 『수경주(水經注)』「호자하(瓠子河)」편에는 "河水舊東決, 逕濮陽城東北, 故衛也, 帝顓頊之墟. 昔顓頊自窮桑徙此, 號曰商丘, 或謂之帝丘."라는 기록이 있다. 즉 황하의 물길은 옛날에 동쪽으로 흘러서, 복양성(濮陽城)의 동북쪽을 경유하였는데, 이곳은 옛 위(衛) 지역으로, '전욱'이 거처하던 터이며, 예전에 '전욱'이 궁상(窮桑) 땅으로부터 이곳으로 옮겨왔기 때문에, 이곳을 상구(商丘) 또는 제구(帝丘)라고도 부른다.

16) 명당(明堂)은 일반적으로 고대 제왕이 정교(政敎)를 베풀던 장소를 지칭하는 용어로 사용되었다. 이곳에서는 조회(朝會), 제사(祭祀), 경상(慶賞), 선사(選士), 양로(養老), 교학(敎學) 등의 국가 주요 업무가 시행되었다. 『맹자』「양혜왕하(梁惠王下)」편에는 "夫明堂者, 王者之堂也."라는 용례가 있고, 『옥태신영(玉台新詠)』「목난사(木蘭辭)」편에도 "歸來見天子, 天子坐明堂."이라는 용례가 있다. '명당'의 규모나 제도는 시대마다 다르다. 또한 '명당'이라는 건물군 중에서 남쪽의 실(室)을 가리키는 용어로도 사용되었다.

17) 『효경』「성치장(聖治章)」: 昔者周公郊祀后稷以配天. 宗祀文王於明堂以配上帝.

서 "아무개의 비를 아무개씨에게 배향한다."[18]라고 한 말이 바로 이러한 경우이다. 자손들이 시조를 위해 음식들을 진열하여, 함께 흠향하도록 하는 것은 배향한다고 말하지 않는다. 왕자옹이 이 기록을 잘못 풀이한 것으로부터, 후학들이 앞 다투어 이설들을 만들어서, "주나라는 제곡(帝嚳)[19]에게 체제사를 지내며 후직을 배향했고, 노(魯)나라는 문왕에게 체제사를 지내며 주공을 배향했다."라는 주장을 하기에 이르렀다. 그러나 「제법」편에서는 "제곡에게 체제사를 지낸다."라고 말했지만, 후직까지는 언급하지 않았고,[20] 『예기』「명당위(明堂位)」편에서는 "주공에게 체제사를 지낸다."[21]라고 말했지만, 문왕에 대해서는 언급하지 않았으니, 이처럼 어긋나고 틀어져서 이해하기 어렵게 되었다.

集解 "禮, 不王不禘"句, 舊在"則不爲女君之子服"之下, 淸江劉氏云: "當在'王者禘其祖之所自出'之上." 以大傳證之, 良是. 今從之.

번역 '예불왕불체(禮, 不王不禘)'라는 구문은 옛 판본에는 '즉불위여군지자복(則不爲女君之子服)'[22]이라는 구문 뒤에 기록되어 있었는데, 청강유씨[23]는 "이 문장은 마땅히 '왕자체기조지소자출(王者禘其祖之所自出)'이

---

18) 『의례』「소뢰궤식례(少牢饋食禮)」: 主人曰, "孝孫某, 來日丁亥, 用薦歲事于皇祖伯某, 以某妃配某氏, 尙饗."

19) 제곡(帝嚳)은 고신씨(高辛氏)라고도 부른다. '제곡'은 고대 오제(五帝) 중 하나이다. 황제(黃帝)의 아들 중에는 현효(玄囂)가 있었는데, '제곡'은 현효의 손자가 된다. 은(殷)나라의 복사(卜辭) 기록 속에서는 은나라 사람들이 '제곡'을 고조(高祖)로 여겼다는 기록도 나온다. 한편 '제곡'은 최초 신(辛)이라는 땅을 분봉 받았다가, 이후에 제(帝)가 되었으므로, '제곡'을 고신씨(高辛氏)라고도 부르는 것이다.

20) 『예기』「제법(祭法)」【546a】: 祭法, 有虞氏禘黃帝而郊嚳, 祖顓頊而宗堯. 夏后氏亦禘黃帝而郊鯀, 祖顓頊而宗禹, 殷人禘嚳而郊冥, 祖契而宗湯. 周人禘嚳而郊稷, 祖文王而宗武王.

21) 『예기』「명당위(明堂位)」【400a】: 季夏六月, 以禘禮祀周公於大廟, 牲用白牡.

22) 『예기』「상복소기」【411a】: 妾從女君而出, 則不爲女君之子服.

23) 유창(劉敞, A.D.1019~A.D.1068) : =공시선생(公是先生)·유원보(劉原父)·청강유씨(淸江劉氏). 북송(北宋) 때의 경학자이다. 자(字)는 원보(原父)이다.

라는 구문 앞으로 와야 한다."라고 했다. 『예기』「대전(大傳)」편의 기록을 통해 증명해보니, 이 기록이 더 옳다. 그러므로 이곳에서는 그 주장에 따른다.

集解 王氏肅曰: 禘, 宗廟五年祭之名, 祭其祖之所自出, 而以其祖配之. 若虞氏之祖出自黃帝, 以祖顓頊配黃帝而祭.

번역 왕숙[24]이 말하길, '체(禘)'는 종묘에서 5년마다 1번씩 지내는 제사의 명칭이니, 시조를 출생시킨 자에 대해서 제사를 지내고, 시조를 배향하게 된다. 마치 유우씨(有虞氏)의 시조가 황제(黃帝)로부터 출생하여, 전욱(顓頊)을 시조로 삼아 황제에게 배향하여 제사를 지내는 것과 같다.

集解 趙氏匡曰: 不王不禘, 明諸侯不得有也. 禘者, 帝王旣立始祖之廟, 猶謂未盡其追遠尊先之意, 故又推始祖所自出之帝, 追祀之於始祖之廟, 而以始祖配祭. 此祭不兼群廟之主, 爲其疏遠而不敢褻故也.

번역 조광[25]이 말하길, "천자가 아니라면 체(禘)제사를 지내지 않는다."는 말은 제후는 이 제사를 지낼 수 없음을 뜻한다. '체(禘)'는 제왕이 시조의 묘(廟)를 세운 뒤, 여전히 선조를 존숭하고 추원하는 뜻을 다하지 못했다고 여기기 때문에, 재차 시조를 낳게 한 제왕을 추존하고, 시조의 묘에서 추존의 제사를 지내며, 시조를 배향하는 것을 뜻한다. 이 제사에서는 나머지 묘(廟)들에 있는 신주를 함께 합사할 수 없으니, 그 대수가 소원해져서, 감

유학뿐만 아니라 불교와 도교에 대해서도 연구하였고, 천문(天文), 지리(地理) 등의 방면에도 조예가 깊었다.

24) 왕숙(王肅, A.D.195~A.D.256) : 위진남북조(魏晉南北朝) 때의 위(魏)나라 경학자이다. 자(字)는 자옹(子雍)이다. 출신지는 동해(東海)이다. 부친 왕랑(王朗)으로부터 금문학(今文學)을 공부했으나, 고문학(古文學)의 고증적인 해석을 따랐다. 『상서(尙書)』, 『시경(詩經)』, 『좌전(左傳)』, 『논어(論語)』 및 삼례(三禮)에 대한 주석을 남겼다.

25) 조광(趙匡, ?~?) : 당(唐)나라 때의 학자이다. 자(字)는 백순(伯循)이다. 담조(啖助)로부터 춘추학(春秋學)을 전수받았다. 저서로는 『춘추천미찬류의통(春秋闡微纂類義統)』 등이 있다.

히 친근하게 대할 수 없기 때문이다.

集解 朱子曰: 禘之意最深長, 如祖考與自家身心未相遼絶, 祭祀之理亦自易理會. 至如郊天祀地, 猶有天地之顯然者, 不敢不盡其心. 至祭其始祖, 已自大段闊遠, 難盡其感格之道. 今又推其始祖所自出而祀之, 苟非察理之精微, 誠意之極至, 安能與於此哉?

번역 주자가 말하길, 체(禘)제사의 뜻은 매우 의미심장하니, 선조와 자신은 몸과 마음의 관계가 완전히 끊어지지 않았으므로, 제사를 지내는 뜻 또한 이해할 수가 있다. 천지에 대한 교사(郊祀)의 경우, 천지처럼 확연하게 드러나는 것에 대해서는 감히 그 마음을 다하지 않을 수가 없다. 그러나 시조에 대한 제사에 있어서, 자신과 대수가 매우 멀어서, 신령이 감응하여 이르게 할 수 있는 도리를 다하기가 어렵다. 현재 또 그 시조를 낳게 한 제왕을 추존하여 함께 배향을 하는데, 매우 정밀하게 살피고, 지극한 정성을 다하지 못한다면, 어떻게 이처럼 할 수 있겠는가?

集解 陳氏祥道曰: 韋玄成曰: "王者禘其祖所自出, 以其祖配之, 而立四廟. 言始受命而王, 祭天以其祖配, 不爲立廟, 親盡也." 玄成以禘爲祭天, 固不足信; 以立四廟爲始受命而王者, 於理或然. 蓋始受命而王者, 不必備事七世, 故立四廟, 止於高祖而已, 其上親盡, 不祭可也.

번역 진상도가 말하길, 위현성은 "천자는 자신의 시조를 출생시킨 자에 대해서 체(禘)제사를 지내고, 시조를 배향하며, 4개의 묘(廟)를 세운다고 했는데, 처음으로 천명을 받아서 천자에 대해서, 하늘에 대한 제사를 지내며, 그 조상을 배향하고, 그를 위해 묘(廟)를 세우지 않으니, 친애함이 다했기 때문이다."라고 했다. 그러나 위현성은 체제사를 하늘에 대한 제사로 여겼기 때문에, 그의 주장은 믿을 수 없다. 그런데 4개의 묘(廟)를 세우는 것을 처음으로 천명을 받아서 천자가 된 자로 여긴다면, 이치상 혹여 그러하기도 할 것 같다. 처음으로 천명을 받아서 천자가 된 자는 7대(代)에 대한 제사를 모두 갖출 필요가 없기 때문에, 4개의 묘(廟)를 세워서, 고조까지만 하고 그칠 따름이니, 위로 친애함이 다하여, 제사를 지내지 않아도 괜찮기 때문이다.

集解 劉氏敞曰: 此句上有脫簡, 當曰"諸侯及其大祖而立四廟."

번역 유창이 말하길, '이립사묘(而立四廟)'라는 구문 앞에는 누락되거나 착간된 기록이 있으니, 마땅히 "제후 및 그의 태조는 4개의 묘(廟)를 세운다."라고 말해야 한다.

集解 愚謂: 商自湯始王, 而咸有一德已言"七世之廟". 周自武王始王, 而周禮"守祧八人", 自姜嫄之外, 亦已爲七廟. 是始受命而王者不唯立四廟明矣. 此必言諸侯之禮, 劉氏之說得之. 諸侯五廟, 自大祖外, 又立親廟四也.

번역 내가 생각하기에, 은(殷)나라는 탕(湯) 때부터 비로소 왕(王)이 되었는데, 『서』「함유일덕(咸有一德)」편에서는 '7대의 묘(廟)'[26]라는 말이 나온다. 주(周)나라는 무왕(武王) 때부터 비로소 왕이 되었는데, 『주례』에는 "수조(守祧)[27]는 8명이다."[28]라고 했으니, 강원(姜嫄)[29]으로부터 그 밖의 조상 또한 이미 7개의 묘(廟)를 두었던 것이다. 이것은 처음으로 천명을

---

26) 『서』「상서(商書)·함유일덕(咸有一德)」: 嗚呼. 七世之廟, 可以觀德.

27) 수조(守祧)는 『주례(周禮)』에 나오는 관직 이름이다. 선왕(先王) 및 선공(先公)들의 묘(廟)에 대한 일을 담당했다. 관련 의복들을 보관해두었다가 해당 묘(廟)에서 제사를 지내게 되면, 관련 의복을 꺼내어 시동에게 주는 등의 일을 시행했다.

28) 『주례』「춘관종백(春官宗伯)」: 守祧, 奄八人, 女祧每廟二人, 奚四人.

29) 강원(姜嫄)은 강원(姜原)이라고도 부른다. 전설상의 인물이다. 유태씨(有邰氏)의 딸이자, 주(周)나라의 시조인 후직(后稷)의 어머니이다. 제곡(帝嚳)의 본처이며, 거인의 발자국을 밟고서 잉태를 했고, 이후에 직(稷)을 낳았다고 전해진다. 『시』「대아(大雅)·생민(生民)」편에는 "厥初生民, 時惟姜嫄."이라는 기록이 있고, 『사기(史記)』「주본기(周本紀)」편에는 "周后稷, 名棄. 其母有邰氏女, 曰姜原. 姜原爲帝嚳元妃. 姜原出野, 見巨人跡, 心忻然說, 欲踐之. 踐之而身動如孕者."라는 기록이 있다.

받아서 천자가 된 자는 단지 4개의 묘(廟)만 세우지 않았다는 것을 나타낸다. 따라서 이곳 기록은 분명히 제후의 예법을 언급한 것이니, 유창의 주장이 옳다. 제후는 5개의 묘(廟)를 세우니, 태조로부터 그 이외의 조상에 대해서는 4개의 묘(廟)를 세운다.

集解 陳氏祥道曰: 庶子爲王, 雖有正統七廟, 其可輒廢祖·考之祭乎? 於是自立四廟, 所以著其不忘本也.

번역 진상도가 말하길, 서자가 천자가 되면, 비록 정통 계승자에 해당하는 7개의 묘(廟)가 있더라도, 갑작스럽게 조부와 부친의 제사를 폐지할 수 있겠는가? 이 때문에 자신의 조상에 해당하는 4개의 묘(廟)를 세우니, 근본을 잊을 수 없다는 뜻을 드러내기 위해서이다.

集解 劉氏敞曰: 此一句當承後文"慈母與妾母不世祭也"之下, 脫誤在前耳.

번역 유창이 말하길, '서자왕역여지(庶子王亦如之)'라는 구문은 마땅히 뒤의 문장인 '자모여첩모불세제야(慈母與妾母不世祭也)'[30]라는 구문 뒤로 와야 하니, 누락되어 앞으로 잘못 온 것일 뿐이다.

集解 愚謂: 鄭註謂"世子不得立而庶子立, 其立廟亦如世子", 果爾, 則庶子王當言"立七廟", 不當承"立四廟"之文也. 若如陳氏·陸氏之說, 則國統中絶而庶子別起爲王, 三代時固未嘗有此. 且天子之支庶, 非爲王朝卿大夫, 則出封爲諸侯, 自當有廟. 若入繼正統者爲祖父之庶, 則自有適子主其廟祭; 若入繼者爲祖父之適, 則自當別立昆弟爲卿·大夫·諸侯, 以主其廟祭. 是其四廟固無待庶子王然後立, 而其廟祭亦非庶子王之所主也. 劉氏不以此句承"立四廟"之文, 獨爲得之, 而謂當承"慈母與妾母不世祭也"之下, 則恐亦未必然. 疑此上當有言庶子爲君, 爲其母之服, 而此文承之. 大約此篇簡策多爛脫, 當

30) 『예기』「상복소기」【417c】: 慈母與妾母, 不世祭也.

闕所疑.

번역 내가 생각하기에, 정현의 주에서는 “세자가 등극을 하지 못하여, 서자가 등극을 해서, 그가 묘(廟)를 세울 때에도 또한 세자처럼 한다.”라고 했는데, 과연 그의 말대로라면, 서자의 신분으로 천자가 되었다면, 마땅히 “7개의 묘(廟)를 세운다.”라고 말해야 하니, “4개의 묘(廟)를 세운다.”라는 문장과 연결될 수 없다. 진씨나 육씨의 주장과 같은 경우, 국가의 정통이 중간에 단절되어, 서자 중 한 분파가 별도로 일어나 천자가 된 경우인데, 삼대(三代)[31] 때에는 일찍이 이러한 경우가 없었다. 또 천자의 지자(支子)[32]나 서자의 경우, 천자의 조정에서 경이나 대부를 하지 않는다면, 밖으로 나가서 분봉을 받아 제후가 되었고, 자신이 직접 자신의 계보에 따른 묘(廟)를 세워야 한다. 만약 그가 천자의 조정으로 들어와 정통을 계승하여, 조부나 부친에 대해 서자의 입장이 된다면, 적자를 남겨 두어서 그의 종묘 제사를 주관하도록 하고, 만약 천자의 조정으로 들어와서 지위를 계승하여 조부나 부친의 적자가 된 경우라면, 별도로 곤제를 경 · 대부 · 제후 등으로 세워서, 그의 종묘 제사를 주관하도록 해야 한다. 4개의 묘(廟)에 대해서는 진실로 서자가 천자가 될 때까지 기다린 뒤에야 세우지 않고, 그의 종묘 제사 또한 서자의 신분으로 천자가 된 자가 주관하는 것도 아니다. 유씨는 이곳 구문이 “4개의 묘(廟)를 세운다.”는 문장 뒤에 와서는 안 된다고 했는데, 이 말은 옳지만, “자모(慈母)와 첩모(妾母)는 대를 거듭하여 제사를 지내지 않는다.”라는 문장 뒤에 와야 한다고 한 말은 아마도 반드시 그렇지만은 않았을 것이다. 아마도 이곳 구문 앞에는 “서자가 제후가 되었을 때, 그의 모친을 위해 상복을 착용하는 경우”라는 문장이 있고, 이 구문이 그 뒤에 기술되었을 것이다. 대체적으로 이곳의 기록에는 착간되거나 누락된 곳이 많은데, 의심스러운 부분은 그대로 놔둬야 한다.

---

31) 삼대(三代)는 하(夏), 은(殷), 주(周)의 세 왕조를 말한다. 『논어』「위령공(衛靈公)」편에는 “斯民也, 三代 之所以直道而行也.”라는 기록이 있고, 이에 대한 형병(邢昺)의 소(疏)에서는 “三代, 夏殷周也.”로 풀이했다.

32) 지자(支子)는 적장자(嫡長子)를 제외한 나머지 아들들을 말한다.

그림 8-1 ▣ 서한(西漢)의 세계도(世系圖)

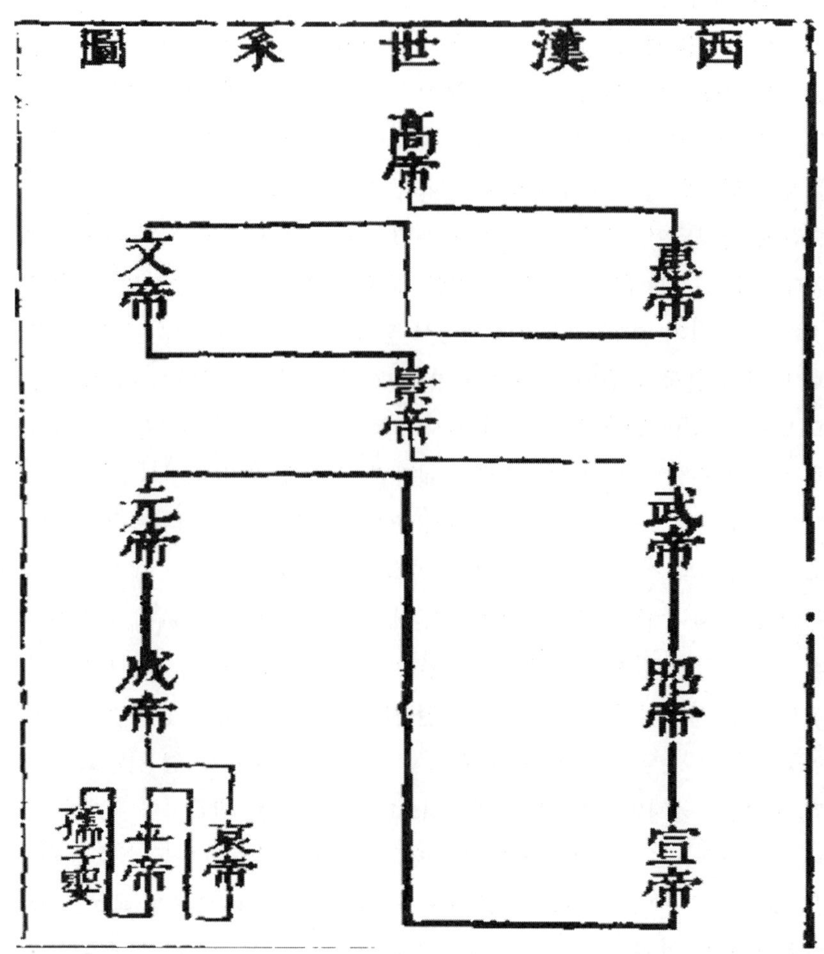

※ 출처: 『삼재도회(三才圖會)』「인물(人物)」 2권

그림 8-2 ▣ 동한(東漢)의 세계도(世系圖)

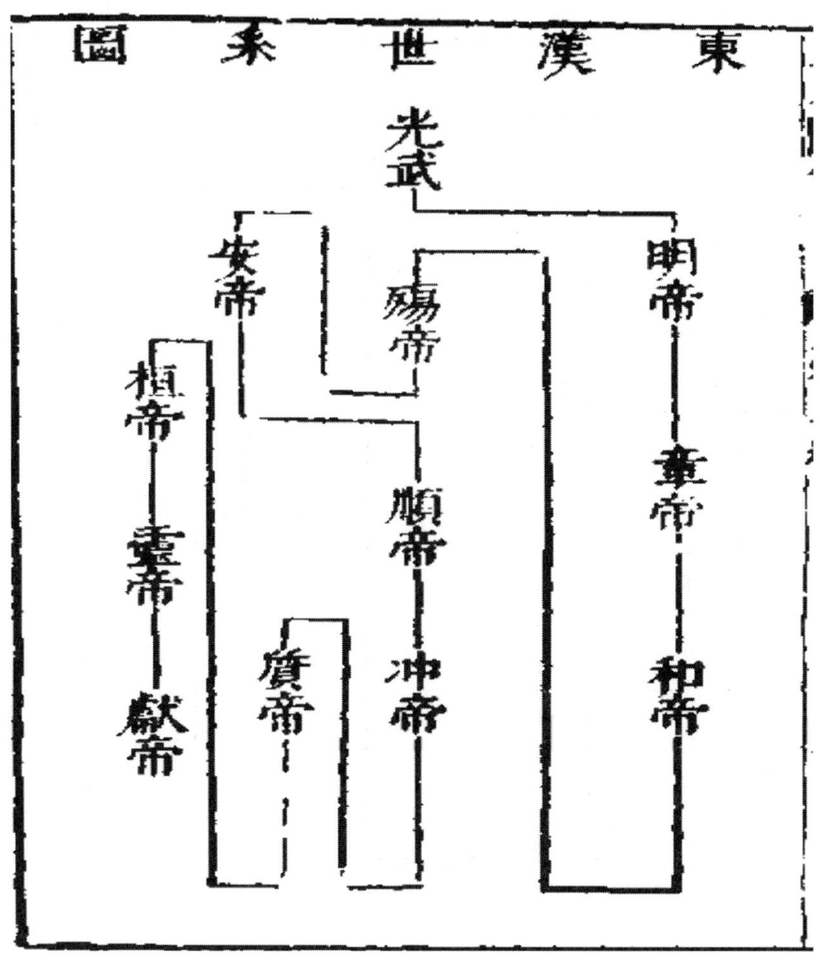

※ **출처:** 『삼재도회(三才圖會)』「인물(人物)」 2권

그림 8-3 ▣ 위(衛)나라 세계도(世系圖) I

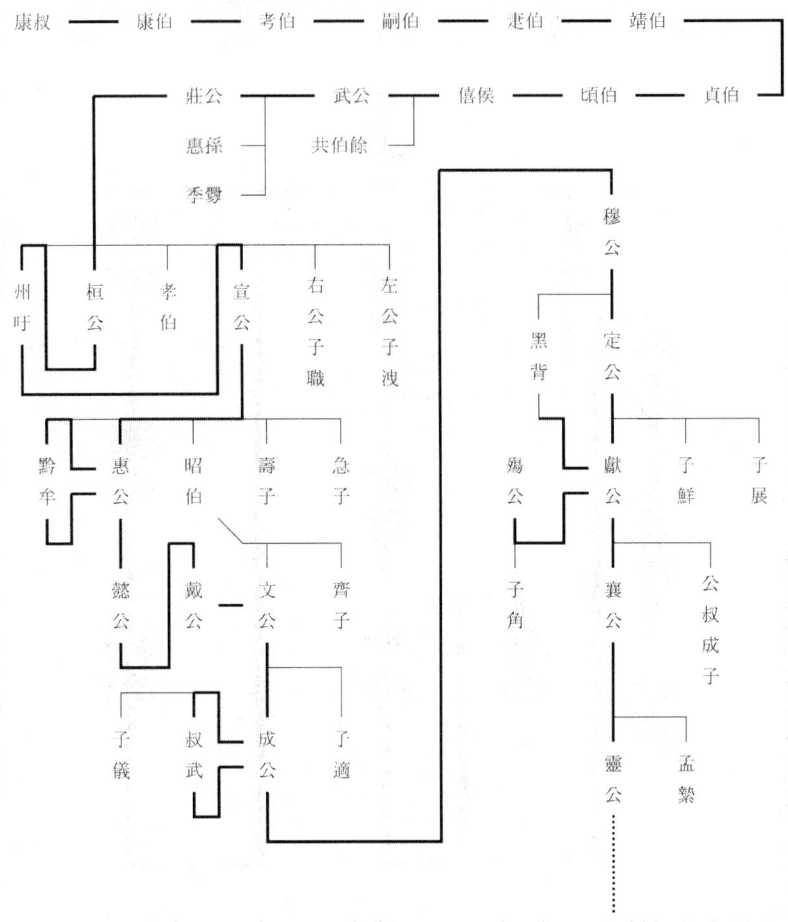

※ 출처: 『역사(繹史)』 1권 「역사세계도(繹史世系圖)」

그림 8-4 ▣ 위(衛)나라 세계도(世系圖) Ⅱ

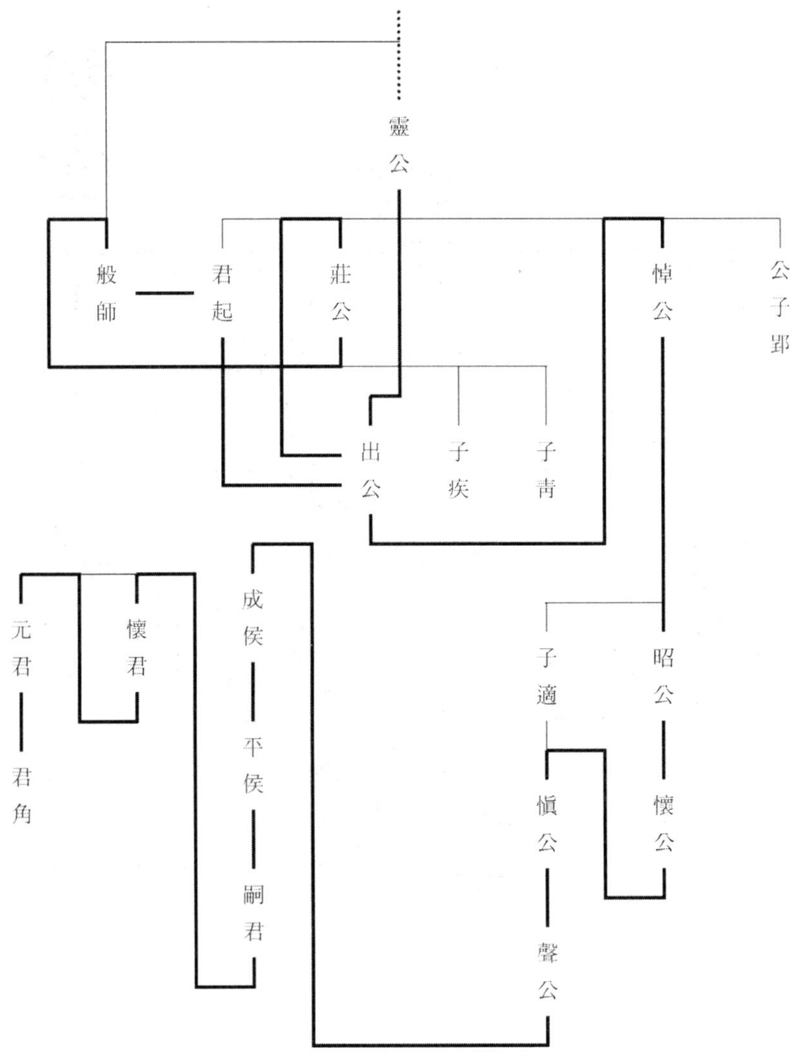

※ **출처:**『역사(繹史)』1권「역사세계도(繹史世系圖)」

그림 8-5 ▣ 주나라의 명당(明堂)

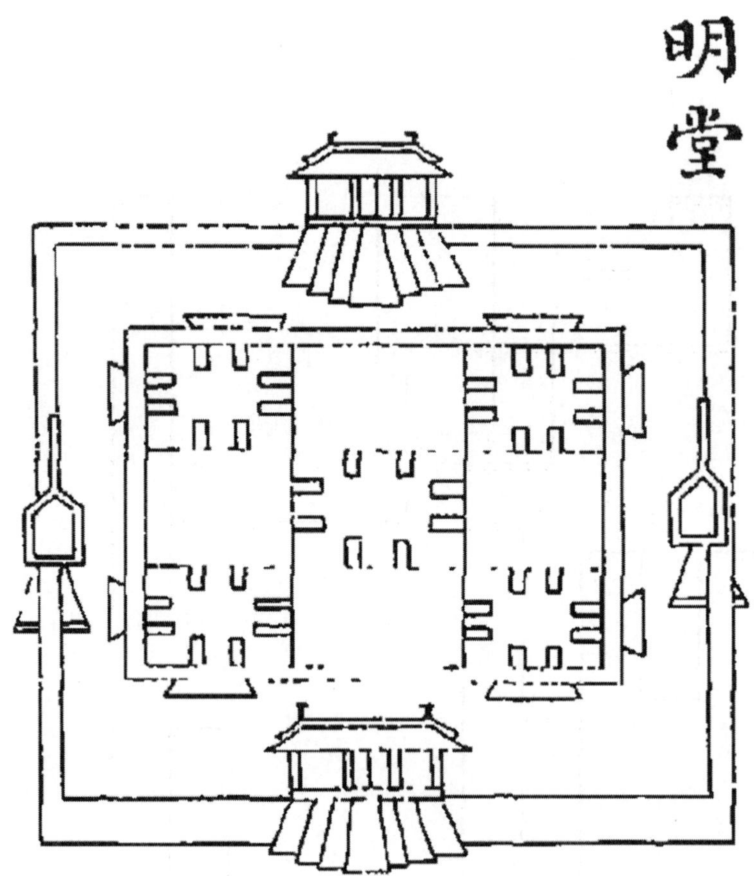

※ 출처: 『삼례도집주(三禮圖集注)』 4권

그림 8-6 ▣ 주나라의 명당(明堂)-『삼재도회』

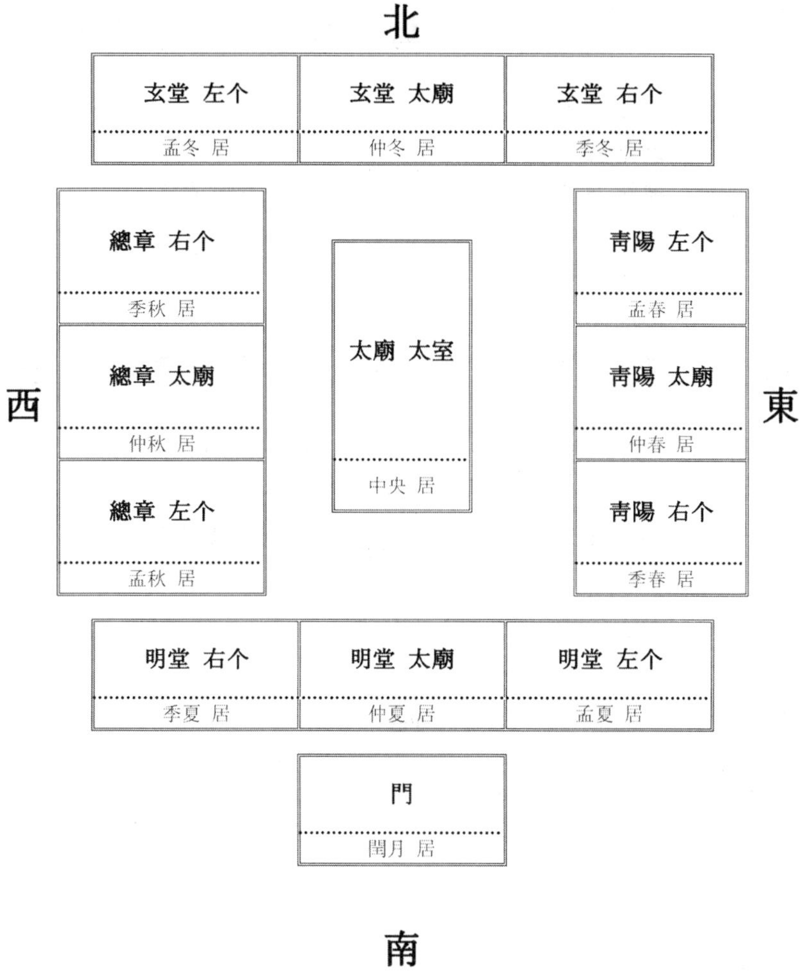

北

玄堂 左个 孟冬 居	玄堂 太廟 仲冬 居	玄堂 右个 季冬 居

西				東
	總章 右个 季秋 居		青陽 左个 孟春 居	
	總章 太廟 仲秋 居	太廟 太室 中央 居	青陽 太廟 仲春 居	
	總章 左个 孟秋 居		青陽 右个 季春 居	

明堂 右个 季夏 居	明堂 太廟 仲夏 居	明堂 左个 孟夏 居

門 閏月 居

南

※ **참고:** 『삼재도회(三才圖會)』

그림 8-7 ■ 주나라의 명당(明堂)-주자의 설

北

玄堂 左个 總章 右个 季秋·孟冬 居	玄堂 太廟 仲冬 居	玄堂 右个 青陽 左个 孟春·季冬 居
總章 太廟 仲秋 居	太廟 太室 中央 居	青陽 太廟 仲春 居
總章 左个 明堂 右个 季夏·孟秋 居	明堂 太廟 仲夏 居	青陽 右个 明堂 左个 季春·孟夏 居

西 東

南

※ 참고:『주자어류(朱子語類)』

그림 8-8 ▣ 은(殷)나라 세계도(世系圖)

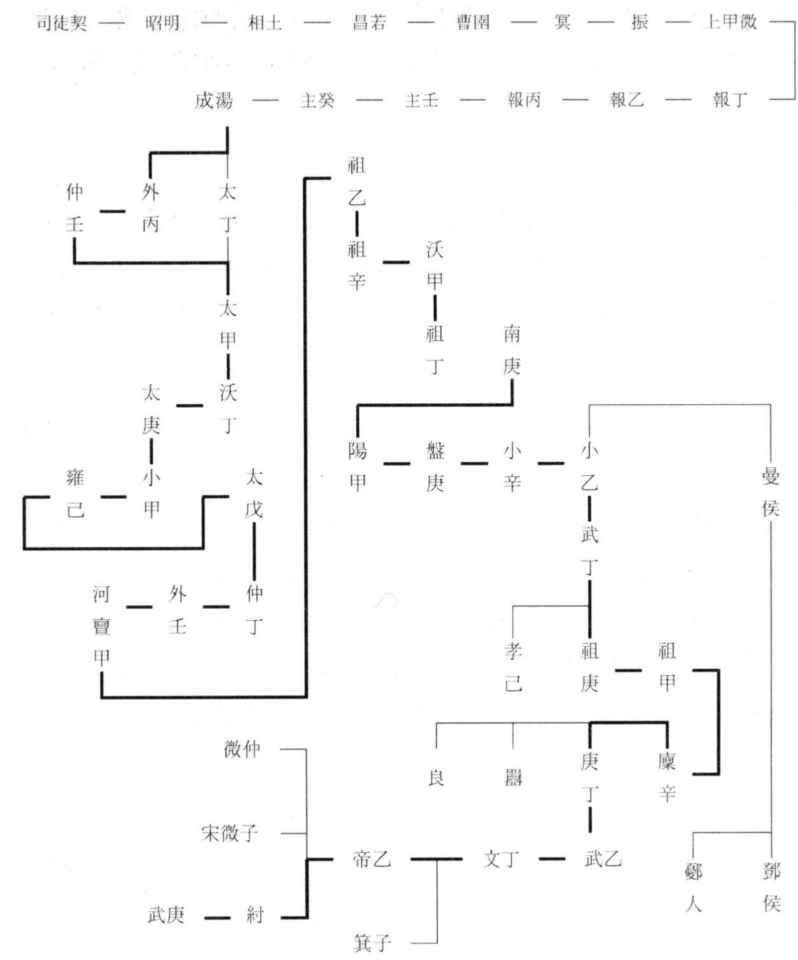

※ **출처:** 『역사(繹史)』 1권 「역사세계도(繹史世系圖)」

【409b】

別子爲祖, 繼別爲宗. 繼禰者爲小宗. 有五世而遷之宗, 其繼高祖者也. 是故祖遷於上, 宗易於下. 尊祖故敬宗, 敬宗所以尊祖禰也.

직역 別子는 祖가 爲하며, 別을 繼하여 宗이 爲한다. 禰를 繼한 者는 小宗이 爲한다. 五世하여 遷하는 宗이 有함은 그 高祖를 繼한 者이다. 是故로 祖는 上으로 遷하고, 宗은 下로 易한다. 祖를 尊한 故로 宗을 敬하니, 宗을 敬함은 祖禰를 尊하는 所以이다.

의역 제후의 적장자 이외의 나머지 아들은 별자로써 자기 가문의 시조가 되며, 별자를 계승하는 적장자는 대종(大宗)이 된다. 별자의 적장자 이외의 나머지 아들은 부친의 제사를 섬기니 그는 별도로 자기 가문의 소종(小宗)이 된다. 5세대가 지나서 소종으로써의 지위를 잃는 것은 고조까지 섬기는 것을 소종의 한도로 삼기 때문이다. 이러한 까닭으로 조상은 위로 체천되어, 고조 이상이 되면 관계가 끊어지고, 종자는 밑으로 바뀌어, 5세대가 지나면 지위를 잃는다. 선조를 존숭하기 때문에 종자를 공경하는 것이며, 종자를 공경함은 선조를 존숭하는 방법이다.

集說 別子有三, 一是諸侯適子之弟, 別於正適; 二是異姓公子來自他國, 別於本國不來者; 三是庶姓之起於是邦爲卿大夫, 而別於不仕者, 皆稱別子也. 爲祖者, 別與後世爲始祖也. 繼別爲宗者, 別子之後, 世世以適長子繼別子, 與族人爲百世不遷之大宗也. 繼禰者爲小宗, 謂別子之庶子, 以其長子繼己爲小宗, 而其同父之兄弟宗之也. 五世者, 高祖至玄孫之子. 此子於父之高祖無服, 不可統其父同高祖之兄弟, 故遷易而各從其近者爲宗矣. 故曰有五世而遷之宗, 其繼高祖者也. 四世之時, 尙事高祖, 五世則於高祖之父無服, 是祖遷於上也. 四世之時, 猶宗三從族人, 至五世則不復宗四從族人矣, 是宗易於下也. 宗是先祖正體, 惟其尊祖, 是以敬宗也.

번역 별자(別子)에는 세 종류가 있다. 첫 번째는 제후의 적자 동생으로, 정통 적자와는 구별되는 자이다. 두 번째는 이성(異姓)의 공자(公子)가 다른 나라로부터 이주한 자로, 그의 본국에 남아있던 자와 구별되는 자이다. 세 번째는 군주와 이성이거나 친속 관계가 없는 자 중에서 이 나라에서 일어나 경이나 대부가 되어, 벼슬을 하지 않는 자와 구별되는 자인데, 이들에 대해서 모두 '별자(別子)'라고 지칭한다. '위조(爲祖)'라는 말은 별도로 후세의 시조가 된다는 뜻이다. '계별위종(繼別爲宗)'이라는 말은 별자의 후손이 대대로 적장자가 별자의 뒤를 계승하여, 족인들에 대해서 영원히 체천되지 않는 대종(大宗)이 된다는 뜻이다. '계녜자위소종(繼禰者爲小宗)'이라는 말은 별자의 서자들에 있어서, 그들의 장자가 그들을 이어서 소종이 되고, 부친이 같은 형제들이 그를 소종으로 삼는다는 뜻이다. '오세(五世)'라는 말은 고조로부터 현손의 자식에 이르기까지를 뜻한다. 이러한 자식들은 부친의 고조에 대해서 상복 관계가 없어서, 그의 부친과 고조가 같은 형제들에 대해서 통솔하지 못하기 때문에, 체천되고 바뀌어, 각각 그들과 대수가 가까운 자를 종주로 삼는다. 그렇기 때문에 "5세대가 지나서 종주를 옮기는 자들은 고조를 잇는 자이다."라고 말한 것이다. 4세대가 지났을 때에는 여전히 고조를 섬기지만, 5세대가 되면 고조의 부친에 대해서는 상복 관계가 없으니, 이것이 조상이 위로 체천되는 경우이다. 4세대가 지났을 때에는 여전히 삼종의 족인들을 통솔하지만, 5세대가 되면 사종의 족인들을 재차 통솔하지 못하니, 이것이 종주가 밑으로 바뀌는 경우이다. 종자는 선조의 정통을 계승한 자이니, 선조를 존숭하기 때문에, 종자를 공경하는 것이다.

集說 疏曰: 族人一身事四宗, 事親兄弟之適, 是繼禰小宗也. 事同堂兄弟之適, 是繼祖小宗也. 事再從兄弟之適, 是繼曾祖小宗也. 事三從兄弟之適, 是繼高祖小宗也. 小宗凡四, 獨云繼禰者, 初皆繼禰爲始, 據初而言之也.

번역 공영달의 소(疏)에서 말하길, 족인들 본인은 모두 4종류의 종주를 섬기니, 친형제 중 적자를 섬기는 것은 그가 부친을 계승한 소종에 해당하기 때문이다. 동당(同堂) 형제 중 적자를 섬기는 것은 그가 조부를 계승한 소종에 해당하기 때문이다. 재종형제 중 적자를 섬기는 것은 그가 증조를 계승한 소종에 해당하기 때문이다. 삼종형제 중 적자를 섬기는 것은 그가 고조를 계승한 소종에 해당하기 때문이다. 소종은 모두 네 부류인데, 유독 부친을 섬기는 자만 언급한 이유는 그들 모두는 애초에 부친을 계승한 자가 각 분파의 시조가 되었기 때문에, 처음에 기준을 두어서 언급을 한 것이다.

大全 山陰陸氏曰: 有五世而遷之宗, 據宗其繼高祖者. 五世則遷者也, 其繼高祖者, 玄孫也, 宗其繼高祖者, 玄孫之子也. 先儒謂記文略, 此讀五世而遷之宗之, 誤也, 卽云五世而遷之宗, 猶云五世則遷之宗.

번역 산음육씨가 말하길, '유오세이천지종(有五世而遷之宗)'이라는 말은 고조를 계승한 자를 종주로 삼는 자들에 기준을 둔 말이다. 5세대가 되었다면 체천되는 자를 가리키고, 고조를 계승한 자는 현손을 가리키며, 고조를 계승한 자를 종주로 삼는 자는 현손의 자식을 가리킨다. 선대 학자들은 『예기』의 문장이 간략히 기록되었다고 했는데, 이곳 문장을 "5세대가 되어 체천을 시켜 종주로 삼는다."고 풀이한 것은 잘못된 해석이니, '오세이천지종(五世而遷之宗)'이라는 말은 '5세대가 되면 체천되는 종자'라는 말과 같다.

大全 嚴陵方氏曰: 先儒疏祖遷於上, 宗易於下, 特五世則遷之小宗爾. 若夫百世不遷之大宗, 則祖未嘗遷, 宗未嘗易焉. 於祖曰遷, 於宗曰易者, 遷有升之之意, 故於在上者言之, 易有去之之意, 故於在下者言之.

번역 엄릉방씨가 말하길, 선대 학자들의 주석들에서는 "조상은 위로 체천되고, 종자는 아래로 바뀐다."는 말을 단지 5세대가 되면 체천되는 소종에만 해당할 뿐이라고 했다. 만약 영원토록 체천되지 않는 대종의 경우라면, 조상은 일찍이 체천된 적이 없고, 종자도 일찍이 바뀐 적이 없다. 조상에 대해서 '천(遷)'이라고 말하고, 종자에 대해서 '역(易)'이라고 말한 것은 체천된다는 말에는 위로 올라간다는 뜻이 있기 때문에, 위에 속하는 자에 대해서 말을 한 것이고, 바꾼다는 말에는 제거한다는 뜻이 있기 때문에, 아래에 속한 자에 대해서 말을 한 것이다.

鄭注 諸侯之庶子, 別爲後世爲始祖也. 謂之別子者, 公子不得禰先君. 別子之世長子, 爲其族人爲宗, 所謂百世不遷之宗. 別子, 庶子之長子, 爲其昆弟爲宗也. 謂之小宗者, 以其將遷也. 謂小宗也. 小宗有四, 或繼高祖, 或繼曾祖, 或繼祖, 或繼禰, 皆至五世則遷. 宗者, 祖·禰之正體.

번역 제후의 서자는 갈라져 나와서 후세의 자기 가문 시조가 된다. '별자(別子)'라고 부른 이유는 공자(公子)는 선군을 부친으로 삼아 제사를 지낼 수 없기 때문이다. 별자의 다음 세대 장자는 그의 족인들에 대해 대종(大宗)이 되니, 이른바 영원토록 체천되지 않는 종가가 된다. 별자는 서자의 장자이며, 곤제들의 종주가 된다. '소종(小宗)'이라고 부른 이유는 시간이 지나면 체천되기 때문이다. 5세대에 대한 내용은 소종을 뜻한다. 소종에는 4종류가 있으니, 고조를 잇는 자, 증조를 잇는 자, 조부를 잇는 자, 부친을 잇는 자들인데, 이들 모두는 5세대가 지나게 되면 체천이 된다. 종주는 조부와 부친의 정통을 이은 자이다.

釋文 禰, 乃禮反.

번역 '禰'자는 '乃(내)'자와 '禮(례)'자의 반절음이다.

孔疏 ●"別子"至"宗也". ○正義曰: 此一節並論尊祖敬宗之義, 各依文解之.

번역 ●經文: "別子"~"宗也". ○이곳 문단은 선조를 존숭하고 종자를 공경하는 뜻을 함께 논의하고 있으니, 각각의 문장에 따라서 풀이하겠다.

孔疏 ●"別子爲祖"者, 謂諸侯適子之弟, 別於正適, 故稱"別子"也. "爲祖"

者, 別與後世爲始祖, 謂此別子子孫爲卿大夫, 立此別子爲始祖.

번역 ●經文: "別子爲祖". ○제후 적자의 동생으로, 정통 계보에서 구별되어 나오기 때문에, '별자(別子)'라고 부른 것이다. 경문의 "爲祖"에 대하여. 별도로 후세의 자기 가문 시조가 되니, 별자의 자손들은 경이나 대부가 되어, 별자를 시조로 세운다는 뜻이다.

孔疏 ◎注"謂之"至"先君". ○正義曰: 鄭云此者, 決上文"庶子王", 今諸侯庶子乃謂之別子, 是別爲始祖. 若稱庶子及公子, 若世子不立, 則庶子公子皆得有禰先君之義. 今言"別子", 明適子在, 故云"謂之別子者, 公子不得禰先君".

번역 ◎鄭注: "謂之"~"先君". ○정현이 말한 내용은 앞 문장에 나온 "서자가 천자가 된다."라고 한 말과 구별되는데, 현재 제후의 서자를 곧 '별자(別子)'라고 불렀으니, 별도로 시조가 된다는 뜻이다. 서자(庶子)나 공자(公子)라고 지칭하거나 세자가 아직 등극을 하지 못한 상태라면, 서자와 공자 모두 선군을 부친으로 모시는 도의를 가질 수 있다. 현재 '별자(別子)'라고 말했으니, 적자가 존재한다는 사실을 나타낸다. 그렇기 때문에 "'별자(別子)'라고 부른 이유는 공자는 선군을 부친으로 삼아 제사를 지낼 수 없기 때문이다."라고 말한 것이다.

孔疏 ●"繼別爲宗". ○謂別子之世世長子, 恒繼別子, 與族人爲百世不遷之大宗.

번역 ●經文: "繼別爲宗". ○별자의 후대에는 장자가 항상 별자의 지위를 계승하여, 족인들에 대해서 영원토록 체천되지 않은 대종(大宗)이 된다는 뜻이다.

孔疏 ●"繼禰者爲小宗". ○禰謂別子之庶子, 以庶子所生長子, 繼此庶子, 與兄弟爲小宗. 謂之"小宗"者, 以其五世則遷, 比大宗爲小, 故云"小宗"也.

번역 ●經文: "繼禰者爲小宗". ○'녜(禰)'는 별자의 서자를 뜻하니, 서자에게서 출생한 장자는 서자의 지위를 계승하여, 그의 형제들에 대해서 소종(小宗)이 된다. '소종(小宗)'이라고 부른 이유는 그들은 5세대가 지나면 체천이 되니, 대종에 비해서 작기 때문에, '소종(小宗)'이라고 부른 것이다.

孔疏 ●"有五世而遷之宗, 其繼高祖者也". ○"五世"者, 謂上從高祖, 下至玄孫之子. 此玄孫之子, 則合遷徙, 不得與族人爲宗. 故云"有五世則遷之宗, 其繼高祖者". 此五世合遷之宗, 是繼高祖者之子, 以其繼高祖之身, 未滿五世, 而猶爲宗. 其繼高祖者之子, 則已滿五世, 禮合遷徙, 但記文要略, 唯云"繼高祖", 其實是繼高祖者之子也.

번역 ●經文: "有五世而遷之宗, 其繼高祖者也". ○경문의 "五世"에 대하여. 위로 고조로부터 아래로 현손의 아들에 이르기까지의 세대를 뜻한다. 현손의 아들 때에 이르면, 합사되어 바뀌게 되니, 더 이상 족인들의 소종(小宗)이 되지 못한다. 그렇기 때문에 "5세대가 되면 체천되는 소종은 고조를 계승한 자이다."라고 말한 것이다. 즉 5세대가 지나서 합사되어 체천되는 소종은 고조를 계승한 자의 아들을 뜻하니, 고조 본인을 계승한 자는 아직 5세대를 넘기지 않았으니, 여전히 소종이 된다. 고조를 계승한 자의 아들은 이미 5세대를 넘겼으니, 예법에 따르면 합사하여 바뀌게 되지만, 『예기』에서는 문장을 간략히 기록하여, 단지 "고조를 계승하다."라고 말한 것이니, 실제로는 고조를 계승한 자의 아들을 가리킨다.

孔疏 ◎注"謂小"至"則遷". ○正義曰: 言"或繼高祖, 或繼曾祖, 或繼祖, 或繼禰"者, 以別子之後, 族人衆多, 或有繼高祖者, 與三從兄弟爲宗, 或有繼曾祖者, 與再從兄弟爲宗, 或有繼祖者, 與同堂兄弟爲宗, 或有繼禰者, 與親兄弟爲宗, 不廢族人. 一身凡事四宗: 事親兄弟之適, 是繼禰小宗也; 事同堂兄弟之適, 是繼祖小宗也; 事再從兄弟之適, 是繼曾祖小宗也; 事三從兄弟之適, 是繼高祖小宗也. 於族人唯一俱時事四小宗, 兼大宗爲五也. 又云"皆至五世則遷"

者, 繼高祖者, 至子五世. 繼曾祖者, 至孫五世. 繼祖者, 至曾孫五世. 繼禰者, 至玄孫五世也. 是皆五世, 不復與四從兄弟爲宗, 故云"皆至五世則遷", 各自隨近相宗. 然則小宗所繼非一, 前文獨云"繼禰者爲小宗", 雖四初皆繼禰爲始, 據初爲元, 故特云"繼禰"也.

번역 ◎鄭注: "謂小"~"則遷". ○정현이 "어떤 자는 고조를 계승하고, 어떤 자는 증조를 계승하며, 어떤 자는 조부를 계승하고, 어떤 자는 부친을 계승한다."라고 했는데, 별자의 후대에는 족인들이 매우 많아져서, 고조를 계승한 자가 있다면, 그는 삼종형제들에 대해서 소종이 되고, 증조를 계승한 자가 있다면, 그는 재종형제들에 대해서 소종이 되며, 조부를 계승한 자가 있다면, 그는 동당형제들에 대해서 소종이 되고, 부친을 계승한 자가 있다면, 그는 친형제들에 대해서 소종이 되어, 족인들을 통솔한다. 따라서 한 사람은 총 4명의 종자를 섬기게 된다. 친형제의 적자를 섬기니, 그는 부친을 계승한 소종이기 때문이다. 동당형제의 적자를 섬기니, 그는 조부를 계승한 소종이기 때문이다. 재종형제의 적자를 섬기니, 그는 증조를 계승한 소종이기 때문이다. 삼종형제의 적자를 섬기니, 그는 고조를 계승한 소종이기 때문이다. 족인들은 모든 시기에 4명의 소종을 섬기고, 대종까지 포함하면 다섯이 된다. 또 "모두 5세대가 되면 체천된다."라고 했는데, 고조를 계승한 자의 경우, 그의 자식 세대가 되면 5세대가 된다. 증조를 계승한 자의 경우, 그의 손자 세대가 되면 5세대가 된다. 조부를 계승한 자의 경우, 그의 증손자 세대가 되면 5세대가 된다. 부친을 계승한 자의 경우, 현손자의 세대가 되면 5세대가 된다. 이들은 모두 5세대가 되면, 재차 사종형제들에 대해서 소종이 될 수 없다. 그렇기 때문에 "모두 5세대가 되면 체천된다."라고 말한 것이니, 각자 자신과 대수가 가까운 자를 소종으로 섬기게 된다. 그런데 소종에 있어서 계승한 종류는 한 가지가 아닌데, 앞 문장에서는 유독 "부친을 계승한 자가 소종이 된다."라고만 말했다. 그 이유는 비록 4종류의 소종이 있더라도, 그들은 애초에 부친을 계승하여 시조가 되므로, 최초의 시기에 기준을 두어 대표로 삼았다. 그렇기 때문에 단지 "부친을 계승하다."라고만 말한 것이다.

孔疏 ●"是故"至"禰也". ○四世之時, 尙事高祖, 至五世之時, 謂高祖之父, 不爲加服, 是"祖遷於上". 四世之時, 仍宗三從族人, 至五世, 不復宗四從族人, 各自隨近爲宗, 是"宗易於下". 宗是先祖正體, 所以"尊祖故敬宗". 更覆說云"敬宗所以尊祖禰", 覆結尊祖之文也.

번역 ●經文: "是故"~"禰也". ○4세대가 지난 시기에는 여전히 고조를 섬기는데, 5세대가 되면, 고조의 부친에 대해서는 상복을 착용하지 않으니, "조상은 위로 체천된다."는 뜻에 해당한다. 4세대가 지난 시기에는 삼종 족인에 대해서 종자로 섬기는데, 5세대가 되면, 사종 족인에 대해서 재차 종자로 섬기지 않고, 각각 자기 대수와 가까운 자를 소종으로 섬기니, "종자는 밑으로 바뀐다."는 뜻에 해당한다. 종자는 선조의 정통을 이은 자이므로, "선조를 존숭하기 때문에, 종자를 공경한다."는 뜻이 된다. 이 말을 재차 해설하여, "종자를 공경하는 것은 선조를 존숭하는 방법이다."라고 했는데, 이것은 선조를 존숭한다는 사실을 재차 결론 맺은 문장이다.

集解 愚謂: 繼別之宗, 謂之大宗, 言其百世不遷, 宗之者衆也.

번역 내가 생각하기에, 별자를 계승한 종자를 '대종(大宗)'이라고 부르니, 영원토록 체천되지 않으며, 그를 종주로 삼는 자가 많다는 뜻이다.

集解 愚謂: 繼禰者爲小宗, 以其五世則遷, 宗之者少也. 禰, 卽別子之庶子. 繼禰者, 卽別子庶子之子也. 別子庶子之子, 一世爲繼禰之宗, 二世爲繼祖之宗, 三世爲繼曾祖之宗, 四世爲繼高祖之宗, 至五世則爲繼高祖之父, 而同出於高祖之父者不復宗之矣. 宗至於繼高祖而止, 又一世則遷, 故曰"有五世而遷之宗, 其繼高祖者也."

번역 내가 생각하기에, 부친을 계승한 자가 소종이 되는데, 5세대가 지나게 되면 체천이 되니, 그를 종주로 삼는 자가 적기 때문이다. '녜(禰)'는 별자의 서자이다. 별자의 서자를 계승한 자는 별자의 서자 아들이다. 별자의 서자 아들은 한 세대 내에서는 부친을 계승한 자들의 소종이 되고, 두 세대 내에서는 조부를 계승한 자들의 소종이 되며, 세 세대 내에서는 증조를 계승한 자들의 소종이 되고, 네 세대 내에서는 고조를 계승한 자들의 소종이 되며, 다섯 세대가 되면, 소종은 고조의 부친을 계승한 자가 되는데, 고조의 부친에게서 함께 출생한 자들의 후손은 재차 그를 소종으로 삼지 않는다. 종주로 삼는 것은 고조를 계승하는 단계까지 이르게 되면 끝나고, 한 세대가 더 지나게 되면 체천된다. 그렇기 때문에 "다섯 세대가 지나면 체천되는 종주가 있으니, 고조를 계승한 자이다."라고 말한 것이다.

集解 此言小宗之所以遷也. 祖遷於上, 謂高祖之父, 親盡於上而不復祭也. 宗易於下, 謂小宗至五世爲繼高祖之父, 則其同出於高祖之父者不復宗之也. 蓋自高祖以下, 皆祭之所及者也, 故其宗子之主祭者, 族人莫不宗事焉. 蓋以支子不祭, 而我之祖·禰由之而祭焉爾. 高祖之父不祭, 故繼高祖之父者亦不爲宗, 此小宗之所以五世則遷也.

번역 이 내용은 소종이 체천되는 방법을 설명한 말이다. "조상은 위로 체천된다."는 말은 고조의 부친은 위로 그 친근한 관계가 다하여, 다시 제사를 지내지 않는다는 뜻이다. "종자는 아래로 바뀐다."는 말은 소종은 5세대가 되면 고조의 부친을 계승한 자가 되니, 고조의 부친에게서 파생된 후손들은 다시금 그를 종자로 섬기지 않는다는 뜻이다. 고조로부터 그 밑으로는 모두 제사를 지내는 대상으로 포함된다. 그렇기 때문에 종자 중 제사를 주관하는 자에 대해서, 족인들은 종주로 섬기지 않는 경우가 없다. 지자는 제사를 지내지 않고, 본인의 조부와 부친에 대해서는 그를 통해서 제사를 지내기 때문이다. 고조의 부친에 대해서는 제사를 지내지 않는다. 그렇기 때문에 고조의 부친을 잇는 자 또한 종주로 삼지 않으니, 이것이 소종은 5세대가 지나면 체천되는 이유이다.

集解 陳氏祥道曰: 人生而莫不有孝弟之心·親睦之道. 先王因其有是道而爲之節文, 故立五宗以糾序族人, 使之親疏有以相附, 赴告有以相通, 然後恩義不失, 而人倫歸厚.

번역 진상도가 말하길, 사람은 태어날 때 효제(孝弟)의 마음과 친애하고 화목함의 도리를 갖추지 않은 자가 없다. 선왕은 이러한 도를 갖추고 있는 것에 따라, 그것들에 형식을 부여했기 때문에, 오종(五宗)을 두어서 족인들에 대해 계통적으로 체계를 잡고, 그들로 하여금 친소 관계에 따라 서로 화합하도록 만들고, 소식을 서로 알려서 소통되도록 했으니, 이처럼 된 이후에야 은의를 잃지 않고, 인륜 또한 후덕한 곳으로 귀의하게 된다.

그림 8-9 ■ 대종자(大宗子)

大宗子

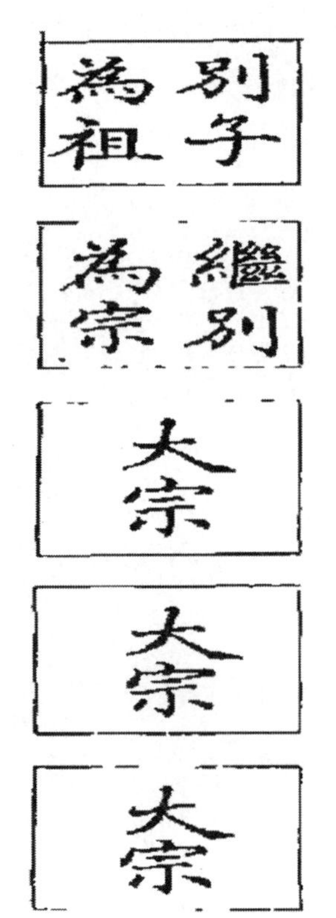

※ 출처:『삼례도집주(三禮圖集注)』4권

그림 8-10 ■ 소종자(小宗子)

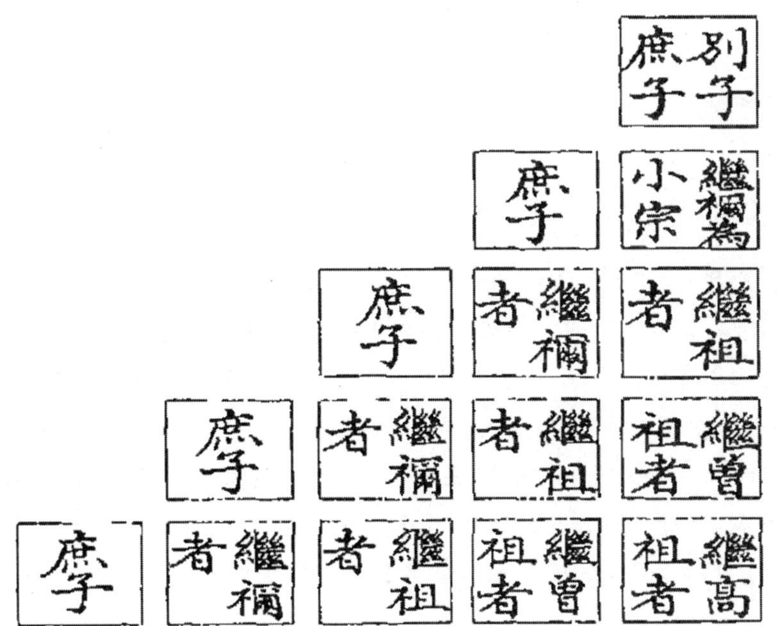

※ **출처:**『삼례도집주(三禮圖集注)』4권

【409d】

庶子不祭祖者，明其宗也.

직역 庶子가 祖에게 不祭함은 그 宗을 明함이다.

의역 적사(適士)는 2개의 묘(廟)를 세울 수 있지만, 그가 서자의 신분이라면, 조부의 묘(廟)를 세워서 제사를 지낼 수 없으니, 이처럼 하는 것은 종가에 조부의 묘(廟)가 있음을 드러내기 위해서이다.

集說 此據適士立二廟, 祭禰及祖. 今兄弟二人, 一適一庶, 而俱爲適士, 其適子之爲適士者, 固祭祖及禰矣, 其庶子雖適士, 止得立禰廟, 不得立祖廟而祭祖者, 明其宗有所在也.

번역 이 내용은 적사(適士)[33]가 2개의 묘(廟)를 세워서, 부친과 조부에 대해서 제사를 지내는 것에 기준을 두었다. 현재 형제 2명이 있는데, 한 명은 적자이고, 다른 한 명은 서자이지만, 둘 모두 적사의 신분이 된다. 다만 그 중 적자인 적사만이 조부와 부친에게 제사를 지낼 수 있고, 서자가 비록 적사의 신분이라 하더라도, 단지 부친의 묘(廟)만 세울 수 있고, 조부의 묘(廟)를 세워서 조부에게 제사를 지낼 수 없으니, 이처럼 하는 것은 종가에 조부의 묘(廟)가 있음을 명시하기 위해서이다.

大全 嚴陵方氏曰: 適士二廟, 則有祖廟矣. 官師一廟, 則有禰廟而已. 此言庶子不祭祖者, 言適士家也. 下言庶子不祭禰者, 言官師之家也. 夫立宗, 所以重本, 適子本也, 庶子支也, 其不祭也, 雖祖之不同, 至於明其宗之義則一而

---

33) 적사(適士) : '적사'는 상사(上士)를 가리킨다. 사(士)라는 계급은 3단계로 세분되는데, 상사, 중사(中士), 하사(下士)가 그것이다. 『예기』「제법(祭法)」편의 경문에는 "適士二廟, 一壇, 曰考廟, 曰王考廟, 享嘗乃止."라는 기록이 있다. 이에 대한 정현의 주에서는 "適士, 上士也."라고 풀이했다.

已. 其曰不祭祖, 則禰容祭之也.

번역 엄릉방씨가 말하길, 적사(適士)는 2개의 묘(廟)를 세우니, 조부의 묘(廟)가 포함된다. 관사(官師)[34]는 1개의 묘(廟)를 세우니, 부친의 묘(廟)만 있을 따름이다. 이곳에서는 "서자가 조부에게 제사를 지내지 않는다."라고 했는데, 이것은 적사의 집안에 대한 내용이다. 아래문장에서는 "서자가 부친에게 제사를 지내지 않는다."[35]라고 했는데, 이것은 관사의 집안에 대한 내용이다. 종주를 세우는 것은 뿌리를 중시하기 때문인데, 적자는 뿌리가 되고, 서자는 가지가 되니, 제사를 지내지 않는 것에 있어서, 비록 조부가 동일하지 않은 경우라 할지라도, 종가를 밝히기 위한 뜻에 있어서는 동일할 따름이다. "조부에 대해서 제사를 지내지 않는다."라고 했다면, 부친에 대한 제사는 허용된다.

鄭注 明其尊宗以爲本也, 禰則不祭矣. 言不祭祖者, 主謂宗子·庶子, 俱爲適士, 得立祖禰廟者也. 凡正體在乎上者, 謂下正猶爲庶也.

번역 종주를 존숭하여 근본으로 삼는다는 뜻을 나타낸 것이니, 부친에 대해서는 제사를 지내지 않는다. "조부에 대해서 제사를 지내지 않는다."라고 한 말은 종자와 서자가 모두 적사(適士)의 신분으로, 조부의 묘(廟)와 부친의 묘(廟)를 모두 세울 수 있는 경우를 위주로 한 말이다. 무릇 정통은 위에 있으니, 아래의 정통은 곧 서자가 됨을 뜻한다.

---

34) 관사(官師)는 하급 관리들을 부르는 말이다. 『서』「하서(夏書)·윤정(胤征)」편에는 "每歲孟春, 遒人以木鐸徇于路, 官師相規, 工執藝事以諫."이라는 기록이 있는데, 이에 대한 공안국(孔安國)의 전(傳)에서는 "官師, 衆官."이라고 풀이했다. 또한 『예기』「제법(祭法)」편에는 "官師一廟, 曰考廟. 王考無廟而祭之. 去王考爲鬼."라는 기록이 있는데, 이에 대한 정현의 주에서는 "官師, 中士下士庶士府史之屬."이라고 풀이하여, '관사'의 대상을 구체적으로 중사(中士), 하사(下士), 서사(庶士), 부사(府史)의 부류라고 설명한다.

35) 『예기』「상복소기」【410c】: 庶子不祭禰者, 明其宗也.

釋文 適, 丁歷反, 篇內同.

번역 '適'자는 '丁(정)'자와 '歷(력)'자의 반절음이며, 이곳 편에 나오는 이 글자는 모두 그 음이 이와 같다.

孔疏 ●"庶子不祭祖者, 明其宗也". ○此猶尊宗之義也. 庶子適子, 俱是人子, 並宜供養, 而適子烝嘗, 庶子獨不祭者, 正是推本崇適, 明有所宗, 故云"明其宗"也.

번역 ●經文: "庶子不祭祖者, 明其宗也". ○이 내용은 종자를 존숭한다는 뜻에 해당한다. 서자와 적자는 모두 사람의 자식이므로, 둘 모두는 마땅히 봉양을 해야 하지만, 적자는 증상(烝嘗)을 지내고, 서자만 유독 제사를 지내지 않으니, 이것은 근본을 돌이켜서 적자를 존숭하는 것으로, 종주로 삼는 대상이 있음을 드러내기 때문에, "종가를 밝힌다."라고 말한 것이다.

孔疏 ◎注"禰則"至"庶也". ○正義曰: 鄭據子名對父, 此言庶子, 則是父庶. 父庶卽不得祭父, 何假言祖? 故云"禰則不祭"也. 而記不應言"不祭祖", 祖是對孫. 今旣云"庶子不祭祖", 故知是宗子庶子俱爲適士. 適士得立二廟, 自禰及祖, 是適宗子得立祖廟祭之, 而己是祖庶, 雖俱爲適士, 得自立禰廟, 而不得立祖廟祭之, 故云"庶子不祭祖". 云"凡正體在乎上者, 謂下正猶爲庶也"者, 解所以謂禰適爲庶子之義也. 正體謂祖之適也, 下正謂禰之適也. 雖正爲禰適, 而於祖猶爲庶, 故禰適謂之爲庶也. 五宗悉然.

번역 ◎鄭注: "禰則"~"庶也". ○정현은 자식에 대한 명칭을 부친에 대비해서 쓴다는 것에 기준을 두었으니, 이곳에서 '서자(庶子)'라고 했다면, 이 사람은 부친의 서자가 된다. 부친의 서자는 곧 부친에 대한 제사를 지낼 수 없는데, 어찌 조부에 대해서 말할 필요가 있겠는가? 그렇기 때문에 "부친에 대해서는 제사를 지내지 않는다."라고 말한 것이다. 따라서 『예기』에서는 "조부에 대해서 제사를 지내지 않는다."라고 말해서는 안 되니, 이때의 조부는 손자에 대비해서 쓴 말이다. 이곳에서는 "서자는 조부에 대해서 제사를 지내지 않는다."라고 말했기 때문에, 종자와 서자가 모두 적사(適士)의 신분이 됨을 알 수 있다. 적사는 2개의 묘(廟)를 세울 수 있으니, 부친부터 조부까지이며, 적사의 종자는 조부의 묘(廟)를 세워서 제사를 지낼 수 있지만, 자신이 조부에 대해 서자의 신분이라면, 비록 둘 모두 적사의 신분이라 할지라도, 본인은 부친의 묘(廟)만 세울 수 있고, 조부의 묘(廟)를 세워서 제사를 지낼 수 없다. 그렇기 때문에 "서자는 조부에 대해서 제사를 지내지 않는다."라고 말한 것이다. 정현이 "무릇 정통은 위에 있으니, 아래의 정통은 곧 서자가 됨을 뜻한다."라고 했는데, 부친의 적자가 서자가 되는 이유에 대해서 풀이한 말이다. 정통은 조부의 적자를 뜻하며, 아래의 정통은 부친의 적자를 뜻한다. 비록 정통이 부친의 적자라고 할지라도, 조부에 대해서는 여전히 서자의 신분이 되기 때문에, 부친의 적자에 대해서 서자가 된다고 말한 것이다. 오종(五宗)이 모두 이와 같다.

集解 庶子不祭祖, 此謂祖之庶也. 祖庶不祭祖, 以自有繼祖之宗主祖之祭, 故曰"明其宗也".

번역 서자가 조부에 대해서 제사를 지내지 않는다고 했는데, 이때의 서자는 조부의 서자를 뜻한다. 조부의 서자는 조부에 대해서 제사를 지내지 않으니, 조부의 종주를 계승한 자가 조부에 대한 제사를 주관하기 때문에, "그 종가를 밝힌다."라고 말한 것이다.

【410a】

庶子不爲長子斬, 不繼祖與禰故也.

직역 庶子가 長子를 爲하여 斬을 不함은 祖와 **禰**를 不繼하기 때문이다.

의역 서자가 자신의 장자를 위해서 참최복을 착용하지 않음은 조부나 부친의 뒤를 잇지 않았기 때문이다.

集說 庶子不得爲長子服斬衰三年者, 以己非繼祖之宗, 又非繼禰之宗, 則長子非正統故也.

번역 서자는 장자를 위해서 참최복(斬衰服)을 3년 동안 착용하지 못하니, 본인은 조부를 잇는 종자가 아니기 때문이거나 또 부친을 잇는 종자도 아니기 때문이며, 그것이 아니라면 여기에서 말한 장자는 대종의 적통을 이은 적장자가 아니기 때문이다.

鄭注 尊先祖之正體, 不二其統也. 言不繼祖禰, 則長子不必五世.

번역 선조의 정통을 계승한 자를 존숭하니, 정통은 둘 일 수 없기 때문이다. 조부와 부친을 잇지 않았다고 했다면, 장자는 반드시 5세대가 지난 자를 뜻할 필요가 없다.

釋文 爲, 于僞反, 下注"爲君母"·"自爲己"同.

번역 '爲'자는 '于(우)'자와 '僞(위)'자의 반절음이며, 아래 정현의 주에 나오는 '爲君母'와 '自爲己'에서의 '爲'자도 그 음이 이와 같다.

孔疏 ●"庶子"至"故也". ○正義曰: 此亦尊宗之義也. 然此所明, 與喪服中義同而語異也. 喪服明父是適, 爲長子斬, 此明父是庶子, 不得爲長子服斬者也, 是互相明也. 但經·記文混, 正不知幾世之適得遂玆極服, 馬季長注喪服云: "此爲五世之適, 父乃爲之斬也." 而鄭注此云: "言不繼祖禰, 則長子不必五世矣." 庾氏云: "用恩則禰重, 用義則祖重. 父之與祖, 各有一重, 故至己承二重, 而爲長子斬. 若不繼祖, 則不爲長子斬也." 如庾氏此言, 則父適二世承重, 則得爲長子三年也. 而鄭不明言世數者, 鄭是馬季長弟子, 不欲正言相非,故依違而言曰“不必”也. 然孫系於祖, 乃爲長子三年, 而此不云庶孫不得爲長子, 必云庶子者, 孫語通遠, 嫌或多世. 今欲明比祖非遠, 故言子以示近. 旣義須繼禰, 言不繼祖自足, 又曰“與禰”者, 庾氏云: “若直云不繼祖, 恐人謂據庶子長子死者之身不繼祖, 故更言‘不繼祖與禰’, 欲明死者之父不繼祖與禰, 非據死者之身.” 鄭注喪服云: “此言爲父後者, 然後爲長子三年.” 則是父之適子, 卽得爲長子三年, 此經云“必爲父適祖適, 乃得爲長子斬”者, 但禮有適子者無適孫, 雖己是祖正, 若父猶在, 則己未成適, 未成適則不得重長, 重長必是父沒後者, 故云“爲父後者, 然後爲長子三年”也. 然己身雖是祖庶, 而是父適, 則應立廟, 立廟則己長子傳重. 當祭而不爲斬者, 以是祖庶厭降, 故不敢服斬. 且死者其父見在, 父自供祭. 然禮, 爲後者有四條皆不爲斬, 何者? 有“體而不正, 有正而不體, 有傳重而非正體, 有正體而不傳重”, 是也. “體而不正”, 庶子爲後是也. “正而不體”, 適孫爲後是也. “傳重非正體” 庶孫爲後是也. “正體不傳重”, 適子有廢疾不立是也. 四者皆期, 悉不得斬也. 唯正體又傳重者, 乃極服耳.

번역 ●經文: “庶子”~“故也”. ○이 또한 종주를 존숭한다는 뜻에 해당한다. 그런데 이곳 문장에서 밝힌 내용은 『의례』「상복(喪服)」편과 뜻은 동일하지만 기록은 다르다. 「상복」편에서는 부친이 적자여서, 장자를 위해 참최복(斬衰服)을 착용한다고 했는데, 이곳에서는 부친이 서자여서, 장자를 위해서 참최복을 착용할 수 없다고 했으니, 이것은 상호 그 내용을 나타내고 있다. 다만 『의례』와 『예기』의 문장은 뒤섞여 있어서, 몇 세대가 지난 적자가 이러한 가장 높은 수위의 상복을 착용할 수 있는지를 알 수 없는데, 「상복」편에 대한 마계장[36]의 주에서는 “여기에서 말한 자는 5세대가 지난 적자를 뜻하니, 그의 부친은 곧 그를 위해서 참최복을 착용한다.”라고 했다. 그런데 이곳 문장에 대한 정현의 주에서는 “조부와 부친을 잇지 않았다고

---

36) 마융(馬融, A.D.79~A.D.166) : =마계장(馬季長). 후한대(後漢代)의 경학자(經學者)이다. 자(字)는 계장(季長)이며, 마속(馬續)의 동생이다. 고문경학(古文經學)을 연구하였으며, 『주역(周易)』, 『상서(尙書)』, 『모시(毛詩)』, 『논어(論語)』, 『효경(孝經)』 등을 두루 주석하고, 『노자(老子)』, 『회남자(淮南子)』 등도 주석하였지만 현재 전해지지 않는다.

했다면, 장자는 반드시 5세대가 지난 자를 뜻할 필요가 없다."라고 했고, 유울은 "은정에 따른다면 부친이 중시되고, 도의에 따른다면 조부가 중시된다. 부친과 조부에 있어서, 각각 중시되는 측면이 있기 때문에, 본인은 두 중시되는 대상을 받들게 되어, 장자를 위해서 참최복을 착용한다. 만약 조부를 잇는 자가 아니라면, 장자를 위해서 참최복을 착용하지 않는다."라고 했다. 이와 같은 유울의 주장에 따른다면, 부친이 적자라면, 두 세대의 중시되는 대상을 받들게 되니, 장자를 위해서 삼년상을 치를 수 있다. 그러나 정현은 몇 세대가 지났는지를 명시하지 않았는데, 정현은 마계장의 제자이기 때문에, 명확한 말로 잘못된 점을 기록하고자 하지 않았기 때문에, 둘러말하여 "~일 필요는 없다."라고 한 것이다. 그런데 손자가 조부의 계통을 이었다면, 장자를 위해서 삼년상을 치르는데, 이곳에서 서손(庶孫)이 장자를 위해서 이처럼 할 수 없다고 말하지 않고, 기어코 '서자(庶子)'라고 말한 이유는 손자라는 말은 포괄하는 의미가 많아서, 여러 세대를 뜻한다고 오해를 일으키기 때문이다. 현재는 조부와 비교를 해보면, 먼 세대가 아님을 나타내고자 했기 때문에, '자(子)'라고 기록하여 가까운 세대임을 나타낸 것이다. 그 의미가 부친을 계승한 자임을 나타내게 되어, 조부를 잇지 않았다고 말하면 충분한데, 또 '부친과'라고 말한 이유에 대해, 유울은 "만약 조부를 잇지 않았다고만 말한다면, 사람들이 서자나 장자 본인이 죽었을 때, 그 자가 조부를 잇지 않는다고 오해할 것을 염려했기 때문에, '조부와 부친을 잇지 않았다.'라고 말한 것이니, 이를 통해서 죽은 자의 부친이 조부와 부친을 잇지 않았고, 죽은 자 본인을 가리키지 않는다는 사실을 나타내고자 했기 때문이다."라고 했다. 「상복」편에 대한 정현의 주에서는 "이 내용은 부친의 후계자가 된 자를 뜻하니, 그런 자가 되어야만 장자를 위해서 삼년상을 치른다."[37]라고 했으니, 부친의 적자는 곧 장자를 위해서 삼년상을 치를 수 있는 것이고, 이곳 경문에서 "반드시 부친의 적자나 조부의 적자가 되어야만 장자를 위해서 참최복을 입는다."라고 했는데, 이것은 다

37) 이 문장은 『의례』「상복(喪服)」편의 "傳曰, 何以三年也? 正體於上, 又乃將所傳重也. 庶子不得爲長子三年, 不繼祖也."라는 기록에 대한 정현의 주이다.

만 예법상 적자가 있지만, 적손이 없을 때, 비록 본인이 조부의 정통을 계승한 자라고 할지라도, 부친이 여전히 생존해 계신 경우라면, 본인은 아직 정식 적자가 되지 못한 것이고, 정식 적자가 되지 못했다면, 장자를 위해서 수위가 높은 상복을 착용할 수 없으니, 장자를 위해서 높은 수위의 상복을 착용할 때에는 반드시 부친이 돌아가신 이후인 경우이다. 그렇기 때문에 “부친의 후계자가 된 이후에야 장자를 위해서 삼년상을 치른다.”라고 말한 것이다. 그러나 본인이 비록 조부의 서자가 된다고 할지라도, 부친이 적자가 된다면, 마땅히 묘(廟)를 세워야 하고, 묘(廟)를 세웠다면, 자신의 장자에게 중책을 전수하게 된다. 제사를 지내야 하지만 참최복을 착용하지 않는 것은 조부의 서자는 염강(厭降)[38]을 하기 때문에, 감히 참최복을 착용할 수 없는 것이다. 또 죽은 자의 부친이 현존하는 경우, 부친이 직접 제사를 지내게 된다. 제례에 따르면, 후계자가 된 자는 4개 조목에 해당하는 경우에 모두 참최복을 착용하지 않는데, 어떤 경우인가? “체(體)이지만 정(正)이 아닌 경우가 있고, 정(正)이지만 체(體)가 아닌 경우가 있으며, 중책을 전수했지만 정체(正體)가 아닌 경우가 있고, 정체(正體)이지만 중책을 전수하지 않은 경우가 있다.”라는 경우이다. “체(體)이지만 정(正)이 아니다.”라는 말은 서자가 후계자가 된 경우이다. “정(正)이지만 체(體)가 아니다.”라는 말은 적손이 후계자가 된 경우이다. “중책을 전수했지만, 정체(正體)가 아니다.”라는 말은 서손(庶孫)이 후계자가 된 경우이다. “정체(正體)이지만 중책을 전수하지 않았다.”는 말은 적자에게 폐위되거나 질병이 생겨서 등극을 못한 경우이다. 이 네 가지 경우에 해당하는 자들에 대해서는 모두 기년상(期年喪)을 치르니, 모든 경우에 참최복을 착용하지 않는다. 오직 정체(正體)이면서도 중책을 전수한 자에 대해서만, 가장 수위가 높은 상복을 착용할 따름이다.

---

38) 염강(厭降)은 상례(喪禮)에 있어서, 돌아가신 모친을 위해 자식은 본래 삼년상(三年喪)을 치러야 하지만, 부친이 생존해 계신 경우라면, 수위를 낮춰서 기년상(期年喪)으로 치르는데, 이처럼 낮춰서 치르는 것을 ‘염강’이라고 부른다.

訓纂 譙周五經然否曰: 此但別庶子而下言. 不繼祖者, 謂庶子身不繼禰, 故其長子爲不繼祖, 合而言之也.

번역 초주[39]의『오경연부론』에서 말하길, 이곳에서는 단지 별자의 서자로부터 그 이하의 계층에 대해서만 말했다. "조부를 잇지 않는다."는 말은 서자 본인이 부친을 잇지 않았기 때문에, 자연스럽게 그의 장자는 조부의 뒤를 이은 자가 아니므로, 이 두 가지 내용을 합해서 말한 것이다.

集解 劉氏智曰: 不繼祖與禰, 兩擧之者, 明父之重長子, 以其當爲禰後也. 其所繼者, 於父則禰, 於子則祖也.

번역 유지[40]가 말하길, 조부와 부친을 잇지 않았을 경우에 대해서, 두 경우를 모두 제시한 이유는 부친이 장자를 중시함을 나타내니, 그는 마땅히 부친의 후계자가 되기 때문이다. 계승을 한 자는 부친의 입장에서는 부친이 되고, 자식의 입장에서는 조부가 된다.

集解 愚謂: 喪服父爲長子服斬衰三年. 蓋以正體於上, 又所將傳重者也. 若身是庶子, 則不得爲長子服斬. 蓋庶子不祭, 無傳重之義故也. 然身爲繼禰之適, 則將傳重矣. 記乃言"不繼祖與禰", 喪服傳又云"不繼祖"者, 鄭氏謂"容祖·禰共廟"者, 是也. 譙氏·劉氏之說亦通, 但玩記·傳並據庶子立文, 則祖·禰皆指謂庶子之祖·禰, 鄭氏之說於經意爲尤協也. 馬季長註喪服, 謂"五世之適, 父乃爲之服斬", 孔氏又引庾氏, 謂"已承二重爲長子斬", 皆非也.

번역 내가 생각하기에,『의례』「상복(喪服)」편에서는 부친이 장자를 위

---

39) 초주(譙周, A.D.201?~A.D.270) : 삼국시대(三國時代) 때의 학자이다. 자(字)는 윤남(允南)이다.『논어주(論語注)』,『삼파기(三巴記)』,『초자법훈(譙子法訓)』,『고사고(古史考)』,『오경연부론(五更然否論)』등의 저술을 남겼다.

40) 유지(劉智, ?~A.D.289) : 서진(西晉) 때의 학자이다. 자(字)는 자방(子房)이고, 시호(諡號)는 성(成)이다. 형은 유식(劉寔)이다. 저서로는『상복석의론(喪服釋疑論)』등이 있다.

해서 참최복을 3년 동안 착용한다고 했다. 아마도 조상으로부터 정통을 물려받았고, 또 중책을 전수받게 될 자이기 때문이다. 만약 본인이 서자의 신분이라면, 장자를 위해서 참최복을 착용할 수 없다. 서자는 제사를 지내지 못하니, 중책을 전수하는 도의가 없기 때문이다. 그러나 본인이 부친을 계승한 적자가 된다면, 장차 중책을 전수받게 된다. 『예기』에서는 "조부와 부친을 잇지 않았다."라고 했고, 「상복」편의 전문(傳文)에서는 또한 "조부를 잇지 않았다."[41]라고 했는데, 정현이 "조부와 부친에 대해서 같은 묘(廟)에 모시는 경우를 포함하기 위해서이다."라고 한 말은 옳다. 초씨와 유씨의 주장 또한 통용되는데, 『예기』와 전문의 기록을 살펴보면, 둘 모두 서자(庶子)라는 기록을 통해서 내용을 나타내고 있으니, 조부와 부친은 모두 서자의 조부와 부친을 나타내므로, 정현의 주장이 경문의 뜻과 더욱 합치된다. 「상복」편에 대한 마계장의 주에서는 "다섯 세대가 지난 적자로, 부친은 곧 그를 위해 참최복을 착용하다."라고 했고, 공영달은 또한 유울의 주장을 인용해서, "이미 두 세대의 중책을 받들어서 장자를 위해 참최복을 착용한다."라고 했는데, 이 모두는 잘못된 주장이다.

集解 愚謂: 庶子不爲長子斬, 此乃正體而無重可傳者, 又在孔氏所言"四條"之外者也.

번역 내가 생각하기에, "서자는 장자를 위해서 참최복을 착용하지 않는다."라고 했는데, 이 자는 정통은 되지만, 전수할 수 있는 중책이 없는 자이니, 공영달이 말한 네 가지 조건에 포함되지 않는다.

集解 敖氏繼公曰: 殤小功章云: "大夫 · 公之昆弟", "爲庶子之長殤". 公之昆弟爲其庶子, 服與大夫同, 則爲其適子服亦三年, 與大夫同矣. 公之昆弟, 不繼祖 · 禰者也, 而其服乃若是, 則所謂"庶子不得爲長子三年"者, 其誤矣乎?

---

41) 『의례』「상복(喪服)」: 傳曰, 何以三年也? 正體於上, 又乃將所傳重也. 庶子不得爲長子三年, <u>不繼祖</u>也.

번역 오계공[42]이 말하길, 『의례』「상복(喪服)」편 중 '상소공장(殤小功章)'에서는 "대부와 제후의 곤제들을 위해서 착용한다."라고 했고, "서자 중 장상(長殤)[43]을 당한 자를 위해서이다."라고 했다.[44] 제후의 곤제는 서자가 되므로, 그에 대한 상복은 대부에 대한 경우와 동일하니, 그의 적자를 위한 상복 또한 삼년상을 치를 때와 같아서, 대부에 대한 경우와 동일하다. 군주의 곤제는 조부와 부친을 이은 자가 아니지만, 그에 대한 상복이 이와 같다면, "서자는 장자를 위해서 삼년상을 치를 수 없다."라고 한 말은 잘못된 말이 아닌가?

集解 愚謂: 以殤小功章推之, 則公之昆弟爲其長子三年, 誠當如敖氏之說, 然欲以是推凡爲庶子者爲長子之服, 則非也. 蓋公之昆弟, 雖上無所承, 而身爲後世之大祖, 則其子乃繼別之宗子, 與尋常庶子之子不同, 此所以爲之三年與.

번역 내가 생각하기에, 『의례』「상복(喪服)」편 중 '상소공장(殤小功章)'의 내용을 통해 추론해보면, 군주의 곤제는 장자를 위해서 삼년상을 치르니, 진실로 오씨의 주장과 같다. 그러나 이를 통해서 모든 서자가 장자를 위해 착용하는 상복 규정으로 추론한다면, 잘못된 주장이 된다. 군주의 곤제는 비록 위로 계승하는 점이 없지만, 본인은 후세에 대해서 태조가 되니, 그의 자식은 곧 별자의 종자를 계승하게 되어, 일반적인 서자의 자식들과는 다르게 된다. 이것이 바로 그를 위해 삼년상을 치르는 이유일 것이다.

---

42) 오계공(敖繼公, ?~?) : 원(元)나라 때의 학자이다. 자(字)는 군선(君善)·군수(君壽)이다. 이름이 계옹(繼翁)이었다고 하기도 한다. 저서로는 『의례집설(儀禮集說)』 등이 있다.

43) 장상(長殤)은 16~19세 사이에 요절한 자를 뜻한다. 『의례』「상복(喪服)」편에 "年十九至十六爲長殤."이라는 기록이 있다.

44) 『의례』「상복(喪服)」 : 大夫·公之昆弟·大夫之子爲其昆弟·庶子·姑·姊妹·女子子之長殤. 大夫之妾爲庶子之長殤.

【410a】

庶子不祭殤與無後者, 殤與無後者, 從祖祔食.

직역 庶子는 殤과 無後한 者에게 不祭하니, 殤과 無後한 者는 祖에 從하여 祔食한다.

의역 서자는 자식들 중 요절한 자와 후손이 없는 자에게 제사를 지내지 않으니, 요절한 자와 후손이 없는 자에 대해서는 조묘(祖廟)에 합사하여 흠향을 하도록 하기 때문이다.

集說 長中下殤, 見前篇, 蓋未成人而死者也. 無後者, 謂成人未昏, 或已娶而無子而死者也. 庶子所以不得祭此二者, 以己是父之庶子, 不得立父廟, 故不得自祭其殤子也. 若己是祖之庶孫, 不得立祖廟, 故無後之兄弟, 己亦不得祭之也. 祖廟在宗子之家, 此殤與此無後者, 當祭祖之時, 亦與祭於祖廟也. 故曰從祖祔食.

번역 장상(長殤)·중상(中殤)[45]·하상(下殤)[46]에 대해서는 앞 편에 설명이 나오니, 아직 성인(成人)이 되지 못한 상태에서 요절한 자이다. '무후자(無後者)'는 성인이 되었지만 아직 혼인을 못했거나 혼인을 했지만 자식이 없는 상태에서 죽은 자를 뜻한다. 서자가 이 두 부류에 해당하는 자식들에 대해서 제사를 지낼 수 없는 이유는 그가 부친의 서자 입장이 되어, 부친의 묘(廟)를 세울 수 없기 때문에, 직접 자신의 요절한 자식에 대해서 제사를 지낼 수 없다. 만약 자신이 조부의 서손인 경우라면, 조부의 묘(廟)를 세울 수 없기 때문에, 후손이 없는 형제들에 대해서, 본인은 또한 그들에

---

45) 중상(中殤)은 12~15세 사이에 요절한 자를 뜻한다. 『의례』「상복(喪服)」편에 "十五至十二爲中殤."이라는 기록이 있다.

46) 하상(下殤)은 8~11세 사이에 요절한 자를 뜻한다. 『의례』「상복(喪服)」편에 "十一至八歲爲下殤."이라는 기록이 있다.

대한 제사를 지낼 수 없다. 조부의 묘(廟)는 종자의 집에 있으니, 여기에서 말한 요절한 자와 후손이 없는 자에 대해서는 조부에 대한 제사를 지내야 할 때, 그에 대해서도 또한 조부의 묘(廟)에서 제사를 지낸다. 그렇기 때문에 "조묘에 합사하여 흠향을 하도록 한다."라고 말한 것이다.

大全 金華應氏曰: 殤與無後者, 皆庶子之子也. 殤者, 幼而未成人, 無後者, 長而未有子. 鄭氏以殤爲己之子, 而繫於父之庶, 以無後爲兄弟, 而繫於祖之庶, 蓋以殤惟適可祭. 今適子之下, 又有無後者, 不應更祭, 故指此爲兄弟而言之. 夫所謂殤與無後者, 包羅其義云爾, 非謂庶子之子, 其適與庶, 皆死也. 適子或殤而死, 或無後而死, 皆從祖而祭於宗子之家, 故謂之從祖祔食.

번역 금화응씨[47]가 말하길, 요절한 자와 후사가 없는 자는 모두 서자의 아들들을 뜻한다. 요절한 자는 나이가 어려서 아직 성인(成人)이 되지 못한 자를 뜻하며, 후사가 없는 자는 장성했지만 아직 자식이 없는 자를 뜻한다. 정현은 요절한 자를 자신의 아들이라고 여겨서, 부친의 서자와 연결을 시켰고, 후사가 없는 자를 형제로 여겨서, 조부의 서자와 연결을 시켰는데, 요절한 자 중에서는 적자에게만 제사를 지낼 수 있기 때문이다. 현재 적자로부터 그 이하의 자식들 중 또한 후사가 없는 자가 있다면, 다시금 그에 대한 제사를 지낼 수 없다. 그렇기 때문에 이 자가 형제가 된다고 지목한 것이다. 요절한 자와 후사가 없는 자는 이러한 의미를 포괄해서 말한 것일 뿐이니, 서자의 자식들 중 적자와 서자가 모두 죽었다는 뜻이 아니다. 적자가 혹여 요절하거나 후사가 없는 상태에서 죽었을 경우, 두 경우에 대해서는 모두 조부의 제사를 따르게 되어, 종자의 집에서 제사를 지낸다. 그렇기 때문에 "조부를 따라 합사하여 흠향을 하도록 만든다."라고 말한 것이다.

鄭注 不祭殤者, 父之庶也. 不祭無後者, 祖之庶也. 此二者, 當從祖祔食.

---

47) 금화응씨(金華應氏, ?~?) : =응용(應鏞)·응씨(應氏)·응자화(應子和). 이름은 용(鏞)이다. 자(字)는 자화(子和)이다. 『예기찬의(禮記纂義)』를 지었다.

而己不祭祖, 無所食之也. 共其牲物, 而宗子主其禮焉. 祖庶之殤, 則自祭之. 凡所祭殤者, 唯適子耳. "無後"者, 謂昆弟諸父也. 宗子之諸父無後者, 爲墠祭之.

번역 요절한 자에 대해서 제사를 지내지 않는 경우는 부친의 서자에게 해당한다. 후사가 없는 자에 대해서 제사를 지내지 않는 경우는 조부의 서자에게 해당한다. 이 두 경우에 해당하는 자들에 대해서는 마땅히 조묘(祖廟)에 합사하여 흠향을 하도록 만든다. 자신은 조부에 대해서 제사를 지내지 못하기 때문에, 흠향을 시킬 수 있는 대상이 없다. 그에 대한 희생물을 공급하고, 종자가 그 제례를 주관하게 된다. 조부의 서자 중 요절한 자에 대한 경우라면, 직접 제사를 지낸다. 무릇 요절한 자에게 제사를 지내는 경우는 오직 적자인 경우일 뿐이다. "후사가 없다."는 말은 곤제의 제부(諸父)들을 뜻한다. 종자의 제부들 중 후사가 없는 자에 대해서는 제단을 만들어서 그에 대한 제사를 지낸다.

釋文 殤音傷. 祔, 徐音附. 所食, 音嗣. 共音恭. 墠, 皇音善, 徐徒丹反.

번역 '殤'자의 음은 '傷(상)'이다. '祔'자의 서음(徐音)은 '附(부)'이다. '所食'에서의 '食'자는 그 음이 '嗣(사)'이다. '共'자의 음은 '恭(공)'이다. '墠'자의 황음(皇音)은 '善(선)'이며, 서음은 '徒(도)'자와 '丹(단)'자의 반절음이다.

孔疏 ●"庶子"至"祔食". ○正義曰: 此事與曾子問中義同而語異也. 曾子問中是明宗子所得祭, 就宗子之家, 宗子主其禮. 今此所言, 是庶子不得在當家祭者也.

번역 ●經文: "庶子"~"祔食". ○이 내용은 『예기』「증자문(曾子問)」편의 내용과 뜻은 동일하지만 말이 다르다. 「증자문」편의 내용은 종자가 제사를 지낼 수 있는 대상을 나타내니, 종자의 집으로 찾아가고, 종자가 그 제례를 주관하게 된다. 현재 이곳에서 언급한 내용은 서자가 자신의 집에서 제사를 지내지 못하는 대상을 뜻한다.

孔疏 ●"庶子"者, 謂父庶及祖庶也. "殤"者, 未成人而死者也. "無後", 謂成人未婚, 或已娶無子而死者. "不得祭殤"者, 謂父庶也. "不祭無後"者, 謂祖庶也.

번역 ●經文: "庶子". ○부친의 서자 및 조부의 서자를 뜻한다. 경문의 "殤"에 대하여. 아직 성인(成人)이 되지 못한 상태에서 죽은 자를 뜻한다. 경문의 "無後"에 대하여. 성인이 되었지만 아직 혼인을 못했거나 이미 장가를 들었지만 자식이 없는 상태에서 죽은 자를 뜻하다. "요절한 자에 대해서 제사를 지내지 못한다."는 말은 부친의 서자에 대한 내용이다. "후사가 없는 자에 대해서 제사를 지내지 못한다."는 말은 조부의 서자에 대한 내용이다.

孔疏 ●"殤與無後者從祖祔食"者, 解庶所以不自祭義也. 己不得祭父祖, 而以此諸親皆各從其祖祔食, 祖廟在宗子之家, 故己不得自祭之也.

번역 ●經文: "殤與無後者從祖祔食". ○서자가 직접 제사를 지내지 못하는 뜻을 풀이한 말이다. 본인이 부친과 조부에 대해서 제사를 지내지 못하니, 여기에서 말한 여러 친족들에 대해서는 각각 그의 조부에 대한 제사에 따라서 합사하여 흠향을 하도록 만들고, 조부의 묘(廟)는 종자의 집에 있기 때문에, 자신이 직접 그들에 대해 제사를 지내지 못한다.

孔疏 ◎注"不祭"至"祭之". ○正義曰: 云"不得祭殤者, 父之庶也[48]"者, 謂己是父之庶子, 及餘兄弟亦是父之庶子. 庶子所生之適子爲殤而死者, 不得自祭之, 以其己是父庶, 不合立父廟, 故不得自祭其子殤也. 殤尙不祭, 成人無後, 不祭可知. 云"不祭無後者, 祖之庶也"者, 己是祖庶, 不合立祖廟, 故兄弟無後者, 不得祭之. 己若是曾祖之庶, 亦不得祭諸父無後者. 諸父無後, 當於曾祖之廟而祭. 己是曾祖庶, 不合立曾祖之廟, 故不祭之. 此直云"祖之庶", 不云

48) '야(也)'자에 대하여. '야'자는 본래 없던 글자인데, 완원(阮元)의 『교감기(校勘記)』에서는 "포당(浦鏜)은 서(庶)자 뒤에 '야'자를 보충했는데, 포장의 교감이 옳다."라고 했다.

"曾祖之庶"者, 言祖兼曾祖也. 此"無後"者, 身並是庶, 若在殤而死, 則不合祭也. 云"此二者當從祖祔食. 己不祭祖, 無所食之也"者, 一是殤, 二是無後, 此二者當從死者之祖而附食, 祖廟在宗子之家, 故己不得祭祖, 無所食, 以私家不合祭祖, 無處食之也. 云"共其牲物, 而宗子主其禮焉"者, 謂殤者之親, 共其牲物, 而宗子直掌其禮. 庾氏云: "此殤與無後者所祭之時, 非唯一度四時, 隨宗子之家而祭也." 但牲牢不得同於宗子祭享之禮, 故曾子問注云: "凡殤特豚." 其義具曾子問疏. 云"祖庶之殤, 則自祭之"者, 己於祖爲庶, 故謂己子爲祖庶之殤. 己是父適, 得立父廟, 故自祭子殤在於父廟也. 云"無後者, 謂昆弟諸父也"者, 昆弟謂己之昆弟, 己是祖庶, 祭無後昆弟, 當就祖廟, 己無祖廟, 故不祭無後昆弟. 云"諸父也"者, 己是曾祖之庶, 祭諸父當於曾祖之廟. 己無曾祖之廟, 故不祭無後諸父. 云"宗子之諸父無後者, 爲墠祭之"者, 宗子合祭諸父, 諸父當於宗子曾祖之廟, 宗子是士, 唯有祖·禰二廟, 無曾祖廟, 故諸父無後者, 爲墠祭之. 若宗子爲大夫得立曾祖廟者, 則祭之於曾祖廟, 不於墠也. 若宗子有太祖者, 不立曾祖廟, 亦祭之於墠, 按祭法云: "先壇後墠." 今祭之墠者, 皇氏云: "以其無後, 賤之, 故於墠也."

번역 ◎鄭注: "不祭"~"祭之". ○정현이 "요절한 자에 대해서 제사를 지내지 않는 경우는 부친의 서자에게 해당한다."라고 했는데, 본인이 부친의 서자가 되고, 나머지 형제들 또한 부친의 서자인 상황이다. 서자에게 출생한 적자가 요절한 경우, 서자는 직접 제사를 지내지 못하니, 자신은 부친의 서자 입장이므로, 부친의 묘(廟)를 세울 수 없기 때문에, 요절한 자식에 대해서도 직접 제사를 지내지 못한다. 요절한 자에 대해서도 오히려 제사를 지내지 않으니, 성인(成人)이 되었지만 후사가 없는 자에 대해서 제사를 지내지 않는다는 사실을 알 수 있다. 정현이 "후사가 없는 자에 대해서 제사를 지내지 않는 경우는 조부의 서자에게 해당한다."라고 했는데, 본인은 조부의 서자이므로, 조부의 묘(廟)를 세울 수 없기 때문에, 형제 중 후사가 없는 자에 대해서 제사를 지낼 수 없다. 본인이 만약 증조부의 서자인 경우라면, 또한 제부들 중 후사가 없는 자에 대해서 제사를 지낼 수 없다. 제부들 중 후사가 없는 자에 대해서는 증조부의 묘(廟)에서 제사를 지낸다. 자신은 증조부의 서자이므로, 증조부의 묘(廟)를 세울 수 없기 때문에, 제사를 지낼 수 없다. 이곳에서는 단지 "조부의 서자이다."라고만 말하고, "증조부의 서자이다."라고는 말하지 않았는데, 이 말은 조부와 증조부의 경우를 함께 말한 것이다. 이곳에서는 "후사가 없다."라고 했는데, 그 자신 또한 서자의 신분이므로, 만약 요절을 했다면, 제사를 지낼 수 없다. 정현이 "이 두 경우에 해당하는 자들에 대해서는 마땅히 조묘(祖廟)에 합사하여 흠향을 하도록 만든다. 자신은 조부에 대해서 제사를 지내지 못하기 때문에, 흠향을 시킬 수 있는 대상이 없다."라고 했는데, 첫 번째는 요절한 자를 뜻하며, 두 번째는 후사가 없는 자를 뜻하니, 이 두 경우에 해당하는 자들에 대해서는 죽은 자의 조부에 따라서 조부의 묘(廟)에 합사하여 흠향을 시키고, 조부의 묘(廟)는 종자의 집에 있기 때문에, 본인은 조부에게 제사를 지내지 못하여, 제사를 지낼 수 있는 대상이 없으니, 종가가 아닌 집안에서는 조부에 대한 제사를 지내서는 안 되며, 그 혼령을 머물게 하여 흠향을 시킬 수 없기 때문이다. 정현이 "그에 대한 희생물을 공급하고, 종자가 그 제례를 주관하게 된다."라고 했는데, 요절한 자의 부친이 그에게 사용될 희생물을 공급하고, 종자가 직접 그 제례를 주관한다는 뜻이다. 유울은 "요절한 자와 후사가 없는 자가 제사를 받을 때, 사계절마다 지내는 제사뿐만 아니라, 모든 경우에 종자의 집에서 제사를 지낸다."라고 했다. 다만 희생물에 대해서 종자와 동일하게 제수를 흠향시키는 예법을 시행할 수 없다. 그렇기 때문에 「증자문」편에 대한 정현의 주에서는 "요절한 자에 대해서는 한 마리의 돼지를 사용한다."[49]라고 말한 것이니, 그에 대한 의미는 「증자문」편의 소(疏)에 모두 진술했다. 정현이 "조부의 서자 중 요절한 자에 대한 경우라면, 직접 제사를 지낸다."라고 했는데, 본인은 조부에 대해서 서자의 신분이 되기 때문에, 자신의 자식은 조부의 서자 중 요절한 자에 해당한다는 뜻이다. 자신이 부친의 적자라면, 부친의 묘(廟)를 세울 수 있기 때문에, 직접

---

49) 이 문장은 『예기』「증자문(曾子問)」【242c】의 "孔子曰: 有陰厭, 有陽厭. 曾子問曰: 殤不祔祭, 何謂陰厭·陽厭. 孔子曰: 宗子爲殤而死, 庶子弗爲後也. 其吉祭, 特牲, 祭殤, 不擧, 無肵俎, 無玄酒, 不告利成, 是謂陰厭."이라는 기록에 대한 정현의 주이다.

아들 중 요절한 자에 대해서 부친의 묘(廟)에서 제사를 지낼 수 있다. 정현이 "후사가 없다는 말은 곤제의 제부(諸父)들을 뜻한다."라고 했는데, 곤제는 자신의 곤제들을 뜻하며, 자신은 조부의 서자이므로, 후사가 없는 곤제들에 대해 제사를 지낼 때에는 조부의 묘(廟)에서 지내야 하는데, 자신의 집안에는 조부의 묘(廟)가 없기 때문에, 후사가 없는 곤제에 대해서 제사를 지낼 수 없다. 정현이 "제부들이다."라고 했는데, 자신은 증조부의 서자이고, 제부들에 대해서는 증조부의 묘(廟)에서 제사를 지내야 한다. 본인의 집에 증조부의 묘(廟)가 없기 때문에, 후사가 없는 제부들에 대해서 제사를 지낼 수 없다. 정현이 "종자의 제부들 중 후사가 없는 자에 대해서는 제단을 만들어서 그에 대한 제사를 지낸다."라고 했는데, 종자는 제부들을 합사하여 제사를 지내고, 제부들에 대해서는 종자의 집에 있는 증조부의 묘(廟)에서 제사를 지내야 하는데, 종자가 사(士)의 신분이라면, 그의 집에는 단지 조부와 부친의 두 묘(廟) 밖에 없고, 증조부의 묘(廟)가 없기 때문에, 제부들 중 후사가 없는 자에 대해서는 제단을 만들어서 제사를 지낸다. 만약 종자가 대부(大夫)가 되어, 증조부의 묘(廟)를 세울 수 있는 경우라면, 증조부의 묘(廟)에서 제사를 지내고, 제단에서 제사를 지내지 않는다. 만약 종자의 집에 태조(太祖)의 묘(廟)가 있는 경우라면, 증조부의 묘(廟)를 세울 수 없으므로, 이 경우에도 또한 제단에서 제사를 지내니, 『예기』「제법(祭法)」편을 살펴보면, "단(壇)을 앞세우고, 선(墠)을 뒤로 한다."라고 했는데, 현재 선에서 제사를 지낸다고 한 이유에 대해서, 황간은 "그에게 후사가 없어서, 천시를 했기 때문에, 선에서 제사를 지낸다."라고 설명했다.

集解 愚謂: 殤, 謂未成人而死者也. 無後, 謂成人而無後者也. 殤唯祔與除服二祭則止. 曾子問"宗子爲殤而死, 其吉祭特牲", 鄭云: "卒哭成事之後曰吉祭." 此殤之祔祭也. 小記曰: "除殤之喪也, 其服必玄." 此殤之除服之祭也. 成人而無後者亦然. 殤與無後者無四時吉祭之禮, 而云"庶子不祭殤與無後者", 蓋殤與無後者旣祔於祖, 自後祭祖之時, 則其神依祖而食, 此卽殤之祭也. 殤與無後者從祖祔食, 而庶子不祭宗廟, 則不得祭殤與無後者矣. 曾子問曰: "凡殤與無後者, 祭於宗子之家."

번역 내가 생각하기에, '상(殤)'은 아직 성인(成人)이 되지 못했는데 죽은 자를 뜻한다. '무후(無後)'는 성인이 되었지만 후사가 없는 자를 뜻한다. 요절한 자에 대해서는 부제(祔祭)와 제복(除服)[50]을 하는 두 경우의 제사만 지내고, 나머지 제사는 지내지 않는다. 『예기』「증자문(曾子問)」편에서는 "종자(宗子)가 어린 나이에 죽게 된다면, 그에 대한 길제(吉祭)[51]에서는 특생(特牲)[52]을 사용한다."[53]라고 했고, 정현은 "졸곡(卒哭)하여 성사(成事)를 한 이후부터 지내는 제사는 길제(吉祭)가 된다."라고 했다. 이것은

---

50) 제복(除服)은 소상(小祥)과 대상(大祥)을 지낼 때 입는 상복(喪服)을 뜻한다. 또는 상복을 벗는다는 뜻이다. 소상과 대상을 치르면서 상복의 수위가 낮아지게 되며, 대상까지 지내게 되면 실제적으로 복상(服喪) 기간이 끝나게 된다. 따라서 '제복'은 상복을 벗는다는 뜻이 되며, 소상과 대상을 지내면서 입게 되는 변화된 상복을 지칭하기도 하는 것이다.

51) 길제(吉祭)는 상례(喪禮)의 단계를 뜻한다. 우제(虞祭)를 지낸 뒤, 졸곡(卒哭)을 하며 제사를 지내게 되는데, 이 단계부터 지내는 제사를 '길제'라고 부른다. 상(喪)은 흉사(凶事)에 해당하는데, 그 이전까지는 슬픔에서 벗어나기 힘들기 때문에 흉제(凶祭) 또는 상제(喪祭)라고 부르며, 이 단계부터는 평상시처럼 길(吉)한 때로 접어들기 때문에 '길제'라고 부른다. 『예기』「단궁하(檀弓下)」편에는 "是月也, 以虞易奠, 卒哭曰成事. 是日也, 以<u>吉祭</u>易喪祭."라는 기록이 있다.

52) 특생(特牲)은 한 종류의 가축을 희생물로 사용한다는 뜻이다. '특(特)'자는 동일 종류의 희생물을 한 마리 사용한다는 뜻이며, 특히 소를 사용할 때 사용하는 용어이기도 하다. 『춘추좌씨전』「양공(襄公) 9년」편에는 "祈以幣更, 賓以<u>特牲</u>."이라는 기록이 있고, 이에 대한 양백준(楊伯峻)의 주에서는 "款待貴賓, 只用一種牲畜. 一牲曰特."이라고 풀이했다. 그런데 어떠한 가축을 사용했는가에 대해서는 주석들마다 차이가 있다. 『국어(國語)』「초어하(楚語下)」편에는 "大夫擧以<u>特牲</u>, 祀以少牢."라는 기록이 있고, 이에 대한 위소(韋昭)의 주에서는 "特牲, 豕也."라고 풀이했다. 또한 『예기』「교특생(郊特牲)」편에 대한 육덕명(陸德明)의 제해(題解)에서는 "郊者, 祭天之名, 用一牛, 故曰特牲."이라고 풀이했다. 즉 '특생'으로 사용되는 가축은 '시(豕: 돼지)'도 될 수 있으며, 소도 될 수 있다.

53) 『예기』「증자문(曾子問)」【242c】: 孔子曰: 有陰厭, 有陽厭. 曾子問曰: 殤不祔祭, 何謂陰厭·陽厭. 孔子曰: <u>宗子爲殤而死</u>, 庶子弗爲後也. <u>其吉祭, 特牲</u>, 祭殤, 不擧, 無肵俎, 無玄酒, 不告利成, 是謂陰厭.

요절한 자에 대한 부제를 뜻한다. 「상복소기」편에서는 "요절한 자의 상(喪)을 끝낼 때에는 그 제사의 복장은 반드시 현색으로 한다."[54]라고 했는데, 이것은 요절한 자에 대해서 제복을 할 때의 제사를 뜻한다. 성인이 되었지만 후사가 없는 자에게도 이처럼 지낸다. 요절한 자와 후사가 없는 자에 대해서는 사계절마다 지내는 길제의 예법이 없는데, "서자는 요절한 자와 후사가 없는 자에 대해서 제사를 지내지 않는다."라고 말한 이유는 요절한 자와 후사가 없는 자에 대해서는 이미 조부에게 합사를 하므로, 그로부터 이후로는 조부에게 제사를 지낼 때, 그 신령 또한 조부에게 의지하여 흠향을 하니, 이것은 곧 요절한 자에 대한 제사가 된다. 요절한 자와 후사가 없는 자는 조부를 따라서 합사하여 흠향을 하도록 만들지만, 서자는 종묘의 제사를 지낼 수 없으니, 요절한 자와 후사가 없는 자에 대해서 직접 제사를 지낼 수 없다. 「증자문」편에서는 "종자(宗子)를 제외한 나머지 요절한 자들과 후손이 없이 죽은 자들에 대해서는 종자의 집에서 제사를 지낸다."[55] 라고 했다.

集解 愚謂: 己爲父庶, 則己子之殤與無後者皆不得祭矣. 己爲祖庶, 則昆弟之殤與無後者皆不得祭之矣. 鄭氏謂"庶殤不祭", 故以不祭殤專爲父庶, 不祭無後者爲祖庶, 其說非是, 說詳曾子問.

번역 내가 생각하기에, 자신이 부친의 서자라면, 자신의 아들 중 요절한 자와 후사가 없는 자에 대해서는 모두 제사를 지낼 수 없다. 자신이 조부의 서자라면, 곤제 중 요절한 자와 후사가 없는 자에 대해서도 모두 제사를 지낼 수 없다. 정현은 "서자는 요절한 자에 대해서 제사를 지내지 않는다." 라고 했기 때문에, 요절한 자에 대해서 제사를 지내지 않는다는 말은 전적으로 부친의 서자에 대한 경우로 여겼고, 후사가 없는 자에게 제사를 지내

---

54) 『예기』「상복소기」【422c】: 除殤之喪者, 其祭也必玄. 除成喪者, 其祭也朝服縞冠.

55) 『예기』「증자문(曾子問)」【243b】: 凡殤與無後者, 祭於宗子之家, 當室之白, 尊于東房, 是謂陽厭.

지 않는다는 것을 조부의 서자에 대한 경우로 여겼는데, 그 주장은 잘못되었으니, 자세한 설명은 『예기』「증자문(曾子問)」편에 나온다.

【410c】

庶子不祭禰者, 明其宗也.

직역 庶子가 禰를 不祭하는 것은 그 宗을 明함이다.

의역 서자가 부친에 대한 제사를 지내지 못하는 것은 종자의 권한을 나타내기 위해서이다.

集說 庶子不得立禰廟, 故不得祭禰. 所以然者, 明主祭在宗子, 廟必在宗子之家也. 庶子雖貴, 止得供具牲物, 而宗子主其禮也. 上文言庶子不祭祖, 是猶得立禰廟, 以其爲適士也. 此言不祭禰, 以此庶子非適士, 或未仕, 故不得立廟以祭禰也.

번역 서자는 부친의 묘(廟)를 세울 수 없기 때문에, 부친에 대한 제사를 지낼 수 없다. 이처럼 하는 이유는 제사를 주관하는 권한이 종자에게 있고, 묘(廟)가 반드시 종자의 집에 있어야 함을 나타내기 위해서이다. 서자가 비록 존귀한 신분이 되었더라도, 단지 제사에 사용될 희생물을 공급만 할 수 있고, 종자가 그 제례를 주관하게 된다. 앞 문장에서는 서자가 조부에 대한 제사를 지내지 않는다고 했는데, 이러한 경우에는 오히려 부친의 묘(廟)를 세울 수 있으니, 그가 적사(適士)의 신분이기 때문이다. 이곳에서 부친에게 제사를 지내지 못한다고 했는데, 여기에서 말한 서자는 적사의 신분이 아니거나 아직 벼슬살이를 못한 경우이기 때문에, 묘(廟)를 세워서 부친에 대한 제사를 지내지 못하는 것이다.

鄭注 謂宗子庶子俱爲下士, 得立禰廟也. 雖庶人亦然.

번역 종자와 서자가 모두 하사(下士)[56]의 신분이라서, 부친의 묘(廟)를 세울 수 있는 경우를 뜻한다. 비록 종자가 서인의 신분이라도 또한 이처럼 한다.

孔疏 ●"庶子"至"宗也". ○正義曰: 解庶所以不祭殤義也. 禰適故得立禰廟, 故祭禰, 禰庶不得立禰廟, 故不得祭其禰, 明其有所宗. 旣無禰廟, 故不得祭子殤也.

번역 ●經文: "庶子"~"宗也". ○서자가 요절한 자에 대해 제사를 지내지 못하는 뜻을 풀이한 말이다. 부친의 적자이기 때문에 부친의 묘(廟)를 세울 수 있어서, 부친에 대한 제사를 지내는 것이며, 부친의 서자이기 때문에 부친의 묘(廟)를 세우지 못하여, 부친에 대한 제사를 지낼 수 없으니, 이는 종주로 섬기는 자가 있음을 나타낸다. 부친의 묘(廟)를 세울 수 없기 때문에, 자식 중 요절한 자에 대해서 제사를 지내지 못하는 것이다.

孔疏 ◎注"謂宗"至"亦然". ○正義曰: 前文云"不祭祖", 以有祖廟, 故注云: "宗子庶子, 俱爲適士." 此文云"不祭禰", 唯有禰廟, 故注云: "宗子庶子, 俱爲下士." 若庶子是下士, 宗子是庶人, 此下士立廟於宗子之家, 庶子共其牲物, 宗子主其禮, 雖庶人是有祭義. 若宗子爲下士, 是宗子自祭之, 庶子不得祭也.

번역 ◎鄭注: "謂宗"~"亦然". ○앞 문장에서는 "조부에 대한 제사를 지내지 못한다."라고 했는데, 조부의 묘(廟)까지도 갖추고 있기 때문에, 정현의 주에서는 "종자와 서자가 모두 적사(適士)이다."라고 말한 것이다. 이곳 문장에서는 "부친에 대한 제사를 지내지 못한다."라고 했는데, 단지 부친의

---

56) 하사(下士)는 고대의 사(士) 계급은 상(上) · 중(中) · 하(下)의 세 부류로 구분되기도 하였는데, 하사(下士)는 사 계급 중에서도 가장 낮은 등급의 부류이다.

묘(廟)만 갖추기 때문에, 정현의 주에서는 "종자와 서자가 모두 하사(下士)이다."라고 말한 것이다. 만약 서자의 신분이 하사이고, 종자가 서인(庶人)인 경우, 하사는 종자의 집에 묘(廟)를 세우고, 서자는 희생물을 공급하며, 종자가 그 제례를 주관하니, 비록 서인이 되더라도 제사를 주관하는 도의를 갖추게 된다. 만약 종자가 하사라면, 종자가 직접 제사를 지내니, 서자는 제사를 지낼 수 없다.

集解 此謂父之庶子也. 父庶不祭禰, 以有繼禰之宗主禰之祭也.

번역 이 내용은 부친의 서자에 대한 경우이다. 부친의 서자는 부친에 대해서 제사를 지내지 않으니, 부친을 계승한 종자가 부친의 제사를 주관하기 때문이다.

集解 朱子曰: 庶子不祭, 明其宗也, 此大傳文. 直謂非大宗則不得祭別子之爲祖者, 非小宗則各不得祭其四小宗所主之祖·禰也. 其小記則云: "庶子不祭禰, 明其宗也." 又云: "庶子不祭祖, 明其宗也." 文意重複, 似是衍字. 而鄭氏曲爲之說, 於"不祭禰"則曰: "謂宗子·庶子俱爲下士, 得立禰廟也. 雖庶人亦然." 於"不祭祖"則曰: "明其尊宗以爲本也, 禰則不祭矣. 言不祭祖者, 主謂宗子·庶子俱爲適士, 得立祖·禰廟者也. 凡正體在乎上者, 謂下正, 猶爲庶也." 疏云: "庶子·適子, 俱是人子, 並宜供養, 而適子烝嘗, 庶子獨不祭者, 正是推本崇適, 明有所宗也. 父庶卽不得祭父, 何假言祖? 而言'不祭祖', 故知是宗子·庶子俱爲適士. 適士得立祖·禰二廟. 宗子得立祖廟祭之, 而己是祖庶, 雖俱爲適士, 得自立禰廟, 而不得立祖廟祭之也. 正體, 謂祖之適也. 下正, 謂禰之適也. 雖正爲禰適, 而於祖猶爲庶, 故禰適謂之庶也. 五宗悉然." 今姑存之, 然恐不如大傳語雖簡而事反該悉也.

번역 주자가 말하길, "서자는 제사를 지내지 않으니, 종자를 밝히기 위해서이다."라는 문장은 『예기』「대전(大傳)」편에 나오는 문장이다.[57] 이것은 단지 대종(大宗)이 아니라면, 별자를 조부로 삼아서 제사를 지낼 수 없고, 소종(小宗)이 아니라면, 각각 4종류의 소종이 주관하게 되는 조부와 부친에 대한 제사를 지낼 수 없다는 뜻이다. 「상복소기」편에서는 "서자는 부친에 대한 제사를 지내지 않으니, 종자를 밝히기 위해서이다."라고 했고, 또 "서자는 조부에 대한 제사를 지내지 않으니, 종자를 밝히기 위해서이다."라고 했다. 문맥의 뜻이 중복되므로, 아마도 이것은 연문으로 들어간 기록일 것이다. 그런데 정현은 왜곡된 해설을 하여, "부친에 대한 제사를 지내지 않는다."라는 기록에 대해서, "종자와 서자가 모두 하사(下士)여서, 부친의 묘(廟)를 세울 수 있는 경우를 뜻한다. 비록 종자가 서인이라도 또한 이처럼 한다."라고 했고, "조부에 대한 제사를 지내지 않는다."라는 기록에 대해서, "종가를 존숭하여, 근본으로 삼는 뜻을 나타내니, 부친에 대해서는 제사를 지내지 않는다. 조부에 대해서 제사를 지내지 않는다는 말은 종자와 서자가 모두 적사(適士)여서, 조부와 부친의 묘(廟)를 세울 수 있는 경우를 위주로 한 말이다. 정체(正體)가 위에 있는 경우는 하정(下正)이 여전히 서자라는 뜻이다."라고 했다. 그리고 공영달[58]의 소(疏)에서는 "서자와 적자는 모두 자식이므로, 공양의 도리를 시행해야 하는데, 적자는 증상(烝嘗) 등의 종묘 제사를 지내고, 서자만 유독 제사를 지내지 못하는 것은 바로 근본을 미루어서 적자를 존숭하니, 종주로 섬기는 자가 있음을 나타낸다. 부친의 서자는 곧 부친에 대해서 제사를 지내지 못하는데, 어찌 조부에 대해서 말을 하겠는가? 그런데도 '조부에 대한 제사를 지내지 않는다.'라고 말했기 때문에, 종자와 서자가 모두 적사의 신분임을 알 수 있다. 적사는 조부와 부친에 대한 2개의 묘(廟)를 세울 수 있다. 종자가 조부의 묘(廟)를 세워서, 조부에 대한 제사를 지내지만, 본인이 조부의 서자라면, 비록 둘 모두 적사의 신분이라 하더라도, 부친의 묘(廟)는 세울 수 있지만, 조부의 묘(廟)를 세워서, 조부에 대한 제사를 지낼 수 없다. '정체(正體)'는 조부

---

57) 『예기』「대전(大傳)」【428d】: <u>庶子不祭, 明其宗也</u>. 庶子不得爲長子三年, 不繼祖也.

58) 공영달(孔穎達, A.D.574~A.D.648): =공씨(孔氏). 당대(唐代)의 경학자이다. 자(字)는 중달(仲達)이고, 시호(諡號)는 헌공(憲公)이다. 『오경정의(五經正義)』를 찬정(撰定)하는데 중심적인 역할을 했다.

의 적자를 뜻한다. '하정(下正)'은 부친의 적자를 뜻한다. 비록 정(正)이 부친의 적자가 된다고 하더라도, 조부에 대해서는 여전히 서자의 입장이 되기 때문에, 부친의 적자를 '서자(庶子)'라고 부른 것이다. 오종(五宗)이 모두 이러하다."라고 했다. 이곳에서는 그 주장들을 기록해두는데, 아마도 「대전(大傳)」편에 기록된 말이 간략하지만, 그 사안은 도리어 광범위한 경우를 모두 포괄한 것만 못한 것 같다.

集解 愚謂: 上言"不祭祖", 此言"不祭禰", 一據祖庶, 一據父庶. 若約而言之, 則大傳云"庶子不祭"者, 其義固已該矣. 祭法: "適士二廟." "官師一廟." 適士, 謂大宗子爲士者. 鄭氏以適士爲上士, 故解上條"不祭祖", 謂"宗子·庶子俱爲適士, 得立祖禰廟者", 解此條"不祭禰", 謂"宗子·庶子俱爲下士, 得立禰廟者", 用意雖深, 而實則皆非也.

번역 내가 생각하기에, 앞에서는 "조부에 대해서 제사를 지내지 않는다."라고 했고, 이곳에서는 "부친에 대해서 제사를 지내지 않는다."라고 했는데, 한 기록은 조부의 서자에 기준을 둔 것이고, 다른 한 기록은 부친의 서자에 기준을 둔 것이다. 만약 간략히 말을 한다면, 『예기』「대전(大傳)」편처럼 "서자는 제사를 지내지 않는다."라고 말하는 것이 그 의미가 진실로 이러한 두 경우를 포괄하게 된다. 『예기』「제법(祭法)」편에서는 "적사는 2개의 묘(廟)를 세운다."[59]라고 했고, "관사(官師)는 1개의 묘(廟)를 세운다."[60]라고 했다. '적사(適士)'는 대종(大宗)의 자식으로 사(士)의 신분이 된 자를 뜻한다. 정현은 적사를 상사(上士)라고 여겼기 때문에, 앞의 조목에 나오는 "조부에 대해서 제사를 지내지 않는다."라는 말을 풀이하며, "종자와 서자가 모두 적사여서, 조부와 부친의 묘(廟)를 세울 수 있는 경우이다."라고 한 것이고, 이곳 조목에서 "부친에 대해서 제사를 지내지 않는다."라는 말을 풀이하며, "종자와 서자가 모두 하사여서, 부친의 묘(廟)만 세울

59) 『예기』「제법(祭法)」【550a~b】: 適士二廟, 一壇, 曰考廟, 曰王考廟, 享嘗乃止. 顯考無廟, 有禱焉, 爲壇祭之. 去壇爲鬼.

60) 『예기』「제법(祭法)」【550b】: 官師一廟, 曰考廟. 王考無廟而祭之. 去王考爲鬼.

수 있는 경우이다."라고 한 것인데, 그 풀이가 비록 논리적이지만, 실제적으로는 잘못된 말들이다.

• 제 9 절 •

상복(喪服) 규정과 인도(人道)

【410c】

親親尊尊長長, 男女之有別, 人道之大者也.

직역 親을 親하고 尊을 尊하며 長을 長하고, 男女의 別이 有함은 人道의 大한 者이다.

의역 상복(喪服) 규정과 관련하여, 부모처럼 친근한 자를 친근하게 대하고, 조부 및 증조부처럼 존귀한 자를 존귀하게 대하며, 형이나 방계의 친족처럼 연장자를 연장자로 대하고, 남녀 사이의 구별됨이 있는 것은 인도 중에서도 큰 것에 해당한다.

集說 疏曰: 此論服之降殺. 親親, 謂父母也. 尊尊, 謂祖及曾祖·高祖也. 長長, 謂兄及旁親也. 不言卑幼, 擧尊長則卑幼可知也. 男女之有別者, 若爲父斬, 爲母齊衰; 姑姊妹在室期, 出嫁大功, 爲夫斬, 爲妻期之屬是也. 此四者, 於人之道爲最大.

번역 공영달의 소(疏)에서 말하길, 이 문장은 상복의 수위를 높이고 낮추는 내용을 논의하고 있다. "친근한 자를 친근하게 대한다."라는 말은 부모에 대한 경우를 뜻한다. "존귀한 자를 존귀하게 대한다."라는 말은 조부·증조부·고조부 등에 대한 경우를 뜻한다. "연장자를 연장자로 대한다."라는 말은 형 및 방계의 친족들에 대한 경우를 뜻한다. 신분이 낮고 어린 자에 대해서 언급하지 않은 것은 존귀한 자와 연장자를 거론한다면, 신분이 낮고 어린 자에 대한 경우까지도 알 수 있기 때문이다. "남녀에게 구별됨이 있다."라는 말은 마치 부친을 위해서 참최복(斬衰服)을 착용하고, 모친을 위해서 자최복(齊衰服)을 착용하며, 고모나 자매 중 아직 시집을 가지 않은 자에 대해서는 기년복(期年服)을 착용하지만, 출가한 여자에 대해서 대공복(大功服)을 착용하고, 남편을 위해서 참최복을 착용하지만, 처를 위해서 기년복을 착용하는 부류가 이러한 경우에 해당한다. 이러한 네 가지 기준은 인도 중에서도 가장 큰 것이 된다.

鄭注 言服之所以隆殺.

번역 상복에서 융성하게 하거나 낮추는 이유를 설명한 말이다.

孔疏 ●"親親"至"者也". ○正義曰: 此一經論服之隆[1]殺之義. 親親謂父母也, 尊尊謂祖及曾祖·高祖也, 長長謂兄及旁親也. 不言卑幼, 擧尊長則卑幼可知也. "男女之有別"者, 若爲父斬爲母齊衰, 姑姊妹在室期, 出嫁大功, 爲夫斬, 爲妻期之屬, 是男女之有別也.

번역 ●經文: "親親"~"者也". ○이곳 경문은 상복의 수위를 높이고 낮추는 내용을 논의하고 있다. "친근한 자를 친근하게 대한다."라는 말은 부모에 대한 경우를 뜻한다. "존귀한 자를 존귀하게 대한다."라는 말은 조부·증조부·고조부 등에 대한 경우를 뜻한다. "연장자를 연장자로 대한다."라는 말은 형 및 방계의 친족들에 대한 경우를 뜻한다. 신분이 낮고 어린 자에 대해서 언급하지 않은 것은 존귀한 자와 연장자를 거론한다면, 신분이 낮고 어린 자에 대한 경우까지도 알 수 있기 때문이다. "남녀에게 구별됨이 있다."라는 말은 마치 부친을 위해서 참최복(斬衰服)을 착용하고, 모친을 위해서 자최복(齊衰服)을 착용하며, 고모나 자매 중 아직 시집을 가지 않은 여자에 대해서는 기년복(期年服)을 착용하지만, 출가한 여자에 대해

---

1) '륭(隆)'자에 대하여. '륭'자는 본래 '강(降)'자로 기록되어 있었는데, 완원(阮元)의 『교감기(校勘記)』에서는 "위씨(衛氏)의 『집설(集說)』에서는 '강'자를 '륭'자로 기록하였는데, 살펴보니, '륭'자로 기록하는 것이 정현의 주 기록과 합치된다."라고 했다.

서 대공복(大功服)을 착용하고, 남편을 위해서 참최복을 착용하지만, 처를 위해서 기년복을 착용하는 부류가 바로 남녀 사이에 구별됨이 있다는 뜻에 해당한다.

孔疏 ●"人道之大者也", 言此親親·尊尊·長長, 男女有別, 人間道理最大者. 皇氏云: "親親, 結上'以三爲五'. 尊尊, 結上'王者禘其祖之所自出'. 長長, 結上'庶子不祭祖'". 按鄭注云: "言服之所以隆殺"爲服發文, 記者別言其事, 非是結成上義, 上文自論尊祖敬宗, 不論服之隆殺. 皇氏說非也.

번역 ●經文: "人道之大者也". ○이곳에서 친근한 자를 친근하게 대하며, 존귀한 자를 존귀하게 대하고, 연장자를 연장자로 대하며, 남녀 사이에 구별됨이 있다는 것은 인간사회에서 실천하는 도리 중 가장 큰 것에 해당한다는 뜻이다. 황간은 "친근한 자를 친근하게 대한다는 말은 앞에서 '3으로 5를 삼는다.'[2]라고 한 말을 결론 맺은 것이다. 존귀한 자를 존귀하게 대한다는 말은 앞에서 '천자는 자신의 시조를 출생한 대상에 대해서 체(禘) 제사를 지낸다.'[3]라고 한 말을 결론 맺은 것이다. 연장자를 연장자로 대한다는 말은 앞에서 '서자는 조부에 대해서 제사를 지내지 않는다.'[4]라고 한 말을 결론 맺은 것이다."라고 했다. 정현의 주를 살펴보면, "상복에서 융성하게 하거나 낮추는 이유를 설명한 말이다."라고 하여, 상복에 대한 설명을 위해 기록된 문장이라고 했으니, 『예기』를 기록한 자는 별도로 그 사안을 언급한 것이지, 앞에 나온 뜻을 결론지은 것이 아니니, 앞 문장에서는 그 자체로 조상을 존숭하고 종자를 존경한다는 사실을 논의한 것이고, 상복의 수위를 높이거나 낮추는 내용을 논의하지 않았다. 따라서 황간의 주장은 잘못되었다.

---

2) 『예기』「상복소기」【408c】: 親親以三爲五, 以五爲九, 上殺·下殺·旁殺, 而親畢矣.

3) 『예기』「상복소기」【408d】: 王者禘其祖之所自出, 以其祖配之, 而立四廟. 庶子王亦如之.

4) 『예기』「상복소기」【409d】: 庶子不祭祖者, 明其宗也.

集解 吳氏澄曰: 親親, 謂親而非尊非長者, 大傳謂之"下治子·孫", 此章所謂"下殺之親"也. 尊尊, 謂親而又尊者, 大傳謂之"上治祖·禰", 此章所謂"上殺之親"也. 長長, 謂親而又長者, 言長則兼幼矣, 大傳謂之"旁治昆弟", 此章所謂"旁殺之親"也. 男女之有別, 謂他姓之女來爲本姓婦, 本姓之女往爲他姓婦者, 是謂"內治夫婦之親", 大傳之"服術"所謂"名服"·"出入服"也.

번역 오징이 말하길, '친친(親親)'은 친근하지만, 존귀하지 않고, 연장자는 아니라는 뜻이니, 『예기』「대전(大傳)」편에서 "아래로 자식과 손자를 다스린다."라고 말하고, 이곳에서 "아래로 낮추는 친족이다."라는 말에 해당한다. '존존(尊尊)'은 친근하고 또 존귀한 자를 뜻하니, 「대전」편에서 "위로 조부와 부친을 다스린다."라고 말하고, 이곳에서 "위로 낮추는 친족이다."라는 말에 해당한다. '장장(長長)'은 친근하고 또 연장자를 뜻하니, 연장자라고 했다면, 나이가 어린 자도 포함하니, 「대전」편에서 "방계로 곤제를 다스린다."라고 말하고, 이곳에서 "방계로 낮추는 친족이다."라는 말에 해당한다.[5] "남녀에 유별함이 있다."는 말은 다른 성씨의 여자가 시집을 와서 본가의 성씨에 대한 부인이 되고, 본가 성씨의 여자가 시집을 가서 다른 성씨의 부인이 된 경우를 뜻하니, 이것은 "내적으로 부부의 친함을 다스린다."라는 말에 해당하니, 「대전」편의 '복술(服術)'에서 말한 '명복(名服)'과 '출입복(出入服)'을 뜻한다.[6]

集解 愚謂: 此與大傳"服術有六"一節義同, 不及君之服者, 蓋此及大傳皆據治親, 而但言其服之以恩制者也. 然君之服謂之方喪, 乃準乎父之服而起, 則尊尊之服雖但主於一家而言, 而君之服已該乎其中矣.

번역 내가 생각하기에, 이곳 문장과 『예기』「대전(大傳)」편에서 "복술

---

5) 『예기』「대전(大傳)」【425b】: 上治祖禰, 尊尊也. 下治子孫, 親親也. 旁治昆弟, 合族以食, 序以昭繆, 別之以禮義, 人道竭矣.

6) 『예기』「대전(大傳)」【427c】: 服術有六. 一曰親親, 二曰尊尊, 三曰名, 四曰出入, 五曰長幼, 六曰從服.

(服術)에는 여섯 가지가 있다."라고 한 문장은 의미가 동일한데, 군주에 대한 상복까지 언급하지 않은 것은 이곳 문장과 「대전」편의 기록은 모두 친족에 대한 경우에 기준을 둔 것이므로, 단지 상복 규정을 은정에 따라 제정한 경우만 언급했기 때문이다. 그러나 군주에 대한 상은 '방상(方喪)'이라고 부르므로, 곧 부친에 대한 상복 규정에 기준을 두고 세워졌으니, 존귀한 자를 존귀하게 대하는 상복 규정은 비록 한 가문을 위주로 말한 것이지만, 군주에 대한 상복 규정도 그 안에 이미 포함되어 있다.

• 제10절 •

상복(喪服) 규정-종복(從服)

【410d】

從服者, 所從亡則已. 屬從者, 所從雖沒也服.

직역 從하여 服한 者는 從한 所가 亡하면 已한다. 屬하여 從한 者는 從한 所가 雖히 沒이라도 服한다.

의역 누군가를 따라서 상복을 착용하는 경우, 따르던 자가 죽었다면, 상복 착용하는 일을 그만둔다. 혈연관계에 속하여 상대를 따라 상복을 착용하는 경우, 따르던 자가 죽었더라도 상복을 착용한다.

集說 疏曰: 服術有六, 其一是徒從. 徒, 空也. 與彼非親屬, 空從此而服彼. 有四者, 一是妾爲女君之黨, 二是子從母服於母之君母, 三是妾子爲君母之黨, 四是臣從君而服君之黨. 此四徒之中, 惟女君雖沒, 妾猶服女君之黨. 餘三徒, 所從旣亡, 則止而不服. 已, 止也. 屬者, 骨血連續以爲親也. 亦有三, 一是子從母服母之黨, 二是妻從夫服夫之黨, 三是夫從妻服妻之黨. 此三從雖沒, 猶從之服其親也.

번역 공영달의 소(疏)에서 말하길, 복술(服術)에는 여섯 가지가 있으니, 첫 번째는 도종(徒從)이다. '도(徒)'자는 "공허하다[空]."는 뜻이다. 상대방과 친속 관계가 아니면, 공허하게 이 자를 따라서 상대방에 대한 상복을 착용하는 것이다. 이러한 경우에는 네 가지가 있는데, 첫 번째는 첩이 여군(女君)[1]의 친족[黨]을 위한 경우이고, 두 번째는 자식이 모친을 따라서, 모친의 군모(君母)[2]에 대해 상복을 착용하는 경우이며, 세 번째는 첩의 자식이 군모(君母)의 당(黨)을 위한 경우이고, 네 번째는 신하가 군주를 따라서 군주의 당(黨)을 위해 상복을 착용하는 경우이다. 이러한 네 가지 도종의 경우, 오직 여군(女君)에 대한 경우만, 여군이 비록 죽더라도, 첩은 여전히 여군의 당(黨)을 위해서 상복을 착용한다. 나머지 세 가지 도종의 경우, 따르는 자가 이미 죽었다면, 관계가 끝나서 상대방을 위해 상복을 착용하지 않는다. '이(已)'자는 "그치다[止]."는 뜻이다. '속(屬)'자는 혈연으로 맺어져서 친족으로 여기는 자를 뜻한다. 이 경우에도 또한 세 종류가 있다. 첫 번째는 자식이 모친을 따라서 모친의 당(黨)을 위해 상복을 착용하는 경우이다. 두 번째는 처가 남편을 따라서 남편의 당(黨)을 위해 상복을 착용하는 경우이다. 세 번째는 남편이 처를 따라서 처의 당(黨)을 위해 상복을 착용하는 경우이다. 이 세 가지 경우에는 따르는 자가 비록 죽었더라도, 여전히 죽은 자를 따라서 그의 친족을 위해 상복을 착용한다.

大全 嚴陵方氏曰: 從服, 卽大傳所謂徒從也. 屬從, 卽大傳所謂屬從者也. 然徒從, 不若屬從之爲重, 故於徒從則所從亡則已, 於屬從則所從雖沒而猶服焉.

번역 엄릉방씨가 말하길, 이때의 '종복(從服)'은 『예기』「대전(大傳)」편에서 말한 '도종(徒從)'에 해당한다. '속종(屬從)'은 「대전」편에서 말한 '속종(屬從)'에 해당한다.[3] 그런데 도종은 속종처럼 중대하지 않기 때문에, 도종에 대해서는 따르던 자가 죽으면 그친다고 했고, 속종에 대해서는 따르던 자가 비록 죽었더라도, 여전히 상복을 착용한다고 했다.

鄭注 謂若爲君母之父母·昆弟·從母也. 謂若自爲己之母黨.

번역 앞의 경우는 마치 군모(君母)의 부모·곤제·종모(從母)[4]를 위한

---

1) 여군(女君)은 본부인을 뜻하는 용어이다. 주로 첩 등이 정처를 지칭할 때 쓰는 용어이다.

2) 군모(君母)는 서자가 부친의 정처를 지칭하는 용어이다.

3) 『예기』「대전(大傳)」【427d】: 從服有六, 有屬從, 有徒從, 有從有服而無服, 有從無服而有服, 有從重而輕, 有從輕而重.

경우를 뜻한다. 뒤의 경우는 마치 자신이 자기 모친의 친족들을 위한 경우를 뜻한다.

釋文 已音以.

번역 '已'자의 음은 '以(이)'이다.

孔疏 ●"從服"至"子服". ○正義曰: 此一節論從服之事, 各依文解之.

번역 ●經文: "從服"~"子服". ○이곳 경문은 종복(從服)에 대한 사안을 논의하고 있으니, 각각의 문장에 따라서 풀이하겠다.

孔疏 ●"從服"者, 按服術有六, 其一是"徒從"者, 徒, 空也, 與彼非親屬, 空從此而服彼. 徒中有四: 一是妾爲女君之黨, 二是子從母服於母之君母, 三是妾子爲君母之黨, 四是臣從君而服君之黨. 就此四徒之中, 而一徒所從雖亡, 則猶服. 如女君雖沒, 妾猶服女君之黨, 其餘三途, 則所從亡而已, 謂君母死, 則妾子不復服君母之黨, 及母亡, 則子不復服母之君母, 又君王, 則臣不服君黨親也. 其中又有妾攝女君, 爲女君黨, 各有義故也. 今上云"所從亡則已", 已, 止也, 止謂徒從亡則止而不服者.

번역 ●經文: "從服". ○살펴보니 복술(服術)에는 여섯 종류가 있는데, 그 중 하나는 '도종(徒從)'으로, '도(徒)'자는 "공허하다[空]."는 의미이니, 상대방과 친속관계가 아닌데, 공허하게도 이 사람을 따라서 상대방을 위해 상복을 착용하는 것이다. 도종에는 네 종류가 있다. 첫 번째는 첩이 여군의 친족을 위해 상복을 착용하는 경우이다. 두 번째는 자식이 모친을 따라서 모친의 군모를 위해서 상복을 착용하는 경우이다. 세 번째는 첩의 자식이 군모의 친족을 위해 상복을 착용하는 경우이다. 네 번째는 신하가 군주를 따라서 군주의 친족을 위해 상복을 착용하는 경우이다. 이러한 네 종류의

4) 종모(從母)는 모친의 자매인 이모를 뜻한다.

도종에 따르면, 한 경우의 도종에서만 따르던 자가 비록 죽더라도, 여전히 상복을 착용한다. 예를 들어 여군이 비록 죽었더라도, 첩은 여전히 여군의 친족을 위해서 상복을 착용하고, 나머지 세 가지 도종의 경우에는 따르던 자가 죽으면 그치니, 즉 군모가 죽었다면, 첩의 자식은 재차 군모의 친족을 위해서 상복을 착용하지 않고, 모친이 죽었다면, 자식은 재차 모친의 군모를 위해서 상복을 착용하지 않으며, 또 군왕이 죽었다면, 신하는 군주의 친족을 위해서 상복을 착용하지 않는다. 그 중에는 또한 첩이 여군을 돕게 되어, 여군의 친족을 위해서 상복을 착용하는 경우도 있으니, 각각 해당하는 의미가 있기 때문이다. 현재 앞 문장에서는 "따르던 자가 죽었으면 그친다."라고 했는데, '이(已)'자는 "그친다[止]."는 뜻으로, 그친다는 말은 도종의 경우, 따르던 자가 죽으면, 그쳐서 상복을 착용하지 않는다는 뜻이다.

孔疏 ◎注"謂若"至"母也". ○正義曰: 鄭此謂略擧一隅也.

번역 ◎鄭注: "謂若"~"母也". ○정현은 이곳 문장에 대해서 각각 한 가지 사례를 간략히 제시한 것이다.

孔疏 ●"屬從"者, 所從雖沒也, 服此, 明屬從也. 屬者骨血連續, 以爲親也, 亦有三: 一是子從母服母之黨, 二是妻從夫服夫之黨, 三是夫從妻服妻之黨. 此三從雖沒猶從之, 服其親也. 注特云"謂若自爲己之母黨"者, 亦擧一隅也.

번역 ●經文: "屬從". ○따르던 자가 비록 죽었더라도, 상대를 위해 상복을 착용하니, 이것은 속종(屬從)을 나타낸다. '속(屬)'이라는 것은 혈연관계로 얽혀져 친족으로 여긴다는 뜻이니, 이러한 경우에도 또한 세 종류가 있다. 첫 번째는 자식이 모친을 따라서 모친의 친족을 위해 상복을 착용하는 경우이다. 두 번째는 처가 남편을 따라서 남편의 친족을 위해 상복을 착용하는 경우이다. 세 번째는 남편이 처를 따라서 처의 친족을 위해 상복을 착용하는 경우이다. 이러한 세 종류의 관계에 있어서, 따르던 자가 비록 죽었더라도, 여전히 죽은 자를 따라서 그 친족들을 위해 상복을 착용한다.

정현의 주에서는 단지 "마치 자기 모친의 친족들을 위한 경우이다."라고만 말했는데, 이 또한 한 가지 사례만 제시한 것일 뿐이다.

集解 從服, 謂徒從者也. 徒, 空也, 謂非親屬而空服之者也. 其服有二: 一是子從母服母之君母, 二是妾子從君母服君母之黨. 屬從, 謂有親屬而服之者也. 其服有三: 一是妻從夫服夫之黨, 二是子從母服母之黨, 三是夫從妻服妻之黨. 徒從本非親屬, 故所從亡則不服. 屬從本有親屬, 故所從雖沒猶服.

번역 '종복(從服)'은 도종(徒從)하는 경우를 뜻한다. '도(徒)'자는 "공허하다[空]."는 뜻으로, 친속 관계가 아닌데도, 공허하게 상복을 착용하는 경우이다. 이처럼 상복을 착용하는 데에는 두 가지 경우가 있다. 첫 번째는 자식이 모친을 따라서 모친의 군모를 위해 상복을 착용하는 경우이다. 두 번째는 첩의 자식이 군모를 따라서 군모의 친족을 위해 상복을 착용하는 경우이다. '속종(屬從)'은 친속관계가 있어서 상복을 착용하는 경우이다. 이처럼 상복을 착용하는 데에는 세 가지 경우가 있다. 첫 번째는 처가 남편을 따라서 남편의 친족을 위해 상복을 착용하는 경우이다. 두 번째는 자식이 모친을 따라서 모친의 친족을 위해 상복을 착용하는 경우이다. 세 번째는 남편이 처를 따라서 처의 친족을 위해 상복을 착용하는 경우이다. 도종을 하는 경우 본래 친속관계가 아니기 때문에, 따르던 자가 죽으면 상대를 위해 상복을 착용하지 않는다. 속종은 본래 친속관계에 포함되기 때문에, 따르던 자가 죽었더라도 여전히 상복을 착용한다.

集解 愚謂: 妾服女君之黨, 與從服之義不同, 說見於後. 若臣從君而服君之黨, 則喪服齊衰章云: "爲君之父・母・妻・長子・祖父母"也. 君沒之後, 其長子則新君也, 其妻則固小君也, 其父母・祖父母, 君沒之後, 新君承重, 皆爲之三年, 則臣亦從新君而服也, 皆不可謂"所從亡則已"也. 大傳疏言"徒從"內有"妻爲夫之君", 則所從亡不服者. 但此與大傳皆主言治親之服, 則臣服君之黨, 妻服夫之君, 皆與此所言"從服"無與. 此所謂"徒從", 唯謂子服母之君母, 妾子服君母之黨而已, 皆所從亡則已者也.

번역 내가 생각하기에, 첩이 여군의 친족을 위해 상복을 착용하는 것은 종복(從服)의 뜻과는 의미가 다른데, 그 설명은 뒤에 나온다. 만약 신하가 군주를 따라서 군주의 친족을 위해 상복을 착용하는 경우라면, 『의례』「상복(喪服)」편의 '자최장(齊衰章)'에서 "군주의 부친·모친·처·장자·조부모를 위한 경우이다."[5]라고 한 말에 해당한다. 군주가 죽은 이후, 그의 장자는 새로운 군주가 되고, 군주의 처는 소군(小君)[6]이 되며, 군주의 부모와 조부모는 군주가 죽은 이후 새로운 군주가 그 중책을 받들게 되므로, 모든 경우에 그들을 위해서 삼년상을 치르니, 신하 또한 새로운 군주를 따라서 그들을 위해 상복을 착용하므로, 이 모두를 "따르던 자가 죽으면 그만둔다."라고 말할 수 없다. 『예기』「대전(大傳)」편에 대한 공영달의 소(疏)에서는 '도종(徒從)'의 항목 속에 "처가 남편의 군주를 위한 경우이다."라는 말까지 포함시켰으니, 따르던 자가 죽었더라도 상복을 착용하지 않는 경우이다. 다만 이곳 문장과 「대전」편의 기록은 모두 친족에 대해 상복을 착용하는 경우를 위주로 언급했으니, 신하가 군주의 친족을 위해서 상복을 착용하고, 처가 남편의 군주를 위해서 상복을 착용하는 경우는 모두 이곳에서 말한 '종복(從服)'과는 관계가 없을 것이다. 그리고 이곳에서 '도종(徒從)'이라고 했는데, 이것은 단지 자식이 모친의 군모를 위해서 상복을 착용하고, 첩의 자식이 군모의 친족을 위해서 상복을 착용하는 경우를 뜻할 따름이니, 이러한 경우에는 모두 따르던 자가 죽으면 그치게 된다.

【411a】

妾從女君而出, 則不爲女君之子服.

직역 妾이 女君을 從하여 出하면, 女君의 子를 爲하여 服하길 不한다.

---

5) 『의례』「상복(喪服)」: 爲君之父母·妻·長子·祖父母.

6) 소군(小君)은 주대(周代)에 제후의 부인을 지칭하던 용어이다. 『춘추』「희공(僖公) 2년」편에는 "夏五月辛巳, 葬我小君哀姜."이라는 용례가 있다.

의역 여군과 함께 따라온 질제(姪娣)가 만약 여군과 함께 내쫓기게 되었다면, 도의가 끊어졌으니, 여군의 자식을 위해서 상복을 착용하지 않는다.

集說 妾, 謂女君之姪娣也. 其來也, 與女君同入, 故服女君之子與女君同. 若女君犯七出而出, 則此姪娣亦從之出. 子死, 則母自服其子, 姪娣不服, 義絶故也.

번역 '첩(妾)'은 여군의 질제(姪娣)를 뜻한다. 그녀가 시집을 올 때에는 여군과 함께 시집을 온다. 그렇기 때문에 여군의 자식을 위해서 상복을 착용하는 것은 여군에 대한 경우와 동일하다. 만약 여군이 칠거지악을 범하여 내쫓기게 되었다면, 그녀의 질제 또한 그녀를 뒤따라 쫓겨나게 된다. 자식이 죽었다면, 모친은 직접 그녀의 자식을 위해서 상복을 착용하지만, 질제는 착용하지 않으니, 도의가 끊어졌기 때문이다.

鄭注 妾爲女君之黨服, 得與女君同. 而今俱出[7], 女君猶爲子期, 妾於義絶無施服.

번역 첩은 여군의 친족을 위해서 상복을 착용하니, 여군에 대한 경우와 동일하게 따를 수 있다. 그러나 현재 그녀들 모두 쫓겨나게 되었다면, 여군은 여전히 자식을 위해서 기년복(期年服)을 착용하지만, 첩은 도의상 단절이 되어서, 그녀의 자식을 위해서 착용할 상복이 없게 된다.

釋文 則不爲, 于僞反, 注"妾爲"·"猶爲"皆同. 期音朞, 下文及注"不及期"

---

7) '출(出)'자에 대하여. '출'자는 본래 없던 글자인데, 완원(阮元)의 『교감기(校勘記)』에서는 "혜동(惠棟)의 『교송본(校宋本)』에는 '구(俱)'자 뒤에 '출'자가 기록되어 있고, 『송감본(宋監本)』·『악본(岳本)』·『가정본(嘉靖本)』 및 위씨(衛氏)의 『집설(集說)』도 동일하게 기록되어 있고, 『고문(考文)』에서 인용하고 있는 『고본(古本)』과 『족리본(足利本)』에서도 동일하게 기록하고 있다. 이곳 판본은 잘못하여 글자가 누락된 것이며, 『민본(閩本)』·『감본(監本)』·『모본(毛本)』도 동일하게 누락되어 있다."라고 했다.

皆同. 施, 以豉反.

번역 '則不爲'에서의 '爲'자는 그 음이 '于(우)'자와 '僞(위)'자의 반절음이며, 정현의 주에 나오는 '妾爲'와 '猶爲'에서의 '爲'자도 모두 그 음이 이와 같다. '期'자의 음은 '朞(기)'이며, 아래문장 및 정현의 주에 나오는 '不及期'에서의 '期'자도 모두 그 음이 이와 같다. '施'자는 '以(이)'자와 '豉(시)'자의 반절음이다.

孔疏 ●"妾從女君而出, 則不爲女君之子服". ○妾服女君之子, 皆與女君同, 此云"從而出", 謂姪娣也. 姪娣從女君而入, 若女君犯七出, 則姪娣亦從而出. 母自爲子猶期, 姪娣不復服出女君之子, 已義絶故也.

번역 ●經文: "妾從女君而出, 則不爲女君之子服". ○첩은 여군의 자식을 위해서 상복을 착용하니, 모두 여군에 대한 경우와 동일하게 한다. 이곳에서 "뒤따라서 쫓겨나다."라고 했는데, 이들은 질제(姪娣)를 가리킨다. 질제는 여군을 뒤따라 시집을 온 여자들인데, 만약 여군이 칠거지악을 범하여 쫓겨나게 되었다면, 질제 또한 그녀를 뒤따라 쫓겨나게 된다. 모친은 자식을 위해서 여전히 기년복(期年服)을 착용하지만, 질제는 쫓겨난 여군의 자식을 위해서 다시 상복을 착용하지 않으니, 이미 도의가 단절되었기 때문이다.

訓纂 盧注: 謂俱有過而出, 女君爲其子服, 嫌妾當從服, 故言不也.

번역 노식[8]의 주에서 말하길, 모두 과실을 범해 쫓겨난 경우를 뜻하니,

---

8) 노식(盧植, A.D.159?~A.D.192) : =노씨(盧氏). 후한(後漢) 때의 유학자이다. 자(字)는 자간(子幹)이다. 어려서 마융(馬融)을 스승으로 섬겼다. 영제(靈帝)의 건녕(建寧) 연간(A.D.168~A.D.172)에 박사(博士)가 되었다. 채옹(蔡邕) 등과 함께 동관(東觀)에서 오경(五經)을 교정했다. 후에 동탁(董卓)이 소제(少帝)를 폐위시키자, 은거하며 『상서장구(尙書章句)』, 『삼례해고(三禮解詁)』를 저술했지만, 남아 있지 않다.

여군은 그녀의 자식을 위해서 상복을 착용하지만, 첩 또한 마땅히 뒤따라 상복을 착용해야 한다고 오해하게 될까봐 하지 않는다고 말한 것이다.

• 제11절 •

체(禘)제사의 규정

【411b】

禮不王不禘.

직역 禮에서는 王이 不이면 禘를 不한다.

의역 예법에 따르면, 천자가 아니라면 체(禘)제사를 지내지 않는다.

集說 禘, 王者之大祭. 諸侯不得行之, 故云不王不禘.

번역 '체(禘)'제사는 천자가 치르는 대제(大祭)이다. 제후는 그 제사를 시행할 수 없다. 그렇기 때문에 "천자가 아니라면 체제사를 지내지 않는다."라고 말한 것이다.

集說 石梁王氏曰: 此句合在王者禘其祖之所自出上, 錯亂在此.

번역 석량왕씨[1]가 말하길, 이 구문은 "천자는 자신의 시조를 출생한 자에 대해서 체(禘)제사를 지낸다."[2]라고 한 문장 앞에 와야 하는데, 착간되어 이곳에 기록된 것이다.

鄭注 禘謂祭天.

---

1) 석량왕씨(石梁王氏, ?~?) : 자세한 이력이 남아 있지 않다.
2) 『예기』「상복소기」【408d】 : <u>王者禘其祖之所自出</u>, 以其祖配之, 而立四廟. 庶子王亦如之.

번역 '체(禘)'제사는 하늘에 대한 제사를 뜻한다.

孔疏 ●"禮不王不禘". ○正義曰: 此一節論王者郊天之事. 王, 謂天子也. 禘, 謂郊天也. 禮, 唯天子得郊天, 諸侯以下否. 故云: "禮, 不王不禘." 此經上下皆論服制, 記者亂錄不禘之事廁在其間, 無義例也. 以承上文"王者禘其祖之所自出", 故知謂郊天也, 非祭昊天之禘也.

번역 ●經文: "禮不王不禘". ○이곳 문단은 천자가 하늘에 대한 교(郊)제사를 지내는 사안을 논의하고 있다. '왕(王)'은 천자를 뜻한다. '체(禘)'는 하늘에 대한 교(郊)제사를 뜻한다. 예법에 따르면, 오직 천자만이 하늘에 대한 교(郊)제사를 지낼 수 있고, 제후로부터 그 이하의 계층은 지내지 못한다. 그렇기 때문에 "예법에 따르면, 천자가 아니면 체제사를 지내지 않는다."라고 말한 것이다. 이곳 경문 앞뒤의 기록에서는 모두 상복제도를 논의하고 있는데, 『예기』를 기록한 자가 체제사를 지내지 않는다는 사안을 그 중간에 뒤섞어 기록해둔 것이며, 특별한 의미에 따라 배열한 것이 아니다. 이곳 문장은 앞에서 "천자는 자신의 시조를 출생한 자에게 체제사를 지낸다."라고 한 문장과 연결되어 있기 때문에, 여기에서 말한 '체(禘)'가 하늘에 대한 교(郊)제사를 뜻하며, 호천(昊天)[3]에 대한 제사인 체(禘)가 아님을 알 수 있다.

---

3) 호천상제(昊天上帝)는 호천(昊天)과 상제(上帝)로 구분하여 해석하기도 하며, '호천상제'를 하나의 용어로 해석하기도 한다. 후자의 경우 '호천'이라는 말은 '상제'를 수식하는 말이다. 고대에는 축호(祝號)라는 것을 지어서 제사 때의 용어를 수식어로 꾸미게 되는데, '호천상제'의 경우는 '상제'에 대한 축호에 해당하며, 세부하여 설명하자면 신(神)의 명칭에 수식어를 붙이는 신호(神號)에 해당한다. 『예기』「예운(禮運)」편에는 "作其祝號, 玄酒以祭, 薦其血毛, 腥其俎, 孰其殽."라는 기록이 있고, 이에 대한 진호(陳澔)의 주에서는 "作其祝號者, 造爲鬼神及牲玉美號之辭. 神號, 如昊天上帝."라고 풀이했다. '호천'과 '상제'로 풀이할 경우, '상제'는 만물을 주재하는 자이며, '상천(上天)'이라고도 불렀다. 고대인들은 길흉(吉凶)과 화복(禍福)을 내릴 수 있는 능력을 갖추고 있었다고 생각하였다. 한편 '상제'는 오행(五行) 관념에 따라 동·서·남·북·중앙의 구분이 생기면서, 천상을 각각 나누어 다스리는 오제(五帝)로 설명되기도 한다. '호천'의 경우 천신(天神)을 뜻하는데, '상제'와 비슷한 개념이다. '호천'을 '상제'보다 상위의 개념으로 해석하여, 오제 위에서 군림하는 신으로 해석하는 경우도 있다.

• 제12절 •

상복(喪服) 규정-세자(世子)

【411b】

世子不降妻之父母. 其爲妻也, 與大夫之適子同.

직역 世子는 妻의 父母를 不降한다. 그는 妻를 爲하여, 大夫의 適子와 同하다.

의역 세자는 처의 부모에 대해서, 상복을 착용할 때 수위를 낮추지 않는다. 세자가 처를 위해 상복을 착용할 때에는 대부가 자신의 적자를 위해서 착용하는 상복과 동일하게 따른다.

集說 世子, 天子諸侯之適子傳世者也. 不降殺其妻父母之服者, 以妻故親之也. 大夫適子死, 服齊衰不杖. 今世子旣不降其妻之父母, 則其爲妻服, 與大夫服適子之服同也.

번역 '세자(世子)'는 천자와 제후의 적장자로 세대를 전수받은 자를 뜻한다. "처의 부모에 대한 상복을 낮추지 않는다."는 말은 처의 친족이므로 친근하게 대하기 때문이다. 대부의 적자가 죽으면, 그를 위해서 자최복(齊衰服)을 착용하되 지팡이는 잡지 않는다. 현재 세자는 이미 그의 처 부모에 대해서 상복의 수위를 낮추지 않는다고 했으니, 그가 처를 위해 상복을 착용할 때, 대부가 자신의 적자를 위해 착용하는 상복과 동일하게 따른다.

鄭注 世子, 天子諸侯之適子也, 不降妻之父母, 爲妻故親之也. 爲妻亦齊衰不杖者, 君爲之主, 子不得伸也. 主, 言"與大夫之適子同", 據喪服[1]之成文也. 本所以正見父在爲妻不杖, 於大夫適子者, 明大夫以上雖尊, 猶爲適婦爲主.

번역 '세자(世子)'는 천자와 제후의 적자를 뜻하며, 처의 부모를 위해서 상복의 수위를 낮추지 않는 것은 처의 친족이 되어 친근하게 대하기 때문이다. 처를 위해서는 또한 자최복(齊衰服)을 착용하며 지팡이를 잡지 않는데, 군주가 그녀를 위해서 상을 주관하여, 자식은 펼칠 수 없기 때문이다. 상을 주관하는 자에 대해서, "대부의 적자에 대한 경우와 동일하게 한다." 라고 말한 것은 『의례』「상복(喪服)」편의 기록에 근거한 것이다. 「상복」편의 본문은 부친이 생존해 있을 때, 처를 위해 상복을 착용하며 지팡이를 잡지 않는 것을 나타내는데, 대부의 적자에 대한 경우를 통해서 나타냈다면, 대부로부터 그 이상의 계급은 비록 존귀한 신분이지만, 여전히 적자의 부인을 위해서 상을 주관하게 됨을 나타낸다.

釋文 其爲妻, 于僞反, 注"爲妻"·"猶爲"皆同. 伸音申. 正見, 賢遍反. 以上, 時掌反, 凡"以上"皆同.

번역 '其爲妻'에서의 '爲'자는 '于(우)'자와 '僞(위)'자의 반절음이며, 정현의 주에 나오는 '爲妻'와 '猶爲'에서의 '爲'자도 모두 그 음이 이와 같다. '伸'자의 음은 '申(신)'이다. '正見'에서의 '見'자는 '賢(현)'자와 '遍(편)'자의 반절음이다. '以上'에서의 '上'자는 '時(시)'자와 '掌(장)'자의 반절음이며, '以上'이라고 한 말에서의 '上'자는 모두 그 음이 이와 같다.

孔疏 ●"世子"至"士服". ○正義曰: "世子不降妻之父母"者, 世子謂天子諸侯之適子, 與君連體, 故不降妻之父母, 親親之故也.

번역 ●經文: "世子"~"士服". ○경문의 "世子不降妻之父母"에 대하여. '세자(世子)'는 천자와 제후의 적자를 뜻하니, 군주와 밀접한 관계이기 때문에, 처의 부모를 위해서 상복의 수위를 낮추지 않으니, 친근한 자를 친근하

1) '상복(喪服)'에 대하여. '상(喪)'자는 본래 없던 글자인데, 완원(阮元)의 『교감기(校勘記)』에서는 "포당(浦鏜)은 『속통해(續通解)』에서 '복(服)'자 앞에 '상'자를 보충해서 교정했다."라고 했다.

게 대하기 때문이다.

孔疏 ●"其爲妻也, 與大夫之適子同"者, 世子旣不降妻之父母, 其爲妻也亦不降, 與大夫之適子爲妻同也.

번역 ●經文: "其爲妻也, 與大夫之適子同". ○세자는 처의 부모를 위해서 이미 상복의 수위를 낮추지 않는다고 했는데, 그가 처를 위한 경우에서도 또한 상복을 수위를 낮추지 않으니, 대부의 적자가 처를 위한 경우와 동일하다.

孔疏 ◎注"世子"至"爲主". ○正義曰: 知"世子是天子諸侯之適子"者, 以其春秋王與諸侯適子皆稱"世子". 云"爲妻亦齊衰不杖者, 君爲之主, 子不得伸也"者, 言世子爲妻, 亦齊衰不杖. "亦"者, 亦如大夫之適子爲妻. 知"齊衰不杖"者, 以喪服齊衰不杖者, 稱大夫適子爲妻, 故知"齊衰不杖". 所以"不杖"者, 父爲主, 其子不得伸. 今世子爲妻亦不杖, 故云"君爲主, 子不得伸也". 云"主, 言與大夫之適子同, 據喪服之成文也"者, 此解經所以言世子與大夫適子同齊衰, 以大夫適子, 喪服齊衰不杖, 有成文, 故云據喪服之成文也. 云"本所以正見父在爲妻不杖, 於大夫適子者, 明大夫以上雖尊, 猶爲適婦爲主"者, 言"本"主謂喪服本文也. 喪服若擧世子爲妻, 嫌大夫以下有降, 喪服若擧士子爲妻, 其士旣職卑, 本無降理, 大夫是尊降之首, 恐其爲適婦而降, 故特顯之.

번역 ◎鄭注: "世子"~"爲主". ○정현이 "'세자(世子)'는 천자와 제후의 적자를 뜻한다."라고 했는데, 이 말이 사실임을 알 수 있는 이유는 『춘추』에서는 천자와 제후의 적자에 대해서, 모두 '세자(世子)'라고 지칭했기 때문이다. 정현이 "처를 위해서는 또한 자최복(齊衰服)을 착용하며 지팡이를 잡지 않는데, 군주가 그녀를 위해서 상을 주관하여, 자식은 펼칠 수 없기 때문이다."라고 했는데, 세자가 처를 위해 상복을 착용할 때에도 또한 자최복을 착용하지만 지팡이는 잡지 않는다. '또한[亦]'이라고 말한 이유는 또한 대부의 적자가 처를 위해 상복을 착용하는 경우와 같기 때문이다. 정현이

"자최복을 착용하지만 지팡이를 잡지 않는다."라고 했는데, 이 말이 사실임을 알 수 있는 이유는 『의례』「상복(喪服)」편에서 자최복을 착용하지만 지팡이를 잡지 않는다는 항목에 대해서, 대부의 적자가 처를 위한 경우를 지칭했기 때문에, "자최복을 착용하지만 지팡이를 잡지 않는다."는 말이 사실임을 알 수 있다. "지팡이를 잡지 않는다."라고 한 이유는 부친이 상을 주관하게 되면, 그의 자식은 펼칠 수 없기 때문이다. 현재 세자는 처를 위해서 또한 지팡이를 잡지 않는다. 그렇기 때문에 "군주가 상을 주관하여, 자식은 펼칠 수 없기 때문이다."라고 말한 것이다. 정현이 "상을 주관하는 자에 대해서, '대부의 적자에 대한 경우와 동일하게 한다.'라고 말한 것은 『의례』「상복(喪服)」편의 기록에 근거한 것이다."라고 했는데, 이 문장은 경문에서 세자는 대부가 적자에 대한 경우와 동일하게 자최복을 착용한다고 말한 이유를 풀이한 것이니, 대부의 적자에 대해서는 「상복」편에 자최복을 착용하며 지팡이를 잡지 않는다는 명확한 경문 기록이 있기 때문에, "「상복」편의 기록에 근거한 것이다."라고 말한 것이다. 정현이 "「상복」편의 본문은 부친이 생존해 있을 때, 처를 위해 상복을 착용하며 지팡이를 잡지 않는 것을 나타내는데, 대부의 적자에 대한 경우를 통해서 나타냈다면, 대부로부터 그 이상의 계급은 비록 존귀한 신분이지만, 여전히 적자의 부인을 위해서 상을 주관하게 됨을 나타낸다."라고 했는데, '본(本)'이라고 한 말은 주로 「상복」편의 본문을 뜻한다. 「상복」편에서 만약 세자가 처를 위해 상복을 착용하는 경우를 언급했다면, 대부로부터 그 이하의 계층에서는 수위를 낮추게 된다고 오해를 하게 되며, 「상복」편에서 만약 사(士)의 자식이 처를 위해 상복을 착용하는 경우를 제시했다면, 사는 직무가 이미 미천하므로, 낮추는 이치가 본래 없고, 대부는 높이고 낮추는 기준을 적용하는 시작이 되므로, 아마도 적자의 부인을 위해서 낮추게 된다고 오해할 것을 염려해서, 특별히 제시를 한 것이다.

訓纂 江氏永曰: 此經"不降妻之父母", 對"公子降妻之父母"而言. 蓋公子厭於父, 降其妻爲大功, 遂降妻之父母無服. 若世子之妻爲繼體之配, 異於公子之妻, 其爲妻服齊衰不杖期, 故妻之父母仍服緦也.

번역 강영[2]이 말하길, 이곳 경문에서는 "처의 부모에 대해서 수위를 낮추지 않는다."라고 했는데, 이것은 "공자(公子)가 처의 부모에 대해서 수위를 낮춘다."라고 한 말에 대비해서 쓴 말이다. 아마도 공자는 부친에 대해서 낮추므로, 그의 처를 위해서 수위를 낮춰 대공복(大功服)을 착용하므로, 결국 처의 부모에 대해서도 수위를 낮춰서 상복을 착용하지 않는다. 만약 세자의 처가 정통을 잇는 배필이 되어, 공자들의 처와는 달리 대한다면, 그는 처를 위해서 자최복(齊衰服)을 착용하고 지팡이를 잡지 않은 상태로 기년상(期年喪)을 치른다. 그렇기 때문에 처의 부모에 대해서는 곧 시마복(緦麻服)을 착용하게 된다.

集解 愚謂: 君大夫皆不降適婦之服, 故其子亦不降其妻, 蓋尊厭之法, 於正體皆不厭也. 妻之父母, 從服也. 公子厭於君, 爲其妻無服, 故不從而服其父母. 世子服其妻, 與大夫之適子同, 故於其妻之父母之服不降. 喪服緦麻章云: "妻之父母", 不顯大夫以上之服. 以此記推之, 則雖大夫無緦服, 而妻之父母之服與士同矣. 所以然者, 夫婦一體, 妻之父母乃妻之正尊, 故其夫皆遂服, 此與尊降之法不降其正尊者同義也.

번역 내가 생각하기에, 군주와 대부는 모두 적자의 처를 위해서 상복의 수위를 낮추지 않기 때문에, 그의 자식 또한 그의 처에 대해서 상복의 수위를 낮추지 않으니, 높이고 낮추는 법도에 있어서, 정통을 이은 자에 대해서는 모두 낮추지 않기 때문이다. 처의 부모에 대한 경우는 종복(從服)에 해당한다. 공자(公子)는 군주에 대해서 낮추므로, 그의 처에 대해서는 상복을 착용하지 않기 때문에, 처를 따라서 처의 부모를 위해 상복을 착용하지 않는다. 세자는 그의 처를 위해서 상복을 착용하니, 대부의 적자에 대한 경우

2) 강영(江永, A.D.1681~A.D.1762) : 청(淸)나라 때의 경학자이다. 자(字)는 신수(愼修)이다. 『십삼경주소(十三經注疏)』에 대한 연구를 했으며, 특히 삼례(三禮)에 대해 해박했다.

와 동일하다. 그렇기 때문에 처의 부모에 대한 상복도 수위를 낮추지 않는 것이다. 『의례』「상복(喪服)」편의 '시마장(緦麻章)'에서는 "처의 부모에 대한 경우이다."[3]라고 했고, 대부로부터 그 이상의 계층이 착용하는 상복은 나타내지 않았다. 이곳 기록을 통해 추론해보면, 비록 대부에게 시마복(緦麻服)이 없더라도, 처의 부모에 대한 상복은 사에 대한 경우와 동일하다. 이처럼 하게 되는 이유는 부부는 한 몸이고, 처의 부모는 곧 처의 정존(正尊)에 해당하므로, 그녀의 남편은 모두 그에 따라 상복을 착용하니, 이것은 높이고 낮추는 법도에 있어서, 정존에 대해서는 낮추지 않는다는 뜻과 동일하다.

---

3) 『의례』「상복(喪服)」: 妻之父母. 傳曰, 何以緦? 從服也.

• 제 13 절 •

제복(祭服)과 시복(尸服)

【411c】

父爲士, 子爲天子諸侯, 則祭以天子諸侯, 其尸服以士服.

직역 父가 士가 爲하고, 子가 天子나 諸侯가 爲한다면, 祭하길 天子와 諸侯로써 하되, 그 尸의 服은 士服으로써 한다.

의역 부친이 사(士)의 신분이었고, 그의 자식이 천자나 제후가 되었다면, 제사를 지낼 때에는 자식에게 해당하는 천자나 제후의 예법을 사용하되, 시동의 복장은 부친의 계급에 해당하는 사의 복장을 사용한다.

集說 祭用生者之禮, 盡子道也. 尸以象神, 自用本服.

번역 제사는 살아 있는 자에게 적용되는 예법에 따르니, 자식의 도리를 다하기 위해서이다. 시동은 신을 형상화하니, 그 자신은 본래의 복장에 따른다.

大全 嚴陵方氏曰: 言天子諸侯士之祭, 其別如此, 則王制所謂祭從生者也, 與中庸所言, 亦同. 父爲士, 其尸服以士服者, 則與喪從死者, 同義.

번역 엄릉방씨가 말하길, 천자 · 제후 · 사의 제사는 대해서 그 구별이 이와 같다고 했다면, 『예기』「왕제(王制)」편에서 "제사는 살아 있는 자를 따른다."는 뜻에 해당하니, 『예기』「중용(中庸)」편에서 말한 내용 또한 동일하다.[1] 부친이 사의 신분이어서, 그의 시동 복장도 사의 복장을 사용한다

면, "상은 죽은 자에 따른다."는 말과 동일한 뜻이다.[2)]

鄭注 祭以天子諸侯, 養以子道也. 尸服士服, 父本無爵, 子不敢以己爵加之, 嫌於卑之.

번역 천자나 제후의 예법에 따라 제사를 지내는 것은 자식의 도리로써 봉양을 하기 때문이다. 시동이 사의 복장을 착용하는 것은 부친은 본래 작위가 없어서, 자식이 감히 자신의 작위를 부친에게 더할 수 없기 때문이니, 부친을 미천하게 대한다는 혐의를 받기 때문이다.

釋文 養, 以尙反.

번역 '養'자는 '以(이)'자와 '尙(상)'자의 반절음이다.

孔疏 ◎注"祭以"至"卑之". ○正義曰: 云"尸服士服"者, 謂尸服玄端. 若君之先祖爲士大夫, 則服助祭之服. 故曾子問云: "尸弁冕而出." 是爲君尸, 有著弁者, 有著冕者. 若爲先君士尸, 則著爵弁, 若爲先君大夫尸, 則著玄冕是也. 若大夫士之尸, 則服家祭之服. 故鄭注士虞記"尸服, 卒者之上服", "士玄端", 是也.

번역 ◎鄭注: "祭以"~"卑之". ○정현이 "시동이 사의 복장을 착용한다." 라고 했는데, 시동은 현단복(玄端服)[3)]을 착용한다는 의미이다. 만약 군주

---

1) 『중용』「18장」 : 父爲大夫, 子爲士, 葬以大夫, 祭以士. 父爲士, 子爲大夫, 葬以士, 祭以大夫.

2) 『예기』「왕제(王制)」【158d】 : 自天子, 達於庶人, <u>喪從死者, 祭從生者</u>.

3) 현단(玄端)은 고대의 예복(禮服) 중 하나이다. 흑색으로 만든 옷이다. 주로 제사 때 사용했으며, 천자 및 제후로부터 대부(大夫)와 사(士) 계급에 이르기까지 모두 이 복장을 착용할 수 있었다. '현단'은 상의와 하의 및 관(冠)까지 포함하는 용어이다. 한편 손이양(孫詒讓)의 주장에 따르면, '현단'은 의복에만 해당하는 용어이며, 관(冠)은 포함하지 않는다고 주장한다. 그리고 천자로부터 사 계급에 이르기까지 이 복장을 제복(齊服)으로 사용했다

의 선조가 사나 대부의 신분이었다면, 제사를 도울 때 착용하는 복장을 입는다. 그렇기 때문에 『예기』「증자문(曾子問)」편에서는 "시동으로 선택된 자가 변관(弁冠)이나 면관(冕冠) 같은 예모(禮帽)를 쓰고 길을 나서게 된다."[4]라고 한 것이니, 여기에서 말한 자는 군주를 위해 시동이 된 자이므로, 변관을 착용하거나 면관을 착용하는 경우가 있는 것이다. 만약 선대 군주 중 사의 신분을 가진 자를 위해 시동을 맡는다면, 작변(爵弁)을 착용하고, 만약 선대 군주 중 대부의 신분을 가진 자를 위해 시동을 맡는다면, 현면(玄冕)을 착용한다. 만약 대부와 사의 시동인 경우라면, 집안에서 제사를 지낼 때 착용하는 복장을 입는다. 그렇기 때문에 『의례』「사우례(士虞禮)」편의 기문(記文)에서 "시동의 복장은 죽은 자가 착용하는 가장 상위의 복장을 입는다."[5]라고 한 기록에 대해, 정현의 주에서는 "사는 현단복이다."라고 한 것이다.

集解 愚謂: 此謂父賤而子貴者祭祀之法. 言父爲士, 子爲天子諸侯, 擧極賤極貴者以槩其餘也. 衣服隨爵命, 爵命者, 上之所施於下, 故以己爵加其父, 適所以卑其父也.

번역 내가 생각하기에, 이 내용은 부친이 미천한 신분이었는데, 자식이 존귀한 신분이 되었을 때, 제사를 지내는 법도를 나타낸다. 부친이 사였고, 자식이 천자나 제후가 되었다고 한 말은 지극히 미천하고 지극히 존귀한 자를 거론해서, 그 나머지 경우까지도 포괄한 것이다. 의복은 작위의 명

고 설명한다. 『주례』「춘관(春官)·사복(司服)」편에는 "其齊服有玄端素端."이라는 기록이 있는데, 손이양의 『정의(正義)』에서는 "玄端素端是服名, 非冠名, 蓋自天子下達至於士通用爲齊服, 而冠則尊卑所用互異."라고 풀이하였다. 그리고 '현단'은 천자가 평소 거처할 때 착용했던 복장을 가리키기도 한다. 『예기』「옥조(玉藻)」편에는 "卒食, 玄端而居."라는 기록이 있고, 이에 대한 정현의 주에서는 "天子服玄端燕居也."라고 풀이하였다.

4) 『예기』「증자문(曾子問)」【245b】: 孔子曰: 尸弁冕而出, 卿大夫士皆下之, 尸必式. 必有前驅.

5) 『의례』「사우례(士虞禮)」: 尸服卒者之上服.

(命) 등급에 따르게 되어 있는데, 작위의 명(命) 등급은 위에서 아래로 베풀어주는 것이기 때문에, 자신의 작위를 부친에게 더해준다면, 부친을 낮추는 꼴이 된다.

그림 13-1 ▣ 사(士)의 현단복(玄端服)

玄端

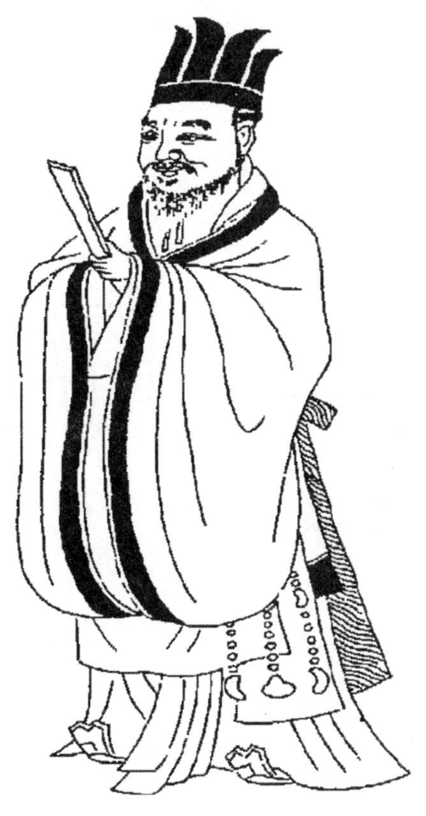

※ **출처:** 『삼례도집주(三禮圖集注)』 1권

그림 13-2 ■ 주(周)나라 때의 변(弁)과 작변(爵弁)

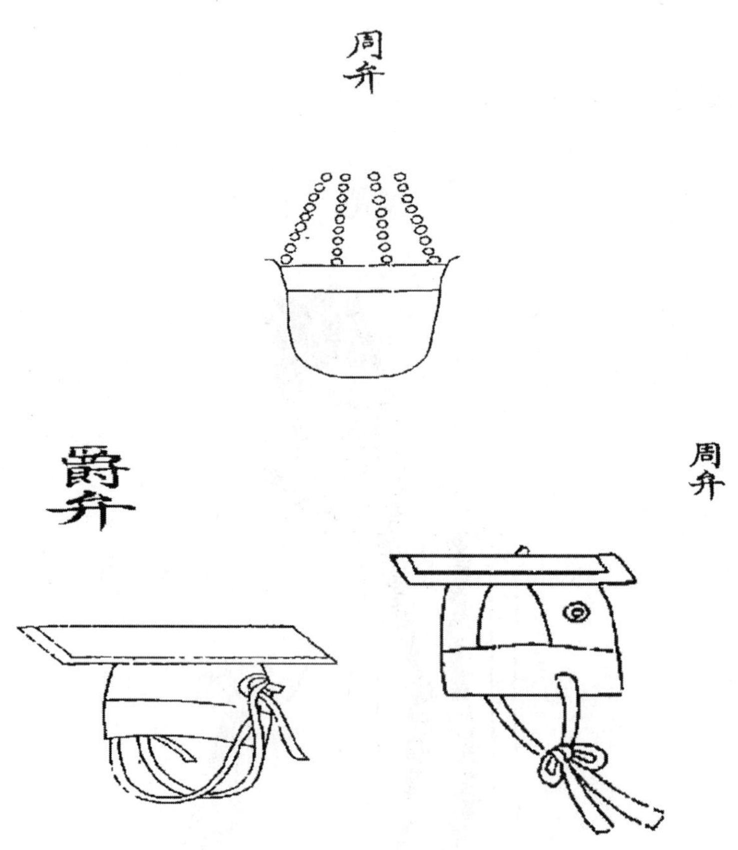

※ 출처: 상단-『삼례도(三禮圖)』 2권
하단-『삼례도집주(三禮圖集注)』 3권

그림 13-3 ■ 경(卿)과 대부(大夫)의 현면복(玄冕服)

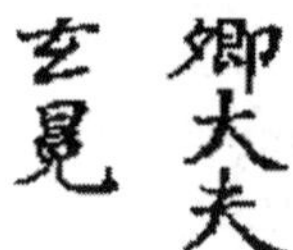

※ **출처:** 『삼례도집주(三禮圖集注)』 1권

그림 13-4 ▣ 면관[冕]과 변관[弁]

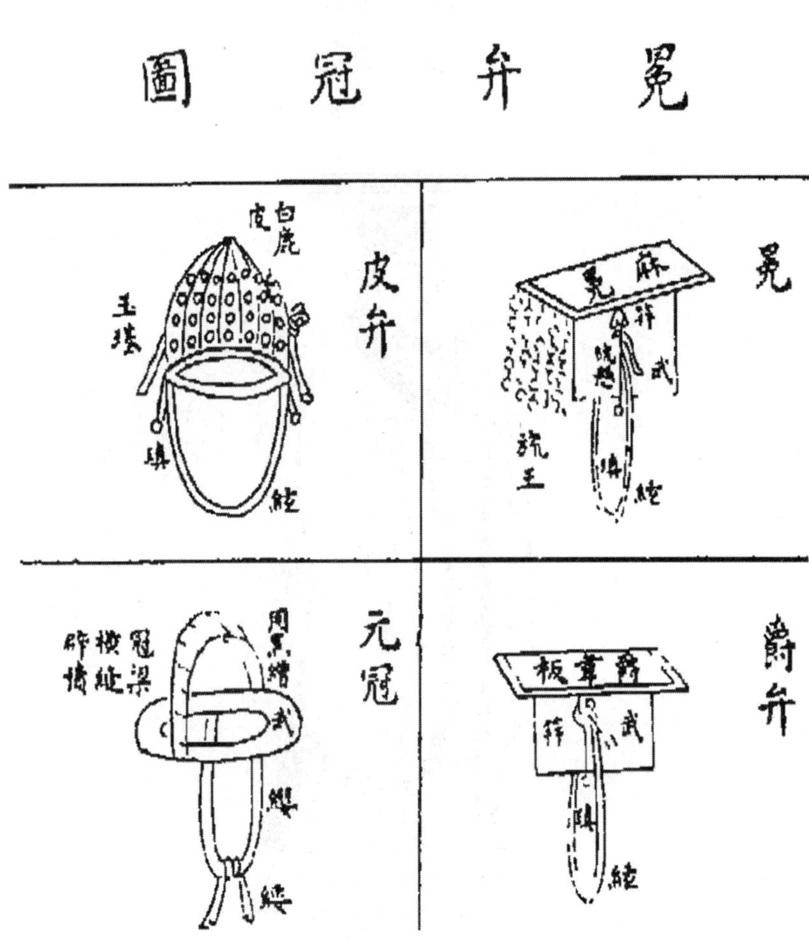

※ 출처: 『향당도고(鄉黨圖考)』 1권

그림 13-5 ■ 신하들의 명(命) 등급

	천자(天子) 신하	대국(大國) 신하	차국(次國) 신하	소국(小國) 신하
9명(九命)	상공(上公=二伯) 하(夏)의 후손 은(殷)의 후손			
8명(八命)	삼공(三公) 주목(州牧)			
7명(七命)	후작[侯] 백작[伯]			
6명(六命)	경(卿)			
5명(五命)	자작[子] 남작[男]			
4명(四命)	부용군(附庸君) 대부(大夫)	고(孤)		
3명(三命)	원사(元士=上士)	경(卿)	경(卿)	
2명(再命)	중사(中士)	대부(大夫)	대부(大夫)	경(卿)
1명(一命)	하사(下士)	사(士)	사(士)	대부(大夫)
0명(不命)				사(士)

◎『예기』와 『주례』의 기록에는 다소 차이가 있다.

※ **참조:** 『주례』「춘관(春官) · 전명(典命)」 및 『예기』「왕제(王制)」

【411c】

父爲天子諸侯, 子爲士, 祭以士, 其尸服以士服.

직역 父가 天子나 諸侯가 爲하고, 子가 士가 爲하면, 祭는 士로써 하고, 그 尸의 服은 士服으로써 한다.

의역 부친이 천자나 제후의 신분이었지만, 자식이 사의 신분으로 전락했다면, 부친에 대한 제사는 사의 예법에 따라 지내고, 시동을 맡은 자도 사의 복장을 착용한다.

集說 以天子諸侯之禮祭其父之爲士者, 其禮伸, 故尸服死者之服, 爲禮之正. 以士之禮祭其父之爲天子諸侯者, 其禮屈, 故尸服生者之服, 爲禮之變. 禮有曲而殺者, 此類是也.

번역 천자와 제후에게 적용되는 예법으로 사의 신분이었던 부친에 대해서 제사를 지내는 경우에는 그 예법을 펼칠 수 있기 때문에, 시동은 죽은 자에게 해당하는 복장을 착용하니, 예법 중에서도 정례(正禮)가 된다. 사의 예법으로 천자나 제후의 신분이었던 부친에 대해서 제사를 지내는 경우에는 그 예법을 굽히기 때문에, 시동은 살아있는 자에게 적용되는 복장을 착용하니, 예법 중에서도 변례(變禮)가 된다. 예 중에 굽혀서 낮추는 경우가 있는데, 바로 이러한 경우를 뜻한다.

鄭注 謂父以罪誅, 尸服以士服, 不成爲君也. 天子之子, 當封爲王者後, 以祀其受命之祖. 云"爲士", 則擇其宗之賢者若微子者, 不必封其子, 爲王者後, 及所立爲諸侯者, 祀其先君以禮卒者, 尸服天子諸侯之服. 如遂無所封立, 則尸也祭也, 皆如士, 不敢僭用尊者衣物.

번역 부친이 죄를 지어 주살을 당했기 때문에, 시동의 복장도 사의 복장을 사용하니, 군주로 삼을 수 없기 때문이라는 의미이다. 천자의 자식은 분봉을 받아서 천자의 후손국이 되어, 처음 천명을 받았던 조상을 제사지내게 된다. "사가 되었다."라고 말했다면, 왕조의 친족 중 미자(微子)와 같이 현명한 자를 선택하고, 반드시 그의 자식을 분봉시킬 필요가 없으니, 천자의 후손이 되거나 분봉을 받아서 제후로 등극된 자는 선대 군주에 대해 제사를 지내며, 죽은 자를 예우하니, 시동은 천자나 제후의 복장을 착용하게 된다. 만약 끝내 분봉을 받아 등극을 하지 못했다면, 시동과 제후에 대한 사안은 모두 사 계층의 규정에 따르게 되니, 감히 존귀한 자에게 해당하는 의복과 사물을 참람되게 사용할 수 없기 때문이다.

孔疏 ◎注"謂父"至"衣物". ○正義曰: 知"謂父以罪誅"者, 以其尸服士服故也. 以其嘗爲天子諸侯, 不可以庶人之禮待之. 士是爵之最卑, 故服其士服. 云"若微子者, 不必封其子"者, 按尙書序云"成王旣黜殷, 命殺武庚, 命微子啓代殷後, 是擇其賢者, 不立封紂子", 是也. 云"祀其先君以禮卒者, 尸服天子諸侯之服"者, 按左傳云: "宋祖帝乙." 帝乙是以禮卒者, 而宋祀以爲祖, 明其服天子之服, 推此則諸侯亦然.

번역 ◎鄭注: "謂父"~"衣物". ○정현이 "부친이 죄를 지어 주살을 당한 경우이다."라고 했는데, 이 말이 사실임을 알 수 있는 이유는 시동이 사의 복장을 착용했기 때문이다. 그 대상은 일찍이 천자나 제후의 지위에 올랐었기 때문에, 서인의 예법으로 대우할 수 없다. 사는 작위가 가장 낮은 자이기 때문에, 사의 복장을 착용하는 것이다. 정현이 "미자와 같은 자로, 그의 아들을 분봉할 필요가 없다."라고 했는데, 『상서』의 「소서(小序)」에서는 "성왕(成王)이 은(殷)나라를 물리친 뒤, 무경(武庚)을 주살하도록 명하고, 미자인 계(啓)에게 명령하여 은나라 후손을 대신하도록 했으니, 이것은 현명한 자를 고른 것이며, 주임금의 자식을 분봉하지 않은 것이다."라고 했다. 정현이 "선대 군주에 대해 제사를 지내며, 죽은 자를 예우하니, 시동은 천자나 제후의 복장을 착용하게 된다."라고 했는데, 『좌전』을 살펴보면, "송(宋)나라는 제을(帝乙)을 조상으로 삼는다."[6]라고 했는데, '제을(帝乙)'은 예법으로 죽은 자를 예우하는 대상이고, 송나라에서는 제사를 지낼 때, 그를 시조로 삼으니, 그의 시동이 천자의 복장을 입게 됨을 나타낸다. 이를 미루어보면, 제후들의 경우 또한 이처럼 한다.

集解 此亦擧極尊極卑者以概之也.

번역 이 또한 지극히 존귀하고 지극히 미천한 자의 경우를 제시하여, 나머지 경우까지도 포함한 것이다.

集解 愚謂: 天子見滅, 而其子不得封, 別封其族之賢者以繼其先世, 諸侯見廢, 而其子不得立, 別立其族之賢者以繼其先君, 則廢滅之君之子, 祭此廢滅之天子諸侯, 尸以士服; 而所封立之諸侯, 祭其先君以禮卒者, 其尸得用卒者之上服也. 若遂無所封立, 則其子孫之祭宗廟, 雖先君以禮卒者, 其尸亦服士服也. 天子諸侯廢滅, 其尸不得服天子諸侯之服宜矣, 至於以禮卒者之君, 而亦不得服其服者, 則以其子之爲士, 士之廟固不可以有天子諸侯之服也.

번역 내가 생각하기에, 천자가 멸망을 당하면, 그의 자식은 분봉을 받지 못하니, 그의 친족 중 현명한 자를 별도로 분봉하여, 선대의 군주를 계승하도록 했고, 제후가 폐위를 당하면, 그의 자식은 등극이 되지 못하고, 그의 친족 중 현명한 자를 별도로 분봉하여, 선대의 제후를 계승하도록 했으니, 폐위가 되거나 멸망을 당한 천자나 제후의 자식이 폐위가 되거나 멸망을 당한 천자나 제후의 제사를 지내게 되면, 시동은 사의 복장을 착용한다. 그러나 분봉을 받거나 등극을 한 제후는 그의 선대 군주에게 제사를 지낼 때, 죽은 자를 예우하니, 시동은 죽은 자가 착용할 수 있는 가장 상위의 복장을 사용하게 된다. 만약 끝내 분봉을 받지 못했거나 등극을 하지 못했다면, 그의 자손들이 종묘 제사를 지낼 때, 비록 선대 군주에 대해서 죽은 자를 예우해야 하지만, 시동은 또한 사의 복장을 착용한다. 천자와 제후가 폐위되거나 멸망을 당하면, 그의 시동이 천자나 제후의 복장을 착용하지

---

6) 『춘추좌씨전』「문공(文公) 2년」: 宋祖帝乙, 鄭祖厲王.

못하는 것이 마땅하다. 그러므로 죽은 군주를 예우하는 경우에 있어서도, 해당 복장을 착용할 수 없으니, 그의 자식이 사의 신분이 되었고, 사의 묘(廟)에는 천자와 제후의 복장을 갖춰둘 수 없기 때문이다.

集解 應氏鏞曰: 此所言固當時所絶無而僅有, 自周·秦以降, 而後興替之不常, 貴賤之懸殊, 比比有之. 先王制禮, 以該括古今之變, 而將來之人情事物不能違焉, 所以百世以俟聖人而不惑也.

번역 응용이 말하길, 이곳에서 언급한 내용은 당시에는 전혀 없었거나 있더라도 겨우 몇몇 사례에 불과한데, 주(周)나라와 진(秦)나라로부터 그 이래로, 후대에는 상도(常道)에 맞지 않는 참람됨이 일어나고, 귀천이 뒤바뀌는 일이 자주 발생했다. 선왕이 예법을 제정했을 때에는 고금의 변화를 포괄하여, 후세 사람들의 인정과 사물의 이치를 어길 수 없도록 했으니, 100세 뒤의 성인을 기다린다고 하더라도, 의심하지 않을 것이다.

그림 13-6 ▣ 송(宋)나라 세계도(世系圖)

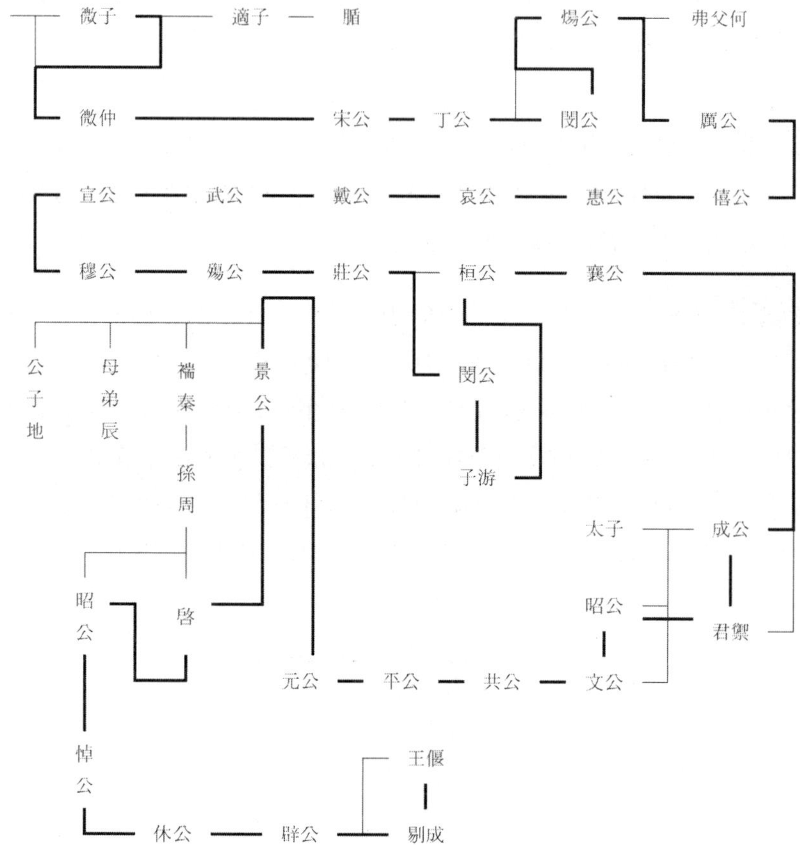

※ 출처: 『역사(繹史)』 1권 「역사세계도(繹史世系圖)」

• 제 14 절 •

상복(喪服) 규정-부인(婦人) Ⅰ

【411d】

婦當喪而出，則除之.

직역 婦는 喪을 當이나 出하면, 除한다.

의역 부인은 시부모의 상(喪)을 치르는 도중이라 하더라도, 남편에게 쫓겨나게 된다면, 상복을 벗는다.

集說 婦當舅姑之喪，而爲夫所出，則卽除其服，恩義絶故也.

번역 부인은 시부모의 상(喪)을 당했더라도, 남편에게 쫓겨나게 된다면, 곧바로 상복을 벗으니, 은정과 도리가 끊어졌기 때문이다.

鄭注 當喪，當舅姑之喪也. 出，除喪，絶族也.

번역 상(喪)을 당했다는 말은 시부모의 상(喪)을 당했다는 뜻이다. 쫓겨나면 상복을 제거하니, 친족 관계가 끊어졌기 때문이다.

孔疏 ●"婦當"至"遂之". ○正義曰: 此一經明婦人遭喪出入之節. "當喪而出"者，謂正當舅姑之服時，被夫遣出者也. 恩情旣離，故出卽除服也.

번역 ●經文: "婦當"~"遂之". ○이곳 경문은 부인이 상(喪)을 당했을 때, 쫓겨나거나 재차 돌아오는 절차를 나타내고 있다. 경문의 "當喪而出"에 대하여. 시부모에 대한 상복을 착용하고 있을 때, 남편에게 쫓겨나게 된 경우를 뜻한다. 은정이 이미 떠났기 때문에, 쫓겨나면 즉시 상복을 제거한다.

【411d】

爲父母喪, 未練而出則三年, 旣練而出則已.

직역 父母를 爲하여 喪한데, 未練이여 出하면 三年하고, 旣히 練하여 出하면 已한다.

의역 부인이 자신의 부모를 위해서 상을 치르고 있는데, 아직 1년도 되기 이전에 남편에게 쫓겨나게 된다면, 집으로 되돌아가서 삼년상을 마저 치르고, 만약 1년이 지난 뒤에 쫓겨나게 된다면, 마저 상을 치르지 않는다.

集說 若當父母之喪未期而爲夫所出, 則終父母三年之制, 爲己與夫族絶, 故其情復隆於父母也. 若在父母小祥後被出, 則是己之期服已除, 不可更同兄弟爲三年服矣, 故已也. 已者, 止也.

번역 만약 부모의 상(喪)을 당했는데, 아직 1년이 되지 않은 상태에서 남편에게 쫓겨나게 된다면, 부모에 대한 삼년상의 규정을 마저 치르니, 자신은 남편과 친족관계가 끊어졌기 때문에, 그녀의 정감은 재차 자신의 부모에 대해서 융성하게 펼치기 때문이다. 만약 부모의 상(喪)에서 소상(小祥) 이후 쫓겨나게 된다면, 자신이 착용하던 기년복(期年服)을 이미 제거한 상태이므로, 재차 다른 형제들과 동일하게 삼년상을 치를 수 없다. 그렇기 때문에 그만두는 것이다. '이(已)'자는 "그만둔다[止]."는 뜻이다.

釋文 爲, 于僞反, 下文"不爲"·注"不相爲"同.

번역 '爲'자는 '于(우)'자와 '僞(위)'자의 반절음이며, 아래문장에 나오는

'不爲'와 정현의 주에 나오는 '不相爲'에서의 '爲'자도 그 음이 동일하다.

孔疏 ●"爲父母喪, 未練而出則三年"者, 謂妻自有父母喪時也. 女出嫁爲父母期, 若父母喪未小祥, 而妻被夫遣歸, 値兄弟之小祥, 則隨兄弟服三年之受. 旣已絶夫族, 故其情更隆於父母也. 故云"則三年". "旣練而出則已"者, 已, 止也, 若父母喪已小祥, 而女被遣, 其期服已除, 今歸, 雖在三年內, 則止, 不更反服也. 所以然者, 若反本服, 須隨兄弟之節, 兄弟小祥之後, 無服變節, 故女遂止也.

번역 ●經文: "爲父母喪, 未練而出則三年". ○처에게 자기 부모의 상이 발생했을 경우를 뜻한다. 여자가 출가를 하게 되면, 자신의 부모를 위해서는 기년상(期年喪)을 치르는데, 만약 부모의 상을 치르며 아직 소상(小祥)을 치르기 이전에, 아내가 남편에게 쫓겨나서 본인의 집으로 되돌아왔는데, 그 시기가 형제들이 소상을 치를 때에 해당한다면, 형제들을 따라서 삼년상의 치르게 된다. 이미 남편의 친족과 관계가 끊어졌기 때문에, 그녀의 은정은 재차 자신의 부모에 대해서 융성하게 나타나기 때문이다. 그래서 "삼년상을 치른다."라고 말한 것이다. 경문의 "旣練而出則已"에 대하여. '이(已)'자는 "그만둔다[止]."는 뜻이니, 만약 부모의 상(喪)을 치르며, 이미 소상을 지냈고, 그 이후에 여자가 쫓겨나게 되었다면, 그녀는 기년복(期年服)을 이미 벗은 상태이고, 현재 되돌아온 시기가 비록 삼년상 기간 이내가 된다고 하더라도, 그만두고, 재차 상복 규정을 돌이켜 복상하지 않는다. 이처럼 하는 이유는 만약 되돌아와서 본래의 상복 규정에 따른다면, 형제들이 따르는 절차를 준수해야 하는데, 형제들은 소상을 치른 이후 상복을 바꾸는 절차가 없기 때문에, 여자는 끝내 그만두는 것이다.

【412a】

未練而反則期, 旣練而反則遂之.

직역 未練하여 反하면 期하고, 旣히 練하여 反하면 遂한다.

의역 남편에게 쫓겨난 여자가 자신의 집에 되돌아왔는데, 부모의 상을 당했을 경우, 1년이 되지 않았을 때 남편이 되돌아오라는 명령을 내렸다면, 부모의 상은 기년상으로 끝내고, 1년이 지난 시점에 되돌아오라는 명령을 내렸다면, 삼년상을 마저 다 치른다.

集說 若被出後遇父母之喪未及期, 而夫命之反, 則但終期服, 反在期後, 則遂終三年. 蓋緣已隨兄弟小祥服, 三年之喪, 不可中廢也.

번역 만약 남편에게 쫓겨나게 된 이후 부모의 상을 당하여, 그 기간이 아직 1년에 이르지 않았는데, 남편이 되돌아오라는 명령을 내렸다면, 단지 기년복(期年服)으로 복상 기간을 끝내며, 되돌아오라는 명령의 시기가 1년 이후가 된다면, 끝내 삼년상의 기간을 마친다. 본인은 형제들을 따라서 소상(小祥) 때의 상복을 착용한 것에 연유하니, 삼년상은 중도에 폐지할 수 없기 때문이다.

大全 嚴陵方氏曰: 女出嫁, 則恩隆於夫家, 被出, 則恩復隆於父母. 得反, 則恩復隆於夫家, 旣練而反, 則服不可中道而除, 故遂其三年, 凡此所謂以仁起禮也.

번역 엄릉방씨가 말하길, 여자가 출가를 하게 되면, 그 은정은 남편의 집안에 대해서 융성하게 나타내며, 쫓겨나게 된다면, 은정은 자신의 부모에 대해서 재차 융성하게 나타낸다. 되돌아올 수 있다면, 은정은 재차 남편의 집안에 대해서 융성하게 나타내며, 1년이 지난 뒤에 되돌아온다면, 상복은 중간에 제거할 수 없기 때문에, 마저 삼년을 치르니, 이러한 규정들은 이른바 인(仁)으로써 예(禮)를 일으킨다는 뜻에 해당한다.

孔疏 ●"未練而反則期"者, 此謂先有父母喪, 而爲夫所出, 今喪猶未小祥, 而夫命己反, 則還夫家, 至小祥而除, 是依期服也.

번역 ●經文: "未練而反則期". ○이 내용은 먼저 부모의 상이 발생했고, 그 이후에 남편에게 쫓겨났는데, 현재 상을 치르며 아직 소상(小祥)을 지내기 이전에, 남편이 자신에게 되돌아오라는 명령을 내리면, 남편의 집으로 되돌아가는데, 소상이 되어서야 상복을 제거하니, 이것은 본래의 기년상(期年喪) 기간에 따라 상복을 착용하기 때문이다.

孔疏 ●"旣練而反則遂之"者, 若被遣之還家, 已隨兄弟小祥, 服三年之受, 而夫反命之, 則猶遂三年乃除, 隨兄弟故也.

번역 ●經文: "旣練而反則遂之". ○남편에게 쫓겨나서 자신의 집으로 되돌아갔다면, 본인은 형제들을 따라 소상(小祥)을 치르고, 나머지 삼년상 기간 동안의 상복을 착용하는데, 남편이 되돌아오라는 명령을 내렸다면, 여전히 삼년상을 끝내고서야 상복을 제거하니, 형제들을 따르기 때문이다.

集解 愚謂: 旣練而出則已者, 喪事郎遠, 已除之喪, 無復服之理也. 旣練而反則遂之者, 練後祥前, 無除服之節故也.

번역 내가 생각하기에, "이미 소상(小祥)을 치르고서 쫓겨났다면 그만둔다."는 말은 상사와는 멀어지게 되고, 이미 상복을 벗은 상에 대해서는 재차 상복을 착용하는 이치가 없기 때문이다. "이미 소상을 치렀는데 되돌아오라고 한다면, 마저 치른다."는 말은 소상을 치른 이후와 대상(大祥)을 치르기 이전에는 상복을 제거하는 절차가 없기 때문이다.

• 제 15 절 •

상례(喪禮) 규정-복상(服喪)과 제상(除喪)

【412a~b】

再期之喪, 三年也. 期之喪, 二年也. 九月 · 七月之喪, 三時也. 五月之喪, 二時也. 三月之喪, 一時也. 故期而祭, 禮也, 期而除喪, 道也. 祭不爲除喪也.

직역 再期의 喪은 三年이다. 期의 喪은 二年이다. 九月 · 七月의 喪은 三時이다. 五月의 喪은 二時이다. 三月의 喪은 一時이다. 故로 期하고 祭함은 禮이며, 期하고 喪을 除함은 道이다. 祭는 喪을 除하기 爲함이 不이다.

의역 만 2년을 치르는 상(喪)은 삼년상에 해당한다. 만 1년을 치르는 상(喪)은 이년상에 해당한다. 만 9개월과 7개월 동안 치르는 상(喪)은 세 계절 동안 치르는 상이다. 만 5개월 동안 치르는 상은 두 계절 동안 치르는 상이다. 만 3개월 동안 치르는 상은 한 계절 동안 치르는 상이다. 그렇기 때문에 만 1년이 되어서 제사를 지내는 것은 예(禮)이고, 만 1년이 되어서 상복을 제거하는 것은 도(道)이다. 제사는 상복을 제거하기 위해서 지내는 것이 아니다.

集說 儀禮大功章有中殤七月之文, 卽此七月之喪也. 期而祭, 謂再期之喪致小祥之祭也. 期而除喪, 謂除衰絰易練服也. 小祥之祭, 乃孝子因時以伸其思親之禮也. 練時男子除首絰, 婦人除要帶, 乃生者隨時降殺之道也. 祭與練雖同時並擧, 然祭非爲練而設也.

번역 『의례』 '대공장(大功章)'에는 중상(中殤)인 자에 대해서 7개월 동안 복상한다는 기록이 있으니,[1] 곧 여기에서 말한 7개월 동안의 상(喪)이다.

'기이제(期而祭)'는 만 2년 동안의 상(喪)에서 소상(小祥)의 제사를 치른다는 뜻이다. '기이제상(期而除喪)'은 상복과 질대(絰帶)를 제거하고, 연복(練服)으로 바꾼다는 뜻이다. 소상을 치르며 지내는 제사에서는 곧 자식이 그 시기에 따라서 부모를 그리워하는 예법을 펼치게 된다. 연제를 치를 때 남자는 수질(首絰)을 제거하고, 부인은 요대(要帶)를 제거하니, 살아있는 자들이 각 시기에 따라 낮추는 도리에 해당하기 때문이다. 제사와 소상이 비록 동시에 거행되더라도, 제사는 소상을 위해서 시행하는 것이 아니다.

大全 馬氏曰: 期而祭者, 謂之禮, 其除喪也, 謂之道, 禮存乎人, 道存乎天.

번역 마씨[2]가 말하길, 만 1년이 되어 제사를 지내는 것을 '예(禮)'라고 부르며, 상복을 제거하는 것에 대해 '도(道)'라고 했는데, 예(禮)는 사람에게 달려 있고, 도(道)는 하늘에 달려 있다.

鄭注 言喪之節, 應歲時之氣. 此謂練祭也. 禮: 正月存親, 親亡至今而期, 期則宜祭. 期, 天道一變, 哀惻之情益衰, 衰則宜除, 不相爲也.

번역 상례의 절차가 해와 계절의 기운에 호응한다는 사실을 나타낸다. 이것은 연제(練祭)를 뜻한다. 예법에 따르면, 매해 정월에는 부모에 대한 마음을 간직하는데, 부모가 돌아가시고 현재에 이르러 만 1년이 되었으니, 1년이 되었다면, 마땅히 제사를 지내야 한다. 1년의 주기는 천도가 한 차례 변화하는 것이니, 애통한 마음이 좀 더 줄어들었고, 줄어들었다면 마땅히 제거를 해야 하지만, 서로를 위해서가 아니다.

釋文 應, 應對之應. 衰衰, 並色追反, 下"益衰"同.

번역 '應'자는 '응대(應對)'라고 할 때의 '應'자 음이다. '衰衰'에서의 '衰'

1) 『의례』「상복(喪服)」: 其中殤七月, 不纓絰.

2) 마희맹(馬晞孟, ?~?) : =마씨(馬氏)·마언순(馬彦醇). 자(字)는 언순(彦醇)이다. 『예기해(禮記解)』를 찬술했다.

자는 모두 '色(색)'자와 '追(추)'자의 반절음이며, 아래문장에 나오는 '益衰' 에서의 '衰'자도 그 음이 이와 같다.

孔疏 ●"再期"至"喪也". ○正義曰: 此一節總明遭喪時節除降之義. "故期而祭, 禮也"者, 孝子之喪親, 應歲時之氣, 歲序改易, 隨時淒感, 故一期而爲練祭, 是孝子存親之心, 故云"禮"也. 言於禮當然.

번역 ●經文: "再期"~"喪也". ○이곳 문단은 상을 당했을 때의 절차와 상복을 제거하고 낮추는 뜻을 총괄적으로 나타내고 있다. 경문의 "故期而祭, 禮也"에 대하여. 자식이 부모의 상을 치를 때에는 해와 계절의 기운에 감응하니, 한 해의 시간이 변화하면, 계절에 따라 측은한 마음이 들기 때문에, 만 1년이 되면 연제(練祭)를 치르니, 이것은 자식이 부모에 대한 마음을 간직하기 때문에, '예(禮)'라고 말한 것이다. 즉 예(禮)에 따르면 마땅하다는 뜻이다.

孔疏 ●"期而除喪, 道也"者, 言親終一期, 天道故變, 哀情益衰, 而除說其喪, 天道當然. 故云"道"也.

번역 ●經文: "期而除喪, 道也". ○부모가 돌아가신 뒤 1년이 지나면, 천도가 변화하였고, 애통한 마음이 좀 더 줄어들었으니, 상복을 제거하는 것은 천도에 따른 당연한 일이다. 그렇기 때문에 '도(道)'라고 말한 것이다.

孔疏 ●"祭不爲除喪也"者, 言爲此練祭, 自爲存念其親, 不爲除喪而設, 除喪·祭, 自爲天道感殺, 不爲存親, 兩事雖同一時, 不相爲也, 故云"祭不爲除喪也". 此除喪謂練時除喪也, 男子除首絰, 女子除要帶, 與小祥祭同時, 不相爲也. 若至大祥除喪, 此除喪亦兼之也. 大祥祭除喪, 亦與大祥同日, 不相爲, 元意各別也. 但祭爲存親, 除喪爲天道之變. 庾氏·賀氏並云: "祭爲存親, 幽隱難知. 除喪事顯, 其理易識." 恐人疑之祭爲除喪而祭, 故記者特明之, 云"祭不爲除喪也". 然祭雖不爲除喪, 除喪與祭同時, 總而言之, 練祭·祥祭, 亦名除喪也. 故下文云: "三年而后葬者, 必再祭. 其祭之間不同時, 而除喪也." 又云"除成喪者, 朝服縞冠". 是練祥之祭, 總名除喪.

번역 ●經文: "祭不爲除喪也". ○이러한 연제(練祭)를 지내는 것은 제스스로 부모에 대한 마음을 간직하고자 함이니, 상복을 제거하기 위해서 치르지 않는다는 뜻으로, 상복을 제거하고 제사를 지내는 것은 천도에 감응하여 줄이는 것이며, 부모에 대한 마음을 보존하기 위함이 아니지만, 두 가지 사안이 비록 동시에 치러진다고 해도, 서로를 위해서가 아니다. 그렇기 때문에 "제사를 지내는 것은 상복을 제거하기 위해서가 아니다."라고 말한 것이다. 여기에서 상복을 제거한다는 말은 소상이 되었을 때 상복을 제거한다는 뜻이니, 남자는 수질(首絰)을 제거하고, 여자는 요대(要帶)를 제거하며, 소상의 제사와 동시에 하지만, 서로를 위해서가 아니다. 만약 대상이 되어 상복을 제거하는 경우라면, 이때의 상복을 제거하는 절차 또한 함께 포괄할 수 있다. 대상 때 제사를 지내고 상복을 제거하는 일 또한 대상과 같은 날에 실시하지만, 서로를 위해서가 아니며, 본래의 뜻은 각각 구별된다. 다만 제사를 지내는 것은 부모를 그리워하는 마음을 보존하기 위해서이고, 상복을 제거하는 것은 천도가 변했기 때문이다. 유울과 하창은 모두 "제사는 부모에 대한 마음을 보존하기 위해서이니, 그윽하고 숨겨진 것에 대해서는 알기가 어렵다. 상복을 제거하는 일은 그 사안이 쉽게 드러나며, 그 이치도 쉽게 알 수 있다."라고 했다. 아마도 사람들이 제사를 지내는 것은 상복을 제거하기 위해서 제사를 지내는 것이라 오해할 것을 염려했기 때문에, 『예기』를 기록한 자가 특별히 명시를 하여, "제사는 상복을 제거하기 위해서가 아니다."라고 말한 것이다. 그러나 제사를 치르는 것이 비록 상복을 제거하기 위함이 아니더라도, 상복을 제거하는 것과 제사를 치르는 것은 동시에 실시하므로, 총괄적으로 한꺼번에 말하여, 소상과 대상에 대해서도 또한 '제상(除喪)'이라고 부른다. 그래서 아래문장에서는 "3년이 지난 이후에 장례를 치를 때에는 반드시 두 차례 제사를 지낸다. 제사를 치르는 기간은 같은 시기로 하지 않고, 제상(除喪)을 한다."라고 말한 것이고, 또 "제상을 하여 성상(成喪)을 한 자는 조복(朝服)에 호관(縞冠)을 착용한다."

라고 한 것이니, 연상의 제사에 대해서 총괄적으로 '제상(除喪)'이라고 할 수 있다.

孔疏 ◎注"禮正"至"爲也". ○正義曰: 按莊元年三月, 夫人孫于齊. 公羊傳云"其言孫于齊何? 念母也. 正月以存君, 念母以首事", 是也.

번역 ◎鄭注: "禮正"~"爲也". ○장공(莊公) 1년 3월의 기록을 살펴보면, 부인이 제(齊)나라로 도망갔다고 했고,[3) 『공양전』에서는 "제나라로 도망갔다고 말한 것은 어째서인가? 모친을 생각함이다. 정월에는 군주에 대한 마음을 보존하니, 모친에 대해 생각하는 것을 우선순위로 삼는다."[4)]라고 했다.

訓纂 射慈曰: 三年·期歲喪沒閏, 九月以下數閏也.

번역 사자[5)]가 말하길, 삼년상과 기년상에서는 윤달을 기간에 포함시키지 않고, 9개월 동안 치르는 상으로부터 그 이하의 상에서는 윤달까지도 포함시킨다.

集解 七月之喪, 大功殤服也. 成人期喪, 其長·中殤皆爲之大功, 長殤九月, 中殤七月.

번역 7개월 동안 치르는 상은 대공복(大功服)을 입고 요절한 자를 위해서 치르는 상이다. 성인(成人)에 대한 상은 기년상(期年喪)으로 치르는데, 그 중 장상(長殤)과 중상(中殤)에 해당하는 자들에 대해서는 모두 대공복

---

3) 『춘추』「장공(莊公) 1년」: 三月, 夫人孫于齊.

4) 『춘추공양전』「장공(莊公) 1년」: 三月, 夫人孫于齊, 孫者何? 孫猶孫也. 內諱奔, 謂之孫. 夫人固在齊矣, 其言孫于齊何? 念母也. 正月以存君, 念母以首事, 夫人何以不稱姜氏.

5) 사자(射慈, A.D.205~A.D.253): =사자(謝慈). 삼국시대(三國時代) 때 오(吳)나라의 학자이다. 자(字)는 효종(孝宗)이다.

을 입고, 장상에 대해서는 9개월 동안 상을 치르며, 중상에 대해서는 7개월 동안 상을 치른다.

集解 愚謂: 期而祭者, 謂期而行小祥之祭, 再期而行大祥之祭也. 期而除喪者, 謂練而男子除首絰, 婦人除要帶, 祥而總除衰杖也. 禮, 謂擧祭禮以存親. 道, 謂順天道以變除也. 由夫禮, 則有不忍忘其親之心; 順乎道, 則有不敢過於哀之意. 二者之義, 各有所主, 而不相爲也. 然親固不可忘, 而哀亦不可過. 不忍忘, 故有終身之憂, 不敢過, 故送死有已, 復生有節, 又並行而不相悖者也.

번역 내가 생각하기에, '기이제(期而祭)'라는 말은 만 1년이 되어 소상의 제사를 치른다는 뜻이며, 만 2년이 되어 대상의 제사를 치른다는 뜻이다. '기이제상(期而除喪)'이라는 말은 소상이 되어 남자는 수질(首絰)을 제거하고, 부인은 요대(要帶)를 제거하며, 대상이 되어, 총괄적으로 상복과 지팡이를 제거한다는 뜻이다. '예(禮)'는 제례를 시행하여, 부모에 대한 마음을 보존한다는 뜻이다. '도(道)'는 천도에 순응하여 변화를 주고 제거한다는 뜻이다. 예(禮)에 따르게 되면, 차마 부모를 잊지 못하는 마음이 있게 되고, 도(道)에 순응하면, 감히 애통함을 지나치게 나타낼 수 없는 뜻이 있다. 이러한 두 가지 뜻에는 각각 주안점으로 두고 있는 것이 있으니, 서로를 위한 것이 아니다. 그러므로 부모에 대해서는 진실로 잊을 수가 없지만, 애통함 또한 지나치게 나타낼 수 없다. 차마 잊지 못하기 때문에, 종신토록 품게 되는 근심이 생기고, 감히 지나치게 나타낼 수 없기 때문에, 죽은 이를 전송하는 일에는 끝이 있고, 생시로 돌아오는 일에는 절도가 있는 것이니,[6] 또한 함께 시행을 하더라도 서로 어그러트리지 않는다.

---

6) 『예기』「삼년문(三年問)」【669d】: 三年之喪何也? …… 豈不送死有已, 復生有節也哉!

• 제16절 •

상복(喪服) 규정-변례(變禮) Ⅰ

【412b】

三年而后葬者必再祭, 其祭之間不同時而除喪.

직역 三年하고 后에 葬하는 者는 必히 再祭하니, 그 祭를 間하여, 時를 不同하고 喪을 除한다.

의역 특별한 사정이 있어서, 삼년상을 치른 뒤에야 장례를 치르는 경우에는 반드시 소상과 대상의 제사를 두 차례 치르는데, 그 제사는 간격을 두어, 동시에 치르지 않고, 차례대로 상복을 제거한다.

集說 孝子以事故不得及時治葬, 中間練祥時月, 以尸柩尙存, 不可除服. 今葬畢必擧練祥兩祭, 故云必再祭也. 但此二祭仍作兩次擧行, 不可同在一時. 如此月練祭, 則男子除首絰, 婦人除要帶, 次月祥祭, 乃除衰服. 故云其祭之間, 不同時而除喪也.

번역 자식이 특별한 일 때문에 해당 시기가 되었는데도 장례를 치르지 못하는 경우, 중간에 연상(練祥)[1]을 치르는 달에는 시신을 실은 영구가 여

1) 연상(練祥)은 소상(小祥)과 대상(大祥)을 뜻한다. '연상'에서의 '연(練)'자는 연제(練祭)를 뜻하며, '연제'는 곧 '소상'을 가리킨다. '연상'에서의 '상(祥)'자는 '대상'을 뜻한다. 소상은 죽은 지 13개월만에 지내는 제사이며, 대상은 25개월만에 지내는 제사이고, 대상을 지내게 되면 상복과 지팡이를 제거하게 된다. 『주례』「춘관(春官)·대축(大祝)」편에는 "言甸人讀禱, 付練祥, 掌國事."라는 기록이 있고, 이에 대해 가공언(賈公彦)의 소(疏)에서는 "練, 謂十三月小祥, 練祭. 祥, 謂二十五月大祥, 除衰杖."이라고 풀이했다.

전히 존재하므로, 상복을 제거할 수 없다. 현재 장례를 끝냈다면 반드시 소상와 대상의 두 차례 제사를 시행해야 한다. 그렇기 때문에 "반드시 두 차례 제사를 지낸다."라고 말한 것이다. 다만 이러한 두 제사는 곧 두 가지를 순차에 따라 시행해야 하며, 같은 시기에 함께 치를 수 없다. 예를 들어 이번 달에 소상의 제사를 지냈다면, 남자는 수질(首絰)을 제거하고, 부인은 요대(要帶)를 제거하며, 다음 달에 대상의 제사를 지냈다면, 곧 상복을 제거하게 된다. 그렇기 때문에 "제사는 간격을 두며, 동시에 하지 않고 상복을 제거한다."고 말한 것이다.

大全 馬氏曰: 祭不爲除喪, 而除喪者, 必因祭焉. 以祭爲吉, 而除喪者, 所以從吉也. 夫練祥之時, 旣已過矣, 而獨爲之再祭, 以存親之禮, 不可廢也. 其祭之間, 不同時者, 以其存親之節, 不可忘也. 祭不同乎時, 而除喪者, 亦不同乎時, 則除喪必從祭也, 可知矣.

번역 마씨가 말하길, 제사는 상복을 제거하기 위해서 지내는 것이 아니지만, 상복을 제거하는 일은 반드시 제사를 지내는 일에 따르게 된다. 제사는 길한 것으로 여기니, 상복을 제거하는 것은 길함에 따르는 방법이다. 소상과 대상을 치르는 시기가 이미 경과를 했는데, 유독 이 두 제사를 치러야만 하는 것은 부모에 대한 마음을 보존하는 예법을 폐지할 수 없기 때문이다. 제사를 치를 때 간격을 두고, 동시에 치르지 않는 것은 부모에 대한 마음을 보존하는 절차를 잊을 수가 없기 때문이다. 제사는 같은 시기에 동시에 치르지 않고, 상복을 제거하는 것 또한 같은 시기에 동시에 제거하지 않으니, 상복을 제거하는 일이 반드시 제사에 따라 시행해야 함을 알 수 있다.

鄭注 再祭, 練·祥也. 間不同時者, 當異月也. 旣祔, 明月練而祭, 又明月祥而祭, 必異月者, 以葬與練·祥本異歲, 宜異時也. 而除喪, 已祥則除, 不禫.

번역 '재제(再祭)'는 소상과 대상의 제사를 뜻한다. "간격을 두고 동시에 치르지 않는다."는 말은 다른 달에 해야 함을 뜻한다. 부제(祔祭)를 끝냈다면, 다음 달에 소상을 치르며 제사를 지내고, 또 그 다음 달에 대상을 치르며 제사를 지내니, 반드시 다른 달에 시행해야하는 것은 장례와 소상·대상은 본래 다른 해에 시행하는 것이므로, 마땅히 시기를 달리해야 하기 때문이다. 그러나 상복을 제거하는 경우 이미 대상을 치렀다면 제거를 하게 되니, 담제를 치르지 않는다.

釋文 禫, 大感反.

번역 '禫'자는 '大(대)'자와 '感(감)'자의 반절음이다.

孔疏 ●"三年"至"除喪". ○此謂身有事故, 不得及時而葬, 故三年而後始葬. 必再祭者, 謂練祥祭也. 旣三年未葬, 尸柩尙存, 雖當練祥之月, 不可除親服, 故三年葬後, 必爲此練祥.

번역 ●經文: "三年"~"除喪". ○이 내용은 본인에게 특별한 사정이 발생하여, 해당 시기가 되었는데도 장례를 치르지 못했기 때문에, 삼년이 지난 뒤에야 비로소 장례를 치른다는 뜻이다. 반드시 두 차례 제사를 지낸다는 말은 소상과 대상의 제사를 치른다는 뜻이다. 이미 삼년이 지나가는데도 아직 장례를 치르지 못하여, 시신을 실은 영구가 여전히 존재하니, 비록 소상과 대상을 치르는 달이 되었더라도, 입고 있는 상복을 제거할 수 없다. 그렇기 때문에 삼년이 지나서 장례를 치른 뒤에는 반드시 이러한 소상과 대상의 제사를 치러야 한다.

孔疏 ●"其祭之間不同時"者, 練之與祥, 本是別年別月. 今雖三年之後, 不可同一時而祭, 當前月練後月祥, 故云"不同時". 於練祥之時而除喪, 謂練時男子除首絰, 婦人除要帶, 祥時除衰杖.

번역 ●經文: "其祭之間不同時". ○소상과 대상은 본래 별도의 해와 별도의 달에 치르는 것이다. 현재 비록 삼년이 지난 뒤라고 하지만, 동시에 제사를 지낼 수 없으니, 마땅히 그 앞 달에 소상을 치르고, 그 뒤의 달에 대상을 치러야 한다. 그렇기 때문에 "동시에 치르지 않는다."라고 말한 것이다. 소상과 대상을 치르는 달에 상복을 제거하니, 소상을 치를 때 남자는 수질(首絰)을 제거하고, 부인은 요대(要帶)를 제거하며, 대상을 치르는 시기에 상복과 지팡이를 제거한다는 뜻이다.

孔疏 ◎注"再祭"至"不禫". ○正義曰: 知"再祭, 練·祥"者, 下云: "主人之喪有三年者, 則必爲之再祭, 朋友虞祔而已." 再祭, 非虞·祔. 又雜記云: "三年之喪, 則既潁, 其練·祥皆行." 故知再祭謂練·祥也. 云"既祔, 明月練而祭, 又明月祥而祭"者, 如鄭此言, 則虞·祔依常禮也. 必知虞·祔依常禮者, 以經云"必再祭", 恐不爲練·祥, 故特云"必再祭", 明虞·祔依常禮可知. 云"已祥則除, 不禫"者, 以經直云"必再祭", 故知不禫. 禫者本爲思念情深, 不忍頓除, 故有禫也. 今既三年始葬, 哀情已極, 故不禫也.

번역 ◎鄭注: "再祭"~"不禫". ○정현이 "'재제(再祭)'는 소상과 대상의 제사를 뜻한다."라고 했는데, 이 말이 사실임을 알 수 있는 이유는 아래문장에서 "남의 상을 주관하는 경우, 죽은 자의 가족 중 삼년상을 치러야 하는 자가 있다면, 반드시 그들을 위해서 소상과 대상의 제사를 시행하며, 벗들의 경우에는 우제와 부제만 지낼 수 있을 따름이다."라고 했기 때문이다. 따라서 '재제(再祭)'는 우제와 부제를 뜻하는 말이 아니다. 또『예기』「잡기(雜記)」편에서는 "삼년상을 치른다면, 졸곡을 끝내고서 소상과 대상을 모두 시행한다."[2]라고 했다. 그렇기 때문에 '재제(再祭)'가 소상과 대상을 뜻한다는 사실을 알 수 있다. 정현이 "부제(祔祭)를 끝냈다면, 다음 달에 소상을 치르며 제사를 지내고, 또 그 다음 달에 대상을 치르며 제사를 지낸다."라고 했는데, 정현의 주장대로라면, 우제와 부제는 일상적인 예법에 따라 치르게 된다. 우제와 부제를 일상적인 예법에 따라 치르게 된다는 사실을

---

2) 『예기』「잡기하(雜記下)」【507c】: 如三年之喪, 則既潁, 其練祥皆行.

분명히 알 수 있는 이유는 경문에서 "반드시 두 차례 제사를 지낸다."라고 했는데, 이 말이 소상과 대상을 치르지 않는다고 오해할 수도 있기 때문에, 특별히 "반드시 두 차례 제사를 지낸다."라고 한 것이니, 이 말을 통해서 우제와 부제는 일상적인 예법에 따라 시행하게 됨을 알 수 있다. 정현이 "이미 대상을 치렀다면 제거를 하게 되니, 담제를 치르지 않는다."라고 했는데, 경문에서는 단지 "반드시 두 차례 제사를 지낸다."라고만 했기 때문에, 담제를 치르지 않는다는 사실을 알 수 있다. 담제라는 것은 본래 죽은 자를 생각하는 마음이 깊어서, 차마 갑작스럽게 상복을 제거할 수 없으므로, 담제의 절차를 거치게 된다. 그런데 현재의 상황은 삼년이 되어서야 비로소 장례를 치른 경우이며, 애통한 마음이 이미 지극해졌었기 때문에, 담제를 치르지 않는다.

訓纂 盧注: 謂逢變三年後乃葬者, 虞祔後必行小祥大祥祭也.

번역 노식의 주에서 말하길, 변고를 당하여 삼년이 지난 뒤에야 장례를 치르는 경우에는 우제와 부제를 치른 뒤에 반드시 소상과 대상의 제사를 치러야 한다는 뜻이다.

集解 愚謂: 上言"祭不爲除喪", 此又言除喪不可以無祭也. 三年而后葬, 謂以事故久不得葬者也. 練·祥爲吉祭, 未葬則不得以虞易奠, 雖閱再期, 而練·祥之祭不得行, 故旣葬而必再爲練·祥也. 其祭之間不同時者, 謂宜於祔之明月而練, 於練之明月而祥, 其祭之中間間隔一月, 而不可同時, 以練·祥之祭本異歲, 雖喪已三年, 而其祭亦必異月也. 而除喪者, 久而不葬者, 其喪不除, 至是而於練除首絰, 於祥總除衰杖也. 三年而后葬者, 服已將除, 固無存親之義, 而必爲練·祥, 則以服必因祭而除也. 旣練·祥, 則亦當有禫, 蓋卽於祥後爲之, 而不必中月與. 所以僅言"再祭", 而不及禫者, 蓋三年而葬, 或尙在禫月之前, 則其當禫無疑, 故不必言也. 鄭氏謂"不禫", 非也. 服之變除有漸, 豈有甫畢祥祭而遽服吉服者哉.

번역 내가 생각하기에, 앞 문장에서는 "제사는 상복을 제거하기 위해서가 아니다."라고 했고, 이곳 문장에서는 또한 상복을 제거하므로, 제사가 없을 수 없다고 했다. "삼년이 지난 뒤에 장례를 치른다."는 말은 변고 때문에 오래도록 장례를 치르지 못한 경우이다. 소상과 대상은 길제(吉祭)가 되는데, 아직 장례를 치르지 않았다면, 우제를 통해서 전제(奠祭)[3]로 바꿀 수 없으니, 비록 두 해의 주기를 지체했더라도, 소상과 대상의 제사를 시행할 수 없다. 그렇기 때문에 장례를 치른 뒤에는 반드시 두 차례 제사를 지내서 소상과 대상을 치른다. "그 제사는 간격을 두고 동시에 치르지 않는다."는 말은 마땅히 부제를 치른 다음 달이 되어야 소상을 치르고, 소상을 치른 다음 달이 되어야 대상을 치르니, 제사를 치르는 기간에 한 달을 벌리며, 동시에 치를 수 없다는 뜻으로, 소상과 대상의 제사는 본래 다른 해에 치르게 되어 있으니, 비록 상을 치르며 이미 삼년이 경과 했더라도, 해당 제사는 또한 반드시 달을 달리해서 치른다는 의미이다. "그리고서 상복을 제거한다."는 말은 오래도록 장례를 치르지 못한 경우, 상례를 치르는 중간에 상복을 제거하지 않았으니, 이 시기가 되어, 소상 때에 수질(首絰)을 제거하고, 대상 때에 총괄적으로 상복과 지팡이를 제거하는 것이다. 삼년이 지난 뒤에 장례를 치르는 경우, 상복은 곧 제거하게 되어, 부모에 대한 마음을 보존하는 뜻이 없지만, 반드시 소상과 대상을 치르니, 상복은 반드시 제사를 치른 것에 연유하여 제거를 해야 하기 때문이다. 소상과 대상을 치렀다면, 또한 마땅히 담제를 치러야 하는데, 아마도 대상을 치른 뒤에 시행할 것이며, 반드시 그 달을 건너서 시행하지는 않았을 것이다. 그런데 겨우 "두 차례 제사를 지낸다."라고만 말하고, 담제에 대해서 언급하지 않은 이유는 삼년이 지난 뒤 장례를 치르는 경우, 간혹 본래 담제를 지내야 하는 달 이전의 시기가 되면, 마땅히 담제를 치러야 함을 의심할 수 없기 때문에, 언급할 필요가 없었던 것이다. 정현은 "담제를 치르지 않는다."라고 했는데, 잘못

---

3) 전제(奠祭)는 죽은 자 및 귀신들에게 음식을 헌상하는 제사이다. 상례(喪禮)를 치를 때, 빈소를 차리고 나면, 매일 아침과 저녁에 음식을 바치며 제사를 지내게 되는데, '전제'는 주로 이러한 제사를 뜻한다.

된 주장이다. 상복을 바꾸고 제거하는 일은 점진적으로 진행되는데, 어찌 이제 막 대상의 제사를 끝냈다고 해서, 갑작스럽게 길복(吉服)을 착용할 수 있겠는가?

【412c~d】

大功者主人之喪, 有三年者則必爲之再祭, 朋友虞祔而已.

직역 大功者가 人의 喪을 主함에, 三年者가 有하면 必히 爲하여 再祭하며, 朋友은 虞祔할 따름이다.

의역 본래 대공복(大功服)을 입어야 하는 친족인데, 특별한 사정 때문에 남의 상을 주관하게 된 경우, 죽은 자의 가족 중 삼년상을 치러야 하는 자가 있다면, 반드시 그들을 위해서 소상과 대상의 제사를 시행하며, 벗들의 경우에는 우제와 부제만 지낼 수 있을 따름이다.

集說 大功者主人之喪, 謂從父兄弟, 來主此死者之喪也. 三年者, 謂死者之妻與子也. 妻旣不可爲主, 而子又幼小, 別無近親, 故從父兄弟主之. 必爲之主行練祥二祭, 朋友但可爲之虞祭祔祭而已.

번역 "본래 대공복(大功服)을 입어야 하는 자가 남의 상을 주관한다."는 말은 종부의 형제가 찾아와서 죽은 자의 상을 주관한다는 뜻이다. '삼년자(三年者)'는 죽은 자의 처와 아들을 뜻한다. 처는 이미 상주가 될 수 없고, 아들 또한 너무 어리며, 별도로 가까운 친족이 없기 때문에, 종부의 형제가 상을 주관하게 된다. 반드시 그들을 위해서 상을 주관하여, 소상과 대상의 두 제사를 시행하며, 벗들은 단지 그들을 위해서 우제와 부제만 지낼 수 있을 따름이다.

大全 金華應氏曰: 死生之相收邺, 人道之當然. 今其身死, 而又妻子惸弱, 適無父母兄弟之至親者, 則大功當任其責, 而至於終喪. 或其適無小功之親也, 則朋友當任其責, 而至於逾葬, 使其不幸而無大功以爲之依, 則小功以下, 其可以坐視乎? 又不幸而無朋友以爲之助, 則爲鄰者儻與之舊者, 其可以恝然乎? 是以體朋友死無所歸於我殯之義, 則練祥不必大功, 而親黨皆不可得而辭. 推行有死人尙或墐之之心, 則虞練不必朋友, 而凡相識者, 皆不得而拒, 特其情有厚薄, 則處之各不同, 自其篤於義者言之, 則各有加焉, 無害也. 凡遇夫人之急難, 而處事之變者, 不可以不知.

번역 금화응씨가 말하길, 삶과 죽음에 대해서 서로 보듬어주고 구휼함은 인도에 따른 당연한 일이다. 현재 어떤 사람이 죽었고, 또 그의 처와 자식이 의지할 곳이 없으며, 때마침 부모와 형제처럼 지극히 가까운 관계에 있는 자가 없다면, 대공복(大功服)을 착용해야 하는 친족이 그 중책을 맡아서, 상을 끝낼 때까지 주관하게 된다. 간혹 때마침 소공복을 입는 친족도 없는 경우라면, 벗들이 그 중책을 맡아서, 장례를 치를 때까지 주관해야 하는데, 불행하게도 의지할 수 있는 대공복의 친족이 없는 경우라면, 소공복(小功服)을 착용한 자로부터 그 이하의 사람들이 좌시만 할 수 있겠는가? 또 불행하게도 도움을 줄 수 있는 벗들이 없는 경우라면, 이웃이나 오래도록 특별히 친하게 지냈던 자가 소홀히 할 수 있겠는가? 이러한 까닭으로 벗이 죽었을 때, 되돌아갈 곳이 없어서, 내 집에 빈소를 차리라고 했던 뜻[4]을 체득했다면, 소상과 대상에 대해서, 대공복을 입어야 하는 친족이 아니더라도, 친족이라면 모두 사양하지 않을 수 있다. 또 길을 가다 죽은 자가 있으면, 오히려 그를 묻어줄 수 있는 마음[5]을 미루어 실천할 수 있다면, 우제와 소상에 대해서 벗들이 아니더라도, 상식을 가진 자라면, 거절할 수 없는데, 다만 그 정감상 차이가 있으니, 대처를 함에 각각 다른 점이 있는 것이며, 도의의 돈독함을 통해 말을 한다면, 각자 이곳 기록에 나타난

---

4) 『논어』「향당(鄕黨)」: 朋友死, 無所歸, 曰, "於我殯."

5) 『시』「소아(小雅)·소변(小弁)」: 相彼投兎, 尙或先之. <u>行有死人, 尙或墐之</u>. 君子秉心, 維其忍之. 心之憂矣, 涕既隕之.

것보다 더 많은 일을 하더라도 해가 되지 않는다. 무릇 남의 급박하고 어려운 일에 봉착하여, 바뀐 상황에 따라 대처하는 것들은 몰라서는 안 된다.

鄭注 謂死者之從父昆弟來爲喪主. 有三年者, 謂妻若子幼少, 大功爲之再祭, 則小功·緦麻爲之練祭可也.

번역 죽은 자의 종부 곤제가 찾아와서 상주가 된다는 뜻이다. '유삼년자(有三年者)'라고 했는데, 처나 자식이 어리고 유약하여, 대공복을 착용하는 자가 그들을 위해서 두 차례의 제사를 지낸다고 한다면, 소공복과 시마복을 입는 자들도 그들을 위해서 연제를 지내게 됨을 알 수 있다.

釋文 必爲, 于僞反, 注"爲之", 下注"父爲之", 下"爲君"皆同. 少, 詩照反.

번역 '必爲'에서의 '爲'자는 '于(우)'자와 '僞(위)'자의 반절음이며, 정현의 주에 나오는 '爲之'와 아래 주에 나오는 '父爲之', 아래문장에 나오는 '爲君'에서의 '爲'자도 모두 그 음이 이와 같다. '少'자는 '詩(시)'자와 '照(조)'자의 반절음이다.

孔疏 ●"大功"至"而已". ○此明爲人主喪法也. 大功, 從父兄弟也. "主人之喪"者, 謂死者無近親, 而從父昆弟爲之主喪, 故云主人喪也. "有三年者", 謂死者有妻若子, 妻不可爲主, 而子猶幼少, 未能爲主, 故大功者主之, 爲之練·祥再祭.

번역 ●經文: "大功"~"而已". ○이곳 문장은 남의 상주가 되는 법도를 나타내고 있다. 대공복을 착용하는 자는 종부의 형제들이다. 경문의 "主人之喪"에 대하여. 죽은 자에게 가까운 친족이 없어서, 종부의 곤제가 그를 위해서 상주가 된다는 뜻이다. 그렇기 때문에 "남의 상을 주관한다."라고 말한 것이다. 경문의 "有三年者"에 대하여. 죽은 자에게 처나 아들이 있는데, 처는 상주가 될 수 없고, 아들도 아직 너무 어려서 상주가 될 수 없음을 뜻한다. 그렇기 때문에 대공복을 입은 자가 상을 주관하여, 그들을 위해서 소상과 대상의 두 차례 제사를 지내는 것이다.

孔疏 ●"朋友虞·祔而已"者, 朋友疏於大功, 不能爲練·祥, 但爲之虞祔而已. 然則大功尙爲練·祥, 則虞·祔亦爲之可知.

번역 ●經文: "朋友虞·祔而已". ○벗은 대공복을 착용하는 친족보다 소원한 관계이므로, 소상과 대상을 치를 수 없고, 단지 그들을 위해서 우제와 부제만 치를 따름이다. 그렇다면 대공복을 착용하는 자가 오히려 소상과 대상을 치를 수 있다면, 우제와 부제 또한 치를 수 있음을 알 수 있다.

孔疏 ◎注"大功"至"可也". ○正義曰: 親重者爲之遠祭, 親輕者爲之近祭. 故大功爲之祥及練, 小功·緦麻爲之練, 朋友但爲之虞·祔也. 皇氏云: "死者有三年之親, 大功主者爲之練·祥. 若死者有期親, 則大功主者爲之至練. 若死者但有大功, 則大功主者至期, 小功·緦麻至祔. 若又無期, 則各依服月數而止." 故雜記云: "凡主兄弟之喪, 雖疏亦虞之." 謂無三年及期者也.

번역 ◎鄭注: "大功"~"可也". ○친족 관계가 긴밀한 자는 원제(遠祭)를 치러주고, 소원한 자는 근제(近祭)를 치러준다. 그렇기 때문에 대공복을 입는 자는 그들을 위해서 소상과 대상을 치러주고, 소공복이나 시마복을 입는 자는 그들을 위해서 소상을 치러주며, 벗들은 단지 그들을 위해서 우제와 부제만 치러줄 따름이다. 황간은 "죽은 자에게 삼년상을 치러야 하는 가족이 있다면, 대공복을 입고서 상을 주관하는 자는 그들을 위해서 소상과 대상을 치러준다. 만약 죽은 자에게 기년상을 치러야 하는 가족이 있다면, 대공복을 입고서 상을 주관하는 자는 그들을 위해서 소상을 치를 때까지만 주관을 한다. 만약 죽은 자에게 단지 대공복을 입는 친족만 있다면, 대공복을 입고 상을 주관하는 자는 만 1년이 될 때까지 상을 주관하고, 소공복과 시마복을 입는 자들은 부제를 치를 때까지 주관한다. 만약 기년상을 치를 자도 없다면, 각각 해당 상복에 따른 월수에 따라 주관을 하고 그 뒤로는 그친다."라고 했다. 그렇기 때문에 『예기』「잡기(雜記)」편에서는 "형제의 상을 주관할 때에는 비록 관계가 소원하더라도 또한 우제를 치른다."[6]라고 한 것이니, 삼년상이나 기년상을 치를 자가 없는 경우를 뜻한다.

訓纂 通典: 劉德議問: "朋友虞祔, 謂主幼而爲虞祔也. 若都無主族, 神不歆非類, 當爲虞祔否?" 田瓊答曰: "虞, 安神也. 祔, 以死者祔於祖也. 朋友恩舊歡愛, 固當安之祔之, 然後義備, 但後日不常祭耳."

번역 『통전』[7]에서 말하길, 유덕의는 "벗들이 우제와 부제를 지낸다는 말은 상주가 어려서 우제와 부제를 지낸다는 뜻이다. 만약 상을 주관할 친족이 전혀 없다면, 신령은 자신과 동류가 아닌 자에 대해서 흠향을 하지 않는데, 우제와 부제를 지내야만 하는가?"라고 물었다. 전경은 "우제는 신령을 안심시키는 제사이다. 부제는 죽은 자를 조상에게 합사하는 제사이다. 벗들은 은정이 오래되고 함께 기뻐했던 사이이므로, 진실로 신령을 안심시키고, 합사를 할 수 있으니, 그런 뒤에야 도의가 갖춰지는데, 다만 후일에 지내는 일상적인 제사는 지낼 수 없을 따름이다."라고 했다.

訓纂 方氏苞曰: 朋友不主練祥, 何也? 曰: 子幼, 妻自可舉, 非大功同財者可比也. 夫無主, 前後家·東西家主之. 若有子, 則祭時當以襃抱, 若曾子問子見之禮.

번역 방포[8]가 말하길, 벗들은 소상과 대상을 주관하지 않는데, 어째서인가? 대답해보자면, 자식이 너무 어리면, 처가 직접 시행할 수 있는데, 이것은 대공복을 입는 친족이 죽은 자와 동류가 되어 비견될 수 있음과는 같지 않다. 상주가 없는 경우에는 이웃집에서 주관을 한다. 만약 자식이

---

6) 『예기』「잡기상(雜記上)」【497d】: 凡主兄弟之喪, 雖疏亦虞之.

7) 『통전(通典)』은 당(唐)나라 때의 학자인 두우(杜佑)가 저술한 책이다. 태고(太古) 때부터 당(唐)나라 때까지의 제도 변천을 기술하고 있다.

8) 방포(方苞, A.D.1668~A.D.1749): 청대(淸代)의 학자이다. 자(字)는 영고(靈皐)이고, 호(號)는 망계(望溪)이다. 송대(宋代)의 학문과 고문(古文)을 추종하였다.

있다면, 제사를 치를 때 마땅히 상복으로 그를 감싸서 지내야 하니, 마치 『예기』「증자문(曾子問)」편에서 자식을 알현시킬 때의 예법처럼 한다.[9)]

集解 期喪無練, 此練字當作期.

번역 공영달의 소(疏)에서 "若死者有期親, 則大功主者爲之至練."이라고 했는데, 기년상을 치를 때에는 소상이 없으니, 이곳의 '련(練)'자는 마땅히 '기(期)'자가 되어야 한다.

集解 旣惟大功, 則不當至期, 當云"至大功". 或期讀如字, 謂大功九月之期.

번역 공영달의 소(疏)에서 "若死者但有大功, 則大功主者至期."라고 했는데, 이미 대공복을 입는 자만 있다면, 1년까지 이를 수 없으니, 마땅히 '지대공(至大功)'이라고 기록해야 한다. 그것이 아니라면, 이때의 '기(期)'자는 글자대로 읽어야 하니, 대공복을 입고 9개월 동안 치르는 기간을 뜻할 때의 '기(期)'자이다.

集解 應氏鏞曰: 爲死者無主後, 而慮生者不能久其事, 故以親疏爲之節. 若盡送往拊孤之義, 則雖過於厚而無傷也.

번역 응용이 말하길, 죽은 자에게 상주를 맡을 후손이 없어서, 살아있는 자들이 그 일을 오래도록 할 수 없음을 염려하기 때문에, 친소관계에 따라 규정을 제정한 것이다. 만약 죽은 자를 전송하고 유족을 도와주는 뜻을 다하게 된다면, 비록 지나치게 도와주더라도 해가 없다.

---

9) 『예기』「증자문(曾子問)」【226c~d】: 三日, 衆主人·卿·大夫·士, 如初位, 北面, 大宰·大宗·大祝, 皆裨冕, 少師奉子以衰. 祝先, 子從, 宰·宗人從, 入門, 哭者止. 子升自西階, 殯前, 北面, 祝立于殯東南隅. 祝聲三, 曰: "某之子某, 從執事, 敢見." 子拜稽顙, 哭, 祝·宰·宗人·衆主人·卿·大夫·士, 哭踊三者三, 降東反位, 皆袒. 子踊, 房中亦踊, 三者三. 襲衰杖, 奠出, 大宰命祝·史, 以名徧告于五祀·山川.

• 제 17 절 •

상복(喪服) 규정-사(士)

【413a】

士妾有子, 而爲之緦, 無子則已.

직역 士는 妾에게 子가 有하면, 之를 爲하여 緦하고, 子가 無라면 已한다.

의역 사는 첩 중 자식을 낳은 여자에게만 시마복을 착용하고, 자식이 없다면 착용하지 않는다.

集說 喪服云: 大夫爲貴妾緦. 士卑, 故妾之有子者爲之緦, 無子則不服也.

번역 『의례』「상복(喪服)」편에서는 "대부는 귀첩[1]을 위해서 시마복을 입는다."[2]라고 했다. 사는 미천한 계급이기 때문에, 첩 중에 자식을 낳은 여자를 위해서만 시마복을 착용하고, 자식이 없다면, 착용하지 않는다.

鄭注 士卑, 妾無男女, 則不服, 不別貴賤.

번역 사는 신분이 미천하며, 첩에게 자식이 없다면, 착용하지 않는데, 귀천을 구별하기 위함이 아니다.

孔疏 ◎注"士卑"至"貴賤". ○正義曰: 云"不別貴賤"者, 大夫貴妾, 雖無子

---

1) 귀첩(貴妾)은 처(妻)가 시집을 오면서 함께 데려왔던 일가붙이가 되는 여자와 자식의 첩(妾) 등을 지칭하는 말이다.

2) 『의례』「상복(喪服)」: 貴臣·貴妾. 傳曰, 何以緦也? 以其貴也.

猶服之, 故喪服云: "大夫爲貴妾緦." 是別貴賤也. 士妾賤, 士妾無子則不服, 不殊別妾之貴賤.

번역 ◎鄭注: "士卑"~"貴賤". ○정현이 "귀천을 구별하기 위함이 아니다."라고 했는데, 대부의 귀첩은 비록 자식이 없더라도, 여전히 그녀를 위해서 상복을 착용한다. 그렇기 때문에 『의례』「상복(喪服)」편에서는 "대부는 귀첩을 위해서 시마복을 착용한다."라고 한 것이니, 이것은 귀천을 구별하기 위함이다. 사의 첩은 미천하고, 사의 첩은 자식이 없다면, 그녀를 위해서 상복을 착용하지 않으니, 첩 중의 귀천을 구별하기 위함과는 다르다.

集解 謂妾之賤者也. 喪服緦麻章云: "士爲庶母", "貴臣 · 貴妾", 則士妾之貴者不必有子而爲之緦矣.

번역 첩 중에서도 신분이 미천한 자에 대한 경우이다. 『의례』「상복(喪服)」편의 '시마장(緦麻章)'에서는 "사는 서모(庶母)[3]를 위해서 착용한다."[4] 라고 했고, "귀신(貴臣)[5]과 귀첩(貴妾)을 위해서 착용한다."라고 했으니, 사의 첩 중 존귀한 여자에 대해서는 반드시 자식이 있어야만 그녀를 위해서 시마복을 입는 것이 아니다.

集解 鄭氏註喪服, 謂"士妾賤, 不足殊", 而以貴臣 · 貴妾爲大夫之服, 非也. 士爲妾之有子者緦, 故其子得伸期; 大夫不服其妾, 故其子厭降而爲大功. 若大夫爲貴妾有服, 則妾子爲其母不當厭降矣. 妾以姪 · 娣爲貴, 士昏禮云:

---

3) 서모(庶母)는 부친의 첩(妾)들을 뜻한다. 『의례』「사혼례(士昏禮)」편에는 "庶母及門內施鞶, 申之以父母之命."이라는 기록이 있는데, 이에 대한 정현의 주에서는 "庶母, 父之妾也."라고 풀이했다. 한편 '서모'는 부친의 첩들 중에서도 아들을 낳은 여자를 뜻하기도 한다. 『주자전서(朱子全書)』「예이(禮二)」편에는 "庶母, 自謂父妾生子者."라는 기록이 있다.

4) 『의례』「상복(喪服)」: 士爲庶母. 傳曰, 何以緦也? 以名服也.

5) 귀신(貴臣)은 본래 공(公) · 경(卿) · 대부(大夫)들의 가신(家臣)들 중 가장 높은 자를 지칭하던 용어로, 중신(衆臣)과 상대되는 용어였다. 후대에는 대신(大臣)들을 가리키는 용어로 사용되었다.

"雖無娣, 媵先." 姪·娣爲貴妾, 士皆爲之緦, 則有子而爲之緦者, 其爲非姪·娣者, 可知也.

번역 정현은 『의례』「상복(喪服)」편에 대한 주에서, "사의 첩은 미천하므로, 구별하기에 충분치 못하다."[6]라고 했는데, 귀신(貴臣)과 귀첩(貴妾)에 대한 것을 대부가 착용하는 상복으로 여긴 것은 잘못된 주장이다. 사는 첩 중에서도 자식을 낳은 여자에 대해서 시마복을 착용한다. 그렇기 때문에 그의 자식은 예법을 펼쳐서 기년상을 치를 수 있다. 대부는 첩을 위해서 상복을 착용하지 않는다. 그렇기 때문에 그의 자식은 염강(厭降)을 하여 대공복을 착용한다. 만약 대부가 귀첩에 대해서 상복을 착용하게 된다면, 첩의 자식은 그의 생모에 대해서 염강을 해서는 안 된다. 첩 중에서 부인과 함께 온 조카나 여동생을 존귀한 신분으로 삼는데, 『의례』「사혼례(士昏禮)」편에서는 "비록 여동생이 없더라도, 잉첩이 우선한다."[7]라고 했다. 조카나 여동생은 귀첩이 되니, 사는 모든 경우에 그녀들을 위해서 시마복을 착용하므로, 자식이 있는 경우에 그녀를 위해서 시마복을 착용한다는 것은 첩 중 아내의 조카나 여동생이 아닌 여자를 위해서 착용하는 것임을 알 수 있다.

---

6) 이 문장은 『의례』「상복(喪服)」편의 "傳曰, 何以緦也? 以其貴也."라는 기록에 대한 정현의 주이다.

7) 『의례』「사혼례(士昏禮)」 : 婦徹于房中, 媵·御餕, 姑酳之. 雖無娣, 媵先. 於是與始飯之錯.

• 제 18 절 •

상복(喪服) 규정-세(稅)

【413a】

生不及祖父母諸父昆弟, 父稅[1]喪, 己則否.

직역 生하여 祖父母諸父昆弟를 不及한데, 父가 稅喪하면, 己는 否한다.

의역 어떤 자가 다른 나라에서 태어났는데, 본국에 남아있는 조부모 및 제부의 곤제들에 대해서 보지 못해 알지 못한 경우, 그들의 죽음에 대한 소식을 접했는데, 그 기간이 이미 지난 시점이라면, 부친의 경우에는 그들을 알고 있으므로, 기간을 미루어서 그들에 대한 상복을 착용하지만, 본인은 상복을 입지 않는다.

集說 稅者, 日月已過, 始聞其死, 追而爲之服也. 此言生於他國, 而祖父母諸父昆弟皆在本國, 己皆不及識之. 今聞其死而日月已過, 父則追而服之, 己則不服也.

번역 '세(稅)'는 시기가 이미 경과를 했는데, 비로소 상대방의 죽음에 대해 듣게 되어, 기간을 미루어서 그를 위해 상복을 착용한다는 뜻이다. 이 내용은 어떤 자가 다른 나라에서 태어났고, 그 자의 조부모 및 제부의 곤제 등은 모두 본국에 남아 있는데, 본인이 모두에 대해서 만나보지 못해 모르는 경우이다. 현재 그들의 죽음에 대한 소식을 들었는데, 그 시기가 이미

---

1) '세(稅)'자에 대하여. 『십삼경주소(十三經注疏)』 북경대 출판본에서는 "'세' 자를 각각의 판본에서는 동일하게 기록하고 있고, 『석경(石經)』에도 동일하게 기록하였는데, 『경전석문(經典釋文)』에서는 '설(說)'자로 기록하였고, 정현의 주 및 아래문장의 기록 또한 이와 같다'고 했다."라고 했다.

경과를 했다면, 부친의 경우에는 그들을 알고 있으므로 기간을 미루어서 그들을 위해 상복을 착용하지만, 본인의 경우에는 상복을 착용하지 않는다.

大全 嚴陵方氏曰: 日月已過, 乃聞喪而服曰稅.

번역 엄릉방씨가 말하길, 시기가 이미 경과를 했는데, 그제야 상에 대한 소식을 듣고서 상복을 착용하는 것을 '세(稅)'라고 부른다.

鄭注 謂子生於外者也. 父以他故居異邦而生己, 己不及此親存時歸見之, 今其死, 於喪服年月已過乃聞之. 父爲之服, 己則否者, 不責非時之恩於人所不能也, 當其時則服. 稅, 讀如"無禮則稅"之稅. 稅喪者, 喪與服不相當之言.

번역 자식이 외지에서 태어난 경우를 뜻한다. 부친이 다른 일 때문에 다른 나라에 거주하면서, 자식을 낳았는데, 자식은 그의 부친이 생존해 있는 시기에 본국으로 되돌아가서 그들을 보지 못한 상태이고, 현재 그들이 죽었을 때, 상복을 입는 해나 달의 규정을 이미 초과한 상태에서, 그 소식을 접한 것이다. 부친은 그들을 위해서 상복을 착용하지만, 본인은 그렇게 하지 않는 이유는 해당 시기가 아닐 때의 은정을 남에 대해서 나타내지 못하는 것을 책하지 않기 때문이다. 따라서 해당 시기가 된다면 상복을 착용한다. '세(稅)'자는 '무례즉세(無禮則稅)'[2)]라고 할 때의 '세(稅)'자처럼 읽는다. '세상(稅喪)'은 상과 상복이 서로 마땅하지 않다는 말이다.

釋文 說喪, 皇他活反, 徐他外反, 注及下同.

번역 '說喪'에서의 '說'자를 황음(皇音)은 '他(타)'자와 '活(활)'자의 반절음이며, 서음(徐音)은 '他(타)'자와 '外(외)'자의 반절음이고, 정현의 주 및 아래문장의 글자도 이와 같다.

---

2) 『춘추좌씨전』「희공(僖公) 33년」: 輕則寡謀, 無禮則脫.

孔疏 ●"生不"至"不稅". ○正義曰: 此一節明稅服之禮.

번역 ●經文: "生不"~"不稅". ○이곳 문단은 세(稅)의 상복 예법을 나타내고 있다.

孔疏 ●"生不及祖父母·諸父·昆弟"者, 鄭意云: 謂父先本國有此諸親, 後或隨宦出遊, 居於他國, 更取而生此子. 此子生則不及歸與本國祖父以下諸親相識, 故云"不及", 謂不及歸見也. 而"父稅喪, 己則否"者, 若此諸親死, 道路旣遠, 喪年限已竟, 而始方聞, 父則稅之, 稅之謂追服也. 父雖追服, 而此子否, 故云"已則否"也. 所以否者, 鄭言"不責非時之恩於人所不能也". 若時年未竟, 則稅服其全服. 然己在他國後生, 得本國有弟者, 謂假令父後又適他國, 更取所生之子, 則爲己弟, 故有弟也. 王云: "以爲計己之生, 不及此親之存, 則不稅. 若此親未亡之前而己生, 則稅之也." 又謂: "昆弟爲諸父之昆弟也." 劉知·蔡謨等解"生"義與王同, 而以"弟"爲衍字. 庾氏以爲已謂死者爲昆, 則謂己爲弟. 己不能稅昆, 則昆亦不能稅己. 昆弟尙不能相稅, 則餘疏者不稅可知也. 此等並非鄭義, 今所不取.

번역 ●經文: "生不及祖父母·諸父·昆弟". ○정현의 의중은 다음과 같다. 부친에게는 앞서 자신의 본국에 이러한 부류의 친족들이 있었는데, 이후에 혹여 벼슬살이 때문에 밖으로 나가 다른 나라에 머물고, 그곳에서 재차 아내를 들여 자식을 낳았다. 이곳에서 자식을 낳았는데, 본국으로 되돌아가지 않아 조부 및 그 이하의 여러 친족들에 대해서 자식이 알지 못하므로, "~에 미치지 못한다."라고 말한 것이니, 되돌아가서 보지 못했다는 뜻이다. 경문의 "父稅喪, 已則否"에 대하여. 만약 여러 친족들 중 죽은 자가 있고, 거리가 멀어서, 상을 지내는 기간이 이미 끝났는데, 비로소 소식을 듣게 되어, 부친의 경우에는 세(稅)를 하니, 세(稅)를 한다는 말은 기간을 미루어서 복상한다는 뜻이다. 부친이 비록 기간을 미루어서 상을 치르더라도 자식은 그처럼 하지 않는다. 그렇기 때문에 "자신은 그처럼 하지 않는다."라고 말한 것이다. 상복을 착용하지 않는 이유에 대해서, 정현은 "해당 시기가 아닐 때의 은정을 남에 대해서 나타내지 못하는 것을 책하지 않기 때문이다."라고 했다. 만약 그 기간이 아직 끝난 상태가 아니라면, 본래의 복상 기간대로 기간을 미루어 상복을 착용한다. 그런데 본인은 다른 나라에서 이후에 출생을 했는데, 본국에 형제가 있을 수 있는 이유는 가령 부친이 이후에 다른 나라에 가서, 다시 아내를 들여 자식을 낳게 된다면, 그는 본인의 형제가 된다. 그렇기 때문에 형제가 있는 것이다. 왕숙은 "자신이 태어난 기간을 계산하여, 친족들이 생존해 있는 기간에 미치지 않았다면, 세(稅)를 하지 않는다. 만약 친족이 아직 사망하기 이전에 본인이 태어난 경우라면 세(稅)를 한다."라고 했다. 또 "곤제는 제부의 곤제가 된다."라고 했다. 유지와 채모[3] 등은 '생(生)'자의 뜻을 풀이했는데, 왕씨의 주장과 동일하지만, '제(弟)'자를 연문으로 여겼다. 유울은 이미 죽은 자가 형이 된다고 했다면, 본인은 동생이 된다는 뜻이라고 했다. 본인이 형에 대해서 세(稅)를 할 수 없다면, 형 또한 자신에 대해서 세(稅)를 할 수 없다. 곤제인데도 오히려 서로를 위해 세(稅)를 할 수 없다면, 나머지 관계가 소원한 친족들에 대해서 세(稅)를 하지 않는다는 사실을 알 수 있다. 그러나 이러한 주장들은 정현이 생각했던 뜻이 아니므로, 여기에서는 채택하지 않는다.

孔疏 ◎注"當其"至"之言". ○正義曰: 知"當其時則服"者, 以稅是不相當之言. 若服未除, 則猶是服內服, 故知則服, 謂服其全服. 按禮論云"有服其喪服者", 庾氏以爲非也. 云"稅, 讀如無禮則稅之稅"者, 按左傳僖三十三年, "秦師襲鄭, 過周北門, 超乘者三百人. 王孫滿尙幼, 觀之, 言於王曰: 秦師輕而無禮, 必敗. 輕則寡謀, 無禮則稅". 今讀從之也. 云"稅喪者, 喪與服不相當之言"者, 稅是輕稅, 或前後不與正時相當, 故云"稅"也.

번역 ◎鄭注: "當其"~"之言". ○정현이 "해당 시기가 된다면 상복을 착용한다."라고 했는데, 세(稅)는 해당 시기가 아닐 때 쓰는 말이기 때문이다.

---

3) 채모(蔡謨, A.D.281~A.D.356) : 동진(東晋) 때의 학자이다. 자(字)는 도명(道明)이고, 시호(諡號)는 문목(文穆)이다. 저서로는 『논어채씨주(論語蔡氏注)』·『예기음(禮記音)』·『한서집해(漢書集解)』 등이 있다.

만약 상복을 아직 제거하지 않았다면, 여전히 상복을 착용해야 하는 기간 내에 해당하기 때문에, 상복을 착용한다는 사실을 알 수 있으니, 본래의 규정대로 복상함을 뜻한다. 『예론』을 살펴보면, "본래의 상복을 착용하는 경우이다."라고 했는데, 유울은 잘못되었다고 여겼다. 정현이 "'세(稅)'자는 '무례즉세(無禮則稅)'라고 할 때의 '세(稅)'자처럼 읽는다."라고 했는데, 『좌전』 희공(僖公) 33년의 기록을 살펴보면, "진(秦)나라 군대가 정(鄭)나라를 습격하여, 주(周)나라 수도의 북문(北門)을 지나쳤는데, 수레에 뛰어 오르는 자가 300명이었다. 왕손(王孫)인 만(滿)은 매우 어렸는데, 그 모습을 보고, 천자에게 말하며, '진나라 군대는 경솔하고 무례하니, 반드시 패할 것입니다. 경솔하면 꾀가 적고, 무례하면 거칩니다.'"[4]라고 했다. 이곳에서는 그 글자에 따라 풀이를 한 것이다. 정현이 "'세상(稅喪)'은 상과 상복이 서로 마땅하지 않다는 말이다."라고 했는데, '세(稅)'는 가볍고 거칠다는 뜻이며, 혹은 앞뒤가 맞은 때에 적합하게 참여하지 못한 것이다. 그렇기 때문에 '세(稅)'라고 부른다.

訓纂 江氏永曰: 言弟者, 因昆連及之耳, 勿泥.

번역 강영이 말하길, '제(弟)'라고 한 말은 '곤(昆)'자에 따라서 연이어 언급한 것일 뿐이니, 글자에 구애되어서는 안 된다.

集解 愚謂: 祖父母也, 諸父也, 昆弟也, 此皆期服而不稅者. 蓋先王之制服, 必使情足以稱其文, 而非徒以其服而已. 今此諸親, 恩旣不接, 喪又已遠, 勉而服之, 情必有所不能及者矣. 夫唯不以不能及之情制服, 而後服其服者必不敢不致其情矣.

번역 내가 생각하기에, 조부모, 제부, 곤제에 대해서는 모두 기년복(期

4) 『춘추좌씨전』「희공(僖公) 33년」: 三十三年春, 秦師過周北門, 左右免胄而下, 超乘者三百乘. 王孫滿尙幼, 觀之, 言於王曰, "秦師輕而無禮, 必敗. 輕則寡謀, 無禮則脫. 入險而脫, 又不能謀, 能無敗乎?"

年服)을 착용하며 세(稅)를 하지 않는다. 무릇 선왕이 상복 제도를 제정했을 때, 반드시 정감으로 하여금 형식에 걸맞도록 했으니, 단순히 복장을 통해서만 나타내도록 한 것이 아니다. 현재 여러 친족들에 대해서, 은정이 이미 서로 닿아 있지 않고, 상 또한 이미 먼 곳에서 발생하여, 애써 그에 대한 상복을 착용하게 되더라도, 정감에는 반드시 미치지 못하는 점이 있게 된다. 다만 미치지 못하는 정감으로 상복 규정을 제정하지 않았지만, 이후에 그 복장을 착용하는 자는 감히 그 정감을 지극히 하지 않아서는 안 된다.

【413b】

爲君之父母妻長子, 君已除喪而后聞喪則不稅.

직역 君의 父母·妻·長子를 爲함에, 君이 已히 喪을 除한 后에 喪을 聞하면 不稅한다.

의역 경과 대부는 군주의 부모·처·장자를 위해서 상복을 착용하는데, 다른 나라에 사신으로 갔다가 어떠한 일 때문에 오래도록 머문 경우, 군주가 이미 상을 끝낸 뒤에 상이 발생했다는 소식을 들었다면, 기간을 미루어서 상복을 착용하지 않는다.

集說 卿大夫爲君之父母妻長子皆有服, 今以出使他國, 或以事久留, 君除喪之後, 己始聞喪, 不追服也.

번역 경과 대부는 군주의 부모·처·장자를 위해서 모두 상복을 착용하게 되는데, 현재 국경을 벗어나 다른 나라로 사신을 갔는데, 간혹 어떠한 일 때문에 오래도록 머물게 되었고, 군주가 상을 끝낸 후, 본인이 비로소 상에 대한 소식을 들었다면, 기간을 미루어서 상복을 착용하지 않는다.

鄭注 臣之恩輕也. 謂卿大夫出聘問, 以他故久留.

번역 신하의 은정은 상대적으로 낮다. 경과 대부가 국경을 벗어나 빙문(聘問)[5]을 갔는데, 다른 일 때문에 오래도록 머문 경우를 의미한다.

孔疏 ●"爲君"至"服已". ○正義曰: 此一節明臣爲君親稅之與否, 今各依文解之.

번역 ●經文: "爲君"~"服已". ○이곳 문단은 신하가 군주의 친족을 위해서 세(稅)를 하거나 하지 않는 경우를 나타내고 있으니, 각각의 문장에 따라서 풀이하겠다.

孔疏 ●"爲君之父母"者, 此謂臣出聘不在, 而君諸親喪, 而臣後方聞其喪時, 若君未除, 則從爲服之. 若君已除, 則臣不稅之. 所以然者, 恩輕故也.

번역 ●經文: "爲君之父母". ○신하가 국경을 벗어나 빙문을 하여, 그 나라에 남아있지 않은 상태인데, 군주의 친족들 중 상이 발생했고, 신하가 그 뒤에야 상이 발생했다는 소식을 들었는데, 만약 그 시점이 군주가 아직 상복을 제거하지 않은 경우라면, 군주를 따라서 상복을 착용한다. 만약 군주가 이미 상복을 제거한 상태라면, 신하는 세(稅)를 하지 않는다. 이처럼 하는 이유는 그 은정이 상대적으로 낮기 때문이다.

集解 愚謂: 君之父母, 此謂適子有廢疾不立, 而適孫受重, 故臣爲君之父母服期也. 爲君之父母・妻・長子皆期, 然君之父母・長子, 從服也. 君之妻, 小君之服也. 君爲父母・長子三年, 君服除則臣不稅者, 恩輕而日月已遠也. 君爲妻期, 若君除喪而臣不稅, 則爲小君全無稅法矣, 殆非也. 然則"妻"蓋衍

---

5) 빙문(聘問)은 국가 간이나 개인 간에 사람을 보내서 상대방을 찾아가 안부를 묻는 의식 절차를 통칭하는 말이다. 또한 제후가 신하를 시켜서 천자에게 보내, 안부를 묻는 예법을 뜻하기도 한다.

字與.

번역 내가 생각하기에, 군주의 부모라고 했는데, 적자에게 폐위되거나 질병 등이 발생하여 등극을 하지 못하고, 적손이 대신 중책을 전수받은 경우를 뜻한다. 그렇기 때문에 신하가 군주의 부모를 위해서 기년복(期年服)을 착용하는 것이다. 군주의 부모·처·장자를 위해서는 모두 기년상을 치르는데, 군주의 부모와 장자를 위해 상복을 착용하는 것은 종복(從服)에 해당한다. 군주의 처를 위해 상복을 착용하는 것은 소군에 대한 상복을 착용하는 것이다. 군주는 부모와 장자를 위해서 삼년상을 치르는데, 군주가 상복을 제거했다면, 신하는 세(稅)를 하지 않으니, 그 이유는 은정이 상대적으로 가볍고, 기간도 이미 지났기 때문이다. 군주는 처를 위해 기년상을 치르는데, 만약 군주가 상복을 제거했고, 신하가 세(稅)를 하지 않는다면, 소군을 위해서는 세(稅)를 하는 예법 자체가 없게 되므로, 아마 잘못된 기록 같다. 그러므로 이곳에 기록된 '처(妻)'자는 아마도 연문인 것 같다.

【413b】

降而在緦·小功者則稅之.

직역 降하여 **緦**와 小功에 在한 者라면 **稅**한다.

의역 그 대상이 상복의 수위를 낮춰서 시마복이나 소공복에 해당하는 경우라면, 기간을 미루어서 상복을 착용한다.

集說 此句承父稅喪已則否之下, 誤在此. 降者, 殺其正服也. 如叔父及適孫正服, 皆不杖期, 死在下殤, 則皆降服小功, 如庶孫之中殤, 以大功降而爲緦也, 從祖昆弟之長殤, 以小功降而爲緦也. 如此者皆追服之. 檀弓曾子所言小功不稅, 是正服小功, 非謂降也. 凡降服重於正服, 詳見儀禮.

번역 이 구문은 "부세상기즉부(父稅喪, 已則否)"[6]라는 구문 뒤와 연결되니, 잘못하여 이곳에 기록된 것이다. '강(降)'은 규범에 따른 복장을 낮춘다는 뜻이다. 예를 들어 숙부 및 적손에 대한 정규 복장은 모두 지팡이를 잡지 않는 기년복(期年服)인데, 하상(下殤)일 때 죽었다면, 모두 수위를 낮춰서 소공복(小功服)을 착용하고, 만약 서손이 중상(中殤)을 했다면, 대공복(大功服)을 낮춰서 시마복(緦麻服)을 착용하며, 종조의 곤제가 장상(長殤)을 했다면, 소공복을 낮춰서 시마복을 착용한다. 이러한 경우라면 모두 기간을 미루어서 상복을 착용한다. 『예기』「단궁(檀弓)」편에서 증자가 "소공복에는 세(稅)를 하지 않는다."라고 한 말은 정규 복장이 소공복인 경우이니, 낮춘 경우를 뜻하는 말이 아니다. 무릇 강복(降服)이 정복(正服)에 비해 수위가 높은 경우에 대해서는 그 자세한 설명이 『의례』에 나온다.

鄭注 謂正親在齊衰大功者, 親緦小功, 不稅矣. 曾子問曰: "小功不稅, 則是遠兄弟, 終無服也." 此句補脫誤在是, 宜承"父稅喪, 已則否".

번역 정규 규범에 따르면 친족이 자최복(齊衰服)이나 대공복(大功服)을 착용하는 관계에 있는 경우를 뜻한다. 친족을 위해서 시마복이나 소공복을 착용하는 경우에는 세(稅)를 하지 않는다. 증자(曾子)는 "소공복을 입고 치르는 상(喪)에 있어서, 본래는 세(稅)를 하지 않는데, 만약 먼 지역에 사는 재종(再從) 형제 등이 부고를 알려오는 경우, 세(稅)를 하지 않으면, 먼 형제에 대해서는 상복관계가 없어지게 됩니다."[7]라고 물었다. 이 구문은 이곳에 잘못 기록된 것이니, 마땅히 "부세상기즉부(父稅喪, 已則否)"라는 구문 뒤에 와야 한다.

釋文 補稅, 音奪.

---

6) 『예기』「상복소기」【413a】: 生不及祖父母諸父昆弟, 父稅喪, 已則否.

7) 『예기』「단궁상(檀弓上)」【81a】: 曾子曰: "小功不稅, 則是遠兄弟終無服也, 而可乎?"

번역 '補稅'의 '稅'자는 그 음이 '奪(탈)'이다.

孔疏 ●"降而在緦·小功者, 則稅之", 此句廣釋檀弓中曾子所說也. 曾子所云"小功不稅", 是正小功耳. 若本大功以上, 降而在緦·小功者, 則爲稅之, 本情重故也.

번역 ●經文: "降而在緦·小功者, 則稅之". ○이 구문은 『예기』「단궁(檀弓)」편에서 증자가 한 말을 폭넓게 풀이한 것이다. 증자는 "소공복(小功服)에 대해서는 세(稅)를 하지 않는다."라고 했는데, 이것은 정규 규범에 따라 소공복을 입어야 하는 경우일 뿐이다. 만약 본래의 복장이 대공복(大功服)으로부터 그 이상의 경우, 수위를 낮춰서 시마복(緦麻服)이나 소공복을 착용하는 경우라면, 세(稅)를 하니, 본래 그에 대한 정감이 무겁기 때문이다.

孔疏 ◎注"此句"至"則否". ○正義曰: 鄭玄此云, 一則爲此句應連親屬之下, 不應孤在君服中央也. 二則若此諸父昆弟在下殤死者, 則父亦稅之, 故知宜承"父稅喪, 己則否"之下也.

번역 ◎鄭注: "此句"~"則否". ○정현이 이곳에서 언급한 내용은 첫 번째 이곳 구문은 마땅히 친족에 대한 내용 뒤에 와야 하며, 홀로 군주를 위해 상복을 착용하는 내용 중간에 와서는 안 된다. 두 번째 만약 제후의 곤제 중에 하상(下殤)에 해당하는 자가 있다면, 부친 또한 세(稅)를 한다. 그렇기 때문에 마땅히 "부친이 기간을 미루어서 상복을 착용하지만, 자신은 그처럼 하지 않는다."라는 문장 뒤에 와야 한다.

訓纂 劉智喪服釋疑曰: 凡屈不得服者, 皆有心喪之禮, 小功以下不稅服, 乃無心喪耳.

번역 유지의 『상복석의』에서 말하길, 무릇 굽혀서 상복을 착용할 수 없는 경우에는 모두 심상(心喪)[8]의 예법이 적용되는데, 소공복(小功服)으로부터 그 이하의 경우, 기간을 미루어서 상복을 착용하지 않는다면, 곧 심상의 예법도 없을 따름이다.

集解 降而在緦·小功者, 謂本齊衰·大功之親, 而或以出降, 或以殤降者也. 稅之者, 以其本服本在宜稅之限者也. 凡喪, 大功以上爲親, 小功以下爲疏, 親者稅, 疏者否. 下節明期喪有不稅, 此節明緦·小功有稅, 相對爲義, 所以明稅喪之變也.

번역 낮춰서 시마복(緦麻服)이나 소공복(小功服)을 착용하는 경우는 본래의 복장이 자최복(齊衰服)이나 대공복(大功服)에 해당하는 친족이 출가를 하여 낮추거나 또는 요절을 하여 낮추는 경우를 뜻한다. 세(稅)를 한다는 것은 본래의 복장이 본래 세(稅)를 해야만 하는 경우에 포함되기 때문이다. 무릇 상을 치르는 경우 대공복으로부터 그 이상의 친족에 대해서는 친밀한 관계로 여기고, 소공복으로부터 그 이하의 친족에 대해서는 소원한 관계로 여기는데, 친밀한 친족에 대해서는 세(稅)를 하지만, 소원한 친족에 대해서는 하지 않는다. 다음 문장에서는 기년상을 치르며 세(稅)를 하지 않는 경우를 나타내고 있고, 이곳 문장에서는 시마복과 소공복을 착용하며 세(稅)를 하는 경우를 나타내고 있으니, 서로 대비가 되어 그 뜻을 나타내니, 기간을 미루어서 상을 치르는 변례를 나타낸 것이다.

8) 심상(心喪)은 죽음에 대해 애도함이 상을 치르는 것과 같지만, 실제적으로 상복을 입지 않는 것을 뜻한다. 주로 스승이 죽었을 때, 제자들이 치르는 상을 가리킨다. 『예기』「단궁상(檀弓上)」편에서는 "事師無犯無隱, 左右就養無方, 服勤至死, 心喪三年."이라는 기록이 있고, 이에 대한 정현의 주에서는 "心喪, 戚容如父而無服也."라고 풀이했다.

• 제 19 절 •

상복(喪服) 규정-신하

【413c】

近臣君服斯服矣. 其餘, 從而服, 不從而稅.

직역 近臣은 君이 服함에 斯에 服한다. 그 餘는 從하여 服하고, 從하여 稅를 不한다.

의역 소신이 군주를 따라서 다른 나라에 갔다가 되돌아왔을 경우, 군주의 친족 상이 발생했는데, 이미 그 기한을 넘겼다면, 군주는 기간을 미루어서 상복을 착용하여, 소신도 군주를 따라 상복을 착용한다. 군주를 따라나섰던 신하 중 경이나 대부는 군주가 되돌아왔을 때, 친족 상의 기한이 아직 남았다면, 군주를 따라서 상복을 착용하지만, 이미 그 기한이 넘었다면, 군주를 따라서 상복을 착용하지 않는다.

集說 近臣, 卑賤之臣也. 此言小臣有從君往他國既返, 而君之親喪已過服之月日, 君稅之, 此臣亦從君而服. 其餘, 謂卿大夫之從君出爲介爲行人宰史者, 返而君服限未滿, 亦從君而服, 若在限外而君稅, 則不從君而稅也.

번역 '근신(近臣)'은 신분이 미천하고 낮은 신하이다. 이 내용은 소신이 군주를 따라 다른 나라로 갔다가 되돌아왔는데, 군주의 친족 상이 발생했고, 상복을 입는 기간을 이미 초과한 경우, 군주가 세(稅)를 하여, 신하 또한 군주를 따라서 상복을 착용한 경우를 뜻한다. '기여(其餘)'는 경과 대부 중 군주를 따라서 국경을 벗어나 개(介)[1]가 되거나 행인(行人)[2] · 재(宰) · 사(史) 등이 된 자를 뜻하니, 그들이 되돌아왔는데 군주가 상복을 입는 기한을 아직 채우지 않았다면, 또한 군주를 뒤따라서 상복을 착용하고, 만약 기한을 벗어나서 군주가 세(稅)를 했다면, 군주를 따라 세(稅)를 하지 않는다.

鄭注 謂君出朝覲, 不時反而不知喪者. 近臣, 閽寺之屬也. 其餘, 群介·行人·宰·史也.

번역 군주가 출타하여 조근(朝覲)[3]을 했을 때, 기한 내에 되돌아오지 않아서, 상이 발생했는지 모르는 경우이다. '근신(近臣)'은 궁문(宮門) 등을 지키는 혼인(閽人)이나 사인(寺人) 등의 하급 관리이다. '기여(其餘)'는 여러 개(介)나 행인(行人)·재(宰)·사(史) 등을 맡았던 자들이다.

釋文 朝, 直遙反. 閽音昏. 介音界.

번역 '朝'자는 '直(직)'자와 '遙(요)'자의 반절음이다. '閽'자의 음은 '昏(혼)'이다. '介'자의 음은 '界(계)'이다.

孔疏 ●"近臣, 君服斯服矣"者, 鄕明臣獨行不稅, 此明賤臣從君出朝覲在外, 或遇險阻, 不時反國, 比反而君諸親喪, 君自稅之, 而臣之卑近者, 則從君

---

1) 개(介)는 부관을 뜻한다. 빈객(賓客)이 방문했을 때 주인(主人)과 빈객 사이에서 진행되는 절차들을 보좌했던 자들이다. 계급에 따라서 '개'를 두는 숫자에도 차이가 났다. 가령 상공(上公)은 7명의 '개'를 두었고, 후작이나 백작은 5명을 두었으며, 자작과 남작은 3명의 개를 두었다. 『예기』「빙의(聘義)」편에는 "上公七介, 侯伯五介, 子男三介."라는 기록이 있다.

2) 행인(行人)은 조근(朝覲) 및 빙문(聘問) 등의 일을 담당하던 관리이다.

3) 조근(朝覲)은 군주가 신하를 만나보는 예법(禮法)을 뜻한다. 군주가 신하를 만나보는 예법에는 조(朝), 근(覲), 종(宗), 우(遇), 회(會), 동(同) 등이 있었는데, 이것을 총칭하여 '조근'으로 부르기도 한다. 한편 '조근'은 신하가 군주를 찾아뵙는 예법을 뜻하기도 한다. 고대에는 제후가 천자를 찾아뵐 때, 각 계절별로 그 명칭을 다르게 불렀다. 봄에 찾아뵙는 것을 조(朝)라고 부르며, 여름에 찾아뵙는 것을 종(宗)이라고 부르고, 가을에 찾아뵙는 것을 근(覲)이라고 부르며, 겨울에 찾아뵙는 것을 우(遇)라고 부른다. '조근'은 이러한 예법들을 총칭하는 말이다.

服之, 非稅義也. 其餘爲臣之貴者, 群介·行人·宰·史之屬, 若君親服限未除, 而君旣服之, 則臣下亦從而服之也. 若限已竟, 而君稅之, 此臣不從君而稅.

번역 ●經文: "近臣, 君服斯服矣". ○이전 문장에서는 신하가 홀로 출행을 했을 때, 세(稅)를 하지 않는 경우를 나타냈고, 이곳 문장에서는 미천한 신하가 군자를 따라 출타하여 외국에서 조근(朝覲)을 했을 경우, 간혹 곤란한 경우를 만나 제 시기에 자신의 나라로 돌아오지 못했는데, 되돌아올 시점에 군주의 친족 상이 발생하여, 군주가 직접 세(稅)를 하면, 신하 중 신분이 미천한 자는 곧 군주를 따라서 상복을 착용한다는 사실을 나타내니, 세(稅)를 한다는 뜻이 아니다. 나머지 신하는 곧 신하들 중 존귀한 신분을 가진 자들이니, 여러 개(介)들이나 행인(行人)·재(宰)·사(史) 등을 맡았던 자들로, 만약 군주가 직접 상복을 입어야 하는 기간이 아직 끝나지 않아서, 군주가 이미 상복을 착용했다면, 신하 또한 군주를 따라서 상복을 착용한다. 만약 그 기한이 이미 끝났고, 군주가 세(稅)를 했다면, 이러한 신하들은 군주를 따라서 세(稅)를 하지 않는다.

集解 愚謂: 近臣在君側, 故不計聞喪早晚, 君服則服. 其餘則從而服, 謂君限內聞喪, 君服則從而服也. 不從而稅, 謂君限外聞喪, 君稅則不從而稅也.

번역 내가 생각하기에, 근신은 군주의 측근에 있는 자들이기 때문에, 상의 소식을 들었던 시점이 어느 때인가를 따지지 않고, 군주가 상복을 착용하면, 그에 따라 상복을 착용한다. 나머지 경우에는 군주를 따라 상복을 착용한다고 했는데, 이 말은 군주가 본래의 상 기간 내에 상에 대한 소식을 접하여, 군주가 상복을 착용하면, 그에 따라 상복을 착용한다는 뜻이다. 군주를 따라서 세(稅)를 하지 않는다는 말은 군주가 상 기간이 끝난 뒤에 상에 대한 소식을 접하여, 군주가 세(稅)를 하면, 신하는 군주를 따라서 세(稅)를 하지 않는다는 뜻이다.

【413d】

君雖未知喪, 臣服已.

직역 君이 雖히 喪을 未知라도, 臣은 服할 따름이다.

의역 본국에 남아 있던 신하들은 군주가 비록 상이 발생했다는 사실을 모르더라도, 신하는 상복을 착용할 따름이다.

集說 此言君在他國, 而本國有喪君雖未知, 而諸臣之留國者, 自依禮成服不待君返也.

번역 이 내용은 군주가 다른 나라에 머물러 있을 때, 본국에서 군주의 친족 상이 발생하여, 군주가 비록 알지 못한다 하더라도, 본국에 남아있던 여러 신하들은 곧 예법에 따라서 성복(成服)을 하며, 군주가 되돌아올 때까지 기다리지 않는다는 뜻이다.

鄭注 從服者, 所從雖在外, 自若服也.

번역 군주를 뒤따라 상복을 착용하는 경우, 군주를 따르는 자가 비록 외국에 나가 있더라도, 남아있던 자들은 스스로 일반적인 경우에 따라 상복을 착용한다.

孔疏 ●"君雖未知喪, 臣服已"者, 此謂君出而臣不隨君, 而君之親於本國內喪, 君雖未知, 而在國之臣卽服之也. 嫌從君之未服, 臣不先服, 故明得先服也.

번역 ●經文: "君雖未知喪, 臣服已". ○군주가 출타를 하였는데, 신하가 군주를 따라가지 않았고, 군주의 친족이 본국에서 상을 당했는데, 군주가 비록 그 사실을 알지 못하더라도, 본국에 남아있던 신하는 곧바로 상복을 착용한다는 뜻이다. 군주를 뒤따르는 자가 아직 상복을 착용하지 않았고,

신하가 군주보다 먼저 상복을 착용하지 않는다고 오해할 것을 염려했기 때문에, 먼저 상복을 착용할 수 있다고 밝힌 것이다.

孔疏 ◎注"從服"至"服也". ○正義曰: 若, 如也, 謂自如尋常, 依限著服也. 凡從服者, 悉然也.

번역 ◎鄭注: "從服"~"服也". ○'약(若)'자는 "~와 같다[如]."는 뜻이니, 스스로 일반적인 경우처럼 기한에 따라서 상복을 착용한다는 의미이다. 무릇 군주를 따라서 상복을 착용하는 자들은 모두 이처럼 한다.

• 제 20 절 •

상복(喪服) 규정-지팡이 II

【413d】

虞, 杖不入於室; 祔, 杖不升於堂.

직역 虞에는 杖으로 室에 不入하고 祔에는 杖으로 堂에 不升한다.

의역 우제를 치른 뒤에는 지팡이를 짚고 실(室)로 들어가지 않는다. 부제를 치른 뒤에는 지팡이를 짚고 당(堂)에 올라가지 않는다.

集說 虞祭在寢, 祭後不以杖入室; 祔祭在祖廟, 祭後不以杖升堂, 皆殺哀之節也.

번역 우제는 침(寢)에서 치르는데, 제사를 끝낸 뒤에는 지팡이를 짚고 실(室)로 들어가지 않는다. 부제는 조묘(祖廟)에서 치르는데, 제사를 끝낸 뒤에는 지팡이를 짚고 당(堂)으로 올라가지 않는다. 이 모두는 애통한 감정을 줄이는 규범이다.

大全 嚴陵方氏曰: 喪禮先虞而後祔, 虞杖特不入於室而已. 至於祔, 杖則雖堂亦不升焉. 蓋哀雖衰而敬愈不衰也. 室內而堂外, 故於室曰入, 堂高而陛卑, 故於堂曰升. 論語云升堂入室義, 亦如此.

번역 엄릉방씨가 말하길, 상례에 있어서 먼저 우제를 치르고 이후에 부제를 치르는데, 우제 때의 지팡이로는 실(室)에만 들어가지 않을 따름이다. 부제를 치르는 시기가 되면, 지팡이의 경우 비록 당(堂)이라 하더라도 또한 오르지 않는다. 무릇 애통함이 비록 줄어들었더라도 공경함은 더욱 더 줄어들지 않기 때문이다. 실(室)은 안쪽이고, 당(堂)은 바깥쪽이다. 그렇기 때문에 실(室)에 대해서는 "들어간다[入]."라고 말한 것이다. 당은 높고 계단은 낮다. 그렇기 때문에 당(堂)에 대해서는 "오른다[升]."라고 말한 것이다. 『논어』에서 당(堂)에 오르고 실(室)에 들어간다고 했던 뜻[1] 또한 이와 같다.

鄭注 哀益衰, 敬彌多也. 虞於寢, 祔於祖廟.

번역 애통함이 더욱 줄어들고, 공경함이 더욱 많아졌기 때문이다. 침(寢)에서 우제를 치르고, 조묘(祖廟)에서 부제를 치른다.

孔疏 ●"虞杖"至"於堂". ○正義曰: 此論哀殺去杖之節也.

번역 ●經文: "虞杖"~"於堂". ○이곳 문장은 애통함이 줄어들어서 지팡이를 제거하는 규범을 논의하고 있다.

孔疏 ◎注"虞於寢, 祔於祖廟". ○正義曰: 按士虞禮: "虞於寢." 又按檀弓云: "明日祔於祖." 是祔於祖廟也.

번역 ◎鄭注: "虞於寢, 祔於祖廟". ○『의례』「사우례(士虞禮)」편을 살펴보면, "침(寢)에서 우제를 치른다."[2]라고 했고, 또 『예기』「단궁(檀弓)」편을 살펴보면, "그 다음날 조부에게 합사한다."[3]라고 했으니, 이것은 조묘에서 부제를 치른다는 사실을 나타낸다.

---

1) 『논어』「선진(先進)」: 子曰, "由之瑟, 奚爲於丘之門?" 門人不敬子路. 子曰, "由也升堂矣, 未入於室也."
2) 『의례』「사우례(士虞禮)」: 記. 虞, 沐浴, 不櫛. 陳牲于廟門外, 北首, 西上, 寢右. 日中而行事.
3) 『예기』「단궁하(檀弓下)」【116b】: 是日也, 以吉祭易喪祭, 明日祔于祖父.

그림 20-1 ■ 사(士)의 침(寢) 구조

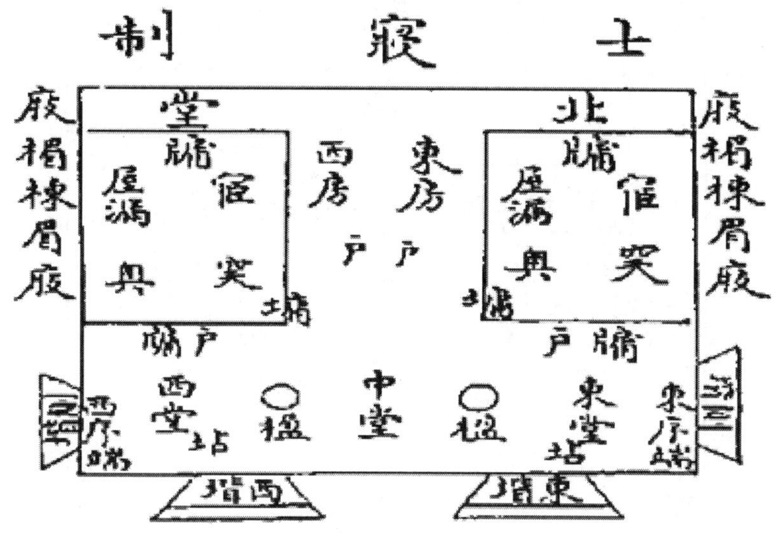

※ **출처:** 『삼례도(三禮圖)』 2권

그림 20-2 ▣ 종묘(宗廟) 건물의 구조

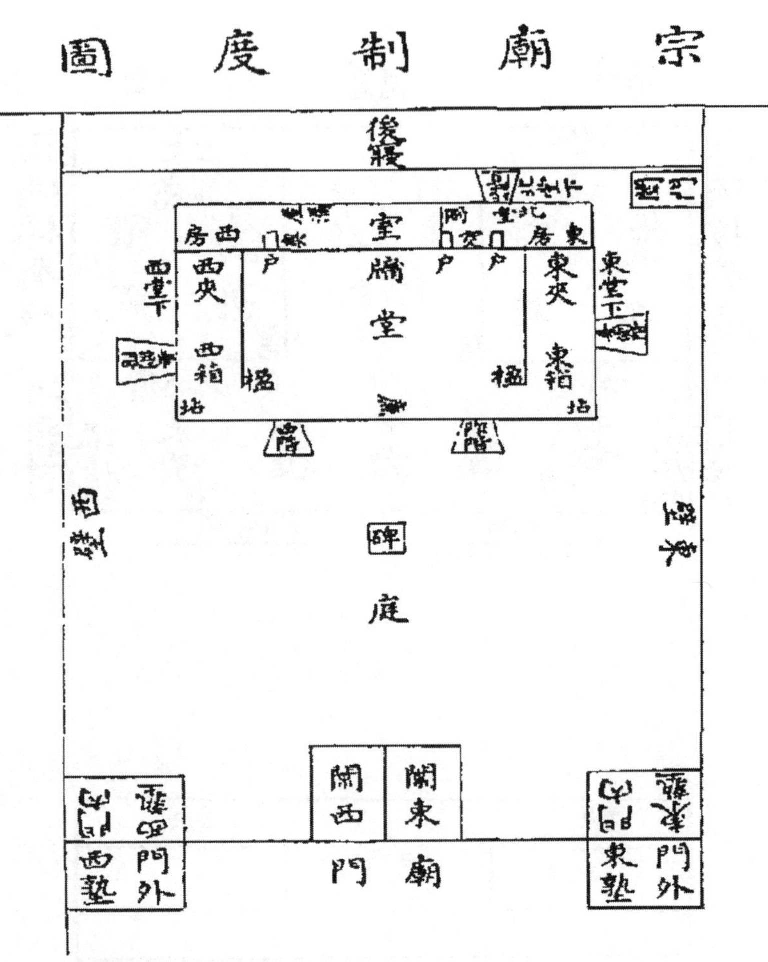

※ 출처: 『향당도고(鄕黨圖考)』 1권

• 제21절 •

상복(喪服) 규정-도종(徒從) Ⅰ

【413d】

爲君母後者, 君母卒, 則不爲君母之黨服.

직역 君母의 後가 爲한 者는 君母가 卒하면, 君母의 黨을 爲하여 服을 不한다.

의역 서자가 후계자가 된 경우, 군주의 정부인에 대해서도 아들이 되는데, 그 자는 군주의 정부인이 죽으면, 더 이상 정부인의 친족들을 위해서 상복을 착용하지 않는다.

集說 此言無適子而庶子爲後者, 卽上章從服者, 所從亡則已之義也.

번역 이 내용은 적자가 없어서 서자가 후계자가 된 경우를 뜻하니, 곧 앞장에서 말한 '종복(從服)'에 해당하는 자들로, 따르던 자가 죽게 되면 그만둔다는 뜻에 해당한다.

鄭注 徒從也, 所從亡則已.

번역 '도종(徒從)'하는 경우이니, 따르던 자가 죽으면 그만둔다.

釋文 不爲, 于僞反, 下"妾爲君"·注"大夫爲庶子"同.

번역 '不爲'에서의 '爲'자는 '于(우)'자와 '僞(위)'자의 반절음이며, 아래 문장에 나오는 '妾爲君'에서의 '爲'자와 정현의 주에 나오는 '大夫爲庶子'에서의 ‘爲’자도 모두 그 음이 이와 같다.

孔疏 ●“爲君”至“黨服”. ○正義曰: 此經論徒從所從亡則已之事. “爲君母後者”, 謂無適立庶爲後也. 妾子於君母之黨悉徒從, 若君母卒, 則不服君母之黨, 今旣君母沒, 爲後者嫌同於適, 服君母之黨, 故特明之徒從也. “所從亡則已”, 謂與不爲後同也.

번역 ●經文: “爲君”~“黨服”. ○이곳 경문은 도종(徒從)일 경우 따르던 자가 죽으면 그만둔다는 사안을 논의하고 있다. 경문의 “爲君母後者”에 대하여. 적자가 없어서 서자를 후계자로 세운 경우이다. 첩의 자식은 정부인의 친족에 대해서 모두 도종을 하는데, 만약 정부인이 죽었다면, 정부인의 친족을 위해서 상복을 착용하지 않는데, 현재 이미 정부인이 죽은 상태이고, 후계자가 된 자는 적자와 동일하게 따라서 정부인의 친족을 위해서도 상복을 착용한다고 오해할 것을 염려했기 때문에, 특별히 도종을 한다고 명시한 것이다. 경문의 “所從亡則已”에 대하여. 후계자가 되지 않은 자와 동일하게 따른다는 의미이다.

集解 愚謂: 喪服傳曰“爲人後者”, “爲其妻之父母·昆弟, 昆弟之子如子.” 子於母黨, 不以母沒不服, 則爲人後者, 於母黨必不以母沒不服矣. 庶子爲君母後, 宜與爲人後之禮不殊. 蓋旣爲君母後, 則其於君母之黨, 乃屬從而非徒從矣. 服問曰“母出則爲繼母之黨服, 母死則爲其母之黨服. 爲其母之黨服, 則不爲繼母之黨服.” 鄭云“外親亦不二統.” 喪服記曰“庶子爲父後者, 爲其外祖父母·從母舅無服.” 夫外親不二統, 而亦不可以無統也. 庶子爲後, 不爲其母之黨服, 則當爲君母之黨服, 不可以君母沒而不服矣. 然則此“不”字其衍文與.

번역 내가 생각하기에, 『의례』「상복(喪服)」편의 전문(傳文)에서는 “후계자가 된 경우이다.”라고 말하고, “그 처의 부모와 곤제를 위한 경우에 착용하며, 곤제의 아들은 자식에 대한 경우와 동일하게 따른다.”라고 했다.[1] 자식은 모친의 친족에 대해서, 모친이 죽더라도 상복을 입지 않는 경우가 없으니, 후계자가 된 경우 모친의 친족에 대해서는 반드시 모친이 죽더라도 상복을 입지 않는 경우가 없게 된다. 서자가 군모의 후계자가 된 경우에도 마땅히 일반적으로 후계자가 된 경우의 예법과 동일하게 따르며 차이가 없다. 무릇 이미 군모의 후계자가 되었다면, 군모의 친족들에 대해서는 곧 속종(屬從)을 하는 것이며, 도종(徒從)을 하는 것이 아니다. 『예기』「복문(服問)」편에서는 "모친이 쫓겨났다면, 계모의 친족들을 위해서 상복을 착용하고, 모친이 죽었다면, 그 모친의 친족들을 위해서 상복을 착용한다. 모친의 친족들을 위해서 상복을 착용한다면, 계모의 친족들을 위해서는 상복을 착용하지 않는다."[2]라고 했고, 정현은 "외친에 대해서도 또한 통솔되는 것이 두 가지일 수 없기 때문이다."라고 했다. 「상복」편의 기문(記文)에서는 "서자 중 부친의 후계자가 된 자는 그의 외조부모 및 종모와 외삼촌 등을 위해서 상복을 착용하지 않는다."[3]라고 했다. 무릇 외친에 대해서 통솔되는 것이 두 가지일 수 없지만, 또 통솔되는 것이 없을 수도 없다. 서자가 후계자가 된 경우, 그의 모친 친족을 위해서 상복을 착용하지 않는다면, 마땅히 정부인의 친족을 위해서 상복을 착용해야 하니, 정부인이 죽었다고 해서 상복을 착용하지 않을 수가 없다. 그러므로 이곳에 나온 '불(不)'자는 아마도 연문일 것이다.

1) 『의례』「상복(喪服)」: 爲人後者. 傳曰, 何以三年也? 受重者必以尊服服之. 何如而可爲之後? 同宗則可爲之後. 何如而可以爲人後? 支子可也. 爲所後者之祖·父·母·妻, 妻之父·母·昆弟, 昆弟之子, 若子.

2) 『예기』「복문(服問)」【661d】: 傳曰, "母出則爲繼母之黨服. 母死則爲其母之黨服." 爲其母之黨服, 則不爲繼母之黨服.

3) 『의례』「상복(喪服)」: 庶子爲後者爲其外祖父母·從母·舅無服.

• 제22절 •

상복(喪服) 규정-질(絰) Ⅰ

【414a】

絰殺五分而去一, 杖大如絰.

직역 絰殺는 五分하여 一을 去하고, 杖의 大는 絰과 如한다.

의역 수질(首絰)의 크기를 줄일 때에는 5등분 중 1만큼을 줄이고, 지팡이의 크기는 요질(要絰)의 크기와 동일하게 한다.

集說 喪服傳曰: "苴絰大搹, 左本在下, 去五分一以爲帶絰." 大搹者, 謂首絰也. 五分減一分, 則要絰之大也. 遞減之, 則齊衰之絰大如斬衰之帶, 去五分一以爲齊衰之帶; 大功之絰大如齊衰之帶, 去五分一以爲大功之帶; 小功之絰大如大功之帶, 去五分一以爲小功之帶; 緦麻之絰大如小功之帶, 去五分一以爲緦麻之帶. 麻在首在要, 皆曰絰. 分言之, 則首曰絰, 要曰帶. 所以五分者, 象五服之數也. 杖大如絰, 如要絰也. 搹者, 扼也.

번역 『의례』「상복(喪服)」편의 전문(傳文)에서는 "저질(苴絰)의 대격(大搹)은 좌본(左本)이 밑에 있고, 5분의 1을 줄여서 대질(帶絰)로 한다."[1] 라고 했다. '대격(大搹)'은 수질(首絰)을 뜻하며, 다섯 등분을 하여 그 중 하나만큼을 줄이면, 요질(要絰)의 크기가 된다. 교대로 줄여나가면, 자최복의 질(絰) 크기는 참최복의 대(帶) 크기와 같고, 그 중 5분의 1을 줄여서,

---

1) 『의례』「상복(喪服)」: 傳曰, 斬者何? 不緝也. 苴絰者, 麻之有蕡者也. 苴絰大搹, 左本在下, 去五分一以爲帶.

자최복의 대(帶)로 만든다. 대공복의 질(絰) 크기는 자최복의 대(帶) 크기와 같고, 그 중 5분의 1을 줄여서, 대공복의 대(帶)로 만든다. 소공복의 질(絰) 크기는 대공복의 대(帶) 크기와 같고, 그 중 5분의 1을 줄여서, 소공복의 대(帶)로 만든다. 시마복의 질(絰) 크기는 소공복의 대(帶) 크기와 같고, 그 중 5분의 1을 줄여서, 시마복의 대(帶)로 만든다. 마(麻)는 머리에도 쓰고 허리에도 차는데, 둘 모두를 '질(絰)'이라고 부른다. 구분해서 말하면, 머리에 쓰는 것을 '질(絰)'이라고 부르고, 허리에 차는 것을 '대(帶)'라고 부른다. 다섯 등분으로 나누는 것은 오복(五服)의 수치를 본뜬 것이다. 지팡이의 길이는 질(絰)과 같다고 했는데, 요질(要絰)의 크기와 같다는 뜻이다. '격(搹)'이라는 것은 "쥐다[搤]."는 뜻이다.

集說 朱子曰: 首絰大一搤, 只是拇指與第二指一圍.

번역 주자가 말하길, 수질(首絰)의 길이는 한 손으로 쥔 크기가 되니, 엄지손가락부터 두 번째 손가락까지의 둘레를 뜻한다.

鄭注 如要絰也.

번역 지팡이는 요질(要絰)의 크기와 같다는 뜻이다.

釋文 去, 起呂反, 下"去杖"幷注同. 絰, 大結反. 要, 一遙反, 下文"要絰"·注"上至要"皆同.

번역 '去'자는 '起(기)'자와 '呂(려)'자의 반절음이며, 아래문장에 나오는 '去杖'에서의 '去'자와 정현의 주에 나오는 글자도 모두 그 음이 이와 같다. '絰'자는 '大(대)'자와 '結(결)'자의 반절음이다. '要'자는 '一(일)'자와 '遙(요)'자의 반절음이며, 아래문장에 나오는 '要絰'에서의 '要'자와 정현의 주에 나오는 '上至要'에서의 '要'자도 모두 그 음이 이와 같다.

孔疏 ●"絰殺"至"如絰". ○正義曰: 此一節論杖大如要絰之義. "絰殺"者, 按喪服傳云: "苴絰大搹, 左本在下, 去五分一以爲帶." 是首尊而要卑, 卑宜小, 故五分而去一, 象服數有五也.

번역 ●經文: "絰殺"~"如絰". ○이곳 문단은 지팡이의 크기를 요질(要絰)의 크기와 동일하게 하는 뜻을 논의하고 있다. 경문의 "絰殺"에 대하여. 『의례』「상복(喪服)」편의 전문(傳文)을 살펴보면, "저질(苴絰)의 대격(大搹)은 좌본(左本)이 밑에 있고, 5분의 1을 줄여서 대(帶)로 한다."라고 했는데, 이것은 머리는 존귀하고, 허리는 상대적으로 낮으며, 낮은 것에 대해서는 마땅히 작게 해야 하기 때문에, 5등분 중 1만큼을 줄이는 것이니, 상복의 종류에 다섯 가지가 있음을 상징한다.

孔疏 ●"杖大如絰"者, 謂如絰也. 鄭所以知然者, 以其同在下之物故也.

번역 ●經文: "杖大如絰". ○질(絰)의 크기와 같다는 뜻이다. 정현이 이러한 사실을 알 수 있었던 이유는 모두 밑부분에 해당하는 사물이기 때문이다.

集解 絰, 五服之首絰也. 五服之絰, 重者大, 輕者小. 斬衰苴絰, 大搹圍九寸, 五分去一, 以爲齊衰之絰. 齊衰絰大七寸五分寸之一, 五分去一, 以爲大功之絰. 大功絰大五寸二十五分寸之十九, 五分去一, 以爲小功之絰. 小功絰大四寸百二十五分寸之七十六, 五分去一, 以爲緦麻之絰. 緦麻絰大三寸六百二十五分寸之三百有六. 杖, 斬衰·齊衰之杖也. 杖大如絰, 謂斬衰之苴杖, 齊衰之削杖, 各如其首絰之大也.

번역 '질(絰)'은 오복(五服)에 하는 수질(首絰)이다. 오복에 하는 질(絰)에 있어서, 수위가 높은 것은 그 크기가 크고, 수위가 낮은 것은 작다. 참최복에 하는 저질(苴絰)의 경우, 대격(大搹)의 둘레는 9촌(寸)이며, 5분의 1을 줄여서, 자최복에 하는 질(絰)로 삼는다. 자최복의 질(絰)은 크기가 7과 5분의 1촌(寸)이며, 그 중 5분의 1을 줄여서, 대공복의 질(絰)로 삼는다. 대공복의 질(絰)은 크기가 5와 25분의 19촌(寸)이며, 그 중 5분의 1을 줄여서, 소공복의 질(絰)로 삼는다. 소공복의 질(絰)은 크기가 4와 125분의 76촌(寸)이며, 그 중 5분의 1을 줄여서, 시마복의 질(絰)로 삼는다. 시마복의 질(絰) 크기는 3과 625분의 306촌(寸)이다. 지팡이는 참최복과 자최복에 사용하는 지팡이이다. 지팡이의 크기가 질(絰)과 같다는 말은 참최복에 하는 저장(苴杖), 자최복에 하는 삭장(削杖)은 각각 해당 상복에 착용하는 수질(首絰)의 크기와 같다는 뜻이다.

• 제 23 절 •

상복(喪服) 규정-첩(妾)

【414b】

妾爲君之長子, 與女君同.

직역 妾은 君의 長子를 爲함에, 女君과 同하다.

의역 첩은 군주의 장자를 위해서 삼년상을 치르니, 여군이 따르는 법식과 동일하다.

集說 女君爲長子三年, 妾亦同服三年, 以正統故重也.

번역 여군은 장자를 위해서 삼년상을 치르고, 첩 또한 동일하게 삼년상을 치르니, 장자는 정통을 이어서 중대하기 때문이다.

鄭注 不敢以恩輕, 輕服君之正統.

번역 감히 은정이 옅다는 이유로 군주의 정통을 이은 자에 대해서 수위가 낮은 상례를 치를 수 없기 때문이다.

孔疏 ●"妾爲"至"君同". ○正義曰: 此一經論妾從女君服同. 女君爲長子三年, 妾亦爲女君長子三年, 故云"與女君同"也.

번역 ●經文: "妾爲"~"君同". ○이곳 경문은 첩이 여군을 따라서 동일하게 복상한다는 뜻을 논의하고 있다. 여군은 장자를 위해서 삼년상을 치르고, 첩 또한 여군의 장자를 위해서 삼년상을 치른다. 그렇기 때문에 "여군과 동일하게 한다."라고 말한 것이다.

訓纂 盧注: 與女君喪長子俱三年.

번역 노식의 주에서 말하길, 여군이 장자의 상을 치르는 것과 함께 모두 삼년상을 치른다.

集解 愚謂: 妾之服自爲其私親外, 其餘悉與女君同. 唯爲君之長子之服, 嫌正統傳重之義係於女君而不係於妾, 故特明之.

번역 내가 생각하기에, 첩이 상복을 입는 경우, 자신의 친족을 위한 경우로부터 그 이외의 경우, 나머지는 모두 여군과 동일하게 따른다. 다만 군주의 장자를 위해서 상복을 착용하는 경우, 정통을 이은 자는 중책을 전수하는 뜻이 여군과 연계되어 있고, 첩과는 관련이 없다고 오해할 것을 염려했기 때문에, 특별히 명시한 것이다.

• 제 24 절 •

상복(喪服) 규정-제상(除喪)과 역복(易服)

【414b】

除喪者, 先重者. 易服者, 易輕者.

직역 喪을 除한 者는 重者를 先한다. 服을 易한 者는 輕者를 易한다.

의역 상복을 제거하는 경우에는 중요한 것을 먼저 제거한다. 상복을 바꾸는 경우에는 덜 중요한 것을 바꾼다.

集說 男子重在首, 婦人重在要, 凡所重者有除無變, 故雖卒哭不受輕服, 直至小祥, 而男子除首絰, 婦人除要絰. 此之謂除喪者先重者也. 易服者, 謂先遭重喪, 後遭輕喪, 而變易其服也. 輕, 謂男子要·婦人首也. 此言先是斬衰, 虞而卒哭, 已變葛絰. 葛絰之大小, 如齊衰之麻絰. 今忽又遭齊衰之喪, 齊衰要首絰皆牡麻, 牡麻重於葛也. 服宜從重, 故男不變首, 女不變要, 以其所重也. 但以麻易男要女首而已, 故云易服者易輕者也. 若未虞卒哭則後喪不能變.

번역 남자의 경우 중요한 것은 머리에 쓰고, 부인의 경우 중요한 것은 허리에 차니, 모든 경우에 있어 중요하게 치는 것에는 제거하는 경우는 있어도 변화시키는 경우는 없다. 그렇기 때문에 비록 졸곡을 하고 수위가 낮은 상복을 받지 않았더라도, 소상에 이르게 되면, 남자는 수질(首絰)을 제거하고, 부인은 요질(要絰)을 제거한다. 이것이 "상복을 제거하는 경우, 중요한 것을 먼저 제거한다."는 뜻에 해당한다. "복장을 바꾼다."는 말은 앞서 수위가 높은 상을 당했고, 이후에 수위가 낮은 상을 당했을 때, 그 복장을 변화시켜 바꾼다는 뜻이다. 덜 중요한 것은 남자의 경우 허리에 찬 것이며,

부인의 경우 머리에 쓴 것이다. 이것은 먼저 참최복을 착용하고 있는데, 우제를 치르고 졸곡을 하면, 이미 갈(葛)로 만든 질(絰)을 제거한다는 뜻이다. 갈(葛)로 만든 질(絰)의 크기는 자최복에 하는 마(麻)로 만든 질(絰)의 크기와 같다. 그런데 현재 갑작스럽게 자최복의 상을 또 당했다면, 자최복에 하는 요질과 수질은 모두 모마(牡麻)로 만들게 되며, 모마로 만든 질(絰)은 갈(葛)로 만든 질보다도 수위가 높다. 상복을 착용하는 경우에는 마땅히 수위가 높은 것을 따라야 한다. 그렇기 때문에 남자는 수질을 바꾸지 않고, 여자는 요질을 바꾸지 않으니, 그것들이 중시 여기는 것들이기 때문이다. 다만 마(麻)로 만든 것으로 남자의 요질과 여자의 수질을 바꿀 따름이다. 그렇기 때문에 "상복을 바꾸는 경우에는 덜 중요한 것을 바꾼다."라고 말한 것이다. 만약 아직 우제를 치러서 졸곡을 하지 못한 경우라면, 뒤의 상에 대해서는 바꿀 수가 없다.

鄭注 謂練, 男子除乎首, 婦人除乎帶. 謂大喪旣虞卒哭, 而遭小喪也, 其易喪服, 男子易乎帶, 婦人易乎首.

번역 소상을 치르며 남자는 수질(首絰)을 제거하고, 부인은 요대(要帶)를 제거한다는 뜻이다. 중대한 상을 치르며 이미 우제를 치러서 졸곡을 했는데, 다시 덜 중요한 상을 당한 경우, 상복을 바꿀 때, 남자는 요대를 바꾸고, 부인은 수질을 바꾼다는 뜻이다.

孔疏 ●"除喪"至"輕者". ○正義曰: 此一節論服之輕重相易, 及除脫之義. "重", 謂男首絰, 女要絰. 男重首, 女重要. 凡所重者, 有除無變, 所以卒哭不受以輕服, 至小祥, 各除其重也, "謂練, 男子除乎首, 婦人除乎帶", 是也.

번역 ●經文: "除喪"~"輕者". ○이곳 문단은 상복 중 중요도에 따라 바꾸거나 제거하는 뜻을 논의하고 있다. '중(重)'이라는 것은 남자의 경우에는 수질(首絰)을 뜻하고, 여자의 경우에는 요질(要絰)을 뜻한다. 남자는 머리를 중시하고, 여자는 허리를 중시한다. 무릇 중시 여기는 것들에 대해서는 제거하는 경우는 있어도 변경하는 경우는 없으니, 졸곡을 하여 수위가 낮은 상복을 받지 않았더라도, 소상을 치르게 되면, 각각 중요하게 여기는 것을 제거하는 이유이다. 정현이 "소상을 치르며 남자는 수질(首絰)을 제거하고, 부인은 요대(要帶)를 제거한다는 뜻이다."라고 한 말에 해당한다.

孔疏 ●"易服者, 易輕者", 易, 謂先遭重喪, 後遭輕喪. 變先者輕, 則謂男子要, 婦人首也. 謂先遭斬服, 虞卒哭已變葛絰, 大小如齊衰之麻. 若又遭齊衰之喪, 齊衰要·首皆牡麻, 牡麻則重於葛服, 宜從重, 而男不變首, 女不易要, 以其所重故也. 但以麻易男要女首, 是所輕故也. 男子易乎要, 婦人易乎首, 若未虞卒哭, 則後喪不能變也.

번역 ●經文: "易服者, 易輕者". ○'역(易)'은 먼저 수위가 높은 상을 당했는데, 이후에 수위가 낮은 상을 당한 경우를 뜻한다. 먼저 변경하는 것이 덜 중요한 것이라면, 남자의 경우에는 요질(要絰)을 뜻하고, 부인의 경우에는 수질(首絰)을 뜻한다. 먼저 참최복의 상을 당했고, 우제를 치르고 졸곡을 하여 이미 갈(葛)로 만든 질(絰)로 변경을 했는데, 이때의 질(絰) 크기는 참최복에 하는 마(麻)로 만든 질(絰)의 크기와 같다. 만약 재차 자최복의 상을 당했다면, 자최복에 하는 요질과 수질은 모두 모마(牡麻)로 만들게 되는데, 모마로 만들었다면, 갈(葛)로 만든 것보다는 수위가 높으므로, 마땅히 수위가 높은 것을 따라야 해서, 남자는 수질을 바꿀 수 없고, 여자는 요질을 바꿀 수 없으니, 그것들이 중시 여기는 것들이기 때문이다. 다만 마(麻)로 된 것으로 남자의 경우 요질을 바꾸고, 여자의 경우 수질을 바꾸니, 그것들이 상대적으로 덜 중요시하는 것들이기 때문이다. 남자는 허리에 있는 것을 바꾸고, 부인은 머리에 있는 것을 바꾸는데, 만약 우제를 치르고 졸곡을 하지 못한 상태라면, 이후에 당한 상에 대해서는 바꿀 수가 없다.

集解 除喪, 謂練時也. 重, 謂男子首絰, 婦人要絰也. 凡絰, 男子重首, 婦人重要. 旣卒哭, 男子變麻服葛, 婦人則變首絰, 不變要絰. 至練而男子除葛絰, 婦人除麻帶, 各除其所重也. 易服, 謂以輕喪之新服, 易重喪之舊服也. 輕, 謂男子要絰, 婦人首絰也. 易服者易輕者, 謂若先遭斬衰, 卒哭已變麻服葛. 又遭齊衰之喪, 男子則以齊衰之要絰變斬衰之葛帶, 而首絰不變; 婦人則以齊衰之首絰變斬衰之葛絰, 而要絰不變也. 蓋二喪兼服, 而變其輕者, 所以明新喪之爲輕; 留其重者, 所以表舊喪之爲重也. 若齊衰旣虞, 而遭大功之喪者亦然. 間傳曰: "斬衰之喪, 旣虞·卒哭, 遭齊衰之喪, 輕者包, 重者特", "齊衰之喪, 旣虞·卒哭, 遭大功之喪, 麻葛兼服之", 是也. 小功以下無變.

번역 '제상(除喪)'은 소상(小祥)을 치를 때를 뜻한다. '중(重)'은 남자의 수질(首絰)과 부인의 요질(要絰)을 뜻한다. 무릇 질(絰)에 있어서, 남자는 수질을 중시하고, 부인은 요질을 중시한다. 이미 졸곡(卒哭)을 했다면, 남자는 마(麻)로 된 것을 바꿔서 갈(葛)로 만든 것을 착용하고, 부인의 경우에는 수질을 바꾸며, 요질을 바꾸지 않는다. 소상을 치르게 되어, 남자가 갈(葛)로 만든 질(絰)을 제거하면, 부인은 마(麻)로 만든 대(帶)를 제거하니, 각각 중시 여기는 대상을 제거하기 때문이다. '역복(易服)'은 수위가 낮은 상의 새로운 복장으로 수위가 높은 상의 오래된 복장을 바꾼다는 뜻이다. '경(輕)'은 남자의 요질과 부인의 수질을 뜻한다. "상복을 바꾸는 경우, 가벼운 것을 바꾼다."는 말은 만약 먼저 참최복의 상을 당했고, 졸곡을 치러서 이미 마(麻)로 된 것을 바꿔 갈(葛)로 된 것을 착용한 상태이다. 그런데 재차 자최복의 상을 당하면, 남자의 경우에는 자최복에 하는 요질로 참최복에 하는 갈(葛)로 만든 대(帶)를 바꾸고, 수질의 경우에는 바꾸지 않는다. 부인의 경우에는 자최복에 하는 수질로 참최복에 하는 갈(葛)로 만든 질(絰)을 바꾸고, 요질의 경우에는 바꾸지 않는다. 무릇 두 가지 상을 당해 상복이 겹쳐져서, 덜 중요한 것을 바꾸는 것은 새로 당한 상을 보다 덜 중시한다는 뜻을 나타내기 위함이다. 그리고 중시 여기는 것을 그대로 놔두는 것은 이전에 당한 상을 중시 여긴다는 뜻을 나타내기 위함이다. 만약 자최복을 입고 우제를 끝내고, 대공복을 입는 상을 당한 경우에도 이처럼 한다. 『예기』「간전(間傳)」편에서는 "참최복의 상에서, 우제를 치르고 졸곡을 했는데, 자최복의 상을 당한 경우, 수위가 낮은 것은 포괄하고 수위가 높은 것은 홀로만 남긴다."[1]라고 했고, "자최복의 상에서, 우제를 치르고 졸곡을 했는데, 대공복의 상을 당했으면, 마(麻)와 갈(葛)로 된 것을 함께 착용한다."[2]라고 한 말이 이러한 사실을 나타낸다. 소공복으로부터 그 이하의 경우에는 바꾸는 것이 없다.

1) 『예기』「간전(間傳)」【668b】: 易服者何爲易輕者也, 斬衰之喪既虞卒哭, 遭齊衰之喪. 輕者包, 重者特.

2) 『예기』「간전(間傳)」【669a】: 齊衰之喪既虞卒哭遭大功之喪, 麻葛兼服之.

• 제 25 절 •

상례(喪禮) 규정-빈소와 곡(哭)

【414c】

無事不辟廟門, 哭皆於其次.

직역 事가 無하면 廟門을 不辟하며, 哭은 皆히 그 次에서 한다.

의역 특별한 일이 없으면 빈궁의 문은 열지 않으며, 수시로 곡(哭)을 할 때에는 상중에 머무는 임시 숙소에서 한다.

集說 辟, 開也. 廟門, 殯宮之門也. 鬼神尙幽闇, 故有事則辟, 無事不辟也. 次, 倚廬也. 朝夕之哭, 與受弔之哭, 皆卽門內之位, 若或晝或夜無時之哭, 則皆於倚廬也.

번역 '벽(辟)'자는 "연다[開]."는 뜻이다. '묘문(廟門)'은 빈궁의 문을 뜻한다. 귀신은 그윽하고 어두운 곳을 숭상하기 때문에, 특별한 일이 있는 경우에는 열고, 특별한 일이 없으면 열지 않는다. '차(次)'는 의려(倚廬)[1]이다. 아침저녁으로 곡(哭)을 하거나 조문을 받아서 곡(哭)을 하는 경우에는 모두 문 안쪽의 자리로 나아가서 하며, 낮이나 밤에 수시로 곡(哭)을 하는 경우라면, 모두 의려에서 한다.

鄭注 鬼神尙幽闇也. 廟, 殯宮. 無時哭也, 有事則入卽位.

---

1) 의려(倚廬)는 상중(喪中)에 머물게 되는 임시 거처지이다. '의려'는 '의(倚)', '려(廬)', '堊室(악실)', '사려(舍廬)' 등으로 부르기도 한다.

번역 귀신은 그윽하고 조용함을 숭상하기 때문이다. '묘(廟)'는 빈궁을 뜻한다. 수시로 곡하는 경우를 뜻하니, 특별한 일이 있다면, 문으로 들어가서 자신의 자리로 나아간다.

釋文 辟, 婢亦反, 徐扶亦反.

번역 '辟'자는 '婢(비)'자와 '亦(역)'자의 반절음이며, 서음(徐音)은 '扶(부)'자와 '亦(역)'자의 반절음이다.

孔疏 ●"無事"至"其次". ○正義曰: 此一經論在殯無事之時.

번역 ●經文: "無事"~"其次". ○이곳 경문은 빈소에 특별한 일이 없을 때를 논의하고 있다.

孔疏 ●"無事不辟廟門"者, 辟, 開也; 廟門, 殯宮門也. 鬼神尙幽闇, 若朝夕入卽位哭, 則暫開之, 若無事則不開也.

번역 ●經文: "無事不辟廟門". ○'벽(辟)'자는 "연다[開]."는 뜻이다. '묘문(廟門)'은 빈궁의 문을 뜻한다. 귀신은 그윽하고 조용한 장소를 숭상하는데, 만약 아침저녁으로 들어와서 자신의 자리로 나아가 곡(哭)을 하는 경우라면, 잠시 열어두고, 만약 특별한 일이 없다면, 열지 않는다.

孔疏 ●"哭皆於其次"者, "次"謂倚廬, 唯朝夕哭, 入門內卽位耳; 若晝夜無時之哭, 則皆於廬次之中也. 凡葬前哭, 晝夜無時. 若有事, 謂賓來弔之時, 則入卽位. 若朝夕哭, 及適子受弔之事, 並入門卽位而哭.

번역 ●經文: "哭皆於其次". ○'차(次)'는 의려(倚廬)인데, 아침저녁으로 곡을 할 때에만, 문 안쪽으로 들어가서 자신의 자리로 나아갈 따름이며, 만약 밤낮으로 수시로 곡을 하는 경우라면, 모두 상중에 머무는 임시 숙소 안에서 한다. 무릇 장례를 치르기 이전에는 밤낮으로 수시로 곡을 한다.

특별한 일이 있는 경우는 빈객이 찾아와 조문을 하는 경우를 뜻하니, 그때에는 들어가서 자신의 자리로 나아간다. 만약 아침저녁으로 곡을 하거나 적자가 조문을 받는 사안이라면, 모두 문으로 들어가서 자신의 자리로 나아가 곡을 한다.

그림 25-1 ▣ 의려(倚廬)

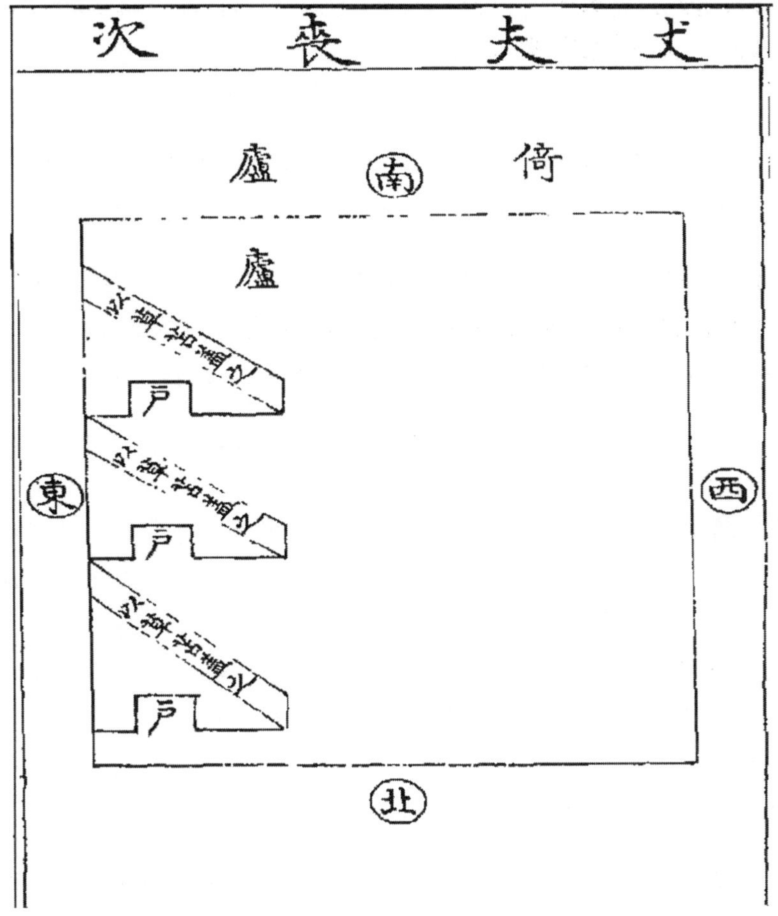

※ **출처:** 『가산도서(家山圖書)』

• 제26절 •

상례(喪禮) 규정-복(復)과 명(銘)

【414d】

復與書銘, 自天子達於士, 其辭一也. 男子稱名, 婦人書姓與伯仲, 如不知姓則書氏.

직역 復은 書銘과 與하여, 天子로 自하여 士에 達함에, 그 辭는 一이다. 男子는 名을 稱하고, 婦人은 姓과 伯仲을 書하며, 如히 姓을 不知하면 氏를 書한다.

의역 초혼의 의식과 명정(明旌)에 기록할 때 쓰는 명칭은 천자로부터 사에 이르기까지 그 말들이 모두 동일하다. 남자의 경우에는 이름을 지칭하고, 부인의 경우에는 성(姓)과 첫째나 둘째 등을 기록하며, 만약 성(姓)을 모르는 경우라면, 씨(氏)를 기록한다.

集說 復, 招魂以復魄也. 書銘, 書死者名字於明旌也. 檀弓疏云: "士喪禮爲銘各以其物, 士長三尺, 大夫五尺, 諸侯七尺, 天子九尺. 若不命之士, 以緇長半幅, 長一尺, 經末長終幅, 長二尺, 總長三尺." 周禮: "天子之復, 曰皐天子復. 諸侯, 則曰皐某甫復." 此言天子達於士其辭一者, 殷以上質不諱名, 故臣可以名君歟. 男子稱名, 謂復與銘皆名之也. 婦人銘則書姓及伯仲, 此或亦是殷以上之制, 如周則必稱夫人也. 姓, 如魯是姬姓, 後三家各自稱氏. 所謂氏也, 殷以前, 六世之外, 則相與爲昏, 故婦人有不知姓者, 周不然矣.

번역 '복(復)'은 혼(魂)을 불러서 백(魄)으로 되돌리는 절차이다. '서명(書銘)'은 죽은 자의 이름과 자(字)를 명정(明旌)[1]에 기록한 것이다. 『예기』「단궁(檀弓)」편의 소(疏)에서는 "『의례』「사상례(士喪禮)」편에서는 명(銘)

을 만들 때에는 각각 해당하는 사물을 사용하는데, 사의 것은 길이가 3척(尺)이고, 대부는 5척이며, 제후는 7척이고, 천자는 9척이다. 만약 명(命)의 등급을 받지 못한 사라면, 검은색 천 반폭을 사용한다고 했으니, 그 길이는 1척이고, 끝부분의 붉은색 천은 길이를 종폭으로 한다고 했으니, 그 길이는 2척이 되니, 총 길이는 3척이 된다."[2]라고 했다. 주나라의 예법에 있어서, "천자의 초혼에서는 '아아! 천자여 돌아오소서.'라고 말한다. 제후의 경우에는 '아아! 아무개 보(甫)여 돌아오소서.'라고 말한다."라고 했는데, 이곳에서는 천자로부터 사 계급에 이르기까지 사용하는 말이 동일하다고 했다. 그 이유는 은나라로부터 그 이전 시대에는 질박하여 이름을 피휘하지 않았기 때문에, 신하도 이름으로 군주를 부를 수 있었기 때문일 것이다. 남자에 대해서는 이름을 부른다고 했는데, 초혼과 명(銘)에 있어서 모두 이름으로 그 자를 지칭한다는 뜻이다. 부인의 명(銘)은 성(姓) 및 첫째[伯]나 둘째[仲] 등을 함께 기록한다고 했는데, 이것은 아마도 은나라로부터 그 이전 시대의 제도인 것 같으니, 주나라의 경우라면 반드시 '부인(夫人)'이라고 지칭해야 한다. '성(姓)'의 경우, 노나라는 희성(姬姓)인데, 후대의 삼가에서는 각각 개별적인 씨(氏)를 불렀다. 이것이 바로 '씨(氏)'라는 것이니, 은나라로부터 그 이전에는 육세(六世) 밖이라면, 서로 혼사를 치를 수 있었다. 그렇기 때문에 부인의 경우 성(姓)을 모르는 경우도 있었던 것인데, 주나라에서는 이처럼 하지 않았다.

大全 山陰陸氏曰: 男子稱名, 所謂皐某復, 是也. 先儒謂周禮天子復曰皐天子復, 諸侯復曰皐某復, 此讀復曰天子復矣之誤也. 復曰天子復矣, 是告人以天子復, 非復天子之詞, 據崩曰天王崩.

---

1) 명정(銘旌)은 명정(明旌)이라고도 부른다. 영구(靈柩) 앞에 세워서 죽은 자의 관직 및 성명(姓名)을 표시하는 깃발이다.

2) 이 문장은 『예기』「단궁하(檀弓下)」편의 "銘, 明旌也. 以死者爲不可別已, 故以其旗識之. 愛之斯錄之矣, 敬之斯盡其道焉耳. 重, 主道也. 殷主, 綴重焉, 周主, 重徹焉."이라는 기록에 대한 공영달(孔穎達)의 소(疏)이다.

번역 산음육씨가 말하길, "남자는 이름을 지칭한다."라는 말은 이른바 "아아! 아무개여 돌아오소서."[3]라는 말에 해당한다. 선대 학자들은 주나라의 예법에 있어서, 천자의 초혼에서는 "아아! 천자여 돌아오소서."라고 말하고, 제후의 초혼에서는 "아아! 아무개여 돌아오소서."라고 말한다고 했는데, 이것은 복(復)을 하며 "천자에 대해서 초혼을 한다."는 뜻이라는 말을 잘못 해석한 것이다. 복(復)을 하며 "천자에 대해서 초혼을 한다."는 말은 다른 사람에게 천자에 대한 초혼을 한다고 알린다는 뜻이지, 천자에 대한 복(復)을 할 때 부르는 말이 아니니, 천자가 붕(崩)했을 때 "천자가 붕(崩)했다."라고 한 경우와 같다.

鄭注 此謂殷禮也. 殷質, 不重名, 復則臣得名君. 周之禮: 天子崩, 復曰皋天子復, 諸侯薨, 復曰皋某甫復, 其餘及書銘則同.

번역 이 내용은 은(殷)나라 때의 예법을 뜻한다. 은나라의 예는 질박하여, 이름을 중시 여기지 않아서, 초혼을 하게 되면, 신하는 군주를 이름으로 부를 수 있었다. 주나라의 예법에서 천자가 죽게 되면, 초혼을 하며 "아아! 천자여 돌아오소서."라고 말하고, 제후가 죽게 되면, 초혼을 하며 "아아! 아무개 보(甫)여 돌아오소서."라고 말하며, 나머지 경우 및 명정에 기록하는 것들은 동일하다.

釋文 "如不知姓", 一本無"知姓"二字.

번역 '如不知姓'의 기록에 있어서, 다른 판본에는 '知姓'이라는 두 글자가 없는 것도 있다.

---

3) 『의례』「사상례(士喪禮)」: 升自前東榮, 中屋, 北面, 招以衣, 曰, "皐某復!" / 『예기』「예운(禮運)」【269a】: 及其死也, 升屋而號, 告曰, "皐某復!" 然後飯腥而苴孰. 故天望而地藏也, 體魄則降, 知氣在上. 故死者北首, 生者南鄕, 皆從其初.

孔疏 ●"復與"至"書氏". ○正義曰: 此一經論復與書銘男女名字之別也. 書銘, 謂書亡人名字於旌旗也. 天子書銘於大常, 諸侯以下, 則各書於旌旗也.

번역 ●經文: "復與"~"書氏". ○이곳 경문은 초혼과 서명(書銘)에 있어서, 남녀가 이름을 쓰거나 자(字)를 쓰는 등의 차이점을 논의하고 있다. '서명(書銘)'은 죽은 자의 이름과 자(字)를 깃발에 새긴 것이다. 천자는 대상(大常)에 서명을 하고, 제후로부터 그 이하의 계층은 각각 해당하는 부류의 깃발에 기록한다.

孔疏 ●"達於士, 其辭一也"者, 謂士與天子同也.

번역 ●經文: "達於士, 其辭一也". ○사의 경우도 천자와 동일하다는 뜻이다.

孔疏 ●"男子稱名"者, 此並殷禮, 殷質不重名, 故復及銘皆書稱名也. 周世則尚文, 臣不名君, 天子復, 曰皐天子復矣; 諸侯復, 曰皐某甫復矣.

번역 ●經文: "男子稱名". ○이 내용 또한 은(殷)나라 때의 예법이니, 은나라의 예는 질박하여, 이름을 중시 여기지 않았다. 그렇기 때문에 초혼을 하거나 깃발에 새길 때 모두 이름을 사용한 것이다. 주나라 때에는 문채를 숭상하여, 신하는 군주를 이름으로 부를 수 없어서, 천자의 초혼에서는 "아아! 천자여 돌아오소서."라고 말하고, 제후의 초혼에서는 "아아! 아무개 보(甫)여 돌아오소서."라고 말한다.

孔疏 ●"婦人書姓與伯仲"者, 與, 及也, 復則婦人稱字, 此云"書姓及伯仲", 是書銘也. 姓, 謂如魯姬·齊姜也, 而伯仲隨其次也, 此亦殷禮也. 周之文, 未必有伯仲, 當云"夫人"也.

번역 ●經文: "婦人書姓與伯仲". ○'여(與)'자는 '~과[及]'라는 뜻이니, 초혼을 하게 되면, 부인의 경우에는 자(字)를 지칭하는데, 이곳에서 "성(姓)

과 첫째나 둘째를 기록한다."라고 한 말은 서명(書銘)에 해당한다. '성(姓)'은 마치 노(魯)나라의 희성(姬姓), 제(齊)나라의 강성(姜姓) 등을 뜻하며, 백(伯)이나 중(仲)은 여자 형제의 서열에 따른 것인데, 이 또한 은(殷)나라 때의 예법에 해당한다. 주나라 때의 기록에 있어서는 반드시 첫째나 둘째 등의 서열이 명기되었던 것이 아니므로, 마땅히 '부인(夫人)'이라고 불러야 한다.

孔疏 ●"如不知姓, 則書氏"者, 氏, 如孟孫三家之屬. 謂書銘亦殷禮也, 殷無世繫, 六世而昏, 故婦人有不知姓者, 周則不然, 有宗伯掌定繫世, 百世昏姻不通, 故必知姓也. 若妾有不知姓者, 當稱氏矣.

번역 ●經文: "如不知姓, 則書氏". ○'씨(氏)'는 마치 맹손씨(孟孫氏)라 부르는 삼가의 부류와 같다. 즉 이 말은 서명(書銘) 또한 은(殷)나라의 예법이라는 사실을 뜻하니, 은나라 때에는 부자관계로만 대가 전수된다는 규정이 없어서, 6세대가 지나서 혼인을 했을 경우에는 부인에 대해서 성(姓)을 모르는 경우도 있었지만, 주나라의 경우에는 그렇지 않다. 종백(宗伯)은 세대 전수에 대해서 담당을 하여, 백 세대가 지나더라도, 같은 성(姓)끼리는 혼인을 할 수 없었다. 그렇기 때문에 반드시 성(姓)을 알 수 있었다. 만약 첩(妾) 중에 성(姓)을 모르는 경우라면, 마땅히 씨(氏)를 지칭해야 한다.

孔疏 ◎注"其餘"至"則同". ○正義曰: 若周天子·諸侯復與殷異, 其餘, 謂卿大夫以下書銘, 則與殷同矣.

번역 ◎鄭注: "其餘"~"則同". ○만약 주나라 천자와 제후에 대한 초혼이 은(殷)나라의 경우와 다르다면, 그 나머지 경우는 경과 대부로부터 그 이하의 계층에서 사용하는 '서명(書銘)'을 뜻하니, 이러한 경우에는 은나라와 동일하다는 의미이다.

集解 復, 招魂也. 書銘, 謂爲銘旌而書死者於其上也. 其辭一者, 謂復之辭與銘之辭同也. 男子稱名, 謂復也. 士喪禮復曰"某復", 是稱名也. 銘亦書名. 士喪禮: "爲銘, 各以其物, 亡則以緇, 長半幅, 赬末, 長終幅, 廣三寸, 書名於末, 曰'某氏某之柩'", 是也. 婦人書姓與伯仲, 謂書銘也. 如曰"伯姬之柩"·"叔姬之柩"也. 其復則亦曰"伯姬復"·"叔姬復". 如不知姓, 則書氏, 曰"某氏之柩", 復亦曰"某氏復"也. 此皆謂大夫士之禮. 若天子則曰"天子復", 書銘曰"天子之柩", 諸侯曰"某甫復", 書銘曰"某甫之柩", 王后則曰"王后". 若夫人, 亦以字配姓與.

번역 '복(復)'은 초혼을 뜻한다. '서명(書銘)'은 명정(銘旌)을 만들며, 그 위에 죽은 자에 대해 기록한 것을 뜻한다. "그 말은 동일하다."는 말은 초혼을 할 때 쓰는 말과 명정에 새기는 말이 같다는 뜻이다. "남자는 이름을 지칭한다."라는 말은 초혼에 대한 경우를 뜻한다. 『의례』「사상례(士喪禮)」편에서는 초혼을 하며, "아무개여 돌아오소서."라고 말하니, 여기에서 아무개라는 말은 이름을 지칭한다. 명정에도 또한 이름을 새긴다. 「사상례」편에서는 "명정을 만들며, 각각 해당하는 사물을 사용하는데, 명(命)의 등급을 받지 못한 사의 경우라면, 검은색 천을 사용하되, 길이는 반폭으로 하고, 붉은색의 끝단은 길이를 종폭으로 하며, 너비는 3촌(寸)이고, 그 끝에 이름을 새기니, '아무개씨 아무개의 영구이다.'라고 기록한다."[4]라고 했다. "부인은 성(姓)과 첫째나 둘째를 새긴다."라고 했는데, 서명에 대한 경우를 뜻한다. 예를 들어 '백희(伯姬)의 영구'라고 기록하거나 '숙희(叔姬)의 영구'라고 기록하는 경우와 같다. 그녀들에 대한 초혼인 경우라면, 또한 "백희여 돌아오소서."라고 말하거나 "숙희여 돌아오소서."라고 말한다. "만약 성(姓)을 모르는 경우라면, 씨(氏)를 새긴다."라고 했는데, '아무개 씨의 영구'라고 기록하는 경우와 같고, 초혼을 할 때에도 "아무개 씨여 돌아오소서."라고 말한다. 이 내용들은 모두 대부와 사에 대한 예법이다. 천자의 경우라면, "천자여 돌아오소서."라고 말하고, 천자의 서명에서는 '천자의 영구'라고 기록하며, 제후의 경우에는 "아무개 보(甫)여 돌아오소서."라고 말하고,

---

4) 『의례』「사상례(士喪禮)」: 爲銘, 各以其物. 亡則以緇長半幅, 赬末長終幅, 廣三寸. 書銘于末曰, "某氏某之柩." 竹杠長三尺, 置于宇, 西階上.

제후의 서명에서는 '아무개 보(甫)의 영구'라고 기록하며, 왕후의 경우에는 '왕후(王后)'라고 기록한다. 제후의 부인인 경우에도 자(字)를 성(姓)과 짝해서 기록했을 것이다.

그림 26-1 ▣ 명정(銘旌)을 운반하는 모습

※ 출처: 『삼재도회(三才圖會)』「의제(儀制)」 7권

그림 26-2 ▣ 대상(大常: =太常)

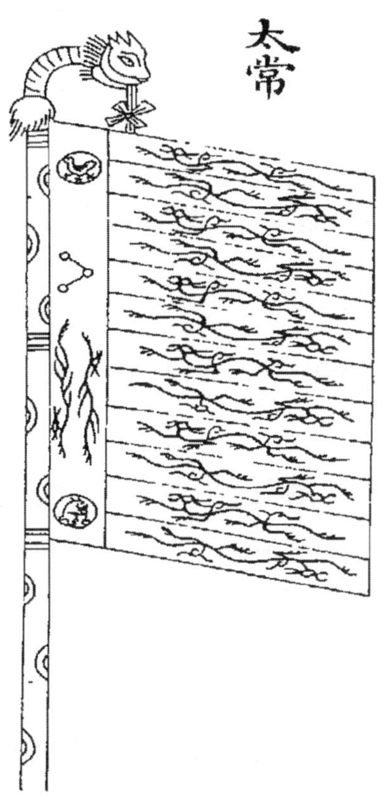

※ **출처:** 『삼례도집주(三禮圖集注)』 9권

• 제 27 절 •

상복(喪服) 규정-질(絰) Ⅱ

【415a~b】

斬衰之葛與齊衰之麻同, 齊衰之葛與大功之麻同, 麻同, 皆兼服之[1].

직역 斬衰의 葛은 齊衰의 麻와 同하고, 齊衰의 葛은 大功의 麻와 同하며, 麻同하고, 皆히 兼服한다.

의역 참최복의 상에서 졸곡을 치른 뒤 차는 갈(葛)로 만든 질(絰)은 자최복의 상에서 초상 때 차는 마(麻)로 만든 질(絰)과 크기가 같다. 자최복의 상에서 졸곡을 치른 뒤 차는 갈(葛)로 만든 질(絰)은 대공복의 상에서 초상 때 차는 마(麻)로 만든

---

1) '마동개겸복지(麻同皆兼服之)'에 대하여. 『십삼경주소(十三經注疏)』 북경대 출판본에서는 "이 여섯 글자는 본래 없던 기록인데, 완원(阮元)의 『교감기(校勘記)』를 살펴보면, '혜동(惠棟)의 『교송본(校宋本)에는 이 구문이 기록되어 있는데, 제최지갈(齊衰之葛)이라는 구문에 대한 정현의 주석에서 칠십륙(七十六)이라고 한 문장 뒤에 기록했으며, 『석경(石經)』·『송감본(宋監本)』·『악본(岳本)』·『가정본(嘉靖本)』·위씨(衛氏)의 『집설(集說)』·진호(陳澔)의 『집설(集說)』도 동일하게 기록했고, 『고문(考文)』에서 인용하고 있는 『고본(古本)』·『족리본(足利本)』에서도 동일하게 기록하고 있다. 『석경고문제요(石經考文提要)』에서는 『송대자본(宋大字本)』·『송본구경(宋本九經)』·『남송건상본(南宋巾箱本)』·『여인중본(余仁仲本)』·『유숙강본(劉叔剛本)』·『지선당구경본(至善堂九經本)』에서도 모두 이처럼 기록했다고 했다. 『모본(毛本)』에도 이러한 기록이 있는데, 다만 동(同)자를 갈(葛)자로 기록했다. 이곳 판본은 이 6글자가 누락된 것이며, 『민본(閩本)』·『감본(監本)』도 동일하게 누락되었다. 『악본(岳本)』에 대한 『고증(考證)』에서는 『영회당본(永懷堂本)』에는 이 구문이 누락되었다고 했다.' 따라서 이러한 기록에 근거해서 글자를 보충했다."라고 했다.

질(絰)과 크기가 같다. 수위가 높은 상과 낮은 상이 겹쳤을 때, 여자의 경우에는 모두 마(麻)로 된 것을 차고, 남자의 경우에는 마(麻)와 갈(葛)로 만든 질(絰)을 모두 착용한다.

集說 上章言絰殺皆是五分去一, 此言斬衰卒哭後所受葛絰, 與齊衰初死之麻絰大小同; 齊衰變服之葛絰, 與大功初死之麻絰大小同. 麻同皆兼服之者, 謂居重喪而遭輕喪, 服麻又服葛也. 上章言男子易要絰不易首絰, 故首仍重喪之葛, 要乃輕喪之麻也. 婦人卒哭後無變上下皆麻, 此言麻葛兼服者, 止謂男子耳.

번역 앞에서는 질(絰)의 크기를 줄일 때, 모두 5분의 1씩 줄인다고 했고, 이곳에서는 참최복의 상에서 졸곡을 한 이후에 받게 되는 갈(葛)로 만든 질(絰)은 자최복의 상에서 초상 때 착용하는 마(麻)의 질(絰)과 크기가 같다고 했으며, 자최복의 상에서 상복을 변경하여 갈(葛)로 만든 질(絰)을 찰 때, 대공복의 상에서 초상 때 착용하는 마(麻)의 질(絰)과 크기가 같다고 했다. '마동개겸복지(麻同皆兼服之)'라는 말은 수위가 높은 상을 치르는 도중 수위가 낮은 상을 당하여, 마(麻)로 된 것을 착용하고, 또 갈(葛)로 된 것을 착용한다는 뜻이다. 앞에서는 남자는 요질(要絰)은 바꾸지만 수질(首絰)은 바꾸지 않는다고 했기 때문에, 머리에 두르는 것은 곧 수위가 높은 상에서 차는 갈(葛)로 만든 질(絰)이고, 허리에는 곧 수위가 낮은 상에서 차는 마(麻)로 만든 질(絰)을 찬다. 부인의 경우 졸곡을 치른 뒤에는 변경하는 일이 없어서, 위아래 모두 마(麻)로 된 것을 차니, 이곳에서 마(麻)와 갈(葛)을 함께 착용한다고 한 말은 단지 남자에 대한 경우를 뜻할 따름이다.

鄭注 絰之大俱七寸五分寸之一, 帶五寸二十五分寸之十九. 絰之大俱五寸二十五分寸之十九, 帶四寸百二十五分寸之七十六. "皆"者, 皆上二事也. "兼服之", 謂服麻又服葛也. 男子則絰上服之葛, 帶下服之麻, 婦人則絰下服之麻同, 自帶其故帶也, 所謂"易服, 易輕者"也. "兼服"之文, 主于男子[2].

번역 참최복에 하는 갈(葛)로 만든 질(絰)과 자최복에 하는 마(麻)로 만든 질(絰)의 크기는 모두 7과 5분의 1촌(寸)이며, 그때 착용하는 대(帶)는 5와 25분의 19촌(寸)이다. 자최복에 하는 갈(葛)로 만든 질(絰)과 대공복에 하는 마(麻)로 만든 질(絰)의 크기는 모두 5와 25분의 19촌(寸)이고, 그때 착용하는 대(帶)는 4와 125분의 76촌(寸)이다. '개(皆)'라는 말은 앞의 두 가지 사안을 모두 포괄한다는 뜻이다. "겸하여 착용한다."는 말은 마(麻)로 된 것을 착용하고, 또 갈(葛)로 된 것을 착용한다는 뜻이다. 남자의 경우라면 질(絰)은 상복에 착용하는 갈(葛)로 만든 질(絰)을 차고, 대(帶)는 하복에 착용하는 마(麻)로 만든 대(帶)를 착용하며, 부인의 경우라면 질(絰)은 하복에 착용하는 마(麻)로 만든 대(帶)와 동일하게 하니, 부인은 이전부터 차고 있던 대(帶)를 그대로 차기 때문이다. 이른바 "상복을 바꾸는 경우에는 덜 중요한 것을 바꾼다."[3]는 말에 해당한다. '겸복(兼服)'이라는 문장은 남자에 대한 경우를 위주로 한 말이다.

孔疏 ●"斬衰"至"服之". ○正義曰: 此一節明前遭重喪, 後遭輕喪, 麻·葛兼服之義.

번역 ●經文: "斬衰"~"服之". ○이곳 문단은 앞서 수위가 높은 상을 당했고, 이후에 수위가 낮은 상을 당해서, 마(麻)와 갈(葛)로 된 것을 함께

---

2) '개자(皆者)'로부터 '남자(男子)'까지에 대하여. 이 기록에 해당하는 61자는 본래 없던 글자인데, 완원(阮元)의 『교감기(校勘記)』에서는 "이 61글자는 '마동개겸복지(麻同皆兼服之)'라는 경문에 기록된 정현의 주이니, 혜동(惠棟)의 『교송본(校宋本)』·『송감본(宋監本)』·『악본(岳本)』·『가정본(嘉靖本)』에 동일하게 기록되어 있다. 위씨(衛氏)의 『집설(集說)』에도 동일하게 기록되어 있지만, 단지 '개자개상이사야(皆者皆上二事也)'라는 7글자가 없다. 『모본(毛本)』 또한 이처럼 기록되어 있지만, 단지 '자대(自帶)'에서의 '대(帶)'자를 '당(當)'자로 잘못 기록했고, '겸복지문(兼服之文)'에서의 '문(文)'자를 '우(又)'자로 잘못 기록했다. 이곳 판본은 이 기록들이 완전히 누락된 것이니, 『민본(閩本)』·『감본(監本)』·『모본(毛本)』에도 동일하게 빠져 있다."라고 했다.

3) 『예기』「상복소기」【414b】: 除喪者, 先重者. <u>易服者, 易輕者.</u>

착용하는 뜻을 나타내고 있다.

孔疏 ●"斬衰之葛與齊衰之麻同"者, 斬衰既虞, 受服之葛, 首絰要帶, 與齊衰初喪麻絰帶同, 絰則俱七寸五分寸之一, 帶俱五寸二十五分寸之十九.

번역 ●經文: "斬衰之葛與齊衰之麻同". ○참최복의 상에서 이미 우제를 치러, 갈(葛)로 된 것을 받았는데, 수질(首絰)과 요대(要帶)의 경우, 자최복의 상에서 초상 때 마(麻)로 된 질(絰)과 대(帶)를 만들었던 것과 크기를 동일하게 하니, 질(絰)의 경우에는 모두 7과 5분의 1촌(寸)이며, 대(帶)의 경우에는 모두 5와 25분의 19촌(寸)이다.

孔疏 ●"齊衰之葛與大功之麻同"者, 齊衰變服之葛, 與大功初死之麻同, 絰俱五寸二十五分寸之十九, 帶俱四寸百二十五分寸之七十六.

번역 ●經文: "齊衰之葛與大功之麻同". ○자최복에서 복장을 바꿀 때 받은 갈(葛)로 만든 것은 대공복의 상에서 초상 때 착용하는 마(麻)로 만든 것과 크기가 동일하니, 질(絰)은 모두 5와 25분의 19촌(寸)이고, 대(帶)는 모두 4와 125분의 76촌(寸)이다.

孔疏 ●"麻同, 皆兼服之"者, 皆上斬衰·齊衰·大功麻·葛之事也. "兼服"謂服麻又服葛也. 斬衰既虞, 遭齊衰新喪, 男子則要服齊衰之麻帶, 首服斬衰之葛絰, 婦人則首服齊衰之麻絰, 要仍服斬衰之麻帶, 婦人上下皆麻. 此云麻·葛兼服之, 謂男子也.

번역 ●經文: "麻同, 皆兼服之". ○앞에 나온 참최복·자최복·대공복의 상에서 마(麻)와 갈(葛)로 만든 것을 차는 사안을 모두 포괄한다는 뜻이다. "겸해서 착용한다."라는 말은 마(麻)로 된 것을 차고, 또 갈(葛)로 된 것을 찬다는 뜻이다. 참최복의 상에서 이미 우제를 끝냈는데, 자최복의 상을 새롭게 당하게 되면, 남자의 경우에는 허리에는 자최복에 하는 마(麻)로 만든 대(帶)를 차고, 머리에는 참최복에 하는 갈(葛)로 만든 질(絰)을 두르며, 부인의 경우에는 머리에 자최복에 하는 마(麻)로 만든 질(絰)을 두르고, 허리에는 참최복에 하는 마(麻)로 만든 대(帶)를 차니, 부인은 위아래가 모두 마(麻)로 된 것으로 한다. 여기에서 마(麻)와 갈(葛)로 된 것을 함께 착용한다고 한 말은 남자에 대한 경우를 뜻한다.

孔疏 ◎注"絰之"至"十九". ○正義曰: 知絰帶大小如此者, 按喪服傳云: "苴絰大搹, 去五分一以爲帶. 齊衰之絰, 斬衰之帶也, 去五分一以爲帶. 大功之絰, 齊衰之帶也, 去五分一以爲帶." 喪服所云, 謂初喪麻之絰帶也, 至旣虞變葛之時, 絰帶漸細, 降初喪一等. 斬衰葛絰帶, 與齊衰初死麻之絰帶同, 故云"絰俱七寸五分寸之一". 所以然者, 就苴絰九寸之中五分去一, 以五分分之去一分, 故七寸五分寸之一. 其帶又五分去一, 又就葛絰七寸五分寸之一之中五分去一, 故帶五寸二十五分寸之十九也. 此卽齊衰初死之麻絰帶矣. 齊衰旣虞, 變葛之時又漸細, 降初喪一等, 與大功初死麻絰帶同. 大功首絰, 與齊衰初死麻帶同, 俱五寸二十五分寸之十九也. 其帶五分首絰去一, 就五寸二十五分寸之十九之中去其一分, 故餘有四寸百二十五分寸之七十六也. 凡算之法, 皆以五乘母, 乘母旣訖, 納子餘分, 以爲積數, 然後以寸法除之. 但其事繁碎, 故略擧大綱也.

번역 ◎鄭注: "絰之"~"十九". ○정현이 질(絰)과 대(帶)의 크기가 이와 같다는 사실을 알 수 있었던 이유는 『의례』「상복(喪服)」편의 전문(傳文)을 살펴보면, "저질(苴絰)의 대격(大搹)에서, 5분의 1을 줄여서 대(帶)로 삼는다. 자최복의 질(絰)은 참최복의 대(帶)이며, 5분의 1을 줄여서 대(帶)로 삼는다. 대공복의 질(絰)은 자최복의 대(帶)이며, 5분의 1을 줄여서 대(帶)로 삼는다."[4]라고 했기 때문이다. 「상복」편에서 말한 내용은 초상 때 차는 마(麻)로 된 질(絰)과 대(帶)는 우제를 치러서 갈(葛)로 된 것으로 바꾸는 시

4) 『의례』「상복(喪服)」: 苴絰大搹, 左本在下, 去五分一以爲帶. 齊衰之絰, 斬衰之帶也, 去五分一以爲帶. 大功之絰, 齊衰之帶也, 去五分一以爲帶.

기가 되면, 질(絰)과 대(帶)의 크기는 점차 줄어들게 되니, 초상 때보다 한 등급을 낮춘다는 뜻이다. 참최복에 하는 갈(葛)로 만든 질(絰)과 대(帶)는 자최복의 상에서 초상에 차는 마(麻)로 만든 질(絰) 및 대(帶)의 크기와 동일하다. 그렇기 때문에 "질(絰)은 모두 7과 5분의 1촌(寸)이다."라고 말한 것이다. 이처럼 되는 이유는 저질(苴絰)의 크기인 9촌(寸)에서 5분의 1을 줄이니, 다섯 등분을 한 것 중 1등분을 줄이기 때문에, 7과 5분의 1촌(寸)이 된다. 그때 착용하는 대(帶) 또한 5분의 1을 줄이니, 또 갈(葛)로 만든 질(絰)의 크기인 7과 5분의 1촌(寸) 중에서 5분의 1을 줄인다. 그렇기 때문에 대(帶)의 크기는 5와 25분의 19촌(寸)이 된다. 이것은 곧 자최복의 상에서 초상에 차는 마(麻)로 만든 질(絰)과 대(帶)의 크기가 된다. 자최복의 상에서 우제를 치르고, 갈(葛)로 된 것으로 바꿀 때에는 보다 작아지게 되어, 초상보다 한 등급을 낮추니, 대공복의 상에서 초상 때 차는 마(麻)로 된 질(絰) 및 대(帶)의 크기와 동일하다. 대공복에 하는 수질(首絰)의 크기는 자최복의 상에서 초상 때 차는 마(麻)로 된 대(帶)의 크기와 동일하니, 모두 5와 25분의 19촌(寸)이 된다. 그때 착용하는 대(帶)는 수질의 크기에서 5분의 1을 줄이니, 곧 5와 25분의 19촌(寸) 중에서 다섯 등분 중 한 등분을 줄이게 되어, 나머지 길이인 4와 125분의 76촌(寸)이 된다. 계산하는 방법에 있어서 모두 5승모(乘母)의 방법을 적용하며, 승모의 방법이 끝나면, 나머지 수들을 적수(積數)로 삼고, 그런 뒤에 촌법(寸法)으로 감한다. 다만 그 사안이 너무 번잡하기 때문에, 약술하여 대략적인 것만 제시한 것이다.

孔疏 ◎注"皆者"至"男子". ○正義曰: 二事謂斬衰葛與齊衰麻同, 齊衰葛與大功麻同, 故云"皆上二事也". 云"男子則絰上服之葛, 帶下服之麻"者, 以前文云"易服者, 易輕者". 閒傳篇云: "男子重首", 則要輕也. 是男子易要帶不易首絰, 故云"則絰上服之葛, 帶下服之麻"也. 云"婦人則絰下服之麻同, 自帶其故帶也"者, 以下服初死, 故服下服之麻, 故檀弓篇云"婦人不葛帶", 是也. 前服受服之時不變葛, 仍服前麻帶, 故云"帶其故帶也". 云"兼服之文, 主於男子"者, 言婦人絰·帶俱麻, 今經云麻·葛兼服之, 故云"主於男子也".

번역 ◎鄭注: "皆者"~"男子". ○두 사안은 참최복에 하는 갈(葛)로 만든 것과 자최복에 하는 마(麻)로 만든 것이 동일한 크기이며, 자최복에 하는 갈(葛)로 만든 것과 대공복에 하는 마(麻)로 만든 것이 동일한 크기임을 뜻한다. 그렇기 때문에 "위의 두 사안이 모두 이렇다."라고 말한 것이다. 정현이 "남자의 경우라면 질(絰)은 상복에 착용하는 갈(葛)로 만든 질(絰)을 차고, 대(帶)는 하복에 착용하는 마(麻)로 만든 대(帶)를 착용한다."라고 했는데, 앞 문장에서는 "복식을 바꿀 때에는 수위가 낮은 것을 바꾼다."라고 했기 때문이다. 『예기』「간전(間傳)」편에서는 "남자는 머리를 중시한다."[5]라고 했으니, 허리는 상대적으로 경시된다. 이 말은 남자는 요대(要帶)를 바꾸지만, 수질(首絰)은 바꾸지 않는다는 사실을 뜻한다. 그렇기 때문에 "질(絰)은 상복에 착용하는 갈(葛)로 만든 질(絰)을 차고, 대(帶)는 하복에 착용하는 마(麻)로 만든 대(帶)를 착용한다."라고 말한 것이다. 정현이 "부인의 경우라면 질(絰)은 하복에 착용하는 마(麻)로 만든 대(帶)와 동일하게 하니, 부인은 이전부터 차고 있던 대(帶)를 그대로 차기 때문이다."라고 했는데, 하복에 착용하는 것은 초상 때 착용했던 것이기 때문에, 하복에 착용하는 마(麻)로 만든 것을 찬다. 그래서 『예기』「단궁(檀弓)」편에서는 "부인은 갈(葛)로 만든 대(帶)를 차지 않는다."[6]라고 한 것이다. 이전에 상복을 받았을 때 찼던 것을 갈(葛)로 만든 것으로 바꾸지 않으니, 곧 이전에 찼던 마(麻)로 만든 대(帶)를 두르고 있는 것이다. 그렇기 때문에 "이전부터 차고 있던 대(帶)를 그대로 차기 때문이다."라고 말한 것이다. 정현이 "'겸복(兼服)'이라는 문장은 남자에 대한 경우를 위주로 한 말이다."라고 했는데, 부인의 질(絰)과 대(帶)는 모두 마(麻)로 된 것인데, 현재 경문에서는 "마(麻)와 갈(葛)로 만든 것을 모두 착용한다."고 했기 때문에, "남자에 대한 경우를 위주로 한다."라고 말한 것이다.

訓纂 陸農師曰: 謂若斬衰卒哭, 男子變要絰以葛, 若又遭齊衰之喪, 則以

---

5) 『예기』「간전(間傳)」【668a】: 男子除乎首, 婦人除乎帶. 男子何爲除乎首也? 婦人何爲除乎帶也? 男子重首, 婦人重帶. 除服者先重者, 易服者易輕者.

6) 『예기』「단궁상(檀弓上)」【101d】: 婦人不葛帶.

齊衰之麻易葛帶, 其首絰猶是斬衰之麻; 女子更首絰以葛, 若又遭齊衰之喪, 則以齊衰之麻易葛絰, 其要絰猶是斬衰之麻. 是之謂兼服, 何也? 斬衰之葛, 與齊衰之麻同也. 下文放此, 故曰"兼服之", 服重者則易輕者也.

번역 육농사가 말하길, 예를 들어 참최복의 상에서 졸곡을 하여, 남자가 요질(要絰)을 갈(葛)로 된 것으로 바꿨는데, 만약 재차 자최복의 상을 당했다면, 자최복에 하는 마(麻)로 된 것으로 갈(葛)로 만든 대(帶)를 바꾸고, 수질(首絰)은 여전히 참최복에 하는 마(麻)로 된 것을 두르며, 여자는 수질(首絰)을 갈(葛)로 된 것으로 바꾸는데, 만약 재차 자최복의 상을 당했다면, 자최복에 하는 마(麻)로 된 것으로 갈(葛)로 된 질(絰)을 바꾸고, 요질(要絰)은 여전히 참최복에 하는 마(麻)로 된 것을 두른다는 뜻이다. 그런데 이것을 두고 '겸복(兼服)'이라고 부른 것은 어째서인가? 참최복에 하는 갈(葛)로 된 것은 자최복에 하는 마(麻)로 된 것과 크기가 같기 때문이다. 그 뒤의 문장 뜻도 이와 같다. 그렇기 때문에 "겸복한다."라고 말한 것이니, 수위가 높은 상복을 착용한 경우라면, 수위가 낮은 것을 바꾸는 것이다.

訓纂 江氏永曰: 前經"易服者, 易輕者", 注·疏男女首要皆有麻無葛, 正如陸氏之說. 至此經注則謂"服麻又服葛", 蓋誤解"兼服"之文耳. 兼服之者, 謂男子以後輕喪之麻帶, 易前重喪之葛帶, 女子以後輕喪之麻絰, 易前重喪之葛絰, 是以麻而兼葛. 兼之爲言包也, 亦卽間傳"輕者包"之意, 非謂服麻又服葛也. 鄭又誤解間傳"重者特", 謂男子之絰, 婦人之帶, 特其葛不變. 旣不變, 則仍麻矣, 乃以葛易之, 何謂不變乎? 蓋重者特謂男麻絰, 女麻帶, 特留之不易也. 若如鄭氏說, 則男子重首, 婦人重帶, 反以後輕喪而易麻爲葛, 不亦悖乎? 且此經注"婦人固自帶其故帶", "兼服之文, 主於男子", 而間傳注又謂"婦人之帶, 亦特其葛不變", 前後不牴牾乎?

번역 강영이 말하길, 앞의 경문에서는 "상복을 바꾸는 경우 수위가 낮은 것을 바꾼다."라고 했고, 정현의 주와 공영달의 소에서는 남녀는 수질과 요대에 대해서 모두 마(麻)로 된 것을 차며 갈(葛)로 된 것이 없다고 했으니, 육농사의 주장과 동일하다. 그런데 이곳 경문에 대한 주에서 "마(麻)로 된 것을 차고, 또 갈(葛)로 된 것을 찬다."라고 한 말은 아마도 '겸복(兼服)'이라는 문장을 잘못 해석한 것일 뿐인 것 같다. "겸복한다."는 말은 남자는 이후에 당한 수위가 낮은 상에서 차는 마(麻)로 된 대(帶)로 이전에 당한 수위가 높은 상에서 차는 갈(葛)로 된 대(帶)를 바꾸고, 여자는 이후에 당한 수위가 낮은 상에서 차는 마(麻)로 된 질(絰)로 이전에 당한 수위가 높은 상에서 차는 갈(葛)로 된 질(絰)을 바꾼다는 뜻이니, 이것은 곧 마(麻)로써 갈(葛)을 포괄한다는 뜻이다. '겸(兼)'자는 "포괄한다[包]."는 뜻이니, 이것은 곧 『예기』「간전(間傳)」편에서 말한 "수위가 낮은 것은 포괄한다."[7]는 뜻에 해당하는 것이지, 마(麻)로 된 것을 착용하고 재차 갈(葛)로 된 것을 착용한다는 뜻이 아니다. 정현은 또한 「간전」편에서 말한 "수위가 높은 것은 특(特)으로 한다."는 말을 잘못 풀이하여, 남자의 질(絰)과 여자의 대(帶)는 갈(葛)로만 된 것을 차고 바꾸지 않는다고 했다. 이미 바꾸지 않는다고 했다면, 곧 마(麻)로 된 것이 되는데, 이후에 갈(葛)로 된 것으로 바꾸니, 어떻게 바꾸지 않는다고 할 수 있는가? 아마도 "수위가 높은 것은 특(特)한다."는 말은 남자의 경우 마(麻)로 된 질(絰)을 차고, 여자의 경우 마(麻)로 된 대(帶)를 차는데, 이것만은 홀로 남겨두고 바꾸지 않는다는 뜻인 것 같다. 정현의 주장대로 한다면, 남자는 머리를 중시하고, 여자는 허리를 중시하는데, 반대로 이후에 당한 수위가 낮은 상으로 인해 마(麻)로 된 것을 갈(葛)로 된 것으로 바꾼다면, 이 또한 어그러진 행위가 아니겠는가? 또 이곳 경문의 주에서는 "부인은 진실로 제 스스로 이전에 찼던 대(帶)를 찬다."라고 했고, "겸복이라는 문장은 남자를 위주로 말한 것이다."라고 했는데, 「간전」편에 대한 주에서는 또한 "부인의 대(帶)는 또한 그 갈(葛)로 된 것을 남겨두고 바꾸지 않는다."라고 했으니, 두 주석이 서로 위배되는 것이 아니겠는가?

訓纂 王氏懋竑曰: 麻同皆兼服之, 注·疏本作"麻葛", 間傳"麻同則兼服

7) 『예기』「간전(間傳)」【668b】: 易服者何爲易輕者也, 斬衰之喪旣虞卒哭, 遭齊衰之喪. 輕者包, 重者特.

之", 此文恐因間傳而誤.

번역 왕무횡이 말하길, '마동개겸복지(麻同皆兼服之)'라는 기록에 대해서, 정현의 주 판본과 공영달의 소 판본에서는 '마갈(麻葛)'이라고 기록했고, 『예기』「간전(間傳)」편에서는 '마동즉겸복지(麻同則兼服之)'라고 했는데, 이곳 문장은 아마도 「간전」편의 기록에 따라서 잘못 기록된 것 같다.

集解 愚謂: 葛, 謂既虞·卒哭受服之葛絰帶也. 麻, 謂始喪之麻絰帶也. 麻同皆兼服之者, 凡要帶必視其首絰五分而去一, 今此麻·葛之絰·帶同, 故兼服之, 而首絰與要帶仍得爲五分去一之差也.

번역 내가 생각하기에, '갈(葛)'은 우제를 치르고 졸곡을 한 뒤에 받게 되는 갈(葛)로 된 질(絰)과 대(帶)를 뜻한다. '마(麻)'는 처음 상을 치르며 차게 되는 마(麻)로 된 질(絰)과 대(帶)를 뜻한다. '마동개겸복지(麻同皆兼服之)'라는 말은 모든 요대(要帶)는 반드시 수질(首絰)의 크기에 견주어서 그 크기에서 5분의 1을 줄여서 만드는데, 현재 이곳에서 말한 마(麻)·갈(葛)로 만든 질(絰)과 대(帶)는 그 크기가 동일하기 때문에, 함께 착용을 하니, 수질과 요대의 크기는 곧 5분의 1만큼 차등을 보이게 된다.

• 제28절 •

상례(喪禮) 규정-변례(變禮)

【415b】

報葬者報虞, 三月而後卒哭.

직역 報葬者는 報虞하고, 三月한 後에 卒哭한다.

의역 가난하거나 특별한 변고 때문에 죽자마자 장례를 치르는 경우에는 우제 또한 신속히 치른다. 다만 졸곡의 경우에는 3개월이 지난 뒤에 치른다.

集說 報, 讀爲赴, 急疾之義. 謂家貧或以他故不得待三月, 死而卽葬者, 旣疾葬亦疾虞. 虞以安神, 不可後也. 惟卒哭則必俟三月耳.

번역 '보(報)'자는 '부(赴)'자로 풀이하니, 신속하다는 뜻이다. 즉 집안이 가난하거나 다른 변고가 발생하여, 3개월이 지날 때까지 기다릴 수 없어서, 죽은 뒤에 곧바로 장례를 치르는 경우에는 신속히 장례를 치르고 또 신속히 우제를 치른다는 의미이다. 우제는 신령을 안심시키는 제사이므로, 늦게 지낼 수 없다. 졸곡의 경우에만 반드시 3개월이 지날 때까지 기다린 뒤에 지낼 따름이다.

鄭注 報, 讀爲"赴疾"之赴. 謂不及期而葬也. 旣葬卽虞. 虞, 安神也. 卒哭之祭, 待哀殺也.

번역 '보(報)'자는 '부질(赴疾)'이라고 할 때의 '부(赴)'자로 풀이한다. 그 기한이 되지도 않았는데 장례를 치른다는 뜻이다. 이미 장례를 치렀다면 곧바로 우제를 치른다. 우제는 신령을 안심시키는 제사이기 때문이다. 졸곡의 제사는 슬픔이 줄어들 때까지 기다려야만 한다.

釋文 報, 依注音赴, 芳付反, 下同.

번역 '報'자는 정현의 주에 따르면 그 음이 '赴'이니, '芳(방)'자와 '付(부)'자의 반절음이며, 아래문장에 나오는 글자도 그 음이 이와 같다.

孔疏 ●"報葬"至"卒哭". ○正義曰: 此一節論不得依常葬之禮也. 赴, 猶急疾也, 急葬謂貧者或因事故死而卽葬, 不得待三月也. 急虞, 謂亦葬竟而急設虞, 虞[1]是安神, 故宜急也.

번역 ●經文: "報葬"~"卒哭". ○이곳 문단은 일상적인 장례의 절차를 따르지 못하는 경우를 논의하고 있다. '부(赴)'자는 신속하다는 뜻이니, 신속히 장례를 치른다는 뜻은 가난한 자이거나 특별한 변고 때문에 어떤 자가 죽은 뒤에 곧바로 장례를 치르며, 3개월이 지날 때까지 기다리지 않는 경우를 뜻한다. 신속히 우제를 치르는 것 또한 장례를 끝내고서 신속히 우제를 치른다는 의미이니, 우제는 신령을 안심시키는 제사이기 때문에, 신속히 치러야만 한다는 뜻이다.

孔疏 ●"三月而后卒哭"者, 雖急卽虞而不卽卒哭, 卒哭猶待三月, 所以然者, 卒哭是奪於哀痛, 故不忍急而待哀[2]殺也.

---

1) '우(虞)'자에 대하여. '우'자는 본래 '위(謂)'자로 기록되어 있었는데, 완원(阮元)의 『교감기(校勘記)』에서는 "혜동(惠棟)의 『교송본(校宋本)』에는 '위'자를 '우'자로 기록했는데, 이 기록이 옳다. 『민본(閩本)』·『감본(監本)』·『모본(毛本)』에는 모두 '위'자로 잘못 기록되었다."라고 했다.

2) '애(哀)'자에 대하여. '애'자 앞에는 본래 '제(齊)'자가 기록되어 있었는데, 완원(阮元)의 『교감기(校勘記)』에서는 "혜동(惠棟)의 『교송본(校宋本)』에는 '애'자 앞에 '제'자가 없으니, 이곳 판본에는 '제'자가 연문으로 잘못 기록된 것이며, 『민본(閩本)』도 동일하게 잘못 기록되었다. 『감본(監本)』·『모본(毛

번역 ●經文: "三月而后卒哭". ○비록 신속히 하여 우제를 곧바로 치렀다고 해도, 곧바로 졸곡을 치를 수 없으니, 졸곡은 여전히 3개월이 지날 때까지 기다린다. 이처럼 하는 이유는 졸곡은 애통한 마음에서 벗어나는 것이기 때문에, 차마 신속히 치르지 못하고, 애통한 마음이 줄어들 때까지 기다리는 것이다.

集解 愚謂: 旣虞而未卒哭, 則每日朝夕哭, 猶在殯宮, 但不奠耳.

번역 내가 생각하기에, 이미 우제를 치렀는데도 아직까지 졸곡을 치르지 않았다면, 매일 아침저녁으로 곡을 할 때, 여전히 빈소에서 하게 되며, 단지 전제(奠祭)만 치르지 않을 따름이다.

【415c】

父母之喪偕, 先葬者不虞祔, 待後事. 其葬服斬衰.

직역 父母의 喪이 偕하면, 先葬者에게는 虞祔를 不하고, 後事를 待한다. 그 葬에는 斬衰를 服한다.

의역 부모의 상이 동시에 발생하면, 모친에 대한 장례를 먼저 치르는데, 먼저 치른 자에 대해서는 곧바로 우제와 부제를 지내지 않고, 부친에 대한 우제와 부제를 치른 뒤에야 모친에 대한 우제와 부제를 지낸다. 모친에 대한 장례를 치를 때에도 부친에 대한 상복인 참최복을 그대로 착용한다.

集說 父母之喪偕, 卽曾子問並有喪, 言父母同時死也. 葬先輕而後重. 先葬, 葬母也. 不虞祔, 不爲母設虞祭祔祭也. 蓋葬母之明日, 卽治父葬, 葬父畢虞祔, 然後爲母虞祔, 故云待後事, 祭則先重而後輕也. 其葬母亦服斬衰者, 從

本)』은 '이대자최쇄야(而待齊衰殺也)'라고 잘못 기록하였다."라고 했다.

重也. 以父未葬, 不敢變服也.

번역 부모의 상이 모두 일어났다는 말은 『예기』「증자문(曾子問)」편에서 말한 "상이 동시에 발생한다."[3]는 경우에 해당하니, 부모가 동시에 돌아가신 경우를 뜻한다. 장례의 경우에는 상대적으로 낮은 자를 먼저 하고 높은 자를 뒤에 한다. 먼저 장례를 치르는 것은 모친에 대한 장례를 치르는 것이다. 우제와 부제를 치르지 않는 것은 모친을 위해서 우제와 부제를 치르지 못한다는 뜻이다. 모친에 대한 장례를 치르고 난 다음 날에는 곧 부친에 대한 장례를 치르게 되고, 부친에 대한 장례가 끝나면 우제와 부제를 치르고, 그런 뒤에야 모친에 대한 우제와 부제를 치른다. 그렇기 때문에 "뒤의 일을 기다린다."라고 말한 것이니, 제사의 경우에는 높은 자를 먼저 지내고, 상대적으로 낮은 자를 뒤에 지내기 때문이다. 모친에 대한 장례를 치를 때에도 또한 참최복을 착용하는 것은 높은 자에 대한 복장을 따르기 때문이다. 부친에 대한 장례를 아직 치르지 않았다면, 감히 상복을 바꿀 수 없기 때문이다.

鄭注 偕, 俱也, 謂同月若同日死也. 先葬者, 母也. 曾子問曰: "葬先輕而後重." 又曰: "反葬奠, 而後辭於殯, 遂備葬事. 其虞也, 先重而後輕." 待後事, 謂如此也. "其葬, 服斬衰"者, 喪之隆衰宜從重也. 假令父死在前月而同月葬, 猶服斬衰, 不葬不變服也. 言其葬服斬衰, 則虞·祔各以其服矣, 及練·祥皆然, 卒事反服重.

번역 '해(偕)'자는 모두[俱]라는 뜻이니, 같은 달 또는 같은 날에 돌아가신 경우이다. 먼저 장례를 치르는 자는 모친을 뜻한다. 『예기』「증자문(曾子問)」편에서는 "장례는 상대적으로 낮은 자를 먼저 지내고, 높은 자를 뒤에 지낸다."라고 했고, 또 "장례에서 되돌아와 전제사를 지낸 뒤에, 빈소에서

3) 『예기』「증자문(曾子問)」【228a】: 曾子問曰: 並有喪, 如之何. 何先何後. 孔子曰: 葬, 先輕而後重, 其奠也, 先重而後輕, 禮也. 自啓及葬, 不奠, 行葬, 不哀次, 反葬, 奠而後, 辭於殯, 遂修葬事. 其虞也, 先重而後輕, 禮也.

가매장한 영구를 꺼낸다는 사실을 빈객들에게 아뢰고, 그런 뒤에야 부친의 장례에 대한 일들을 준비한다. 우제의 경우 높은 자를 먼저 지내고 상대적으로 낮은 자를 뒤에 지낸다."라고 했다. 뒤의 일을 기다린다는 말은 바로 이처럼 한다는 뜻이다. "모친의 장례를 치르며, 참최복을 착용한다."라고 했는데, 상복의 수위를 높이고 낮추는 것은 마땅히 중대한 자에 대한 경우를 따라야 하기 때문이다. 가령 부친이 이전 달에 돌아가셨고, 같은 달에 장례를 치러야 하면, 여전히 참최복을 착용하니, 장례를 치르지 않으면, 상복을 바꿀 수 없기 때문이다. 모친의 장례를 치르며 부친에 대한 참최복을 착용한다고 했다면, 우제와 부제를 치를 때에는 각각 해당하는 복장에 따르고, 소상과 대상에서도 모두 이처럼 하며, 그 일들을 끝내면 다시 높은 자에 대한 상복을 착용한다.

釋文 偕音皆. 令, 力呈反.

번역 '偕'자의 음은 '皆(개)'이다. '令'자는 '力(력)'자와 '呈(정)'자의 반절음이다.

孔疏 ●"父母"至"斬衰". ○正義曰: 此一節論並遭父母喪虞·祔及衣服之制也.

번역 ●經文: "父母"~"斬衰". ○이곳 문단은 부모의 상을 동시에 당했을 때, 우제와 부제를 치르고, 또 관련 의복을 착용하는 제도를 논의하고 있다.

孔疏 ●"父母之喪偕"者, "偕"謂同月若同日死也.

번역 ●經文: "父母之喪偕". ○'해(偕)'자는 같은 달 또는 같은 날에 돌아가셨다는 뜻이다.

孔疏 ●"先葬者不虞·祔"者, 雖有同日月死, 而不得同月葬, 如曾子問篇中所言"葬先輕而後重"者, 謂先葬母也. 葬母旣竟, 不卽虞祔, 而更脩葬父之禮也. 所以不卽虞祔者, 虞祔稍飾, 父喪在殯, 故未忍爲虞祔也.

번역 ●經文: "先葬者不虞·祔". ○비록 같은 날이나 같은 달에 돌아가셨지만, 같은 달에 장례를 치를 수 없으니, 『예기』「증자문(曾子問)」편에서 말한 "장례의 경우 상대적으로 낮은 자를 먼저 치르고, 높은 자를 뒤에 치른다."는 경우와 같으므로, 먼저 모친에 대한 장례를 치른다는 뜻이다. 모친에 대한 장례가 끝나면, 곧바로 모친에 대한 우제와 부제를 지낼 수 없고, 다시 부친에 대한 장례 절차를 준비해야 한다. 곧바로 우제와 부제를 치르지 않는 것은 우제와 부제에서는 보다 장식을 꾸미게 되는데, 부친의 시신이 여전히 빈소에 있기 때문에, 차마 우제와 부제를 치를 수 없는 것이다.

孔疏 ●"待後事"者, "後事"謂葬父也. 葬母竟, 不卽虞祔, 待葬父竟, 先虞父, 乃虞母, 所謂"祭先重而後輕"也.

번역 ●經文: "待後事". ○'후사(後事)'는 부친에 대한 장례를 뜻한다. 모친에 대한 장례가 끝났는데도, 곧바로 모친에 대한 우제와 부제를 지내지 않고, 부친의 장례를 끝낼 때까지 기다리며, 부친에 대한 우제를 먼저 치르게 되면, 곧 모친에 대한 우제를 치르니, 이른바 "제사는 높은 자를 먼저 지내고 상대적으로 낮은 자를 뒤에 지낸다."는 뜻에 해당한다.

孔疏 ●"其葬, 服斬衰"者, 言父母俱喪而猶服斬者, 從重也. 雖葬母亦服斬衰葬之, 以其父未葬, 亦不得變服也.

번역 ●經文: "其葬, 服斬衰". ○부모가 한꺼번에 돌아가셨는데도 참최복을 착용한다고 한 이유는 높은 자인 부친에 대한 예법을 따르기 때문이다. 비록 모친에 대한 장례를 치르더라도 또한 참최복을 착용하고 장례를 치르는 것은 부친에 대해서 아직 장례를 치르지 않아서, 상복을 바꿀 수 없기 때문이다.

孔疏 ◎注"皆俱"至"服重". ○正義曰: "謂同月若同日死"者, 假令父死在前月, 而同月葬者. 前月謂母死前之月也, 或一月, 或二月·三月, 但是未葬之間, 皆是前月, 未必唯母死前之一月也. 以其父死未葬不變服故也. 云"及練葬[4]皆然"者, 以經云"其葬服斬衰", 直以葬爲文, 明爲母虞祔·練祥皆齊衰也. 云"卒事反服重"者, 卒事之後, 還服父服, 故云"卒事反服重".

번역 ◎鄭注: "皆俱"~"服重". ○정현이 "같은 달 또는 같은 날에 돌아가신 경우이다."라고 했는데, 가령 부친이 이전 달에 돌아가셔서, 같은 달에 장례를 치르게 된 경우를 뜻한다. '이전 달[前月]'은 모친이 돌아가신 이전 달을 뜻하니, 혹은 1개월, 또는 2개월이나 3개월의 차이로, 아직 장례를 치르기 이전의 기간이라면 모두 이전 달이 되는 것으로, 모친이 돌아가신 바로 그 한 달 전만을 뜻하는 말이 아니다. 부친이 돌아가셨는데, 아직 장례를 치르지 않아 상복을 바꿀 수 없기 때문이다. 정현이 "소상과 대상에서도 모두 이처럼 한다."라고 했는데, 경문에서 "모친에 대한 장례를 치르며 참최복을 착용한다."라고 하여, 단지 장례를 치른다는 말만 했으니, 이것은 곧 모친에 대해 우제와 부제를 치르고 또 소상과 대상을 치를 때에는 모두 자최복을 착용한다는 뜻을 나타낸다. 정현이 "그 일들을 끝내면 다시 높은 자에 대한 상복을 착용한다."라고 했는데, 모친에 대한 상례 절차를 각각 끝낸 뒤에는 다시금 부친에 대한 상복을 착용한다. 그렇기 때문에 "그 일들을 끝내면 다시 높은 자에 대한 상복을 착용한다."라고 말한 것이다.

集解 愚謂: 先葬者不虞·祔者, 父喪未葬, 則不敢爲母行安神適祖之祭也. 後事, 謂葬父之事也. 待後事者, 待父喪旣葬, 而虞·祔, 卒哭畢, 乃爲母行虞·祔·卒哭之祭也. 其葬, 服斬衰者, 言葬母葬父皆服斬衰也.

번역 내가 생각하기에, 먼저 장례를 치른 자에 대해서 우제와 부제를 치르지 않는 것은 부친의 시신에 대해서 아직 장례를 치르지 않았다면, 감

---

4) '장(葬)'자에 대하여. 『십삼경주소(十三經注疏)』 북경대 출판본에서는 "문맥에 따르면 '장'자는 마땅히 '상(祥)'자가 되어야 한다."라고 했다.

히 모친에 대해서 신령을 안심시키고, 조묘에 합사하는 제사를 치를 수 없기 때문이다. '후사(後事)'는 부친에 대해 장례를 치르는 일들을 뜻한다. "후사를 기다린다."는 말은 부친의 시신에 대해서 장례를 치르고, 우제와 부제를 치르며, 졸곡까지도 끝냈다면, 곧 모친에 대해서 우제와 부제, 졸곡의 제사를 치른다는 뜻이다. "장례를 치르며 참최복을 착용한다."는 말은 모친에 대한 장례와 부친에 대한 장례에서는 모두 참최복을 착용한다는 뜻이다.

集解 愚謂: 葬有定月, 父母之喪偕, 以同月死, 則當以同月葬, 故先輕而後重. 若父死在母之前月, 則固當先葬父而後葬母矣. 鄭云"父死在前月, 而同月葬, 猶服斬衰", 此謂父死在前月之末, 母死在後月之初, 雖云隔月, 而相去祗數日, 則仍當先葬母, 而後葬父. 此於情事固當有之, 而孔疏乃申其說, 以至於二月三月, 則是有五月而尙未葬者矣, 有是禮乎?

번역 내가 생각하기에, 장례를 치르는 기간에는 정해진 개월 수가 있으니, 부모가 함께 돌아가셨을 때, 같은 달에 돌아가셨다면, 마땅히 같은 달에 장례를 치러야 한다. 그렇기 때문에 상대적으로 낮은 자를 먼저 장례지내고, 이후에 높은 자를 장례지내는 것이다. 만약 부친이 돌아가신 시점이 모친보다 이전 달이 된다면, 마땅히 먼저 부친에 대한 장례를 치르고, 그 뒤에 모친에 대한 장례를 치러야 한다. 정현은 "부친이 돌아가신 것이 이전 달이 되어, 같은 달에 장례를 치르더라도 여전히 참최복을 착용한다."라고 했는데, 이 말은 부친이 돌아가신 시점이 이전 달 말일쯤이 되고, 모친이 돌아가신 시점이 다음 달 초쯤이 되어, 비록 달을 벌려야 한다고 하지만, 상호 차이가 며칠이 나지 않는다면, 마땅히 먼저 모친에 대한 장례를 치르고, 이후에 부친에 대한 장례를 치러야 한다는 뜻이 된다. 이러한 경우는 정감과 그 사안에 따라서 마땅히 있을 수 있는데, 공영달의 소에서는 그 주장을 확대하여, 2개월이나 3개월의 차이까지 벌렸다. 이처럼 한다면 5개월이 지났는데도 여전히 장례를 치르지 않는 경우가 발생한다. 이러한 예법이 있겠는가?

• 제 29 절 •

상례(喪禮) 규정-대부(大夫)

【415d】

大夫降其庶子, 其孫不降其父.

직역 大夫는 그 庶子에 대해 降하지만, 그 孫은 그 父를 不降한다.

의역 대부는 자신의 서자에 대해서 상의 등급을 낮추지만, 서자의 아들은 자신의 부친에 대해서 등급을 낮추지 않는다.

集說 大夫爲庶子服大功, 而庶子之子, 則爲父三年也. 大夫不服其妾, 故妾子爲其母大功.

번역 대부는 서자를 위해서 대공복을 착용하지만, 서자의 자식은 부친을 위해서 삼년상을 치른다. 대부는 첩을 위해서 상복을 착용하지 않기 때문에, 첩의 자식은 그의 모친을 위해서 대공복을 착용한다.

大全 嚴陵方氏曰: 庶子之子, 不降庶子, 以尊可以降卑, 卑不可以降尊也.

번역 엄릉방씨가 말하길, 서자의 아들은 서자에 대해서 낮추지 못하니, 존귀한 자는 낮은 자에 대해서 낮출 수 있지만, 낮은 자는 존귀한 자에 대해서 낮출 수 없기 때문이다.

鄭注 祖不厭孫也, 大夫爲庶子大功.

번역 조부는 손자에 대해서 낮추지 않고, 대부는 서자를 위해서 대공복을 착용한다.

釋文 厭, 一妾反, 徐於艶反, 下文注皆同.

번역 '厭'자는 '一(일)'자와 '妾(첩)'자의 반절음이며, 서음(徐音)은 '於(어)'자와 '艶(염)'자의 반절음이고, 아래문장 및 정현의 주에 나오는 글자들도 모두 그 음이 이와 같다.

孔疏 ●"大夫"至"之喪". ○正義曰: 此一節論大夫尊降庶子一等, 兼不爲主之事, 各依文解之.

번역 ●經文: "大夫"~"之喪". ○이곳 문단은 대부는 존귀하여 서자에 대해서 한 등급을 낮추고, 아울러 그를 위해 상을 주관하지 않는다는 사안까지도 함께 논의하고 있으니, 각각의 문장에 따라서 풀이하겠다.

孔疏 ●"大夫降其庶子", 故爲其庶子不爲大夫者, 服其大功也. 而喪服條例云: "父之所不服, 其子亦不敢服." 故大夫不服其妾, 故妾子爲母大功也. 今嫌旣降其子, 亦厭其孫, 故此明雖降庶子, 而不厭降其孫矣. 庶子之子不降其父, 猶爲三年也.

번역 ●經文: "大夫降其庶子". ○그의 서자 중 대부의 신분에 오르지 못한 자를 위해서는 대공복을 착용하기 때문이다. 그런데 『상복조례』에서는 "부친이 상복을 착용하지 않는 대상에 대해서, 그의 자식 또한 감히 착용하지 않는다."라고 했다. 그렇기 때문에 대부는 첩에 대해서 상복을 착용하지 않아서, 첩의 자식은 모친을 위해서 대공복을 착용하는 것이다. 현재는 그의 자식에 대해서 낮추므로, 손자에게 있어서도 낮추게 된다고 오해할 것을 염려했기 때문에, 이곳 문장에서 비록 서자에 대해서 낮춘다고 했지만, 손자에게 있어서는 낮추지 않는다고 나타낸 것이다. 서자의 자식은 그의 부친에 대해서 낮추지 않으니, 삼년상을 치르게 된다.

集解 大夫厭其庶子, 降爲大功, 其衆子隨父而降其昆弟, 孫則不隨祖而降其父, 父之尊近, 而祖之尊遠也. 諸侯庶子之子亦然.

번역 대부는 자신의 서자에 대해서 등급을 낮추니, 낮춰서 대공복을 착용하고, 뭇 자식들은 부친을 따라서, 그의 곤제에 대해 낮추며, 손자의 경우에는 조부를 따라서 자신의 부친에 대해서 낮추지 않으니, 부친은 자신과 관계가 가까운 자 중에서도 존귀한 자이고, 조부는 관계가 먼 자 중에서도 존귀한 자이기 때문이다. 제후의 서자 자식 또한 이처럼 한다.

集解 鄭氏以此爲祖不厭孫, 非也. 大夫爲衆子大功, 此以尊厭降其衆子也. 爲庶孫小功, 此以尊厭降其庶孫也. 何謂祖不厭孫乎? 喪服言"厭"者, 皆謂厭死者, 非厭生者也. 大夫降其庶子, 其子不從祖而降, 非所謂"不厭孫"也.

번역 정현은 이 내용을 조부는 손자에 대해서 낮추지 않는다고 했는데, 잘못된 주장이다. 대부는 뭇 아들들에 대해서 대공복을 착용한다. 이것은 자신의 존귀함으로 인해 자신의 뭇 아들들에 대해서 염강을 한 것이다. 그리고 서손을 위해서는 소공복을 착용하니, 이것은 자신의 존귀함으로 인해 자신의 서손들에 대해서 염강을 한 것이다. 따라서 어찌 조부가 손자에 대해서 낮추지 않는다고 할 수 있는가? 『의례』「상복(喪服)」편에서 말한 '염(厭)'은 모두 죽은 자에 대해서 염(厭)을 한다는 것이지, 산 자에 대해서 염(厭)을 한다는 뜻이 아니다. 대부가 서자에 대해서 낮추고, 그의 자식이 조부를 따라서 부친에 대해서 낮추지 않는 것은 이른바 "손자에 대해서 염(厭)을 하지 않는다."는 뜻이 아니다.

【415d】

大夫不主士之喪.

직역 大夫는 士의 喪을 不主한다.

의역 대부는 사의 상에 대해서 상을 주관하지 않는다.

集說 謂士死無主後, 其親屬有爲大夫者, 不得主其喪, 尊故也.

번역 사가 죽었는데 상을 주관할 후사가 없을 때, 그의 친족들 중 대부의 지위에 오른 자가 있을 경우, 그는 그 상을 주관할 수 없다는 뜻이니, 그가 존귀한 신분이기 때문이다.

鄭注 士之喪雖無主, 不敢攝大夫以爲主.

번역 사의 상에 비록 상주가 없더라도, 감히 대부로 하여금 상을 돕게 하여 상주로 삼을 수 없다.

孔疏 ●"大夫不主士之喪", 謂士死無主後, 其親屬有爲大夫者, 尊不得主之.

번역 ●經文: "大夫不主士之喪". ○사가 죽었는데 상주를 맡을 후사가 없는데, 그의 친족 중 대부의 지위에 오른 자가 있더라도, 그는 존귀한 신분이므로, 상을 주관할 수 없다는 뜻이다.

訓纂 江氏永曰: 大夫之外別無親, 其如雜記所謂"前後家·東西家, 又無有, 則里尹主之"乎.

번역 강영이 말하길, 대부 이외에 별다른 친족이 없을 경우에는 『예기』「잡기(雜記)」편에서 말한 "앞뒤의 집, 좌우의 집에서 주관을 하고, 또 그마

저도 없다면, 마을의 수령이 주관을 한다."[1]는 말처럼 했을 것이다.

1) 『예기』「잡기하(雜記下)」【516d~517a】: 姑姊妹, 其夫死, 而夫黨無兄弟, 使夫之族人主喪. 妻之黨雖親弗主. 夫若無族矣, 則前後家, 東西家. 無有, 則里尹主之. 或曰, "主之而附於夫之黨."

• 제 30 절 •

상복(喪服) 규정-자모(慈母)

【415d】

爲慈母之父母無服.

직역 慈母의 父母를 爲하여 無服한다.

의역 자모[1]의 부모를 위해서는 상복을 입지 않는다.

集說 恩所不及故也.

번역 은정이 미치는 대상이 아니기 때문이다.

鄭注 恩不能及.

번역 은정이 미칠 수 없기 때문이다.

釋文 爲, 于僞反, 下"其妻爲"·"爲母之", "爲妻禫"·"爲庶母"·"爲祖庶母" 皆同.

번역 '爲'자는 '于(우)'자와 '僞(위)'자의 반절음이며, 아래문장에 나오는 '其妻爲'와 '爲母之'의 '爲'자, '爲妻禫'과 '爲庶母'와 '爲祖庶母'의 '爲'자는 모두 그 음이 이와 같다.

---

1) 자모(慈母)는 모친을 뜻하기도 하지만, 고대에는 자신을 양육시켜준 서모(庶母)를 뜻하는 용어로 사용하기도 했다.

孔疏 ●"爲慈"至"無服". ○正義曰: 此一節論慈母雖如母, 猶不爲慈母之黨服. 此慈母卽是喪服中慈母者, 父雖命爲母子, 而本非骨肉, 故慈母之子不爲慈母之父母有服者, 爲恩所不及也.

번역 ●經文: "爲慈"~"無服". ○이곳 문단은 자모가 비록 모친과 같지만, 자모의 친족을 위해서 상복을 착용하지 않는다는 사실을 논의하고 있다. 여기에서 말한 '자모(慈母)'는 곧 『의례』「상복(喪服)」편에 나오는 자모로, 부친이 비록 명령을 하여 모친과 자식의 관계를 맺어주었지만, 본래는 혈연관계가 아니다. 그렇기 때문에 자모의 자식은 자모의 부모를 위해 착용하는 상복이 없으니, 은정이 미치지 않는 대상이기 때문이다.

集解 愚謂: 母之父母, 從服也. 爲因母之父母服, 以親屬之而從焉者也. 爲君母之父母服, 以尊統之而從焉者也. 慈母, 親則非因母, 尊則非君母, 故不服其父母.

번역 내가 생각하기에, 모친의 부모에 대해서는 종복(從服)을 한다. 친모의 부모를 위해서 상복을 착용하는 것은 친속관계에 따르는 경우이기 때문이다. 군모의 부모를 위해서 상복을 착용하는 것은 존귀함으로 통솔되어 따르는 경우이기 때문이다. 자모는 가깝지만 친모는 아니며, 존귀하지만 군모는 아니다. 그렇기 때문에 그녀의 부모를 위해서는 상복을 착용하지 않는다.

• 제 31 절 •

상복(喪服) 규정-처(妻)

【416a】

夫爲人後者, 其妻, 爲舅姑大功.

직역 夫가 人의 後가 爲한 者라면, 그 妻는 舅姑를 爲하여 大功한다.

의역 남편이 남의 집 후계자가 된 경우라면, 그의 처는 남편의 친부모를 위하여 등급을 낮춰서 대공복을 착용한다.

集說 此舅姑, 謂夫之所生父母.

번역 여기에서 말한 시부모는 남편을 낳은 친부모를 뜻한다.

鄭注 以不貳降[1].

번역 높이는 대상을 둘로 할 수 없기 때문이다.

釋文 "降", 一本作隆.

---

1) '강(降)'자에 대하여. 『십삼경주소(十三經注疏)』 북경대 출판본에서는 "『민본(閩本)』·『감본(監本)』·『모본(毛本)』·『악본(岳本)』·『가정본(嘉靖本)』은 동일하게 기록되어 있고, 『고문(考文)』에서 인용하고 있는 『宋板本』과 위씨(衛氏)의 『집설(集說)』에서는 '륭(隆)'자로 기록했다. 『경전석문(經典釋文)』에서는 '다른 판본에서는 륭(隆)자로 기록한다.'라고 했다. 노문초(盧文弨)는 '『송본(宋本)』에서 륭(隆)자로 기록한 것이 옳다.'"라고 했다.

번역 '降'자를 다른 판본에서는 '隆'자로 기록한다.

孔疏 ●"夫爲"至"大功". ○正義曰: 此一節論婦人不貳隆之義. 賀云: "此謂子出時已昏, 故此婦還, 則服本舅姑大功. 若子出時未昏, 至所爲後家方昏者, 不服本舅姑, 以婦本是路人, 來又恩義不相接, 猶臣從君而服, 不從而稅, 人生不及祖之徒, 而皆不責非時之恩也." 今按夫爲本生父母期, 故其妻降一等服大功, 是從夫而服, 不論識前舅姑與否. 假令夫之伯叔在他國而死, 其婦雖不識, 豈不從夫服也? 熊氏云: "然恐賀義未盡善也."

번역 ●經文: "夫爲"~"大功". ○이곳 문단은 부인이 높이는 대상을 둘로 할 수 없는 뜻을 논의하였다. 하창은 "이 내용은 자식이 다른 집의 일원으로 포함되었을 때 그 이전에 이미 혼인을 했기 때문에, 그 부인이 다시 남편의 생가로 되돌아온다면, 본래의 시부모를 위해서 대공복을 착용한다는 뜻이다. 만약 자식이 다른 집의 일원으로 포함되었을 때 아직 혼인을 하지 않았고, 다른 집의 후계자가 되어서야 혼인을 한 경우라면, 남편의 생부모를 위해서 상복을 착용하지 않으니, 본인은 본래 그들과 관계가 없는 사람이므로, 그녀가 시집을 왔더라도, 또한 그 은정과 도의가 서로 관련되지 않으니, 신하가 군주를 따라나섰을 때 상복을 착용하지만, 따라나서지 않은 자는 세(稅)를 하는 경우와 같고, 어떤 자가 태어났을 때, 그 조부의 친족 무리들을 보지 못한 경우와 같으니, 모든 경우에 있어서 시기에 맞지 않은 은정에 대해서 책임을 추궁하지 않는다."라고 했다. 현재 살펴보니 남편은 자신을 낳아준 생부모를 위해서 기년복을 착용한다. 그렇기 때문에 그의 처는 한 등급을 낮춰서 대공복을 착용하니, 이것은 남편을 따라서 상복을 착용한 경우이므로, 이전에 남편의 생부모를 알고 있었는지의 여부와 상관이 없다. 가령 남편의 백부나 숙부가 다른 나라에 머물다가 죽었다면, 그의 부인이 비록 그들을 알지 못하더라도, 어찌 남편을 따라서 상복을 착용하지 않겠는가? 웅안생은 "그러므로 아마도 하창의 해석은 좋은 풀이가 아닌 것 같다."라고 했다.

集解 一作降, 非.

번역 '강(降)'자로 기록한 판본은 잘못된 기록이다.

集解 愚謂: 夫爲人後, 謂所後者爲父母, 則其妻當謂夫所後者爲舅姑, 而於夫之本生父母乃亦稱舅姑者, 據其本親言之, 亦猶喪服齊衰不杖章"爲人後者爲其父母"之義也. 爲人後者爲其父母期, 嫌其妻或據所後者之親疏以服其舅姑, 故特明之.

번역 내가 생각하기에, "남편이 다른 집안의 후계자가 되었다."는 말은 후계자로 삼은 자가 정식 부모가 된다는 뜻이니, 그의 처도 마땅히 남편을 후계자로 삼은 자를 시부모로 삼는데, 남편의 생부모에 대해서도 또한 시부모라고 지칭하는 것은 본래의 친족 관계에 따라서 말한 것이니, 이것은 『의례』「상복(喪服)」편의 '자최부장장(齊衰不杖章)'에서 "남의 후손이 된 자가 그의 부모를 위해서 착용한다."[2]는 뜻에 해당한다. 남의 후손이 된 자는 자신의 부모를 위해서 기년복을 착용하는데, 그의 처가 후계자로 삼은 부모의 친족 관계에 따라서 남편의 생부모에 대해 상복을 착용하게 될까를 염려했기 때문에, 특별히 명시한 것이다.

---

2) 『의례』「상복(喪服)」 : 爲人後者爲其父母. 報. 傳曰, 何以期也? 不貳斬也.

• 제 32 절 •

상례(喪禮) 규정-부제(祔祭) Ⅰ

【416a】

士祔於大夫則易牲.

직역 士가 大夫에 **祔**하면 牲을 易한다.

의역 손자가 사의 신분이었고, 조부가 대부의 신분이었는데, 손자가 죽어 대부였던 조부의 묘(廟)에 합사를 한다면, 대부에 대한 희생물로 바꿔서 사용한다.

集說 祖爲大夫, 孫爲士, 孫死祔祖, 則用大夫牲. 士牲卑, 不可祭於尊者也. 此與葬以大夫祭以士者不同, 如妾無妾祖姑可祔, 則易牲而祔於女君也.

번역 조부가 대부의 신분이었고, 손자가 사의 신분이었는데, 손자가 죽어서 조부의 묘(廟)에 합사를 하면, 대부의 희생물을 사용한다. 사에게 사용하는 희생물은 낮으므로, 존귀한 자에게 사용하여 제사를 지낼 수 없기 때문이다. 이 내용은 대부의 예법으로 장례를 치르고, 사의 예법으로 제사를 지낸다는 내용과는 다르니, 마치 첩에게 합사할 수 있는 첩의 조고(祖姑)가 없는 경우, 희생물을 바꿔서 여군에게 합사를 하는 경우와 같다.

鄭注 不敢以卑牲祭尊也, 大夫少牢也.

번역 감히 낮은 신분에게 해당하는 희생물로 존귀한 자에게 제사를 지낼 수 없기 때문이니, 대부에 대해서는 소뢰(少牢)[1]를 사용한다.

---

1) 소뢰(少牢)는 제사에서 양(羊)과 돼지[豕] 두 가지 희생물을 사용하는 것을

孔疏 ●"士祔"至"易牲". ○正義曰: 謂祖爲大夫, 孫爲士. 孫死祔祖, 則用大夫牲, 不敢用士牲. 士牲卑, 不可祭於尊者之前也. 祭殤與無後者, 不云"易牲", 而此云"易牲"者, 前是宗子家爲祭, 不得同如宗子之禮, 故殤及無後者, 依亡[2]人之貴賤禮供之. 此是士卑, 許進用大夫牲, 故曰"易牲". 然又此下云"賤不祔貴", 而此云"士祔大夫"者, 謂無士可祔, 則不得不祔於大夫, 猶如妾無妾祖姑, 易牲而祔於女君可也. 若有士則當祔於士, 故雜記云: "士不祔於大夫." 謂先祖兄弟有爲士者, 當祔於士, 不得祔於大夫也.

번역 ●經文: "士祔"~"易牲". ○조부가 대부였고, 손자가 사인 경우를 뜻한다. 손자가 죽어서 조부의 묘(廟)에 합사를 하게 되면, 대부에 대한 희생물을 사용하며, 감히 사에 대한 희생물을 사용하지 않는다. 사에게 사용되는 희생물은 미천하니, 조귀한 자 앞에 그것을 바쳐 제사를 지낼 수 없다. 요절한 자와 후손이 없는 자를 제사지내는 경우에는 "희생물을 바꾼다."라고 말하지 않았는데, 이곳에서 "희생물을 바꾼다."라고 말한 것은 앞의 내용은 종가의 집에서 제사를 지내는 경우이니, 종자의 예법과 동일하게 할 수 없었다. 그렇기 때문에 요절한 자와 후손이 없는 자에 대해서는 죽은 자의 신분 등급에 따라서 예물을 공급한다. 이곳에서 말한 경우는 사처럼 낮은 신분임에도, 대부에 대한 희생물을 사용할 수 있도록 허용된다. 그렇기 때문에 "희생물을 바꾼다."라고 말한 것이다. 그런데 아래 문장에서는 "미천한 자는 존귀한 자에게 합사를 할 수 없다."라고 했는데, 이곳에서 "사를 대부에게 합사한다."라고 말한 것은 사에게 합사를 할 수 있는 적절한 대상이 없어서, 부득이하게 대부에게 합사를 해야만 하는 경우를 뜻하니, 마치 첩에게 첩의 조고가 없어서, 희생물을 바꾸고, 여군에게 합사를 하는

뜻한다. 『춘추좌씨전』「양공(襄公) 22년」편에는 "祭以特羊, 殷以少牢."라는 기록이 있는데, 이에 대한 두예(杜預)의 주에서는 "四時祀以一羊, 三年盛祭以羊豕. 殷, 盛也."라고 풀이하였다.

2) '망(亡)'자에 대하여. '망'자는 본래 '주(主)'자로 기록되어 있었는데, 완원(阮元)의 『교감기(校勘記)』에서는 "혜동(惠棟)의 『교송본(校宋本)』에는 '망'자로 기록하였으니, 이곳 판본은 '망'자를 '주'자로 잘못 기록한 것이며, 『민본(閩本)』·『감본(監本)』·『모본(毛本)』도 동일하게 잘못 기록했다."라고 했다.

것이 허용된 경우와 같다. 만약 합사를 할 수 있는 적절한 사가 있다면, 마땅히 사의 묘(廟)에 합사를 해야 한다. 그렇기 때문에 『예기』「잡기(雜記)」편에서는 "사는 대부에게 합사할 수 없다."[3]라고 말한 것이니, 선조의 형제 중 사의 신분이었던 자가 있다면, 마땅히 그 사의 묘(廟)에 합사를 해야 하며, 대부의 묘(廟)에 합사를 할 수 없다는 의미이다.

集解 愚謂: 此主謂祖適爲士, 而祔於祖之爲大夫者也. 而孔氏所言"無士可祔"者亦該焉. 雜記曰: "士不祔於大夫." 此謂祖庶爲士者耳. 適孫乃祖之正體, 祖遞遷於上, 則祖之廟, 士將於是祭焉, 不祔於是而安祔乎? 適孫爲祖服斬, 祖爲之服期, 不聞大夫之爲士而有異也. 豈有於其死而卑遠之, 使不得祔者? 禮本人情, 雖經記未明言, 而可以義決也. 若庶孫旣卑, 固不可以士之卑祔於大夫之尊, 然而無士可祔, 則亦唯有祔於大夫而已. 蓋大夫雖尊, 與天子諸侯之絶宗者固不同也.

번역 내가 생각하기에, 이 문장은 조부의 적자가 사의 신분이어서, 대부의 신분이었던 조부의 묘(廟)에 합사하는 경우를 위주로 말한 것이다. 공영달이 "사 중에 합사할 수 있는 묘(廟)가 없다."라고 한 것은 이러한 경우를 풀이한 말이다. 그러나 『예기』「잡기(雜記)」편에서는 "사는 대부에게 합사하지 않는다."라고 했는데, 이것은 조부의 서자 중 사가 된 자에 대한 내용일 뿐이다. 적손은 곧 조부의 정통을 계승한 자이며, 조부의 묘(廟)가 위로 체천이 된다면, 조부의 묘(廟)에서 사에 대한 제사를 지내게 되니, 이곳에 합사를 하지 않으면, 어느 곳에 합사를 하겠는가? 적손은 조부를 위해서 참최복을 착용하고, 조부도 그를 위해서 기년복을 착용하는데, 대부였던 조부가 사였던 손자를 위해서 다른 규정을 따른다는 말은 들어보지 못했다. 그런데 어찌 어떤 자가 죽었을 때, 그 자의 신분이 낮고 대수도 멀어서, 그를 합사시키지 못하는 경우가 있겠는가? 예(禮)는 사람의 정감에 근본을

---

3) 『예기』「잡기상(雜記上)」【495b】: 大夫附於士. <u>士不附於大夫</u>, 附於大夫之昆弟, 無昆弟則從其昭穆. 雖王父母在亦然.

두고 있으니, 비록 『의례』와 『예기』에서 명시를 하지 않았더라도, 도의에 따라서 이러한 사안을 판결할 수 있다. 만약 서손의 신분이 낮아서, 사처럼 미천한 신분을 가진 자를 대부처럼 존귀한 자에게 합사를 할 수 없지만, 사에게 합사시킬 수 있는 대상이 없다면, 또한 대부에게 합사를 하는 경우도 있을 따름이다. 무릇 대부가 비록 존귀하더라도, 천자와 제후 중 종주 관계가 끊어진 대상에 대해서는 진실로 동일하게 따를 수 없다.

• 제33절 •

상복(喪服) 규정-계부(繼父)

【416a】

繼父不同居也者, 必嘗同居, 皆無主後, 同財而祭其祖禰爲同居, 有主後者爲異居.

직역 繼父는 同居를 不하는 者이나, 必히 嘗히 同居하며, 皆히 主後가 無하고, 財를 同하여 그 祖禰를 祭하면 同居가 爲하고, 主後가 有한 者는 異居가 爲한다.

의역 계부와 함께 거처를 하지 않지만, 반드시 그 이전에 함께 거처를 했고, 둘 모두에게 후사가 없으며, 재산을 공유하여 자신의 조부와 부친에 대해서 제사를 지내는 경우라면, 같은 곳에 거주하는 경우로 간주하여, 자식은 계부를 위해서 기년복을 착용한다. 그런데 계부에게 후사가 있거나 자식에게 후사가 있다면, 다른 곳에 거주하는 경우로 간주하여, 자식은 계부를 위해서 자최복을 3개월 동안 착용할 따름이다.

集說 母再嫁而子不隨往, 則此子與母之繼夫猶路人也, 故自無服矣. 今此子無大功之親, 隨母以往, 其人亦無大功之親, 故云同居皆無主後也. 於是以其貨財爲此子同築宮廟, 使之祭祀其先, 如此則是繼父同居, 其服期也. 異居有三, 一是昔同今異, 二是今雖同居却不同財, 三是繼父自有子卽爲異居. 異居者, 服齊衰三月而已. 此云有主後者爲異居, 則此子有子亦爲異居也.

번역 모친이 재가를 했는데, 자식이 따라가지 않았다면, 자식과 모친의 남편은 아무런 관련이 없다. 그렇기 때문에 상복을 착용하지 않는다. 현재 자식에게 대공복의 관계에 있는 친족이 없어서, 모친을 따라갔고, 계부 또한 대공복의 관계에 있는 친족이 없는 상태이기 때문에, "함께 거주하지만, 모두 계승할 자가 없다."고 말한 것이다. 이때 그 재화를 통해서 자식을 위해 궁묘(宮廟)를 함께 짓고, 자식으로 하여금 그의 선조에게 제사를 지내도록 했다면, 이것은 계부가 함께 거주하는 경우와 같으니, 그에 대해서는 기년복을 착용한다. 다른 건물에 사는 경우는 세 종류가 있다. 첫 번째는 이전에는 같은 곳에 거주했지만, 현재는 다른 곳에 거주하는 경우이다. 두 번째는 현재는 비록 같은 곳에 거주하지만, 재산을 함께 사용하지 않는 경우이다. 세 번째는 계부에게 자식이 있어서, 다른 곳에 거주하는 것으로 간주하는 경우이다. 다른 곳에 거주하는 경우에는 자최복으로 3개월 동안 상을 치를 따름이다. 이곳에서 "후계자가 있는 경우 다른 곳에 거주하는 경우로 삼는다."라고 했으니, 그 자식에게 자식이 생기면 또한 다른 곳에 거주하는 경우로 삼는다.

鄭注 錄恩服深淺也, 見同財則期, 同居異財, 故同居, 今異居, 及繼父有子, 亦爲異居, 則三月. 未嘗同居則不服.

번역 은정에 따라 상복의 수위가 달라짐을 기록하였으니, 재산을 공유했다면, 기년복을 착용하고, 같은 곳에 거주하고 재산을 달리 사용하기 때문에, 함께 거주하는 것으로 간주하며, 현재 다른 곳에 거주하고, 계부에게 자식이 있는 경우에도 또한 다른 곳에 거주하는 것으로 간주하니, 3개월 동안 복상한다는 사실을 나타낸다. 일찍이 같은 곳에 거주하지 않았다면, 상복을 입지 않는다.

釋文 見, 賢遍反.

번역 '見'자는 '賢(현)'자와 '遍(편)'자의 반절음이다.

孔疏 ●"繼父"至"異居". ○正義曰: 此一經明繼父同居・異居之禮, 此解喪服經中"有繼父同居及不同居"之文也.

번역 ●經文: "繼父"~"異居". ○이곳 경문은 계부와 같은 곳에 거주하거나 다른 곳에 거주할 때의 예법을 나타내고 있으니, 이것은 『의례』「상복(喪服)」편의 경문 기록 중 "계부와 같은 곳에 거주하거나 다른 곳에 거주한다."[1]라고 한 문장을 풀이한 말이다.

孔疏 ●"繼父"者, 謂母後嫁之夫也. 若母嫁而子不隨, 則此子與母繼夫, 固自路人, 無繼父之名, 故自無服也. 今此言謂夫死妻稚子幼, 子無大功之親, 隨母適後夫, 後夫亦無大功之親, 後以其貨財爲此子同築宮廟, 四時使之祭祀, 同其財計, 如此則是繼父同居, 故爲服期. 若經同居而今異居, 異居之道, 其理有三: 一者昔同今異, 二者今雖共居, 而財計各別, 三者繼父更有子, 便爲異居, 異居則服齊衰三月而已. 今言"有主後者爲異居"者, 謂繼父更有子也. 擧此一條, 餘亦可知矣. 然旣云"皆無主後"爲同居, 則有主後者爲異居, 則此子有子, 亦爲異居也.

번역 ●經文: "繼父". ○모친이 재가를 하여 생긴 남편을 뜻한다. 만약 모친이 재가를 했는데, 자식이 따라가지 않았다면, 자식은 모친의 남편과 관계가 없으니, 계부라는 명칭 자체가 없게 되기 때문에, 상복을 입지 않는다. 현재 이곳에서 말한 경우는 남편이 죽었고, 처에게는 매우 어린 자식이 있는데, 자식에게 대공복의 관계에 있는 친족이 없어서, 모친을 따라 계부에게 갔고, 계부 또한 대공복의 관계에 있는 친족이 없어서, 계부가 자신의 재산을 통해 자식을 위해 궁묘(宮廟)를 함께 짓고, 사계절마다 그를 시켜서 제사를 지내게 했으며, 재산을 함께 사용하도록 한 것이니, 이러한 경우라면 계부와 함께 거주하는 경우가 되기 때문에, 계부를 위해서 기년복을 착용한다. 만약 이전에 함께 거주를 했지만, 현재 다른 곳에 거주를 한다면, 다른 곳에 거주할 때의 도에는 그 이치가 세 종류가 있다. 첫 번째는 예전에

---

1) 『의례』「상복(喪服)」 : 繼父同居者. 傳曰, 何以期也? 傳曰, 夫死, 妻稚, 子幼, 子無大功之親, 與之適人. 而所適者亦無大功之親, 所適者以其貨財爲之築宮廟, 歲時使之祀焉, 妻不敢與焉, 若是, 則繼父之道也. 同居則服齊衰期, 異居則服齊衰三月也. 必嘗同居, 然後爲異居. 未嘗同居, 則不爲異居.

는 같은 곳에 거주했지만, 현재는 다른 곳에 거주하는 경우이다. 두 번째는 현재 비록 함께 거주를 하고 있지만, 재산은 각각 별도로 사용하는 경우이다. 세 번째는 계부에게 자식이 생겨서, 다시금 다른 곳에 거주를 하게 된 경우이니, 다른 곳에 거주하는 경우라면, 계부를 위해서 자최복을 착용하고 3개월 동안 복상할 따름이다. 현재 "후계자가 있어서 다른 곳에 거주하는 것으로 삼는다."라고 했는데, 이것은 계부에게 자식이 생겼다는 뜻이다. 한 가지 조건을 제시하였지만, 나머지 경우 또한 이것을 통해서 알 수 있다. 그런데 이미 "모두 후사가 없다."라는 것을 같은 곳에 거주하는 경우로 삼는다면, 후계자가 있을 때에는 다른 곳에 거주하는 것으로 삼으니, 자식에게 자식이 생겼을 때에도 다른 곳에 거주하는 경우로 삼는다.

訓纂 江氏永曰: 按喪服傳云: "夫死, 妻稚子幼, 子無大功之親, 與之適人, 而所適者亦無大功之親, 所適者以其貨財爲之築宮廟, 歲時使之祀焉, 妻不敢與焉, 若是則繼父之道也. 同居則服齊衰期, 異居則服齊衰三月." 蓋此子若有親者撫育, 則不從母適人, 惟無大功之親, 是以從母他適, 賴所適者撫育之, 而所適者亦無大功之親, 是以與之同財, 而又爲築宮廟, 使之祭祀, 則繼父之恩深矣. 如是者爲同居繼父服齊衰期. 若此子賴其撫育, 而彼自有親者享其財, 或繼父先未有子而後生子, 則此子亦不得分其財, 是爲先同居而後異居. 其恩淺者服輕, 爲服齊衰三月. 若初未從母適人, 則無恩不服矣. 傳言"無大功之親", 而此約言之曰"無主後", 蓋大功之親可主人之喪也. 傳擧疏以包親, 無大功以上之親, 則無後可知. 同居異居之別, 不在己之主後, 而在所適者之主後, 故云"有主後者爲異居." 擧有主後, 可該不同財也.

번역 강영이 말하길, 『의례』「상복(喪服)」편의 전문(傳文)을 살펴보면, "남편이 죽고 처에게 어린 자식이 있으며, 자식에게 대공복의 관계에 있는 친족이 없어서, 아들과 함께 다른 사람에게 시집을 갔고, 시집을 간 남편에게도 또한 대공복의 관계에 있는 친족이 없고, 계부가 자신의 재화를 이용해서 그를 위해 궁묘(宮廟)를 짓고, 시기마다 그로 하여금 제사를 지내게 했으면, 처는 감히 관여하지 않으니, 이와 같은 경우라면, 계부의 도에 해당한다. 함께 거주하는 경우라면, 자최복으로 기년상을 치르고, 다른 곳에 거주하는 경우라면, 자최복으로 3개월 동안 복상한다."라고 했다. 자식에게 만약 양육을 해줄 수 있는 친족이 있다면, 모친을 따라서 다른 사람에게 가지 않는데, 다만 대공복의 관계에 속한 친족이 없으므로, 모친을 따라서 다른 사람에게 가서, 계부가 양육해주는 것에 도움을 받고, 계부에게도 또한 대공복에 해당하는 친족이 없기 때문에, 그들과 재산을 함께 사용했고, 또 궁묘를 지어주어서, 그로 하여금 제사를 지내게 했으니, 계부의 은정이 깊다. 이와 같은 경우라면 함께 거주하는 계부가 되어, 그를 위해서는 자최복을 입고 기년상을 치른다. 만약 자식이 양육에 힘입었지만, 계부에게 재산을 공유할 친족이 있거나 계부에게 이전에는 자식이 없었지만 이후에 자식이 생긴 경우라면, 그에게로 간 자식은 또한 재산을 나눠받을 수 없으니, 이것은 이전에는 같이 거주했지만, 이후에는 다른 곳에 거주하는 경우가 된다. 그 은정은 옅으므로, 상복도 수위가 낮은 것으로 입으니, 자최복으로 3개월 동안 복상한다. 만약 애초에 모친을 따라서 다른 사람에게 가지 않았다면, 은정이 없으므로 상복을 입지 않는다. 「상복」편의 전문에서는 "대공복의 관계에 있는 친족이 없다."라고 했는데, 이곳에서는 약술을 하여 "주관하는 후사가 없다."라고 했으니, 대공복의 친족은 다른 친족의 상을 주관할 수 있기 때문이다. 전문에서는 관계가 소원한 자를 제시하여, 친밀한 경우까지도 포괄한 것이니, 대공복으로부터 그 이상의 친족이 없다면, 후사로 삼을 자가 없음을 알 수 있다. 함께 거주하느냐 다른 곳에 거주하느냐의 차이는 자신의 상을 주관할 수 있는 후사의 여부에 달려 있는 것이 아니며, 계부의 상을 주관할 수 있는 후사의 여부에 달려 있다. 그렇기 때문에 "상을 주관할 수 있는 후사가 있는 경우에는 다른 곳에 거처하는 경우로 간주한다."라고 한 것이다. 상을 주관할 수 있는 후사가 있는 경우를 제시하면, 재산을 공유하지 않는다는 사실도 나타낼 수 있다.

集解 愚謂: 繼父者, 子隨母嫁, 而謂母所嫁之夫也. 喪服同居繼父齊衰期, 不同居繼父齊衰三月, 而此釋其同居不同居之異也. 繼父不同居也者, 必嘗同居, 此釋不同居之義也, 言必嘗同居, 而後異居, 乃謂之不同居. 繼父若本未嘗同居, 則不得謂之繼父, 不爲之服也. 皆無主後, 同財而祭其祖·禰, 爲同居, 此釋同居之義也. 無主, 謂無大功以上之親可以主其喪者也. 無後, 謂無子也. 皆者, 皆此二事也. 同財, 與此子共貨財也. 祭其祖·禰, 築宮廟而使此子自祭其祖·禰也. 備此三者, 然後爲同居也. 有主後者爲異居, 此又釋不同居之義也. 繼父初無大功之親, 與此子同財而祭其祖·禰, 則是同居矣. 而其後繼父或自有子, 或雖無子而有大功以上之親自他國而至, 則不得終其同居, 而謂之不同居也. 蓋繼父本非骨肉, 必其恩之甚厚, 又無主後之甚可憫, 乃爲之齊衰期; 若其恩雖厚, 而其喪不至於無主, 則爲之齊衰三月而已也.

번역 내가 생각하기에, '계부(繼父)'는 자식이 모친을 따라서 함께 출가를 하여, 모친을 아내로 들인 남편을 뜻한다. 『의례』「상복(喪服)」편에서는 함께 거주하는 계부에 대해서는 자최복으로 기년상을 치른다고 했으며, 함께 거주하지 않는 계부에 대해서는 자최복으로 3개월 동안 복상한다고 했고, 이곳 문장은 함께 거주하거나 함께 거주하지 않는 차이점을 풀이한 것이다. "계부와 함께 거주하지 않는 경우, 반드시 일찍이 함께 거주를 했다."는 말은 함께 거주하지 않는 뜻을 풀이한 것이니, 반드시 일찍이 함께 거주를 했지만, 이후에 거주지를 달리한 경우를 곧 "함께 거주하지 않는다."고 부른다는 뜻이다. 계부가 만약 일찍이 함께 거주를 하지 않았다면, 그를 '계부(繼父)'라고 부를 수가 없으므로, 그를 위해서 상복을 착용하지 않는다. "모두 주후(主後)가 없고, 재산을 함께 하여 그의 부친과 조부의 제사를 지내도록 하면, 함께 거주하는 경우로 간주한다."는 말은 함께 거주한다는 뜻을 풀이한 말이다. '무주(無主)'는 그의 상을 주관할 수 있는 대공복으로부터 그 이상의 관계에 속한 친족이 없다는 뜻이다. '무후(無後)'는 자식이 없다는 뜻이다. '개(皆)'자는 이러한 두 가지 경우를 모두 포함한다는 뜻이다. '동재(同財)'는 아내를 따라온 자식과 재산을 공유한다는 뜻이다. "조부와 부친에게 제사를 지낸다."는 말은 궁묘(宮廟)를 지어서 아내를 따라온 자식으로 하여금 그의 조부와 부친에 대해서 제사를 지내도록 한다는 뜻이다. 이러한 세 가지 조건을 갖춘 뒤에라야 함께 거주하는 경우로 간주한다.

"주후가 있으면 다른 곳에 거주하는 경우로 간주한다."는 말은 함께 거주하지 않는 뜻을 재차 풀이한 것이다. 계부에게 애초부터 대공복의 관계에 속한 친족이 없어서, 아내를 따라온 자식과 재산을 공유하여, 그의 조부와 부친에게 제사를 지내도록 한다면, 함께 거주하는 경우가 된다. 그러나 그 이후에 계부에게 자식이 생기거나 혹은 비록 자식이 없더라도, 대공복으로부터 그 이상의 친족이 다른 나라로부터 본국으로 돌아온 경우라면, 끝내 함께 거주할 수가 없어서, 이러한 경우를 "함께 거주하지 않는다."라고 부른다. 무릇 계부는 본래 혈연관계에 속한 자가 아니지만, 기어코 그 은정을 깊이 나눠주었고, 또 주후가 없다는 사실이 매우 애석하므로, 그를 위해서 자최복을 입고 기년상을 치르는 것이다. 만약 그 은정이 비록 두텁더라도, 그의 상이 발생했을 때, 주관할 자가 없는 지경에 이르지 않는다면, 그를 위해서 자최복을 입고 3개월 동안 복상할 따름이다.

• 제 34 절 •

상례(喪禮) 규정-곡(哭)

【416b】

哭朋友者於門外之右南面.

직역 朋友에게 哭하는 者는 門外의 右에서 南面한다.

의역 친구를 위해 곡(哭)을 하는 자는 침문(寢門) 밖 우측에서 남쪽을 바라보며, 조문객들을 대한다.

集說 檀弓曰: "朋友吾哭諸寢門之外." 南向者, 爲主以待弔賓也.

번역 『예기』「단궁(檀弓)」편에서는 "벗에 대해서라면, 나는 침문(寢門)의 밖에서 곡(哭)을 해야 한다."[1]라고 했다. 남쪽을 바라보는 것은 상주가 되어 조문을 온 빈객들을 대하기 때문이다.

鄭注 變於有親者也. 門外, 寢門外.

번역 친족이 있는 경우에서 변경을 하기 때문이다. '문외(門外)'는 침문(寢門)의 밖을 뜻한다.

---

1) 『예기』「단궁상(檀弓上)」【81d】: 伯高死於衛, 赴於孔子. 孔子曰: "吾惡乎哭諸? 兄弟, 吾哭諸廟; 父之友, 吾哭諸廟門之外; 師, 吾哭諸寢; 朋友, 吾哭諸寢門之外; 所知, 吾哭諸野. 於野則已疏, 於寢則已重. 夫由賜也見我, 吾哭諸賜氏." 遂命子貢爲之主, 曰: "爲爾哭也來者, 拜之; 知伯高而來者, 勿拜也."

孔疏 ●"哭朋"至"南面". ○正義曰: 此一經論哭朋友之處也. 門外, 寢門外也. 右, 西邊也. 南面, 嚮南也. 嚮南爲主, 以對答弔賓.

번역 ●經文: "哭朋"~"南面". ○이곳 문단은 벗을 위해 곡(哭)하는 장소를 논의하고 있다. '문외(門外)'는 침문(寢門)의 밖을 뜻한다. 우측은 서쪽 가장자리를 뜻한다. '남면(南面)'은 남쪽을 향해 서 있다는 뜻이다. 남쪽을 향해 서 있는 자는 상주가 되어, 조문을 온 빈객들을 대하게 된다.

孔疏 ◎注"變於"至"門外". ○正義曰: 按檀弓云: "有殯聞遠兄弟之喪, 哭于側室. 無側室, 哭於門內之右." 今哭門外, 是變於有親也. 云"門外, 寢門外"者, 按檀弓云"兄弟, 吾哭諸廟; 父之友, 吾哭諸廟門之外; 師, 吾哭諸寢; 朋友, 吾哭諸寢門之外", 是也.

번역 ◎鄭注: "變於"~"門外". ○『예기』「단궁(檀弓)」편을 살펴보면, "집에 빈소가 차려져 있을 때, 멀리 떨어져 살고 있는 형제에 대한 상(喪)의 소식을 접하게 된다면, 측실(側室)에서 곡(哭)을 한다. 만약 측실이 없는 경우라면, 대문(大門) 안에서도 오른쪽에서 곡(哭)을 한다."[2]라고 했다. 현재 문밖에서 곡을 한다고 했으니, 이것은 친족이 있는 경우에서 변경을 한 것이다. 정현이 "'문외(門外)'는 침문(寢門)의 밖을 뜻한다."라고 했는데, 「단궁」편을 살펴보면, "형제에 대해서라면 나는 묘(廟)에서 곡(哭)을 해야 하고, 부친의 벗에 대해서라면 나는 묘문(廟門)의 밖에서 곡(哭)을 해야 하며, 스승에 대해서라면 나는 침(寢)에서 곡(哭)을 해야 하고, 벗에 대해서라면 나는 침문(寢門)의 밖에서 곡(哭)을 해야 한다."라고 했다.

集解 愚謂: 門外之右, 寢門外之西也. 哭於門外而在西, 避內喪朝夕哭門外之位也. 凡於非骨肉之喪而哭之者, 於門內則在中庭, 於門外則在西, 所以爲親疎內外之別也. 南面者, 哭而不爲位之禮也. 凡哭而不爲位者, 主人南面,

---

2) 『예기』「단궁하(檀弓下)」【110b】: 有殯, 聞遠兄弟之喪, 哭于側室; 無側室, 哭于門內之右. 同國則往哭之.

弔者北面.

번역 내가 생각하기에, 문밖의 우측은 침문(寢門) 밖의 서쪽을 뜻한다. 문밖에서 곡을 하며 서쪽에 있는 것은 내상(內喪)[3]에서 아침저녁으로 곡을 하는 문밖의 위치를 피하기 위해서이다. 무릇 혈연관계가 아닌 자의 상에서 곡을 하는 경우, 문의 안쪽에서 한다면 중정(中庭)에 위치하고, 문밖에서 한다면 서쪽에 위치하니, 친소 관계에 따른 내외의 구별로 삼기 때문이다. 남쪽을 바라보는 것은 곡을 하며 자리를 마련하지 않을 때의 예법이다. 무릇 곡을 하며 자리를 마련하지 않는 경우, 주인은 남쪽을 바라보고, 조문객은 북쪽을 바라본다.

---

3) 내상(內喪)은 대문(大門) 안에서 발생한 상(喪)을 뜻한다. 즉 집안에서 발생한 상(喪)을 뜻하며, 외상(外喪)과 반대가 된다.

• 제 35 절 •

상례(喪禮) 규정-부장(祔葬)

【416c】

祔葬者不筮宅.

직역 祔葬한 者는 宅을 不筮한다.

의역 합장을 하는 경우에는 그 무덤이 이미 점을 쳐서 정한 곳이므로, 재차 시초점을 치지 않는다.

集說 宅, 謂塋壙也. 前人之葬已筮而吉, 故祔葬則不必再筮也.

번역 '택(宅)'은 무덤을 뜻한다. 이전에 장례를 치른 자에 대해서, 이미 시초점을 쳐서 길한 장지를 골랐기 때문에, 무덤에 합장하는 경우에는 재차 시초점을 칠 필요가 없다.

鄭注 宅, 葬地也. 前人葬旣筮之.

번역 '택(宅)'은 장례를 치르는 땅이다. 이전 사람의 장례 때 이미 시초점을 쳐서 정했기 때문이다.

集解 祔葬, 謂葬於祖之旁也. 宅, 墓兆也. 族葬之法, 始祖居中, 以昭穆爲左右, 孫從其祖, 若祔廟然. 不筮者, 以其昭穆有一定之次.

번역 '부장(祔葬)'은 조부의 묘가 있는 곳 측면에 장례를 치른다는 뜻이다. '택(宅)'은 묘역이다. 족장(族葬)의 법도는 시조의 무덤이 중앙에 있고, 소목(昭穆)의 서열에 따라 좌우에 각각 위치하며, 손자는 조부 항렬에 따르니, 마치 묘(廟)에 합사를 하는 것처럼 한다. 시초점을 치지 않는 이유는 소목의 서열에 따라 일정한 순차가 정해져 있기 때문이다.

• 제 36 절 •

상례(喪禮) 규정-부제(祔祭) Ⅱ

【416c】

士大夫不得祔於諸侯, 祔於諸祖父之爲士大夫者. 其妻祔於諸祖姑, 妾祔於妾祖姑, 亡則中一以上而祔, 祔必以其昭穆.

직역 士와 大夫는 諸侯에 不得**祔**하고, 諸祖父 중 士와 大夫가 爲한 者에게 **祔**한다. 그 妻는 諸祖姑에게 **祔**하고, 妾은 妾의 祖姑에게 **祔**하며, 亡이라면 一에 中한 上으로 **祔**하며, **祔**에는 必히 그 昭穆으로써 한다.

의역 자손들 중 사와 대부의 신분이었던 자는 제후의 묘(廟)에 합사를 할 수 없고, 조부의 형제들 중 사나 대부의 신분이었던 자의 묘(廟)에 합사를 한다. 그의 처도 조부의 형제들 중 사나 대부의 신분이었던 자의 처에게 합사를 하고, 첩은 조부의 첩에게 합사를 하지만, 조부의 첩이 없다면, 한 대를 걸러서 그 이상의 대상에게 합사를 하니, 합사를 할 때에는 반드시 소목(昭穆)의 순서에 따르기 때문이다.

集說 公子·公孫之爲士·爲大夫者, 不得祔於先君之廟也. 諸祖父, 其祖爲國君者之兄弟也. 諸祖姑, 諸祖父之妻也. 若祖爲國君, 而無兄弟可祔, 亦祔宗族之疏者. 上言士易牲而祔於大夫, 而大夫不得易牲而祔諸侯者, 諸侯之貴絶宗, 故大夫士不得親之也. 妾祔於妾祖姑, 言妾死則祔於祖之妾也. 亡, 無也. 中, 間也. 若祖無妾, 則又間曾祖一位而祔高祖之妾, 故云亡則中一以上而祔也. 所以間曾祖者, 以昭穆之次不同列, 祔必以昭穆也.

번역 공자(公子)와 공손(公孫)들 중 사나 대부가 된 자는 선군의 묘(廟)에 합사할 수 없다. '제조부(諸祖父)'는 제후가 된 조부의 형제들을 뜻한다.

'제조고(諸祖姑)'는 제조부의 처를 뜻한다. 만약 조부가 제후의 신분이었고, 합사할 수 있는 형제가 없을 때에는 또한 종족 중 관계가 소원한 자에게 합사를 한다. 앞에서는 사는 희생물을 바꾸고, 대부의 묘(廟)에 합사를 한다고 했는데, 대부는 희생물을 바꿔서 제후의 묘(廟)에 합사를 할 수 없다. 그 이유는 제후처럼 존귀한 자와 종주 관계가 끊어졌으므로 대부와 사가 친근하게 대할 수 없기 때문이다. 첩은 첩의 조고에게 합사를 하니, 첩이 죽었다면, 조부의 첩에게 합사를 한다는 뜻이다. '망(亡)'자는 "없다[無]."는 뜻이다. '중(中)'자는 "사이를 둔다[間]."는 뜻이다. 만약 조부에게 첩이 없다면, 또한 증조부 한 대를 걸러서, 고조부의 첩에게 합사를 한다. 그렇기 때문에 "없다면 한 자리를 걸러서 그 이상의 대상에게 합사를 한다."라고 말한 것이다. 증조부에 대해서 사이를 두는 이유는 소목(昭穆)의 순차에 따르면 동렬이 아니며, 합사를 할 때에는 반드시 소목의 순차에 따라야만 하기 때문이다.

大全 嚴陵方氏曰: 祔葬與祔廟, 皆謂之祔者, 以後死祔前而神事之則一故也. 凡祔以廟爲正, 葬則如之而已, 故言祔廟則不言廟, 言祔葬則必言葬者, 以葬非正, 故特明言以別之.

번역 엄릉방씨가 말하길, 부장(祔葬)과 부묘(祔廟)에 대해서는 모두 '부(祔)'라고 부르는데, 뒤에 죽은 자를 이전에 죽은 자에게 붙여서 신으로 섬긴다는 측면에서 동일하기 때문이다. 무릇 부(祔)는 묘(廟)에 대한 것을 정식 규정으로 삼고, 장례의 경우에는 이처럼 할 따름이다. 그렇기 때문에 묘(廟)에 합사하는 경우를 말한다면, 묘(廟)에 대해서 언급하지 않고, 무덤에 합장하는 경우를 말한다면, 반드시 장(葬)까지도 말한 것이니, 장례는 부(祔)에 있어서 정식 규정이 아니기 때문에, 특별히 명시하여 구별한 것이다.

鄭注 士·大夫, 謂公子·公孫爲士·大夫者. 不得祔於諸侯, 卑別也. 既卒哭, 各就其先君爲祖者兄弟之廟而祔之. 中, 猶間也.

번역 사와 대부는 공자(公子)와 공손(公孫) 중 사나 대부의 신분이 된 자를 뜻한다. 제후에게 합사를 할 수 없는 것은 신분이 낮아서 구별되기 때문이다. 졸곡을 끝내고, 각각 선군인 조부의 형제인 자들의 묘(廟)에 합사를 한다. '중(中)'자는 "사이를 둔다[間]."는 뜻이다.

釋文 亡如字, 又音無. 昭, 常遙反, 後"昭穆"皆放此. 間, 間厕之間.

번역 '亡'자는 글자대로 읽으며, 또한 그 음은 '無(무)'도 된다. '昭'자는 '常(상)'자와 '遙(요)'자의 반절음이며, 뒤에 나오는 '昭穆'에서의 '昭'자는 모두 그 음이 이와 같다. '間'자는 '간측(間厕)'이라고 할 때의 '間'자음이다.

孔疏 ●"士大"至"於士". ○正義曰: 此一節論貴賤祔祭之義, 此謂祔祭也. 禮: 孫死祔祖. 今祖爲諸侯, 孫爲士大夫而死, 則不得祔祖, 謂祖貴, 宜自卑遠之故也.

번역 ●經文: "士大"~"於士". ○이곳 문단은 신분의 차이에 따라 부제(祔祭)를 치르는 뜻을 논의하고 있으니, 여기에서 말한 것은 곧 부제에 해당한다. 예법에 따르면, 손자가 죽으면 조부의 묘(廟)에 합사를 한다. 현재 조부가 제후의 신분이었는데, 손자는 사나 대부의 신분인 상태로 죽었다면, 조부의 묘(廟)에 합사할 수가 없으니, 조부는 존귀한 신분이므로, 마땅히 신분이 낮은 자와는 거리를 두어야 하기 때문임을 뜻한다.

孔疏 ●"祔於諸祖父之爲士大夫"者, 諸祖, 祖之兄弟也. 旣不得祔祖, 當祔祖之兄弟亦爲大夫·士者也.

번역 ●經文: "祔於諸祖父之爲士大夫". ○'제조(諸祖)'는 조부의 형제들을 뜻한다. 이미 조부의 묘(廟)에 합사를 할 수 없으므로, 마땅히 조부의 형제들 중 대부나 사였던 자들의 묘(廟)에 합사를 해야 한다.

孔疏 ●"其妻祔於諸祖姑"者, 夫旣不得祔祖, 故妻亦不得祔於祖姑, 而可以祔於諸祖姑也. 諸祖姑, 是夫之諸祖父兄弟爲士大夫者之妻也. 若祖無兄弟可祔, 亦祔宗族之疏不爲諸侯者也. 然上云"士易牲, 祔於大夫", 而大夫不得易牲祔於諸侯者, 諸侯之貴絶宗, 故大夫士不得輕親也.

번역 ●經文: "其妻祔於諸祖姑". ○남편도 이미 조부의 묘(廟)에 합사를 할 수 없기 때문에, 그의 처 또한 조부의 처에게 합사를 할 수 없고, 제조고(諸祖姑)에게 합사할 수 있다. '제조고(諸祖姑)'는 남편의 조부 항렬 중 사나 대부의 신분이었던 자들의 처를 뜻한다. 만약 조부에게 합사할 수 있는 형제가 없을 때에는 또한 종족 중 제후가 되지 못한 관계가 소원한 자에게 합사를 한다. 그런데 앞에서는 "사는 희생물을 바꿔서 대부의 묘(廟)에 합사를 한다."라고 했는데, 대부는 희생물을 바꿔서 제후의 묘(廟)에 합사를 할 수 없다. 그 이유는 제후처럼 존귀한 자는 종주 관계가 끊어졌으므로, 대부와 사는 경솔하게 친근히 대할 수 없기 때문이다.

孔疏 ●"妾祔於妾祖姑"者, 言妾死, 亦祔夫祖之妾也.

번역 ●經文: "妾祔於妾祖姑". ○첩이 죽었을 때에도 남편의 조부에게 있었던 첩의 묘(廟)에 합사를 한다는 뜻이다.

孔疏 ●"亡則中一以上而祔"者, 亡, 無也. 中, 間也. 若夫祖無妾, 則又間曾祖而祔高祖之妾也.

번역 ●經文: "亡則中一以上而祔". ○'망(亡)'자는 "없다[無]."는 뜻이다. '중(中)'자는 "사이를 벌린다[間]."는 뜻이다. 만약 남편의 조부에게 첩이 없다면, 또한 증조부에 대해서 사이를 벌려서 고조부의 첩에게 합사를 한다.

孔疏 ●"祔必以其昭穆"者, 解所以祖無妾, 不祔曾祖而祔高祖之義也. 凡祔必使昭·穆同, 曾祖非夫同列也. 然此下云"妾母不世祭", 於孫否, 則妾無廟, 今乃云祔及高祖者, 當爲壇祔之耳. 後別釋.

번역 ●經文: "祔必以其昭穆". ○조부에게 첩이 없을 때, 증조부의 첩에게 합사를 하지 않고, 고조부의 첩에게 합사를 하는 뜻을 풀이한 말이다. 무릇 합사를 할 때에는 반드시 소목(昭穆)의 서열이 같아야 하니, 증조부는 남편과 동렬이 아니다. 그런데 아래문장에서는 "첩의 모친은 대대로 제사를 지내지 않는다."라고 했으니, 손자에 대해서 그처럼 하지 않는다면, 첩에 대해서는 묘(廟)가 없다. 그런데도 현재 "조부의 첩에게 합사를 한다."라고 말한 것은 마땅히 제단을 만들어서 합사를 한다는 뜻일 뿐이다. 이후에 별도로 풀이하겠다.

集解 愚謂: 妾無廟而得祔者, 祭於寢而祔之也. 凡無廟者, 祭皆於寢.

번역 내가 생각하기에, 첩에게는 묘(廟)가 없는데도 합사를 할 수 있는 이유는 침(寢)에서 제사를 지내며 합사를 하기 때문이다. 무릇 묘(廟)가 없는 자들은 제사를 지낼 때 모두 침(寢)에서 지낸다.

集解 人之始死, 其神無所依則不安, 故爲之祔焉, 使其託於祖以安. 故祔者, 所以畢送死之事也. 唯天子諸侯及宗子, 自祖適以上, 則其所祔之廟卽祭之之所, 此外祔廟, 其所祔皆非其所祭也. 且有但祔而已, 而不復特祭者, 如妾之無子者, 殤與無後者, 女女子未嫁而死者, 出而歸者, 未廟見而歸葬者, 皆是也. 然可以不祭, 而不可以不祔, 祭可以別所, 而祔必於其祖, 此先王制禮之精意, 非通幽明之故而知死生之說者, 其孰能與於斯?

번역 어떤 사람이 이제 막 죽었을 때, 그 신령은 의지할 곳이 없으면 불안하게 여기기 때문에, 그를 위해서 합사를 하는 것이니, 그 신령을 조부에게 의탁하여 안심시키는 것이다. 그렇기 때문에 부제(祔祭)는 죽은 자를 전송하는 일을 마무리 짓는 방법이다. 다만 천자와 제후 및 종자에게 있어서, 조부의 적자로부터 그 이상의 경우라면, 합사를 하는 묘(廟)는 곧 제사를 지내는 장소가 되는데, 그 이외에 묘(廟)에 합사를 하는 경우, 합사를 하는 장소는 모두 제사를 지내는 장소가 아니다. 또 다만 합사만 하고 끝내고, 재차 그를 위해서 특별히 제사를 지내지 않는 것은 마치 첩 중 자식이 없는 경우, 요절을 하거나 또는 후사가 없는 경우, 딸자식 중 아직 출가를 못했는데 죽은 경우, 출가를 했으나 되돌아온 경우, 부인을 아직 묘(廟)에 알현시키지 않아서 돌려보내 장례를 치른 경우 등이 모두 이러한 경우에 해당한다. 그러나 제사를 지내지 않을 수는 있지만, 합사를 하지 않을 수가 없고, 제사는 별도의 장소에서 지낼 수 있지만, 합사는 반드시 그들의 조부에게 해야 하니, 이것은 선왕이 예법을 제정했던 정밀한 뜻으로, 귀신세상과 인간세상의 이치를 통달하고, 죽은 자와 산 자에 대한 일을 깨우친 자가 아니라면, 그 누가 이처럼 할 수 있겠는가?

【416d~417a】

諸侯不得祔於天子，天子諸侯大夫可以祔於士.

직역 諸侯는 天子에게 不得**祔**하며, 天子 · 諸侯 · 大夫는 可히 士에게 **祔**한다.

의역 손자가 제후의 신분이었다 하더라도, 천자의 신분이었던 조부에게 합사할 수 없다. 다만 손자의 신분이 천자 · 제후 · 대부였고, 조부의 신분이 사였다면, 조부의 묘(廟)에 합사할 수 있다.

集說 卑孫不可祔於尊祖, 孫貴而不祔其祖之爲士者, 是自尊而卑其祖, 不可也. 故可以祔於士.

번역 신분이 낮은 손자는 신분이 존귀한 조부에게 합사를 할 수 없지만, 손자의 신분이 존귀하다고 해서, 사의 신분이었던 조부에게 합사를 하지 않는 것은 자신의 존귀함으로 인해 조부를 낮추는 꼴이 되어, 할 수 없다.

그렇기 때문에 사에게는 합사할 수 있다.

大全 馬氏曰: 士之於大夫, 皆人臣也. 位皆人臣, 則雖有貴賤, 而其勢亦有可幾之道, 是故進而祔之可也. 天子諸侯, 則君矣, 尊無上貴無倫, 而其勢不可幾也. 進而祔之, 則君臣亂矣. 苟無所祔, 則祔於諸侯祖父之爲士大夫者, 而不敢祔於諸侯, 所以明君臣之義也.

번역 마씨가 말하길, 사와 대부는 모두 신하의 입장이 된다. 그 지위가 모두 신하의 입장이 된다면, 비록 귀천의 차이가 있더라도 그 형세에는 또한 가깝게 할 수 있는 도리가 포함되어 있다. 이러한 까닭으로 등급을 올려서 합사를 하는 것은 괜찮다. 천자와 제후의 경우라면, 모두 군주의 신분이 되며, 존귀함에 따를 자가 없고, 귀천에도 따를 자가 없어서, 그 형세는 가깝게 할 수가 없다. 만약 등급을 올려서 합사를 한다면, 군주와 신하의 관계가 문란하게 된다. 만약 합사할 수 있는 대상이 없다면, 제후의 조부들 중 사나 대부의 신분이었던 자에게 합사를 하고, 제후에게 감히 합사를 하지 않으니, 군주와 신하의 도의를 밝히기 위해서이다.

鄭注 人莫敢卑其祖也.

번역 사람은 감히 자신의 조부를 낮출 수 없기 때문이다.

孔疏 ●"諸侯不得祔於天子"者, 亦謂祔祭卑孫不可祔於尊祖也.

번역 ●經文: "諸侯不得祔於天子". ○이 또한 신분이 낮은 손자에 대해서 부제를 지낼 때에는 신분이 존귀한 조부에게 합사를 할 수 없다는 뜻이다.

孔疏 ●"天子·諸侯·大夫可以祔於士"者, 祖雖賤而孫雖貴, 祔之不嫌也. 若不祔之, 則是自尊, 欲卑於祖也.

번역 ●經文: "天子·諸侯·大夫可以祔於士". ○조부가 비록 미천한 신

분이고, 손자가 비록 존귀한 신분이라 하더라도, 합사를 함에 혐의를 받지 않는다. 만약 합사를 하지 않는다면, 자신의 존귀함을 통해, 조부를 낮추고자 하는 꼴이 된다.

集解 愚謂: 諸侯不得祔於天子, 此謂始封君及封君之子也. 不得祔於天子, 如周公薨於周, 則不可祔於王季之廟也. 天子諸侯大夫可以祔於士, 此謂士庶特起居尊位者也. 可以祔於士, 孫之尊無自別於祖之理也. 如天子之子若孫爲諸侯, 不得祔於祖, 其祖之昆弟有爲諸侯大夫者皆可祔也. 諸侯之子若孫爲大夫, 不得祔於祖, 其祖之昆弟爲大夫士者皆可祔也.

번역 내가 생각하기에, "제후는 천자에게 합사할 수 없다."는 말은 처음 분봉을 받은 제후 및 분봉을 받은 제후의 자식에 대한 경우를 뜻한다. "천자에게 합사할 수 없다."는 말은 주공(周公)이 주(周)나라 왕실에서 죽었지만, 왕계(王季)의 묘(廟)에 합사할 수 없는 경우와 같다. "천자 · 제후 · 대부는 사에게 합사할 수 있다."는 말은 사나 서인 중 특별히 존귀한 신분이 된 자에 대한 경우이다. "사에게 합사할 수 있다."는 말은 존귀한 신분의 손자는 제 스스로 조부에 대해서 구별하는 이치가 없기 때문이다. 예를 들어 천자의 자식이나 손자가 제후의 신분이 되었다면, 조부에게 합사할 수 없고, 조부의 곤제들 중 제후나 대부였던 자에게는 모두 합사할 수 있다. 제후의 자식이나 손자가 만약 대부의 신분이 되었다면, 조부의 묘에는 합사할 수 없고, 조부의 곤제들 중 대부나 사였던 자에게는 모두 합사할 수 있다.

• 제 37 절 •

상복(喪服) 규정-도종(徒從) Ⅱ

【417a】

爲母之君母, 母卒則不服.

직역 母의 君母를 爲하여, 母가 卒하면 不服한다.

의역 모친의 생모가 아닌 외조부의 정처를 위해서는 모친이 생존해 계실 때, 그녀를 위해서 상복을 착용하지만, 모친이 돌아가시면 그녀를 위해서 상복을 입지 않는다.

集說 母之君母者, 母之適母也. 非母所生之母, 故母在而爲之服, 則己亦從而服, 是徒從也. 徒從者, 所從亡則已, 故母卒則不服.

번역 모친의 군모는 모친의 적모를 뜻한다. 모친을 낳은 생모가 아니기 때문에, 모친이 생존해 계실 때 그녀를 위해서 상복을 착용한다면, 자신 또한 그에 따라 상복을 착용하니, 이것은 '도종(徒從)'에 해당한다. 도종을 하는 경우 따르던 자가 죽으면 그만둔다. 그렇기 때문에 모친이 죽으면 상복을 입지 않는다.

鄭注 母之君母, 外祖適母, 徒從也, 所從亡則已.

번역 모친의 군모(君母)는 외조부의 정처를 뜻하니, 도종(徒從)을 하는 경우이며, 이러한 경우 따르던 자가 죽으면 그만둔다.

孔疏 ●"爲母"至"不服". ○正義曰: 此一節論不責恩所不及之事.

번역 ●經文: "爲母"~"不服". ○이곳 문단은 은정이 미치지 않는 대상에 대해서 책무를 추궁하지 않는 사안을 논의하고 있다.

孔疏 ●"母之君母"者, 謂母之適母也. 此親於子爲輕, 故徒從也. 己母若在, 母爲之服, 己則服之. 己母若亡, 則己不服母之君母矣.

번역 ●經文: "母之君母". ○모친의 적모를 뜻한다. 그녀는 자식에 대한 친속 관계가 가볍기 때문에, 도종(徒從)을 한다. 본인의 모친이 만약 생존해 있다면, 모친은 그녀를 위해서 상복을 착용하고, 자신 또한 그녀를 위해서 상복을 착용한다. 본인의 모친이 만약 돌아가신 경우라면, 본인은 모친의 군모를 위해서 상복을 착용하지 않는다.

集解 愚謂: 爲母之君母, 母卒則不服. 爲母之妾母, 母卒猶服也. 母之君母, 徒從也. 母之妾母, 屬從也.

번역 내가 생각하기에, 모친의 군모를 위해서 상복을 착용할 때, 모친이 돌아가시면 모친의 군모를 위해서 상복을 착용하지 않는다. 모친의 첩모를 위해서 상복을 착용할 때, 모친이 돌아가시더라도 여전히 상복을 착용한다. 모친의 군모에 대해서는 도종(徒從)의 관계가 되기 때문이다. 모친의 첩모에 대해서는 속종(屬從)의 관계가 되기 때문이다.

• 제38절 •

상례(喪禮) 규정-담제(禫祭) Ⅰ

【417b】

宗子母在爲妻禫.

직역 宗子는 母가 在라도 妻를 爲하여 禫한다.

의역 대종(大宗)은 부친이 돌아가신 경우, 모친이 생존해 계시더라도, 자신의 처를 위해서 담제를 치른다.

集說 父在, 則適子爲妻不杖, 不杖則不禫. 父沒母存, 則杖且禫矣. 此宗子百世不遷者也. 恐疑於宗子之尊厭其妻, 故明言雖母在, 亦當爲妻禫也. 然則非宗子而母在者不禫矣.

번역 부친이 생존해 계신 경우라면, 적자는 자신의 처를 위해서 상복을 착용하며 지팡이를 잡지 않는데, 지팡이를 잡지 않는다면 담제를 치르지 않는다. 부친이 돌아가시고 모친이 생존해 계신 경우라면, 자신의 처를 위해서 지팡이도 잡고 또 담제도 치른다. 여기에서 말한 종자는 영원토록 체천되지 않는 대종이다. 아마도 종자의 존귀한 신분으로 인해 자신의 처에 대해서 낮춰야 한다고 의심할 것을 염려했기 때문에, 비록 모친이 생존해 계시더라도, 또한 마땅히 처를 위해서 담제를 치른다고 명시한 것이다. 그렇다면 종자가 아닐 때 모친이 생존해 계신 경우라면, 담제를 치르지 않는다.

鄭注 宗子之妻, 尊也.

번역 종자의 처는 존귀하기 때문이다.

孔疏 ●"宗子"至"妻禫". ○正義曰: 此一節論宗子妻尊, 得爲妻伸禫之事. 宗子爲百世不遷之宗. 賀瑒云: "父在, 適子爲妻不杖." 不杖則不禫. 若父沒母存, 則爲妻得杖又得禫. 凡適子皆然. 嫌畏宗子尊厭其妻, 故特云"宗子, 母在爲妻禫". 宗子尙然, 則其餘適子母在爲妻禫可知. 賀循云: "出居廬, 論稱杖者必廬, 廬者必禫." 此明杖章尋常之禮, 謂杖章之內, 居廬必禫. 若別而言之, 則杖有不禫, 禫有不杖者. 按小記篇云: "宗子, 母在爲妻禫." 則其非宗子, 其餘適庶母在, 爲妻並不得禫也. 小記又云: "父在, 爲妻以杖卽位." 鄭玄云: "庶子爲妻." 然父在爲妻猶有其杖, 則父沒母存, 有杖可知. 此是杖有不禫者也. 小記篇云: "庶子在父之室, 則爲其母不禫." 若其不杖, 則喪服不杖之條, 應有庶子爲母不杖之文. 今無其文, 則猶杖可知也. 前文云"三年而后葬"者, 但有練・祥而無禫, 是有杖無禫. 此二條是杖而不禫. 賀循又云: "婦人尊微, 不奪正服, 並厭其餘哀." 如賀循此論, 則母皆厭, 其適子庶子不得爲妻禫[1]也. 故宗子妻尊, 母所不厭, 故特明得禫也.

번역 ●經文: "宗子"~"妻禫". ○이곳 문단은 종자의 처처럼 존귀한 자를 예시로 들어서, 처를 위해서 담제를 치를 수 있는 사안을 논의하고 있다. 여기에서 말한 종자는 영원토록 체천되지 않는 대종을 뜻한다. 하창은 "부친이 생존해 계신다면, 적자는 자신의 처를 위해 상례를 치를 때 지팡이를 잡지 않는다."라고 했다. 지팡이를 잡지 않으면 담제도 치르지 않는다. 만약 부친이 돌아가시고 모친이 생존해 계신다면, 자신의 처를 위해서 지팡이도 잡을 수 있고, 담제도 치를 수 있다. 무릇 적자의 경우 모두 이처럼 한다. 종자는 존귀한 신분이므로, 자신의 처에 대해서 등급을 낮추게 될 것을 염려했기 때문에, 특별히 "종자는 모친이 생존해 계시더라도, 자신의 처를 위해서 담제를 치른다."라고 말한 것이다. 종자가 오히려 이처럼 한다면, 나머지 적자들 또한 모친이 생존해 계시더라도 자신의 처를 위해서 담제를

1) '담(禫)'자에 대하여. '담'자는 본래 '장(杖)'자로 기록되어 있었는데, 완원(阮元)의 『교감기(校勘記)』에서는 "혜동(惠棟)의 『교송본(校宋本)』에는 '담'자로 기록되어 있으니, 이곳 판본은 '담'자를 '장'자로 잘못 기록한 것이며, 『민본(閩本)』・『감본(監本)』・『모본(毛本)』도 동일하게 잘못 기록했다."라고 했다.

치른다는 사실을 알 수 있다. 하순[2]은 "밖으로 나가 임시 숙소에 머무는데, 지팡이를 잡는 상에 해당한다면 반드시 임시 숙소에 머물고, 임시 숙소에 머물게 되면 반드시 담제를 치른다는 사실을 논의하였다."라고 했다. 이 내용은 상례에서 지팡이를 잡는 일반적인 예법을 나타내고 있으니, 지팡이를 잡는 규정에 해당한다면, 임시 숙소에 머물며 반드시 담제를 치르게 된다. 만약 구별해서 말한다면, 지팡이를 잡을 때에도 담제를 치르지 않는 경우가 있고, 담제를 치르더라도 지팡이를 잡지 않는 경우가 있다. 「상복소기」편을 살펴보면, "종자는 모친이 생존해 계시더라도 자신의 처를 위해서 담제를 치른다."라고 했으니, 종자가 아닌 경우, 나머지 적자나 서자는 모친이 생존해 계실 때, 자신의 처를 위해서 모두 담제를 치를 수 없다. 또 「상복소기」편에서는 "부친이 생존해 계시면, 처를 위해서 지팡이를 잡고서 자리로 나아간다."[3]라고 했고, 정현은 "서자가 처를 위한 경우이다."라고 했다. 그러므로 부친이 생존해 계신 경우, 자신의 처를 위해서 여전히 지팡이를 잡을 수 있는 경우가 있다면, 부친이 돌아가시고 모친만 생존해 계신 경우에도 지팡이를 잡는 경우가 있음을 알 수 있다. 이것은 지팡이를 잡지만 담제를 치르지 않는 경우에 해당한다. 「상복소기」편에서는 "서자는 부친의 곁에 산다면, 그의 친모를 위해서 담제를 치르지 않는다."[4]라고 했다. 그런데 만약 이러한 경우 지팡이를 잡지 않았다면, 『의례』「상복(喪服)」편에서 지팡이를 잡지 않는 항목 중에 마땅히 서자가 모친을 위해서 지팡이를 잡지 않는다는 기록이 있어야 한다. 현재의 『의례』 기록에는 이러한 문장이 없으니, 여전히 지팡이를 잡게 됨을 알 수 있다. 앞 문장에서는 "삼년상을 치른 뒤에야 장례를 치른다."[5]는 경우를 언급했는데, 이러한 경우에는 단지 소상과 대상만 치르고, 담제는 치르지 않으니, 지팡이를 잡게 되더라도 담제를 치르지 않는 경우에 해당한다. 이러한 두 가지 경우는 지팡이를 잡

---

2) 하순(賀循, A.D.260~A.D.319) : 위진시대(魏晉時代) 때의 학자이다. 자(字)는 언선(彦先)이다.

3) 『예기』「상복소기」【419a】: 父在, 庶子爲妻, 以杖卽位可也.

4) 『예기』「상복소기」【418c】: 庶子在父之室, 則爲其母不禫.

5) 『예기』「상복소기」【412b】: 三年而后葬者必再祭, 其祭之間不同時而除喪.

지만 담제를 치르지 않는 경우이다. 하순은 또 "부인은 존귀함이 낮지만, 정규 복장을 지키지 않을 수 없으므로, 등급을 낮춰서 애통함을 모두 표하지 않는다."라고 했다. 하순의 이러한 논의대로라면, 모친은 그의 처에 대해서 모두 등급을 낮추게 되므로, 적자나 서자에 상관없이 모두 처를 위해서 담제를 치르지 못한다. 그렇기 때문에 종자의 처는 존귀한 신분이 되어, 모친이 등급을 낮출 수 없는 대상이기 때문에, 특별히 담제를 치를 수 있다고 명시한 것이 된다.

集解 愚謂: 此條二賀氏之說不同, 而後說爲是. 妻之喪, 雖天子諸侯不降, 亦何嫌於宗子之厭其妻而特明其不禫乎? 蓋爲妻之服, 與父在爲母悉同, 故母在則不禫, 微殺其服, 以示其不敢盡同於母之意, 而非厭降之謂也. 宗子母在爲妻禫者, 舅沒則姑老, 宗子之妻, 與宗子上承宗廟, 下統族人, 故其夫爲之申禫, 五宗悉然. 賀循又有"杖有不禫, 禫有不杖"之說: 杖有不禫, 若出妻之子爲母, 庶子在父之室爲其母, 皆是也. 禫有不杖, 謂適子父在母沒爲妻也. 適子父在爲妻不杖, 而母沒得申禫也.

번역 내가 생각하기에, 여기에 나온 두 하씨의 주장은 동일하지 않은데, 뒤의 주장은 옳다. 처의 상은 비록 천자나 제후라 하더라도 낮추지 않으니, 또한 어찌 종자가 그의 처에 대해서 등급을 낮추게 될까를 염려하여, 특별히 담제를 지내지 않는 경우를 명시했단 말인가? 무릇 처를 위해서 상복을 착용하는 것은 부친이 생존해 계실 때 모친을 위해 상례를 치르는 경우와 모두 동일하다. 그렇기 때문에 모친이 생존해 계신다면 담제를 치르지 않는 것은 상례의 수위를 조금 낮춰서, 모친에 대한 경우와 완전히 동일하게 할 수 없다는 뜻을 나타낸 것이지, 염강을 뜻하는 말이 아니다. "종자가 모친이 생존해 계실 때, 자신의 처를 위해서 담체를 치를 수 있다."는 말은 시아비가 돌아가시고, 시어미가 연로할 때, 종자의 처는 종자와 함께 위로는 종묘의 제사를 받들게 되고, 아래로는 족인들을 통솔하게 된다. 그렇기 때문에 그의 남편은 그녀를 위해서 담제를 치를 수 있으니, 오종(五宗)이 모두 이처럼 한다. 하순은 또 "지팡이를 잡지만 담제를 치르지 않는 경우가 있고, 담제를 치르지만 지팡이를 잡지 않는 경우도 있다."는 주장을 했다. 지팡이를 잡지만 담제를 치르지 않는 경우는 출처의 자식이 모친을 위한 경우이거나 서자가 부친의 곁에 살아서 그의 모친을 위해 상례를 치르는 경우 등이 모두 여기에 해당한다. 담제를 치르지만 지팡이를 잡지 않는 경우는 적자가 부친이 생존해 계시고 모친이 돌아가셨을 때, 처를 위해 상례를 치르는 경우를 뜻하다. 적자는 부친이 생존해 계시면, 자신의 처를 위해 지팡이를 잡지 않지만, 모친이 돌아가신 경우라면 담제를 치를 수 있다.

• 제 39 절 •

상례(喪禮) 규정-서모(庶母)의 후계자

【417b】

爲慈母後者, 爲庶母可也, 爲祖庶母可也.

직역 慈母의 後가 爲한 者는 庶母를 爲함도 可하고, 祖庶母를 爲함도 可하다.

의역 첩의 자식 중 자모(慈母)의 자식이 된 자는 서모(庶母)의 자식이 될 수도 있고, 조부 서모의 자식도 될 수 있다.

集說 傳曰: "妾之無子者, 妾子之無母者, 父命之爲子母." 此謂爲慈母後者也. 若庶母嘗有子, 而子已死, 命他妾之子爲其後, 故云爲庶母可也. 若父之妾有子而子死, 己命己之妾子後之亦可, 故云爲祖庶母可也.

번역 『의례』「상복(喪服)」편의 전문(傳文)에서는 "첩 중 자식이 없는 자와 첩의 자식 중 생모가 없는 자에 대해서, 부친은 명령을 하여, 둘을 자식과 모친 관계로 만든다."[1]라고 했다. 이 내용은 자모의 후계자가 된 자를 뜻한다. 만약 서모 중에 일찍이 자식이 있었지만, 자식이 이미 죽은 상태라면, 다른 첩의 자식에게 명령하여, 그녀의 후계자로 삼을 수 있다. 그렇기 때문에 "서모의 후계자가 될 수도 있다."라고 말한 것이다. 만약 부친의 첩 중 자식이 있었는데, 자식이 죽어서, 자신의 다른 첩 아들에게 그녀의 후계자가 되라고 명령을 하는 것 또한 가능하다. 그렇기 때문에 "조부의 서모 후계자가 될 수도 있다."라고 말한 것이다.

---

1) 『의례』「상복(喪服)」: 傳曰, 妾之無子者, 妾子之無母者, 父命妾曰, "女以爲子."

集說 石梁王氏曰: 爲慈母後者, 爲庶母爲祖庶母後皆可. 謂旣是妾子, 此三母皆妾, 皆可以妾生之子爲後.

번역 석량왕씨가 말하길, 자모의 후계자가 된 자는 서모와 조서모의 후계자가 되는 것도 모두 가능하다고 했다. 이 말은 이미 첩의 자식이고, 여기에서 말한 세 모친은 모두 첩의 신분이니, 모든 경우에 첩이 낳은 자식을 그녀들의 후계자로 삼을 수 있다는 뜻이다.

鄭注 謂父命之爲子母者也, 卽庶子爲後, 此皆子也, 傳重而已. 不先命之與適妻, 使爲母子也, 緣爲慈母後之義, 父之妾無子者, 亦可命己庶子爲後.

번역 부친이 명령을 내려서 모자지간으로 만든 경우를 뜻하니, 곧 서자가 후계자가 된 경우인데도, 이들에 대해서 모두 자식으로 여기는 것은 중책을 전수하기 때문이다. 앞서 적처에게 명령을 내려서, 그들로 하여금 모자관계로 정하지 않았고, 자모의 후계자가 된 뜻에 따라서, 부친의 첩 중 자식이 없는 여자에 대해서는 또한 자신의 서자에게 명령하여, 그녀의 후계자로 삼을 수 있다.

孔疏 ●"爲慈"至"可也". ○正義曰: 此一節論爲庶母後之事. 喪服: "有慈母如母." 傳曰: "慈母者, 何也?" 傳曰: "妾之無子者, 妾子之無母者." 父命爲子母, 而子服此慈母三年, 此卽爲慈母後之義也. 記者見喪服旣有妾子爲慈母後之例, 將欲觸類言之, 則妾子亦可爲庶母後也. "爲庶母後"者, 謂妾經有子, 而子已死者, 餘他妾多子, 則父命他妾之子爲無子之妾立後, 與爲慈母後同也. 故云"爲庶母後可也".

번역 ●經文: "爲慈"~"可也". ○이곳 문단은 서모의 후계자가 되는 사안을 논의하고 있다. 『의례』「상복(喪服)」편에서는 "자모에 대해 모친처럼 대하는 경우가 있다."[2]라고 했고, 「상복」편의 전문(傳文)에서는 "자모는

2) 『의례』「상복(喪服)」: 慈母如母.

누구인가?"라고 했으며, 전문에서는 "첩 중 자식이 없는 자와 첩의 자식 중 생모가 없는 경우이다."라고 했다.[3] 부친이 그들에게 명령하여 모자관계를 맺어주면, 자식은 그 자모를 위해서 삼년간 복상하니, 이것은 곧 자모의 후계자가 된다는 뜻에 해당한다. 『예기』를 기록한 자는 「상복」편에 이미 첩의 자식이 자모의 후손이 되었다는 용례가 있음을 확인하고, 그와 관련된 경우를 설명하고자 했으니, 첩의 자식은 또한 서모의 후계자가 될 수도 있다. "서모의 후계자가 된다."는 말은 첩에게 일찍이 자식이 있었는데, 그 자식이 이미 죽었고, 다른 첩에게 여러 명의 자식이 있다면, 부친은 다른 첩의 자식에게 명령하여, 자식이 없는 첩을 위해 후계자로 세우니, 자모의 후계자가 된 경우와 동일하다. 그렇기 때문에 "서모의 후계자가 될 수도 있다."라고 말한 것이다.

孔疏 ●"爲祖庶母可也"者, 又觸類言之. 此旣可爲庶母後, 則亦可爲祖庶母之後. 故云"爲祖庶母之後可也". 祖庶母者, 謂己父之妾, 亦經有子, 子死今無也. 父妾旣無子, 故己命己之妾子與父妾爲後, 故呼己父之妾爲祖庶母. 旣爲後, 亦服之三年, 如己母矣. 必知妾經有子者, 若無子則不得立後故也. 賀瑒云: "雖有子道, 服於慈庶母三年, 而猶爲己母不異, 異於後大宗而降本也."

번역 ●經文: "爲祖庶母可也". ○또한 관련된 경우를 설명한 말이다. 이곳에서는 이미 서모의 후계자가 될 수도 있다고 했으니, 그 자는 또한 조부서모의 후계자가 될 수도 있다. 그렇기 때문에 "조부 서모의 후계자가 될 수도 있다."라고 말한 것이다. '조서모(祖庶母)'는 자기 부친의 첩 중에 또한 일찍이 자식이 있었지만, 그 자식이 죽어서 현재 후계자가 없는 여자를 뜻한다. 부친의 첩에게 이미 자식이 없기 때문에, 자신은 자신의 첩 아들에게 명령하여, 부친의 첩에 대해서 후계자로 삼을 수 있다. 그렇기 때문에 자기 부친의 첩을 '조서모(祖庶母)'라고 부른 것이다. 이미 후계자가 된다고 했다

3) 『의례』「상복(喪服)」: 慈母如母. 傳曰, 慈母者何也? 傳曰, 妾之無子者, 妾子之無母者, 父命妾曰, "女以爲子." 命子曰, "女以爲母." 若是, 則生養之終其身如母, 死則喪之三年如母, 貴父命也.

면, 이때에도 또한 그녀를 위해서 삼년상을 치르니, 자신의 모친에 대한 경우처럼 치르는 것이다. 반드시 첩에게 일찍이 자식이 있었다는 사실을 알 수 있는 것은 만약 자식이 없었다면, 그녀의 후계자로 세울 수 없기 때문이다. 하창은 "비록 자식의 도리를 갖추고 있더라도, 자모와 서모에 대해서 삼년상을 치른다면, 오히려 자신의 모친에 대한 경우와 차이가 없으니, 후대의 대종이 본래의 복식을 낮추는 것과는 다르다."라고 했다.

孔疏 ◎注"謂父"至"爲後". ○正義曰: "謂父命之爲子母者也", 皇氏云"此鄭注總解經慈母·庶母·祖庶母三條也, 皆是庶子父命之使事妾母也, 故云父命爲子母也". 云"卽庶子爲後, 此皆子也, 傳重而已. 不先命之與適妻, 使爲母子也"者, 庾氏云: "鄭注此一經, 明庶子爲適母後者, 故云卽庶子爲後, 謂爲適母後. 此皆子者, 此庶子皆適母之子. 今命之爲後, 但命之傳重而已. 母道舊定, 不須假父命之與適妻使爲母子也." 云"緣爲慈母後之義, 父之妾無子者, 亦可命己庶子爲後"者, 言緣喪服有妾子爲慈母後義, 今起此妾爲後之文也. 然緣喪服慈母而起命二妾之後, 而注不云"命後己妾", 唯言"後父妾"者, 緣己妾旣可爲慈, 亦可爲庶母後易見, 不言自顯, 但以己子後父妾, 於文難明, 故特言之也.

번역 ◎鄭注: "謂父"~"爲後". ○정현이 "부친이 명령을 내려서 모자지간으로 만든 경우를 뜻한다."라고 했는데, 황간은 "이곳의 정현 주는 경문에 나온 자모·서모·조서모의 세 경우를 총괄적으로 풀이한 것이다. 이 모두에 대해서 서자는 부친의 명령에 따라서 첩을 모친으로 섬길 수 있기 때문에, 부친이 명령하여 모자지간으로 만들었다고 말한 것이다."라고 했다. 정현이 "곧 서자가 후계자가 된 경우인데도, 이들에 대해서 모두 자식으로 여기는 것은 중책을 전수하기 때문이다. 앞서 적처에게 명령을 내려서, 그들로 하여금 모자관계로 정하지 않았다."라고 했는데, 유울은 "이곳 경문에 대한 정현의 주는 서자가 적모의 후계자가 된 경우를 풀이한 것이다. 그렇기 때문에 즉 서자가 후계자가 된 경우라고 한 것이니, 적모의 후계자가 된 경우를 뜻한다. 이들에 대해 모두 자식이라고 말한 것은 서자가 모두 적모의 자식이 될 수 있다는 뜻이다. 현재 그에게 명령하여 후계자로 삼았다면, 단지 명령을 내려서 중책을 전수하게 한 것일 뿐이다. 모친의 도리는 오래전에 이미 정해져 있었으므로, 부친이 명령하여 적처에게 보내서, 그들로 하여금 모자관계로 정해줄 때까지 기다릴 필요가 없다."라고 했다. 정현이 "자모의 후손이 된 뜻에 따라서, 부친의 첩 중 자식이 없는 여자에 대해서는 또한 자신의 서자에게 명령하여, 그녀의 후계자로 삼을 수 있다."라고 했는데, 『의례』「상복(喪服)」편에 첩의 자식이 자모의 후계자가 되었을 때의 뜻이 포함된 것에 따라서, 이곳에 이러한 첩의 후계자가 되었을 때의 문장을 기록한 것이다. 그러나 「상복」편의 자모에 대한 기록에 따라서, 두 첩의 후손이 되라고 명령했던 것을 기록했지만, 정현의 주에서는 "자기 첩의 후손이 되라고 명령한다."라고 하지 않고, 단지 "부친 첩의 후계자가 된다."라고만 말한 것은 자기의 첩은 이미 자모가 될 수 있다는 것에 따라, 서모의 후계자가 될 수도 있음은 쉽게 확인할 수 있다. 이러한 사실을 드러내지 않고, 단지 자기 자식을 부친 첩의 후계자로 삼는다는 것은 문맥상 이해하기가 어렵다. 그렇기 때문에 특별히 언급한 것이다.

集解 按: 爲字舊並于僞反, 今當如字.

번역 살펴보니, '위(爲)'자를 예전에는 모두 '于(우)'자와 '僞(위)'자의 반절음으로 보았는데, 현재는 마땅히 글자대로 읽는다.

集解 此因喪服"慈母如母"一條而欲廣其義也. 喪服傳曰: "慈母者何也? 妾之無子者, 妾子之無母者, 父命妾曰: '女以爲子.' 命子曰: '女以爲母.' 若是, 則生養之, 終其身, 死則喪之三年." 此所謂"爲慈母後者"也. 爲慈母後者, 猶云"爲慈母之子"云爾, 非立後之義也. 庶母, 父妾之有子者也. 祖庶母, 祖妾之有子者也. 記者欲廣慈母之義, 故言爲慈母後者, 非但可與父妾之無子者爲子; 卽與父妾之有子者爲子亦可也. 非但可與父妾之有子者爲子, 卽與祖妾之有子者爲子亦可也. 蓋子之幼少而無母者, 不能不資乎撫育, 而己或但有有子之妾, 或無妾而但有父妾, 皆可命爲母子以撫育之, 所以通禮之窮, 而盡事之變也.

번역 이 내용은 『의례』「상복(喪服)」편에서 "자모에 대해서 모친에 대한 경우처럼 치른다."라는 한 조목에 따라, 그 뜻을 광범위하게 설명하고자 한 것이다. 「상복」편의 전문(傳文)에서는 "자모는 누구인가? 첩 중에 자식이 없는 자와 첩의 자식 중 생모가 없는 자에 대해서, 부친은 첩에게 명령하여, '너는 그를 자식으로 삼아라.'라고 말하고, 자식에게 명령하여, '너는 그녀를 모친으로 삼아라.'라고 한다. 이와 같다면, 생전에는 봉양을 하고, 그 자신이 죽을 때까지 지속하며, 그녀가 죽게 되면 그녀를 위해서 삼년상을 치른다."라고 했다. 이것이 바로 "자모의 자식이 된다."는 경우이다. 자모의 후(後)가 된 경우는 "자모의 자식이 된다."고 말하는 것과 같은 뜻이니, 후계자로 세운다는 의미가 아니다. '서모(庶母)'는 부친의 첩 중 자식을 낳았던 여자를 뜻한다. '조서모(祖庶母)'는 조부의 첩 중 자식을 낳았던 여자를 뜻한다. 『예기』를 기록한 자는 자모에 대한 뜻을 폭넓게 설명하고자 했기 때문에, 자모의 자식이 된 자는 부친의 첩 중 자식이 없는 여자의 자식이 될 수 있을 뿐만 아니라, 부친의 첩 중 자식을 낳았던 여자의 자식도 될 수 있다고 말한 것이다. 또한 부친의 첩 중 자식이 있었던 여자의 자식이 될 수 있을 뿐만 아니라, 조부의 첩 중 자식을 낳았던 여자의 자식도 될 수 있다고 말한 것이다. 무릇 자식 중 나이가 매우 어린데 모친이 없는 자는 양육에 대해서 도움을 주지 않을 수 없고, 자신에게 혹여 자식을 낳았던 첩이 있거나 첩이 없고 단지 부친의 첩만 있는 경우라면, 모두 그들에게 명령하여 모자관계로 설정하여 양육을 시킬 수 있으니, 예법에 명시되지 않은 경우도 해소하고, 변화된 사안까지도 적용시키는 방법이 된다.

• 제 40 절 •

상례(喪禮) 규정-담제(禫祭) Ⅱ

【417c】

爲父·母·妻·長子禫.

직역 父·母·妻·長子를 爲하여 禫한다.

의역 부친·모친·처·장자의 상을 치를 때에는 담제를 지낸다.

集說 此言當禫之喪有此四者. 然妻爲夫亦禫. 又慈母之喪無父在亦禫, 記者略耳.

번역 이 문장은 마땅히 담제를 지내야 하는 상에는 이러한 네 부류가 있다는 뜻이다. 그러나 처는 남편을 위해서 또한 담제를 지낸다. 또 자모의 상에 부친의 곁에 살지 않는 경우라면 또한 담제를 지내니, 『예기』를 기록한 자는 간략히 기록한 것일 뿐이다.

鄭注 目[1]所爲禫者也.

번역 담제를 치르는 경우를 가리킨다.

---

1) '목(目)'자에 대하여. 『십삼경주소(十三經注疏)』 북경대 출판본에서는 "'목'자는 본래 '자(自)'자로 기록되어 있었는데, 혜동(惠棟)의 『교송본(校宋本)』·『송감본(宋監本)』·『가정본(嘉靖本)』·위씨(衛氏)의 『집설(集說)』·『고문(考文)』에서 인용하고 있는 『고본(古本)』·『족리본(足利本)』의 기록에 근거해서 글자를 고쳤다."라고 했다.

釋文 爲父母, 于僞反, 注"目所爲", 下文"則爲其母子", "爲妻", 下注"恩爲已"·"爲之變"·"爲今死者"皆同.

번역 '爲父母'에서의 '爲'자는 '于(우)'자와 '僞(위)'자의 반절음이며, 정현의 주에 나오는 '目所爲', 아래문장에 나오는 '則爲其母子'와 '爲妻', 아래 정현의 주에 나오는 '恩爲已'와 '爲之變'과·'爲今死者'에서의 '爲'자는 모두 그 음이 이와 같다.

孔疏 ●"爲父"至"子禫". ○正義曰: 此一經, 鄭云"目所爲禫者". 此一人而已, 然慈母亦宜禫也. 而下"有庶子在父之室, 爲其母不禫", 則在父室, 爲慈母亦不禫也, 故不言之. 妻爲夫亦禫也, 但記文不具.

번역 ●經文: "爲父"~"子禫". ○이곳 경문에 대해서 정현은 "담제를 치르는 경우를 가리킨다."라고 했다. 이것은 한 사람에 대한 내용일 뿐이니, 자모에 대해서도 또한 마땅히 담제를 치러야 한다. 그런데 아래문장에서 "서자가 부친의 곁에 산다면, 모친에 대해서 담제를 치르지 않는다."라고 했으니, 부친의 곁에 있을 때, 자모를 위해서는 또한 담제를 치르지 않는다. 그렇기 때문에 언급을 하지 않는 것이다. 처는 남편을 위해서 또한 담제를 치르는데, 『예기』에서는 문장을 생략한 것이다.

• 제41절 •

상례(喪禮) 규정-세제(世祭)

【417c】

慈母與妾母, 不世祭也.

직역 慈母와 妾母에 대해서는 世祭를 不한다.

의역 자모와 첩인 모친에 대해서는 자식이 제사를 지내더라도 손자는 제사를 지내지 않는다.

集說 不世祭者, 謂子祭之而孫不祭也. 上章言妾祔於妾祖姑者, 疏云: "妾無廟, 今乃云祔及高祖, 當是爲壇以祔之耳."

번역 "대대로 제사를 지내지 않는다."는 말은 자식이 제사를 지내더라도 손자는 제사를 지내지 않는다는 뜻이다. 앞 문장에서는 첩은 첩의 조고에 대해서 합사를 한다고 했고, 공영달의 소(疏)에서는 "첩에 대해서는 묘(廟)가 없는데, 현재 합사가 고조에까지 미친다고 했으니, 제단을 만들어서 합사를 한다는 뜻일 뿐이다."라고 했다.

鄭注 以其非正. 春秋傳曰: "於子祭, 於孫止."

번역 정통이 아니기 때문이다. 『춘추전』에서는 "자식 때에는 제사를 지내지만, 손자 때에는 그친다."[1]라고 했다.

---

1) 『춘추곡량전』「은공(隱公) 5년」: 九月, 考仲子之宮. 考者, 何也, 考者, 成之也, 成之爲夫人也, 禮, 庶子爲君, 爲其母築宮, 使公子主其祭也, 於子祭, 於孫

孔疏 ●"慈母"至"祭也". ○正義曰: 此一經論禮有不合世祭之事. 祭慈母卽所謂承庶母·祖庶母後者也, 妾母謂庶子自爲其母也. 旣非其正, 故唯子祭之, 而孫則否.

번역 ●經文: "慈母"~"祭也". ○이곳 경문은 예법에 따라 대대로 제사를 지낼 수 없는 사안을 논의하고 있다. 자모에 대해서 제사를 지낸다는 말은 곧 서모를 계승하거나 조부의 서모를 계승하여 후계자가 된 경우에 해당하며, 첩모를 제사지낸다는 말은 서자가 자신의 모친에 대해서 제사를 지내는 경우를 뜻한다. 이미 그들은 정통이 아니기 때문에, 단지 자식만 제사를 지내고, 손자는 지내지 않는다.

孔疏 ◎注"以其"至"孫止". ○正義曰: 春秋傳"於子祭, 於孫止"者, 此穀梁傳隱五年, 謂魯孝公之妾, 是惠公之母. 五年傳: "九月考仲子之宮, 考, 成也. 成之爲夫人也." 注云: "仲子本孝公之妾." 以其子本孝公之妾子, 則惠公也. 惠公立爲仲子之後, 故成之爲夫人也. 傳又云: "禮: 庶子爲君, 爲其母築宮, 使公子主其祭." 注云: "公子者, 長子之弟, 及妾之子也." 傳又云"於子祭, 於孫止"者, 此經云"妾母不世祭也", 故鄭引爲注, 此明不得世祭也.

번역 ◎鄭注: "以其"~"孫止". ○『춘추전』에서는 "자식 때에는 제사를 지내지만, 손자 때에는 그친다."라고 했는데, 이것은 『곡량전』 은공(隱公) 5년의 기록으로, 노(魯)나라 효공(孝公)의 첩은 혜공(惠公)의 모친에 해당한다. 5년에 대한 전문 기록에서는 "9월에 중자(仲子)의 궁(宮)을 완성했으니, '고(考)'자는 '완성하다[成].'는 뜻으로, 완성하여 정식 부인으로 세운 것이다."라고 했고, 주에서는 "중자는 본래 효공의 첩이다."라고 했다. 그의 자식은 본래 효공 첩의 자식이니, 곧 혜공을 가리킨다. 혜공은 중자의 후계자가 되었기 때문에, 그것을 완성하여 정식 부인으로 세운 것이다. 전문에서는 또한 "예법에 따르면, 서자가 군주가 되었을 때, 그의 생모를 위해서 궁(宮)을 만들고, 공자(公子)들로 하여금 그 제사를 주관하도록 한다."라고

止, 仲子者, 惠公之母, 隱孫而脩之, 非隱也, 初獻六羽.

했고, 주에서는 "'공자(公子)'는 장자의 동생들 및 첩의 자식들을 뜻한다." 라고 했다. 전문에서는 또한 "자식 때에는 제사를 지내며, 손자 때에는 그친다."라고 했는데, 이곳 경문에서는 "첩인 모친에 대해서 대대로 제사를 지내지 않는다."라고 했다. 그렇기 때문에 정현은 이 내용을 인용하여 주를 작성한 것이니, 이것은 대대로 제사를 지낼 수 없다는 뜻을 나타낸다.

集解 愚謂: 大夫士之妾母, 蓋祭於寢.

번역 내가 생각하기에, 대부와 사의 첩이 자신의 모친인 경우, 아마도 침(寢)에서 제사를 지냈을 것이다.

그림 41-1 ▣ 노(魯)나라 세계도(世系圖)

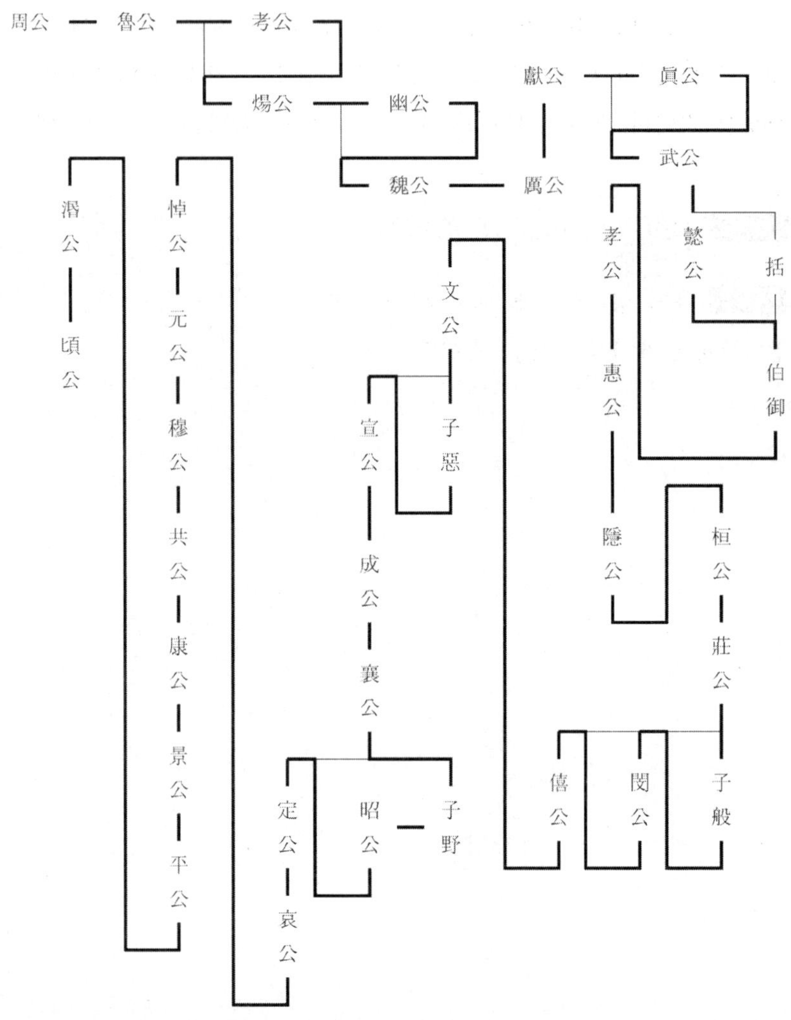

※ 출처: 『역사(繹史)』 1권 「역사세계도(繹史世系圖)」

• 제42절 •

상례(喪禮) 규정-요절한 자의 후계자

【417d】

丈夫冠而不爲殤, 婦人笄而不爲殤. 爲殤後者, 以其服服之.

직역 丈夫가 冠하여 **殤**이라 不爲하고, 婦人이 **笄**하여 **殤**이라 不爲한다. **殤**後가 爲한 者는 그 服으로써 服한다.

의역 남자가 관례(冠禮)를 치르면 성인으로 간주하니, 요절한 자의 상례에 따르지 않는다. 여자가 계례(笄禮)를 치르면 성인으로 간주하니, 요절한 자의 상례에 따르지 않는다. 친족 중 요절한 자의 후계자가 된 자는 자신의 부친이나 모친에 대한 상복 규정에 따라 복상한다.

集說 男子死在殤年, 則無爲父之道, 然亦有不俟二十而冠者, 冠則成人也. 此章擧不爲殤者言之, 則此當立後者, 乃是已冠之子, 不可以殤禮處之, 其族人爲之後者, 卽爲之子也. 以其服服之者, 子爲父之服也. 舊說, 爲殤者父之子, 而依兄弟之服服此殤, 非也. 其女子已笄而死, 則亦依在室之服服之, 不降而從殤服也.

번역 남자의 죽은 나이가 요절의 나이에 해당한다면, 부친으로서의 도리가 없지만, 또한 20세가 될 때까지 기다리지 않고 관례(冠禮)를 치러준 경우가 있는데, 관례를 치렀다면 이미 성인(成人)이 된 것이다. 이곳 문장에서는 요절로 여기지 않는 경우를 기준으로 언급했으니, 이곳에서 후계자로 세운다고 한 자들은 곧 이미 관례를 치른 자의 자식이 되므로, 요절한 자에 대한 예법으로 대처를 할 수 없고, 그의 족인들 중 죽은 자의 후계자가 된 자는 곧 죽은 자의 아들로 간주한다. "그 복장으로써 복상한다."는 말은 자식이 부친을 위해서 착용하는 상복을 뜻한다. 옛 학설에서 요절한 자는 부친의 자식이므로, 형제들에 대한 상복 규정에 따라서 여기에서 말한 요절한 자에 대해서 복상을 한다고 했는데, 잘못된 주장이다. 여자 중 이미 계례(笄禮)를 치르고서 죽었다면, 또한 이미 혼인이 결정된 여자에 대해 착용하는 상복 규정에 따라서 복상을 하고, 수위를 낮춰서 요절한 자에 대한 상복 규정에 따르지 않는다.

大全 山陰陸氏曰: 不言男子女子, 言丈夫婦人, 則以冠宜有丈夫之道, 笄宜有婦德故也. 自童汪踦觀之, 冠而無丈夫之道, 笄而無婦人之德, 雖以爲殤可也.

번역 산음육씨가 말하길, '남자(男子)'·'여자(女子)'라고 언급하지 않고, '장부(丈夫)'·'부인(婦人)'이라고 말했다면, 관례에는 마땅히 장부로서의 도리가 포함되고, 계례에는 마땅히 아녀자로서의 덕이 포함되기 때문이다. 동자인 왕기(汪踦)에 대한 일화[1]를 통해 살펴보면, 관례를 치르더라도 장부로서의 도가 없고, 계례를 치르더라도 아녀자로서의 덕이 없다면, 비록 성인의 나이라 하더라도 요절한 자로 여기는 것도 무방하다.

鄭注 言成人也, 婦人許嫁而笄, 未許嫁, 與丈夫同. 言"爲後"者, 據承之也. 殤無爲人父之道, 以本親之服服之.

번역 성인(成人)이 되었다는 뜻으로, 여자는 혼인이 허락되어서 비녀를 꼽게 되니, 아직 혼인이 허락되지 않았을 때에는 장부에 대한 경우와 동일하다. "후손이 되다."라고 말한 것은 그의 제사를 받드는 자를 기준으로 한

1) 『예기』「단궁하(檀弓下)」【127d】: 戰于郎, 公叔禺人遇負杖入保者息, 曰: "使之雖病也, 任之雖重也, 君子不能爲謀也, 士弗能死也, 不可. 我則旣言矣." 與其鄰重汪踦往, 皆死焉. 魯人欲勿殤重汪踦, 問於仲尼. 仲尼曰: "能執干戈以衛社稷, 雖欲勿殤也, 不亦可乎!"

말이다. 요절을 한 자에게는 부친으로서의 도리가 없으니, 본래의 친족 관계에 따른 상복으로써 복상을 한다.

釋文 冠, 古亂反.

번역 '冠'자는 '古(고)'자와 '亂(란)'자의 반절음이다.

孔疏 ●"爲殤"至"服之". ○正義曰: 此一節論宗子殤死, 族人不得以父道爲後之事.

번역 ●經文: "爲殤"~"服之". ○이곳 문단은 종자가 요절한 경우, 족인들이 그에게 부친의 도리에 따라 후사를 정해줄 수 없는 사안을 논의하고 있다.

孔疏 ●"爲殤後"者, 謂大宗子在殤中而死, 族人爲後大宗, 而不得後此殤者爲子也, 以其父無殤義故也. 旣不後殤, 而宗不可絶. 今來爲後殤者之人, 不以殤者之爲父, 而依兄弟之服, 服此殤也.

번역 ●經文: "爲殤後". ○대종의 자식이 요절에 해당하는 나이에 죽었다면, 족인들을 뽑아서 대종의 후계자로 삼지만, 이 자를 요절한 자의 자식으로 삼을 수 없으니, 부친에게는 요절한다는 뜻이 없기 때문이다. 이미 요절한 자의 후사가 될 수 없지만, 종가의 맥은 끊을 수가 없다. 현재 그 집에 와서 요절한 자의 후계자가 된 자는 요절한 자를 부친으로 삼을 수 없으므로, 형제들에 대한 복장에 따라서 요절한 자에 대한 상을 치른다.

孔疏 ◎注"言爲"至"服之". ○正義曰: 言"爲後者, 據承之也"者, 旣不與殤爲子, 則不應云"爲後", 今言"爲後", 是據已承其處爲言也. 云"以本親之服服之"者, 謂旣不以父服服殤, 而今來後其宗, 事事如子, 爲彼殤服, 依其班秩, 如本列也. 爲人後者, 若子於無後之宗, 旣爲殤者父作子, 則應服以兄弟之服, 而云"以本親之服服"者, 當在未後之前, 不復追服, 不責人以非時之恩. 故推此時本親兄弟亡在未後之前者, 亦宜終其本服之日月. 唯爲後, 及所後, 如有母亡, 而猶在三年之內, 則宜接其餘服, 不可以吉居凶. 若出三年, 則不追服矣.

번역 ◎鄭注: "言爲"~"服之". ○정현이 "후손이 된다고 한 말은 그의 제사를 받드는 자를 기준으로 한 말이다."라고 했는데, 요절한 자의 자식이 될 수 없다면, 마땅히 "후손이 된다."라고 말할 수 없는데, 현재 "후손이 된다."라고 말한 것은 본인이 그에 대한 처우를 받들게 됨을 기준으로 말한 것이다. 정현이 "본래의 친족 관계에 따른 상복으로써 복상을 한다."라고 했는데, 이미 부친에 대한 상복에 따라서 요절한 자에게 복상할 수 없는데, 현재 그가 찾아와서 종자의 후사가 되었으니, 모든 일들에 대해서는 자식처럼 행동하지만, 요절한 자를 위해서 상복을 착용할 때에는 등급에 따르니, 본래의 항렬대로 하는 것이다. 남의 후사가 된다고 했는데, 만약 자식이 후사가 없는 종가에 있어서, 이미 요절한 자의 부친이 그를 정식 자식으로 삼았다면, 마땅히 형제에 대한 상복에 따라서 복상을 해야 한다. 그런데 정현이 "본래의 친족 관계에 따른 상복으로써 복상을 한다."라고 한 것은 요절한 자의 죽은 시점이 아직 후계자가 되기 이전에 해당하여, 다시 관계를 미루어서 복상할 수 없으니, 그에게 때에 맞지 않은 은정을 강요할 수가 없다. 그렇기 때문에 그 시기가 본래의 친족 형제가 죽은 시기가 아직 후계자가 되기 이전이 된다는 사실에 따르므로, 또한 마땅히 본래의 복장 규정에 따른 기간으로 끝내야 한다. 다만 후계자가 된 자에게 있어서, 후계자가 된 시점에 만약 모친이 돌아가셨는데, 그 기간이 여전히 삼년 이내에 해당한다면, 마땅히 나머지 복상기간도 끝내야 하니, 길복(吉服)으로 흉사의 시기에 대처할 수 없기 때문이다. 만약 삼년의 기간을 벗어났다면, 미루어서 복상하지 않는다.

訓纂 盧注: 女年十五笄.

번역 노식의 주에서 말하길, 여자는 나이가 15세가 되면 계례(笄禮)를 치른다.

訓纂 譙周喪服圖: 男子幼娶必冠, 女子幼嫁必笄, 禮之, 則從成人, 不爲殤. 春秋僖九年公羊傳: "婦人許嫁, 字而笄之, 死則以成人之喪治之." 何休注: "不以殤禮降也."

번역 초주의 『상복도』에서 말하길, 남자가 어린 나이에 아내를 들이게 되면 반드시 관례(冠禮)를 치러야 하고, 여자가 어린 나이에 시집을 가게 되면 반드시 계례(笄禮)를 치러야 하니, 예법으로 대우를 하면 성인에 대한 규범을 따르고 요절한 자로 여기지 않는다. 『춘추』 희공(僖公) 9년에 대한 『공양전』의 기록에서는 "부인은 혼인이 약속되면, 자(字)로 부르고 비녀를 꼽게 하며, 그녀가 죽게 되면, 성인에 대한 장례 방식으로 치른다."[2]라고 했고, 하휴의 주에서는 "요절한 자의 예법으로써 낮추지 않는다."라고 했다.

訓纂 朱氏軾曰: 殤而爲之後, 或疑其服與凡爲後者有間, 故明其服之如常, 以所後雖是十九歲以下之殤, 然當其生時則已冠矣. 凡男女已冠笄不爲殤, 故可爲之後, 而以其服服之. 注·疏解未當.

번역 주식[3]이 말하길, 어떤 자가 요절해서 그의 후사가 되었다면, 그 상복은 후사가 된 일반적은 경우와 차이가 있을 것이라고 의심하기 때문에, 그때 착용하는 상복도 일반적인 경우와 같음을 나타냈으니, 죽은 자가 비록 19세 이하의 요절한 나이에 해당하지만, 그가 생전에 이미 관례를 치렀기 때문이다. 남자와 여자가 이미 관례나 계례를 치렀다면, 요절한 자로 여기지 않는다. 그렇기 때문의 그의 후사가 되어, 해당 복장에 따라 복상을 할 수 있는 것이다. 정현의 주와 공영달의 소(疏) 해석은 적합하지 않다.

---

2) 『춘추공양전』「희공(僖公) 9년」 : 秋, 七月, 乙酉, 伯姬卒, 此未適人, 何以卒. 許嫁矣, 婦人許嫁, 字而笄之. 死則以成人之喪治之.

3) 주식(朱軾, A.D.1665~A.D.1735) : 청(淸)나라 때의 명신(名臣)이다. 자(字)는 약섬(若贍)·백소(伯蘇)이고, 호(號)는 가정(可亭)이다.

集解 愚謂: 爲後者以殤之父爲父, 乃不服殤以兄弟之服, 而以其服服之者, 蓋爲後者於殤之父, 其父子之義定於來後之日, 而殤之亡在先也. 所後如有母亡未練而來後, 則三年; 已練而來後, 則不服.

번역 내가 생각하기에, 후사가 된 자는 요절한 자의 부친을 자신의 부친으로 여기는데, 요절한 자에 대해서 형제에게 입는 상복으로 복상하지 않고, 본래의 복장 규정에 따라서 복상을 한다. 그 이유는 아마도 후계자가 된 자는 요절한 자의 부친에 대해서, 부자의 도의가 정해지는데, 그 시기는 그가 온 뒤에 해당하고, 요절한 자의 죽음은 그보다 앞서서 일어났기 때문이다. 후계자가 된 자가 만약 모친이 돌아가신 뒤 아직 소상을 치르기 이전에 찾아왔다면 삼년상을 치르고, 이미 소상을 치른 뒤에 찾아왔다면 상복을 착용하지 않는다.

• 제43절 •

상복(喪服) 규정-변례(變禮) Ⅱ

【418a】

久而不葬者, 唯主喪者不除, 其餘以麻終月數者, 除喪則已.

직역 久하여 不葬한 者는 唯히 喪을 主하는 者만 不除하고, 그 餘의 麻로써 月數를 終한 者는 喪을 除하면 已한다.

의역 오랜 기간이 지나도록 장례를 치르지 못하는 경우, 오직 상주만이 복장을 제거하지 않고, 나머지 기년복 이하의 관계에 있는 친족들은 장례를 치르지 않은 상태이므로, 복장에 변화를 주지 않고, 마(麻)로 된 것을 착용하여 정해진 기간만큼 채우니, 기간을 끝내면 제거하고 계속 착용하지 않는다.

集說 主喪者不除, 謂子於父, 妻於夫, 孤孫於祖父母, 臣於君, 未葬不得除衰絰也. 麻終月數者, 期以下至緦之親, 以主人未葬, 不得變葛, 故服麻以至月數足而除, 不待主人葬後之除也. 然其服猶必收藏以俟送葬也.

번역 "상을 주관하는 자가 제거하지 않는다."는 말은 자식은 부친에 대해서, 처는 남편에 대해서, 고아가 된 손자는 조부모에 대해서, 신하는 군주에 대해서, 아직 장례를 치르지 못해서 상복과 질(絰)을 제거하지 못한 경우를 뜻한다. "마(麻)로써 개월 수를 끝낸다."는 것은 기년복으로부터 그 이하로 시마복의 관계에 있는 친족이니, 상주가 아직 장례를 치르지 못해서, 갈(葛)로 된 것으로 바꿀 수 없기 때문에, 마(麻)로 된 것을 착용하고서 정해질 개월 수까지 채우고서 제거를 하며, 상주가 장례를 치른 뒤 제거할 때까지 기다리지 않는다. 그러나 그 복장은 반드시 보관을 해두어, 장례를 전송할 때 다시 입어야 한다.

鄭注 其餘, 謂旁親也, 以麻終月數, 不葬者喪不變也.

번역 '기여(其餘)'는 방계의 친족을 뜻하니, 마(麻)로써 개월 수를 채우는데, 장례를 치르지 않은 상에서는 복장을 바꾸지 않기 때문이다.

孔疏 ●"久而"至"則已". ○正義曰: 此一節論久而不葬不變服之事.

번역 ●經文: "久而"~"則已". ○이곳 경문은 오래도록 장례를 치르지 않아서, 복장을 바꾸지 않는 사안을 논의하고 있다.

孔疏 ●"久而不葬"者, 謂有事礙, 不得依月葬者, 則三年服, 身皆不得祥除也. 今云"唯主喪者", 亦欲廣說子爲父, 妻爲夫, 臣爲君, 孫爲祖得爲喪主, 四者悉不除也.

번역 ●經文: "久而不葬". ○어떤 사안에 장애요소가 발생하여, 정해진 개월 수에 따라 장례를 치르지 못한 경우라면, 삼년상을 치러야 하는 자는 모두 대상의 기간이 되었더라도 상복을 제거할 수 없다. 현재 "오직 상주만 한다."라고 했는데, 이 또한 자식이 부친에 대한 상을 치르고, 처가 남편에 대한 상을 치르며, 신하가 군주에 대한 상을 치르고, 손자가 조부의 상을 치를 때, 상주가 될 수 있는 경우 등을 포괄적으로 설명하고자 한 것이니, 이 네 가지 경우에 해당하는 자들은 모두 상복을 제거하지 않는다.

孔疏 ●"其餘以麻終月數"者, 其餘, 謂期以下至緦也. "麻終月數"者, 主人既未葬, 故諸親不得變葛, 仍猶服麻, 各至服限竟而除也.

번역 ●經文: "其餘以麻終月數". ○'기여(其餘)'는 기년복으로부터 그 이하로 시마복을 착용하는 친족을 뜻한다. 경문의 "麻終月數"에 대하여. 상주가 이미 장례를 치르지 못했기 때문에, 나머지 친족들도 갈(葛)로 된 것으로 바꿀 수 없으니, 곧 여전히 마(麻)로 된 것을 착용하며, 각각 정해진 기간까지 착용하고서 제거한다.

孔疏 ●"除喪則已"者, 謂月足而除, 不待主人葬除也. 然此皆藏之, 至葬則反服之也, 故下云"及其葬也, 反服其服", 是也. 然雖緦亦藏服, 以其未經葬故也. 盧曰: "其下子孫皆不除也, 以主喪爲正耳, 餘親者以麻, 各終其月數除矣." 庾云: "謂昔主, 要記按服問曰: '君所主夫人妻·大子·適婦', 故謂此在不除之例, 定更思詳, 以尊主卑, 不得同以卑主尊, 無緣以卑之未葬, 而使尊者長服衰絰也. 且前儒說'主喪不除, 無爲下流'之義, 是知主喪不除, 唯於承重之身爲其祖曾. 若子之爲父, 臣之爲君, 妻之爲夫, 此之不除也, 不俟言而明矣." 盧植云: "下子孫皆不除." 蕭望之又云: "獨謂子." 皆未善也, 謂庾言爲是.

번역 ●經文: "除喪則已". ○정해진 기간을 채우면 제거하며, 상주가 장례를 끝내서 상복을 제거할 때까지 기다리지 않는다는 뜻이다. 그러나 이 복장들은 모두 보관을 해두니, 장례를 치르게 되면, 다시 그 복장을 착용한다. 그렇기 때문에 아래문장에서 "그 장례에 이르러, 다시 그 복장을 착용한다."[1]라고 한 것이다. 그러므로 비록 시마복이라 하더라도 또한 보관을 해두었다가 착용을 하니, 아직 장례를 치르지 못했기 때문이다. 노식은 "죽은 자의 자손들은 모두 제거하지 않지만, 상주를 정통으로 삼아서 언급했을 따름이며, 나머지 친족들은 마(麻)로 된 것을 착용하여, 각자 정해진 개월 수를 채우고 제거한다."라고 했다. 유울은 "석주(昔主)를 뜻하니, 『요기』에서는 『예기』「복문(服問)」편을 살펴보면, '군주가 주관하는 상은 부인인 처·태자·적자 아내의 상이다.'[2]라고 했다. 그렇기 때문에 이러한 경우는 상복을 제거하지 않는 용례에 해당함을 나타내니, 자세히 따져야 한다. 존귀한 자가 낮은 자의 상을 주관하면, 낮은 자가 존귀한 자의 상을 주관하는 경우와 동일하게 할 수 없는데, 연고자가 없어서 낮은 자에 대해 장례를

---

1) 『예기』「상복소기」【422b】: 爲兄弟旣除喪已, 及其葬也反服其服, 報虞卒哭則免, 如不報虞則除之.

2) 『예기』「복문(服問)」【663d】: 君所主夫人妻, 大子, 適婦.

아직 치르지 않아서, 존귀한 자로 하여금 오랜 기간 상복을 착용하도록 한 것이다. 또 이전의 학자들 주장에 따르면, '상을 주관하는 자가 상복을 제거하지 않는 것은 죽은 자에게 자식이 없기 때문이다.'는 뜻이라고 여겼으니, 이것을 통해 상주가 상복을 제거하지 않는 경우는 오직 중책을 전수한 본인이 조부 및 증조부의 상을 치르는 경우임을 알 수 있다. 만약 자식이 부친의 상을 치르거나 신하가 군주의 상을 치르고, 또 처가 남편의 상을 치르는 경우, 그들이 상복을 제거하지 않는다는 것은 굳이 말을 하지 않아도 자명한 사실이다."라고 했다. 노식은 "죽은 자의 자손은 모두 상복을 제거하지 않는다."라고 했고, 소망지[3]는 또 "오직 자식에 대한 경우이다."라고 했는데, 모두 옳은 해석이 아니니, 유울의 주장이 옳다.

訓纂 石渠禮論曰: 或問: "蕭太傅久而不葬, 唯主喪者不除. 今則或十年葬, 主喪者除否?" 答曰: "所謂主喪者, 獨謂子耳, 雖過期不葬, 于義不可以除. 以麻終月數者, 以其未葬除, 無文節, 故不變其服, 爲稍輕也. 已除喪服未葬者, 皆反服. 庶人爲國君亦如之."

번역 『석거예론』에서 말하길, 어떤 자가 "소태부는 오래도록 장례를 치르지 않았을 때, 오직 상을 주관하는 자만 상복을 제거하지 않는다고 했다. 현재 어떤 경우 10년 동안 장례를 치르지 않았다면, 상주는 상복을 제거해야 하는가?"라고 물었다. 대답하길, "상주라고 하는 자는 오직 자식만을 가리킬 따름이니, 비록 기간을 넘겼는데 장례를 치르지 않았더라도, 도의에 따르면 상복을 제거할 수 없다. 마(麻)로 개월 수를 채우는 자들은 아직 장례를 치르지 않았는데 상복을 제거하는 것에는 본래의 규정이 없기 때문에, 그 복장을 바꾸지 않으니, 좀 더 경감되기 때문이다. 이미 상복을 제거했지만 아직 장례를 치르지 않은 경우에는 모두 장례를 치를 때 다시 상복을 착용한다. 서인이 군주를 위해 상을 치를 때에도 또한 이처럼 한다."라

3) 소망지(蕭望之, B.C.109?~B.C. 47) : 전한(前漢) 때의 학자이다. 자(字)는 장천(長倩)이다.

고 했다.

訓纂 通典: 陳氏問劉世明曰: "注云'謂旁親', 不指言'衆子當除'也." 劉答云: "父得卑其庶子而降之, 庶子不得降其父也. 然則未葬而除, 自謂旁親得以麻終者耳."

번역 『통전』에서 말하길, 진씨는 유세명[4]에게 질문하여, "정현의 주에서는 '방계의 친족을 뜻한다.'라고 하여, '뭇 자식들 중 상복을 제거해야 하는 자'들을 지적하지 않았다."라고 했는데, 유세명은 "부친은 자신의 서자에 대해서 낮게 대하여 수위를 낮출 수 있지만, 서자는 자신의 부친에 대해서 수위를 낮출 수 없다. 그렇다면 아직 장례를 치르지 않고 상복을 제거하는 것은 방계의 친족들이 마(麻)로 된 것을 착용하고 정해진 기간을 채울 수 있음을 뜻할 따름이다."라고 했다.

集解 愚謂: 主喪者不除, 此主謂子爲父母, 適孫受重爲祖父母也. 然爲長子服斬, 亦宜在主喪不除之內, 未可以卑者之服槩之. 若臣爲君, 衆子爲父母, 則雖非主喪而不除者也. 祖爲正尊, 以"縞冠玄武, 子姓之冠"推之, 或亦俟葬而後除與. 經言"主喪者不除", 據其尤重者言之耳.

번역 내가 생각하기에, "상을 주관하는 자는 상복을 제거하지 않는다."라고 했는데, 여기에서 말하는 상주는 자식이 부모의 상을 치르고, 적손이 중책을 받아서 조부모의 상을 치르는 경우를 뜻한다. 그러나 장자의 상을 치를 때에는 참최복을 착용하므로, 또한 마땅히 상을 주관하는 자가 상복을 제거하지 않는 규정에 포함되지만, 낮은 자에 대한 상복으로 개괄할 수는 없다. 신하가 군주의 상을 치르거나 뭇 아들들이 부모의 상을 치르는 경우라면, 비록 상주가 아니더라도 상복을 제거하지 않는다. 조부모는 정통을 이어받은 존귀한 조상이니, "호관(縞冠)에 현무(玄武)를 다는 것은 손자

4) 유세명(劉世明, ?~A.D. 541) : 북위(北魏) 때의 관료이다. 자(字)는 백초(伯楚)이다.

가 쓰는 관(冠)이다."[5]라는 말을 통해 추론해보면, 아마도 장례를 치를 때까지 기다린 뒤에야 제거를 했을 것이다. 경문에서는 "상을 주관하는 자는 상복을 제거하지 않는다."라고 했는데, 이것은 막중한 책임을 가진 자에 기준을 두어 말한 것일 뿐이다.

5) 『예기』「옥조(玉藻)」【379a】: 縞冠玄武, 子姓之冠也. 縞冠素紕, 既祥之冠也.

• 제 44 절 •

상복(喪服) 규정-전계(箭笄)와 승구(繩屨)

【418a】

箭笄終喪三年，齊衰三月，與大功同者，繩屨.

직역 箭笄는 喪을 終하길 三年하고, 齊衰하고 三月함은 大功과 同한 者는 繩屨한다.

의역 아직 시집을 가지 않은 딸은 부친의 상에 대해, 전계(箭笄)를 꼽고서 삼년상을 치른다. 자최복을 착용하고 3개월 동안 복상하는 자는 대공복을 착용하고 9개월 동안 복상하는 자와 수위가 비슷하므로, 둘 모두 승구(繩屨)를 신는다.

集說 前章言齊衰惡笄以終喪，爲母也．此言箭笄三年，女子在室爲父也．箭，篠也．齊衰爲尊，大功爲卑．然三月者恩之輕，九月者恩稍重，故可以同用繩屨．此制禮者淺深之宜也．繩屨，麻繩爲屨也．

번역 앞 장에서는 자최복을 착용하는 여자는 악계(惡笄)를 꼽고 상을 끝낸다고 했는데,[1] 그것은 모친의 상을 치를 때이다. 이곳에서는 전계(箭笄)를 꼽고 삼년상을 치른다고 했는데, 딸 중 아직 시집을 가지 않은 여자가 부친의 상을 치르는 경우를 뜻한다. '전(箭)'자는 소(篠)라는 나무를 뜻한다. 자최복을 착용하는 경우는 존귀한 자이고, 대공복을 착용하는 경우는 낮은 자이다. 그러나 3개월을 치르는 것은 은정이 옅은 것이며, 9개월을 치르는 것은 은정이 보다 두터운 경우이다. 그렇기 때문에 둘 모두 승구(繩屨)를

---

1) 『예기』「상복소기」【407b】：齊衰，惡笄以終喪.

동일하게 신을 수 있다. 이것은 예법을 제정한 것이 깊이에 합당한 경우이다. '승구(繩屨)'는 마(麻)로 꼰 줄을 엮어서 신발로 만든 것이다.

鄭注 亦於喪所以自卷持者, 有除無變. 雖尊卑異, 於恩有可同也.

번역 이 또한 상(喪)에서 자신의 머리를 틀고 몸을 두르는 것들에 대해, 제거하는 방법만 있고, 바꾸는 방법이 없다는 뜻이다. 비록 신분의 차이가 있더라도, 은정에 있어서는 동일하게 할 수 있는 점이 있다.

孔疏 ●"箭笄終喪三年". ○正義曰: 此一經論婦人以箭笄終喪之事, 前云"惡笄以終喪", 是女子爲母也. 此云"箭笄終喪三年", 謂女子在室爲父也. 自卷持者, 有除無變也.

번역 ●經文: "箭笄終喪三年". ○이곳 경문은 여자가 전계(箭笄)를 하고 상을 끝내는 사안을 논의하고 있는데, 앞에서 "악계(惡笄)를 꼽고 상을 끝낸다."라고 한 말은 여자가 모친의 상을 치르는 경우이다. 이곳에서 "전계를 꼽고 상을 끝내길 3년 동안 한다."라고 한 말은 딸 중 아직 시집을 가지 않은 여자가 부친의 상을 치르는 경우이다. 자신의 머리를 틀고 몸을 두르는 것들에 대해서는 제거하는 방법만 있고, 바꾸는 방법은 없다

孔疏 ●"齊衰"至"繩屨". ○正義曰: 此一經論尊卑屨同之事.

번역 ●經文: "齊衰"~"繩屨". ○이곳 경문은 신분의 차이에도 불구하고 신발을 동일하게 신을 수 있는 사안을 논의하고 있다.

孔疏 ○大功以上, 同名重服, 故大功與齊衰三月, 可同繩屨, 謂以麻繩爲屨, 雖尊卑則異, 於恩有可同者. 齊衰爲尊, 大功爲卑, 而三月爲恩輕, 九月恩稍重, 制之在尊卑深淺之間. 禮法有常, 乘權而降, 在尊旣爲深, 故宜有異也, 所以衰服殊, 而爲恩情處爲淺深矣, 故有可同也, 所以同其末屨, 以表恩而不同也.

번역 ○대공복으로부터 그 이상의 상복은 동일하게 '중복(重服)'이라고 부를 수 있다. 그렇기 때문에 대공복을 착용하는 경우에는 참최복을 입고 3개월을 치르는 경우와 동일하게 승구를 신을 수 있으니, 마(麻)로 꼰 줄을 엮어서 만든 신발로, 비록 신분에 있어서는 차이가 나지만, 은정에 있어서는 동일하게 할 수 있음을 의미한다. 자최복을 착용하는 것은 존귀한 자이고, 대공복을 착용하는 것은 낮은 자이지만, 3개월 동안 복상하는 것은 은정이 낮고, 9개월 동안 복상하는 것은 은정이 보다 두터우니, 예법을 제정한 것이 신분과 은정의 사이에 놓여 있다. 예법에는 변함없는 도리가 있고, 권도에 따라서 낮추는 경우가 있는데, 존귀한 자에게 있어서, 그 은정이 이미 깊다면, 마땅히 차이를 두어야 하니, 상복이 차이를 보이는 이유이다. 그러나 은정에 따른 대처를 했기 때문에, 동일하게 할 수 있는 점이 있으니, 신체의 끝에 해당하는 신발에 대해서 동일하게 한 것이며, 이를 통해 은정에 차이가 있음을 드러낸 것이다.

集解 "箭笄終喪三年"句, 舊在"除喪則已"之下, 今詳文義, 宜在此. "惡笄"下, 各本俱無"帶"字, 據鄭氏註兼解笄·帶, 當有"帶"字明矣.

번역 '전계종상삼년(箭笄終喪三年)'이라는 구문은 이전 판본에는 '제상즉이(除喪則已)'라는 구문 뒤에 있었는데, 현재 문맥의 뜻을 자세히 살펴보니, 마땅히 '자최대악계이종상(齊衰帶惡笄以終喪)'이라는 구문 앞에 와야 한다. '악계(惡笄)'로부터 그 이하의 기록에 대해, 각 판본에는 모두 '대(帶)' 자가 없는데, 정현의 주에서 '계(笄)'와 '대(帶)'를 함께 풀이한 것에 근거해 보면, 마땅히 '대(帶)'자가 있어야 함이 분명하다.

集解 愚謂: 喪服傳註: "箭笄者, 篠笄也." 箭笄終喪三年, 此女子子在室爲父, 妻爲夫, 妾爲君之服也. 喪服傳云: "惡笄者, 櫛笄也." 檀弓"南宮縚之妻之姑之喪", "榛以爲笄." 豈櫛以榛木爲之, 以其木言之則曰"榛", 以其用言之則曰“櫛”與? 喪服記曰: “女子子適人者爲其父母, 婦爲舅姑, 惡笄有首以髽. 卒哭, 子折笄首以笄.” 又曰: “妾爲女君·君之長子, 惡笄有首.” 然則惡笄終喪者, 女子子在室, 父在爲母也, 婦爲舅姑也, 妾爲女君·君之長子也. 若女子子適人爲其父母, 卒哭折吉笄之首以笄, 則不以惡笄終喪矣. 惡笄終喪之服, 止於喪服記所言者, 則此外齊衰皆不以惡笄終喪矣. 婦人之帶, 有除無變, 斬衰至練而除之, 自齊衰以下皆終喪而除也.

번역 내가 생각하기에, 『의례』「상복(喪服)」편의 전문(傳文)에 대한 정현의 주에서는 “전계(箭笄)라는 것은 소계(篠笄)이다.”[2]라고 했다. 전계를 꼽고 삼년상을 마친다는 것은 딸 중 아직 시집을 가지 않은 여자가 부친의 상을 치르고, 처가 남편의 상을 치르며, 첩이 군주의 상을 치를 때의 상복 규정이다. 「상복」편의 전문에서는 “악계(惡笄)라는 것은 즐계(櫛笄)이다.”[3] 라고 했다. 『예기』「단궁(檀弓)」편에서는 “남궁도(南宮縚)의 아내에게 시어미의 상이 발생했다.”라고 했고, “개암나무로 비녀를 만들었다.”라고 했다.[4] 즐(櫛)은 진목(榛木)으로 만드는데, 어떻게 나무에 기준을 두고 말한다면 ‘진(榛)’이라고 부르고, 용도에 따라 부른다면 ‘즐(櫛)’이라고 한 것이겠는가? 「상복」편의 기문(記文)에서는 “딸자식 중 남에게 시집간 여자는 그녀의 부모에 대해서 상복을 착용하고, 며느리가 시부모를 위해서 상복을 착용할 때에는 악계를 이용하여 머리에 꼽아 좌(髽)의 방식으로 튼다. 졸곡을 하면, 자식은 비녀를 빼고, 다시 길(吉)할 때 사용하는 비녀를 이용해서 머리를 튼다.”[5]라고 했고, 또 “첩은 여군과 군의 장자를 위해서 상복을 입을 때, 악계로 머리를 튼다.”[6]라고 했다. 그렇다면 악계를 꼽고서 상을 끝내

2) 이 문장은 『의례』「상복(喪服)」편의 “布總, 箭笄, 髽, 衰, 三年.”이라는 기록에 대한 정현의 주이다.

3) 『의례』「상복(喪服)」: 傳曰, 笄有首者, 惡笄之有首也. 惡笄者, 櫛笄也.

4) 『예기』「단궁상(檀弓上)」【77a】: 南宮縚之妻之姑之喪, 夫子誨之髽, 曰: “爾毋從從爾! 爾毋扈扈爾! 蓋榛以爲笄, 長尺而總八寸.”

5) 『의례』「상복(喪服)」: 女子子適人者爲其父母, 婦爲舅姑, 惡笄有首以髽. 卒哭, 子折笄首以笄, 布總.

6) 『의례』「상복(喪服)」: 妾爲女君, 君之長子惡笄有首, 布總.

는 자는 딸자식 중 아직 시집을 가지 않은 여자가 부친이 생존해 계실 때, 돌아가신 모친을 위해서 하는 것이며, 며느리가 시부모를 위해서 하는 것이고, 첩이 여군과 군의 장자를 위해서 하는 것이다. 만약 딸자식이 남에게 시집을 간 경우, 그녀는 자신의 부모를 위해서 상을 치르며, 졸곡을 하면 길계(吉笄)를 빼고서, 다시 비녀를 이용해서 머리를 튼다면, 악계를 꼽고서 상을 끝내지 않는다. 악계를 꼽고서 상을 끝내는 복장 규정은 단지 「상복소기」편에서 언급한 경우에 그치니, 이 외에 자최복을 착용하는 경우에는 모두 악계를 꼽고서 상을 끝내지 않는다. 부인의 대(帶)는 제거하는 경우는 있지만 변경하는 경우는 없고, 참최복을 착용했을 때에는 소상을 지내게 되면 제거를 하고, 자최복으로부터 그 이하의 상복에서는 모두 상을 끝내고서 제거를 한다.

集解 愚謂: 繩屨, 繩麻屨也. 齊衰之服爲四等, 而其屨有三: 三年與杖期者疏屨, 不杖期者麻屨, 三月者繩屨. 大功亦繩屨, 蓋齊衰三月輕於齊期, 大功亦輕於齊期, 其差次畧相似, 故其屨同.

번역 내가 생각하기에, 승구는 승구(繩屨)와 마구(麻屨)를 뜻한다. 자최복을 착용하는 경우는 네 등급이 있지만, 그때 착용하는 신발에는 세 종류가 있다. 첫 번째는 삼년상을 치르거나 지팡이를 잡고 기년상을 치를 때 소구를 신고, 두 번째는 지팡이를 잡지 않는 기년상에서는 마구를 신으며, 3개월 동안 복상하는 경우에는 승구를 신는다. 대공복에도 승구를 신는 이유는 아마도 자최복을 입고 3개월 동안 복상하는 것은 자최복을 입고 기년상을 치르는 것에 비해 수위가 낮고, 대공복 또한 자최복을 입고 기년상을 치르는 것보다 낮은데, 그 차이가 대략 비슷하기 때문에, 신발이 동일한 것이다.

• 제45절 •

상례(喪禮) 규정-서일(筮日)과 서시(筮尸)

【418b】

練, 筮日筮尸視濯, 皆要絰杖繩屨, 有司告具而后去杖. 筮日筮尸, 有司告事畢而后杖拜送賓. 大祥吉服而筮尸.

직역 練에는 日을 筮하고 尸를 筮하며 濯을 視하며, 皆히 要絰하고 杖하며 繩屨하는데, 有司가 具를 告한 后에 杖을 去한다. 日을 筮하고 尸를 筮함에, 有司가 事가 畢함을 告한 后에 杖하고 拜하여 賓을 送한다. 大祥에는 吉服하고 尸를 筮한다.

의역 소상을 치르게 되면, 소상의 제사를 치르는 날과 그때 세우는 시동에 대해서 시초점을 치고, 제사에 사용될 제기들의 세척 상태를 살피며, 모든 경우에 요질(要絰)을 두르고 지팡이를 잡으며, 승구를 신지만, 유사가 모든 사안이 갖춰졌다고 아뢴 이후에는 지팡이를 제거하고, 그 일에 임한다. 제삿날과 시동에 대해서 점을 칠 때, 유사가 관련 사안이 끝냈다고 아뢴 이후에는 지팡이를 잡고 절을 하여 빈객을 전송한다. 대상 때에는 길복을 착용하고 시동에 대해서 점을 친다.

集說 練, 小祥也. 筮日, 筮祥祭之日也. 筮尸, 筮爲尸之人也. 視濯, 視祭器之滌濯也. 小祥除首絰, 而要之葛絰未除, 將欲小祥, 則預著此小祥之服以臨此三事, 不言衰與冠者, 則亦必同小祥之制矣. 有司, 謂執事者. 向者變服猶杖, 今執事者告三事辦具, 將欲臨事, 故孝子卽去杖而致敬. 此三事者, 惟筮日筮尸有賓來, 今執事者告筮占之事畢, 則孝子復執杖以拜送於賓. 視濯無賓, 故不言. 至大祥時, 則吉服行事矣. 吉服, 朝服也. 不言筮日視濯, 與小祥同可知也.

번역 '연(練)'은 소상을 뜻한다. '서일(筮日)'은 소상을 치르는 제삿날에 대해서 시초점을 친다는 뜻이다. '서시(筮尸)'는 시동으로 삼을 자에 대해서 시초점을 친다는 뜻이다. '시탁(視濯)'은 제기를 세척하는 일들을 살펴본다는 뜻이다. 소상을 치르며 수질(首絰)을 제거하지만, 허리에는 갈(葛)로 된 질(絰)을 차고 제거하지 않으니, 소상을 치르고자 한다면, 미리 이러한 소상 때의 복장을 착용하고서 앞서 말한 세 가지 사안에 임하는데, 상복과 관(冠)에 대해서 말하지 않았다면, 이때의 복장 또한 반드시 소상 때의 제도와 동일하게 했던 것이다. '유사(有司)'는 실무를 맡아보는 자이다. 이전에는 복장을 변경했지만 여전히 지팡이를 잡고 있었는데, 현재는 일을 맡아보는 자가 세 가지 사안이 모두 갖춰졌다고 알리면, 장차 그 사안에 임하고자 하기 때문에, 자식은 곧 지팡이를 제거하고, 공경함을 지극히 나타낸다. 여기에서 말한 세 가지 사안 중 제삿날과 시동에 대해서 시초점을 칠 때에만, 빈객이 찾아오는 경우가 있으니, 현재 일을 맡아보는 자가 시초점을 치는 일이 모두 끝났다고 아뢰면, 자식은 다시 지팡이를 잡고서 절을 하여 빈객을 전송한다. 제기를 세척하는 일을 살펴볼 때에는 빈객이 찾아오는 일이 없기 때문에, 언급하지 않은 것이다. 대상을 치를 때가 되면, 길복을 착용하고서 해당 사안을 치른다. '길복(吉服)'은 조복(朝服)을 뜻한다. 제삿날에 대해서 점을 치거나 제기를 세척하는 일을 언급하지 않았으니, 소상 때와 동일하게 함을 알 수 있다.

大全 朱子曰: 古者喪服, 始死至終喪, 漸漸變去, 不似今人服滿頓除便衣華采.

번역 주자가 말하길, 고대의 상복 제도에 있어서는 어떤 자가 이제 막 죽었을 때부터 상을 끝낼 때까지, 점진적으로 바꿔갔으니, 오늘날의 사람들이 갑작스럽게 제거를 하고 곧바로 화려한 복장을 입는 것과는 다르다.

鄭注 臨事去杖, 敬也. 濯, 謂漑祭器也. 凡變除者, 必服其吉服以卽祭事, 不以凶臨吉也. 間傳曰: "大祥素縞麻衣."

번역 일에 임하여 지팡이를 제거하는 것은 공경스러운 태도에 해당한다. '탁(濯)'자는 제기를 세척한다는 뜻이다. 무릇 상복을 제거한 경우에는 반드시 길복을 착용하고서 제사에 임하니, 흉복으로 길사에 임할 수 없기 때문이다. 『예기』「간전(間傳)」편에서는 "대상 때에는 소호와 마의를 착용한다."[1]라고 했다.

釋文 濯, 大角反. 漑, 故代反. 縞, 古老反.

번역 '濯'자는 '大(대)'자와 '角(각)'자의 반절음이다. '漑'자는 '故(고)'자와 '代(대)'자의 반절음이다. '縞'자는 '古(고)'자와 '老(로)'자의 반절음이다.

孔疏 ●"練筮"至"筮尸". ○正義曰: 此一經論練祥筮日筮尸之時, 所著衣服也. 練爲小祥也.

번역 ●經文: "練筮"~"筮尸". ○이곳 문단은 소상과 대상에서 제삿날을 점치고 시동에 대해서 점을 칠 때, 착용하는 의복에 대해서 논의하고 있다. '연(練)'은 소상을 뜻한다.

孔疏 ●"筮日", 謂筮占小祥之日, "筮尸", 亦筮占小祥之尸.

번역 ●經文: "筮日". ○소상을 치르는 날에 대해서 시초점을 친다는 뜻이며, '서시(筮尸)' 또한 소상 때의 시동에 대해서 시초점을 친다는 뜻이다.

孔疏 ●"視濯"者, 謂視小祥之祭器. 祭器須潔, 而視其洗濯也.

번역 ●經文: "視濯". ○소상 때 사용하는 제기를 살펴본다는 뜻이다. 제기는 세척을 해야 하므로, 세척한 상태를 살펴보는 것이다.

---

1) 『예기』「간전(間傳)」【668a】: 又期而大祥素縞麻衣. 中月而禫禫而纖, 無所不佩.

孔疏 ●"皆要絰 · 杖 · 繩屨"者, 爲喪至小祥, 男子除首絰, 唯有要絰, 而病尙深, 故猶有杖, 屨是末服, 又變爲繩麻. 將欲小祥, 前日豫筮其日, 而占於尸, 及視濯器, 則豫著小祥之服, 以臨此三事也. 所以然者, 此前三事悉是爲祭, 祭欲吉, 故豫服也. 不言"衰與冠"者, 亦同小祥矣.

번역 ●經文: "皆要絰 · 杖 · 繩屨". ○상을 치르며 소상 때에 이르게 되면, 남자는 수질(首絰)을 제거하고, 요질(要絰)만 남겨두지만, 상으로 인한 몹시 쇠약해진 상태이기 때문에, 여전히 지팡이를 잡게 되며, 신발은 끝부분에 있는 복장이므로, 또한 마(麻)의 줄로 엮은 신발로 바꾼다. 소상을 치르려고 하기 때문에, 그 전에 날짜에 대해서 시초점을 치고, 시동에 대해서 점을 치며, 제기의 세척 상태를 살펴보게 되니, 미리 소상 때의 복장을 착용하고서, 이러한 세 가지 사안에 임한다. 이처럼 하는 이유는 앞서 이 세 가지 사안들은 제사를 지내기 위한 일들이며, 제사는 길한 시기로 접어들려고 치르는 것이기 때문에, 미리 그 복장을 착용한다. 상복과 관(冠)에 대해서 언급하지 않았으니, 소상 때의 복장과 동일하게 하는 것이다.

孔疏 ●"有司告具而后去杖"者, 有司謂執事者. 曏者變服猶杖, 今執事之人旣告三事辦具, 將欲臨事, 故孝子便去杖, 亦敬生故也.

번역 ●經文: "有司告具而后去杖". ○유사(有司)는 실무를 맡아보는 자이다. 이전에는 복장을 변경했지만 여전히 지팡이를 잡고 있었는데, 현재 실무를 맡아보던 사람이 이 세 가지 사안이 모두 갖춰졌다고 아뢰게 되면, 장차 그 일에 임하려고 하기 때문에, 자식은 곧 지팡이를 제거하니, 이 또한 살아계실 때처럼 공경을 나타내기 때문이다.

孔疏 ●"筮日 · 筮尸, 有司告事畢, 而后杖, 拜送賓"者, "筮日與尸", 二事皆有賓來, 曏當臨事時去杖, 今若執事之人告筮占之事已畢, 則孝子更執杖, 以拜送於賓矣. 不言"視濯"者, 視濯輕而無賓, 故不言也.

번역 ●經文: "筮日 · 筮尸, 有司告事畢, 而后杖, 拜送賓". ○"제삿날과

시동에 대해서 시초점을 친다."라고 했는데, 이 두 가지 사안에는 모두 빈객이 찾아올 수도 있으니, 이전에 일을 임할 때에는 지팡이를 제거했지만, 현재 실무를 맡아보고 있던 자가 시초점 치는 일이 이미 끝났다고 아뢰면, 자식은 다시 지팡이를 잡고서, 절을 하여 빈객을 전송한다. "세척한 것을 살펴본다."라는 것을 언급하지 않았는데, 세척한 제기를 살펴보는 일은 상대적으로 덜 중요하고, 빈객이 찾아올 일이 없기 때문에, 언급하지 않은 것이다.

孔疏 ●"大祥吉服而筮尸"者, 吉服, 朝服也. 大祥之日, 縞冠朝服. 今將欲祥, 亦於前日豫服大祥之服, 以臨筮日及筮尸·視濯, 今唯云"尸", 不言"日"及"濯"者, 從小祥可知也. 大祥則幷去絰·杖·繩屨, 故不云杖·絰·屨.

번역 ●經文: "大祥吉服而筮尸". ○'길복(吉服)'은 조복(朝服)을 뜻한다. 대상을 치르는 날에는 호관에 조복을 착용한다. 현재는 대상을 치르려고 하니, 또한 그 전에 미리 대상 때의 복장을 착용하고, 날짜와 시동에 대해서 점치며, 세척한 제기를 살펴보는 일에 임하는데, 현재 이곳에서는 오직 시동에 대해서만 말하고, 제삿날과 세척한 제기에 대해서 언급하지 않았다. 따라서 소상 때처럼 따르게 됨을 알 수 있다. 대상을 치르게 되면, 질(絰)·지팡이·승구를 모두 제거한다. 그렇기 때문에 지팡이·질·신발에 대해서 언급하지 않은 것이다.

孔疏 ◎注"凡變"至"麻衣". ○正義曰: "凡變除者, 必服其吉服, 以即祭事, 不以凶臨吉也"者, 下云"大祥, 朝服縞冠", 是祥祭之時, 唯著朝服. 此筮尸又在祥祭前已著吉服, 不以凶臨吉故也. 引閒傳者, 以大祥之後著素縞麻衣, 此云"吉服", 則非祥後之服, 是朝服也. 故引以證之[2].

---

2) '지(之)'자에 대하여. '지'자는 본래 없던 글자인데, 완원(阮元)의 『교감기(校勘記)』에서는 "혜동(惠棟)의 『교송본(校宋本)』에는 '지'자가 있고, 위씨(衛氏)의 『집설(集說)』에도 있다. 따라서 이곳 판본에는 '지'자가 누락된 것이며, 『민본(閩本)』·『감본(監本)』·『모본(毛本)』도 동일하게 누락되었다."라

번역 ◎鄭注: "凡變"~"麻衣". ○정현이 "무릇 상복을 제거한 경우에는 반드시 길복을 착용하고서 제사에 임하니, 흉복으로 길사에 임할 수 없기 때문이다."라고 했는데, 아래문장에서는 "대상을 치를 때에는 조복에 호관을 착용한다."[3]라고 했으니, 대상을 치르는 시기에는 오직 조복만 착용하게 됨을 나타낸다. 이곳에서 시동에 대해서 시초점을 친다고 했는데, 그 일 또한 대상의 제사 이전에 하게 되므로, 미리 길복을 착용하니, 흉복을 착용하고서 길사에 임할 수 없기 때문이다. 정현이 『예기』「간전(間傳)」편의 내용을 인용했는데, 대상을 치른 이후에는 소호에 마의를 착용하기 때문이며, 이곳에서 '길복'이라고 했다면, 이것은 대상 이후에 착용하는 복장이 아니니, 조복에 해당한다. 그렇기 때문에 이 내용을 인용하여 증명한 것이다.

集解 愚謂: 筮而去杖, 敬著筮也. 喪大記曰: "聽卜有事於尸, 則去杖." 視濯去杖, 敬祭事也. 視濯, 主人卽位於堂下, 練祭, 杖不入於門, 故於視濯先去之. 筮日·筮尸·視濯皆有賓, 事畢皆拜送於門外, 此云"筮日·筮尸, 告事畢, 而後杖拜送賓", 不言"視濯"者, 蓋自此至祭畢然後杖, 其視濯畢送賓時不杖也. 孔疏謂"視濯輕, 無賓, 故不言", 非也. 特牲禮前祭之夕, "兄弟·賓及衆賓從主人卽位於堂下, 主人升自西階視壺濯及豆·籩", "事畢, 賓出, 主人拜送." 此吉祭視濯有賓, 則練·祥視濯有賓必矣.

번역 내가 생각하기에, 시초점을 치고 지팡이를 제거하는 것은 시초에 대해서 공경을 나타내기 때문이다. 『예기』「상대기(喪大記)」편에서는 "점을 치고 시동에 대해 할 일이 있다면, 지팡이를 제거한다."[4]라고 했다. 세척

고 했다.

3) 『예기』「상복소기」【422c】: 除殤之喪者, 其祭也必玄. 除成喪者, 其祭也<u>朝服縞冠</u>.

4) 『예기』「상대기(喪大記)」【531b】: 君之喪, 三日, 子夫人杖, 五日旣殯, 授大夫世婦杖. 子大夫寢門之外杖, 寢門之內輯之. 夫人世婦在其次則杖, 卽位則使人執之. 子有王命則去杖, 國君之命則輯杖, <u>聽卜有事於尸則去杖</u>. 大夫於君所則輯杖, 於大夫所則杖.

한 제기를 살피고 지팡이를 제거하는 것은 제사에 대해서 공경을 나타내기 때문이다. 세척한 제기를 살필 때, 상주는 곧 당하의 자리로 나아가고, 소상의 제사를 지내게 되면, 지팡이를 짚고서 문으로 들어가지 않는다. 그렇기 때문에 세척한 제기를 살피기 이전에 지팡이를 제거하는 것이다. 제삿날을 점치고 시동에 대해서 점치며 세척한 제기를 살필 때에는 모두 빈객이 찾아올 수 있는데, 그 일이 끝나면 모든 경우에 문밖에서 절을 하며 전송을 한다. 그런데 이곳에서는 "제삿날에 대해서 점치고, 시동에 대해서 점칠 때, 그 일이 끝났다고 아뢴 뒤에야 지팡이를 잡고서 절을 하여 빈객을 전송한다."라고 말하여, 세척한 제기를 살피는 일에 대해서는 언급하지 않았다. 그 이유는 이 시기부터 제사가 끝날 때까지 지팡이를 제거하고, 모두 끝난 뒤에야 지팡이를 잡게 되는데, 세척한 제기를 살피는 일이 끝난 뒤에 빈객을 전송할 때에는 지팡이를 잡지 않기 때문이다. 공영달의 소(疏)에서는 "세척한 제기를 살피는 일은 상대적으로 덜 중요하고, 빈객이 찾아올 일이 없기 때문에, 언급하지 않았다."라고 했는데, 잘못된 주장이다. 『의례』「특생궤식례(特牲饋食禮)」편에서는 제사 전날 저녁에 "형제와 빈객 및 빈객 무리들은 주인을 따라서 당하의 자리로 나아가고, 주인은 서쪽 계단을 통해 올라가서 호(壺) 및 두(豆)와 변(籩) 등의 세척 상태를 확인한다."[5]라고 했고, "그 일이 끝나면, 빈객들은 밖으로 나가니, 주인은 절을 하며 전송한다."[6]라고 했다. 이것은 길제를 치를 때, 세척한 제기를 살피는 시기에도 빈객이 있었다는 사실을 나타내니, 소상과 대상을 치를 때, 세척한 제기를 살펴보는 시기에도 반드시 빈객이 있었을 것이다.

5) 『의례』「특생궤식례(特牲饋食禮)」: 主人揖, 入. 兄弟從, 賓及衆賓從, 卽位于堂下, 如外位. 宗人升自西階, 視壺濯, 及豆·籩, 反降, 東北面告濯具.

6) 『의례』「특생궤식례(特牲饋食禮)」: 告事畢. 賓出, 主人拜送.

그림 45-1 ■ 호(壺)

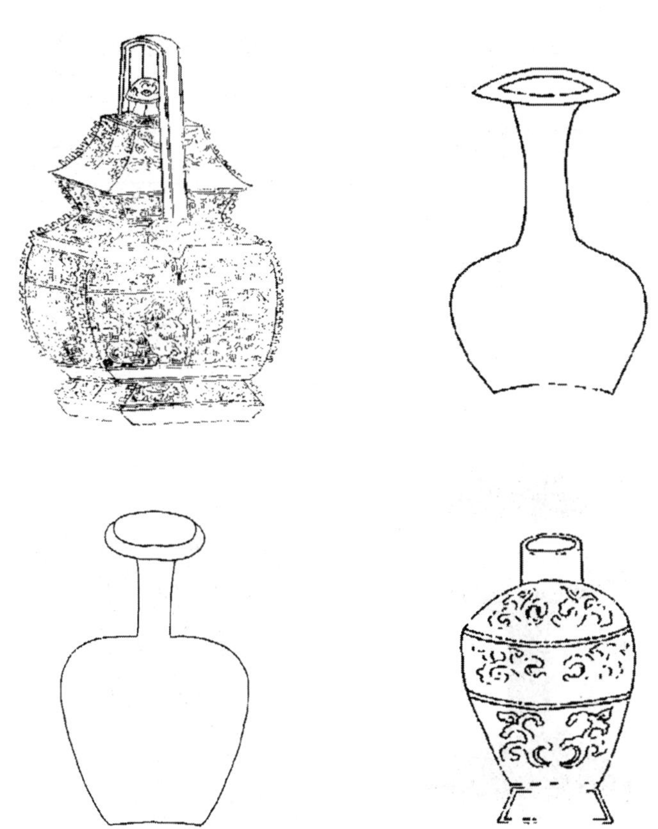

※ **출처:** 상좌-『삼재도회(三才圖會)』「기용(器用)」 1권 ; 상우-『삼례도집주(三禮圖集注)』 5권
하좌-『삼례도(三禮圖)』 4권 ; 하우-『육경도(六經圖)』 6권

그림 45-2 ▣ 두(豆)

※ **출처:** 상좌-『육경도(六經圖)』 6권; 상우-『삼례도(三禮圖)』 4권
하좌-『삼례도집주(三禮圖集注)』 13권; 하우-『삼재도회(三才圖會)』「기용(器用)」 1권

그림 45-3 ▣ 변(籩)

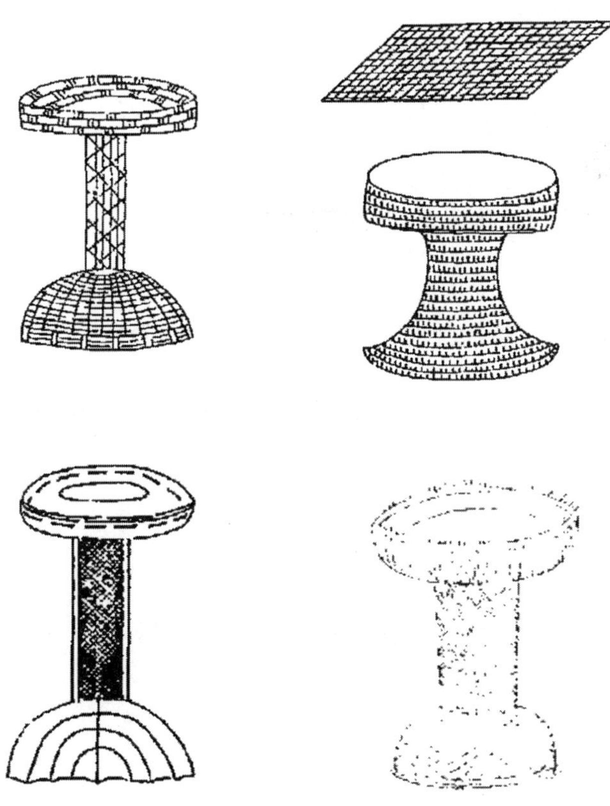

※ **출처:** 상좌-『삼례도집주(三禮圖集注)』 13권 ; 상우-『삼례도(三禮圖)』 4권
하좌-『육경도(六經圖)』 6권 ; 하우-『삼재도회(三才圖會)』「기용(器用)」 2권

• 제46절 •

상례(喪禮) 규정-서자(庶子)

【418c】

庶子在父之室, 則爲其母不禫.

직역 庶子가 父의 室에 在하면, 그 母를 爲하여 不禫한다.

의역 서자가 부친의 곁에 살 경우라면, 생모에 대한 장례를 치를 때 담제를 지내지 않는다.

集說 此言不命之士父子同宮者.

번역 이 내용은 명(命)의 등급을 받지 못한 사 계급에 대한 것으로, 부친과 자식이 같은 건물에 거주하는 경우를 뜻한다.

鄭注 妾子父在厭也.

번역 첩의 자식은 부친이 생존해 계실 때 모친에 대해서 수위를 낮추기 때문이다.

孔疏 ●"庶子"至"可也". ○正義曰: 此一節論庶子父在應杖及不應杖之節.

번역 ●經文: "庶子"~"可也". ○이곳 경문은 서자가 부친이 생존해 계실 때에는 마땅히 지팡이를 잡아야 하는 규범과 지팡이를 잡지 않아야 하는 규범을 논의하고 있다.

孔疏 ●"庶子在父之室, 則爲其母不禫"者, 此謂不命之士, 父子同宮者也. 若異宮則禫之, 如下言則亦猶杖也. 禫爲服外, 故微奪之可.

번역 ●經文: "庶子在父之室, 則爲其母不禫". ○이 내용은 명(命)의 등급을 받지 못한 사 계급에 대한 것으로, 부친과 자식이 같은 건물에 거주하는 경우이다. 만약 다른 건물에 거주하는 경우라면, 담제를 지내니, 아래문장에서 말한 것과 같다면, 이때에도 또한 지팡이를 잡는다. 담제는 상복을 제거하기 위해 지내기 때문에, 담제를 생략하더라도 괜찮다.

集解 愚謂: 士爲妾之有子者緦, 是未嘗厭其妾也. 不禫者, 爲近父屈也.

번역 내가 생각하기에, 사는 첩이 낳은 자식에 대해서 시마복을 착용하니, 이것은 일찍이 첩에 대해서 염강을 하지 않았다는 사실을 나타낸다. 담제를 지내지 않는 것은 부친과 가까이 있어서 굽히기 때문이다.

集解 喪服有厭有屈: 所爲服者見厭謂之厭, 服之者自抑謂之屈. 喪服大功章"公之庶昆弟"·"爲母·妻·昆弟", 傳曰: "何以大功也? 先君餘尊之所厭不得過大功也." 此厭之說也. 齊衰杖期章"父在爲母", 傳曰: "何以期也? 屈也." 此屈之說也. 蓋子與父同有服, 而父於所爲服者以尊, 故或降之, 或絶之者, 則其子亦降之絶之, 謂死者爲尊者所厭而不得伸也. 屈則異於是. 有父之所服, 未嘗以尊厭之, 而子自屈於父者, 若父在爲母期, 是也. 有父於死者無服, 非父尊之所厭, 而子自屈於父者, 若公子不服妻之父母, 是也. 其餘以此推之可見矣.

번역 『의례』「상복(喪服)」편의 기록에는 수위를 낮추는 경우가 있고, 굽히는 경우가 있다. 상복을 입게 만든 대상이 낮춰지게 되어 낮추는 것을 '염(厭)'이라고 부르고, 상복을 착용하는 자 스스로 낮추는 것을 '굴(屈)'이라고 부른다. 「상복」편의 '대공장(大功章)'에는 "공의 서곤제가 된다."라고 했고, "모친·처·곤제를 위해서 착용한다."라고 했는데,[1] 전문(傳文)에서

---

1) 『의례』「상복(喪服)」: 公之庶昆弟·大夫之庶子爲母·妻·昆弟.

는 "어째서 대공복인가? 선군의 직계 친족 이외에 대해서는 낮추게 되므로 대공복을 넘어갈 수 없다."[2]라고 했다. 이것이 바로 염(厭)에 대한 설명이다. 또 '자최장기장(齊衰杖期章)'에서는 "부친이 생존해 계실 때 모친을 위해서 착용한다."[3]라고 했고, 전문에서는 "어째서 기년복인가? 굽히기 때문이다."[4]라고 했다. 이것이 바로 굴(屈)에 대한 설명이다. 무릇 자식과 부친은 동일하게 상복을 착용해야 하는 경우가 있지만, 부친은 상복을 착용하게 만든 자보다 존귀하기 때문에, 낮추거나 없애는 경우가 있으니, 자식 또한 낮추거나 없애는 것으로, 죽은 자가 그보다 존귀한 자에 의해 수위가 낮아지게 되어, 자신의 뜻을 모두 펼칠 수 없다는 뜻이다. 굽히는 것은 이와는 다르다. 부친이 상복을 착용해야 하는 대상에 대해서, 일찍이 자신의 존귀함으로 상대방에 대한 수위를 낮추지 않았는데, 자식이 제 스스로 부친보다 굽히는 경우가 있으니, 마치 부친이 생존해 계실 때 모친을 위해서 기년상을 치르는 경우와 같다. 또 부친은 죽은 자에 대해서 상복관계가 없어서, 부친의 존귀함으로 인해 낮추게 되는 경우가 아니지만, 자식이 제 스스로 부친보다 낮추는 경우가 있으니, 마치 공자가 처의 부모에 대해서 상복을 착용하지 않는 경우와 같다. 나머지 경우도 이러한 규정을 통해 추론해보면 알 수 있다.

【418d】

庶子不以杖卽位.

직역 庶子는 杖으로써 位에 卽함을 不한다.

의역 서자는 지팡이를 짚고서 곡(哭)하는 자리로 나아가지 않는다.

---

2) 『의례』「상복(喪服)」: 傳曰, 何以大功也? 先君餘尊之所厭, 不得過大功也.
3) 『의례』「상복(喪服)」: 父在爲母.
4) 『의례』「상복(喪服)」: 傳曰, 何以期也? 屈也. 至尊在, 不敢伸其私尊也.

集說 此言適庶俱有父母之喪者, 適子得執杖進阼階哭位, 庶子至中門外則去之矣.

번역 이 내용은 적자와 서자에게 모두 부모의 상이 발생한 경우, 적자는 지팡이를 짚고서 동쪽 계단으로 나아가 곡(哭)을 하는 위치에 서게 되는데, 서자는 중문 밖에 도달하면, 지팡이를 제거한다는 뜻이다.

鄭注 下適子也. 位, 朝夕哭位也.

번역 적자보다 낮추기 때문이다. '위(位)'는 아침저녁으로 곡(哭)하는 위치이다.

釋文 下適, 戶嫁反. 適, 丁歷反.

번역 '下適'에서의 '下'자는 '戶(호)'자와 '嫁(가)'자의 반절음이다. '適'자는 '丁(정)'자와 '歷(력)'자의 반절음이다.

孔疏 ●"庶子不以杖卽位"者, 謂適·庶俱有父母之喪也, 適子得執杖進阼階哭位, 庶子至中門外而去之, 以下於適子也. 然此承前而云杖, 則似庶子不禫亦不杖, 如賀言也.

번역 ●經文: "庶子不以杖卽位". ○적자와 서자에게 모두 부모의 상이 있을 경우, 적자는 지팡이를 잡고 동쪽 계단으로 나아가서 곡(哭)하는 위치에 서지만, 서자는 중문 밖에 도달하면, 지팡이를 제거한다는 뜻이니, 적자보다 낮추기 때문이다. 그런데 이곳 문장은 앞에서 말한 내용과 연이어 있고, 지팡이에 대해서 언급을 했다면, 마치 서자가 담제를 지내지 않을 때에는 또한 지팡이도 잡지 않는다는 뜻처럼 되는데, 이것은 하창의 주장이다.

集解 愚謂: 喪不二主, 適子爲喪主者杖, 則庶子不以杖卽位, 避正主也.

번역 내가 생각하기에, 상에서는 두 명의 상주가 있을 수 없고, 적자가 상주가 되어 지팡이를 잡았다면, 서자는 지팡이를 들고서 자리로 나아갈 수 없으니, 정식 상주의 예법을 피하기 위해서이다.

【418d】

父不主庶子之喪, 則孫以杖卽位可也.

직역 父가 庶子의 喪에 不主하면, 孫이 杖으로써 位에 卽함은 可하다.

의역 부친이 서자의 상을 주관하지 않는다면, 서자의 아들이 지팡이를 잡고서 곡(哭)하는 자리로 나아가는 것은 괜찮다.

集說 父主適子喪而有杖, 故適子之子不得以杖卽位, 避祖之尊故然, 非厭之也. 今父旣不主庶子之喪, 故庶子之子得以杖卽位, 祖不厭孫, 孫得伸也. 父皆厭子, 故舅主適婦喪, 而適子不杖. 大夫不服賤妾, 故妾子亦以厭而降服以服其母. 祖雖尊貴, 不厭其孫, 故大夫降庶子, 而孫不降其父也.

번역 부친은 적자의 상을 주관하며 지팡이를 잡게 된다. 그렇기 때문에 적자의 자식은 지팡이를 들고서 자리로 나아갈 수 없으니, 조부의 존귀함을 피하기 위해서 이처럼 하는 것으로, 수위를 낮추는 경우는 아니다. 현재 부친이 이미 서자의 상을 주관하지 않는다고 했기 때문에, 서자의 자식은 지팡이를 들고서 자리로 나아갈 수 있으니, 조부는 손자에 대해서 수위를 낮추지 않아서, 손자가 예법대로 펼 수 있었던 것이다. 부친은 모든 경우에 자식에 대해서는 수위를 낮춘다. 그렇기 때문에 시아비가 적부의 상을 주관하여, 적자는 지팡이를 들지 않는 것이다. 대부는 천첩에 대해서 상복을 착용하지 않는다. 그렇기 때문에 첩의 자식 또한 수위를 낮추기 때문에 상복의 단계를 내려서 그의 생모에 대해서 복상을 한다. 조부는 비록 존귀한 자이지만, 손자에 대해서 수위를 낮추지 않기 때문에, 대부는 서자에 대해서 수위를 낮추지만, 손자는 그의 부친에 대해서 낮추지 않는 것이다.

鄭注 祖不厭孫, 孫得伸也.

번역 조부는 손자에 대해서 수위를 낮추지 않아서, 손자는 예법대로 펼칠 수 있다.

釋文 伸音申.

번역 '伸'자의 음은 '申(신)'이다.

孔疏 ●"父不主庶子之喪, 則孫以杖卽位可也"者, 父主適子喪而有杖, 故適子子不得以杖卽位, 以辟祖故耳, 非厭也. 今此父不主庶子喪, 故庶子子則得杖卽位也. 祖不厭孫, 孫得伸也. 父皆厭子, 故舅主適婦喪而適子不杖, 大夫不服賤妾, 妾子亦厭而降服, 以服其母也. 至於祖雖尊貴, 而並不厭孫, 故大夫降庶子, 爲其孫不降其父也. 庾云: "謂雜記上: 爲長子杖, 則其子不以杖卽位. 鄭注: '辟尊者.' 按祖不厭孫, 而長子之子不以杖卽位者, 以祖爲其父主, 故辟尊, 不敢俱以杖卽位耳, 猶如庶子之子亦非厭也. 父不爲庶子主, 故其子以杖卽位可也."

번역 ●經文: "父不主庶子之喪, 則孫以杖卽位可也". ○부친이 적자의 상을 주관하여 지팡이를 들기 때문에, 적자의 자식은 지팡이를 들고서 곡(哭)하는 자리로 나아갈 수 없으니, 조부의 예법을 피하기 때문일 뿐이며, 수위를 낮추는 경우는 아니다. 현재 이곳 문장에서는 부친이 서자의 상을 주관하지 않는다고 했기 때문에, 서자의 자식은 지팡이를 들고서 곡하는 자리로 나아갈 수 있다. 조부는 손자에 대해서 수위를 낮추지 않아서, 손자는 예법대로 펼칠 수 있다. 부친은 모든 경우 자식에 대해서 수위를 낮춘다. 그렇기 때문에 시아비는 적부의 상을 주관하여, 적자는 지팡이를 잡지 않는 것이고, 대부는 천첩에 대해서 상복을 착용하지 않으니, 첩의 자식 또한 수위를 낮춰서 상복의 단계를 내려, 그의 모친에 대해서 복상한다. 조부에 있어서 비록 그가 존귀한 대상이지만, 모든 경우에 손자에 대해서 수위를 낮추지 않는다. 그렇기 때문에 대부는 서자에 대해서 낮추지만, 그의 손자는 그의 부친에 대해서 수위를 낮추지 않는 것이다. 유울은 "『예기』「잡기상(雜記上)」편에서 장자의 상을 치르며 지팡이를 잡는다면, 그 자식은 지팡이를 잡고서 자리로 나아가지 않는다고 했고,[5] 정현의 주에서 '존귀한 자에 대한 예법을 피하기 위해서이다.'라고 한 뜻에 해당한다. 살펴보니 조부는 손자에 대해서 수위를 낮추지 않지만, 장자의 아들이 지팡이를 들고 자리로 나아갈 수 없는 것은 조부가 자기 부친의 상을 주관하기 때문에, 존귀한 자에 대한 예법을 피하여, 감히 지팡이까지 갖춰서 자리로 나아갈 수 없기 때문이니, 서자의 자식 또한 수위를 낮추지 않았던 경우와 같다. 부친은 서자의 상을 주관하지 않기 때문에, 그의 자식이 지팡이를 들고서 자리로 나아가는 것은 괜찮다."라고 했다.

集解 父主適子之喪而杖, 則其子不以杖卽位, 亦喪不二主也. 父不主庶子之喪, 則其子爲喪主, 故得以杖卽位.

번역 부친이 적자의 상을 주관하여 지팡이를 잡게 되면, 적자의 자식은 지팡이를 들고서 자리로 나아갈 수 없으니, 이 또한 상에는 두 명의 상주가 있을 수 없기 때문이다. 부친이 서자의 상을 주관하지 않으면, 그의 자식은 상주가 되기 때문에, 지팡이를 들고서 자리로 나아갈 수 있다.

集解 鄭註此條云"祖不厭孫, 孫得伸也", 又註"姑在爲夫杖"云"姑不厭婦", 皆非也. 喪之杖·不杖, 以杖卽位·不以杖卽位, 皆不由於厭不厭也. 若謂庶子之子得以杖卽位爲祖不厭孫, 則於適子之子又何以反厭之?

---

5) 『예기』「잡기상(雜記上)」【498b】: 爲長子杖, 則其子不以杖卽位.

번역 이곳 조항에 대한 정현의 주에서는 "조부는 손자에 대해서 수위를 낮추지 않아서, 손자가 예법대로 펼칠 수 있다."라고 했고, "시어미가 생존해 계실 때 남편을 위한 상을 치를 때 지팡이를 잡는다."[6]라는 기록에 대한 주에서는 "시어미는 며느리에 대해서 수위를 낮추지 않는다."라고 했는데, 이 모두는 잘못된 주장이다. 상을 치르며 지팡이를 잡거나 잡지 않는 것은 지팡이를 짚고서 자리로 나아가느냐 나아가지 않느냐는 차이이니, 수위를 낮추거나 낮추지 않느냐에 따른 것이 아니다. 만약 서자의 자식이 지팡이를 들고서 자리로 나아갈 수 있는 것이 조부가 손자에 대해서 수위를 낮추지 않는 뜻이라고 한다면, 적자의 자식에 대해서 어찌 반대로 수위를 낮춘단 말인가?

【419a】

父在, 庶子爲妻, 以杖卽位可也.

직역 父가 在에, 庶子가 妻를 爲하여, 杖으로써 位에 卽함은 可하다.

의역 부친이 생존해 계실 때, 서자가 자기 처의 상을 주관하게 되면, 지팡이를 잡고 자리로 나아가는 것은 괜찮다.

集說 舅主適婦, 故適子不得杖. 舅不主庶婦, 故庶子爲妻可以杖卽位. 此以卽位言者, 蓋庶子厭於父母, 雖有杖不得持以卽位, 故明言之也.

번역 시아비는 적자의 아내에 대한 상을 주관하기 때문에, 적자는 지팡이를 잡을 수 없다. 시아비는 서자의 아내에 대해서 상을 주관하지 않기 때문에, 서자는 자신의 처를 위해서 지팡이를 잡고 자리로 나아갈 수 있다.

---

6) 『예기』「상복소기」【421d】: 婦人不爲主而杖者, 姑在爲夫杖. 母爲長子削杖. 女子子在室爲父母, 其主喪者不杖, 則子一人杖.

여기에서 자리로 나아간다고 한 말은 아마도 서자는 부모에 대해서 수위를 낮추게 되어, 비록 지팡이를 잡지만, 그것을 짚고서 자리로 나아갈 수 없는 경우가 있기 때문에, 명시한 것이다.

鄭注 舅不主妾之喪, 子得伸也.

번역 시아비는 첩의 상을 주관하지 않으니, 자식은 예법대로 펼칠 수 있다.

孔疏 ●"父在, 庶子爲妻以杖卽位可也"者, 此謂庶子也. 父不主其妻, 故其子得爲妻以杖卽位也. 雜記云"爲妻, 父母在不杖", 亦是庶子. 而云"不杖"者, 亦謂同宮者也. 又喪服注云: "爲其妻以杖卽位, 謂庶子也." 舅主適婦, 則適子不得杖, 舅不主庶婦, 故庶子爲妻可以杖卽位. 謂父主妻喪, 故主適婦, 所以適子不杖也, 明主適婦猶於主妻故也. 父旣不主妾喪, 故不主庶婦, 所以庶子得杖. 庶子得杖, 由於父不主妾故也. 若妻次子旣非正嗣, 故亦同妾子之限也. 或問者云: "但以杖自足, 何須言卽位? 言卽位, 如似適婦之喪, 長子亦得有杖, 祇不得卽位耳." 答曰: "庶子爲父母厭, 下於適子, 雖有杖, 不得持卽位. 今嫌爲妻亦得杖, 而不卽位, 故明之也."

번역 ●經文: "父在, 庶子爲妻以杖卽位可也". ○이 내용은 서자에 대한 경우이다. 부친은 그의 처에 대해서 상을 주관하지 않기 때문에, 그 자식은 처를 위해서 지팡이를 잡고 곡하는 자리로 나아갈 수 있다. 『예기』「잡기(雜記)」편에서는 "처를 위해서 상을 치를 때, 부모가 생존해 계시다면 지팡이를 잡지 않는다."[7]라고 했는데, 이 또한 서자에 대한 내용이다. 그런데 여기에서는 "지팡이를 잡지 않는다."라고 했으니, 이 또한 같은 건물에 거주하는 경우를 뜻한다. 또 『의례』「상복(喪服)」편에 대한 정현의 주에서는 "그의 처를 위해서 지팡이를 잡고 자리로 나아가는 것은 서자에 대한 경우이다."[8]

---

7) 『예기』「잡기상(雜記上)」【498b】: 爲妻, 父母在不杖不稽顙.

8) 이 문장은 『의례』「상복(喪服)」편의 "妻. 傳曰, 爲妻何以期也? 妻至親也."라

라고 했다. 시아비가 적자의 아내 상을 주관하면, 적자는 지팡이를 잡을 수 없는데, 시아비는 서자의 아내 상을 주관하지 않기 때문에, 서자가 자신의 처를 위해서 지팡이를 잡고 자리로 나아갈 수 있다. 즉 부친이 처의 상을 주관하기 때문에, 적부의 상을 주관하여, 적자가 지팡이를 잡지 않는 것으로, 적부의 상을 주관하는 것은 처의 상을 주관하는 경우와 같기 때문임을 나타낸다. 부친이 이미 첩의 상을 주관하지 않기 때문에, 서자의 아내 상도 주관하지 않으니, 서자가 지팡이를 잡을 수 있는 것이다. 서자는 지팡이를 잡을 수 있는데, 이것은 부친이 첩의 상을 주관하지 않는 규정에서 비롯된 것이다. 만약 처의 차자인 경우라면, 이미 정통 계승자가 아니기 때문에, 또한 첩의 자식에 대한 규정 제한과 동일하게 따른다. 혹자는 "단지 지팡이를 든다는 것만으로도 충분한데, 어찌 자리로 나아간다는 말을 할 필요가 있는가? 자리로 나아간다고 했다면, 마치 적부의 상과 유사한 것처럼 되어, 장자 또한 지팡이를 들 수 있는 경우에는 지팡이를 들고 자리로 나아갈 수 없다는 것일 뿐임을 뜻하는가?"라고 물었다. 대답해보자면, "서자는 부모의 상에 대해서 수위를 낮추니, 적자보다 낮추기 때문으로, 비록 지팡이를 들지만, 그것을 가지고 자리로 나아갈 수 없다. 현재는 처를 위해서도 또한 지팡이를 들 수 있지만, 자리로만 나아갈 수 없다고 오해할 것을 염려했기 때문에 명시한 것이다."라는 뜻이다.

集解 父主適婦之喪, 適子爲妻不杖, 爲其疑於喪主也. 父不主庶婦之喪, 則其子自主之, 故得以杖卽位.

번역 부친은 적부의 상을 주관하니, 적자는 처를 위해서 지팡이를 잡지 않는데, 이것은 상주로 오해될 수도 있기 때문이다. 부친이 서부의 상을 주관하지 않는다면, 그 자식은 직접 상을 주관하게 된다. 그렇기 때문에 지팡이를 잡고 자리로 나아갈 수 있다.

는 기록에 대한 정현의 주이다.

• 제 47 절 •

상례(喪禮) 규정-제후의 조문

【419a】

諸侯弔於異國之臣, 則其君爲主.

직역 諸侯가 異國의 臣에게 弔하면, 그 君이 主를 爲한다.

의역 제후가 다른 나라의 신하에게 조문을 하게 되면, 신하의 임금이 상주를 맡는다.

集說 君無弔外臣之禮, 若來在此國而適遇其卿大夫之喪則弔之, 以主君之故耳, 故主君代其臣之子爲主.

번역 군주에게는 외신에게 조문하는 예법이 없지만, 만약 군주가 이 나라에 찾아와 머물고 있는데, 때마침 그 나라의 경이나 대부의 상이 발생하면, 조문을 하니, 찾아간 나라의 군주 때문에 하는 것일 뿐이다. 그렇기 때문에 그 나라의 군주는 죽은 신하의 자식을 대신하여 상주를 맡는다.

大全 嚴陵方氏曰: 諸侯弔異國之臣, 則其君爲主者, 賓主欲其位相敵故也.

번역 엄릉방씨가 말하길, 제후가 다른 나라의 신하에게 조문을 하면, 그 나라의 군주가 상주를 맡는다. 그 이유는 빈객과 상주는 그 지위를 서로 대등하게 맞추고자 하기 때문이다.

鄭注 君爲之主, 弔臣, 恩爲己也. 子不敢當主, 中庭北面哭, 不拜.

번역 군주가 신하의 상주를 맡고, 신하에게 조문을 하는 것은 그 은정이 자신을 위한 것이기 때문이다. 자식은 상주의 역할을 감당할 수 없으니, 중정에서 북쪽을 바라보며 곡하고, 절은 하지 않는다.

孔疏 ●"諸侯"至"錫衰". ○正義曰: 此一節明諸侯弔喪衣服之節.

번역 ●經文: "諸侯"~"錫衰". ○이곳 문단은 제후가 상에 조문을 하며 착용하는 의복의 규범을 나타내고 있다.

孔疏 ●"弔於異國之臣, 則其君爲主"者, 君無弔他臣之禮, 若來在此國, 遇主國之臣喪時, 爲彼君之故而弔, 故主國君代其臣之子爲主.

번역 ●經文: "弔於異國之臣, 則其君爲主". ○군주는 다른 나라의 신하에 대해서 조문하는 예법이 없지만, 만약 군주가 찾아와서 이 나라에 머물고 있는데, 때마침 찾아간 나라의 신하 상을 만나게 되었다면, 찾아간 나라의 군주를 위하기 때문에 조문을 하는 것이다. 그래서 그 나라의 군주는 자신의 신하 아들을 대신해서 상주가 된다.

孔疏 ◎注"君爲"至"不拜". ○正義曰: 云"子不敢當主, 中庭北面哭, 不拜"者, 按士喪禮: "君弔, 主人出迎于門外, 見馬首, 入門右北面, 君升, 主人中庭, 拜稽顙, 成踊." 彼爲主人爲主, 故中庭拜. 今鄰國君弔, 君爲之主拜賓, 則主人中庭北面哭, 不拜. 曾子問稱"季桓子之喪, 衛君來弔, 魯君爲主, 季康子立於門右北面, 拜而後稽顙", 故譏其喪有二主, 當唯哭·踊而已, 是於禮不拜也.

번역 ◎鄭注: "君爲"~"不拜". ○정현이 "자식은 상주의 역할을 감당할 수 없어서, 중정에서 북쪽을 바라보며 곡을 하지만 절은 하지 않는다."라고 했는데, 『의례』「사상례(士喪禮)」편을 살펴보면, "군주가 조문을 오면, 상주는 밖으로 나가서 문밖에서 맞이하며, 말의 머리가 보이면, 문으로 들어와서 우측에서 북쪽을 바라보고, 군주가 당(堂)으로 오르면, 상주는 중정에서,

절을 하며 머리를 조아리고, 용(踊)을 한다."[1]라고 했다. 「사상례」편의 내용은 상주가 상주의 역할을 맡은 것이기 때문에, 중정에서 절을 한 것이다. 현재는 이웃 나라의 제후가 찾아와서 조문을 하여, 자신의 군주가 신하를 대신하여 상주를 맡아 빈객으로 찾아온 상대방 군주에게 절을 했으니, 본래의 상주는 중정에서 북쪽을 바라보며 곡은 하되 절은 하지 않는 것이다. 『예기』「증자문(曾子問)」편에서는 "계환자(季桓子)의 상(喪)이 발생했는데, 위(衛)나라 군주가 찾아와서 조문을 하여, 노나라 군주가 상주를 했고, 계강자는 문의 우측에 서서 북쪽을 바라보고, 절을 한 뒤에 이마를 조아렸다."[2]라고 했다. 그러므로 상에 두 명의 상주가 생긴 것이라고 기롱한 것이니, 마땅히 곡과 용만 해야 할 따름이므로, 이것은 예법에 따라 절을 하지 않는다는 사실을 나타낸다.

【419b】

諸侯弔必皮弁錫衰, 所弔雖已葬, 主人必免. 主人未喪服, 則君亦不錫衰.

직역 諸侯가 弔함에는 必히 皮弁하고 錫衰하며, 弔한 所가 雖히 已히 葬이라도, 主人은 必히 免한다. 主人이 喪服을 未라면, 君은 亦히 錫衰를 不한다.

의역 제후가 신하에게 조문을 할 때에는 반드시 피변에 석최를 하며, 조문을

1) 『의례』「사상례(士喪禮)」: 君若有賜焉, 則視斂. 既布衣, 君至. 主人出迎于外門外, 見馬首不哭, 還入門右, 北面, 及衆主人袒. 巫止于廟門外, 祝代之. 小臣二人執戈先, 二人後. 君釋采, 入門. 主人辟. 君升自阼階, 西鄕. 祝負墉, 南面. 主人中庭. 君哭. 主人哭拜稽顙, 成踊, 出.

2) 『예기』「증자문(曾子問)」【233c~d】: 喪之二孤, 則昔者, 衛靈公, 適魯, 遭季桓子之喪. 衛君請弔, 哀公辭, 不得命. 公爲主, 客入弔, 康子立於門右, 北面, 公揖讓, 升自東階, 西鄕, 客升自西階, 弔. 公拜興哭, 康子拜稽顙於位, 有司弗辯也. 今之二孤, 自季康子之過也.

간 집에서 비록 이미 장례를 치른 뒤라 하더라도, 상주는 반드시 면(免)을 한다. 상주가 아직 성복을 하지 않았다면, 제후 또한 석최를 착용하지 않는다.

集說 錫者, 治其布使之滑易也. 國君自弔其臣, 則素弁環絰錫衰; 弔異國臣, 則皮弁錫衰也. 凡免之節, 大功以上爲重服, 自始死至葬, 卒哭後, 乃不復免; 小功以下爲輕服, 自始死至殯, 殯後不復免, 至葬啓殯之後而免, 以至卒哭如始死. 今人君來弔, 雖非服免之時, 必爲之免, 以尊重人君故也. 禮"既殯而成服." 此言未喪服, 謂未成服也.

번역 '석(錫)'이라는 것은 포(布)를 다듬어서 매끄럽게 만든 것이다. 제후가 직접 자신의 신하에게 조문을 하게 되면, 소변에 환질을 두르고 석최를 착용하며, 다른 나라의 신하에게 조문을 한다면, 피변[3]에 석최를 착용한다. 면(免)을 하는 절차에 있어서, 대공복으로부터 그 이상의 상복은 무거운 상복으로 여기고, 어떤 자가 이제 막 죽었을 때로부터 장례를 치를 때까지 하며, 졸곡을 끝낸 뒤에는 곧 재차 면(免)을 하지 않는다. 소공복으로부터 그 이하의 상복은 가벼운 상복으로 여기며, 이제 막 죽었을 때로부터 빈소를 차릴 때까지 하고, 빈소를 차린 뒤에는 다시 면(免)을 하지 않고, 장례를 치르게 되어, 가매장했던 빈소를 열게 된 이후에는 면(免)을 하여, 졸곡 때까지 하니, 어떤 자가 이제 막 죽었을 때처럼 하는 것이다. 현재 군주가 찾아와서 조문을 했는데, 비록 그 시기가 면(免)을 하는 시기가 아니더라도, 반드시 그를 위해 면(免)을 하니, 군주를 존중하기 때문이다. 예법에서는 "빈소를 차리고서 성복을 한다."라고 했는데, 이곳에서는 아직 상복을 입지 않았다고 했다. 이것은 아직 성복을 하지 않았다는 뜻이다.

鄭注 必免者, 尊人君, 爲之變也. 未喪服, 未成服也. 既殯成服.

---

3) 피변(皮弁)은 고대에 사용되었던 관(冠)의 한 종류이다. 백색 사슴의 가죽으로 만든 모자이다. 한편 관(冠)에 따른 의복까지 포함한 의미로 사용되기도 한다. 『주례』「하관(夏官)·변사(弁師)」편에는 "王之皮弁, 會五采玉璂, 象邸, 玉笄."라는 기록이 있다.

번역 반드시 면(免)을 하는 것은 군주를 존숭하여, 그로 인해 복장을 바꾸는 것이다. '미상복(未喪服)'은 아직 성복을 하지 않았다는 뜻이다. 빈소를 차린 뒤에 성복을 한다.

孔疏 ●"諸侯弔, 必皮弁錫衰"者, 此有二種: 一云此句因前而發, 弔必皮弁錫衰, 謂弔異國臣也; 若自弔己臣, 則素弁環絰錫衰也, 故鄭注: "國君於其臣弁絰, 他國之臣皮弁." 一云此亦爲自弔己臣而未當事, 則皮弁錫衰, 至當事乃弁絰耳, 檀弓已論.

번역 ●經文: "諸侯弔, 必皮弁錫衰". ○이 문장은 두 가지로 해석이 된다. 첫 번째는 이 구문은 앞의 내용에 따라서 기술된 것이니, 조문할 때 반드시 피변에 석최를 한다는 것은 다른 나라의 신하에게 조문하는 경우를 뜻한다. 만약 자기의 신하에게 조문을 하는 경우라면, 소변에 환질을 두르고 석최를 착용한다. 그렇기 때문에 정현의 주에서는 "제후는 자신의 신하에 대해서 변질을 두르고, 다른 나라의 신하에 대해서 피변을 쓴다."라고 한 것이다. 다른 하나는 이 또한 직접 자기 신하에게 조문을 하지만, 아직 그 사안에 임하지 않았다면, 피변에 석최를 착용하고, 해당 사안에 임하게 된다면, 변질을 두른다는 뜻일 뿐이니, 『예기』「단궁(檀弓)」편에서 이미 논의했다.

孔疏 ●"所弔雖已葬, 主人必免"者, 此承上也, 謂諸侯來弔, 主人必爲之重禮: 凡五服, 自大功以上爲重, 重服爲免之節, 自始死至葬卒哭後, 乃不復免也. 小功以下爲輕, 輕服爲免之節, 自始死至殯, 殯後不復免, 至葬啓殯之後而免, 以至卒哭, 如始死. 今若人君來弔, 雖非服免時, 必爲免, 以尊重人君故也. 而此云"主人必免", 謂大功以上也. 小功以下則不然也. 何以知然? 下云: "親者皆免." 注云: "大功以上." 故知之.

번역 ●經文: "所弔雖已葬, 主人必免". ○이것은 앞 내용과 연결되어 있으니, 제후가 찾아와서 조문을 한 경우를 뜻하는데, 상주는 반드시 그를 위해 중대한 예법을 시행한다. 무릇 오복(五服)에 있어서, 대공복으로부터 그 이상의 상복은 무거운 상복이 되고, 무거운 상복을 착용했을 때 면(免)을 하는 절차는 어떤 자가 이제 막 죽었을 때로부터 장례를 치러서 졸곡을 할 때까지이니, 그 이후가 되면, 재차 면(免)을 하지 않는다. 소공복으로부터 그 이하의 상복은 가벼운 상복이 되니, 가벼운 상복을 착용했을 때 면(免)을 하는 절차는 어떤 자가 이제 막 죽었을 때로부터 빈소를 차릴 때까지이니, 빈소를 차린 뒤에는 다시 면(免)을 하지 않고, 장례를 치르게 되어 가매장했던 영구를 열게 된 이후에는 면(免)을 하고, 졸곡을 할 때까지 하니, 이제 막 죽었을 때처럼 하는 것이다. 현재 만약 군주가 찾아와서 조문을 한다면, 비록 면(免)을 하는 때가 아니더라도, 반드시 면(免)을 하니, 군주를 존숭하기 때문이다. 그리고 이곳 문장에서 "상주는 반드시 면(免)을 한다."라고 했는데, 이것은 대공복으로부터 그 이상의 경우를 뜻한다. 소공복으로부터 그 이하의 경우라면, 이처럼 하지 않는다. 어떻게 이러한 사실을 알 수 있는가? 아래문장에서 "친족은 모두 면(免)을 한다."[4]라고 했는데, 정현의 주에서는 "대공복으로부터 그 이상의 경우이다."라고 했기 때문에, 이러한 사실을 알 수 있다.

孔疏 ◎注"必免"至"成服". ○正義曰: "未喪服, 未成服也"者, 以經云"未喪服", 嫌謂未括髮·未散麻帶絰之屬, 故云"未成服". 云"旣殯成服"者, 士喪禮: "旣殯三日成服." 是殯後乃成服也.

번역 ◎鄭注: "必免"~"成服". ○정현이 "'미상복(未喪服)'은 아직 성복을 하지 않았다는 뜻이다."라고 했는데, 경문에서는 '미상복(未喪服)'이라고 하여, 이것이 아직 괄발을 하지 않고, 마(麻)로 만든 대(帶)와 질(絰)의 끝을 아직 늘어트리지 않는다는 절차로 오해할 것을 염려했기 때문에, "아직 성복을 하지 않았다는 뜻이다."라고 한 것이다. 정현이 "빈소를 차리고

---

4) 『예기』「상복소기」【422c】: 君弔雖不當免時也, 主人必免, 不散麻. 雖異國之君, 免也, 親者皆免.

나면 성복을 한다."라고 했는데, 『의례』「사상례(士喪禮)」편에서는 "빈소를 차리고서 3일 뒤에 성복을 한다."[5]라고 했으니, 이 말은 빈소를 차린 뒤에는 곧 성복을 하게 됨을 나타낸다.

訓纂 射慈喪服圖: 天王弔三公及三孤, 弁絰錫衰; 弔六卿, 弁絰錫衰; 弔大夫, 弁絰疑衰; 弔士, 弁絰緦衰; 弔畿內諸侯, 弁絰緦衰.

번역 사자의 『상복도』에서 말하길, 천자가 삼공(三公)[6] 및 삼고(三孤)[7]에게 조문을 하게 되면, 변질에 석최를 착용한다. 육경(六卿)[8]에게 조문하

---

5) 『의례』「사상례(士喪禮)」: 三日成服杖. 拜君命及衆賓, 不拜棺中之賜.

6) 삼공(三公)은 중앙정부의 가장 높은 관직자 3명을 합쳐서 부르는 말이다. '삼공'에 속한 관직명에 대해서는 각 시대별로 차이가 있다. 『사기(史記)』「은본기(殷本紀)」편에는 "以西伯昌, 九侯, 鄂侯, 爲三公."이라는 기록이 있다. 즉 은나라 때에는 서백(西伯)인 창(昌), 구후(九侯), 악후(鄂侯)들을 '삼공'으로 삼았다. 또한 주(周)나라 때에는 태사(太師), 태부(太傅), 태보(太保)를 '삼공'으로 삼았다. 『서』「주서(周書)·주관(周官)」편에는 "立太師·太傅·太保, 茲惟三公, 論道經邦, 燮理陰陽."이라는 기록이 있다. 한편 『한서(漢書)』「백관공경표서(百官公卿表序)」에 따르면 사마(司馬), 사도(司徒), 사공(司空)을 '삼공'으로 삼았다는 기록이 있다.

7) 삼고(三孤)는 소사(少師)·소부(少傅)·소보(少保)를 가리킨다. 삼공(三公)을 보좌하는 역할이었지만, '삼공'에게 배속되었던 것은 아니다. '삼고'는 일종의 특별직으로, 그들의 신분은 '삼공'보다 낮지만, 육경(六卿)보다는 높았다. 한편 '삼고'와 '육경'을 합쳐서 '구경(九卿)'으로 보는 견해도 있다. 『서』「주서(周書)·주관(周官)」편에는 "少師·少傅·少保曰三孤."라는 기록이 있고, 이에 대한 공안국(孔安國)의 전(傳)에서는 "此三官名曰三孤. 孤, 特也. 言卑於公, 尊於卿, 特置此三者."라고 풀이했다.

8) 육경(六卿)은 여섯 명의 경(卿)을 가리키는데, 주로 여섯 명의 주요 관직자들을 뜻한다. 각 시대마다 해당하는 관직명과 담당하는 영역에는 차이가 있었다. 『서』「하서(夏書)·감서(甘誓)」편에는 "大戰于甘, 乃召六卿."이라는 기록이 있고, 이에 대한 공안국(孔安國)의 전(傳)에서는 "天子六軍, 其將皆命卿."이라고 풀이했다. 즉 천자는 6개의 군(軍)을 소유하고 있는데, 각 군의 장수를 '경(卿)'으로 임명하였기 때문에, 이들 육군(六軍)의 수장을 '육경'이라고 부른다는 뜻이다. 이 기록에 따르면 하(夏)나라 때에는 육군의 장수를 '육경'으로 불렀다는 결론이 도출된다. 한편 『주례(周禮)』의 체제에 따르면, 주(周)나라에서는 여섯 개의 관부를 설치하였고, 이들 관부의 수장을 '경'으

게 되면, 변질에 석최를 착용한다. 대부에게 조문하게 되면, 변질에 의최를 착용한다. 사에게 조문하게 되면, 변질에 시최를 착용한다. 기내에 있는 제후에게 조문을 하게 되면, 변질에 시최를 착용한다.

集解 愚謂: 皮弁錫衰, 諸侯弔其卿大夫及大夫自相弔之服也. 皮弁, 卽弁絰也. 周禮弁師: "王之皮弁, 會五采玉璂, 象邸. 王之弁絰, 弁而加環絰." 上言"皮弁"而下但言"弁", 蒙上之辭也, 則其爲一物可知, 但弔弁無飾耳. 不言"君弔"而曰"諸侯弔"者, 蒙上"弔異國之臣", 見與弔其臣之服同也. 凡喪, 小斂而免, 至成服則不免; 將葬, 旣啓而免, 旣葬變葛則不免. 所弔雖已葬, 主人必免者, 尊人君, 特爲之變也. 已葬必免, 則葬前可知. 主人未成服時括髮, 此但免而不括髮, 又所以異於未成服之前也. 下文云"親者皆免", 則自大功以上皆免, 此但言"主人"者, 擧其重者言之也. 未喪服, 謂未成服也. 君不錫衰, 則皮弁襲裘也. 若未小斂, 則吉服.

번역 내가 생각하기에, 피변에 석최를 하는 것은 제후가 자신의 경과 대부에게 조문을 하거나 대부들끼리 서로 조문을 할 때 착용하는 복장이다. '피변(皮弁)'은 곧 변질(弁絰)을 뜻한다. 『주례』「변사(弁師)」편에서는 "천자의 피변은 다섯 가지 채색의 장식용 옥을 모아서 만들고, 상아로 바닥을 만든다. 천자의 변질은 변을 만들어서 환질을 두른 것이다."[9]라고 했다. 앞에서는 '피변(皮弁)'이라고 했는데, 그 뒤에서는 단지 '변(弁)'이라고만 말한 것은 앞 문장과 연결시켜서 한 말이기 때문이니, 동일한 사물임을 알 수 있다. 다만 조문을 할 때의 변(弁)에는 장식이 없을 따름이다. "군주가 조문

로 임명하였다. 따라서 천관(天官)의 총재(冢宰), 지관(地官)의 사도(司徒), 춘관(春官)의 종백(宗伯), 하관(夏官)의 사마(司馬), 추관(秋官)의 사구(司寇), 동관(冬官)의 사공(司空)이 '육경'에 해당한다. 『한서(漢書)·백관공경표상(百官公卿表上)』편에는 "夏殷亡聞焉, 周官則備矣. 天官冢宰, 地官司徒, 春官宗伯, 夏官司馬, 秋官司寇, 冬官司空, 是爲六卿, 各有徒屬職分, 用於百事." 라는 기록이 있다.

9) 『주례』「하관(夏官)·변사(弁師)」: 王之皮弁, 會五采玉璂, 象邸, 玉笄. 王之弁絰, 弁而加環絰.

한다."라고 말하지 않고, "제후가 조문한다."라고 말한 것은 앞 문장에서 "다른 나라의 신하에게 조문한다."라는 말에 따라, 자신의 신하에게 조문하는 복장과 동일함을 나타냈기 때문이다. 무릇 상을 치를 때, 소렴을 하면 면(免)을 하고, 성복을 하게 되면 면(免)을 하지 않는다. 장례를 치르려고 할 때, 가매장했던 빈소를 열게 되면 면(免)을 하고, 장례를 치러서 갈(葛)로 만든 것으로 바꾸게 된다면, 면(免)을 하지 않는다. 조문하는 대상이 비록 이미 장례를 치른 상태인데도, 상주가 반드시 면(免)을 하는 것은 군주를 존귀하게 여겨, 특별히 복식을 바꾼 것이다. 이미 장례를 치렀는데도 반드시 면(免)을 했다면, 장례를 치르기 이전에도 어떻게 해야 하는지 알 수 있다. 상주가 아직 성복을 하지 않았을 때에는 괄발을 하는데, 이러한 경우에는 단지 면(免)만 하고 괄발을 하지 않으니, 또한 성복을 하기 이전과 차이를 두기 위해서이다. 아래문장에서는 "친족들은 모두 면(免)을 한다."라고 했으니, 대공복으로부터 그 이상의 관계에 있는 자들은 모두 면(免)을 한다. 그런데 이곳에서는 단지 '상주'에 대해서만 언급했는데, 그 이유는 중책을 맡은 자를 기준으로 언급했기 때문이다. '미상복(未喪服)'은 아직 성복을 하지 않았다는 뜻이다. 군주가 석최를 착용하지 않는다면, 피변에 갓옷을 습(襲)하게 된다. 만약 소렴을 하기 이전이라면, 길복을 착용한다.

集解 陸氏佃曰: 凡諸侯弔, 皆皮弁錫衰, 言"必"者, 著諸侯弔無內外皆如此.

번역 육전이 말하길, 제후가 조문을 할 경우에는 모두 피변에 석최를 착용한다. 그런데 이곳에서 '반드시'라고 말한 것은 제후가 조문을 할 때, 내외의 신하에 따른 차별이 없이 모두 이처럼 한다는 사실을 나타낸 것이다.

集解 愚謂: 免者, 未成服之飾也. 成服以後, 啓殯以前, 悉無免法, 親疏皆然. 孔氏謂"重服爲免之節, 自始死至卒哭", 非是.

번역 내가 생각하기에, '면(免)'이라는 것은 아직 성복을 하지 않았을 때 하는 규범이다. 성복을 한 이후로부터 가매장한 빈소를 열기 이전까지는 모든 경우에 면(免)을 하는 예법이 없으니, 친족의 친소 관계에 상관없이 모두 이처럼 한다. 공영달은 "중복의 경우 면(免)을 하는 절차는 어떤 자가 이제 막 죽었을 때로부터 졸곡을 할 때까지이다."라고 했으니, 이것은 잘못된 주장이다.

그림 47-1 ■ 피변(皮弁)

※ 출처: 『삼례도집주(三禮圖集注)』 1권

• 제48절 •

상복(喪服) 규정-변례(變禮) Ⅲ

【419c】

養有疾者不喪服, 遂以主其喪. 非養者入主人之喪, 則不易己之喪服. 養尊者必易服, 養卑者否.

직역 疾이 有한 者를 養하면 喪服을 不하고, 遂히 이로써 그 喪을 主한다. 養者가 非이나 入하여 人의 喪을 主하면, 己의 喪服을 不易한다. 尊者를 養하면 必히 服을 易하고, 卑者를 養하면 否한다.

의역 친족 중 가까운 친족이 없는데 병에 걸린 자가 있어서, 본인이 그를 봉양하게 되면, 자신이 본래 입고 있던 상복을 벗고 봉양을 한다. 그리고 그 자가 죽게 되면, 봉양했던 인연에 따라 그의 상을 주관한다. 그를 봉양했던 자가 아니지만, 그가 죽은 뒤에, 그 집에 찾아와서 그의 상을 주관하게 된다면, 자신이 본래 입고 있던 상복을 바꾸거나 제거하지 않는다. 부친이나 형 항렬의 존귀한 자를 봉양하는 경우에는 반드시 복장을 바꾸지만, 자식이나 동생 항렬의 낮은 자를 봉양하는 경우에는 바꾸지 않는다.

集說 親屬無近親而遇疾者, 己往養之而身有喪服, 則釋去其服, 惡其凶也. 故云養有疾者不喪服. 若此疾者遂死, 既無主後, 己既養之, 當遂主其喪, 蓋養者於死者有親也. 然亦不著己之喪服, 故云遂以主其喪. 非養者入主人之喪, 謂疾時不曾釋服來致其養, 今死乃入來主其喪, 則亦不易去己之喪服也. 尊, 謂父兄. 卑, 謂子弟.

번역 친족 중에 가까운 친족이 없고, 질병에 걸린 자가 있어서, 자신이 찾아가서 봉양을 하였는데, 본인이 상복을 착용한 상태라면, 상복을 제거하니, 흉사를 싫어하기 때문이다. 그래서 "질병에 걸린 자를 봉양하는 자는 상복을 입지 않는다."라고 말한 것이다. 만약 질병에 걸린 자가 결국 죽게 된다면, 이미 상주를 맡을 후사가 없는 상태이고, 자신이 이미 그를 돌봤으므로, 마땅히 그 일에 따라서 그 상까지도 주관하니, 봉양을 한 자는 죽은 자에 대해서 친족 관계가 성립되기 때문이다. 그러나 이러한 경우에도 본인이 본래 입고 있었던 상복을 입지 않는다. 그렇기 때문에 "결국 그 일로 인해 그 상을 주관한다."라고 말한 것이다. "병자를 돌본 자가 아니지만, 그 집에 들어가서 남의 상을 주관한다."라고 했는데, 어떤 자가 질병에 걸렸을 때, 일찍이 상복을 벗고서 찾아와 그를 봉양하지 못했지만, 현재 그 자가 죽어서 곧 그 집에 찾아와서 그 상을 주관한다는 뜻이니, 이때에는 또한 자신의 상복을 바꾸거나 제거하지 않는다. '존(尊)'은 부친이나 형을 뜻한다. '비(卑)'는 자식이나 동생을 뜻한다.

鄭注 不喪服, 求生主吉, 惡其凶也. 遂以主其喪, 謂養者有親也, 死則當爲之主. 其爲主之服, 如素無喪服. 入, 猶來也. 謂養者無親於死者, 不得爲主, 其有親來爲主者, 素有喪服而來爲主, 與素無服者異. 素無服, 素有服, 爲今死者當服, 則皆三日成也. 尊, 謂父兄, 卑, 謂子弟之屬.

번역 상복을 착용하지 않는 것은 살아나기를 원할 때에는 길한 것을 위주로 하며, 흉한 것을 싫어하기 때문이다. "결국 그로 인해 그 상을 주관한다."는 말은 봉양을 했던 자에게 친족관계가 형성되어서, 돌보던 자가 죽게 되면, 마땅히 그를 위해 상주가 되어야 한다는 뜻이다. 그가 상주가 되었을 때 착용하는 복장은 본래 상복을 입고 있지 않았을 때처럼 착용한다. '입(入)'자는 "찾아왔다[來]."는 뜻이다. 즉 봉양했던 자는 죽은 자와 친족 관계가 없어서, 그의 상주가 될 수 없을 때, 그와 친족 관계에 속한 자가 찾아와서 상주가 된 경우를 뜻하니, 본래 상복을 입고 있었던 자가 찾아와서 상주가 된 자는 본래 상복을 착용하지 않았던 자와는 경우가 다르다. 본래 상복을 착용하지 않았던 자와 본래 상복을 착용하고 있었던 자가 현재 죽은 자를 위해서 복상을 해야 한다면, 모두 3일 뒤에 성복을 한다. '존(尊)'은 부친이나 형 등을 뜻하고, '비(卑)'는 자식이나 동생 등을 뜻한다.

釋文 養, 羊尙反. 惡, 烏路反.

번역 '養'자는 '羊(양)'자와 '尙(상)'자의 반절음이다. '惡'자는 '烏(오)'자와 '路(로)'자의 반절음이다.

孔疏 ●"養有"至"者否". ○正義曰: 此一節論自有喪服親族有疾患者養之法, 各依文解之.

번역 ●經文: "養有"~"者否". ○이곳 문단은 본인은 상복을 착용하고 있는데, 친족 중 질병이 든 자가 있어서 그를 봉양하는 법도를 논의하고 있으니, 각각의 문장에 따라서 풀이하겠다.

孔疏 ●"養有疾"者, 謂養此親屬有疾者, 不喪服, 爲已先有喪服, 養疾之時, 不著已之喪服, 求生主吉, 惡其凶故也.

번역 ●經文: "養有疾". ○친족 중에 질병이 든 자를 봉양한다는 뜻으로, 상복을 착용하지 않는 것은 자신에게 그 이전에 상복을 착용해야 하는 일이 있었는데, 병자를 봉양해야 할 때에는 자신이 입고 있던 상복을 착용하지 않으니, 살아나기를 구할 때에는 길한 것을 위주로 하고, 흉한 것을 싫어하기 때문이다.

孔疏 ●"遂以主其喪"者, 疾者旣死無生後, 此養者遂以主先來無服之法, 主其死者之喪也.

번역 ●經文: "遂以主其喪". ○질병에 든 자가 죽었는데, 살아있는 후손이 없다면, 봉양을 했던 자가 결국 그 일로 인해 상을 주관할 때, 먼저 찾아와서 상복을 입지 않았을 때의 예법처럼 하여, 죽은 자의 상을 주관하는 것이다.

孔疏 ◎注"不喪"至"喪服". ○正義曰: 云"遂以主其喪, 謂養者有親也"者, 養者若於病者無親, 疾時雖養, 死不得爲主. 今死得爲主, 故知養者於死者有親也. 云"其爲主之服, 如素無喪服"者, 身雖先有服, 養時旣去其服. 今疾者身死, 己爲之主, 還與素無服同也.

번역 ◎鄭注: "不喪"~"喪服". ○정현이 "결국 그로 인해 그 상을 주관한다는 말은 봉양을 했던 자에게 친족관계가 있는 경우이다."라고 했는데, 봉양을 했던 자가 만약 병든 자에 대해서 친족관계가 없다면, 병이 걸렸을 때 비록 봉양을 했더라도, 그가 죽게 되면 상주가 될 수 없다. 현재 그 자가 죽었는데 상주가 될 수 있다고 했기 때문에, 봉양을 했던 자가 죽은 자에 대해서 친족관계에 있는 자임을 알 수 있다. 정현이 "그가 상주가 되었을 때 착용하는 복장은 본래 상복을 입고 있지 않았을 때처럼 착용한다."라고 했는데, 본인이 비록 먼저 상복을 입고 있었지만, 봉양을 할 때 이미 입고 있던 상복을 제거했다. 현재 질병이 든 자가 죽어서, 본인이 그의 상을 주관하게 된다면, 다시금 본래 상복을 입지 않았을 때와 동일하게 따른다는 뜻이다.

孔疏 ●"非養"至"喪服". ○此謂死者之親屬當死者病時, 不得來爲養, 而死時來爲主. 此主雖身有前喪之服, 今來爲主, 則不易己喪服. 所以然者, 己旣前不養, 不經變服, 故今爲新死者不易己之喪服.

번역 ●經文: "非養"~"喪服". ○이것은 죽은 자의 친족이 죽은 자가 병환에 들었을 때 찾아와서 봉양을 못했지만, 그가 죽었을 때 찾아와서 상주가 된 경우를 뜻한다. 이때의 상주는 비록 본인에게 이전에 입고 있던 상복이 있고, 현재 찾아와서 다른 사람의 상주가 되었다면, 자신이 본래 입고 있었던 상복을 바꾸지 않는다. 이처럼 하는 이유는 본인은 이미 이전에 죽은 자를 봉양하지 않았으므로, 복장을 바꾸는 절차를 거치지 않았다. 그렇기 때문에 현재 죽은 자를 위해서 자신이 본래 입고 있었던 상복을 바꾸지 않는 것이다.

孔疏 ◎注"入猶"至"成也". ○正義曰: 云"謂養者無親於死者, 不得爲主, 其有親來爲主者", 謂養者無親者也, 病者若死, 而此養者不得爲主, 旣不得爲主, 故知死者之親來入主喪者也. 云"素有喪服而來爲主"者, 素, 猶本也, 本有喪, 謂有前喪之服也, 己服前喪之服而來主之, 不易服也. 云"與素無服者異"者, 本無服, 謂若來爲喪主者, 身本吉, 無喪服. 旣來爲主, 則爲此死者服始死之服. 若本有喪服, 今來爲喪主, 仍以先喪之服主之, 故云"異"也. 云"素無服, 素有服, 爲今死者當服, 則皆三日成也"者, 謂己身若本有服, 及本無服, 若與死者有親, 則皆至三日成服, 皆爲死者服其服也. 若本有服重, 而新死者輕, 則爲一成服, 而反前服也. 若新死重, 則仍服死者新服也. 身本吉而來爲主, 則計今親而依限服之也. 庾云: "謂此無主後, 親族爲其喪主者. 鄭云'養者無親於死者, 不得爲主', 謂親族不得養其病, 朋友養之者. 又云'有其親來爲主', 謂親族也. 前云喪服者及其主喪, 則與素無服者同, 此明旣死而往主, 卽不易己之喪服, 故鄭又云'與素無服者異也'."

번역 ◎鄭注: "入猶"~"成也". ○정현이 "봉양을 한 자가 죽은 자에 대해서 친족관계가 없어서, 그의 상주가 될 수 없을 때, 친족관계에 있는 자가 찾아와서 상주가 된 경우를 뜻한다."라고 했는데, 봉양을 했던 자는 친족관계가 없었던 자이니, 병환이 있던 자가 만약 죽었다면, 이때 봉양했던 자는 그의 상주가 될 수 없고, 이미 상주가 될 수 없기 때문에, 죽은 자의 친족이 찾아와서 그에 대한 상주가 된다는 사실을 알 수 있다는 뜻이다. 정현이 "본래 상복을 입고 있던 자가 찾아와서 상주가 된다."라고 했는데, '소(素)'자는 본래[本]라는 뜻으로, 본래 상복이 있었다는 말은 이전에 발생한 상에 대해서 상복을 착용하고 있었다는 뜻이며, 본인이 이전 상에 대한 상복을 착용하고 그 집에 찾아와서 상을 주관하게 되면 상복을 바꾸지 않는다는 뜻이다. 정현이 "본래 상복을 착용하고 있지 않았던 자와는 다르다."라고 했는데, 본래 상복을 착용하지 않았다는 것은 만약 찾아와서 상주가 된 경우, 본인은 본래 길복을 착용하고 있어서, 상복을 걸치지 않았던 경우이다. 이미 찾아와서 상주가 되었다면, 죽은 자에 대해서 상복을 착용할 때, 어떤 자가 이제 막 죽었을 때의 복장을 착용한다. 만약 본래 상복을 입고 있었던 자가 현재 찾아와서 상주가 되었다면, 곧 이전 상에 대한 상복을 착용하고 상을 주관하게 된다. 그렇기 때문에 "다르다[異]."라고 말한 것이다. 정현이 "본래 상복을 입지 않았던 자와 본래 상복을 입고 있었던 자는 현재 죽은 자를 위해서 마땅히 복상을 해야 한다면, 모두 3일 후에 성복한다."라고 했는데, 본인이 만약 본래 상복을 착용하고 있거나 본래 상복을 착용하지 않았을 경우, 죽은 자에 대해서 만약 친족관계에 있다면, 모두 3일 후에 성복을 하니, 둘 모두 죽은 자를 위해서 해당 복장을 착용하는 것이다. 만약 본래 수위가 높은 상복을 착용하고 있었는데, 이제 막 죽은 자에 대해서 상복의 수위가 낮은 경우라면, 한 차례 성복을 하고, 다시 이전 상복을 착용한다. 만약 이제 막 죽은 자에 대해서 상복의 수위가 높은 경우라면, 곧 죽은 자에 대해 복상하며 새롭게 착용한 상복을 계속 착용한다. 본인이 본래 길복을 입고 있었다가 찾아와서 상주가 되었다면, 현재 죽은 자와의 친족관계를 따져서 규정에 따른 복장을 착용한다. 유울은 "이것은 상을 주관할 후사가 없어서, 친족 중에 그 상을 주관하게 된 경우를 뜻한다. 정현은 '봉양하는 자가 죽은 자와 친족관계가 없다면 상주가 될 수 없다.'라고 했는데, 친족 중에서 병든 자를 봉양할 수 없어서, 벗이 봉양한 경우를 뜻한다. 또 '친족관계에 있는 자가 와서 상주가 된다.'라고 했는데, 죽은 자의 친족을 뜻한다. 이전에는 상복을 착용한 자가 그 상을 주관하게 되면 본래 상복을 착용하지 않았던 자와 동일하게 한다고 했으니, 이것은 죽은 자에 대해 찾아와서 상주가 되었다면, 자신의 상복을 바꾸지 않는다는 사실을 나타낸다. 그렇기 때문에 정현은 또한 '본래 상복을 입지 않았던 자와는 다르다.'" 라고 했다.

孔疏 ●"養尊"至"者否". ○此廣結前文"養有疾者不喪服"之文. 尊, 謂父兄也, 卑, 謂子弟也. 前雖云"養有疾者不喪服", 不分明尊卑, 故此明之. 養尊者必易己之喪服也. 若養卑者不變也. 庾云: "前云去喪服而養之, 遂以主喪, 是必父兄之行也."

번역 ●經文: "養尊"~"者否". ○이것은 앞에서 "질병이 든 자를 봉양하는 자는 상복을 착용하지 않는다."라고 했던 문장을 폭넓은 뜻으로 결론을 맺은 것이다. '존(尊)'은 부친이나 형 등을 뜻한다. '비(卑)'는 자식이나 동생 등을 뜻한다. 앞에서는 비록 "질병이 든 자를 봉양하는 자는 상복을 착용하지 않는다."라고 했지만, 신분을 구분하지 않았다. 그렇기 때문에 이곳에서 그 사실을 나타낸 것이다. 존귀한 자를 봉양하는 경우에는 반드시 자신이 입고 있었던 상복을 바꾼다. 만약 낮은 자를 봉양하는 경우라면, 상복을 바꾸지 않는다. 유울은 "이전에는 상복을 제거하고 봉양을 하고, 결국 그 일로 인해 상을 주관한다고 했는데, 이것은 반드시 부친이나 형 항렬에 해당하는 자에 대한 경우이다."라고 했다.

訓纂 朱氏軾曰: 所謂己喪, 期·大功以下, 旣葬卒哭, 斬衰旣練而後, 故得爲旁親養. 若未練未葬, 則使人養而已. 不親養己所服之喪, 或疾者之所不服, 或疾者有服而已除, 故釋服. 若所養亦有喪, 則養者不必不喪服; 卽所養者別有喪服, 養者亦不必不喪服. 所養者死而爲之服, 其服或輕於己本有之服, 或同於本有之服, 或重於本有之服, 重則服; 其服同而己服已變而受, 亦服; 其服若同而己服未變, 或輕於己服, 則於後死者初成服及當事拜客服其服, 不當事拜容仍服己服. 故曰"遂以主其喪." 主, 謂拜賓爲主也. 不易己服者, 初入爲主也. 初入者本無服則素服, 有服則不易服. 至新死者三日成服, 則釋本有之服, 而服其服. 成服後, 己服重者, 亦惟當事拜賓服其服, 不拜賓仍服己重服. 若本有之服輕於新服, 或已變殺, 則服後死之新服, 惟當己喪變除時, 服己喪之服.

번역 주식이 말하길, 이른바 본인이 상을 치르고 있다는 것은 기년복이나 대공복으로부터 그 이하의 경우, 장례를 치르고서 졸곡을 한 상태를 뜻하며, 참최복을 착용한 경우에는 소상을 끝낸 이후를 뜻한다. 그렇기 때문에 방계 친족에 대해서 봉양을 할 수 있다. 만약 아직 소상이나 장례를 치르지 않았다면, 남을 시켜서 대신 봉양하게 할 따름이다. 자신이 상복을 입게 된 대상에 대해서 직접 봉양을 하지 않거나 질병이 든 자가 상복을 착용하지 않는 대상이거나 질병이 든 자가 상복을 착용했지만 이미 제거를 했기 때문에, 자신의 복장을 제거하는 것이다. 만약 봉양을 받는 자에게 또 상이 발생한 경우라면, 봉양을 하는 자가 상복을 착용하지 않을 필요는 없다. 봉양을 받은 자에게 갈 때 별도로 상복을 착용한 경우, 봉양을 하는 자 또한 상복을 착용하지 않을 필요가 없다. 봉양을 받은 자가 죽어서 그를 위해 상복을 착용할 경우, 그 상복이 혹여 자신이 본래 착용하고 있었던 상복보다 수위가 낮거나 또는 본래 착용하고 있던 상복과 수위가 동일하거나 또는 본래 착용하고 있었던 상복보다 수위가 높을 수 있다. 수위가 높은 경우라면 그 상복을 착용한다. 그 복장의 수위가 동일하고 본인이 입었던 상복을 이미 변경하여 새로운 상복을 받았다면 또한 그 상복을 착용한다. 그 복장의 수위가 본래 입고 있었던 경우와 같은데, 자신이 입고 있었던 상복을 아직 변경하지 않은 상태이거나 자신이 입고 있었던 상복보다 수위가 낮은 경우라면, 뒤에 죽은 자에 대해서는 최초 성복을 하고, 일을 처리하거나 빈객에게 절을 할 때에는 그 복장을 착용하지만, 일을 처리하거나 절을 해야 할 때가 아니라면, 본래 자신이 입고 있었던 상복을 착용한다. 그렇기 때문에 "결국 그 일로 인해 그 상을 주관한다."라고 말한 것이다. '주(主)'는 빈객에게 절을 하여 상주를 담당한다는 뜻이다. 자신의 복장을 바꾸지 않는 것은 최초 들어왔을 때 상주가 되었기 때문이다. 최초 들어왔을 때, 본래 상복을 착용하지 않았다면, 소복을 착용하고, 상복을 입고 있었던 경우라면, 복장을 바꾸지 않는다. 이제 막 죽은 자에 대해 3일이 지나서 성복을 하게 되면, 본래 입고 있었던 복장을 벗고, 그에게 해당하는 복장을 착용한다. 성복을 한 이후, 자신이 수위가 높은 상복을 착용한 경우에는 또한 해당 일을 처리하고 빈객에게 절을 할 때에만 그 자에 대한 상복을 착용하고, 빈객에게 절을 하지 않는다면, 자신이 본래 입고 있었던 수위가 높은 상복을 착용한다. 만약 본래 입고 있었던 상복이 이제 막 죽은 자에 대한 상복보다 수위가 낮거나 이미 본래 입고 있었던 상복에 대해서 변경하거나 수위를 낮춘 경우라면, 뒤에 죽은 자에 대한 새로운 상복을 착용하고, 자기가 본래 치르고 있었던 상에서 상복을 바꾸고 제거할 시기에만 자기가 입고 있었던 본래의 상복을 착용한다.

集解 愚謂: 養疾者必玄端, 喪無服玄端之法, 蓋稅衰而以長衣養與. 遂以主其喪, 此蓋功·緦之喪, 或重喪之末, 而疾者乃大功以上之親, 故有喪服而爲之養疾, 及死而遂爲之主喪也.

번역 내가 생각하기에, 병든 자를 봉양하는 자는 반드시 현단복을 착용하는데, 상중에는 현단복을 착용하는 법도가 없으니, 아마도 상복을 거두고 장의[1]를 입고서 봉양을 했을 것이다. "결국 그 일로 그의 상을 주관한다."라고 했는데, 이것은 아마도 소공복 또는 시마복의 상을 치르거나 또는 수위가 높은 상을 치르는 끝 무렵인데, 병든 자가 곧 대공복 이상의 친족에 해당하기 때문에, 상복을 착용하고 있지만, 그를 위해서 병환을 간호하고, 그가 죽었을 때에는 결국 그를 위해서 상을 주관하는 것이다.

集解 愚謂: 此謂疾者無子, 或子幼而養者無服, 及死而己來主其喪也. 不易喪服者, 己死則不以凶爲嫌也. 及三日, 則爲之成服.

번역 내가 생각하기에, 이 경우는 질병에 걸린 자에게 자식이 없거나 자식이 너무 어리고, 봉양을 하는 자가 상복관계에 있는 자가 아니어서, 그 자가 죽었을 때 본인이 찾아와서 그 상을 주관하게 된 경우이다. "상복을 바꾸지 않는다."라고 했는데, 본인은 죽은 자에 대해서 흉사로 대처함을 혐의로 삼지 않기 때문이다. 3일 째가 되면, 그를 위해서 성복을 한다.

---

1) 장의(長衣)는 고대의 귀족들이 상중에 착용하는 순백색의 포로 된 옷이다. 『의례』「빙례(聘禮)」편에는 "遭喪將命於大夫, 主人長衣練冠以受."라는 기록이 있는데, 이에 대한 정현의 주에서는 "長衣, 純素布衣也."라고 풀이했다.

• 제 49 절 •

상례(喪禮) 규정-부제(祔祭) Ⅲ

【419d】

妾無妾祖姑者, 易牲而祔於女君可也.

직역 妾에게 妾의 祖姑가 無한 者는 牲을 易하고 女君에게 **祔**해도 可하다.

의역 첩에게 있어서, 고조의 첩이 없는 경우라면, 희생물을 바꾸고, 여군에게 합사해도 괜찮다.

集說 妾當祔於妾祖姑. 上章言亡則中一以上而祔, 是祔高祖之妾, 今又無高祖妾, 則當易妾之牲而祔於適祖姑. 女君, 謂適祖姑也.

번역 첩에 대해서는 마땅히 첩의 조고(祖姑)에게 합사를 해야 한다. 앞 장에서는 없다면, 한 등급을 건너서 그 위에 합사를 한다고 했는데, 이것은 고조의 첩에게 합사를 한다는 뜻이다. 현재는 또한 고조의 첩도 없는 경우이니, 마땅히 첩에 대한 희생물을 바꾸고, 조부의 정처에게 합사를 해야 한다. '여군(女君)'은 곧 적조고를 뜻한다.

大全 嚴陵方氏曰: 女君, 適祖姑也. 妾祔之, 嫌於隆, 故易牲而祭, 以示其殺焉.

번역 엄릉방씨가 말하길, '여군(女君)'은 적조고(適祖姑)를 뜻한다. 첩을 합사하면 너무 융성하게 대한다는 혐의를 받기 때문에, 희생물을 바꿔서 제사를 지내어, 그녀에 대해 낮추게 됨을 나타낸다.

鄭注 女君, 適祖姑也. 易牲而祔, 則凡妾下女君一等.

번역 '여군(女君)'은 적조고(適祖姑)를 뜻한다. 희생물을 바꾸고 합사를 한다면, 모든 첩들에 대해서 여군보다 한 등급을 낮춘다.

釋文 適, 丁歷反. 下, 戶嫁反.

번역 '適'자는 '丁(정)'자와 '歷(력)'자의 반절음이다. '下'자는 '戶(호)'자와 '嫁(가)'자의 반절음이다.

孔疏 ●"妾無"至"可也". ○正義曰: 此一節明祔祭之法也.

번역 ●經文: "妾無"~"可也". ○이곳 문단은 부제(祔祭)의 법도를 나타내고 있다.

孔疏 ●云"妾無妾祖姑"者, 謂妾當祔於妾祖姑, 若無妾祖姑, 當祔於高祖妾祖姑. 故前文云: "亡則中一以上." 今又無高祖妾祖姑, 則當易妾之牲, 用女君之牲, 祔於女君可也.

번역 ●經文: "妾無妾祖姑". ○첩은 마땅히 첩조고(妾祖姑)에게 합사를 해야 하는데, 만약 첩조고가 없다면, 마땅히 고조의 첩조고에게 합사를 해야 한다. 그렇기 때문에 앞 문장에서는 "없다면 한 등급을 건너서 그 위로 한다."라고 한 것이다. 현재는 또한 고조의 첩조고도 없는 경우이니, 마땅히 첩에게 사용되는 희생물을 바꾸고, 여군에 대한 희생물을 사용하여, 여군에게 합사를 해도 괜찮다.

孔疏 ◎注"女君"至"一等". ○正義曰: 鄭恐女君是見在之女君, 故云: "女君, 適祖姑也." 妾與女君牲牢無文, 旣云"易牲", 故云"下女君一等". 下女君一等者, 若女君少牢, 妾則特牲. 若女君特牲, 妾則特豚也.

번역 ◎鄭注: "女君"~"一等". ○정현은 여군(女君)이 현재의 여군이라고 오해할 것을 염려했기 때문에, "'여군(女君)'은 적조고(適祖姑)이다."라고 말한 것이다. 첩과 여군에게 사용하는 희생물에 대해서는 기록이 남아있지 않다. 그런데 이미 "희생물을 바꾼다."라고 했기 때문에, "여군보다 한 등급을 낮춘다."라고 말한 것이다. 여군보다 한 등급을 낮춘다면, 만약 여군에게 소뢰를 사용하면, 첩에게는 특생을 사용하는 것이다. 또는 여군에게 특생을 사용한다면, 첩에게는 한 마리의 돼지를 사용하는 것이다.

集解 愚謂: 不言"適祖姑"而言"女君"者, 姑者對婦之稱, 妾不得謂夫之祖妣爲祖姑, 而女君之稱則通乎其上也.

번역 내가 생각하기에, '적조고(適祖姑)'라고 말하지 않고, '여군(女君)'이라고 말한 이유는 시어미는 며느리에 대비해서 쓰는 용어이며, 첩에 대해서는 남편의 조비(祖妣)를 조고(祖姑)라고 부를 수 없고, '여군'이라는 호칭은 곧 그 위의 계급에 대해서 통괄적으로 사용할 수 있기 때문이다.

【419d】

婦之喪虞卒哭, 其夫若子主之, 祔則舅主之.

직역 婦의 喪에 虞와 卒哭은 그 夫나 子가 主하며, 祔라면 舅가 主한다.

의역 며느리의 상을 치를 때, 우제와 졸곡은 침(寢)에서 치르므로, 그녀의 남편이나 자식이 주관하고, 부제는 묘(廟)에서 치르므로, 그녀의 시아비가 주관한다.

集說 虞卒哭在寢, 祭婦也. 祔於廟, 祭舅之母也. 尊卑異, 故所主不同.

번역 우제와 졸곡을 침(寢)에서 치르는 것은 며느리에 대한 제사이다.

묘(廟)에서 부제를 치르는 것은 시아버지의 모친에 대한 제사이다. 존비의 차이 때문에, 주관하는 자가 다른 것이다.

鄭注 婦, 謂凡適婦庶婦也. 虞·卒哭祭婦, 非舅事也. 祔於祖廟, 尊者宜主焉.

번역 '부(婦)'는 적자의 부인과 서자의 부인을 모두 가리킨다. 우제와 졸곡 때에는 부인에게 제사를 지내니, 시아비가 담당할 일이 아니다. 조묘(祖廟)에서 부제를 지낼 때에는 존귀한 자가 마땅히 주관해야 한다.

孔疏 ●"婦之"至"爲主". ○正義曰: 此一節論喪祭爲主之事, 各依文解之.

번역 ●經文: "婦之"~"爲主". ○이곳 경문은 상례를 치르며 지내는 제사에서 제주를 담당하는 일을 논의하고 있으니, 각각의 문장에 따라서 풀이하겠다.

孔疏 ●"婦之喪, 虞·卒哭, 其夫若子主之"者, 虞與卒哭, 具[1]在於寢, 故其夫或子則得主之, 祔是祔於祖廟, 其事旣重, 故舅主之. 婦之所祔者, 則舅之母也.

번역 ●經文: "婦之喪, 虞·卒哭, 其夫若子主之". ○우제와 졸곡은 모두 침(寢)에서 치른다. 그렇기 때문에 그녀의 남편 또는 자식이 주관할 수 있는 것이다. 부제는 조묘(祖廟)에 합사하는 것으로, 그 사안은 중대하기 때문에, 시아비가 주관한다. 부인을 합사시키게 되는 대상은 곧 시아비의 모친이 된다.

集解 愚謂: 雜記云: "主妾之喪, 則自祔至於練·祥, 皆使其子主之." 此主適婦之喪, 虞·卒哭, 其夫若子主之, 則練·祥可知. 然則舅主適婦之喪, 唯主

---

1) '구(具)'자에 대하여. '구'자는 본래 '기(其)'자로 기록되어 있었는데, 완원(阮元)의 『교감기(校勘記)』에서는 "'기'자는 마땅히 '구'자가 되어야 한다."라고 했다.

其拜賓之事, 而不主其祭也.

번역 내가 생각하기에, 『예기』「잡기(雜記)」편에서는 "첩의 상을 주관한다면, 부제로부터 소상과 대상에 이르기까지, 모든 경우 그녀의 자식으로 하여금 주관하도록 한다."[2]라고 했다. 이것은 적부의 상을 주관하는 것으로, 우제와 졸곡에 대해서, 그녀의 남편이나 자식이 주관을 한다면, 소상과 대상 때에도 주관하게 됨을 알 수 있다. 그런데 시아비는 적부의 상을 주관할 때에는 오직 빈객에게 절을 하는 사안만 주관하고, 그 제사는 주관하지 않는다.

---

2) 『예기』「잡기상(雜記上)」【497b】: 主妾之喪則自祔, 至於練祥, 皆使其子主之. 其殯祭不於正室.

• 제 50 절 •

상례(喪禮) 규정-상주(喪主)

【420a】

士不攝大夫, 士攝大夫唯宗子.

직역 士는 大夫를 不攝하니, 士가 大夫를 攝함은 唯히 宗子이다.

의역 사의 상에서는 대부를 섭주로 삼을 수 없다. 사가 종자의 신분이라면, 대부를 섭주로 삼을 수 있다.

集說 士喪無主, 不敢使大夫兼攝爲主. 若士是宗子, 則主喪之任, 可使大夫攝之, 以宗子尊故也. 一說, 大夫之喪無主, 士不敢攝而主之, 若士是宗子則可.

번역 사의 상에 상주를 맡을 자가 없다고 하더라도, 감히 대부로 하여금 섭주의 임무를 맡게 해서, 상주로 삼을 수 없다. 만약 사가 종자의 신분이라면, 상을 주관하는 임무에 대해서, 대부로 하여금 돕도록 할 수 있으니, 종자는 존귀한 신분이기 때문이다. 일설에는 대부의 상에 상주가 없을 경우, 사가 감히 섭주를 맡아서 상주 노릇을 할 수 없고, 만약 사가 종자의 신분이라면 가능하다는 뜻이라고 주장한다.

鄭注 士之喪雖無主, 不敢攝大夫以爲主. 宗子尊, 可以攝之.

번역 사의 상에 비록 상주가 없더라도, 감히 대부를 섭주로 삼아 상을 주관하도록 할 수 없다. 종자는 존귀하므로, 대부를 섭주로 삼을 수 있다.

孔疏 ●"士不"至"宗子". ○此謂士喪無主, 不敢使大夫兼攝爲主也.

번역 ●經文: "士不"~"宗子". ○이 내용은 사의 상에 상주가 없더라도, 감히 대부로 하여금 섭주의 임무를 겸하여, 상을 주관하도록 시킬 수 없다는 뜻이다.

孔疏 ●"士攝大夫, 唯宗子"者, 謂若宗子爲士, 而無主後者, 可使大夫攝主之也. 士之喪雖無主, 不敢攝大夫爲主, 士卑故也. 宗子尊則可以攝之也.

번역 ●經文: "士攝大夫, 唯宗子". ○만약 종자의 신분이 사이고, 그의 상을 주관할 수 있는 후사가 없는 경우라면, 대부로 하여금 섭주를 맡도록 할 수 있다는 뜻이다. 사의 상에 비록 상주가 없더라도, 감히 대부를 섭주로 삼을 수 없는데, 그것은 사의 신분이 미천하기 때문이다. 종자는 존귀한 신분이니, 대부를 섭주로 삼을 수 있다.

訓纂 陸農師曰: 若應大夫主喪, 雖無大夫, 士不得攝.

번역 육농사가 말하길, 만약 대부의 상에 상주를 맡아야 하는데, 비록 상주를 맡을 대부가 없더라도, 사는 섭주를 할 수 없다.

訓纂 吳幼淸曰: 此言大夫死, 無主後, 其親屬有爲士者, 不可攝而主喪, 唯宗子可以士而攝主大夫喪.

번역 오유청이 말하길, 이것은 대부가 죽었을 때, 상을 주관할 수 있는 후사가 없고, 그의 친족 중 사의 신분인 자가 있지만, 섭주를 맡아 상을 주관할 수 없고, 오직 종자의 신분이 되어야만, 사라고 하더라도 대부의 상에 섭주를 맡을 수 있다는 뜻이다.

集解 愚謂: 宗子, 大宗子也. 鄭氏 · 吳氏之說皆通. 蓋大夫士貴賤殊, 故士死無主, 不敢攝大夫爲之主; 大夫死無主, 士亦不得攝爲之主. 唯大宗子尊, 故爲士而死, 可攝大夫以主其喪, 亦得攝主大夫之喪也. 然前既云"大夫不主士之喪", 而又記此, 則此條之義當如吳氏之說也. 攝, 謂爲主者不在, 而代爲之拜賓也. 雜記曰: "士之子爲大夫, 其父母弗能主也, 使其子主之. 無子則爲之置後." 大夫之無子者必置後, 則無事乎攝人以主其喪矣. 宗子亦然.

번역 내가 생각하기에, '종자(宗子)'는 대종의 자식을 뜻한다. 정현과 오징의 주장은 모두 통용된다. 무릇 대부와 사는 신분의 차이가 있기 때문에, 사가 죽었을 때 상주를 맡을 자가 없더라도, 감히 대부를 섭주로 삼아서 상을 주관하도록 할 수 없다. 반대로 대부가 죽었을 때 상주를 맡을 자가 없더라도, 사 또한 감히 섭주로 자임하여, 상주가 될 수 없다. 오직 대종의 자식만이 존귀하기 때문에, 사의 신분이었다가 죽었더라도, 대부를 섭주로 삼아 그의 상을 주관하도록 할 수 있고, 또 그가 대부의 상에서 섭주를 할 수 있다. 그런데 앞에서는 이미 "대부는 사의 상을 주관하지 않는다."고 했고, 또 이러한 내용을 기록했다면, 이곳 항목의 뜻은 마땅히 오징의 주장과 같을 것이다. '섭(攝)'은 상주를 맡을 자가 없어서, 상주를 대신하여 빈객에게 절을 한다는 뜻이다. 『예기』「잡기(雜記)」편에서는 "사의 자식이 대부가 되었을 때, 그의 부모는 상주가 될 수 없으니, 그의 자식을 시켜서 상을 주관하도록 한다. 자식이 없을 경우라면 대신 그 후사를 세운다."[1]라고 했다. 대부에게 자식이 없는 경우에는 반드시 후사를 세우니, 남을 섭주로 삼아서 그 상을 주관하도록 하는 일과는 관련이 없다. 종자의 경우 또한 이러하다.

1) 『예기』「잡기상(雜記上)」【493b】: 士之子爲大夫, 則其父母弗能主也, 使其子主之, 無子則爲之置後.

【420a】

主人未除喪, 有兄弟自他國至, 則主人不免而爲主.

직역 主人이 喪을 未除한데, 兄弟가 他國으로부터 至함이 有하면, 主人은 不免하고 主를 爲한다.

의역 상주가 아직 상을 끝내지 않았는데, 형제 중 타국으로부터 돌아온 자가 있다면, 상주는 면(免)을 하지 않고 상주 역할을 시행한다.

集說 葬後而君弔之, 則非時亦免, 以敬君, 故新其事也. 兄弟, 親屬也. 親則尙質, 故不免而爲主也.

번역 장례를 치른 이후 군주가 조문을 하게 되면, 해당 시기가 아닌데도 또한 면(免)을 하니, 군주를 공경하기 때문에, 그 일을 새롭게 하는 것이다. 형제는 친족이다. 친근한 자에 대해서는 오히려 질박하게 대한다. 그렇기 때문에 면(免)을 하지 않고 상주 노릇을 한다.

鄭注 親質, 不崇敬也.

번역 친족에 대해서는 질박하게 대하니, 공경을 나타내는 태도를 숭상하지 않는다.

孔疏 ●"主人"至"爲主". ○"主人未除喪"者, 謂在國主人之喪服未除, 有兄弟自他國至, 則主人不免而爲主者, 謂五屬之親, 從遠歸奔者也. 夫免必有時, 若葬後唯君來弔, 雖非時, 亦爲之免. 崇敬欲新其事故也. 若五屬之親, 非時而奔, 則主人不須爲之免也, 嫌親始奔, 亦應崇敬爲免如君, 故明之也.

번역 ●經文: "主人"~"爲主". ○경문의 "主人未除喪"에 대하여. 본국에 있는 상주가 상복을 아직 제거하지 않았는데, 형제가 다른 나라로부터 돌아온 경우가 있다면, 상주는 면(免)을 하지 않고 상주 역할을 한다는 뜻이니, 다섯 부류의 친족[2]이 먼 곳으로부터 분상[3]을 한 경우에 해당한다. 무릇 면(免)을 할 때에는 반드시 정해진 시기가 있으니, 만약 장례를 치른 뒤라면 오직 군주가 찾아와서 조문을 한 경우에만, 비록 해당 시기가 아님에도 또한 군주를 위해서 면(免)을 한다. 이것은 공경함을 숭상하여, 그 사안을 새롭게 만들고자 하기 때문이다. 만약 다섯 부류에 속한 친족이 해당 시기가 아닌데 분상을 한 경우라면, 상주는 그를 위해서 면(免)을 할 필요가 없으니, 친족이 처음 분상을 왔을 때에도 또한 군주에 대한 경우처럼 공경함을 숭상하여 면(免)을 한다는 오해를 일으키기 때문에, 명시를 한 것이다.

集解 愚謂: 兄弟之奔喪者必免, 嫌爲主者亦當免, 故明之. 唯言未除喪者奔喪, 禮已除喪而后奔喪, 主人之待之也無變於服, 則其不免不待言也.

번역 내가 생각하기에, 형제 중 분상을 한 자가 있다면, 그 자는 반드시 면(免)을 하니, 상주 또한 마땅히 면(免)을 해야 한다는 오해를 일으키기 때문에 명시를 한 것이다. 다만 아직 상을 끝내지 않았는데 분상을 한 경우를 언급한 것은 예법에 따르면, 이미 상을 끝낸 이후에 분상을 한 경우에 대해서, 상주가 그를 대할 때 복장에 변경을 시키는 일이 없으니, 면(免)을 하지 않는다는 사안을 말할 필요도 없기 때문이다.

---

2) 오속(五屬)은 서로를 위해 상복(喪服)을 입어야 하는 친족을 뜻한다. 상복은 참최복(斬衰服), 자최복(齊衰服), 대공복(大功服), 소공복(小功服), 시마복(緦麻服)이 있는데, 친족들은 각각의 친소(親疎) 관계에 따라 위의 다섯 가지 상복을 착용하게 되므로, '오속'이라고 부른다.

3) 분상(奔喪)은 타지에 있다가 상(喪)에 대한 소식을 듣고, 급히 되돌아오는 예법(禮法)을 말한다. 『예기』「분상(奔喪)」편에 대해, 공영달(孔穎達)은 "案鄭目錄云, 名曰奔喪者, 以其居他國, 聞喪奔歸之禮."라고 풀이했다.

• 제 51 절 •

상례(喪禮) 규정-명기(明器)

【420b】

陳器之道, 多陳之而省納之可也, 省陳之而盡納之可也.

직역 器를 陳하는 道는 多陳이나 省納이 可하며, 省陳이나 盡納이 可하다.

의역 장례 때 함께 부장하는 명기(明器)의 경우, 그것을 진열하는 법도는 빈객에게 받은 것들은 모두 진열하지만, 추려서 부장하는 것이 옳고, 상주가 제작한 것들은 추려서 진열하지만 모두 부장하는 것이 옳다.

集說 陳器, 陳列從葬之明器也. 凡朋友賓客所贈遺之明器, 皆當陳列, 所謂多陳之也. 而所納於壙者有定數, 故云省納之可也. 省, 減殺也. 若主人所作者依禮有限, 故云省陳之而盡納之可也.

번역 '진기(陳器)'는 장례를 치르며 함께 부장하는 명기(明器)[1]를 진열한다는 뜻이다. 무릇 벗이나 빈객들이 증여한 명기들은 모두 진열을 해야 하니, 이것이 바로 "많이 진열한다."는 뜻이다. 그러나 무덤에 수용할 수 있는 용량에는 정해진 수치가 있기 때문에, "추려서 부장하는 것이 옳다."라고 말한 것이다. '생(省)'자는 줄인다는 뜻이다. 만약 상주가 제작한 것들이라면 예법에 따른 제한이 있기 때문에, "줄여서 진열하지만, 모두 부장하는 것이 옳다."라고 말한 것이다.

---

1) 명기(明器)는 명기(冥器)라고도 부른다. 장례(葬禮) 때 시신과 함께 매장하는 순장품을 뜻한다.

大全 山陰陸氏曰: 陳器之道, 如其陳之數而納之正也. 卽雖多陳之少納之, 省陳之盡納之, 禮亦不禁, 是之謂可.

번역 산음육씨가 말하길, 명기(明器)를 진열하는 도리는 진열했던 수만큼 부장하는 것이 올바른 도리이다. 그런데 비록 많이 진열하지만 적게 부장하고, 줄여서 진열하지만 모두 부장한다는 것도 예법에서는 금하지 않는다. 이러한 까닭으로 "괜찮다[可]."라고 말한 것이다.

鄭注 多陳之, 謂賓客之就器也, 以多爲榮. 省陳之, 謂主人之明器也, 以節爲禮.

번역 모두 진열한다는 것은 빈객이 가져온 명기(明器)를 뜻하니, 많은 것을 영예로움을 여기기 때문이다. 줄여서 진열한다는 것은 주인이 제작한 명기이니, 규범에 맞추는 것을 예(禮)로 여기기 때문이다.

釋文 省, 所領反, 下及注同.

번역 '省'자는 '所(소)'자와 '領(령)'자의 반절음이며, 아래문장 및 정현의 주에 나온 글자도 그 음이 이와 같다.

孔疏 ●"陳器"至"可也". ○正義曰: 此一節論以明器送葬之事.

번역 ●經文: "陳器"~"可也". ○이곳 문단은 명기(明器)를 통해 장례를 전송하는 사안을 논의하고 있다.

孔疏 ●"陳器之道, 多陳之"者, 謂朋友賓客, 贈遺明器, 多陳列之以爲榮也.

번역 ●經文: "陳器之道, 多陳之". ○벗과 빈객이 명기(明器)를 보내오면, 많이 진열하니, 이것을 영예로움으로 여긴다는 뜻이다.

孔疏 ●"而省納之可也"者, 雖復多陳, 不可盡納入壙, 故省少納之可也. 以納有常數故也.

번역 ●經文: "而省納之可也". ○비록 많이 진열을 하지만, 모두 무덤에 부장할 수 없기 때문에, 간추려서 부장하는 것이 옳다. 부장을 할 때에는 일정한 수치가 정해져 있기 때문이다.

孔疏 ●"省陳之而盡納之可也"者, 謂主人所作明器, 依禮有限, 故省陳之. 省陳既少, 而盡納之於壙可也.

번역 ●經文: "省陳之而盡納之可也". ○상주가 제작한 명기는 예법에 따른 제한이 있기 때문에, 줄여서 진열한다. 줄여서 진열한 것이 이미 적어서, 무덤에 모두 부장하는 것이 옳다.

孔疏 ◎注"多陳"至"爲禮". ○正義曰: 云"謂賓客之就器也"者, 而遺死者謂之"就"者, 以其可用故也. 故既夕禮注云: "就, 猶善也." 贈無常, 唯玩好所有也. 總而言之, 亦曰明器. 故宰夫云: "凡弔, 與其幣器." 注云: "器, 所致明器也." 是賓客致者, 亦曰明器也. 云"省陳之, 謂主人之明器也"者, 此正明器主人所作, 故上檀弓云"甸而布材與明器", 又檀弓云"竹不成用, 瓦不成沫"之屬是也.

번역 ◎鄭注: "多陳"~"爲禮". ○정현이 "빈객이 가져온 명기(明器)를 뜻한다."라고 했는데, 죽은 자에게 보내 온 것을 '취(就)'라고 말한 이유는 그것이 사용할 수 있는 것들이기 때문이다. 그래서 『의례』「기석례(既夕禮)」편에 대한 정현의 주에서는 "'취(就)'자는 좋다는 뜻이다."[2]라고 한 것이다. 명기를 보낼 때에는 일상적인 기물이 없으며, 오직 보기에 좋은 것을 보낸다. 총괄적으로 말을 한다면, 이러한 것들을 또한 '명기(明器)'라고 부른다.

---

2) 이 문장은 『의례』「기석례(既夕禮)」편의 "若就器, 則坐奠于陳."이라는 기록에 대한 정현의 주이다.

그렇기 때문에 『주례』「재부(宰夫)」편에서는 "무릇 조문을 할 때에는 폐(幣)와 기(器)를 준다."[3]라고 했고, 정현의 주에서는 "'기(器)'는 보내게 되는 명기(明器)를 뜻한다."라고 했다. 이것은 빈객이 보내는 것 또한 '명기(明器)'라고 부른다는 사실을 나타낸다. 정현이 "줄여서 진열한다는 것은 주인이 제작한 명기이다."라고 했는데, 이것은 명기가 주인이 제작한 것임을 나타낸다. 그렇기 때문에 『예기』「단궁(檀弓)」편에서 "10일이 지나게 되면, 곽(槨)과 명기(明器)를 만드는 자재들을 벌려두어서 건조시킨다."[4]라고 했고, 또 「단궁」편에서 "대나무로 만든 기물들은 쓸모가 없게 만들고, 옹기로 만든 기물들은 매끄럽게 광택을 내지 않은 것으로 한다."는 부류[5]가 바로 이러한 것들이다.

---

3) 『주례』「천관(天官)·재부(宰夫)」: 凡邦之弔事, 掌其戒令, 與其幣器財用凡所共者.

4) 『예기』「단궁상(檀弓上)」【103b】: 旣殯, 旬而布材與明器.

5) 『예기』「단궁상(檀弓上)」【94b~c】: 孔子曰: "之死而致死之, 不仁而不可爲也; 之死而致生之, 不知而不可爲也. 是故竹不成用, 瓦不成味, 木不成斲, 琴瑟張而不平, 竽笙備而不和, 有鐘磬而無簨簴. 其曰明器, 神明之也."

• 제52절 •

상례(喪禮) 규정-분상(奔喪) Ⅰ

【420b~c】

奔兄弟之喪, 先之墓而後之家, 爲位而哭. 所知之喪, 則哭於宮而後之墓.

직역 兄弟의 喪에 奔함에, 先히 墓에 之하고 後히 家에 之하여, 位를 爲하여 哭한다. 知한 所의 喪이라면, 宮에서 哭하고 後히 墓에 之한다.

의역 형제의 상에서, 이미 장례를 치렀는데, 그 후에 분상을 할 때에는 먼저 묘(墓)에 찾아가고, 이후에 그 집에 찾아가서 자리를 마련하여 곡한다. 알고 지내던 자의 상이라면, 먼저 빈소에서 곡을 하고, 그 이후에 묘(墓)에 찾아간다.

集說 兄弟, 天倫也. 所知, 人情也. 係於天者情急於禮, 由於人者禮勝於情. 宮, 故殯宮也.

번역 형제는 천륜으로 맺어진 관계이다. 알고 있는 사이는 인정으로 맺어진 관계이다. 천성적인 관계에서는 그 정감이 예법보다 우선되고, 인정에 따른 관계에서는 예법이 정감보다 우세하다. '궁(宮)'은 이전에 만들었던 빈궁을 뜻한다.

鄭注 兄弟先之墓, 骨肉之親, 不由主人也. 宮, 故殯宮也.

번역 형제에 대해서는 먼저 묘(墓)에 찾아가니, 골육지친에 대한 정감은 상주로부터 비롯된 것이 아니기 때문이다. '궁(宮)'은 이전에 만들었던 빈궁을 뜻한다.

孔疏 ●"奔兄"至"之墓". ○正義曰: 此一節論奔兄弟之喪之事.

번역 ●經文: "奔兄"~"之墓". ○이곳 문단은 형제의 상에 분상하는 사안을 논의하고 있다.

孔疏 ◎注"兄弟"至"宮也". ○正義曰: 言"骨肉之親, 不由主人也"者, 解"兄弟之喪, 先之墓"之意. 兄弟骨肉, 自然相親, 不由主人, 故先往之墓. 若所知之喪, 由主人乃致哀戚, 故先哭於宮而後至墓.

번역 ◎鄭注: "兄弟"~"宮也". ○정현이 "골육지친에 대한 정감은 상주로부터 비롯된 것이 아니기 때문이다."라고 했는데, 이것은 형제의 상에 대해서, 먼저 묘(墓)로 찾아가는 뜻을 풀이한 말이다. 형제는 골육지친이며, 자연적으로 서로 친근한 관계인데, 이것은 상주로부터 비롯된 것이 아니다. 그렇기 때문에 먼저 묘(墓)로 찾아가는 것이다. 만약 알고 지내던 자의 상이라면, 상주로부터 비롯되어야만 애통한 감정을 지극히 나타낸다. 그렇기 때문에 먼저 빈소에서 곡을 하고, 이후에 묘(墓)에 찾아가는 것이다.

• 제 53 절 •

상례(喪禮) 규정-차(次)

【420c】

父不爲衆子次於外.

직역 父는 衆子를 爲하여 外에 次를 不한다.

의역 부친은 적장자를 제외한 나머지 아들들의 상을 치를 때, 중문 밖에 임시숙소를 마련하지 않는다.

集說 適長子死, 父爲之居喪次於中門外, 庶子否.

번역 적장자가 죽었을 때, 부친은 그를 위해 상을 치르며, 중문 밖에 임시숙소를 마련하며, 서자에 대해서는 그렇게 하지 않는다.

鄭注 於庶子略, 自若居寢.

번역 서자에 대해서는 예법을 간략히 하여, 침(寢)에 머물 때처럼 지낸다.

釋文 爲, 于僞反, 下注"猶來爲"·下文"爲出母"·"爲夫杖"同.

번역 '爲'자는 '于(우)'자와 '僞(위)'자의 반절음이며, 아래 정현의 주에 나오는 '猶來爲'와 아래문장에 나오는 '爲出母'와 '爲夫杖'에서의 '爲'자는 그 음이 모두 이와 같다.

孔疏 ●"父不"至"於外". ○正義曰: 衆子, 庶子. 次, 謂中門外次也. 庶子賤略之, 故父不爲之次, 自若常居於寢也, 不爲之處門外爲喪次也, 長子則次於外爲喪次也.

번역 ●經文: "父不"~"於外". ○'중자(衆子)'는 서자들을 뜻한다. '차(次)'는 중문 밖에 설치하는 임시숙소를 뜻한다. 서자는 신분이 미천하므로 간략히 시행한다. 그렇기 때문에 부친은 그를 위해서 임시숙소를 마련하지 않고, 평상시처럼 침(寢)에 거처하는 것이니, 그를 위해 중문 밖의 임시숙소를 마련하지 않는다면, 장자의 경우에는 중문 밖에 임시숙소를 마련한다.

• 제 54 절 •

상복(喪服) 규정-참최복(斬衰服)

【420c】

與諸侯爲兄弟者, 服斬.

직역 諸侯와 兄弟가 爲한 者는 斬을 服한다.

의역 다른 나라에 거주하고 있지만, 본국의 제후와 형제인 자는 제후의 상이 발생하면, 본국으로 되돌아와서 참최복을 착용한다.

集說 卿大夫於君自應服斬, 若不爲卿大夫而有五屬之親者, 亦皆服斬衰. 此記者恐疑服本親兄弟之服, 故特明之, 蓋謂國君之兄弟先爲本國卿大夫, 今居他國未仕, 而本國君卒, 以有兄弟之親, 又是舊君, 必當反而服斬也. 不言與君爲兄弟, 而言與諸侯爲兄弟, 明在異國也.

번역 경과 대부는 자신의 군주에 대해서 제 스스로 마땅히 참최복을 착용해야 하는데, 만약 경과 대부의 신분이 아니지만, 다섯 부류의 친족에 포함되는 자라면, 또한 모두들 참최복을 착용해야 한다. 이것은 『예기』를 기록한 자가 본래 친족 관계인 형제에 대한 상복에 따라서 복장을 착용해야 한다고 오해할 것을 염려했기 때문에, 특별히 명시한 것이니, 제후의 형제들은 이전에 본국의 경과 대부의 신분이었지만, 현재는 다른 나라에 거주하며 아직 벼슬살이를 하지 않았는데, 본국의 제후가 죽게 되면, 그에게는 형제의 관계가 있게 되고, 또 그는 옛 군주에 해당하니, 반드시 본국으로 되돌아와서 참최복을 착용해야 한다. “군주에 대해서 형제가 된다.”라고 말하지 않고, “제후에 대해서 형제가 된다.”라고 말한 것은 다른 나라에 거주하고 있다는 사실을 밝히기 위해서이다.

大全 嚴陵方氏曰: 兄弟期喪爾, 而與之服斬衰者, 以其爲君而有父道故也.

번역 엄릉방씨가 말하길, 형제에 대해서는 기년상을 치를 따름인데, 그를 위해서 참최복을 착용하는 이유는 그가 군주의 신분이 되어, 부친으로서의 도리를 가지고 있기 때문이다.

大全 山陰陸氏曰: 禮臣爲君斬衰, 雖兄弟, 不得以其屬通. 喪服傳曰: "始封之君, 不臣諸父昆弟", 此與諸侯爲兄弟者也, 雖如此猶服斬, 所臣兄弟可知. 兄弟如此, 諸父可知.

번역 산음육씨가 말하길, 예법에 따르면, 신하는 군주를 위해서 참최복을 착용하니, 비록 형제라 하더라도, 친족에 따른 규범으로 치를 수 없다. 『의례』「상복(喪服)」편의 전문(傳文)에서는 "처음 분봉을 받은 제후는 제부와 곤제들을 신하로 삼지 않는다."[1]라고 했는데, 이곳에서 제후에 대해서 형제라고 말한 자들은 비록 이러한 관계임에도 오히려 참최복을 착용하니, 신하로 삼은 형제들임을 알 수 있다. 형제에 대해서도 이처럼 하니, 제부에 대한 규정도 알 수 있다.

鄭注 謂卿大夫以下也, 與尊者爲親, 不敢以輕服服之. 言諸侯者, 明雖在異國, 猶來爲三年也.

번역 경과 대부로부터 그 이하의 형제들을 뜻하니, 존귀한 자와 친족관계가 있다고 하더라도, 감히 수위가 낮은 상복으로 그에 대한 복상을 할 수 없다는 뜻이다. '제후(諸侯)'라고 말한 것은 비록 다른 나라에 거주하는

---

1) 『의례』「상복(喪服)」: 若公子之子孫有封爲國君者, 則世世祖是人也, 不祖公子, 此自尊別於卑者也. 是故<u>始封之君不臣諸父·昆弟</u>, 封君之子不臣諸父而臣昆弟, 封君之孫盡臣諸父昆弟.

자라도 본국으로 와서 삼년상을 치러야 함을 나타낸다.

孔疏 ●"與諸"至"服斬". ○正義曰: 熊氏以爲謂諸侯死, 凡與諸侯有五屬之親者, 皆服斬也. 以諸侯體尊, 不可以本親輕服服之也.

번역 ●經文: "與諸"~"服斬". ○웅안생은 제후가 죽었을 때, 제후와 다섯 부류의 친족 관계에 포함되는 자들은 모두 참최복을 입는 뜻으로 여겼다. 제후는 존귀하므로, 본래의 친족 관계에 따른 가벼운 상복으로 그에게 복상할 수 없다.

孔疏 ◎注"謂卿"至"年也". ○正義曰: "謂卿大夫以下也"者, 經云"與諸侯爲兄弟服斬", 恐彼此俱作諸侯爲之服斬, 故云"謂卿大夫以下". 若俱爲諸侯, 則各依本服. 然卿大夫與君自應服斬, 而云"兄弟"者, 或服本親[2]之服, 故明之云"服斬"也, 以與尊者爲親, 不敢以輕服服之. 云"言諸侯者, 明雖在異國猶來爲三年也"者, 鄭以經不云"與君爲兄弟", 而言"與諸侯爲兄弟", 故知客在異國也. 然旣在異國, 仕於他君, 得反爲舊君服斬者, 以其曾在本國作卿大夫, 今來他國未仕, 故得爲舊君反服斬. 鄭言"謂卿大夫"者, 據本國經爲卿大夫者也, 或可與諸侯爲兄弟, 雖在他國仕爲卿大夫, 得爲舊君服斬, 異於尋常. 按下雜記云: "外宗爲君夫人, 如內宗." 注云: "謂嫁於國中者." 此云"異國", 二注不同者, 雜記據婦人, 故云"嫁於國中"; 此據男子, 故得云"異國". 是以鄭注云"謂卿大夫以下", 惟謂男子. 賀循云: "以鄭二注不同, 故著要記以爲男子及婦人皆謂在國內者." 譙周亦以爲然, 並非鄭義, 今所不取也.

번역 ◎鄭注: "謂卿"~"年也". ○정현이 "경과 대부로부터 그 이하의 형제들을 뜻한다."라고 했는데, 경문에서는 "제후와 형제인 자는 참최복을 착

---

2) '친(親)'자에 대하여. '친'자는 본래 '의(義)'자로 기록되어 있었는데, 완원(阮元)의 『교감기(校勘記)』에서는 "혜동(惠棟)의 『교송본(校宋本)』에서는 '의'자를 '친'자로 기록했는데, 이 기록이 옳다. 『민본(閩本)』·『감본(監本)』·『모본(毛本)』에는 모두 '의'자로 잘못 기록했다."라고 했다.

용한다."라고 했다. 이 기록은 상호 모두 제후의 신분일 때, 서로를 위해서 참최복을 착용한다는 내용으로 오해할 수도 있기 때문에, "경과 대부로부터 그 이하의 형제들을 뜻한다."라고 말한 것이다. 만약 둘 모두 제후의 신분이라면, 각각 본래 정해진 복장에 따른다. 그러나 경과 대부는 제후에 대해서 마땅히 참최복을 착용해야 한다. 그런데 '형제(兄弟)'라고 말했다면, 간혹 본래의 친족 관계에 따른 상복을 착용할 수도 있기 때문에, 특별히 명시하여, "참최복을 착용한다."라고 말한 것이니, 존귀한 자와 친족 관계에 있지만, 감히 수위가 낮은 상복으로 복상할 수 없기 때문이다. 정현이 "'제후(諸侯)'라고 말한 것은 비록 다른 나라에 거주하는 자라도 본국으로 와서 삼년상을 치러야 함을 나타낸다."라고 했는데, 정현은 경문에서 "군주와 형제가 된다."라고 말하지 않고, "제후와 형제가 된다."라고 말했기 때문에, 빈객의 신분으로 다른 나라에 거주하는 경우임을 알았던 것이다. 그리고 이미 다른 나라에 거주하고 있고, 그 나라의 군주에게서 벼슬살이를 하고 있는 경우에도, 본국으로 되돌아와서 옛 군주를 위해 참최복을 착용할 수 있다. 그런데 이곳에서 말한 자는 일찍이 본국에서 경과 대부의 신분을 맡았는데, 현재 다른 나라에 가서 아직 벼슬살이를 하지 않았기 때문에, 옛 군주를 위해서 되돌아가 참최복을 착용할 수 있는 것이다. 정현이 "경과 대부를 뜻한다."라고 했는데, 이것은 본국에서 일찍이 경과 대부를 맡았다는 사실에 기준을 둔 것이며, 혹은 제후와 형제가 되는데, 비록 다른 나라에서 벼슬을 하여 경과 대부가 되었지만, 옛 군주를 위해서 참최복을 착용할 수 있으니, 일상적인 예법과는 다르게 하기 때문이다. 『예기』「잡기하(雜記下)」편을 살펴보면, "외종은 군과 부인을 위해서 내종처럼 대한다."[3]라고 했고, 정현의 주에서는 "나라 안에서 시집을 간 여자들을 뜻한다."라고 했다. 이곳에서는 '다른 나라'라고 하여, 두 주석이 다른데, 그 이유는 「잡기」편에서는 부인에 기준을 두었기 때문에 "나라 안에서 시집을 간 여자를 뜻한다."라고 말한 것이고, 이곳에서는 남자에 기준을 두었기 때문에 '다른 나라'라고 말할 수 있는 것이다. 이러한 까닭으로 정현의 주에서 "경과 대부

3) 『예기』「잡기하(雜記下)」【521b】: 外宗爲君夫人, 猶內宗也.

로부터 그 이하의 형제들을 뜻한다."라고 말한 것은 오직 남자에 대한 경우만을 뜻한다. 하순은 "정현의 두 주석이 다르기 때문에, 『요기』에서는 남자 및 부인은 모두 국내에 머문 자를 뜻한다고 하였다."라고 했다. 초주 또한 이처럼 여겼는데, 둘 모두 정현의 주장을 잘못 이해한 것이므로, 이곳에서는 그 주장을 채택하지 않는다.

集解 愚謂: 兄弟, 謂族親也. 喪服傳曰: "小功以下爲兄弟." 喪服經·傳凡所言"兄弟"者皆然. 此篇言"奔兄弟之喪", "與諸侯爲兄弟者服斬", 皆言"兄弟", 而不言"昆弟"者, 以疏該親也. 卿大夫爲君服斬不疑, 此言"與諸侯爲兄弟者服斬", 蓋謂出在他國者也. 諸侯之兄弟在他國, 若仕爲他國大夫士, 則自當爲其君服斬三年, 而得爲諸侯服斬者, 蓋各以其本服之月數服之, 而其始服則皆以斬衰, 猶如爲宗子皆服齊衰之義也. 蓋與尊者爲親, 不敢以輕服服之, 而非臣爲君斬衰三年之服也. 然則斬衰之服, 亦有不至三年者與? 曰: 曾子問"娶女有吉日而女死", "壻齊衰而弔, 旣葬而除之, 夫死亦如之", 鄭氏謂"女服斬衰." 斬衰可以旣葬而除, 則亦何不可以期與九月·五月而除乎?

번역 내가 생각하기에, '형제(兄弟)'는 친족을 뜻한다. 『의례』「상복(喪服)」편의 전문(傳文)에서는 "소공복으로부터 그 이하의 관계에 있는 자는 형제이다."[4]라고 했다. 「상복」편의 경문과 전문에서 모두 '형제(兄弟)'라고 한 말은 모두 이러한 관계의 자들을 뜻한다. 이곳 편에서 "형제의 상에 분상한다."라고 했고, "제후와 형제가 된 자는 참최복을 착용한다."라고 하여, 모두 '형제(兄弟)'라고 했고, '곤제(昆弟)'라고 하지 않았는데, 이것은 관계가 소원한 자를 제시하여 가까운 자까지도 포괄했기 때문이다. 경과 대부가 군주를 위해서 참최복을 착용해야 한다는 사실에는 의심할 것이 없으니, 이곳에서 "제후와 형제인 자들은 참최복을 착용한다."라고 한 말은 아마도 다른 나라에 머물러 있는 자들을 뜻하는 것 같다. 제후의 형제 중 다른 나라에 머문 자의 경우, 마약 그곳에서 벼슬을 하여 다른 나라의 대부나 사가

4) 『의례』「상복(喪服)」: 傳曰, 小功以下爲兄弟.

되었다면, 마땅히 자신의 군주를 위해서 참최복을 입고 삼년상을 치러야 하는데, 제후를 위해서 참최복을 착용할 수 있다는 것은 아마도 각각 본래의 상복 규정에 따른 개월 수만큼 복상을 하는 것이며, 처음 상복을 착용하는 경우에는 모두 참최복을 착용하니, 마치 종자를 위해서 모두 자최복을 착용하는 뜻과 동일할 것이다. 존귀한 자와 친족이 되면, 감히 수위가 낮은 상복으로써 그에 대한 복상을 할 수 없어서, 신하가 아니지만 군주를 위해서 참최복을 입고 삼년상을 치르는 것이다. 그러나 참최복의 경우 또한 삼년까지 입지 않는 경우도 있는가? 대답해보자면, 『예기』「증자문(曾子問)」편에서는 "여자에게 장가들 때에, 혼인하는 길일(吉日)까지 정해두었는데, 여자가 죽었다."라고 했고, "사위될 사람은 자최복(齊衰服)을 입고, 여자 집으로 찾아가서 조문을 하며, 장례(葬禮)를 끝내게 된다면, 상복(喪服)을 벗는 것이니, 만약 남편 될 자가 죽은 경우라도, 또한 이와 같이 한다."[5]라고 했고, 정현은 "여자는 참최복을 착용한다."라고 했다. 참최복을 착용했는데, 장례를 끝내고 제거할 수 있다면, 또한 어찌 1년이나 9개월 또는 5개월만 착용하고 제거하는 경우가 없었겠는가?

---

5) 『예기』「증자문(曾子問)」【233a~b】: 曾子問曰: 取女, 有吉日, 而女死, 如之何. 孔子曰: 壻齊衰而弔, 旣葬而除之, 夫死, 亦如之.

• 제 55 절 •

상복(喪服) 규정-하상(下殤)

【420d】

下殤小功, 帶澡麻不絶本, 詘而反以報之.

직역 下殤하여 小功에는 澡麻로 帶하되 本을 不絶하고, 詘하고 反하여 報한다.

의역 하상(下殤)을 하여 단계를 낮춰 소공복을 착용할 때에는 조마(澡麻)로 대(帶)를 만들되 뿌리부분은 끊지 않고, 끝을 늘어트렸다가 반대로 올려, 합해서 묶는다.

集說 本是期服之親, 以死在下殤, 降爲小功, 故云下殤小功也. 其帶以澡麻爲之, 謂戛治其麻, 使之潔白也. 不絶本, 不斷去其根也. 報, 猶合也. 垂麻向下, 又屈之而反向上, 以合而糾之, 故云詘而反以報之也. 凡殤服之麻皆散垂, 此則不散, 首絰麻無根, 而要帶猶有根, 皆示其重也.

번역 본래는 기년복을 입어야 하는 친족이지만, 그가 하상(下殤)의 나이에 요절을 하여, 수위를 낮춰 소공복을 착용한 것이다. 그렇기 때문에 "하상을 하여 소공복을 입는다."라고 말한 것이다. 대(帶)는 조마(澡麻)로 만드니, 마(麻)를 두들기고 다듬어서, 깨끗하고 희게 만든 것을 뜻한다. "본(本)을 자르지 않는다."는 말은 그 뿌리를 제거하지 않는다는 뜻이다. '보(報)'는 "합한다[合]."는 뜻이다. 마(麻)는 밑으로 늘어트리고, 또 그것을 굽혀서 반대로 위로 향하게 하여, 합해서 매듭을 묶는다. 그렇기 때문에 "굽히고 반대로 올려서 합한다."라고 말한 것이다. 무릇 요절한 자를 위한 상복에서 마(麻)로 만든 대(帶)는 모두 끝을 늘어트리게 되는데, 이러한 경우라면 늘어트리지 않고, 수질(首絰)에 하는 마(麻)에는 뿌리 부분이 없지만, 요대(要帶)에는 오히려 뿌리 부분이 있으니, 이 모두는 중시 여김을 나타낸다.

鄭注 報猶合也, 下殤小功, 本齊衰之親, 其絰帶, 澡率治麻爲之. 帶不絶其本, 屈而上至要, 中合而糾之, 明親重也. 凡殤散帶垂.

번역 '보(報)'자는 "합한다[合]."는 뜻이니, 하상(下殤)을 하여 소공복을 착용하는 경우, 본래는 자최복을 착용해야 하는 친족이니, 그때 착용하는 질(絰)과 대(帶)는 마(麻)를 씻고 다듬어서 만든다. 대(帶)를 만들 때 그 뿌리를 제거하지 않고, 끝을 굽혀서 위로 올려 허리까지 올린 다음 중간에 합쳐서 매듭을 지으니, 관계가 깊은 친족임을 나타낸다. 요절한 자에 대해서는 대(帶)의 끝을 늘어트린다.

釋文 澡麻, 本又作藻, 音早, 一本無"麻"字. 不絶, 本或作"子絶本", 非也. 詘, 丘勿反. 澡率, 上音早, 下所律反, 又音律. 上, 時掌反. 糾, 居黝反, 徐居虯反. 散, 先但反, 下文注並同.

번역 '澡麻'에서의 '澡'자는 판본에 따라서 또한 '藻'자로 기록하는데, 그 음은 '早(조)'이며, 다른 판본에는 '麻'자가 없기도 한다. '不絶'은 판본에 따라서 또한 '子絶本'이라고도 기록하는데, 이것은 잘못된 기록이다. '詘'자는 '丘(구)'자와 '勿(물)'자의 반절음이다. '澡率'에서의 '澡'자는 그 음이 '早(조)'이고, '率'자는 '所(소)'자와 '律(률)'자의 반절음이며, 또한 '律(률)'자의 음도 된다. '上'자는 '時(시)'자와 '掌(장)'자의 반절음이다. '糾'자는 '居(거)'자와 '黝(유)'자의 반절음이며, 서음(徐音)은 '居(거)'자와 '虯(규)'자의 반절음이다. '散'자는 '先(선)'자와 '但(단)'자의 반절음이고, 아래문장 및 정현의 주에 나오는 글자도 모두 그 음이 이와 같다.

孔疏 ●"下殤"至"報之". ○正義曰: 謂本期親, 在下殤降在小功者, 服澡麻爲絰帶, 而斷麻根本, 示輕故也. 今若下殤在小功者, 則但首絰無根, 而要帶猶有根, 示其重故也, 故云"帶澡麻不絶", 不絶, 謂不斷本也. "詘而反以報之"者, 凡殤不糾要垂, 皆散其帶, 而此下殤則不散垂, 免麻嚮下, 又屈反嚮上, 故云"屈而反"也. 屈嚮上, 合而糾之, 故云報也.

번역 ●經文: "下殤"~"報之". ○본래는 기년복을 착용해야 하는 친족인데, 하상(下殤)에 해당하여, 수위를 낮춰 소공복을 입은 경우, 조마(澡麻)로 만든 질(絰)과 대(帶)를 차는데, 마(麻)의 뿌리 부분을 끊지 않으니, 수위를 낮췄음을 나타내기 때문이다. 현재 하상을 하여 소공복에 해당하는 경우라면, 다만 수질(首絰)에만 뿌리부분이 없고, 요대(要帶)에는 뿌리부분을 남겨두니, 중시 여김을 나타내기 때문이다. 그래서 "조마(澡麻)로 대(帶)를 만들고 끊지 않는다."라고 한 것이니, 끊지 않는다는 말은 뿌리부분을 끊지 않는다는 뜻이다. 경문의 "詘而反以報之"에 대하여. 무릇 요절한 자의 경우 허리의 늘어트리는 부분을 묶지 않고, 모두 그 대(帶)를 늘어트린다. 그런데 하상을 한 경우에는 늘어트리지 않고, 면마(免麻)를 밑으로 늘어트리고, 또 굽혀서 위로 향하게 한다. 그렇기 때문에 "굽혀서 반대로 한다."라고 말한 것이다. 굽혀서 위로 향하게 한 뒤에 합해서 매듭을 묶는다. 그렇기 때문에 '보(報)'라고 말한 것이다.

孔疏 ◎注"報猶"至"帶垂". ○正義曰: 謂合糾爲繩, 賀瑒云: "下殤小功, 男子絰牡麻而帶澡, 婦人帶牡而絰澡." 故小功殤章云: "牡麻絰." 若依其次, 不應前帶, 故知前言男子之帶, 後言婦人之絰也. 云"澡率治麻爲之"者, 謂戛率其麻, 使其潔白也. 云"帶不絶其本, 屈而上至要"者, 其帶本垂, 今乃屈上至要也. 云"中合而糾之, 明親重也"者, 謂屈所垂散麻, 上至於要, 然後中分麻爲兩股, 合而糾之, 以垂嚮下也. 所以然者, 明親重也. 云"凡殤散帶垂"者, 謂成人大功以下之殤, 其殤旣輕, 唯散麻帶垂而下, 不屈而上糾之, 異於下殤小功故也.

번역 ◎鄭注: "報猶"~"帶垂". ○합해서 매듭을 묶고 새끼줄로 꼰다는 뜻인데, 하창은 "하상(下殤)을 하여 소공복을 착용했을 때, 남자는 모마(牡麻)로 질(絰)을 만들고, 조(澡)로 대(帶)를 만들며, 여자는 모(牡)로 대(帶)

를 만들고, 조(澡)로 질(絰)을 만든다."라고 했다. 그렇기 때문에 『의례』「상복(喪服)」편의 '소공상장(小功殤章)'에서는 "모마(牡麻)로 만든 질(絰)이다."[1]라고 한 것이다. 만약 그 순차에 따른다면, 대(帶)를 먼저 말할 수 없다. 그렇기 때문에 먼저 남자의 대(帶)를 말하고, 뒤에 여자의 질(絰)을 말했다는 사실을 알 수 있다. 정현이 "마(麻)를 씻고 다듬어서 만든다."라고 했는데, 마(麻)를 씻어서 청결하고 희게 만든다는 뜻이다. 정현이 "대(帶)를 만들 때 그 뿌리를 제거하지 않고, 끝을 굽혀서 위로 올려 허리까지 올린다."라고 했는데, 대(帶)는 본래 늘어트리게 되어 있는데, 현재는 굽혀서 위로 향하게 한 뒤 허리까지 올린 것이다. 정현이 "중간에 합쳐서 매듭을 지으니, 관계가 깊은 친족임을 나타낸다."라고 했는데, 늘어트리는 마(麻)를 굽혀서, 위로 올려 허리까지 올리고, 그런 뒤에 중간 부분을 나눠서 마(麻)를 두 가닥으로 만들고, 합해서 매듭을 묶고, 그것을 밑으로 늘어트린다는 뜻이다. 이처럼 하는 이유는 친족의 관계가 깊음을 나타낸 것이다. 정현이 "요절한 자에 대해서는 대(帶)의 끝을 늘어트린다."라고 했는데, 성인이었을 때 죽은 경우 본래 대공복이나 그 이하의 경우에 해당하는 자가 요절했다면, 요절한 자에 대해서는 수위를 낮추게 되어, 오직 마(麻)로 만든 대(帶)의 끝을 풀어서 밑으로 늘어트리고, 굽혀서 위에서 매듭을 짓지 않으니, 하상을 하여 소공복을 착용한 경우와 달리하기 때문이다.

集解 愚謂: 此言下殤小功之帶之重也. 下殤小功, 本齊衰之親也. 帶澡麻者, 其帶澡治牡麻爲之也. 喪服於齊衰·大功·小功皆言"牡麻帶·絰", 而殤小功章特言"澡麻", 蓋大功以上麻絰不澡, 小功以下澡之. 獨於殤小功言"澡", 以見上下也. 本者, 麻之根也. 麻以有本爲重, 大功以上麻不斷本, 小功以下斷之. 下殤小功雖首絰無本, 而其帶猶不絶本也. 報, 合也. 謂成服之時, 屈所垂散麻上至於要, 然後合而糾之也. 帶以散爲重, 以絞爲輕. 成人大功以上之喪, 未成服之前散帶, 成服而絞之. 大功殤, 雖成服不絞帶; 下殤小功, 則散其屈者, 絞其垂者. 至本服大功之爲殤而降者, 則其帶皆不散矣. 蓋下殤小功雖輕

---

1) 『의례』「상복(喪服)」: 小功布衰裳, 牡麻絰, 卽葛, 五月者.

於大功之殤, 而重於餘殤, 故其帶旣有本, 而又不盡絞之, 皆所以明其重也.

번역 내가 생각하기에, 여기에서 말한 것은 하상(下殤)을 하여 소공복을 착용했을 때의 대(帶) 중에서도 중시 여긴 것을 뜻한다. 하상을 하여 소공복을 착용했다는 것은 본래 자최복을 착용해야 하는 친족을 뜻한다. '대조마(帶澡麻)'는 대(帶)는 모마(牡麻)를 세척하고 다듬어서 만든다는 뜻이다. 『의례』「상복(喪服)」편에서는 자최복·대공복·소공복에 대해서 모두 "모마로 대(帶)와 질(絰)을 만든다."라고 했고, '상소공장(殤小功章)'에서는 특별히 '조마(澡麻)'[2]라고 했으니, 아마도 대공복으로부터 그 이상의 상복에 하는 마(麻)로 만든 질(絰)은 세척하지 않았고, 소공복으로부터 그 이하의 상복에 하는 것은 세척을 하여 깨끗하게 만들었던 것이다. 그런데 유독 요절하여 소공복을 착용하는 조목에서만 "세척한다[澡]."라고 말한 것은 이것을 기점으로 수위가 높고 낮은 것의 차이점을 나타내고자 했기 때문이다. '본(本)'은 마(麻)의 뿌리이다. 마는 뿌리가 있는 것을 중시여기고, 대공복으로부터 그 이상의 상복에서는 마(麻)에 대해서 뿌리를 자르지 않고, 소공복으로부터 그 이하의 상복에서는 뿌리를 자른다. 하상을 하여 소공복을 착용한 경우 비록 수질(首絰)에는 뿌리부분이 없지만, 대(帶)에는 여전히 뿌리를 자르지 않는다. '보(報)'자는 "합한다[合]."는 뜻이다. 성복을 할 때, 늘어트렸던 마(麻)를 위로 굽혀서 허리까지 올리고, 그런 뒤에 합해서 매듭을 묶는다는 뜻이다. 대(帶)에서는 늘어트리는 것을 중시여기고, 매듭을 짓는 것을 경시한다. 성인 중 대공복으로부터 그 이상의 관계에 있는 상에서는 성복을 하기 이전에는 대(帶)를 늘어트리고, 성복을 하면 매듭을 짓는다. 요절한 자를 위해 대공복을 착용할 때에는 비록 성복을 했더라도, 대(帶)를 매듭짓지 않고, 하상을 하여 소공복을 착용한 경우라면, 굽힌 부분을 늘어트리고, 늘어트린 부분에 매듭을 짓는다. 본래의 복장이 대공복인데, 요절한 자에 대해서 수위를 낮춘다면, 그 대(帶)는 모두 늘어트리지 않는다. 무릇 하상을 하여 소공복을 착용한 경우 비록 요절하여 대공복을 착

2) 『의례』「상복(喪服)」: 小功布衰裳, <u>澡麻</u>帶·絰, 五月者.

용한 경우보다 낮추지만, 나머지 요절한 경우보다는 중시 여긴다. 그렇기 때문에 대(帶)에 뿌리부분을 남겨두고, 또 모두 매듭을 짓지 않으니, 이 모두는 중시 여긴다는 사실을 나타내는 방법이다.

• 제 56 절 •

상례(喪禮) 규정-부제(祔祭) Ⅳ

【421a】

婦祔於祖姑. 祖姑有三人, 則祔於親者.

직역 婦는 祖姑에게 **祔**한다. 祖姑가 三人이 有하면, 親者에게 **祔**한다.

의역 며느리는 조부의 처에게 합사를 한다. 간혹 계모가 있어서, 조고가 세 사람이라면, 시아비를 낳은 생모에게 합사한다.

集說 此言祔廟之禮, 三人或有二繼也. 親者, 謂舅所生母也.

번역 이것은 묘(廟)에 합사하는 예법을 뜻하는데, 세 사람이 있다는 것은 간혹 두 명의 계모가 있는 경우를 뜻한다. '친자(親者)'는 시아비를 낳은 생모를 뜻한다.

鄭注 謂舅之母死, 而又有繼母二人也. 親者, 謂舅所生.

번역 시아비의 생모가 돌아가시고, 또 계모 두 명이 있는 상황을 뜻한다. '친자(親者)'는 시아비를 낳은 생모이다.

孔疏 ●"婦祔"至"故也". ○正義曰: 此一節明婦人祔祭之事, 各依文解之.

번역 ●經文: "婦祔"~"故也". ○이곳 문단은 며느리에게 부제(祔祭)를 지내는 사안을 나타내고 있으니, 각각의 문장에 따라서 풀이하겠다.

孔疏 ●"祖姑有三人, 則祔於親"者, 謂舅之母有三人, 親者謂舅之所生者, 言婦祔祖姑, 則祔於舅之所生者也.

번역 ●經文: "祖姑有三人, 則祔於親". ○시아비의 모친이 세 사람이 있는 경우를 뜻하는데, '친자(親者)'는 시아비를 낳은 생모이니, 며느리를 조고에게 합사한다면, 시아비를 낳은 생모에게 합사한다는 뜻이다.

訓纂 朱子曰: 程氏祭儀謂"凡配止用正妻一人, 或奉祀之人是再娶所生, 卽以所生配." 謂"凡配止用正妻一人", 是也. 若再娶者無子, 或祔祭別位, 亦可也. 若奉祀者是再娶之子, 乃許用所生配, 而正妻無子遂不得配祭, 可乎? 唐會要中有論: "凡是適母, 無先後皆當並祔合祭, 與古諸侯之禮不同." 又曰: 夫婦之義, 如乾大坤至, 自有差等. 方其生存, 夫得有妻有妾, 而妻之所天, 不容有二. 況於死而配祔, 又非生存之比, 只合從唐人所議爲允.

번역 주자가 말하길, 정씨의 『제의』에서는 "무릇 배향의 경우에는 정처 한 사람만 할 뿐인데, 간혹 제사를 받드는 사람이 재취를 한 여자에게서 낳은 자식이라면, 그를 낳은 여자를 배향한다."라고 했다. "배향에는 정처 한 사람만 할 뿐이다."라고 한 말은 옳다. 만약 재취를 한 여자에게 자식이 없어서, 혹여 부제를 지내며 별도의 자리를 마련한다면 또한 가능하다. 만약 제사를 받드는 자가 재취를 한 여자에게서 낳은 자식인 경우, 그를 낳은 여자를 배향하도록 허용하면, 정처에게 자식이 없을 경우 결국 배향하여 제사를 지낼 수 없게 되는데, 가능하겠는가? 『당회요』 중에서는 "무릇 적모의 경우, 선후에 상관없이 모두 마땅히 부제를 지내며 합제를 해야 하니, 고대 제후의 예법과는 다르다."라고 했다. 또 주자가 말하길, 부부의 도의는 건(乾)이 크고 곤(坤)이 지극한 것과 같아서, 그 자체에 차등적 등급이 있다. 생존해 있을 때, 남편은 처와 첩을 두는데, 처가 하늘로 섬기는 자는 두 명이 있을 수 없다. 하물며 죽었을 때 배향하여 부제를 지내는 경우, 또한 생존해 있을 때와 견주지 않는다면, 단지 당(唐)나라 사람들이 의론한 것에 맞추는 것이 마땅하다.

集解 愚謂: 大夫士繼娶並祔之禮, 於此可以見之.

번역 내가 생각하기에, 대부와 사가 재취를 했을 때, 함께 부제를 지내는 예법을 이 기록을 통해서 확인할 수 있다.

【421a】

其妻爲大夫而卒, 而后其夫不爲大夫, 而祔於其妻, 則不易牲. 妻卒而后夫爲大夫, 而祔於其妻, 則以大夫牲.

직역 그 妻가 大夫가 爲하여 卒하고, 后에 그 夫가 大夫가 不爲하고, 그 妻에 **祔**하면, 牲을 不易한다. 妻가 卒한 后에 夫가 大夫가 爲하고, 그 妻에 **祔**하면, 大夫의 牲으로써 한다.

의역 처가 죽었을 때, 남편이 대부의 신분이었고, 처가 죽은 이후 남편이 어떤 사정으로 인해 대부에서 물러났고, 남편이 죽어서 아내에게 합사를 하게 되면, 이전에 사용하던 대부의 희생물로 바꿀 수 없다. 처가 죽은 이후 남편이 대부의 신분이 되었고, 그 남편이 죽어서 아내에게 합사를 하게 되면, 대부에게 적용되는 희생물을 사용한다.

集說 妻卒時夫爲大夫, 卒後夫黜退遂死, 以無祖廟, 故祔於妻之禮, 止得依夫今所得用之牲, 不得易用昔大夫之牲也. 若妻死時夫未爲大夫, 死後夫乃爲大夫而死, 今祔祭其妻, 則得用大夫牲矣.

번역 처가 죽었을 때, 남편이 대부의 신분이었는데, 처가 죽은 이후 남편이 축출되거나 물러났고, 결국 그 상태로 죽어서, 조묘(祖廟)가 없어졌기 때문에, 아내에게 합사하는 예(禮)에서는 단지 남편의 현재 상태에 따라 사용할 수 있는 희생물만 사용하고, 이전 대부였을 때 사용하던 희생물로 바꿀 수 없다. 만약 처가 죽었을 때, 남편이 아직 대부의 신분이 아니었지만, 처가 죽은 이후 남편이 곧 대부가 되었고 그 후에 죽어서, 현재 아내에게 부제를 지내게 되었다면, 대부에게 적용되는 희생물을 사용할 수 있다.

集說 疏曰: 此謂始來仕而無廟者, 若有廟, 則死者當祔於祖, 不得祔於妻也. 惟宗子去他國以廟從.

번역 공영달의 소(疏)에서 말하길, 이 내용은 처음으로 이 나라에 찾아와서 벼슬살이를 하여, 묘(廟)가 없는 경우를 뜻하니, 만약 묘(廟)가 있다면, 죽은 자는 마땅히 조부의 묘(廟)에 합사를 해야 하고, 처에게 합사할 수 없다. 오직 종자만이 다른 나라로 떠날 때, 묘(廟)의 신주를 가지고 간다.

大全 朱子曰: 程氏祭儀謂"凡配止用正妻一人, 或奉祀之人是再娶所生, 卽以所生配." 謂"凡配止用正妻一人", 是也. 若再娶者無子, 或祔祭別位, 亦可也. 若奉祀者是再娶之子, 乃許用所生配, 而正妻無子遂不得配祭, 可乎? 程先生此說恐誤. 唐會要中有論, "凡是適母, 無先後皆當並祔合祭, 與古者諸侯之禮不同." 又曰: 夫婦之義, 如乾大坤至, 自有差等, 故方其生存, 夫得有妻有妾, 而妻之所天, 不容有二. 況於死而配祔, 又非生存之比? 橫渠之說, 似亦推之有太過也. 只合從唐人所議爲允. 況又有前妻無子, 後妻有子之礙, 其勢將有所杌隉而不安者, 唯葬則今人夫婦未必皆合葬, 繼室別營兆域, 宜亦可矣.

번역 주자가 말하길, 정씨의 『제의』에서는 "무릇 배향의 경우에는 정처 한 사람만 할 뿐인데, 간혹 제사를 받드는 사람이 재취를 한 여자에게서 낳은 자식이라면, 그를 낳은 여자를 배향한다."라고 했다. "배향에는 정처 한 사람만 할 뿐이다."라고 한 말은 옳다. 만약 재취를 한 여자에게 자식이 없어서, 혹여 부제를 지내며 별도의 자리를 마련한다면 또한 가능하다. 만약 제사를 받드는 자가 재취를 한 여자에게서 낳은 자식인 경우, 그를 낳은 여자를 배향하도록 허용하면, 정처에게 자식이 없을 경우 결국 배향하여 제사를 지낼 수 없게 되는데, 가능하겠는가? 따라서 정선생의 이러한 주장은 아마도 잘못된 말인 것 같다. 『당회요』 중에서는 "무릇 적모의 경우,

선후에 상관없이 모두 마땅히 부제를 지내며 합제를 해야 하니, 고대 제후의 예법과는 다르다."라고 했다. 또 주자가 말하길, 부부의 도의는 건(乾)이 크고 곤(坤)이 지극한 것과 같아서, 그 자체에 차등적 등급이 있기 때문에, 생존해 있을 때 남편은 처와 첩을 두고, 처가 하늘로 섬기는 자는 두 명이 있을 수 없다. 하물며 죽었을 때 배향하여 부제를 지내는 경우, 또한 생존해 있을 때와 견주지 않는다면 어떻게 하겠는가? 따라서 횡거[1]의 주장 또한 그 사안을 미루어보면 큰 과실을 범한 것 같다. 그러므로 단지 당(唐)나라 사람들이 의론한 것에 맞추는 것이 마땅하다. 하물며 전처에게 자식이 없었고, 후처에게 자식이 있는 상황이 발생한다면, 그 형세는 저애되는 점이 발생하여 불안하게 되며, 장례의 경우에도 현재 사람들은 남편과 아내가 모두 합장을 하는 것이 아니며, 후처에 대해서는 별도로 무덤을 조성함이 또한 마땅하다.

鄭注 妻爲大夫, 夫爲大夫時卒. 不易牲, 以士牲也. 此謂始來仕無廟者, 無廟者不祔, 宗子去國, 乃以廟從.

번역 '처위대부(妻爲大夫)'는 남편이 대부였을 때 처가 죽었다는 뜻이다. "희생물을 바꾸지 않는다."는 말은 사의 희생물을 사용한다는 뜻이다. 이 내용은 처음 이 나라에 와서 벼슬살이를 하여 묘(廟)가 없는 자에게 해당하니, 묘(廟)가 없는 자는 조묘에 합사할 수 없고, 종자가 그 나라를 떠나게 되면, 곧 묘(廟)에 있는 신주가 그를 뒤따르게 된다.

釋文 從, 才用反.

번역 '從'자는 '才(재)'자와 '用(용)'자의 반절음이다.

---

1) 장재(張載, A.D.1020~A.D.1077) : =장자(張子)·장횡거(張橫渠). 북송(北宋) 때의 유학자이다. 북송오자(北宋五子) 중 한 사람으로 칭해진다. 자(字)는 자후(子厚)이다. 횡거진(橫渠鎭) 출신으로, 이곳에서 장기간 강학을 했기 때문에 횡거선생(橫渠先生)으로 일컬어지기도 한다.

孔疏 ●"其妻, 爲大夫而卒"者, 謂夫爲大夫時而妻死者也.

번역 ●經文: "其妻, 爲大夫而卒". ○남편이 대부였을 때, 처가 죽은 경우를 뜻한다.

孔疏 ●"而后其夫不爲大夫"者, 謂妻死後夫或黜退, 不復爲大夫而死也.

번역 ●經文: "而后其夫不爲大夫". ○처가 죽은 이후 남편이 축출되거나 물러나서, 다시 대부의 신분이 되지 못한 상태에서 죽은 경우를 뜻한다.

孔疏 ●"而祔於其妻, 則不易牲"者, 謂夫旣不爲大夫, 死若祔祭此妻, 但依夫今所得用之牲, 不得易用昔大夫時牲.

번역 ●經文: "而祔於其妻, 則不易牲". ○남편이 이미 대부의 신분이 되지 못한 상태인데, 그가 죽어서 만약 그의 처에게 부제를 지내야 한다면, 단지 남편의 계급에 따라서 현재 사용할 수 있는 희생물을 쓰며, 이전의 대부였을 때 사용하던 희생물로 바꿀 수 없다는 뜻이다.

孔疏 ●"妻卒而后夫爲大夫, 而祔於其妻, 則以大夫牲"者, 此謂妻死時, 夫未得爲大夫也. 妻死後, 夫乃得爲大夫. 今旣祔祭其妻, 則得用大夫牲, 妻從夫之禮故也.

번역 ●經文: "妻卒而后夫爲大夫, 而祔於其妻, 則以大夫牲". ○이 내용은 처가 죽었을 때, 남편이 아직 대부의 신분이 되지 못했는데, 처가 죽은 이후 남편이 곧 대부가 된 경우이다. 현재 그의 처에게 부제를 지내게 되었다면, 대부의 희생물을 사용할 수 있으니, 처는 남편에게 적용되는 예(禮)를 따르기 때문이다.

孔疏 ◎注"妻爲"至"廟從". ○正義曰: 此謂始來仕無廟者, 若其有廟, 則死者當祔於祖, 不得祔於其妻. 今夫死祔於其妻, 故知是"無廟者". 若其宗子去他國, 乃以廟從, 則祔於祖矣.

번역 ◎鄭注: "妻爲"~"廟從". ○정현이 "이 내용은 처음 이 나라에 와서 벼슬살이를 하여 묘(廟)가 없는 경우이다."라고 했는데, 만약 묘(廟)가 있는 경우라면, 죽은 자는 마땅히 조부의 묘(廟)에 합사해야 하며, 그의 처에게 합사할 수 없다. 현재 남편이 죽어서 그의 처에게 합사를 하기 때문에, 이 경우가 "묘(廟)가 없는 자이다."라는 상황이 됨을 알 수 있다. 만약 종자가 다른 나라로 떠나게 되면, 그의 묘(廟)에 있는 신주들이 뒤따르게 되니, 조부의 묘(廟)에서 합사할 수 있다.

訓纂 陸農師曰: 祔於其妻, 卽是祔於其祖, 蓋妻未有不祔於祖姑者. 鄭氏謂"始來仕無廟者", 誤矣.

번역 육농사가 말하길, 그 처에게 합사를 시행한다는 말은 곧 그 조고에게 합사를 한다는 뜻이니, 무릇 처에게 있어서 일찍이 조고에게 합사를 하지 않은 경우가 없었기 때문이다. 정현은 "처음 이곳에 와서 벼슬살이를 하여 묘(廟)가 없는 경우이다."라고 했는데, 이것은 잘못된 주장이다.

訓纂 應子和曰: 經據妻之生死同夫榮辱立文, 注以祔於其妻, 則爲始仕而未有廟, 亦未必然. 正使新徙它國而爲大夫, 亦必有廟. 旣不立祖廟, 豈敢爲妻立廟乎?

번역 응자화가 말하길, 경문은 처의 생사에 기준을 두어, 남편과 영욕을 함께 한다는 것에 따라 문장을 기록한 것인데, 정현의 주에서는 "그 처에게 부(祔)한다."는 말을 곧 처음 벼슬살이를 하여 아직 묘(廟)가 없는 경우라고 여겼는데, 반드시 그렇지만은 않다. 새로이 다른 나라로 이주하여 대부가 된 경우에도 또한 묘(廟)가 반드시 있게 된다. 이미 조묘(祖廟)를 세울 수 없다면, 어떻게 감히 처에 대해서 묘(廟)를 세울 수 있겠는가?

訓纂 江氏永曰: 祔於其妻, 謂夫爲其妻行祔祭之禮也. 疏謂"其夫不爲大夫而死", 誤矣.

번역 강영이 말하길, 그 처에게 부(祔)한다는 말은 남편이 그 처를 위해서 부제의 의례를 시행한다는 뜻이다. 공영달의 소(疏)에서는 "남편이 대부가 되지 못한 상태에서 죽었다."라고 했는데, 잘못된 주장이다.

訓纂 金氏榜曰: 喪之祔祭也, 使鬼有所歸, 故雖朋友主喪, 亦必爲之虞祔, 不繫於有廟無廟. 此經承上"婦祔於祖姑"言之. 祔於其妻, 卽此祔於祖姑是也. 變言"其妻"者, 緣上"其妻爲大夫而卒"立文, 皆對夫之辭.

번역 금방이 말하길, 상을 치르며 시행하는 부제는 혼으로 하여금 귀의할 곳을 만드는 것이기 때문에, 비록 벗이 상을 주관하게 되더라도 또한 반드시 죽은 자를 위해서 우제와 부제를 치르니, 묘(廟)의 유무와는 관련이 없다. 이곳 경문은 앞의 "부인을 조고에 합사한다."라고 한 말과 연이어서 언급한 것이다. 그 처에게 부(祔)를 한다는 말은 곧 조고에게 부제를 치른다는 뜻이다. 그 문장을 바꿔서 '기처(其妻)'라고 한 것은 앞에서 "그 처가 남편이 대부였을 때 죽었다."라는 문장에 연유하여 기록을 했기 때문이니, 이 모두는 남편과 대비를 해서 쓴 기록이다.

集解 愚謂: 婦隨夫爲尊卑者也. 言"不易牲", 以見與士祔於大夫者不同也. 無廟者不祔, 始封君亦然.

번역 내가 생각하기에, 부인은 남편의 신분에 따르는 자이다. "희생물을 바꾸지 않는다."는 말은 이를 통해서 사를 대부에게 합사하는 경우와는 다르다는 사실을 드러낸 것이다. 묘(廟)가 없는 자는 부제를 치르지 않으니, 처음 분봉을 받은 제후 또한 이와 같다.

• 제 57 절 •

상복(喪服) 규정-출모(出母) Ⅱ

【421c】

爲父後者, 爲出母無服. 無服也者, 喪者不祭故也.

직역 父後가 爲한 者는 出母를 爲하여 無服한다. 無服하는 것은 喪者는 不祭하기 때문이다.

의역 부친의 후계자가 된 자는 출모를 위해서 상복을 착용하지 않는다. 상복을 착용하지 않는 이유는 상을 치르는 자는 제사를 지내지 못하기 때문이다.

集說 出母, 父所棄絶, 爲他姓之母以死, 則有他姓之子服之. 蓋居喪者不祭, 若喪他姓之母, 而廢己宗廟之祭, 豈禮也哉? 故爲父後者不喪出母, 重宗祀也. 然雖不服, 猶以心喪自居爲恩也, 非爲後者期而不禫.

번역 '출모(出母)'는 부친으로부터 쫓겨나서 관계가 끊어진 여자이니, 다른 성(姓)을 가진 자의 모친이 된 상태로 죽었다면, 다른 성을 가진 자식이 그녀를 위해 복상하게 된다. 무릇 상을 치르는 자는 제사를 지내지 않는데, 만약 다른 성의 모친에 대해 상례를 치른다면, 자기 종묘의 제사를 폐지하는 꼴이 되니, 어찌 예법에 맞는 행동이라 할 수 있겠는가? 그렇기 때문에 부친의 후계자가 된 자는 출모를 위해서 상을 치르지 않으니, 종묘의 제사를 중시여기기 때문이다. 그러나 비록 상복을 입지 않는다고 하더라도, 여전히 심상의 방법으로 거처하게 되니, 은정 때문이며, 후계자가 아닌 자는 기년상을 치르되 담제는 지내지 않는다.

集說 朱子曰: 出母爲父後者無服, 此尊祖敬宗家無二主之意, 先王制作精微不苟蓋如此.

번역 주자가 말하길, 출모에 대해서, 부친의 후계자가 된 자가 상복을 착용하지 않는데, 이것은 조상을 존숭하고 종가를 공경하며, 두 명의 주인이 없다는 뜻에 해당하니, 선왕이 예제를 제정했던 뜻이 이처럼 정밀했던 것이다.

大全 金華應氏曰: 祭, 吉禮也, 喪, 凶事也. 凶服, 不可以行吉禮. 子無絶母之理, 而爲父後, 則有祭祀之責, 以宗廟爲重, 故寧奪母慈, 而不敢廢祖父之祀. 然出婦旣得罪於宗廟, 則其爲服, 亦無望於前夫之家, 其有故而它適者, 必有受我而爲之服矣.

번역 금화응씨가 말하길, 제사는 길례에 해당하고, 상사는 흉사에 해당한다. 흉복을 입고서 길례를 시행할 수 없다. 자식에게는 모친과 인연을 끊는 이치가 없지만, 부친의 후계자가 된 경우라면, 제사를 지내야 하는 책무가 있고, 종묘를 중시하기 때문에, 차라리 모친의 자애로움을 버리는 것이 낫지, 감히 조부의 제사를 폐지할 수 없다. 그러나 부인을 내칠 때, 그녀가 이미 종묘로부터 죄를 얻었다면, 그녀를 위해 상복을 착용하는 것 또한 전 남편의 집안에 대해 바랄 것이 아니지만, 연유가 있어서 다른 곳으로 시집간 여자의 경우라면, 반드시 남겨진 자식에게도 책무가 주어져서, 그녀를 위해 상복을 착용하게 된다.

鄭注 適子正體於上, 當祭祀也.

번역 적자는 위로 정통을 이어받았으니, 마땅히 자기 집안의 제사를 지내야 한다.

• 제58절 •

상복(喪服) 규정-여자와 지팡이

【421d】

婦人不爲主而杖者, 姑在爲夫杖. 母爲長子削杖. 女子子在室爲父母, 其主喪者不杖, 則子一人杖.

직역 婦人이 主가 不爲한데 杖한 者는 姑가 在하고 夫를 爲하여 杖한다. 母는 長子를 爲하여 削杖한다. 女子子가 室에 在한데 父母를 爲함에, 그 喪을 主한 者가 不杖하면, 子一人이 杖한다.

의역 부인이 상주가 아닌데도 지팡이를 잡는 경우가 있으니, 시어미가 생존해 계실 때, 죽은 남편을 위해서 지팡이를 잡는다. 모친이 장자의 상을 치르게 되면 삭장(削杖)을 잡는다. 딸 중 아직 시집을 가지 않은 여자는 부모의 상을 치를 때, 남자 형제가 없어서 같은 성씨의 남자를 섭주로 삼아, 그 자가 지팡이를 잡지 않으면, 딸 중 한 명이 지팡이를 잡는다.

集說 此明婦與女當杖之禮. 女子在室而爲父母杖者, 以無男昆弟而使同姓爲攝主也.

번역 이 내용은 부인과 딸이 마땅히 지팡이를 잡아야 하는 예(禮)를 나타내고 있다. 딸이 아직 시집을 가지 않아서 부모의 상을 치르며 지팡이를 잡는 경우는 남자 곤제가 없어서 동성인 친족 남자를 시켜서 섭주로 삼았을 경우이다.

大全 嚴陵方氏曰: 削杖, 桐也, 杖桐, 非所以服男子, 然母爲長子, 則杖之者, 以其所以服我者而報之也.

번역 엄릉방씨가 말하길, 삭장(削杖)은 오동나무로 만든 지팡이인데, 오동나무로 만든 지팡이는 남자의 상에 대한 복장이 아니지만, 모친이 장자의 상을 치르면 이 지팡이를 잡게 된다. 그 이유는 나의 상에 대해서 이러한 지팡이를 잡게 되어, 보답차원에서 잡는 것이다.

鄭注 姑不厭婦. 嫌服男子當杖竹也. 母爲長子服, 不可以重於子爲己也. 女子子在室, 亦童子也. 無男昆弟, 使同姓爲攝主, 不杖, 則子一人杖, 謂長女也. 許嫁及二十而笄, 笄爲成人, 成人正杖也.

번역 시어미는 며느리에 대해서 수위를 낮추지 않는다. 모친이 장자를 위해서 삭장(削杖)을 잡는다고 한 것은 남자는 마땅히 대나무로 만든 지팡이를 잡아야 하므로, 동일한 지팡이를 잡는다고 오해하게 될까봐 명시한 것이다. 모친이 장자를 위해서 상복을 착용하지만, 자식이 자신을 위해서 상을 치르는 것보다 중시 여길 수 없다. 딸자식 중 아직 시집을 가지 않은 여자는 또한 어린아이와 같다. 남자 형제들이 없어서, 동성인 남자 친족을 섭주로 삼았는데, 그가 지팡이를 잡지 않는다면, 딸 중 1명이 지팡이를 잡으니, 장녀를 가리킨다. 혼인이 약속되거나 20세가 되어 계례(笄禮)를 치렀다면, 비녀를 꼽은 것은 성인이 된 것이니, 성인은 곧 지팡이를 잡아야 한다.

孔疏 ●"婦人"至"人杖". ○正義曰: 此一節論婦人應杖之節, 各隨文解之.

번역 ●經文: "婦人"~"人杖". ○이곳 문단은 부인이 마땅히 지팡이를 잡아야 하는 규정을 논의하고 있으니, 각각의 문장에 따라서 풀이하겠다.

孔疏 ●"姑在爲夫杖"者, 鄭義唯謂出嫁婦人禮也. 若成人婦人在家爲父母, 雖不爲主亦杖. 若在夫家, 唯爲主乃杖, 故爲夫與長子雖不爲主亦杖, 若餘非爲主, 則不爲杖. 但夫是移天之重, 婦雖不爲主而杖, 而云"姑在"者, 舅主適婦喪, 則厭適子, 使不杖; 今有姑在, 姑主子喪, 恐姑旣爲主則亦厭婦, 明今姑雖爲主, 不厭婦也. 所以知鄭意然者, 注下經"一人杖"云: "女子子在室, 亦童子也. 成人則正杖." 又喪大記云: "士[1]之喪二日, 婦人皆杖." 注云: "婦人皆杖, 謂主婦·容妾爲君·女子子在室者也." 故喪服傳云: "婦人何以不杖? 亦不能病也." 是爲鄭學者, 則謂爲童子婦人, 不能爲父母杖也. 而難鄭者, 云鄭以婦人不杖, 唯謂童子婦人, 然童女未嫁, 何以得稱婦人? 又喪服傳云"童子何以不杖? 不能病", 乃云"婦人何以不杖, 亦不能病", 明知婦人非童子也. 故賀循等以爲, 婦人不杖, 謂出嫁之婦人不爲主, 則不杖, 其不爲主而杖者, 唯姑在爲夫杖, 故此記特明之. 鄭必以爲童子婦人乃不杖者, 鄭以此下經云"女子子在室爲父母, 其主喪者不杖, 則子一人杖", 旣云"女子子在室", 是童女可知. 云"主喪者不杖", 若主喪者杖, 則此童女不杖, 今由主喪者不杖, 則此童女一人杖. 鄭據此文, 故知婦人謂童子之婦人也. 若其成人出嫁, 婦人爲主皆杖, 故喪大記云: "三日, 子·夫人杖, 五日授大夫世婦杖." 喪服傳: "妻爲夫杖." 小記云: "母爲長子杖." 是成人婦人皆杖也. 童女得稱婦人者, 喪服小功章云: "爲姪·庶孫丈夫婦人之長殤." 是殤之童得稱婦人, 未嫁而稱婦人者, 以其將有適人之端, 故得稱婦人也.

번역 ●經文: "姑在爲夫杖". ○정현의 주장이 뜻하는 것은 오직 출가를 한 부인에 대한 예법에 해당한다. 만약 성인이 된 여자가 아직 시집을 가지 않았을 때, 부모를 위해 상을 치르게 된다면, 비록 그녀가 상주가 되지 않더라도, 또한 지팡이를 잡게 된다. 만약 시집을 가서 남편의 집에 소속되어 있다면, 오직 상주가 되었을 때에만 지팡이를 잡는다. 그렇기 때문에 남편과 장자의 상을 치를 때에는 비록 상주가 되지 않더라도, 또한 지팡이를 잡고, 만약 나머지 상주가 되지 않은 경우라면, 지팡이를 잡지 않는다. 다만 남편은 시집간 여자에게는 매우 중요한 대상이니, 며느리는 비록 상주가 되지 않더라도 지팡이를 잡는다. 그런데 "시어미가 생존해 계시다."라고 말

1) '사(士)'자에 대하여. '사'자는 본래 '주(主)'자로 기록되어 있었는데, 완원(阮元)의 『교감기(校勘記)』에서는 "『고문(考文)』에서 인용하고 있는 『송판(宋板)』에는 '주'자를 '사'자로 기록했는데, 이 기록이 옳다."라고 했다.

한 이유는 시아비가 적부의 상을 주관하게 된다면, 적자에 대해서는 수위를 낮춰서 지팡이를 잡지 않도록 한다. 그런데 현재 시어미가 생존해 계신 경우이고, 시어미가 자식의 상을 주관하니, 아마도 시어미가 이미 상주가 되었으므로, 또한 며느리에 대해 수위를 낮추게 될까 염려를 했기 때문에, 이곳 문장에서는 시어미가 비록 상주가 되었더라도, 며느리에 대해서 수위를 낮추지 않는다고 명시한 것이다. 정현의 의도가 이와 같다는 사실을 알 수 있는 이유는 아래 경문 중 "한 사람이 지팡이를 잡는다."라고 한 기록에 대해, 정현의 주에서는 "딸자식 중 아직 시집을 가지 않은 여자는 또한 어린아이와 같다. 성인이 되었다면 지팡이를 잡는다."라고 했고, 또 『예기』「상대기(喪大記)」편에서는 "사의 상에서는 2일째에 부인들이 모두 지팡이를 잡는다."[2]라고 했고, 정현의 주에서는 "부인들이 모두 지팡이를 잡는다고 한 말은 주부와 용첩이 부군 및 딸자식 중 아직 시집을 가지 않은 여자에 대해 상을 치르는 경우를 뜻한다."라고 했다. 그렇기 때문에 『의례』「상복(喪服)」편의 전문(傳文)에서는 "부인들은 어찌하여 지팡이를 잡지 않는가? 이 또한 상주만큼 병약해질 수 없기 때문이다."[3]라고 했다. 이것은 정현의 학문에서 주장하는 내용이니, 어린아이에 해당하는 여자들은 부모를 위해서 지팡이를 잡을 수 없다는 뜻이다. 그러나 정현의 주장을 비판하는 자들은 정현은 부인이 지팡이를 잡지 않는 것을 어린아이에 해당하는 여자들만을 뜻한다고 했다. 그런데 어찌 아직 시집을 가지 않은 여자 아이들에 대해서 '부인(婦人)'이라고 부를 수 있는가? 또 「상복」편의 전문에서 "어린아이는 어찌하여 지팡이를 잡지 않는가? 병약해질 수 없기 때문이다."라고 했고, 이어서 "부인은 어찌하여 지팡이를 잡지 않는가? 또한 병약해질 수 없기 때문이다."라고 했으니, 부인이 어린아이가 아니라는 사실을 명확히 알 수 있다. 그렇기 때문에 하순 등은 다음과 같이 여겼다. 부인이 지팡이를 잡지 않는 것은 출가한 부인들 중 상주가 되지 않은 경우라면, 지팡이를

---

2) 『예기』「상대기(喪大記)」【531d~532a】: 士之喪, 二日而殯, 三日之朝主人杖, 婦人皆杖. 於君命夫人之命, 如大夫, 於大夫世婦之命, 如大夫.

3) 『의례』「상복(喪服)」: 童子何以不杖? 不能病也. 婦人何以不杖? 亦不能病也.

잡지 않는다는 뜻이고, 상주가 아닌데도 지팡이를 잡는 것은 오직 시어미가 생존해 계실 때, 남편의 상을 치르며 지팡이를 잡는 경우이다. 그렇기 때문에 이곳 『예기』의 기록에서 특별히 명시한 것이다. 정현이 기어코 어린아이인 여자여야만 지팡이를 잡지 않는다고 한 이유는 이곳 아래 경문에서 "딸자식 중 아직 시집을 가지 않은 여자가 부모의 상을 치르게 되었는데, 상을 주관하는 자가 지팡이를 잡지 않으면, 딸 중 한 명이 지팡이를 잡는다."라고 했는데, 이미 "딸자식 중 아직 시집을 가지 않은 여자이다."라고 했으니, 이것을 통해 어린아이에 해당하는 여자임을 알 수 있다. 그리고 "상을 주관하는 자가 지팡이를 잡지 않는다."라고 했는데, 만약 상을 주관하는 자가 지팡이를 잡는다면, 여기에서 말한 어린 여자아이는 지팡이를 잡지 않고, 현재 상을 주관하는 자가 지팡이를 잡지 않는 것에 따른다면, 어린 여자아이 한 명이 지팡이를 잡는 것이다. 정현은 이러한 기록에 근거를 했기 때문에, '부인(婦人)'이 어린아이에 해당하는 여자를 뜻한다는 사실을 알았던 것이다. 만약 성인이 되어 출가를 했다면, 부인이 상주가 된 모든 경우에 지팡이를 잡는다. 그렇기 때문에 「상대기」편에서는 "3일째가 되면, 자식 · 부인이 지팡이를 잡고, 5일째가 되면 대부와 세부에게 지팡이를 지급한다."[4]라고 말한 것이다. 그리고 「상복」편의 전문에서는 "처는 남편을 위해서 지팡이를 잡는다."라고 했고, 「상복소기」편에서는 "모친은 장자를 위해서 지팡이를 잡는다."라고 했는데, 이것은 성인인 여자가 모두 지팡이를 잡는다는 사실을 나타낸다. 어린 여자아이에 대해 '부인(婦人)'이라고 부를 수 있는 것은 「상복」편의 '소공장(小功章)'에서 "조카와 서손 중 장상을 한 남자와 부인 중 장상한 여자에 대해 착용한다."라고 했는데, 이것은 요절한 여자아이에 대해서도 '부인(婦人)'이라고 부를 수 있다는 사실을 나타내는데, 아직 시집을 가지 않았는데도, '부인(婦人)'이라고 부르는 이유는 그녀에게는 장차 다른 남자에게 시집가는 단서가 포함되어 있기 때문에,

---

4) 『예기』「상대기(喪大記)」【531b】: 君之喪, 三日, 子夫人杖, 五日既殯, 授大夫世婦杖. 子大夫寢門之外杖, 寢門之內輯之. 夫人世婦在其次則杖, 卽位則使人執之. 子有王命則去杖, 國君之命則輯杖, 聽卜有事於尸則去杖. 大夫於君所則輯杖, 於大夫所則杖.

‘부인(婦人)’이라고 부를 수 있는 것이다.

孔疏 ◎注“許嫁”至“杖也”. ○正義曰: 知“許嫁及二十而笄, 爲成人正杖”者, 以其許嫁, 則已有出適人之理, 非復在室, 其雖未許嫁已在二十而笄, 猶男子之冠, 非復童子, 故知“成人則正杖”也.

번역 ◎鄭注: “許嫁”~“杖也”. ○정현이 “혼인이 약속되거나 20세가 되어 계례(笄禮)를 치렀다면, 성인이 되어 지팡이를 잡는다.”라고 했는데, 이미 혼인이 약속되었다면, 이미 출가하여 남에게 시집가는 이치를 포함하고 있으니, 재차 시집을 가지 않았을 때처럼 여길 수 없고, 비록 아직 혼인이 허락되지 않았지만, 이미 20세가 되어 계례(笄禮)를 치렀다면, 남자가 관례(冠禮)를 치른 것처럼 여기니, 재차 어린아이로 대할 수 없다. 그렇기 때문에 “성인이 되었다면 지팡이를 잡는다.”는 말이 사실임을 알 수 있다.

集解 父主適婦之喪, 子不杖. 母主適子之喪, 婦猶杖者, 斬衰無不杖也. 然母旣爲主, 則爲夫雖杖, 其禮當有所降矣. 其房中則杖, 即位於阼階之上則輯杖與.

번역 부친이 적부의 상을 주관하면, 자식은 지팡이를 잡지 않는다. 모친이 적자의 상을 주관하면, 며느리는 오히려 지팡이를 잡는다. 그 이유는 참최복을 착용할 때에는 지팡이를 잡지 않는 경우가 없기 때문이다. 그런데 모친이 이미 상주가 되었다면, 남편을 위해서는 비록 지팡이를 잡지만, 그 예법에는 마땅히 낮추는 점이 있어야만 한다. 그녀가 방에 있다면 지팡이를 잡지만, 동쪽 계단 위에 자리를 잡게 되면, 지팡이를 모아두었을 것이다.

集解 愚謂: 苴杖, 斬衰之杖也. 削杖, 齊衰之杖也. 父爲長子斬衰則苴杖, 母爲長子齊衰則削杖, 各如其爲己之服以服之也.

번역 내가 생각하기에, ‘저장(苴杖)’은 참최복에 잡는 지팡이이다. ‘삭장

(削杖)'은 자최복에 잡는 지팡이이다. 부친이 장자를 위해서 참최복을 착용하면, 저장을 잡고, 모친이 장자를 위해서 자최복을 착용하면, 삭장을 잡으니, 각각 자신을 위해서 상복을 착용할 때처럼 그에 대한 상복을 착용하는 것이다.

集解 此三節明婦人應杖之節.

번역 이 세 구문은 부인이 마땅히 지팡이를 잡아야 하는 규범을 나타내고 있다.

• 제59절 •

상례(喪禮) 규정-면(免)

【422a】

緦小功, 虞卒哭則免.

직역 緦와 小功에는 虞와 卒哭하면 免한다.

의역 시마복과 소공복을 치르는 상에서는 우제와 졸곡을 치르게 되면, 면(免)을 한다.

集說 緦與小功, 服之輕者也. 殯之後啓之前, 雖有事不免, 及虞與卒哭則必免, 不以恩輕而略於後也.

번역 시마복과 소공복은 상복 중에서도 수위가 낮은 것이다. 빈소를 차린 이후로부터 가매장한 영구를 열기 이전까지 비록 처리하는 일이 있더라도 면(免)을 하지 않는데, 우제와 졸곡을 치르게 되면, 반드시 면(免)을 하니, 은정이 가볍더라도 그 뒤의 일들에 대해 소략하게 대하지 않기 때문이다.

鄭注 棺柩已藏, 嫌恩輕可以不免也. 言則免者, 則既殯先啓之間, 雖有事不免.

번역 관을 실은 영구를 이미 매장했다면, 은정이 가벼워서 면(免)을 하지 않아도 된다고 오해할 수도 있기 때문이다. "곧 면(免)을 한다."라고 말했다면, 이미 빈소를 차린 후부터 계빈(啓殯)을 하기 이전까지는 비록 처리할 일이 있더라도 면(免)을 하지 않는 것이다.

孔疏 ●"緦小"至"皆免". ○正義曰: 此一節論著免之節, 各隨文解之.

번역 ●經文: "緦小"~"皆免". ○이곳 문단은 면(免)을 해야 하는 규범을 논의하고 있으니, 각각의 문장에 따라서 풀이하겠다.

孔疏 ●"緦 · 小功, 虞 · 卒哭則免"者, 言遭緦 · 小功之喪, 棺柩在時, 則當著免. 今至虞 · 卒哭之時, 棺柩雖藏已久, 至虞 · 卒哭之時, 亦著免也.

번역 ●經文: "緦 · 小功, 虞 · 卒哭則免". ○시마복과 소공복을 착용해야 하는 상을 당했는데, 관을 실은 영구가 아직 빈소에 있을 때라면, 마땅히 면(免)을 착용해야 한다. 현재는 우제와 졸곡을 치르는 시기가 되어, 관을 실은 영구가 비록 장례를 치른 지 오랜 기간이 흐른 것이지만, 우제와 졸곡을 치르는 시기가 되면, 또한 면(免)을 한다.

孔疏 ◎注"言則"至"不免". ○正義曰: 言"則免"者, 則旣殯先啓之間, 雖有事不免者, 以經云: "虞 · 卒哭則免." 明未虞之前, 則不免也. 虞前有葬, 葬是喪之大事, 棺柩旣啓, 著免可知. 嫌虞與卒哭棺柩旣掩, 不復著免, 故特言"虞 · 卒哭"以明之也.

번역 ◎鄭注: "言則"~"不免". ○정현이 "곧 면(免)을 한다."라고 했다면, 이미 빈소를 차린 후로부터 계빈(啓殯)을 하기 이전까지는 비록 일이 있더라도 면(免)을 하지 않는데, 그 이유는 경문에서 "우제와 졸곡이 되면 면(免)을 한다."라고 했기 때문이니, 아직 우제를 치르기 이전이라면, 면(免)을 하지 않는다는 사실을 나타낸다. 우제를 치르기 이전에는 장례 절차를 시행하고, 장례는 상의 절차 중 중대사에 해당하며, 관을 실은 영구에 대해서, 이미 계빈을 하였다면, 면(免)을 하게 된다는 사실을 알 수 있다. 우제와 졸곡에서 관을 실은 영구가 땅에 묻혀서 다시 면(免)을 착용하지 않는다고 오해할 수 있기 때문에, 특별히 우제와 졸곡을 언급해서, 이러한 사실을 나타낸 것이다.

集解 愚謂: 虞·卒哭則免, 已卒哭變葛, 乃不免也.

번역 내가 생각하기에, 우제와 졸곡을 치르게 되면 면(免)을 하고, 이미 졸곡을 끝내서, 갈(葛)로 된 질(絰)로 바꾸게 되면, 면(免)을 하지 않는다.

【422a】

既葬而不報虞, 則雖主人皆冠, 及虞則皆免.

직역 既히 葬하고 虞를 不報하면, 雖히 主人라도 皆히 冠하고, 虞에 及하면 皆히 免한다.

의역 이미 장례를 치렀지만, 특별한 사정 때문에 신속히 우제를 치르지 못하는 경우라면, 비록 상주라 하더라도 모두 관(冠)을 쓰고, 우제를 치르게 되면, 모두 면(免)을 한다.

集說 前章言赴葬者赴虞, 今言不赴虞, 謂以事故阻之也. 既未得虞, 故且冠以飾首, 及虞則主人至緦小功者皆免也.

번역 앞 장에서는 신속히 장례를 치러서 신속히 우제를 치르는 경우를 언급했고, 이곳에서는 신속히 우제를 치르지 않는다고 했으니, 특별한 일 때문에 지내지 못했다는 뜻이다. 이미 우제를 치르지 못했기 때문에, 또한 관(冠)을 써서 머리를 장식하고, 우제를 치르게 되면, 상주로부터 시마복과 소공복을 착용하는 자들까지 모두 면(免)을 한다.

大全 山陰陸氏曰: 既葬而不報虞, 則雖主人皆冠, 此言過期而葬也. 蓋亦報虞姑然者, 以亦報虞知之也. 蓋禮如期而葬, 如期則虞, 故曰葬而虞, 弗忍一日離也. 不及時而葬, 渴葬也, 過時而葬, 慢葬也, 故禮使後其虞, 以責子道, 先王之所以必其時也. 會葬者, 葬已而去, 卽欲會虞, 報而後知之. 言雖主人皆冠, 嫌不冠也, 及虞則皆免, 據此報葬虞自有日. 但禮文殘闕, 其期不得而知也.

번역 산음육씨가 말하길, 이미 장례를 치렀는데도 신속히 우제를 치르지 않았다면, 비록 상주라도 모두 관(冠)을 쓴다고 했는데, 이것은 기간을 지나쳐서 장례를 치른 경우이다. 무릇 신속히 우제를 치르는 것을 잠시 미룬 경우에도 또 신속히 우제를 치러야 한다는 사실을 알 수 있다. 무릇 예법에 따르면, 정해진 시기가 되어야만 장례를 치르고, 또 정해진 시기가 되어야만 우제를 치른다. 그렇기 때문에 "장례를 치르고 곧바로 우제를 치르는 것은 하루라도 신령이 떨어져 있는 것을 참아낼 수 없기 때문이다."[1]라고 한 것이다. 시기가 되지도 않았는데 장례를 치르는 경우는 갈장(渴葬)에 해당하고, 시기를 넘겨서 장례를 치르는 경우는 만장(慢葬)에 해당한다. 그렇기 때문에 예법에서는 우제를 뒤늦게 치르게 함으로써, 자식에 대한 도리로써 책임을 추궁하니, 선왕이 반드시 정해진 시기에 맞추게끔 했던 방법이다. 장례에 참여하는 자들은 장례가 끝나면 떠나서, 우제에 참여하고자 하니, 신속히 하여 곧바로 그 뒤에 치르게 됨을 알 수 있다. 비록 상주라도 모두 관(冠)을 쓴다고 말한 이유는 관(冠)을 쓰지 않아도 된다고 오해할까 염려되기 때문이다. 우제를 치르게 되면 모두 면(免)을 한다고 했는데, 이것은 신속히 장례를 치르고, 우제 자체에 정해진 시일을 둔 경우에 기준을 둔 것이다. 다만 예의 기록들은 누락되고 생략되어, 그 기간에 대해서는 알 수 없다.

鄭注 有故不得疾虞, 雖主人皆冠, 不可久無飾也. 皆免, 自主人至緦麻.

번역 특별한 사정이 있어서 신속히 우제를 치르지 못한 경우로, 비록 상주라도 모두 관(冠)을 쓰니, 오래도록 장식을 하지 않을 수 없기 때문이다. 모두 면(免)을 한다고 했는데, 상주로부터 시마복을 입은 자들까지이다.

---

1) 『예기』「단궁하(檀弓下)」【116a】: 葬日虞, 弗忍一日離也.

釋文 報音赴, 下同. 冠如字, 又古亂反, 下及注皆同.

번역 '報'자의 음은 '赴(부)'이며, 아래문장에 나오는 글자도 그 음이 이와 같다. '冠'자는 글자대로 읽으며, 또한 '古(고)'자와 '亂(란)'자의 반절음도 되고, 아래문장 및 정현의 주에 나오는 글자도 모두 그 음이 이와 같다.

孔疏 ◎注"有故"至"緦麻". ○正義曰: 前云"赴葬"者, 赴虞, 於疾葬者疾虞, 今依時而葬, 不依時而虞, 主人以下則皆冠, 不可久無飾也. 經云"及虞則皆免", 承上文"緦·小功"之下, 故知主人及緦麻皆免也.

번역 ◎鄭注: "有故"~"緦麻". ○앞에서는 "신속히 장례를 치른다."라고 했는데, 신속히 우제를 치른다는 말은 신속히 장례를 치른 경우에는 신속히 우제를 치르는 것이며, 현재는 정해진 시기에 따라서 장례를 치렀지만, 정해진 시기에 우제를 치르지 못한 경우로, 상주로부터 그 이하의 사람들은 모두 관(冠)을 쓰니, 오래도록 장식을 하지 않을 수 없기 때문이다. 경문에서는 "우제를 치르게 되면 모두 면(免)을 한다."라고 했는데, 이것은 앞의 "시마복과 소공복이다."라고 한 문장 뒤에 연이어 있기 때문에, 상주 및 시마복을 착용하는 자들까지 모두 면(免)을 한다는 사실을 알 수 있다.

訓纂 朱氏軾曰: 葬日虞, 不忍一日離也. 葬已踰期矣, 而又後虞, 是失禮之中又失禮也. 此記所云, 或葬後有故而不及虞, 或先葬母, 虞待父也.

번역 주식이 말하길, 장례를 치른 날 곧바로 우제를 치르는 것은 신령이 하루라도 정처 없이 떠도는 것을 참아낼 수 없기 때문이다. 장례에 대해서 이미 정해진 기간을 넘겨서 치렀는데, 재차 우제를 뒤늦게 지내는 것은 예법의 알맞음을 잃은 것이며 또 예법자체도 어긴 것이다. 이곳『예기』에서 언급한 내용은 아마도 장례를 치른 뒤 특별한 사정이 생겨서, 우제를 치르지 못한 경우이거나 먼저 모친에 대한 장례를 치르고, 모친에 대한 우제는 부친에 대한 상례를 치를 때까지 기다린 경우일 것이다.

集解 愚謂: 喪自旣啓以後, 卒哭以前, 其服與未成服之前同. 然未成服時, 主人括髮, 齊衰以下免, 啓後則雖主人亦免. 士喪禮啓殯, "丈夫鬈." 蓋雖丈夫亦不垂其髮而結爲紒如婦人矣. 是葬時之免, 卽婦人之布鬈也. 旣不垂其髮, 又以布而不以麻, 以葬時行於道路, 宜稍飾也. 曾子問: "如小斂, 則子免而從柩." 是行於道路, 雖初喪, 主人亦免也.

번역 내가 생각하기에, 상례에서 이미 계빈(啓殯)을 한 이후로부터 졸곡을 하기 이전까지, 그때 착용하는 상복은 아직 성복을 하기 이전의 복장과 동일하다. 그런데 아직 성복을 하지 않았을 때, 상주는 괄발을 하고, 자최복으로부터 그 이하의 상복을 착용한 자들은 면(免)을 하며, 계빈을 한 이후라면, 비록 상주라 하더라도 또한 면(免)을 한다. 『의례』「사상례(士喪禮)」편에서는 계빈을 설명하며, "남자는 좌(鬈)의 머리모양을 튼다."[2]라고 했다. 비록 남자라 하더라도 또한 그 머리카락을 늘어트리지 않고, 묶어서 상투를 트니, 부인의 경우와 같다. 이것은 장례를 치를 때 하는 면(免)이 곧 부인들이 하는 포(布)로 한 좌(鬈)의 머리모양에 해당한다는 사실을 나타낸다. 이미 머리카락을 늘어트리지 않는다고 했고, 또 포(布)를 이용해서 머리를 틀고, 마(麻)를 이용하지 않는다고 했는데, 장례를 치르는 시기는 도로에서 절차가 시행되어, 이전보다도 장식을 더 꾸며야만 하기 때문이다. 『예기』「증자문(曾子問)」편에서는 "소렴(小斂)인 경우라면, 제후의 아들은 면복(免服)을 하고 영구를 따라 들어온다."[3]라고 했으니, 이것은 도로에서 상례 절차를 치를 때에는 비록 초상 때라 하더라도, 상주 또한 면(免)을 한다는 사실을 나타낸다.

---

2) 『의례』「기석례(旣夕禮)」: 二燭俟于殯門外. 丈夫鬈, 散帶垂, 卽位如初.

3) 『예기』「증자문(曾子問)」【239d】: 曾子問曰: 君出疆, 以三年之戒, 以椑從, 君薨, 其入, 如之何. 孔子曰: 共殯服, 則子麻弁絰, 疏衰, 菲杖, 入自闕, 升自西階, 如小斂, 則子免而從柩, 入自門, 升自阼階, 君·大夫·士, 一節也.

【422b】

爲兄弟旣除喪已, 及其葬也反服其服, 報虞卒哭則免, 如不報虞則除之.

직역 兄弟를 爲하여 旣히 喪을 除함이 已이나 그 葬에 及해서는 反히 그 服을 服하고, 報히 虞하고 卒哭하면 免하며, 如히 虞를 不報하면 除한다.

의역 형제의 상을 치르는데, 기간이 오래되어 이미 상복을 벗은 상태이나 그의 장례를 치르게 되면, 다시 본래의 상복을 착용하고, 신속히 우제와 졸곡을 치르면, 면(免)을 한다. 만약 신속히 우제를 치르지 못한다면, 면(免)을 하지 않고 상복을 제거한다.

集說 此言爲兄弟除服, 及當免之節.

번역 이 내용은 형제의 상을 치르며 상복을 제거하고, 면(免)을 해야 하는 규범을 설명하고 있다.

鄭注 小功以下.

번역 소공복으로부터 그 이하의 상복을 입는 자들을 뜻한다.

釋文 爲, 于僞反, 下注"爲人君"·"爲母", 下文"爲之小功"皆同.

번역 '爲'자는 '于(우)'자와 '僞(위)'자의 반절음이며, 아래의 정현 주에 나오는 '爲人君'과 '爲母'에서의 '爲'자, 아래문장에 나오는 '爲之小功'에서의 '爲'자는 모두 그 음이 이와 같다.

集解 爲兄弟, 旣除喪已, 謂久而不葬, 而以麻終月數者也. 及其葬也, 反服其服, 報虞, 卒哭則免, 言皆與常禮同, 不以已除喪而有異也. 不報虞則除之, 喪本已除故也. 如報虞, 則於卒哭而除之.

번역 "형제의 상을 치르며, 이미 상복을 제거한지 오래되었다."는 말은 오래도록 장례를 치르지 못하고, 마(麻)로 된 것을 착용하고 정해진 개월 수를 끝마쳤다는 뜻이다. "그 장례에 이르러, 다시 본래의 상복을 착용하고, 신속히 우제를 치르며, 졸곡을 하면 면(免)한다."는 말은 모두 일상적인 예법과 동일하게 처리하니, 이미 상복을 벗었다고 하더라도 차이가 없다는 뜻이다. "신속히 우제를 치르지 않는다면 제거한다."는 말은 상례를 치르고 있지만 본래부터 상복을 이미 제거한 상태이기 때문이다. 만약 신속히 우제를 치르면, 졸곡 때에 상복을 제거한다.

【422b】

遠葬者, 比反哭者皆冠, 及郊而後免反哭.

직역 遠葬한 者는 反哭에 比한 者는 皆히 冠하고, 郊에 及한 後에는 免하고 反哭한다.

의역 장지가 멀리 떨어진 경우, 장례를 치를 때에는 반곡을 할 때까지 모두 관(冠)을 쓰고, 장례를 치르고 교외에 도달한 이후에는 면(免)을 하며, 집의 묘(廟)에 와서 반곡을 한다.

集說 遠葬, 謂葬地在四郊之外也. 葬訖而反, 主人以下皆冠, 道路不可無飾也. 及至郊, 乃去冠著免而反哭于廟焉.

번역 '원장(遠葬)'은 장지가 사방 교외 밖에 있는 경우를 뜻한다. 장례를 끝내고 되돌아오게 되면, 상주로부터 그 이하의 사람들은 모두 관(冠)을 쓰니, 도로에서는 장식을 하지 않을 수 없기 때문이다. 교외에 이르게 되면,

곧 관(冠)을 제거하고, 면(免)을 하며, 묘(廟)에서 반곡을 한다.

鄭注 墓在四郊之外.

번역 묘(墓)가 사방 교외 밖에 있는 경우이다.

釋文 比, 必利反.

번역 '比'자는 '必(필)'자와 '利(리)'자의 반절음이다.

孔疏 ●"遠葬"至"反哭". ○"遠葬"者, 謂葬在四郊外遠處.

번역 ●經文: "遠葬"~"反哭". ○'원장(遠葬)'은 장지가 사방 교외 밖의 먼 장소에 있다는 뜻이다.

孔疏 ●"比反哭者皆冠"者, 旣葬在遠處郊野之外, 不可無飾, 故至葬訖, 臨欲反哭之時, 乃皆著冠.

번역 ●經文: "比反哭者皆冠". ○이미 장지가 먼 장소인 교외 밖에 있으므로, 장식을 하지 않을 수 없다. 그렇기 때문에 장례 치르는 일을 끝내고, 반곡을 하고자 하는 때에는 모두 관(冠)을 착용한다.

孔疏 ●"及郊而后免, 反哭"者, 謂著冠至郊, 而后去冠著免, 反哭於廟.

번역 ●經文: "及郊而后免, 反哭". ○관(冠)을 착용하고 교외에 도달하면, 그 후에는 관(冠)을 제거하고 면(免)을 하며, 묘(廟)에서 반곡을 한다.

【422c】

君弔雖不當免時也，主人必免，不散麻．雖異國之君，免也，親者皆免．

직역 君이 弔하면 雖히 免時가 不當하더라도, 主人은 必히 免하며, 麻를 不散한다. 雖히 異國의 君이라도, 免하니, 親者는 皆히 免한다.

의역 자기 나라의 군주가 조문을 오면, 비록 면(免)을 해야 할 시기가 아니더라도, 상주는 반드시 면(免)을 하며, 요질(要絰)의 끝을 늘어트리지 않는다. 비록 다른 나라의 군주가 조문을 온 경우라 하더라도, 상주는 면(免)을 하며, 대공복 이상의 친족들도 모두 면(免)을 한다.

集說 君弔，本國之君來弔也．不散麻，謂糾其要絰不使散垂也．親者皆免，謂大功以上之親皆從主人而免，所以敬異國之君也．餘見前章諸侯弔下．

번역 군주가 조문을 왔다는 말은 본국의 군주가 찾아와서 조문을 한다는 뜻이다. '불산마(不散麻)'는 요질(要絰)을 묶어서 끝을 늘어트리지 않는다는 뜻이다. '친자개면(親者皆免)'은 대공복으로부터 그 이상의 상복을 착용한 친족들은 모두 상주를 따라서 면(免)을 한다는 뜻이니, 다른 나라의 군주에 대해서 공경을 표하는 방법이기 때문이다. 나머지 내용들은 앞에서 "제후가 조문한다."는 기록부터 그 이하의 기록에 나온다.

鄭注 不散麻者，自若絞垂，爲人君變，貶於大斂之前·既啓之後也．親者，大功以上也．異國之君免，或爲弔．

번역 '불산마(不散麻)'는 늘어진 것을 묶은 것처럼 하여, 군주를 위해서 변화를 주니, 대렴을 하기 이전과 이미 계빈을 한 이후보다 낮추기 때문이다. '친자(親者)'는 대공복으로부터 그 이상의 관계에 있는 자들이다. '이국지군면(異國之君免)'에 대해서 다른 판본에서는 '면(免)'자를 '조(弔)'자로도 기록한다.

釋文 絞, 古卯反.

번역 '絞'자는 '古(고)'자와 '卯(묘)'자의 반절음이다.

孔疏 ●"君弔"至"皆免". ○凡大斂之前著免, 大功以上散麻, 大斂以後著冠, 不散麻, 糾其乖也. 至將葬啓殯之後·已葬之前, 亦免, 大功以上亦散麻. 若君弔, 雖不當免時, 必爲之著免, 不散麻帶, 貶於大斂之前及旣啓之後.

번역 ●經文: "君弔"~"皆免". ○무릇 대렴을 하기 이전에 면(免)을 하는데, 대공복으로부터 그 이상의 친족들은 마(麻)를 늘어트리고, 대렴을 한 이후에는 관(冠)을 쓰며, 마(麻)를 늘어트리지 않으니, 흐트러진 것을 묶어서 가지런히 한다. 장례를 치르게 되어, 계빈을 한 이후로부터 장례를 끝내기 전까지도 면(免)을 하고, 대공복으로부터 그 이상의 친족들 또한 마(麻)를 늘어트린다. 만약 군주가 조문을 오면, 비록 면(免)을 할 시기가 아니더라도, 반드시 군주를 위하여 면(免)을 하며, 마(麻)로 만든 대(帶)의 끝을 늘어트리지 않으니, 대렴을 하기 이전과 계빈(啓殯)을 한 이후보다 낮추기 때문이다.

孔疏 ●"雖異國之君, 免也, 親者皆免"者, 己君之來, 其免如此. 雖他國君來, 與己國君同, 主人爲之著免. 主人旣免, 大功以上親者皆從主人之免, 敬異國君也. 異國之君尙然, 己君來弔, 主人著免, 則親者亦免可知也.

번역 ●經文: "雖異國之君, 免也, 親者皆免". ○자신의 군주가 찾아와서 조문을 하면, 이처럼 면(免)을 하게 된다. 비록 다른 나라의 군주가 찾아온 경우라도, 자신의 군주를 대하는 것과 동일하게 하니, 상주는 그를 위해서 면(免)을 한다. 상주가 면(免)을 하면, 대공복으로부터 그 이상의 친족들은 상주를 따라서 모두 면(免)을 하니, 다른 나라의 군주를 공경하기 때문이다.

다른 나라의 군주에 대해서도 오히려 이처럼 하니, 자신의 군주가 찾아와서 조문을 할 때, 상주가 면(免)을 했다면, 친족들 또한 모두 면(免)을 했음을 알 수 있다.

孔疏 ◎注"不散"至"爲弔". ○正義曰: "不散麻者, 自若絞垂"者, 若, 如也. 大斂以前, 散麻帶垂, 大斂畢後, 絞其垂者, 今人君來弔, 自如尋常, 絞垂不散麻也. 所以然者, 爲人君變, 貶於大斂之前及旣啓之後也. 云"親者, 大功以上也"者, 以經云"不散麻", 謂大功以上, 今云親者皆免, 明據應合散麻之人, 故云"大功以上"也. 云"異國之君免, 或爲弔"者, 以經中旣"免"字非一, 恐皆或爲"弔", 故云異國之君免, 一字或爲"弔"也.

번역 ◎鄭注: "不散"~"爲弔". ○정현이 "'불산마(不散麻)'는 늘어진 것을 묶은 것처럼 한 것이다."라고 했는데, '약(若)'자는 "~와 같다[如]."는 뜻이다. 대렴을 하기 이전에는 마(麻)로 만든 대(帶)의 끝을 늘어트리고, 대렴을 끝낸 이후에는 그 끝을 묶는데, 현재 군주가 찾아와서 조문을 하여, 마치 일상적인 경우처럼 하니, 끝을 묶어서 마(麻)로 된 대(帶)를 늘어트리지 않는 것이다. 이처럼 하는 이유는 군주를 위해서 변화를 준 것이며, 대렴을 하기 이전과 계빈을 한 이후보다는 낮춘 것이다. 정현이 "'친자(親者)'는 대공복으로부터 그 이상의 관계에 있는 자들이다."라고 했는데, 경문에서 "마(麻)를 늘어트리지 않는다."라고 했고, 이것은 대공복으로부터 그 이상의 친족들에 대한 내용이며, 현재 "친족들이 모두 면(免)을 한다."라고 했는데, 이것은 마(麻)를 늘어트려야만 하는 사람들에 기준을 두었음을 나타낸다. 그렇기 때문에 "대공복 이상의 친족들이다."라고 말한 것이다. 정현이 "'이국지군면(異國之君免)'에 대해서 다른 판본에서는 '면(免)'자를 '조(弔)'자로도 기록한다."라고 했는데, 경문에 나온 '면(免)'자는 이미 동일하지 않으므로, 이 모두에 대해서 어떤 판본에서는 '조(弔)'자가 된다고 여겼다. 그렇기 때문에 '이국지군면(異國之君免)'에 대해서 다른 판본에서는 '면(免)'자를 '조(弔)'자로도 기록한다."라고 말한 것이다.

集解 愚謂: 不當免時, 謂成服以至啓前, 旣葬卒哭以後也.

번역 내가 생각하기에, 면(免)을 해야 할 시기가 아니라는 말은 성복을 한 시기로부터 계빈을 하기 이전까지이며, 장례를 치르고서 졸곡을 한 이후를 뜻한다.

集解 自"緦小功"至此, 記著免之節.

번역 "시마복과 소공복이다."라고 한 기록부터 이곳까지는 면(免)을 하는 규범을 기록하고 있다.

• 제 60 절 •

상복(喪服) 규정-제상(除喪)

【422c】

除殤之喪者, 其祭也必玄. 除成喪者, 其祭也朝服縞冠.

직역 殤의 喪을 除한 者는 그 祭함에 必히 玄한다. 成喪을 除한 者는 그 祭함에 朝服하고 縞冠한다.

의역 요절한 자의 상을 끝낼 때, 그 제사에서는 반드시 현관과 현단복을 착용한다. 성인의 상을 끝낼 때, 그 제사에서는 조복과 호관을 착용한다.

集說 玄, 謂玄冠玄端也. 殤無虞卒哭, 及練之變服, 其除服之祭, 用玄冠玄端黃裳, 此於成人爲釋禫之服, 所以異於成人之喪也. 若除成人之喪, 則祥祭用朝服縞冠, 朝服玄冠緇衣素裳. 今不用玄冠而用縞冠, 是未純吉之祭服也. 又按: 玄端黃裳者, 若素裳則與朝服純吉同, 若玄裳又與上士吉服玄端同, 故知此爲黃裳也.

번역 '현(玄)'자는 현관과 현단복을 뜻한다. 요절한 자에 대해서는 우제와 졸곡을 치르지 않고, 소상을 치르며 복장을 바꾸는 절차가 없으며, 현관과 현단복에 황색 하의를 착용하니, 이것은 성인의 상에 있어서 담제를 치르며 상복을 제거할 때의 복장으로, 성인의 상과는 다르게 하기 위해서이다. 만약 성인의 상을 끝낸다면, 대상의 제사에서는 조복과 호관(縞冠)을 착용하는데, 본래 조복은 현관에 치의와 흰색 하의를 착용하는 것이다. 현재 현관을 사용하지 않고, 호관을 사용한 것은 아직은 순전히 길(吉)한 시기의 제사 복장처럼 할 수 없기 때문이다. 또 살펴보니, 현단에 황색 하의를 착용하는데, 흰색 하의를 착용한다면, 조복처럼 순전히 길한 복장과 동일하게 되며, 만약 현색 하의를 착용한다면, 또한 상사(上士)가 길복에 현단을 착용하는 것과 동일하게 된다. 그러므로 이 복장이 황색 하의가 된다는 사실을 알 수 있다.

鄭注 殤無變, 文不縟, 玄冠[1]·玄端·黃裳而祭, 不朝服, 未純同也. 於成人爲釋禫之服. 成, 成人也. 縞冠, 未純吉祭服也. 旣祥祭, 乃素縞麻衣.

번역 요절한 자의 상에서는 복장을 변화시키지 않으니, 문채를 번다하게 내지 않으므로, 현관과 현단, 황색 하의를 착용하고 제사를 지내며, 조복을 사용하지 않는 것은 성인의 상과 완전히 동일하게 할 수 없기 때문이다. 이 복장은 성인의 상에 있어서 담제를 치르며 복장을 제거할 때의 복장에 해당한다. '성(成)'자는 성인을 뜻한다. 호관을 착용하는 것은 아직은 순전히 길한 제사 때의 복장처럼 할 수 없기 때문이다. 이미 대상의 제사를 치렀다면, 소호에 마의를 착용한다.

釋文 朝, 直遙反, 下文同.

번역 '朝'자는 '直(직)'자와 '遙(요)'자의 반절음이며, 아래문장에 나오는 글자도 그 음이 이와 같다.

孔疏 ●"除殤"至"縞冠". ○正義曰: 此一節明除殤及成人之喪, 各依文解之.

번역 ●經文: "除殤"~"縞冠". ○이곳 문단은 요절한 자와 성인의 상을

---

1) '문불욕현관(文不縟玄冠)'에 대하여. 이 기록은 본래 '문불호관(文不縞冠)'이라고 기록되어 있었는데, 완원(阮元)의 『교감기(校勘記)』에서는 "『악본(岳本)』에서는 '호(縞)'자를 '욕(縟)'자로 기록했고, 『경전석문(經典釋文)』에는 '불욕(不縟)'이라는 기록이 나온다. 단옥재(段玉裁)가 교감한 것은 『경삼전연혁례(九經三傳沿革例)』를 따라, '문불욕현관'이라고 기록했다. 살펴보니 단옥재의 교감이 옳다. 노문초(盧文弨)의 교감 또한 소(疏)의 기록에 따라 '관(冠)'자 앞에 '현(玄)'자를 추가하였다."라고 했다.

끝낼 때를 나타내고 있으니, 각각의 문장에 따라서 풀이하겠다.

孔疏 ●"除殤之喪"者, 謂除長殤·中殤·下殤之喪. 其祭也必玄者, 其除喪祭服必玄冠·玄端·黃裳, 異於成人之喪也.

번역 ●經文: "除殤之喪". ○장상(長殤)·중상(中殤)·하상(下殤)에 해당하는 상을 끝내는 경우를 뜻한다. "그 제사에 반드시 현(玄)을 한다."는 말은 상을 끝내며 제사를 지낼 때, 반드시 현관·현단·황색 하의를 착용하여, 성인의 상과 차이를 둔다는 뜻이다.

孔疏 ◎注"殤無"至"之服". ○正義曰: "殤無變"者, 無虞·卒哭及練之變服, 所以然者, 文不縟. 本服既重者, 意在於質, 不在繁縟. 若成人喪服初除, 著朝服, 禫祭始從玄端. 今除殤之喪, 卽從禫服, 是文不繁縟也. 故鄭注喪服云: "縟, 數也." "玄冠·玄端·黃裳而祭, 不朝服, 未純吉也"者, 以經云"必玄", 故知玄冠·玄端也. 知黃裳者, 若其素裳, 則與朝服純吉同, 故知黃裳也. 知不玄裳者, 以玄·黃相對之色, 故知釋禫之服. 若云"玄裳", 卽與上士吉服"玄端"同文, 非釋禫服也.

번역 ◎鄭注: "殤無"~"之服". ○정현이 "요절한 자의 상에서는 복장을 변화시키지 않는다."라고 했는데, 우제와 졸곡 및 소상을 치르며 상복을 변화시킴이 없다는 뜻으로, 이처럼 하는 이유는 문채를 번다하게 내지 않기 때문이다. 본래의 복장이 수위가 높은 상태라도, 그 의도는 질박함을 추구하는데 있고, 문채를 번다하게 내는데 있지 않다. 만약 성인의 상인 경우라면, 최초 착용했던 복장을 제거하고, 조복을 착용하며, 담제를 치르게 되면, 비로소 현단복을 착용한다. 현재는 요절한 자의 상을 끝내게 되어, 담제를 치를 때의 복장에 따르니, 이것은 문채를 번다하게 내고자 하지 않았기 때문이다. 그렇기 때문에 『의례』「상복(喪服)」편에 대한 정현의 주에서는 "'욕(縟)'자는 여럿[數]이다."[2]라고 말한 것이다. 정현이 "현관과 현단, 황색 하의를 착용하고 제사를 지내며, 조복을 사용하지 않는 것은 성인의 상과 완전히 동일하게 할 수 없기 때문이다."라고 했는데, 경문에서는 "반드시 현(玄)을 한다."라고 했기 때문에, 이것이 현관과 현단에 해당함을 알 수 있다. 황색 하의라는 사실을 알 수 있는 이유는 만약 흰색 하의를 착용한다면, 조복처럼 순전히 길한 때 착용하는 복장과 동일하게 된다. 그렇기 때문에 황색 하의가 됨을 알 수 있다. 그리고 현색 하의가 아니라는 사실을 알 수 있는 이유는 현색과 황색은 서로 대비가 되는 색깔이기 때문에, 담제를 치르며 상복을 벗을 때의 복장임을 알 수 있다. 만약 "현색 하의이다."라고 말한다면, 곧 상사(上士)가 길복으로 착용하는 현단과 그 형식이 동일하게 되니, 담제를 치르며 상복을 제거할 때의 복장이 아니다.

孔疏 ●"除成喪者, 其祭也朝服縞冠". ○成喪, 謂成人之喪. 其祥祭也, 衣朝服而縞冠, 所以朝服縞冠者, 未純吉也.

번역 ●經文: "除成喪者, 其祭也朝服縞冠". ○'성상(成喪)'은 성인의 상을 뜻한다. 그에 대한 대상의 제사 때에는 조복을 착용하고 호관을 쓰니, 조복에 호관을 쓰는 이유는 아직까지는 순전히 길한 때처럼 할 수 없기 때문이다.

孔疏 ◎注"縞冠"至"服也". ○正義曰: 大夫朝服而祭. 朝服者, 玄冠·緇衣·素裳, 是純吉之祭服也. 今用縞冠, 是未純吉之祭服也.

번역 ◎鄭注: "縞冠"~"服也". ○대부는 조복을 입고서 제사를 지낸다. '조복(朝服)'이라는 것은 현관·치의·흰색 하의를 뜻하니, 이것은 순전히 길한 시기에 착용하는 제사 복장이다. 현재 호관을 사용하니, 이것은 순전히 길하지 않았을 때 제사를 치르며 착용하는 복장이다.

---

2) 이 문장은 『의례』「상복(喪服)」편의 "傳曰, 何以大功也? 未成人也. …… 死則哭之, 未名則不哭也."라는 기록에 대한 정현의 주이다.

集解 陸氏佃曰: 言“必玄”, 則裳亦玄. 鄭氏謂“玄端·黃裳”, 非是. 據齊之以玄也, 以陰幽思也. 齊玄而養.

번역 육전이 말하길, ‘필현(必玄)’이라고 했다면, 하의 또한 현색으로 한다는 뜻이다. 정현은 “현단에 황색 하의를 입는다.”라고 했는데, 잘못된 주장이다. “재계를 하며 현관(玄冠)과 현의(玄衣)를 착용하는 것은 귀신들이 머무는 그윽하고 어두운 뜻에 따르면서도, 그것에 생각을 잠기게 하기 때문이다.”[3]라는 말과 “검은색으로 복장을 맞춰서 봉양을 한다.”[4]라고 한 말에 근거해보면 이러한 사실을 알 수 있다.

集解 愚謂: 陸氏之說, 是也. 凡言“玄”者, 皆謂冠及衣·裳俱玄者也. 玄冠·玄衣·玄裳, 此士吉祭之服也. 殤文不縟, 無變除之漸, 故服吉服以除其喪. 又鄭氏以玄冠·玄端·黃裳爲釋禫之服, 乃據變除禮而言, 然變除禮多, 不足據, 說見玉藻及間傳.

번역 내가 생각하기에, 육전의 주장이 옳다. 무릇 ‘현(玄)’이라고 말한 것들은 모두 관과 상의 및 하의를 모두 현색으로 맞춘 것을 뜻한다. 현관·현의·현상을 착용하는 것은 사(士)가 길제를 치를 때의 복장이 된다. 요절한 자에 대해서는 문식을 번다하게 내지 않으니, 상복을 바꾸며 제거할 때에도 점진적인 절차가 없다. 그렇기 때문에 길복을 착용하고서 그의 상을 끝낸다. 또 정현은 현관·현단·황상을 담제를 지내며 상복을 제거할 때의 복장으로 여겼는데, 이것은 곧 『변제례』에 근거해서 한 말이다. 그러나 『변제례』 대부분의 기록들은 근거로 삼기에 충분하지 못하니, 그에 대한 설명은 『예기』「옥조(玉藻)」편 및 「간전(間傳)」편에 나온다.

---

3) 『예기』「교특생(郊特牲)」【344c】: <u>齊之玄也, 以陰幽思也</u>. 故君子三日齊, 必見其所祭者.

4) 『예기』「문왕세자(文王世子)」【264b~c】: 朝夕之食上, 世子必在視寒暖之節. 食下, 問所膳羞, 必知所進, 以命膳宰, 然後退. 若內豎言疾, 則世子親<u>齊玄而養</u>.

集解 成喪, 成人之喪. 縞冠, 縞冠素紕也.

번역 '성상(成喪)'은 성인에 대한 상이다. '호관(縞冠)'은 호관에 소비(素紕)를 댄 것이다.

• 제61절 •

상례(喪禮) 규정-분상(奔喪) Ⅱ

【422d】

奔父之喪, 括髮於堂上, 袒降踊, 襲絰于東方. 奔母之喪, 不括髮, 袒於堂上降踊, 襲免于東方. 絰卽位成踊, 出門哭止, 三日而五哭三袒.

직역 父의 喪에 奔하면, 堂上에서 括髮하고, 袒하고 降하여 踊하며, 東方에서 襲하고 絰한다. 母의 喪에 奔하면, 髮을 不括하고, 堂上에서 袒하고 降하여 踊하며, 東方에서 襲하고 免한다. 絰하고 位에 卽하여 踊을 成하고, 門을 出하여 哭하고 止하며, 三日하여 五哭하고 三袒한다.

의역 부친의 상에 분상을 하게 되면, 도착하여 빈궁의 당상에서 머리를 묶고, 단(袒)을 한 뒤에 내려와서 용(踊)을 하며, 다시 동서(東序)의 동쪽에서 옷을 껴입고 질(絰)을 두른다. 모친의 상에 분상을 하게 되면, 머리를 묶지 않고, 당상에서 단(袒)을 하고 내려와서 용(踊)을 하며, 동서의 동쪽에서 옷을 껴입고 면(免)을 한다. 질(絰)을 차게 되면, 자리로 나아가서 마저 용(踊)을 하고, 빈궁의 문밖으로 나아가 임시숙소로 가면 곡(哭)을 그치니, 3일 동안 다섯 차례 곡(哭)을 하고, 세 차례 단(袒)을 한다.

集說 不言笄纚者, 異於始死時也. 至卽以麻括髮于殯宮之堂上, 袒去上衣, 降阼階之東而踊, 踊而升堂, 襲掩所袒之衣而著要絰于東方. 東方者, 東序之東也. 此奔父喪之禮如此. 若奔母喪, 初時括髮, 至又哭以後至於成服皆不括髮, 其袒於堂上降踊者與父同. 父則括髮而加絰, 母則不括髮而加免, 此所異也. 著免加要絰而卽位於阼階之東而更踊, 故云絰卽位成踊也. 其卽位成踊,父母皆然. 出門, 出殯宮之門而就廬次也, 故哭者止. 初至一哭, 明日朝夕哭, 又明日朝夕哭, 所謂三日而五哭也. 三袒者, 初至袒, 明日朝袒, 又明日朝袒也.

번역 "비녀를 꼽고 리(纚)를 싸맨다."는 말을 언급하지 않은 것은 처음 돌아가셨을 때와는 다르게 하기 때문이다. 도착하게 되면 마(麻)를 이용해서 빈궁의 당상에서 머리를 묶고, 단(袒)을 하여 상의를 제거하고, 동쪽 계단의 동쪽으로 내려가서 용(踊)을 하며, 용(踊)을 하고 당에 오르고, 단(袒)을 했던 옷을 가려서 끼우고, 동방(東方)에서 요질(要絰)을 찬다. '동방(東方)'은 동서(東序)의 동쪽을 뜻한다. 이것은 부친의 상에 분상하는 예법이 이와 같다는 뜻이다. 만약 모친의 상에 분상을 하는 경우라면, 최초 머리를 묶고, 도달한 뒤에는 또 곡(哭)을 하고 그 이후로부터 성복(成服)을 할 때까지는 모두 머리를 묶지 않으며, 당상에서 단(袒)을 하고, 내려가서 용(踊)을 하는 것들은 부친의 상에 분상하는 경우와 동일하다. 그러나 부친의 상이라면, 머리를 묶은 뒤에 질(絰)을 차지만, 모친의 경우라면 머리를 묶지 않고 면(免)을 하니, 이것이 그 차이점이다. 면(免)을 하고 요질을 착용하고서, 동쪽 계단의 동쪽으로 나아가 자리를 잡고 다시금 용(踊)을 한다. 그렇기 때문에 "질(絰)을 하고 자리로 나아가 용(踊)을 마친다."라고 한 것이다. 자리로 나아가서 용(踊)을 마친다는 것은 부친과 모친에 대해서 모두 이처럼 한다. '출문(出門)'은 빈궁의 문을 빠져나와서, 상중에 머무는 임시 숙소로 나아간다는 뜻이다. 그렇기 때문에 곡(哭)하던 것을 그친다. 최초 도착했을 때에는 한 차례 곡(哭)을 하고, 그 다음날 아침저녁으로 곡(哭)을 하며, 또 그 다음날 아침저녁으로 곡(哭)을 하니, 이것이 이른바 3일 동안 다섯 차례 곡(哭)을 한다는 뜻이다. '삼단(三袒)'이라는 것은 최초 도착했을 때 단(袒)을 하고, 그 다음날 아침에 단(袒)을 하며, 또 그 다음날 아침에 단(袒)을 한다는 뜻이다.

鄭注 凡奔喪, 謂道遠, 已殯乃來也. 爲母不括髮, 以至成服, 一而已, 貶於父也. "卽位"以下, 於父母同也. 三日五哭者, 始至, 訖夕反位哭, 乃出就次, 一哭也, 與明日又明日之朝·夕而五哭. 三袒者, 始至袒, 與明日又明日之朝而三也.

번역 무릇 분상(奔喪)을 하는 것은 멀리 떨어져 있어서, 이미 빈소를 마련한 뒤에야 찾아온 경우를 뜻한다. 모친을 위해서는 머리를 묶지 않고, 성복을 할 때까지 동일하게 지낼 따름이니, 부친에 비해 낮추기 때문이다. "자리로 나아간다."라는 구문부터 그 뒤의 내용은 부친과 모친에 대한 경우가 동일하다. "3일 동안 다섯 차례 곡(哭)한다."라는 말은 처음 도착했을 때, 저녁 전제사를 끝내면 자리로 되돌아가서 곡(哭)을 하고, 그런 뒤에 밖으로 나가서 임시숙소로 가게 되니, 이것이 한 차례 곡(哭)을 한 것이며, 그 다음날과 또 그 다음날 아침 및 저녁에 곡(哭)하는 것까지 합하면 다섯 차례 곡(哭)을 한다. '삼단(三袒)'은 처음 도착했을 때 단(袒)을 하고, 그 다음날과 또 그 다음날 아침에 단(袒)하는 것까지 합하면 세 차례 단(袒)을 한다.

孔疏 ●"奔父"至"三袒". ○正義曰: 此一節論奔喪之法.

번역 ●經文: "奔父"~"三袒". ○이곳 문단은 분상의 예법을 논의하고 있다.

孔疏 ●"奔父之喪, 括髮於堂上"者, 於殯宮堂上, 不笄纚者, 奔喪異於初死也.

번역 ●經文: "奔父之喪, 括髮於堂上". ○빈궁의 당상에서 비녀를 꼽고 리(纚)로 싸매지 않는 것은 분상 때에는 최초 어떤 자가 죽었을 때 시행하는 것과 다르게 하기 때문이다.

孔疏 ●"袒, 降·踊, 襲絰于東方"者, 袒, 謂堂上去衣, 降堂阼階東而踊, 爲踊故袒. 旣畢, 襲絰于東方. 襲, 謂掩所袒之衣. 帶絰東方, 謂東方旣踊畢, 升堂襲帶絰于東序東.

번역 ●經文: "袒, 降·踊, 襲絰于東方". ○'단(袒)'자는 당상에서 옷을

제거한다는 뜻이며, 당의 동쪽 계단의 동쪽으로 내려가서 용(踊)을 하니, 용(踊)을 하기 위해서 단(袒)을 한 것이다. 그 일이 끝나면, 동방(東方)에서 습(襲)과 질(絰)을 한다. '습(襲)'은 단(袒)을 해서 걷었던 옷을 가린다는 뜻이다. 동방에서 대(帶)와 질(絰)을 한다는 말은 동방에서 이미 용(踊)을 마쳤으므로, 당에 올라가서 동서(東序)의 동쪽에서 습(襲)을 하고 대(帶)와 질(絰)을 찬다는 뜻이다.

孔疏 ●"奔母之喪, 不括髮"者, 初時括髮, 至又哭以後至於成服, 不括髮.

번역 ●經文: "奔母之喪, 不括髮". ○최초 머리를 묶고, 도착하여 곡(哭)을 한 이후로부터 성복을 하기까지는 머리를 묶지 않는다.

孔疏 ●"袒於堂上, 降·踊"者, 與父同.

번역 ●經文: "袒於堂上, 降·踊". ○부친에 대한 경우와 동일하다.

孔疏 ●"襲免于東方"者, 東方亦東序東. 父則括髮而加絰, 母則不括髮而加免, 此是異於父也. 此東方, 奔喪禮皆爲東序東.

번역 ●經文: "襲免于東方". ○'동방(東方)' 또한 동서(東序)의 동쪽을 뜻한다. 부친에 대한 경우라면 머리를 묶고 질(絰)을 두르는데, 모친에 대한 경우라면, 머리를 묶지 않고 면(免)을 하니, 이것이 부친에 대한 경우와 다른 점이다. 이곳에서 '동방(東方)'이라고 했는데, 『분상례』에서는 모두 동서의 동쪽으로 여겼다.

孔疏 ●"絰卽位, 成踊"者, 著免加絰已後, 卽位於阼階之東, 而更踊, 故云"成踊". 其卽位成踊, 父母同. 於此之時, 賓來弔者則拜之, 奔喪禮所謂"反位拜賓成踊", 是也.

번역 ●經文: "絰卽位, 成踊". ○면(免)을 하고 질(絰)을 두르는 일이 끝

난 뒤에는 동쪽 계단의 동쪽으로 나아가 자리를 잡고, 다시금 용(踊)을 한다. 그렇기 때문에 "용(踊)을 끝낸다."라고 한 것이다. 자리로 나아가서 용(踊)을 끝내는 것은 부친과 모친에 대한 경우가 동일하다. 이 시기에 빈객이 찾아와서 조문을 하게 된다면, 그에게 절을 하는데, 『분상례』에서 이른바 "자리로 되돌아와서 빈객에게 절을 하고 용(踊)을 끝낸다."라고 한 말에 해당한다.

孔疏 ●"出門, 哭止"者, 出殯宮之門, 就於廬, 故哭者止. 初來一哭, 與明日又明日朝·夕之哭爲五哭也.

번역 ●經文: "出門, 哭止". ○빈궁의 문밖으로 나와서, 임시숙소로 나아간다. 그렇기 때문에 곡(哭)하던 것을 그친다. 최초 도착했을 때, 한 차례 곡(哭)을 하고, 그 다음날과 또 그 다음날 아침저녁으로 곡(哭)하던 것까지 합하면 다섯 차례 곡(哭)한 것이 된다.

孔疏 ●"三袒"者, 初至袒, 明日朝袒, 又明日朝袒, 故爲三袒. 雖其初死在家之時, 哭踊無節, 今聞喪已久, 奔喪禮殺, 故三日五哭, 異於在家也.

번역 ●經文: "三袒". ○최초 도착했을 때 단(袒)을 하고, 그 다음날 아침에 단(袒)을 하며, 또 그 다음날 아침에 단(袒)을 한다. 그렇기 때문에 세 차례 단(袒)을 하게 된다. 비록 이제 막 돌아가셨을 때 집에 있는 경우라면, 곡(哭)과 용(踊)을 하는데 정해진 규범이 없지만, 현재는 상의 소식을 들은 지 이미 오랜 기간이 흐른 것이니, 분상의 예법에서는 그 단계를 낮추기 때문에, 3일 동안 다섯 차례 곡을 하여, 집에 머물러 있을 때와는 다르게 하는 것이다.

孔疏 ◎注"凡奔"至"三也". ○正義曰: 此謂已殯而來者, 若未殯之前而來, 當與在家同, 不得減殺也. 云"卽位以下, 於父母同也"者, 約奔喪禮文, 故知同也. 三日五哭三袒, 鄭約初來及明日又明日朝·夕之節而知也.

번역 ◎鄭注: "凡奔"~"三也". ○이곳 내용은 이미 빈소를 차린 뒤에 찾아온 경우를 뜻하니, 만약 아직 빈소를 차리기 이전에 찾아왔다면, 마땅히 집에 머물러 있을 때와 동일하게 하여, 감히 낮추거나 줄일 수 없다. 정현이 "자리로 나아간다는 말부터 그 이하의 내용들은 부친과 모친에 대한 경우가 동일하다."라고 했는데, 이것은 『분상례』의 기록을 요약한 것이다. 그렇기 때문에 동일하게 따른다는 사실을 알 수 있다. 3일 동안 다섯 차례 곡(哭)하고 세 차례 단(袒)을 한다고 했는데, 정현은 최초 도착했을 때, 그 다음날, 또 그 다음날 아침저녁으로 따르는 규범을 요약하여, 이러한 사실을 알았던 것이다.

集解 愚謂: 降踊, 降自西階, 卽位於阼階下而踊也. 東方, 堂下之東序東也. 卽位, 自東序東反卽阼階下之位也. 孔疏"襲帶絰于東序東", 上有"升堂"二字, 蓋傳寫之誤也.

번역 내가 생각하기에, '강용(降踊)'은 서쪽 계단을 통해 내려가서, 동쪽 계단 밑에 있는 자리로 나아가 용(踊)을 한다는 뜻이다. '동방(東方)'은 당 아래에 있는 동서(東序)의 동쪽을 뜻한다. '즉위(卽位)'는 동서의 동쪽으로부터 되돌아와서 동쪽 계단 밑의 자리로 나아간다는 뜻이다. 공영달의 소(疏)에서는 "동서의 동쪽에서 습(襲)을 하고 대(帶)와 질(絰)을 찬다."고 했는데, 그 앞에 '승당(升堂)'이라는 두 글자는 아마도 전해지는 과정에서 잘못 필사된 것 같다.

• 제 62 절 •

상복(喪服) 규정-부인(婦人) Ⅱ

【423b】

適婦不爲舅姑後者, 則姑爲之小功.

직역 適婦가 舅姑의 後가 不爲한 者라면, 姑는 之를 爲하여 小功한다.

의역 적부의 상이 발생했는데, 그 남편이 후계자가 되지 못했다면, 시어미는 그녀를 위해서 소공복을 착용한다.

集說 禮: "舅姑爲適婦大功, 爲庶婦小功." 今此言不爲後者, 以其夫有廢疾, 或他故不可傳重, 或死而無子不受重者, 故舅姑以庶婦之服服之也.

번역 예법에 따르면, "시부모는 적부를 위해서 대공복을 입고, 서부를 위해서 소공복을 입는다."라고 했다. 그런데 이곳에서는 "후계자가 되지 못했다."라고 했으니, 그녀의 남편에게 폐위될 만한 질병이 있거나 혹은 다른 일 때문에 중책을 전수받지 못하고, 또는 죽었는데 자식이 없어서 중책을 전수하지 못한 경우이다. 그렇기 때문에 시부모는 서부에 대한 상복을 그녀에 대한 상에 착용한다.

大全 山陰陸氏曰: 著爲舅後者, 姑爲之大功, 非情有厚薄, 以傳重也.

번역 산음육씨가 말하길, 시아비의 후계자가 된 자를 위해서 상복을 착용한다면, 시어미는 대공복을 착용하는데, 정감에 차이가 있어서가 아니며, 중책을 전수받았기 때문이다.

鄭注 謂夫有廢疾他故, 若死而無子, 不受重者. 小功, 庶婦之服也. 凡父母於子, 舅姑於婦, 將不傳重於適. 及將所傳重者非適, 服之皆如庶子·庶婦也.

번역 남편에게 폐위될 만한 질병이 있거나 다른 이유가 있거나 혹은 죽었는데 자식이 없어서 중책을 전수하지 못한 경우를 뜻한다. 소공복은 서부의 상을 치를 때 착용하는 복장이다. 무릇 부모가 자식을 대하고, 시부모가 며느리를 대함에 있어서, 장차 적자에게 중책을 전수하지 않으려고 한 것이다. 중책을 전수하려는 자가 적자가 아니라면, 그들을 위해서는 모두 서자나 서부처럼 상복을 착용한다.

孔疏 ●"適婦"至"小功". ○正義曰: 適子之婦, 不爲舅後者, 則姑[1]之服, 庶婦小功而已.

번역 ●經文: "適婦"~"小功". ○적자 부인의 경우, 남편이 시아비의 후계자 되지 못했다면, 시어미는 그녀를 위해 상복을 착용할 때, 서부에 대한 경우처럼 소공복을 입을 따름이다.

孔疏 ◎注"謂夫"至"婦也". ○正義曰: "夫有廢疾他故, 若死而無子, 不受重者", 鄭知此者, 以其經稱"適婦", 明是適子之婦, 今云不爲舅後, 明知是夫有廢疾及他故死而無子者也. 云"小功, 庶婦之服也"者, 以父母於子適者正服期, 則適婦宜大功, 庶婦故小功也. 云"將不傳重於適"者, 如上所云"廢疾他故死而無子"之屬是也. 云"及將所傳重非適"者, 爲無適子, 以庶子傳重, 及養他子爲後者也.

---

1) '고(姑)'자에 대하여. '고'자 뒤에는 본래 '위(爲)'자가 기록되어 있었는데, 완원(阮元)의 『교감기(校勘記)』에서는 "『고문(考文)』에서 인용하고 있는 송나라 때의 판본에서는 '지(之)'자 앞에 '위'자가 없고, 위씨(衛氏)의 『집설(集說)』에도 동일하게 기록되어 있다. 따라서 이곳 판본은 잘못하여 연문으로 들어간 것이며, 『민본(閩本)』·『감본(監本)』·『모본(毛本)』도 동일하게 잘못 기록되었다."라고 했다.

번역 ◎鄭注: "謂夫"~"婦也". ○정현이 "남편에게 폐위될 만한 질병이 있거나 다른 이유가 있거나 혹은 죽었는데 자식이 없어서 중책을 전수하지 못한 경우를 뜻한다."라고 했는데, 정현이 이러한 사실을 알 수 있었던 이유는 경문에서 '적부(適婦)'라고 지칭했으니, 이것은 적자의 부인을 뜻한다. 그리고 이곳에서는 시아비의 후계자가 되지 못했다고 했으니, 남편에게 폐위될 만한 질병이 있거나 다른 이유가 있고 또는 죽었는데 자식이 없는 경우에 해당함을 나타낸다. 정현이 "소공복은 서부의 상을 치를 때 착용하는 복장이다."라고 했는데, 부모는 자식 중 적자에 대해서 정식 상복으로 기년복을 착용하니, 적자의 부인에 대해서는 마땅히 대공복을 착용해야 한다. 그러므로 서부처럼 여기기 때문에 소공복을 착용하는 것이다. 정현이 "장차 적자에게 중책을 전수하지 않으려고 한다."라고 했는데, 앞에서 말한 "폐위될 만한 질병이 있거나 다른 이유가 있고 또는 죽어서 자식이 없다."는 등의 부류가 바로 이러한 경우이다. 정현이 "중책을 전수하려는 자가 적자가 아니다."라고 했는데, 적자가 없기 때문에, 서자가 중책을 전수하거나 다른 자의 아들을 양자로 들여 후계자로 삼은 것이다.

喪服小記 人名 및 用語 辭典

ㄱ

◎ **가공언(賈公彥, ?~?)** : 당(唐)나라 때의 유학자이다. 정현(鄭玄)을 존숭하였다. 예학(禮學)에 조예가 깊었다. 『주례소(周禮疏)』, 『의례소(儀禮疏)』 등의 저서를 남겼으며, 이 저서들은 『십삼경주소(十三經注疏)』에 포함되었다.

◎ **가정본(嘉靖本)** : 『가정본(嘉靖本)』에는 간행한 자의 정보가 기록되어 있지 않다. 『십삼경주소(十三經注疏)』의 판본이다. 20권으로 구성되어 있으며, 각 권의 뒤편에는 경문(經文)과 그에 따른 주(注)를 간략히 기록하고 있다. 단옥재(段玉裁)는 이 판본이 가정(嘉靖) 연간에 송본(宋本)을 모방하여 간행된 것이라고 여겼다.

◎ **감본(監本)** : 『감본(監本)』은 명(明)나라 국자감(國子監)에서 간행한 『십삼경주소(十三經注疏)』의 판본이다.

◎ **강복(降服)** : '강복'은 상(喪)의 수위를 본래의 등급보다 한 등급 낮추는 일에 해당한다. 예를 들어 자식은 부모에 대해 삼년상을 치러야 하지만, 다른 집의 양자로 간 경우라면 자신의 친부모에 대해 삼년상을 치르지 않고, 한 등급 낮춰서 1년만 치르게 된다. 이것은 상(喪)의 기간에만 해당하는 것이 아니라, 상복(喪服) 및 상(喪)을 치르며 부수적으로 갖추게 되는 기물(器物)들에도 적용된다.

◎ **강영(江永, A.D.1681~A.D.1762)** : 청(淸)나라 때의 경학자이다. 자(字)는

신수(愼修)이다. 『십삼경주소(十三經注疏)』에 대한 연구를 했으며, 특히 삼례(三禮)에 대해 해박했다.

◎ **강원(姜嫄)** : '강원'은 강원(姜原)이라고도 부른다. 전설상의 인물이다. 유태씨(有邰氏)의 딸이자, 주(周)나라의 시조인 후직(后稷)의 어머니이다. 제곡(帝嚳)의 본처이며, 거인의 발자국을 밟고서 잉태를 했고, 이후에 직(稷)을 낳았다고 전해진다. 『시』「대아(大雅)·생민(生民)」편에는 "厥初生民, 時惟姜嫄."이라는 기록이 있고, 『사기(史記)』「주본기(周本紀)」편에는 "周后稷, 名棄. 其母有邰氏女, 曰姜原. 姜原爲帝嚳元妃. 姜原出野, 見巨人跡, 心忻然說, 欲踐之. 踐之而身動如孕者."라는 기록이 있다.

◎ **강원(姜原)** : =강원(姜嫄)

◎ **개(介)** : '개'는 부관을 뜻한다. 빈객(賓客)이 방문했을 때 주인(主人)과 빈객 사이에서 진행되는 절차들을 보좌했던 자들이다. 계급에 따라서 '개'를 두는 숫자에도 차이가 났다. 가령 상공(上公)은 7명의 '개'를 두었고, 후작이나 백작은 5명을 두었으며, 자작과 남작은 3명의 개를 두었다. 『예기』「빙의(聘義)」편에는 "上公七介, 侯伯五介, 子男三介."라는 기록이 있다.

◎ **개성석경(開成石經)** : 『개성석경(開成石經)』은 당(唐)나라 만들어진 석경(石經)을 뜻한다. 돌에 경문(經文)을 새겼기 때문에, '석경'이라고 부른다. 당나라 때 만들어진 '석경'은 대화(大和) 7년(A.D.833)에 만들기 시작하여, 개성(開成) 2년(A.D.837)에 완성되었기 때문에, '개성석경'이라고도 부르는 것이다.

◎ **고문송판(考文宋板)** : 『고문송판(考文宋板)』은 일본 학자 산정정(山井鼎) 등이 출간한 『칠경맹자고문보유(七經孟子考文補遺)』에 수록된 『예기정의(禮記正義)』를 뜻한다. 산정정은 『예기정의』를 수록할 때, 송(宋)나라 때의 판본을 저본으로 삼았다.

◎ **공시선생(公是先生)** : =유창(劉敞)

◎ **공씨(孔氏)** : =공영달(孔穎達)

◎ **공영달(孔穎達, A.D.574~A.D.648)** : =공씨(孔氏). 당대(唐代)의 경학자이다. 자(字)는 중달(仲達)이고, 시호(諡號)는 헌공(憲公)이다. 『오경정의(五經正義)』를 찬정(撰定)하는데 중심적인 역할을 했다.

◎ **관사(官師)** : '관사'는 하급 관리들을 부르는 말이다. 『서』「하서(夏書)·

윤정(胤征)」편에는 "每歲孟春, 遒人以木鐸徇于路, 官師相規, 工執藝事以諫."이라는 기록이 있는데, 이에 대한 공안국(孔安國)의 전(傳)에서는 "官師, 衆官."이라고 풀이했다. 또한 『예기』「제법(祭法)」편에는 "官師一廟, 曰考廟. 王考無廟而祭之. 去王考爲鬼."라는 기록이 있는데, 이에 대한 정현의 주에서는 "官師, 中士下士庶士府史之屬."이라고 풀이하여, '관사'의 대상을 구체적으로 중사(中士), 하사(下士), 서사(庶士), 부사(府史)의 부류라고 설명한다.

◎ **교감기(校勘記)** : 『교감기(校勘記)』는 완원(阮元)이 학자들을 모아서 편차했던 『십삼경주소교감기(十三經註疏校勘記)』를 뜻한다.

◎ **교기(校記)** : 『교기(校記)』는 손이양(孫詒讓)이 지은 『십삼경주소교기(十三經注疏校記)』를 뜻한다.

◎ **교제(郊祭)** : '교제'는 '교사(郊祀)'라고도 부른다. 교외(郊外)에서 천지(天地)에 제사를 지냈기 때문에 붙여진 명칭이다. 음양설(陰陽說)이 성행했던 한(漢)나라 때에는 하늘에 대한 제사는 양(陽)의 뜻을 따라 남교(南郊)에서 지냈고, 땅에 대한 제사는 음(陰)의 뜻을 따라 북교(北郊)에서 지냈다. 『한서』「교사지하(郊祀志下)」편에는 "帝王之事莫大乎承天之序, 承天之序莫重於郊祀. …… 祭天於南郊, 就陽之義也. 地於北郊, 卽陰之象也."라는 기록이 있다. 한편 '교사'는 후대에 제사를 범칭하는 용어로도 사용되었다. '교사' 중의 '교(郊)'자는 규모가 큰 제사를 뜻하며, '사(祀)'는 비교적 규모가 작은 제사들을 뜻한다.

◎ **구족(九族)** : '구족'은 친족을 범칭하는 말이다. 자신을 중심으로 위로 고조부(高祖父)까지의 네 세대, 아래로 현손(玄孫)까지의 네 세대까지 포함된 친족을 지칭한다. 『서』「우서(虞書)·요전(堯典)」편에는 "克明俊德, 以親九族."이라는 기록이 있는데, 이에 대한 공안국(孔安國)의 전(傳)에서는 "以睦高祖, 玄孫之親."이라고 풀이하였다. 일설에는 '구족'을 부친쪽 친척 중 4촌, 모친쪽 친척 중 3촌, 처쪽 친척 중 2촌까지를 지칭하는 용어라고도 풀이한다.

◎ **군모(君母)** : '군모'는 서자가 부친의 정처를 지칭하는 용어이다.

◎ **귀신(貴臣)** : '귀신'은 본래 공(公)·경(卿)·대부(大夫)들의 가신(家臣)들 중 가장 높은 자를 지칭하던 용어로, 중신(衆臣)과 상대되는 용어였다. 후대에는 대신(大臣)들을 가리키는 용어로 사용되었다.

◎ **귀첩(貴妾)** : '귀첩'은 처(妻)가 시집을 오면서 함께 데려왔던 일가붙이

가 되는 여자와 자식의 첩(妾) 등을 지칭하는 말이다.

◎ 금방(金榜, A.D.1735~A.D.1801) : 청(淸)나라 때의 학자이다. 자(字)는 예중(蕊中)·보지(輔之)이다. 한림원수찬(翰林院修撰) 등을 지냈으며, 외조부(外祖父)가 죽자 복상(服喪)을 하고, 이후 두문불출하며 오로지 독서와 저술에만 전념하였다. 대진(戴震)과 동학(同學)했으며, 『예전(禮箋)』 등을 저술하였다.

◎ 금화응씨(金華應氏, ?~?) : =응용(應鏞)·응씨(應氏)·응자화(應子和). 이름은 용(鏞)이다. 자(字)는 자화(子和)이다. 『예기찬의(禮記纂義)』를 지었다.

◎ 기년복(期年服) : '기년복'은 1년 동안 상복(喪服)을 입는다는 뜻이다. 또는 그 기간 동안 입게 되는 상복을 뜻하기도 하는데, 일반적으로 자최복(齊衰服)을 가리키는 용어로 사용된다. '기년복'이라고 할 때의 '기년(期年)'은 1년을 뜻하는데, '자최복'은 일반적으로 1년 동안 입게 되는 상복이 되기 때문이다.

◎ 길관(吉冠) : '길관'은 길복(吉服)을 착용할 때 쓰는 관(冠)이다. '길복'은 제례(祭禮)나 의례(儀禮)를 시행할 때 착용하는 제복(祭服)과 예복(禮服)을 가리킨다. 신분의 등급 및 제사의 종류의 따라서 '길복'이 변화되는데, '길관' 또한 각 길복에 따라 변화된다. 한편 일상적으로 쓰는 '관' 또한 '길관'이라고 부른다. 길흉(吉凶)에 의해 각 시기를 구분하게 되면, 상사(喪事)나 재앙 등을 당했을 때에는 흉(凶)에 해당하고, 그 나머지 시기는 길(吉)한 시기에 해당하기 때문이다.

◎ 길배(吉拜) : '길배'는 구배(九拜) 중 하나이다. 먼저 절을 한 이후에 이마를 땅에 닿게 하는 방법이다.

◎ 길복(吉服) : '길복'에는 두 가지 뜻이 있다. 첫 번째는 제사 때 입는 복장인 제복(祭服)을 뜻한다. 제사(祭祀)는 길례(吉禮)에 해당하므로, 그 때 착용하는 복장을 '길복'이라고 부르는 것이다. 두 번째는 예의를 갖출 때 입는 예복(禮服)을 범칭하는 말이다.

◎ 길제(吉祭) : '길제'는 상례(喪禮)의 단계를 뜻한다. 우제(虞祭)를 지낸 뒤, 졸곡(卒哭)을 하며 제사를 지내게 되는데, 이 단계부터 지내는 제사를 '길제'라고 부른다. 상(喪)은 흉사(凶事)에 해당하는데, 그 이전까지는 슬픔에서 벗어나기 힘들기 때문에 흉제(凶祭) 또는 상제(喪祭)라고 부르며, 이 단계부터는 평상시처럼 길(吉)한 때로 접어들기 때문에

'길제'라고 부른다. 『예기』「단궁하(檀弓下)」편에는 "是月也, 以虞易奠, 卒哭曰成事. 是日也, 以吉祭易喪祭."라는 기록이 있다.

ㄴ

◎ **남송석경(南宋石經)** : 『남송석경(南宋石經)』은 송(宋)나라 고종(高宗) 때 돌에 새긴 『십삼경주소(十三經注疏)』의 판본이다. 그러나 『예기(禮記)』에 대해서는 「중용(中庸)」 1편만을 기록하고 있다.

◎ **내상(內喪)** : '내상'은 대문(大門) 안에서 발생한 상(喪)을 뜻한다. 즉 집 안에서 발생한 상(喪)을 뜻하며, 외상(外喪)과 반대가 된다.

◎ **노식(盧植, A.D.159?~A.D.192)** : =노씨(盧氏). 후한(後漢) 때의 유학자이다. 자(字)는 자간(子幹)이다. 어려서 마융(馬融)을 스승으로 섬겼다. 영제(靈帝)의 건녕(建寧) 연간(A.D.168~A.D.172)에 박사(博士)가 되었다. 채옹(蔡邕) 등과 함께 동관(東觀)에서 오경(五經)을 교정했다. 후에 동탁(董卓)이 소제(少帝)를 폐위시키자, 은거하며 『상서장구(尙書章句)』, 『삼례해고(三禮解詁)』를 저술했지만, 남아 있지 않다.

◎ **노씨(盧氏)** : =노식(盧植)

ㄷ

◎ **단(袒)** : '단'은 상중(喪中)에 남자들이 취하는 복장 방식이다. 상의 중 좌측 어깨 쪽을 드러내는 방법이다. 한편 일반적인 의례절차에서도 단(袒)의 복장 방식을 취하는 경우가 있다.

◎ **단옥재(段玉裁, A.D.1735~A.D.1815)** : 청(淸)나라 때의 학자이다. 자(字)는 약응(若膺)이고, 호(號)는 무당(懋堂)이다. 저서로는 『설문해자주(說文解字注)』, 『육서음균표(六書音均表)』, 『고문상서찬이(古文尙書撰異)』 등이 있다.

◎ **담제(禫祭)** : '담제'는 상복(喪服)을 벗을 때 지내는 제사이다.

◎ **대렴(大斂)** : '대렴'은 상례(喪禮) 절차 중 하나이다. 소렴(小斂)을 끝낸 뒤에, 시신을 관에 안치하는 절차이다.

◎ **대상(大祥)** : '대상'은 부모의 상(喪)에서, 부모가 죽은 지 만 2년 만에

탈상을 하며 지내는 제사이다.

◎ **대제(大祭)** : '대제'는 큰 제사라는 뜻이며, 천지(天地)에 대한 제사 및 체협(禘祫) 등을 일컫는다. 『주례』「천관(天官)·주정(酒正)」에 "凡祭祀, 以法共五齊三酒, 以實八尊. 大祭三貳, 中祭再貳, 小祭壹貳, 皆有酌數."라는 기록이 있다. 이에 대한 정현의 주에서는 "大祭, 天地. 中祭, 宗廟. 小祭, 五祀."라고 풀이하여, '대제'는 천지에 대한 제사를 뜻한다고 설명한다. 그리고 『주례』「춘관(春官)·천부(天府)」편에는 "凡國之玉鎭大寶器藏焉, 若有大祭大喪, 則出而陳之, 旣事藏之."라는 기록이 있다. 이에 대한 정현의 주에서는 "禘祫及大喪陳之, 以華國也."라고 풀이하여, '대제'를 '체협'으로 설명한다. 그리고 '체(禘)'제사와 '대제'의 직접적 관계에 대해서는 『이아』「석천(釋天)」편에서 "禘, 大祭也."라고 풀이하고, 이에 대한 곽박(郭璞)의 주에서는 "五年一大祭."라고 풀이하여, '대제'로써의 '체'제사는 5년마다 지내는 제사로 설명한다.

◎ **두예(杜預, A.D.222~A.D.284)** : =두원개(杜元凱). 서진(西晉) 때의 유학자이다. 경조(京兆) 두릉(杜陵) 출신이다. 자(字)는 원개(元凱)이다. 『춘추경전집해(春秋經典集解)』를 저술하였는데, 이 책은 현존하는 『춘추(春秋)』의 주석서 중 가장 오래된 것이며, 『십삼경주소(十三經注疏)』의 『춘추좌씨전정의(春秋左氏傳正義)』에도 채택되어 수록되었다.

◎ **두원개(杜元凱)** : =두예(杜預)

ㅁ

◎ **마계장(馬季長)** : =마융(馬融)

◎ **마씨(馬氏)** : =마희맹(馬晞孟)

◎ **마언순(馬彥醇)** : =마희맹(馬晞孟)

◎ **마융(馬融, A.D.79~A.D.166)** : =마계장(馬季長). 후한대(後漢代)의 경학자(經學者)이다. 자(字)는 계장(季長)이며, 마속(馬續)의 동생이다. 고문경학(古文經學)을 연구하였으며, 『주역(周易)』, 『상서(尚書)』, 『모시(毛詩)』, 『논어(論語)』, 『효경(孝經)』 등을 두루 주석하고, 『노자(老子)』, 『회남자(淮南子)』 등도 주석하였지만 현재 전해지지 않는다.

◎ **마희맹(馬晞孟, ?~?)** : =마씨(馬氏)·마언순(馬彥醇). 자(字)는 언순(彥醇)이다. 『예기해(禮記解)』를 찬술했다.

◎ **면(免)** : '면'은 면포(免布)나 면복(免服)과 같은 뜻이다.

◎ **면복(免服)** : '면복'은 상복(喪服)의 한 종류이다. 면(免)과 최질(衰絰)을 하는 것이며, 친상(親喪)을 처음 당했을 때 착용하는 복장이다.

◎ **면복(冕服)** : '면복'은 대부(大夫) 이상의 계층이 착용하는 예관(禮冠)과 복식을 뜻한다. 무릇 길례(吉禮)를 시행할 때에는 모두 면류관[冕]을 착용하는데, 복장의 경우에는 시행하는 사안에 따라서 달라진다.

◎ **면포(免布)** : '면포'는 상(喪)을 당한 사람이 관(冠)을 벗고 흰 천 등으로 '머리를 묶는 것[括髮]'을 뜻한다.

◎ **명기(明器)** : '명기'는 명기(冥器)라고도 부른다. 장례(葬禮) 때 시신과 함께 매장하는 순장품을 뜻한다.

◎ **명기(冥器)** : =명기(明器)

◎ **명당(明堂)** : '명당'은 일반적으로 고대 제왕이 정교(政敎)를 베풀던 장소를 지칭하는 용어로 사용되었다. 이곳에서는 조회(朝會), 제사(祭祀), 경상(慶賞), 선사(選士), 양로(養老), 교학(教學) 등의 국가 주요 업무가 시행되었다. 『맹자』「양혜왕하(梁惠王下)」편에는 "夫明堂者, 王者之堂也."라는 용례가 있고, 『옥태신영(玉台新詠)』「목난사(木蘭辭)」편에도 "歸來見天子, 天子坐明堂."이라는 용례가 있다. '명당'의 규모나 제도는 시대마다 다르다. 또한 '명당'이라는 건물군 중에서 남쪽의 실(室)을 가리키는 용어로도 사용되었다.

◎ **명정(銘旌)** : '명정'은 명정(明旌)이라고도 부른다. 영구(靈柩) 앞에 세워서 죽은 자의 관직 및 성명(姓名)을 표시하는 깃발이다.

◎ **모본(毛本)** : 『모본(毛本)』은 명(明)나라 말기 급고각(汲古閣)에서 간행된 『십삼경주소(十三經注疏)』의 판본이다. 급고각은 모진(毛晋)이 지은 장서각이었으므로, 이러한 명칭이 생겼다.

◎ **목록(目錄)** : 『목록(目錄)』은 정현이 찬술했다고 전해지는 『삼례목록(三禮目錄)』을 가리킨다. 『십삼경주소(十三經注疏)』에서 인용되고 있지만, 이 책은 『수서(隋書)』가 편찬될 당시에 이미 일실되어 존재하지 않았다. 『수서』「경적지(經籍志)」편에는 "三禮目錄一卷, 鄭玄撰, 梁有陶弘景注一卷, 亡."이라는 기록이 있다.

◎ **민본(閩本)** : 『민본(閩本)』은 명(明)나라 가정(嘉靖) 연간 때 이원양(李元陽)이 간행한 『십삼경주소(十三經注疏)』 판본이다. 한편 『칠경맹자고문보유(七經孟子考文補遺)』에서는 이 판본을 『가정본(嘉靖本)』으로

지칭하고 있다.

ㅂ

◎ 방각(方愨) : =엄릉방씨(嚴陵方氏)

◎ 방성부(方性夫) : =엄릉방씨(嚴陵方氏)

◎ 방씨(方氏) : =엄릉방씨(嚴陵方氏)

◎ 방포(方苞, A.D.1668~A.D.1749) : 청대(淸代)의 학자이다. 자(字)는 영고(靈皐)이고, 호(號)는 망계(望溪)이다. 송대(宋代)의 학문과 고문(古文)을 추종하였다.

◎ 별록(別錄) : 『별록(別錄)』은 후한(後漢) 때 유향(劉向)이 찬(撰)했다고 전해지는 책이다. 현재는 일실되어 존재하지 않으며, 『한서(漢書)』「예문지(藝文志)」편을 통해서 대략적인 내용만을 추측해볼 수 있다.

◎ 부제(祔祭) : '부제'는 '부(祔)'라고도 한다. 새로이 죽은 자가 있으면, 선조(先祖)에게 '부제'를 올리면서, 신주(神主)를 합사(合祀)하는 것을 말한다. 『주례』「춘관(春官)·대축(大祝)」편에는 "付練祥, 掌國事."라는 기록이 있고, 이에 대한 정현의 주에서는 "付當爲祔. 祭於先王以祔後死者."라고 풀이하였다.

◎ 분상(奔喪) : '분상'은 타지에 있다가 상(喪)에 대한 소식을 듣고, 급히 되돌아오는 예법(禮法)을 말한다. 『예기』「분상(奔喪)」편에 대해, 공영달(孔穎達)은 "案鄭目錄云, 名曰奔喪者, 以其居他國, 聞喪奔歸之禮."라고 풀이했다.

◎ 빙문(聘問) : '빙문'은 국가 간이나 개인 간에 사람을 보내서 상대방을 찾아가 안부를 묻는 의식 절차를 통칭하는 말이다. 또한 제후가 신하를 시켜서 천자에게 보내, 안부를 묻는 예법을 뜻하기도 한다.

ㅅ

◎ 사자(射慈, A.D.205~A.D.253) : =사자(謝慈). 삼국시대(三國時代) 때 오(吳)나라의 학자이다. 자(字)는 효종(孝宗)이다.

◎ 사자(謝慈) : =사자(射慈)

◎ **산음육씨(山陰陸氏, A.D.1042~A.D.1102)** : =육농사(陸農師)·육전(陸佃). 북송(北宋) 때의 유학자이다. 자(字)는 농사(農師)이며, 호(號)는 도산(陶山)이다. 어려서 집안이 매우 가난했다고 전해지며, 왕안석(王安石)에게 수학하였으나 왕안석의 신법에 대해서는 반대하였다. 저서로는 『비아(埤雅)』, 『춘추후전(春秋後傳)』, 『도산집(陶山集)』 등이 있다.

◎ **삼고(三孤)** : '삼고'는 소사(少師)·소부(少傅)·소보(少保)를 가리킨다. 삼공(三公)을 보좌하는 역할이었지만, '삼공'에게 배속되었던 것은 아니다. '삼고'는 일종의 특별직으로, 그들의 신분은 '삼공'보다 낮지만, 육경(六卿)보다는 높았다. 한편 '삼고'와 '육경'을 합쳐서 '구경(九卿)'으로 보는 견해도 있다. 『서』「주서(周書)·주관(周官)」편에는 "少師·少傅·少保曰三孤."라는 기록이 있고, 이에 대한 공안국(孔安國)의 전(傳)에서는 "此三官名曰三孤. 孤, 特也. 言卑於公, 尊於卿, 特置此三者."라고 풀이했다.

◎ **삼공(三公)** : '삼공'은 중앙정부의 가장 높은 관직자 3명을 합쳐서 부르는 말이다. '삼공'에 속한 관직명에 대해서는 각 시대별로 차이가 있다. 『사기(史記)』「은본기(殷本紀)」편에는 "以西伯昌, 九侯, 鄂侯, 爲三公."이라는 기록이 있다. 즉 은나라 때에는 서백(西伯)인 창(昌), 구후(九侯), 악후(鄂侯)들을 '삼공'으로 삼았다. 또한 주(周)나라 때에는 태사(太師), 태부(太傅), 태보(太保)를 '삼공'으로 삼았다. 『서』「주서(周書)·주관(周官)」편에는 "立太師·太傅·太保, 茲惟三公, 論道經邦, 燮理陰陽."이라는 기록이 있다. 한편 『한서(漢書)』「백관공경표서(百官公卿表序)」에 따르면 사마(司馬), 사도(司徒), 사공(司空)을 '삼공'으로 삼았다는 기록이 있다.

◎ **삼대(三代)** : '삼대'는 하(夏), 은(殷), 주(周)의 세 왕조를 말한다. 『논어』「위령공(衛靈公)」편에는 "斯民也, 三代 之所以直道而行也."라는 기록이 있고, 이에 대한 형병(邢昺)의 소(疏)에서는 "三代, 夏殷周也."로 풀이했다.

◎ **서모(庶母)** : '서모'는 부친의 첩(妾)들을 뜻한다. 『의례』「사혼례(士昏禮)」편에는 "庶母及門內施鞶, 申之以父母之命."이라는 기록이 있는데, 이에 대한 정현의 주에서는 "庶母, 父之妾也."라고 풀이했다. 한편 '서모'는 부친의 첩들 중에서도 아들을 낳은 여자를 뜻하기도 한다. 『주자전서(朱子全書)』「예이(禮二)」편에는 "庶母, 自謂父妾生子者."라는 기

록이 있다.

◎ 석경(石經) : 『석경(石經)』은 당(唐)나라 개성(開成) 2년(A.D.714)에 돌에 새긴 『십삼경주소(十三經注疏)』의 판본이다. 당나라 국자학(國子學)의 비석에 새겨졌다는 판본이 바로 이것을 가리킨다.

◎ 석량왕씨(石梁王氏, ?~?) : 자세한 이력이 남아 있지 않다.

◎ 섭주(攝主) : '섭주'는 제주(祭主) 및 상주(喪主)의 일을 대신 맡아보는 자이다. 정식 제주 및 상주는 종법제(宗法制)에 따라서, 종주(宗主)가 담당을 하였는데, 그에게 사정이 생겨서, 그 일을 주관하지 못할 때, '섭주'가 대신 그 일을 담당했다. 군주의 경우에는 재상이 담당하기도 하였으며, 나머지의 경우에는 제주 및 상주와 항렬이 같은 자들 중에서 담당을 하기도 했다.

◎ 성복(成服) : '성복'은 상례(喪禮)에서 대렴(大斂) 이후, 죽은 자와의 관계에 따라, 각각 규정에 맞는 상복(喪服)을 갖춰 입는다는 뜻이다.

◎ 소관(素冠) : '소관'은 상사(喪事)나 흉사(凶事)의 일을 접했을 때 쓰게 되는 흰색 관(冠)이다.

◎ 소군(小君) : '소군'은 주대(周代)에 제후의 부인을 지칭하던 용어이다. 『춘추』「희공(僖公) 2년」편에는 "夏五月辛巳, 葬我小君哀姜."이라는 용례가 있다.

◎ 소렴(小斂) : '소렴'은 상례(喪禮) 절차 중 하나이다. 죽은 자의 시신을 목욕시키고, 의복을 착용시키며, 그 위에 이불 등으로 감싸는 절차를 뜻한다.

◎ 소뢰(少牢) : '소뢰'는 제사에서 양(羊)과 돼지[豕] 두 가지 희생물을 사용하는 것을 뜻한다. 『춘추좌씨전』「양공(襄公) 22년」편에는 "祭以特羊, 殷以少牢."라는 기록이 있는데, 이에 대한 두예(杜預)의 주에서는 "四時祀以一羊, 三年盛祭以羊豕. 殷, 盛也."라고 풀이하였다.

◎ 소망지(蕭望之, B.C.109?~B.C. 47) : 전한(前漢) 때의 학자이다. 자(字)는 장천(長倩)이다.

◎ 소상(小祥) : '소상'은 부모의 상(喪)에서, 부모가 죽은 지 만 1년 만에 지내는 제사이다. 이 제사가 끝나면, 자식은 3년상을 지낼 때의 복장과 생활방식을 조금씩 덜어내게 된다.

◎ 수배(手拜) : '수배'는 무릎을 꿇고서 절을 하는 방법 중 하나이다. 양쪽 선을 먼저 땅바닥에 대고, 동시에 머리를 내리되 손등 위에 도달하면

그치게 된다.

◎ 수조(守祧) : '수조'는 『주례(周禮)』에 나오는 관직 이름이다. 선왕(先王) 및 선공(先公)들의 묘(廟)에 대한 일을 담당했다. 관련 의복들을 보관해두었다가 해당 묘(廟)에서 제사를 지내게 되면, 관련 의복을 꺼내어 시동에게 주는 등의 일을 시행했다.

◎ 습(襲) : '습'은 고대에 의례를 시행할 때 하는 복장 방식 중 하나이다. 겉옷으로 안에 입고 있던 옷들을 완전히 가리는 방식이다. 한편 '습'은 비교적 성대한 의식 때 시행하는 복장 방식으로도 사용되어, 안에 있고 있는 옷을 드러내지 않음으로써, 공경의 뜻을 표하기도 했다.

◎ 승(升) : '승'은 옷감과 관련된 단위이다. 고대에는 포(布) 80가닥[縷]을 1승(升)으로 여겼다. 『의례』「상복(喪服)」편에서는 "冠六升, 外畢."이라는 기록이 있는데, 이에 대한 정현의 주에서는 "布八十縷爲升."이라고 풀이했다.

◎ 심괄(沈括, A.D.1031~A.D.1095) : 송대(宋代) 때의 과학자이자 학자이다. 자(字)는 존중(存中)이다. 천문(天文), 역법(曆法) 등에 해박하였다. 저서로는 『악론(樂論)』, 『봉원력(奉元曆)』 등이 있다.

◎ 심상(心喪) : '심상'은 죽음에 대해 애도함이 상을 치르는 것과 같지만, 실제적으로 상복을 입지 않는 것을 뜻한다. 주로 스승이 죽었을 때, 제자들이 치르는 상을 가리킨다. 『예기』「단궁상(檀弓上)」편에서는 "事師無犯無隱, 左右就養無方, 服勤至死, 心喪三年."이라는 기록이 있고, 이에 대한 정현의 주에서는 "心喪, 戚容如父而無服也."라고 풀이했다.

◎ 심의(深衣) : '심의'는 일반적으로 상의와 하의가 서로 연결된 옷을 뜻한다. 제후, 대부(大夫), 사(士)들이 평상시 집안에 거처할 때 착용하던 복장이기도 하며, 서인(庶人)에게는 길복(吉服)에 해당하기도 한다. 순색에 채색을 가미하기도 했다.

ㅇ

◎ 악본(岳本) : 『악본(岳本)』은 송(頌)나라 악가(岳珂)가 간행한 『십삼경주소(十三經注疏)』의 판본이다.

◎ 엄릉방씨(嚴陵方氏, ?~?) : =방각(方慤) · 방씨(方氏) · 방성부(方性夫). 송대(宋代)의 유학자이다. 이름은 각(慤)이다. 자(字)는 성부(性夫)이다.

『예기집해(禮記集解)』를 지었고, 『예기집설대전(禮記集說大全)』에는 그의 주장이 많이 인용되고 있다.

◎ 여군(女君) : '여군'은 본부인을 뜻하는 용어이다. 주로 첩 등이 정처를 지칭할 때 쓰는 용어이다.

◎ 연관(練冠) : '연관'은 상(喪) 중에 착용하는 관(冠)이다. 부모의 상 중에서 1주기에 지내는 제사 때 착용을 하였다.

◎ 연상(練祥) : '연상'은 소상(小祥)과 대상(大祥)을 뜻한다. '연상'에서의 '연(練)'자는 연제(練祭)를 뜻하며, '연제'는 곧 '소상'을 가리킨다. '연상'에서의 '상(祥)'자는 '대상'을 뜻한다. 소상은 죽은 지 13개월만에 지내는 제사이며, 대상은 25개월만에 지내는 제사이고, 대상을 지내게 되면 상복과 지팡이를 제거하게 된다. 『주례』「춘관(春官)·대축(大祝)」편에는 "言甸人讀禱, 付練祥, 掌國事."라는 기록이 있고, 이에 대해 가공언(賈公彦)의 소(疏)에서는 "練, 謂十三月小祥, 練祭. 祥, 謂二十五月大祥, 除衰杖."이라고 풀이했다.

◎ 연제(練祭) : '연제'는 소상(小祥)과 같은 뜻이다.

◎ 염강(厭降) : '염강'은 상례(喪禮)에 있어서, 돌아가신 모친을 위해 자식은 본래 삼년상(三年喪)을 치러야 하지만, 부친이 생존해 계신 경우라면, 수위를 낮춰서 기년상(期年喪)으로 치르는데, 이처럼 낮춰서 치르는 것을 '염강'이라고 부른다.

◎ 영위앙(靈威仰) : '영위앙'은 참위설(讖緯說)을 주장했던 자들이 섬기던 오제(五帝) 중 하나이다. 동방(東方)의 신(神)이자, 봄을 주관하는 신이다. 『예기』「대전(大傳)」편에는 "禮, 不王不禘, 王者禘其祖之所自出, 以其祖配之."라는 기록이 있는데, 이에 대한 정현의 주에서는 "王者之先祖皆感大微五帝之精以生. 蒼則靈威仰, 赤則赤熛怒, 黃則含樞紐, 白則白招拒, 黑則汁光紀."라고 풀이하였다.

◎ 오계공(敖繼公, ?~?) : 원(元)나라 때의 학자이다. 자(字)는 군선(君善)·군수(君壽)이다. 이름이 계옹(繼翁)이었다고 하기도 한다. 저서로는 『의례집설(儀禮集說)』 등이 있다.

◎ 오복(五服) : '오복'은 죽은 자와 친하고 소원한 관계에 따라 입게 되는 다섯 가지 상복(喪服)을 뜻한다. 참최복(斬衰服), 자최복(齊衰服), 대공복(大功服), 소공복(小功服), 시마복(緦麻服)을 가리킨다. 『예기』「학기(學記)」편에는 "師無當於五服, 五服弗得不親."이라는 기록이 있는데,

이에 대한 공영달(孔穎達)의 소(疏)에서는 "五服, 斬衰也, 齊衰也, 大功也, 小功也, 緦麻也."라고 풀이했다. 또한 '오복'에 있어서는 죽은 자와 가까운 관계일수록 중대한 상복을 입고, 복상(服喪) 기간도 늘어난다. 위의 '오복' 중 참최복이 가장 중대한 상복에 속하며, 그 다음은 자최복이고, 대공복, 소공복, 시마복 순으로 내려간다.

◎ **오속(五屬)** : '오속'은 서로를 위해 상복(喪服)을 입어야 하는 친족을 뜻한다. 상복은 참최복(斬衰服), 자최복(齊衰服), 대공복(大功服), 소공복(小功服), 시마복(緦麻服)이 있는데, 친족들은 각각의 친소(親疎) 관계에 따라 위의 다섯 가지 상복을 착용하게 되므로, '오속'이라고 부른다.

◎ **오유청(吳幼淸)** : =오징(吳澄)

◎ **오징(吳澄, A.D.1249~A.D.1333)** : =임천오씨(臨川吳氏) · 오유청(吳幼淸). 송원대(宋元代)의 유학자이다. 이름은 징(澄)이다. 자(字)는 유청(幼淸)이다. 저서로 『예기해(禮記解)』가 있다.

◎ **왕념손(王念孫, A.D.1744~A.D.1832)** : 청(淸)나라 때의 학자이다. 자(字)는 회조(懷祖)이고, 호(號)는 석구(石臞)이다. 부친은 왕안국(王安國)이고, 아들은 왕인지(王引之)이다. 대진(戴震)에게 학문을 배웠다. 저서로는 『독서잡지(讀書雜志)』 등이 있다.

◎ **왕무횡(王懋竑, A.D.1668~A.D.1741)** : 청(淸) 나라 때의 경학자이다. 자(字)는 여중(予中) · 여중(與中)이며, 호(號)는 백전(白田)이다.

◎ **왕숙(王肅, A.D.195~A.D.256)** : 위진남북조(魏晉南北朝) 때의 위(魏)나라 경학자이다. 자(字)는 자옹(子雍)이다. 출신지는 동해(東海)이다. 부친 왕랑(王朗)으로부터 금문학(今文學)을 공부했으나, 고문학(古文學)의 고증적인 해석을 따랐다. 『상서(尙書)』, 『시경(詩經)』, 『좌전(左傳)』, 『논어(論語)』 및 삼례(三禮)에 대한 주석을 남겼다.

◎ **용(踊)** : '용'은 상중(喪中)에 취하는 행동으로, 곡(哭)에 맞춰서 발을 구르는 행위이다.

◎ **우제(虞祭)** : '우제'는 장례(葬禮)를 치르고 난 뒤에 지내는 제사를 뜻한다.

◎ **위현성(韋玄成, ?~B.C.36)** : 전한(前漢) 때의 학자이자 정치가이다. 자(字)는 소옹(少翁)이다. 부친은 위현(韋賢)이다. 석거각(石渠閣) 등의 회의에 참석했다.

◎ **유세명(劉世明, ?~A.D. 541)** : 북위(北魏) 때의 관료이다. 자(字)는 백초(伯楚)이다.

◎ 유씨(庾氏) : =유울(庾蔚)

◎ 유울(庾蔚, ?~?) : =유씨(庾氏). 남조(南朝) 때 송(宋)나라 학자이다. 저서로는 『예기약해(禮記略解)』, 『예론초(禮論鈔)』, 『상복(喪服)』, 『상복세요(喪服世要)』, 『상복요기주(喪服要記注)』 등을 남겼다.

◎ 유원보(劉原父) : =유창(劉敞)

◎ 유지(劉智, ?~A.D.289) : 서진(西晉) 때의 학자이다. 자(字)는 자방(子房)이고, 시호(諡號)는 성(成)이다. 형은 유식(劉寔)이다. 저서로는 『상복석의론(喪服釋疑論)』 등이 있다.

◎ 유창(劉敞, A.D.1019~A.D.1068) : =공시선생(公是先生)·유원보(劉原父)·청강유씨(淸江劉氏). 북송(北宋) 때의 경학자이다. 자(字)는 원보(原父)이다. 유학뿐만 아니라 불교와 도교에 대해서도 연구하였고, 천문(天文), 지리(地理) 등의 방면에도 조예가 깊었다.

◎ 육경(六卿) : '육경'은 여섯 명의 경(卿)을 가리키는데, 주로 여섯 명의 주요 관직자들을 뜻한다. 각 시대마다 해당하는 관직명과 담당하는 영역에는 차이가 있었다. 『서』「하서(夏書)·감서(甘誓)」편에는 "大戰于甘, 乃召六卿."이라는 기록이 있고, 이에 대한 공안국(孔安國)의 전(傳)에서는 "天子六軍, 其將皆命卿."이라고 풀이했다. 즉 천자는 6개의 군(軍)을 소유하고 있는데, 각 군의 장수를 '경(卿)'으로 임명하였기 때문에, 이들 육군(六軍)의 수장을 '육경'이라고 부른다는 뜻이다. 이 기록에 따르면 하(夏)나라 때에는 육군의 장수를 '육경'으로 불렀다는 결론이 도출된다. 한편 『주례(周禮)』의 체제에 따르면, 주(周)나라에서는 여섯 개의 관부를 설치하였고, 이들 관부의 수장을 '경'으로 임명하였다. 따라서 천관(天官)의 총재(冢宰), 지관(地官)의 사도(司徒), 춘관(春官)의 종백(宗伯), 하관(夏官)의 사마(司馬), 추관(秋官)의 사구(司寇), 동관(冬官)의 사공(司空)이 '육경'에 해당한다. 『한서(漢書)·백관공경표상(百官公卿表上)』편에는 "夏殷亡聞焉, 周官則備矣. 天官冢宰, 地官司徒, 春官宗伯, 夏官司馬, 秋官司寇, 冬官司空, 是爲六卿, 各有徒屬職分, 用於百事."라는 기록이 있다.

◎ 육농사(陸農師) : =산음육씨(山陰陸氏)

◎ 육덕명(陸德明, A.D.550~A.D.630) : =육원랑(陸元朗). 당대(唐代)의 경학자이다. 이름은 원랑(元朗)이고, 자(字)는 덕명(德明)이다. 훈고학에 뛰어났으며, 『경전석문(經典釋文)』 등을 남겼다.

◎ 육원랑(陸元朗) : =육덕명(陸德明)
◎ 육전(陸佃) : =산음육씨(山陰陸氏)
◎ 응씨(應氏) : =금화응씨(金華應氏)
◎ 응용(應鏞) : =금화응씨(金華應氏)
◎ 응자화(應子和) : =금화응씨(金華應氏)
◎ 의려(倚廬) : '의려'는 상중(喪中)에 머물게 되는 임시 거처지이다. '의려'는 '의(倚)', '려(廬)', '堊室(악실)', '사려(舍廬)' 등으로 부르기도 한다.
◎ 임천오씨(臨川吳氏) : =오징(吳澄)

ㅈ

◎ 자모(慈母) : '자모'는 모친을 뜻하기도 하지만, 고대에는 자신을 양육시켜준 서모(庶母)를 뜻하는 용어로 사용하기도 했다.
◎ 장락진씨(長樂陳氏) : =진상도(陳祥道)
◎ 장상(長殤) : '장상'은 16~19세 사이에 요절한 자를 뜻한다. 『의례』「상복(喪服)」편에 "年十九至十六爲長殤."이라는 기록이 있다.
◎ 장의(長衣) : '장의'는 고대의 귀족들이 상중에 착용하는 순백색의 포로된 옷이다. 『의례』「빙례(聘禮)」편에는 "遭喪將命於大夫, 主人長衣練冠以受."라는 기록이 있는데, 이에 대한 정현의 주에서는 "長衣, 純素布衣也."라고 풀이했다.
◎ 장자(張子) : =장재(張載)
◎ 장재(張載, A.D.1020~A.D.1077) : =장자(張子)·장횡거(張橫渠). 북송(北宋) 때의 유학자이다. 북송오자(北宋五子) 중 한 사람으로 칭해진다. 자(字)는 자후(子厚)이다. 횡거진(橫渠鎭) 출신으로, 이곳에서 장기간 강학을 했기 때문에 횡거선생(橫渠先生)으로 일컬어지기도 한다.
◎ 장횡거(張橫渠) : =장재(張載)
◎ 적사(適士) : '적사'는 상사(上士)를 가리킨다. 사(士)라는 계급은 3단계로 세분되는데, 상사, 중사(中士), 하사(下士)가 그것이다. 『예기』「제법(祭法)」편의 경문에는 "適士二廟, 一壇, 曰考廟, 曰王考廟, 享嘗乃止."라는 기록이 있다. 이에 대한 정현의 주에서는 "適士, 上士也."라고 풀이했다.
◎ 전욱(顓頊) : '전욱'은 고양씨(高陽氏)라고도 부른다. '전욱'은 고대 오제

(五帝) 중 하나이다. 『산해경(山海經)』「해내경(海內經)」편에는 "黃帝妻雷祖, 生昌意, 昌意降處若水, 生韓流. 韓流, …… 取淖子曰阿女, 生帝顓頊."이라는 기록이 있다. 즉 황제(黃帝)의 처인 뇌조(雷祖)가 창의(昌意)를 낳았는데, 창의가 약수(若水)에 강림하여 거처하다가, 한류(韓流)를 낳았다. 다시 한류는 아녀(阿女)를 부인으로 맞이하여 '전욱'을 낳았다. 또한 『회남자(淮南子)』「천문훈(天文訓)」편에는 "北方, 水也, 其帝顓頊, 其佐玄冥, 執權而治冬."이라는 기록이 있다. 즉 북방(北方)은 오행(五行)으로 배열하면 수(水)에 속하는데, 이곳의 상제(上帝)는 '전욱'이고, 상제를 보좌하는 신(神)은 현명(玄冥)이다. 이들은 겨울을 다스린다. 또한 '전욱'과 관련하여 『수경주(水經注)』「호자하(瓠子河)」편에는 "河水舊東決, 逕濮陽城東北, 故衛也, 帝顓頊之墟. 昔顓頊自窮桑徙此, 號曰商丘, 或謂之帝丘."라는 기록이 있다. 즉 황하의 물길은 옛날에 동쪽으로 흘러서, 복양성(濮陽城)의 동북쪽을 경유하였는데, 이곳은 옛 위(衛) 지역으로, '전욱'이 거처하던 터이며, 예전에 '전욱'이 궁상(窮桑) 땅으로부터 이곳으로 옮겨왔기 때문에, 이곳을 상구(商丘) 또는 제구(帝丘)라고도 부른다.

◎ **전제(奠祭)** : '전제'는 죽은 자 및 귀신들에게 음식을 헌상하는 제사이다. 상례(喪禮)를 치를 때, 빈소를 차리고 나면, 매일 아침과 저녁에 음식을 바치며 제사를 지내게 되는데, '전제'는 주로 이러한 제사를 뜻한다.

◎ **정강성(鄭康成)** : =정현(鄭玄)

◎ **정씨(鄭氏)** : =정현(鄭玄)

◎ **정의(正義)** : 『정의(正義)』는 『예기정의(禮記正義)』 또는 『예기주소(禮記注疏)』를 뜻한다. 당(唐)나라 때에는 태종(太宗)이 공영달(孔穎達) 등을 시켜서 『오경정의(五經正義)』를 편찬하였는데, 이때 『예기정의』에는 정현(鄭玄)의 주(注)와 공영달의 소(疏)가 수록되었다. 송대(宋代)에는 『오경정의』와 다른 경전(經典)에 대한 주석서를 포함한 『십삼경주소(十三經注疏)』가 편찬되어, 『예기주소』라는 명칭이 되었다.

◎ **정현(鄭玄, A.D.127~A.D.200)** : =정강성(鄭康成)·정씨(鄭氏). 한대(漢代)의 유학자이다. 자(字)는 강성(康成)이다. 『주역(周易)』, 『상서(尙書)』, 『모시(毛詩)』, 『주례(周禮)』, 『의례(儀禮)』, 『예기(禮記)』, 『논어(論語)』, 『효경(孝經)』 등에 주석을 하였다.

◎ **제곡(帝嚳)** : '제곡'은 고신씨(高辛氏)라고도 부른다. '제곡'은 고대 오제

(五帝) 중 하나이다. 황제(黃帝)의 아들 중에는 현효(玄囂)가 있었는데, '제곡'은 현효의 손자가 된다. 은(殷)나라의 복사(卜辭) 기록 속에서는 은나라 사람들이 '제곡'을 고조(高祖)로 여겼다는 기록도 나온다. 한편 '제곡'은 최초 신(辛)이라는 땅을 분봉 받았다가, 이후에 제(帝)가 되었으므로, '제곡'을 고신씨(高辛氏)라고도 부르는 것이다.

◎ **제복(除服)** : '제복'은 소상(小祥)과 대상(大祥)을 지낼 때 입는 상복(喪服)을 뜻한다. 또는 상복을 벗는다는 뜻이다. 소상과 대상을 치르면서 상복의 수위가 낮아지게 되며, 대상까지 지내게 되면 실제적으로 복상(服喪) 기간이 끝나게 된다. 따라서 '제복'은 상복을 벗는다는 뜻이 되며, 소상과 대상을 지내면서 입게 되는 변화된 상복을 지칭하기도 하는 것이다.

◎ **조광(趙匡, ?~?)** : 당(唐)나라 때의 학자이다. 자(字)는 백순(伯循)이다. 담조(啖助)로부터 춘추학(春秋學)을 전수받았다. 저서로는 『춘추천미찬류의통(春秋闡微纂類義統)』 등이 있다.

◎ **조근(朝覲)** : '조근'은 군주가 신하를 만나보는 예법(禮法)을 뜻한다. 군주가 신하를 만나보는 예법에는 조(朝), 근(覲), 종(宗), 우(遇), 회(會), 동(同) 등이 있었는데, 이것을 총칭하여 '조근'으로 부르기도 한다. 한편 '조근'은 신하가 군주를 찾아뵙는 예법을 뜻하기도 한다. 고대에는 제후가 천자를 찾아뵐 때, 각 계절별로 그 명칭을 다르게 불렀다. 봄에 찾아뵙는 것을 조(朝)라고 부르며, 여름에 찾아뵙는 것을 종(宗)이라고 부르고, 가을에 찾아뵙는 것을 근(覲)이라고 부르며, 겨울에 찾아뵙는 것을 우(遇)라고 부른다. '조근'은 이러한 예법들을 총칭하는 말이다.

◎ **조묘(祧廟)** : '조묘'는 천묘(遷廟)와 같은 뜻이다. '천묘'는 대수(代數)가 다한 신주(神主)를 모시는 묘(廟)를 뜻한다. 예를 들어 天子의 경우, 7개의 묘(廟)를 설치하는데, 가운데의 묘에는 시조(始祖) 혹은 태조(太祖)의 신주(神主)를 모시며, 이곳의 신주는 다른 곳으로 옮기지 않는 불천위(不遷位)에 해당한다. 그리고 좌우에는 각각 3개의 묘(廟)를 설치하여, 소목(昭穆)의 순서에 따라 6대(代)의 신주를 모신다. 현재의 천자가 죽게 되어, 그의 신주를 묘에 모실 때에는 소목의 순서에 따라 가장 끝 부분에 있는 묘로 신주가 들어가게 된다. 만약 소(昭) 계열의 가장 끝 묘에 새로운 신주가 들어서게 되면, 밀려나게 된 신주는 바로 위의 소 계열 묘로 들어가게 되고, 최종적으로 밀려나서 더 이상 갈

곳이 없는 신주는 '천묘'로 들어가게 된다. 또한 '천묘'는 위에서 서술한 것처럼 신구(新舊)의 신주가 옮겨지게 되는 의식 자체를 지칭하기도 하며, '천묘'된 신주 자체를 가리키기도 한다. 주(周)나라 때에는 문왕(文王)과 무왕(武王)의 묘를 '천묘'로 사용하였다.

◎ **조복(朝服)** : '조복'은 군주와 신하가 조회를 열 때 착용하는 복장을 뜻한다. 중요한 의식을 치를 때 착용하는 예복(禮服)을 가리키기도 한다.

◎ **졸곡(卒哭)** : '졸곡'은 우제(虞祭)를 지낸 뒤에 지내는 제사이다. 이 제사를 지내게 되면, 수시로 곡(哭)하던 것을 멈추고, 아침과 저녁때에만 한 번씩 곡을 하게 된다. 그렇기 때문에 '졸곡'이라고 부르게 된 것이다.

◎ **종모(從母)** : '종모'는 모친의 자매인 이모를 뜻한다.

◎ **주식(朱軾, A.D.1665~A.D.1735)** : 청(淸)나라 때의 명신(名臣)이다. 자(字)는 약섬(若贍)·백소(伯蘇)이고, 호(號)는 가정(可亭)이다.

◎ **중상(中殤)** : '중상'은 12~15세 사이에 요절한 자를 뜻한다. 『의례』「상복(喪服)」편에 "十五至十二爲中殤."이라는 기록이 있다.

◎ **중의(中衣)** : '중의'는 조복(朝服)이나 제복(祭服) 등의 예복(禮服) 안에 착용하는 옷이다. '중의' 안에는 속옷 등을 착용하고, '중의' 겉에는 예복 등을 착용하므로, 중간이라는 뜻에서 '중의'라고 부르는 것이다. 『예기』「교특생(郊特牲)」편에는 "繡黼丹朱中衣."라는 기록이 있고, 이에 대한 공영달(孔穎達)의 소(疏)에서는 "中衣, 謂以素爲冕服之裏衣."라고 풀이하였다.

◎ **증상(烝嘗)** : '증상'은 종묘(宗廟)에서 지내는 가을 제사와 겨울 제사를 가리킨다. 또한 '증상'은 종묘에 대한 제사를 총칭하는 용어로도 사용된다. 사계절마다 큰 제사를 지내게 되는데, 계절별 제사 명칭이 다르며, 문헌마다 조금씩 차이를 보인다. 예를 들어 『춘추번로(春秋繁露)』「사제(四祭)」편에는 "四祭者, 因四時之所生孰而祭其先祖父母也. 故春曰祠, 夏曰礿, 秋曰嘗, 冬曰蒸."이라고 하여, 봄 제사를 사(祠), 여름 제사를 약(礿), 가을 제사를 상(嘗), 겨울 제사를 증(蒸)이라고 설명했다. 한편 『예기』「왕제(王制)」편에는 "天子諸侯宗廟之祭, 春曰礿, 夏曰禘, 秋曰嘗, 冬曰烝."이라고 하여, 봄 제사를 약(礿), 여름 제사를 체(禘), 가을 제사를 상(嘗), 겨울 제사를 증(烝)이라고 설명했다.

◎ **지자(支子)** : '지자'는 적장자(嫡長子)를 제외한 나머지 아들들을 말한다.

◎ **진상도(陳祥道, A.D.1159~A.D.1223)** : =장락진씨(長樂陳氏)·진씨(陳氏)

· 진용지(陳用之). 북송대(北宋代)의 유학자이다. 자(字)는 용지(用之)이다. 장락(長樂) 지역 출신으로, 1067년에 과거에 급제하여 태상박사(太常博士) 등을 지냈다. 왕안석(王安石)의 제자로, 그의 학문을 전파하는데 공헌하였다. 저서에는 『예서(禮書)』, 『논어전해(論語全解)』 등이 있다.

◎ **진씨(陳氏)** : =진상도(陳祥道)

◎ **진용지(陳用之)** : =진상도(陳祥道)

◎ **질(絰)** : '질'은 질대(絰帶)를 뜻한다. 마(麻)로 제작한 일종의 끈으로, 머리에 쓰는 수질(首絰)과 허리에 차는 요질(腰絰)이 있다.

ㅊ

◎ **채모(蔡謨, A.D.281~A.D.356)** : 동진(東晋) 때의 학자이다. 자(字)는 도명(道明)이고, 시호(諡號)는 문목(文穆)이다. 저서로는 『논어채씨주(論語蔡氏注)』·『예기음(禮記音)』·『한서집해(漢書集解)』 등이 있다.

◎ **청강유씨(淸江劉氏)** : =유창(劉敞)

◎ **체제(禘祭)** : '체제'는 천신(天神) 및 조상신(祖上神)에게 지내는 '큰 제사[大祭]'를 뜻한다. 『이아』「석천(釋天)」편에는 "禘, 大祭也."라는 기록이 있고, 이에 대한 곽박(郭璞)의 주에서는 "五年一大祭."라고 풀이하여, 대제(大祭)로써의 체제사는 5년마다 1번씩 지낸다고 설명한다. 그러나 『예기』「왕제(王制)」에 수록된 각종 제사들에 대한 기록을 살펴보면, 체제사는 큰 제사임에는 분명하나, 반드시 5년마다 1번씩 지내는 제사는 아니었다.

◎ **초주(譙周, A.D.201?~A.D.270)** : 삼국시대(三國時代) 때의 학자이다. 자(字)는 윤남(允南)이다. 『논어주(論語注)』, 『삼파기(三巴記)』, 『초자법훈(譙子法訓)』, 『고사고(古史考)』, 『오경연부론(五更然否論)』 등의 저술을 남겼다.

◎ **최씨(崔氏)** : =최영은(崔靈恩)

◎ **최영은(崔靈恩, ?~?)** : =최씨(崔氏). 남북조(南北朝) 때의 학자이다. 오경(五經)에 능통하였고, 다른 경전에도 두루 해박하였다고 전해진다. 『모시(毛詩)』, 『주례(周禮)』 등에 주석을 달았고, 『삼례의종(三禮義宗)』, 『좌씨경전의(左氏經傳義)』 등을 지었다.

◎ **출모(出母)** : '출모'는 부친에게 버림을 받은 자신의 생모(生母)를 뜻한다. 또한 부친이 죽은 이후 다른 집으로 재차 시집을 간 자신의 생모를 뜻하기도 한다.

ㅌ

◎ **통전(通典)** : 『통전(通典)』은 당(唐)나라 때의 학자인 두우(杜佑)가 저술한 책이다. 태고(太古) 때부터 당(唐)나라 때까지의 제도 변천을 기술하고 있다.

◎ **특생(特牲)** : '특생'은 한 종류의 가축을 희생물로 사용한다는 뜻이다. '특(特)'자는 동일 종류의 희생물을 한 마리 사용한다는 뜻이며, 특히 소를 사용할 때 사용하는 용어이기도 하다. 『춘추좌씨전』「양공(襄公) 9년」편에는 "祈以幣更, 賓以特牲."이라는 기록이 있고, 이에 대한 양백준(楊伯峻)의 주에서는 "款待貴賓, 只用一種牲畜. 一牲曰特."이라고 풀이했다. 그런데 어떠한 가축을 사용했는가에 대해서는 주석들마다 차이가 있다. 『국어(國語)』「초어하(楚語下)」편에는 "大夫擧以特牲, 祀以少牢."라는 기록이 있고, 이에 대한 위소(韋昭)의 주에서는 "特牲, 豕也."라고 풀이했다. 또한 『예기』「교특생(郊特牲)」편에 대한 육덕명(陸德明)의 제해(題解)에서는 "郊者, 祭天之名, 用一牛, 故曰特牲."이라고 풀이했다. 즉 '특생'으로 사용되는 가축은 '시(豕: 돼지)'도 될 수 있으며, 소도 될 수 있다.

ㅍ

◎ **피변(皮弁)** : '피변'은 고대에 사용되었던 관(冠)의 한 종류이다. 백색 사슴의 가죽으로 만든 모자이다. 한편 관(冠)에 따른 의복까지 포함한 의미로 사용되기도 한다. 『주례』「하관(夏官)·변사(弁師)」편에는 "王之皮弁, 會五采玉璂, 象邸, 玉笄."라는 기록이 있다.

ㅎ

◎ **하사(下士)** : 고대의 사(士) 계급은 상(上)·중(中)·하(下)의 세 부류로 구분되기도 하였는데, 하사(下士)는 사 계급 중에서도 가장 낮은 등급의 부류이다.

◎ **하상(下殤)** : '하상'은 8~11세 사이에 요절한 자를 뜻한다. 『의례』「상복(喪服)」편에 "十一至八歲爲下殤."이라는 기록이 있다.

◎ **하순(賀循, A.D.260~A.D.319)** : 위진시대(魏晉時代) 때의 학자이다. 자(字)는 언선(彦先)이다.

◎ **하정(夏正)** : '하정'은 하(夏)나라의 정월(正月)을 뜻한다. 이러한 뜻에서 파생되어 하나라의 역법(曆法)을 지칭하기도 한다. 하력(夏曆)을 기준으로 두었을 때, 은(殷)나라는 12월을 정월로 삼았으며, 주(周)나라는 11월을 정월로 삼았다. 『사기(史記)』「역서(曆書)」편에서는 "秦及漢初曾一度以夏曆十月爲正月, 自漢武帝改用夏正后, 曆代沿用."이라고 하여, 진(秦)나라와 전한초기(前漢初期)에는 하력에서의 10월을 정월로 삼았다가, 한무제(漢武帝)부터는 다시 하력을 따랐다고 전해진다. 또한 '하력'은 농력(農曆)이라고도 부르는데, '하력'에 기준을 두었을 때, 농사의 시기와 가장 잘 맞았기 때문이다. 따라서 역대 왕조에서 역법을 개정할 때에는 '하력'에 기준을 두게 되었다.

◎ **하창(賀瑒, A.D.452~A.D.510)** : 남조(南朝) 때의 학자이다. 남조의 제(齊)나라와 양(梁)나라에서 각각 활동하였다. 자(字)는 덕연(德璉)이다. 『예기신의소(禮記新義疏)』 등을 찬술하였다.

◎ **행인(行人)** : '행인'은 조근(朝覲) 및 빙문(聘問) 등의 일을 담당하던 관리이다.

◎ **향상(享嘗)** : '향상'은 계절마다 지내는 시제(時祭)를 뜻한다. 『예기』「제법(祭法)」편에는 "遠廟爲祧, 有二祧, 享嘗乃止."라는 기록이 있고, 이에 대한 정현의 주에서는 "享嘗, 謂四時之祭."라고 했다.

◎ **현관(玄冠)** : '현관'은 흑색으로 된 관(冠)이다. 고대에는 조복(朝服)을 입을 때 착용을 하였다. 『의례』「사관례(士冠禮)」편에는 "主人玄冠朝服, 緇帶素韠."이라는 기록이 있다.

◎ **현단(玄端)** : '현단'은 고대의 예복(禮服) 중 하나이다. 흑색으로 만든 옷이다. 주로 제사 때 사용했으며, 천자 및 제후로부터 대부(大夫)와

사(士) 계급에 이르기까지 모두 이 복장을 착용할 수 있었다. '현단'은 상의와 하의 및 관(冠)까지 포함하는 용어이다. 한편 손이양(孫詒讓)의 주장에 따르면, '현단'은 의복에만 해당하는 용어이며, 관(冠)은 포함하지 않는다고 주장한다. 그리고 천자로부터 사 계급에 이르기까지 이 복장을 제복(齊服)으로 사용했다고 설명한다. 『주례』「춘관(春官)·사복(司服)」편에는 "其齊服有玄端素端."이라는 기록이 있는데, 손이양의 『정의(正義)』에서는 "玄端素端是服名, 非冠名, 蓋自天子下達至於士通用爲齊服, 而冠則尊卑所用互異."라고 풀이하였다. 그리고 '현단'은 천자가 평소 거처할 때 착용했던 복장을 가리키기도 한다. 『예기』「옥조(玉藻)」편에는 "卒食, 玄端而居."라는 기록이 있고, 이에 대한 정현의 주에서는 "天子服玄端燕居也."라고 풀이하였다.

◎ **호관(縞冠)** : '호관'은 백색의 명주로 만든 관(冠)이다. 상제(祥祭)나 흉사(凶事) 때 착용했다.

◎ **호천상제(昊天上帝)** : '호천상제'는 호천(昊天)과 상제(上帝)로 구분하여 해석하기도 하며, '호천상제'를 하나의 용어로 해석하기도 한다. 후자의 경우 '호천'이라는 말은 '상제'를 수식하는 말이다. 고대에는 축호(祝號)라는 것을 지어서 제사 때의 용어를 수식어로 꾸미게 되는데, '호천상제'의 경우는 '상제'에 대한 축호에 해당하며, 세부하여 설명하자면 신(神)의 명칭에 수식어를 붙이는 신호(神號)에 해당한다. 『예기』「예운(禮運)」편에는 "作其祝號, 玄酒以祭, 薦其血毛, 腥其俎, 孰其殽."라는 기록이 있고, 이에 대한 진호(陳澔)의 주에서는 "作其祝號者, 造爲鬼神及牲玉美號之辭. 神號, 如昊天上帝."라고 풀이했다. '호천'과 '상제'로 풀이할 경우, '상제'는 만물을 주재하는 자이며, '상천(上天)'이라고도 불렀다. 고대인들은 길흉(吉凶)과 화복(禍福)을 내릴 수 있는 능력을 갖추고 있었다고 생각하였다. 한편 '상제'는 오행(五行) 관념에 따라 동·서·남·북·중앙의 구분이 생기면서, 천상을 각각 나누어 다스리는 오제(五帝)로 설명되기도 한다. '호천'의 경우 천신(天神)을 뜻하는데, '상제'와 비슷한 개념이다. '호천'을 '상제'보다 상위의 개념으로 해석하여, 오제 위에서 군림하는 신으로 해석하는 경우도 있다.

◎ **황간(皇侃, A.D.488~A.D.545)** : =황씨(皇氏). 남조(南朝) 때 양(梁)나라의 경학자이다. 『주례(周禮)』, 『의례(儀禮)』, 『예기(禮記)』 등에 해박하여, 『상복문구의소(喪服文句義疏)』, 『예기의소(禮記義疏)』, 『예기강

소(禮記講疏)』 등을 지었지만, 현재는 전해지지 않는다. 그 일부가 마국한(馬國翰)의 『옥함산방집일서(玉函山房輯佚書)』에 수록되어 있다.

◎ **황씨(皇氏)** : =황간(皇侃)

◎ **황제(黃帝)** : '황제'는 헌원씨(軒轅氏), 유웅씨(有熊氏)이라고도 부른다. 전설시대에 존재했다고 전해지는 고대 제왕(帝王)이다. 소전(少典)의 아들이고, 성(姓)은 공손(公孫)이다. 헌원(軒轅)이라는 땅의 구릉 지역에 거주하였기 때문에, 그를 '헌원씨'라고도 부르는 것이다. 또한 '황제'는 희수(姬水) 지역에도 거주를 하였기 때문에, 이 지역의 이름을 따서 성(姓)을 희(姬)로 고치기도 하였다. 그리고 수도를 유웅(有熊) 땅에 마련하였기 때문에, 그를 '유웅씨'라고도 부르는 것이다. 한편 오행(五行) 관념에 따라서, 그는 토덕(土德)을 바탕으로 제왕이 되었다고 여겼는데, 흙[土]이 상징하는 색깔은 황(黃)이므로, 그를 '황제'라고 부르는 것이다. 『역』「계사하(繫辭下)」편에는 "神農氏沒, 黃帝·堯·舜氏作, 通其變, 使民不倦."이라는 기록이 있는데, 이에 대한 공영달(孔穎達)의 소(疏)에서는 "黃帝, 有熊氏少典之子, 姬姓也."라고 풀이했다. 한편 '황제'는 오제(五帝) 중 하나를 뜻한다. 오행(五行)으로 구분했을 때 토(土)를 주관하며, 계절로 따지면 중앙 계절을 주관하고, 방위로 따지면 중앙을 주관하는 신(神)이다. 『여씨춘추(呂氏春秋)』「계하기(季夏紀)」편에는 "其帝黃帝, 其神后土."라는 기록이 있고, 이에 대한 고유(高誘)의 주에서는 "黃帝, 少典之子, 以土德王天下, 號軒轅氏, 死託祀爲中央之帝."라고 풀이했다.

◎ **후직(后稷)** : '후직'은 전설상의 인물이다. 주(周)나라의 선조(先祖) 중 한 사람이다. 강원(姜嫄)이 천제(天帝)의 발자국을 밟고 회임을 하여 '후직'을 낳았는데, 불길하다고 생각하여 버렸기 때문에, 이름을 기(棄)로 지어졌다 한다. 이후 순(舜)이 '기'를 등용하여 농사를 담당하는 신하로 임명해서, 백성들에게 농사짓는 법을 가르쳤기 때문에, '후직'으로 일컬어지게 되었다. 『시』「대아(大雅)·생민(生民)」편에는 "厥初生民, 時維姜嫄. …… 載生載育, 時維后稷."이라는 기록이 있다. 한편 농사를 주관하는 관리를 '후직'으로 부르기도 한다.

번역 참고문헌

- 『禮記』, 서울 : 保景文化社, 초판 1984 (5판 1995) / 저본으로 삼은 책이다.
- 『禮記正義』 1~4(전4권, 『十三經注疏 整理本』 12~15), 北京 : 北京大學出版社, 초판 2000 / 저본으로 삼은 책이다.
- 朱彬 撰, 『禮記訓纂』 上 · 下(전2권), 北京 : 中華書局, 초판 1996 (2쇄 1998) / 저본으로 삼은 책이다.
- 孫希旦 撰, 『禮記集解』 上 · 中 · 下(전3권), 北京 : 中華書局, 초판 1989 (4쇄 2007) / 저본으로 삼은 책이다.
- 服部宇之吉 評點, 『禮記』, 東京 : 富山房, 초판 1913 (증보판 1984) / 鄭玄 注 번역에 대해 참고했던 서적이다.
- 竹內照夫 著, 『禮記』 上 · 中 · 下(전3권), 東京 : 明治書院, 초판 1975 (3판 1979) / 經文에 대한 이해에 참고했던 서적이다.
- 市原亨吉 외 2명 著, 『禮記』 上 · 中 · 下(전3권), 東京 : 集英社, 초판 1976 (3쇄 1982) / 經文에 대한 이해에 참고했던 서적이다.
- 陳澔 注, 『禮記集說』, 北京 : 中國書店, 초판 1994 / 『集說』에 대한 번역에 참고했던 서적이다.
- 王文錦 譯解, 『禮記譯解』 上 · 下(전2권), 北京 : 中華書局, 초판 2001 (4쇄 2007) / 經文 및 주석 번역에 참고했던 서적이다.
- 錢玄 · 錢興奇 編著, 『三禮辭典』, 南京 : 江蘇古籍出版社, 초판 1998 / 용어 및 器物 등에 대해 참고했던 서적이다.
- 張撝之 外 主編, 『中國歷代人名大辭典』 上 · 下권(전2권), 上海 : 上海古籍出版社, 초판 1999 / 인명에 대해 참고했던 서적이다.
- 呂宗力 主編, 『中國歷代官制大辭典』, 北京 : 北京出版社, 초판 1994 (2쇄 1995) / 관직명에 대해 참고했던 서적이다.
- 中國歷史大辭典編纂委員會 編纂, 『中國歷史大辭典』 上 · 下(전2권), 上海 : 上海辭書出版社, 초판 2000 / 용어 및 인명에 대해 참고했던 서적이다.
- 羅竹風 主編, 『漢語大詞典』 1~12(전12권), 上海 : 漢語大詞典出版社,

초판 1988 (4쇄 1995) / 용어에 대해 참고했던 서적이다.

- 王思義 編集,『三才圖會』上·中·下(전3권), 上海 : 上海古籍出版社, 초판 1988 (4쇄 2005) / 器物 등에 대해 참고했던 서적이다.
- 聶崇義 撰,『三禮圖集注』(四庫全書 129책) / 器物 등에 대해 참고했던 서적이다.
- 劉績 撰,『三禮圖』(四庫全書 129책) / 器物 등에 대해 참고했던 서적이다.

역자 **정병섭(鄭秉燮)**

- 1979년 출생
- 2002년 성균관대학교 유교철학과 졸업
- 2004년 성균관대학교 대학원 유학과 석사
- 2013년 성균관대학교 대학원 유학과 철학박사
- 역서『譯註 禮記集說大全 - 王制, 附 鄭玄注』(학고방, 2009)
  『譯註 禮記集說大全 - 月令, 附 鄭玄注』(학고방, 2010)
  『譯註 禮記集說大全 - 曾子問, 附 正義·訓纂·集解』(학고방, 2011)
  『譯註 禮記集說大全 - 文王世子, 附 正義·訓纂·集解』(학고방, 2012)
  『譯註 禮記集說大全 - 曲禮上, 附 正義·訓纂·集解』1~2(전2권, 학고방, 2012)
  『譯註 禮記集說大全 - 曲禮下, 附 正義·訓纂·集解』(학고방, 2012)
  『譯註 禮記集說大全 - 禮運, 附 正義·訓纂·集解』(학고방, 2012)
  『譯註 禮記集說大全 - 禮器, 附 正義·訓纂·集解』(학고방, 2012)
  『譯註 禮記集說大全 - 檀弓上, 附 正義·訓纂·集解』1~2(전2권, 학고방, 2013)
  『譯註 禮記集說大全 - 檀弓下, 附 正義·訓纂·集解』1~2(전2권, 학고방, 2013)
  『譯註 禮記集說大全 - 郊特牲, 附 正義·訓纂·集解』1~2(전2권, 학고방, 2013)
  『譯註 禮記集說大全 - 內則, 附 正義·訓纂·集解』(학고방, 2013)
  『譯註 禮記集說大全 - 玉藻, 附 正義·訓纂·集解』1~2(전2권, 학고방, 2013)
  『譯註 禮記集說大全 - 明堂位, 附 正義·訓纂·集解』(학고방, 2013)
  (공역)『효경주소』(문사철, 2011)

예기집설대전 목록

제1편 곡례 상❶❷	**제14편 명당위**	제27편 애공문	제40편 투호
제2편 곡례 하	**제15편 상복소기**	제28편 중니연거	제41편 유행
제3편 단궁 상❶❷	제16편 대전	제29편 중니한거	제42편 대학
제4편 단궁 하❶❷	제17편 소의	제30편 방기	제43편 관의
제5편 왕제	제18편 학기	제31편 중용	제44편 혼의
제6편 월령	제19편 악기	제32편 표기	제45편 향음주의
제7편 증자문	제20편 잡기	제33편 치의	제46편 사의
제8편 문왕세자	제21편 잡기	제34편 분상	제47편 연의
제9편 예운	제22편 상대기	제35편 문상	제48편 빙의
제10편 예기	제23편 제법	제36편 복문	제49편 상복사제
제11편 교특생❶❷	제24편 제의	제37편 간전	
제12편 내칙	제25편 제통	제38편 삼년문	
제13편 옥조❶❷	제26편 경해	제39편 심의	

譯註
禮記集說大全 喪服小記
編 陳澔(元)
附 正義 · 訓纂 · 集解

초판 인쇄 2014년 6월 15일
초판 발행 2014년 6월 25일

역 자 | 정병섭
펴 낸 이 | 하운근
펴 낸 곳 | 學古房

주 소 | 서울시 은평구 대조동 213-5 우편번호 122-843
전 화 | (02)353-9907 편집부(02)353-9908
팩 스 | (02)386-8308
홈페이지 | http://hakgobang.co.kr/
전자우편 | hakgobang@naver.com, hakgobang@chol.com
등록번호 | 제311-1994-000001호

ISBN 978-89-6071-400-7 94150
978-89-6071-267-6 (세트)

값: 33,000원